2017
中国汽车市场展望

国　家　信　息　中　心
国家发展和改革委员会产业协调司　编

机　械　工　业　出　版　社

本书是研究中国汽车市场2016年现状与2017年发展趋势的权威性书籍。

本书是汽车及相关行业众多专家、学者分析研究成果的集萃。全书分为汽车市场宏观环境篇、市场预测篇、细分市场篇、市场调研篇、专题篇及附录（与汽车行业相关的统计数据）六大部分。

本书全面系统地论述了2016～2017年中国汽车市场的整体态势和重、中、轻、微各型载货汽车，大、中、轻、微各型载客汽车，中高级、中级、普通级、微型等各种档次轿车市场的发展态势，以及汽车市场的重点需求地区和主要需求区域的市场运行特征。

集研究性、实用性、资料性于一体的《2017 中国汽车市场展望》，是政府部门、汽车整车制造商、零部件制造商、汽车研究部门、汽车相关行业、金融证券等领域研究了解中国汽车市场和汽车工业发展趋势的必备工具书。

图书在版编目（CIP）数据

2017中国汽车市场展望/国家信息中心，国家发展和改革委员会产业协调司编.--17版.--北京：机械工业出版社，2017. 3

ISBN 978-7-111-56258-0

Ⅰ. ①2… Ⅱ. ①国…②国… Ⅲ. ①汽车-国内市场-市场预测-中国-2017 Ⅳ. ①F724.76

中国版本图书馆CIP数据核字（2017）第039273号

机械工业出版社（北京市百万庄大街22号　邮政编码 100037）

策划编辑：何月秋　　责任编辑：何月秋 王彦青

责任校对：王彦青　　封面设计：鞠杨

责任印制：李飞

北京天时彩色印刷有限公司印刷

2017年3月第17版第1次印刷

184 mm×260 mm·34.75印张　1插页　573千字

0 001—2 700册

标准书号：ISBN 978-7-111-56258-0

定价：180.00元

凡购本书，如有缺页、倒页、脱页，由本社发行部调换

电话服务

服务咨询热线：010-88361066

读者购书热线：010-68326294

010-88379203

网络服务

机 工 官 网：www.cmpbook.com

机 工 官 博：weibo.com/cmp1952

金 书 网：www.golden-book.com

教育服务网：www.cmpedu.com

《2017 中国汽车市场展望》

主办单位 国家信息中心 国家发展和改革委员会产业协调司

承办单位 国家信息中心经济咨询中心

参加单位 中国第一汽车集团公司
一汽-大众销售有限责任公司
东风汽车有限公司
神龙汽车有限公司
东风日产乘用车公司
上海大众汽车有限公司
上汽通用汽车有限公司
广汽本田汽车有限公司
北京现代汽车有限公司
浙江吉利控股集团汽车销售有限公司
奇瑞汽车销售有限公司
中国重型汽车集团有限公司
重庆长安汽车股份有限公司
沈阳华晨金杯汽车有限公司
华晨汽车销售公司
安徽江淮汽车股份有限公司
江西五十铃汽车有限公司
长城汽车股份有限公司
北京北辰亚运村汽车交易市场中心
中国汽车流通协会
全国乘用车市场信息联席会
国机汽车股份有限公司/中国进口汽车贸易有限公司
中国公路车辆机械有限公司
中国汽车技术研究中心
机械工业农用运输车发展研究中心
河南新未来投资有限公司

《2017中国汽车市场展望》
编委会成员

《2017中国汽车市场展望》

编辑工作人员

主　　编　徐长明　年　勇

副 主 编　吴　卫　黄路明　刘　明

编辑人员　朱　彤　马　莹　李伟利　潘　竹　谢国平
刘　明　管晓静　包嘉成　黄玉梅　丁　燕
张桐山　周　祺　单　珊　唐斯奇　张丽娜
易文华　王二明　王文佳　苑伟超　徐　波

前　　言

2016年，我国宏观经济增速稳中向好，全年GDP增速达到了6.7%，就业局势保持总体稳定，物价涨势总体温和。宏观经济稳定为汽车市场奠定了良好的宏观基础。我国汽车市场保持了快速增长，全年汽车需求达到了2817万辆，同比增速达到12.6%。汽车市场的总体增长主要是乘用车市场的高速增长所致，全年乘用车需求达到2271万辆，同比增长15.9%，增长贡献度高达96%。乘用车市场高速增长的关键动力是1.6L以下乘用车购置税减半政策，全年1.6L以下乘用车需求增速高达24.6%。汽车总体快速增长对国民经济的平稳运行起到了十分重要的作用，汽车行业在销售量、销售收入等方面均在制造业中一枝独秀。

2017年，我国宏观经济仍有下行压力和风险挑战，外部不确定性增大。从内部来看，新一轮房地产高房价推高了企业经营成本，社会资金继续“脱实向虚”，系统性金融风险隐患显现的可能性增加。民间投资仍然缺乏活力，新的增长点动力仍然不足。深化供给侧结构性改革还处于艰难的攻坚阶段，促进房地产市场平稳健康发展、着力振兴实体经济都将会带来经济结构的逐步优化，但我国经济的新旧动能仍处于转化过程之中。从国际上来看，美国经济复苏相对平稳。欧元区经济缓慢前行，但英国脱欧谈判、部分国家不断加剧的难民危机为欧洲经济复苏蒙上了一层阴影。综合来看，2017年我国经济将呈现稳中缓降的态势。

2017年，汽车市场面临着复杂多变的发展环境。由于购置税优惠政策的不确定性，导致2016年年底的需求释放，这对汽车市场带来了一定的负面效应。由于购置税优惠政策仍将延续一年，尽管优惠幅度有所降低，但预计2017年年底购置税优惠政策退出前期也会出现新的一轮需求释放。由于北京对国Ⅱ以前车辆采取限行措施，汽车更新需求将会明显增大。随着中央国家机关及事业单位、国有企业公务车改革的深入，公务车改革对私人汽车消费的撬动效应将进一步显现。随着新国标GB 1589的全面实施，公路运输综合治理行动将有效促进符合标准要求的新车型推广，更新换代需求将有力地支撑商用车市场。综合判断，2017

年中国汽车市场需求仍将保持较快的增长。

为使社会各界对 2017 年我国汽车市场的发展趋势有一个深入认识和了解，在国家发展和改革委员会产业协调司的大力支持下，国家信息中心组织编写了《2017 中国汽车市场展望》，期望本书能为汽车行业主管部门和生产、经销企业提供有价值的决策参考依据。本书将汽车市场与宏观经济运行环境紧密结合在一起，采用定量与定性相结合的研究方法，从不同角度对 2017 年的汽车市场进行了深入分析和研究，由于时间仓促，书中难免有疏漏之处，敬请读者批评指正。

目　　录

细分市场篇

市场调研篇

专题篇

附　　录

宏观环境篇

2017 年我国经济展望和宏观调控政策建议

总体判断 2016 年的国际、国内经济形势，世界经济复苏缓慢，国际贸易缺乏亮点；国内经济运行缓中趋稳，经济结构有所优化，居民消费价格温和上涨，民生福祉稳定改善，预计全年 GDP 增长 6.7%左右，实现政府年初确定的预期调控目标。但是一些深层次的矛盾，特别是一些重大的两难、多难选择问题依然没有得到有效缓解，引起社会上对 2017 年我国经济下行压力继续加大的忧虑。展望 2017 年，全球经济增长仍然是一个继续在艰难努力中寻求稳定复苏的过程，也是一个因国别发展走势加剧分化并导致重要国家宏观政策也加剧分化的过程，还是一个国际政治、经济、外交及其地缘政治环境基本格局继续向复杂、多变演化的过程。其主要表征包括，国际经济“实虚不配”及其结构调整任务仍然十分艰巨，发展的新动能和新的增长空间仍然不足，投资和贸易增长仍然疲弱，还存在着如一些主要西方大国因大选结果导致国内国际经济政策出现变数、英国退欧程序正式启动的延后影响有待发酵、东北亚和南海安全形势走势不确定性增加等复杂因素。显然，由于上述国际因素的迭加影响，都会使得我国经济社会发展的外部环境更加显现出复杂性、多变性及其难以预测性，但最终都会传导并影响国内经济和社会发展。国内方面，2015 年对我国经济稳定增长发挥主要贡献的金融业和 2016 年的房地产业、汽车业等支撑点在 2017 年都不具备可复制性，而新的具有更多产业关联性和较大经济拉动规模效应的增长支撑点尚无明显的候补对象。同时，国际经济以及投资贸易继续低迷使得我国商品货物贸易进出口增长空间有限，经济下行预期以及体制、机制因素引发实体经济缺乏活力以及民间投资不振，房地产调控新政以及深化去杠杆都可能增加防范金融风险的压力，居民收入特别是农民收入减速带来消费增长乏力，结构性失业数量增长诱发社会问题，农村绝对贫困人口脱贫等民生改善任务都十分艰巨。这些客观存在的不利因素将使得我国宏观经济运行继续面临较大的下行压力，迫切需要针对性更强和执行力度更大的宏观调控政策来有效对冲这一压力。关于 2017 年发展的主要思路，建议坚持“稳中求进”“稳中有好”的工作总基调，在继续扩大有效需求的同时，着力推动供给侧结构性改革，着力推进已出台的各项改革举措落地见效，跟踪研判形势发展中出现的苗头性、倾向性、潜在性重大问题并及时推出基于区间调控、定向调控、同向发力的组合政策，改善和强化预期管理。考虑到各方面不再绷得太紧以及保持调控目标的相对灵活性，建议 2017 年经济增长预期目标为 6.5%左右，但实际运行中力争超过 6.5%。

一、2016 年宏观经济运行基本特征及其主要走势预测

2016 年以来，宏观调控政策取向主要围绕适度扩大总需求和推进供给侧结构性改革以及深化其他重点领域改革陆续展开。特别是相继出台并强化实施了诸如扩大专项建设基金规模，实质性推动煤炭和钢铁领域去产能，全面推进营改增领域的大范围扩容，继续降低中小企业税费成本和部分企业债务成本，深化“放管服”改革及强化重点工作督促、检查等重大举措，有效延缓了 2015 年以来我国经济持续下滑的势头。同时，在商品住房和汽车市场全面回暖的拉动下，工业品价格跌幅收窄使得相关企业效益回升，工业生产出现小幅回升，供给侧出现平稳运行态势。但是，值得指出的是，自 2016 年二季度开始，我国金融政策逐步加大去杠杆力度，层层分解去产能任务带来结构性失业加剧及其债务风险加大的信号，10 月份全面实施了历史上最严的以控房价为主要取向的房地产新政，以及 1.6L 及以下排量乘用车购置税优惠策到期是否续期不明等容易影响市场甚至是引发市场恐慌的一些信号，也导致需求侧出现走弱态势，特别是民间投资出现大幅减速，房地产和汽车增长势头下调、消费增长不旺等问题。

从 2016 年 1～9 月的主要情况来看，全国经济社会发展形势主要有如下特征。

1．供给侧结构性改革初显成效，生产端形势趋于稳定

2016 年以来，我国供给侧结构性改革取得积极进展，“三去一降一补”五大歼灭战全面发力，推动工业生产企稳回升特别是工业结构继续改善和优化。2016 年 1～9 月规模以上工业生产增长 6.0%，连续 7 个月保持在 6.0%以上。其中，高新技术和装备制造业分别增长 10.6%和 9.1%。战略性新兴产业领域一些具有代表性的新产品高速增长，如 2016 年 1～9 月新能源汽车增长 83.7%，工业机器人增长 30.8%。另外，从发电量和铁路货运量等实物量指标来看，也反映出生产端好转的态势。2016 年 1～9 月发电量增长 3.4%，同比提高 3.3 个百分点；铁路货运量下降 4.8%，降幅同比收窄 6.6 个百分点，8 月份起增速由负转正。尽管相较于

2015 年同期全国金融业增速减慢而使得第三产业同比放缓 0.8 个百分点，但第三产业仍然是拉动经济稳定增长的主导产业。第三产业在前三季度对经济增长的贡献率分别为 4.1%、37.4%和 58.5%，分别使 GDP 提高 0.3 个百分点、2.5 个百分点和 3.9 个百分点。

2．内外部市场需求仍然低迷，需求端形势有所走弱

2016 年二季度以来，世界经济复苏乏力，国内全面加力供给侧结构性改革，金融政策明显收紧等因素更加显现，在这些因素迭加的影响下，国际、国内市场需求都有所放缓，我国需求端呈现出走弱态势。看投资需求，自 2016 年 4 月份起再次出现逐月放缓走势，特别是民间投资减速、缩量更加明显。2016 年 1～9 月全国固定资产投资和民间投资分别增长 8.2%和 2.5%，增幅同比放缓 2.1 个百分点和 7.9 个百分点，实际增速分别放缓 2.4 个百分点和 8.3 个百分点。但是若考虑到辽宁省投资断崖式下跌对全国投资增长造成较大冲击的影响（剔除辽宁投资后，2014 年、2015 年、2016 年 1～9 月全国投资分别增长 12.8%、12.0%和 11.4%），全国增速下滑幅度还是一个缓慢的过程。另外，存货投资延续自 2014 年 8 月份以来的减速态势，2016 年 1～9 月成品库存同比下跌 0.8%，增幅同比放缓 5.7 个百分点。再看消费需求，居民收入增速放缓以及房地产市场火爆的挤出效应，加之消费环境改善缓慢，全国零售消费实际增速有所下降。2016 年 1～9 月社会消费品零售总额实际增长 9.8%，增幅同比放缓 0.7 个百分点。从外需来看，我国主要贸易对象国家经济疲软、消费乏力，外贸出口延续低迷走势。2016 年 1～9 月出口下降 7.5%，降幅同比扩大 5.4 个百分点。从 2016 年前三季度的情况看，我国最终消费、固定资本形成和净出口三大需求对经济增长的贡献率分别为 71.0%、36.8%和-7.8%，分别支撑 GDP 增长 4.76 个百分点、2.47 个百分点和-0.52 个百分点。

3．消费物价温和上涨，工业品价格跌幅收窄

2016 年以来，居民消费价格呈现温和上涨走势，年初因春节因素和猪肉等食品价格上涨推动 CPI 涨幅一度突破 2%，5 月份以来随着总需求趋弱，猪肉、鲜果等食品价格回稳，带动 CPI 出现回落。2016 年 1～9 月 CPI 上涨 2.0%，涨幅同比提高 0.6 个百分点。工业品价格跌幅不断收窄，随着国际上大宗初级产品价格的波动式反弹，以及我国供给侧结构性改革加快推进，使得一些工业品特别是原材料市场供过于求的状况出现较大缓解，特别是 2016 年下半年煤炭、钢铁、原油等生产资料价格大幅上涨，带动 PPI 跌幅不断收窄，并在 9 月份出现由跌转升，扭转了延续 54 个月的负增长。2016 年 1～9 月 PPI 下跌 2.9%，跌幅同比收窄 2.1 个百分点。商品房价格大幅上涨，9 月份全国 70 个大中城市中，新建商品住宅价格同比上涨的有 64 个，下降的仅 6 个。其中，北、上、广、深等一线热点城市分别同比上涨 27.8%、32.7%、23.0%和 34.1%，全国涨幅前三甲的城市合肥、厦门和南京分别同比上涨 46.8%、46.5%和 40.6%。按照销售额和销售面积增速推算，2016 年 1～9 月全国商品房价格同比上涨 11.3%，涨幅同比加快 4.1 个百分点。为遏制这一趋势，最终导致 20 多个涨幅过快的城市于 10 月份重新实施控制房价导向的以限购、限贷等为主基调的调控政策。

4．就业形势基本稳定，企业效益有所改善

2016 年，面临着安置 765 万大学应届毕业生，推进去产能、增加大量结构性下岗失业人员，裁军 30 万人转业安置，以及实施逐步吸纳 1 亿人进城的新型城镇化规划目标等因素，客观上带来较大的就业压力。但主要基于市场自动调节并结合各级政府的就业促进工作，全国就业总体情况基本稳定。2016 年 1～9 月份城镇新增就业人数达到 1067 万人，提前完成全年预期目标，31 个大城市城镇调查失业率首次回落至 5.0%以下。工业企业利润有所回升。随着工业生产稳中略升，降成本取得进展，特别是 2016 年下半年以来工业生产者出厂价格降幅不断收窄，工业企业利润明显改善。2016 年 1～9 月份规模以上工业企业利润增长 8.4%，增幅同比加快 10.1 个百分点，其中制造业利润同比增长 13.5%。财政收入稳定增长，2016 年 1～9 月财政收入增长 5.9%，尽管增幅同比放缓 1.7 个百分点，但是也超过 3%的预算目标。有必要指出，因 2016 年前三季度房地产市场全面回暖、国有土地出让收入大增，使得政府性基金收入增长 11.3%，初步估计全年政府性基金收入将超预算 1 万亿元左右。

5．房地产市场和汽车市场繁荣成为支撑 2016 年经济增长的重要因素，对稳增长的贡献十分明显

在新动能、新经济虽然加速增长但规模太小的背景下，房地产市场和汽车市场的规模扩张成为经济增长增量的主要动力。由于系列商品房政策松绑和大量投资性资金流入，以及我国居民投资空间不足和部分刚需增长等综合因素影响，2016 年以来房地产市场全面回暖。2016 年 1～9 月商品房销售面积和销售额分别同比增长 26.9%和 41.3%，增幅同比提高 19.4 个百分点和 26 个百分点。房地产投资增长也相应有所加快，改变了 2015 年以来逐月下滑的态势，2016 年 1～9 月同比增长 5.8%，增幅同比提高 3.2 个百分点。另外，实施 1.6L 及以下排量乘用车购置税减半征收政策，明显刺激了汽车市场产销两旺。根据中国汽车工业协会统计，2016 年 1～9 月汽车产销分别同比增长 13.3%和 13.2%，高于 2015 年同期 14.1 个百分点和 12.9 个百分点。其中 1.6L 及以下乘用车销售同比增长 22.1%，占乘用车销量的比例提高至 71.8%，同比增加 4.1 个百分点。

基于前三季度全国经济社会发展的“形”和“势”，预测 2016 年宏观经济运行将保持总体比较稳定、结构有所改善的基本态势，无悬念地实现全年几个重要的预期目标。具体分析 2016 年四季度的发展趋势，虽然投资、消费等需求有些走弱，经济增长的下行压力仍然较大，但是随着去产能、去库存、降成本、补短板和去杠杆等供给侧结构性改革成效逐步显现，企业效益可能保持近期有所回升的态势，生产端形势保持相对稳定，加之近期外贸出口降幅有所收窄，内需出现回稳迹象，特别是因工业企业库存已处于较低水平而使得库存回补成为短期内支撑需求的重要因素。预计四季度和全年我国 GDP 将分别增长 6.6%和 6.7%左右（见表 1），居民消费价格将均上涨 2.0%左右。

表 1　2016 年四季度及全年我国主要宏观经济指标预测表

时间	2016 年 1～9 月 实际		2016 年四季度 预测		2016 年 预测	
单位	亿元	（%）	亿元	（%）	亿元	（%）
GDP	529971	6.7	209340	6.6	739311	6.7
一产	40666	3.5	23586	3.9	64252	3.7
二产	209415	6.1	84107	6.1	293522	6.1
三产	279890	7.6	101646	7.7	381536	7.6
规模以上工业增加值	—	6.0	—	6.1	—	6.1
城镇固定资产投资	426906	8.2	170535	8.6	597441	8.3
房地产投资	74598	5.8	27631	8.6	102229	6.5
社会消费品零售总额	238482	10.4	93575	10.3	332057	10.3
出口/亿美元	15370	-7.5	5783	-5.5	21153	-6.6
进口/亿美元	11407	-8.2	4216	-3.5	15623	-7.0
居民消费价格指数	102.0	2.0	98.0	2.0	200.0	2.0
工业生产出厂价格指数	97.1	-2.9	102.0	2.0	199.1	-1.7

二、2017年我国经济发展环境及趋势展望

1. 国际经济发展环境

2017年，总体上判断，世界经济将延续温和的低速增长态势。国际货币基金组织预期2017年世界经济增长3.4%，略好于2016年的增长水平。但同时有可能出现突发性因素而带来较大的不确定性和复杂性，其预测值也存在着向下调整的可能性。贸易环境略有改善，世界贸易组织秋季报告预测，2016年世界货物贸易量将增长1.7%，为国际金融危机爆发以来的最低水平。预测2017年世界贸易量增长将处于1.8%～3.1%之间，相较于2016年虽然略有改善，但难以从根本上扭转世界贸易低迷的态势。同时，随着2016年以来石油、铁矿石等大宗初级产品价格触底反弹和美元加息政策于年内落地，有可能反而使得国际金融市场因预期不明而产生的动荡和资本外流冲击现象有所减弱。还有我国周边地缘政治变化既有更加严峻的走向，也有明显改善的迹象，都会对经济外贸产生较大影响。

美国经济复苏相对平稳，劳动力市场继续改善，消费支出稳步增长，货币政策缓慢回归正常化，预测2016年和2017年美国经济将分别增长1.6%和2.2%。但是美国新总统任职后其实际政策走向现在还具有不确定性，进而对美国经济发展走势也将带来新的不确定影响；欧元区继续实行宽松货币政策并希望通过欧元贬值刺激出口等，也可能推动欧元区经济缓慢前行。但英国脱欧全面启动正式谈判将有可能打击投资者信心，并且与德国、意大利等重要银行的危机相呼应而引发欧洲银行业风险发酵。一些国家不断加剧的难民危机也将为经济复苏增添变数。预测2016年和2017年，欧元区经济将分别增长1.7%和1.5%；日本经济仍难真正摆脱停滞局面，避险因素导致日元升值抑制出口，制造业长期不景气，投资持续低迷，物价下行压力仍然较大等都是客观存在的困难和挑战，预测2016年和2017年日本经济将分别增长0.5%和0.6%，仍然是一个低水平的增长速度。世界上主要新兴经济体经济增长有望加快。国际货币基金组织秋季报告预计，2016年和2017年新兴经济体经济将分别增长4.2%和4.6%，表明对2017年总体情况的预期好于2016年。俄罗斯、巴西等部分新兴经济体经济下滑已经到达谷底，有可能出现走出深度衰退显现恢复性增长的苗头。预测印度经济2017年将增长7.6%，成为全球增长最快的经济体。我国将会继续保持中高速经济增长水平，特别是由于经济体量较大而使得我国对全球经济净增长将继续做出最大贡献。

2. 当前及 2017 年我国经济社会发展面临的主要问题和潜在风险

客观分析，2017 年我国经济运行中既有需要加大力度持续推进有效缓解的深层次矛盾和结构性问题，比如：经济增长仍然处于一个继续换档减速的长周期，长期存在的不合理经济结构的调整转型还只是处于艰难的攻坚阶段，国际金融危机后主要发达国家和经济体复苏进度之缓慢超出普遍预期等。应该说，上述三大类因素是困扰并且制约我国宏观经济健康、较快、有效发展的主要矛盾或者是矛盾的主要方面。但是同时，当前以及 2017 年也需要特别重视一些新情况、新问题，尤其是应该重点考虑以下几个问题及其潜在风险如何能够得到有效管控。

（1）2016 年 10 月开始实行的房地产新政对 2017 年宏观经济稳定增长的影响　近两年来，因各地陆续实行了包括商品房首付比例和利率下调、购置税减免、限购限贷放宽、场外配资等政策松绑措施，到 2016 年明显带来政策放大效应，加之 2015 年从股灾退出的巨量社会资金转入房地产市场，2016 年初以来包括刚性需求和投资投机购房需求都大幅上升，吸引大量社会资金流入，房地产市场全面回暖，大部分城市的商品房价出现新一轮暴涨。2016 年 1～9 月新增房贷占全部新增信贷的比例高达 43.9%，较 2015 年同期增加了 18.8 个百分点。高房价推高了企业经营成本和城市居民生活成本，“创业十年不抵买房一套”和“上市公司一年盈利买不了京、沪、深一套房”等故事的不断演化，谋求通过投资投机商品房实现快速致富的愿望和行为实际上已经成为大批投资者、企业、居民的一致共识，从某种意义上讲，严重损害了大众创业万众创新的积极性和可持续性。正因为如此，2016 年国庆长假期间，全国二十多个城市紧急出台了以控制房价、抑制需求为主导的所谓历史上最严的调控政策。但是，鉴于房地产既有消费属性也有投资属性，包括占有资金资源的规模和在拉动相关行业发展中的贡献以及形成国民财产性收入的重要意义都在相当时期内难有任何行业可以替补替代。特别是 2016 年的新政作为一个突变性信号，必然会对短期经济增长造成明显冲击。若下一步各地再出现政策执行走样、调控过度、反复折腾，则会对 2017 年的房地产及其相关产业稳定增长、后续投资安排、社会安定、居民安居等带来不利影响和严重后患。甚至可以说，2017 年的增长速度能否稳定在 6.5%以上在很大程度上取决于 2016 年房地产调控政策的滞后影响。

（2）社会资金继续“脱实向虚”的规模和速度　2015 年以来的连续五次降息和五次降准，证明我国货币政策的宽松度及其流动性加大都比较明显，但由于各种原因我国当前采取的金融输血实体经济的效果并不理想，反而有可能带来流动性陷阱风险。其主要原因在于：一是从宏观层面看到的金融市场利率和企业融资成本的确有所下降，但传导机制存在着的障碍，使得大批民营企业和小微企业融资难、融资贵的问题依旧突出，民营投资需求仍在放缓。二是由于投资效率低下以及大批行业平均利润率下降，单位社会融资规模所产生的 GDP 增长量继续减少，社会资金使用效率下降又进一步反过来影响投资信心。2016 年上半年社会融资规模增量与 GDP 之比已经达到 0.29，为 2011 年以来同期最低水平（2015 年同期比例为 0.31），浪费性投资、低效投资、无效投资等情况都非常普遍。三是社会资金因实体经济不振、投资回报率预期低下而加快“脱实向虚”，由 2015 年大规模涌入资本市场到 2016 年大量进入房地产市场，以及通过各类理财产品、产业基金、互联网金融（P2P）等路径进入虚拟经济，推动了 2016 年国内房地产、大宗商品等资产价格再次快速膨胀。2017 年，预期包括房地产、金融及资本市场、大宗商品领域的监测监管工作将得到完善和加强，但是由于近几年累积增加的货币流动性以及城乡居民不断累积的巨额存款，都很难在实体经济领域找到公平合理和可持续的投资出口，主管部门稍稍出现监管缺口和漏洞，社会资金“脱实向虚”的倾向和实际行为都将依然很难扭转。做好这方面的防范工作也是 2017 年实体经济能否尽快趋稳并持续增强发展活力的重要关键因素。

（3）部分领域和地区有可能新增加金融风险隐患　据初步了解，现在又出现了一些新情况、新问题。关于政府债务，一些地方政府因财政收入下降、土地财政受到抑制、银行贷款控制较严等因素，导致一些已经开工的重点建设项目和工程出现资金缺口，进而使得政府盲目举债的冲动有所抬头。比如，有的地方政府将 PPP 方式当成一种单纯的融资手段，只顾当期融资而不合理地确定各方权责，给予社会资本远超风险对价的优厚回报；有的地方政府设立投资基金的风险控制机制不完善，做出诸如违规担保、明股实债、兜底回购、固定回报等内部安排和承诺，又将形成新的隐性地方政府债务。关于机构和企业债务，问题更加突出一些，如制造业贷款不良率上升，企业债违约事件不断增多，保险公司利用万能险高杠杆资金举牌上市公司等事件增多，互联网金融等领域违约“跑路”事件频发而诱发社会矛盾激化。还如，一些房地产企业与金融机构已经形成高度关联的一损俱损的关系，2016 年的房地产新政在实施过程中，将有可能在 2017 年加大其关联金融机构的债务风险。总之，2016 年以来，通过加大化解地方政府融资平台债务力度、推进重点去产能企业债务包袱、市场化推进债转股和投贷联动试点等去杠杆政策举措，应该说在缓解地方政府和企业既有债务的问题上已经产生了较好的正面效应。但是，因为与此密切相关的现有财政体制、金融体制、投资体制等并没有产生实质性深化改革进展，以企业债务为主体的高杠杆问题也并没有从根本上解决问题，若再加上当前在新增债务上出现的新情况、新问题，一旦2017年主管部门和债务承担人防控风险预测、预警跟不上，应急处理失措，依法治理不到位而出现行政过度干预现象，以及诱发社会大面积恐慌局面，则有可能出现各类敏感领域金融风险积聚和交叉感染，增加系统性金融风险隐患显现的可能性。

（4）*民营企业家预期不好、信心不足导致民间投资缺乏活力以及实体经济不振的局面*　2016年以来，民间投资增速大幅下滑，1～9月份仅增长2.5%，同比回落7.9个百分点，其中7月份下降1.2%，为2012年正式开展民间投资统计以来的首次下降。为改变这一局面，2016年国家陆续采取了一系列重要举措，如修改完善鼓励和支持民营投资的综合性政策措施（包括双创、PPP、降杠杆、降成本、减免税费、营改增等），全面开展了第三方评估活动，并且组织全国性督查检查相关政策落实情况。应该说情况有所好转，否则民营投资增长下滑情况可能更加严重。但是，一方面，在国际投资贸易低迷和国内经济增长周期性结构性矛盾尚未得到根本缓解的情况下，部分产能严重过剩的行业及其企业正处于艰难地去产能去库存阶段，投资回报预期很差。同时，对于资金转为投向代表新动能、新经济的产业和领域这一合理选择，也由于大部分民间投资者十分缺乏决策判断力和抗投资风险实力而步履维艰。当前国际国内宏观经济背景下经济规律和市场规律所决定的对我国实体经济发展预期不好和信心不足，必然会严重影响民营投资积极性。这一点不会以人们的主观意志为转移。另一方面，影响和制约民间投资可持续增长的体制性、机制性问题仍然没有得到根本解决，企业特别是民营中小企业融资成本偏高、融资难度大、“玻璃门”“弹簧门”“旋转门”甚至是“没有门”等情况都在不同地区客观存在，2016年新出台的一系列利好民间投资的政策措施由于最后一公里问题还有待发挥应有效应。在2017年经济社会发展的下行压力仍然较大的背景下，如何将政府引导、鼓励和支持民间投资在适度扩大总需求和全面推进供给侧结构性改革的各方面政策措施落实、落实再落实，才有可能使得民间投资者能够尽快获得制度变革及其改革红利，这是2017年促进民间投资快速可持续回升的一个重大命题。

（5）*居民收入增速放缓包括农民增收困难而引发的社会问题以及抑制消费需求的苗头* 主要由于经济增长放缓带来企业盈利下降以及结构性下岗、转岗、失业等情况加剧，当前城乡居民收入增速出现放缓苗头，特别是农民稳定增收情况不容乐观，对消费增长的负面影响也开始显现。2016年1～9月全国居民人均可支配收入实际增长6.3%，增幅同比放缓1.4个百分点。农村外出务工劳动力月均收入同比增长5.9%，增幅同比放缓3.2个百分点。还有因粮价下降农民增产难以增收。对此情况，地方政府主管部门实际上已经作出了反映，如现各省市最低工资标准上调的个数和幅度均有所减少，2016年上调最低工资标准的省市仅有9个，较2015年减少了16个，平均上调幅度为11.6%，较2015年放缓了4.9个百分点。近期，国务院印发《关于激发重点群体活力带动城乡居民增收的实施意见》，其目的就是重点针对技能人才、新型职业农民、科技人员等七大重点群体实施激励计划，进而带动城乡居民实现总体增收，2017年是具体落实实施意见的关键之年，同时还要面临有效解决诸如确保完成2017年的农村贫困人口脱贫目标，确保对特殊地区特定去产能行业下岗失业人员、城镇弱势群体基本生活保障水平不下降等重要民生任务，这些不仅仅是影响2017年居民消费潜力稳定释放的重大问题，也是保障社会稳定并营造迎接“十九大”召开良好政治社会氛围的重大问题。

三、2017年我国经济增长预测及政策建议

2017年，我国宏观经济运行在总体上仍面临严峻的挑战和不利因素。但是，客观上也存在着重大机遇和有利条件。仅仅就国内而言，我国作为发展中大国，新型城镇化、工业化、信息化、农业现代化都在继续向前推进，各自领域自身的潜在增长率仍然保持在较高水平，特别是在互联网+大背景下这四化已经进入加快融合和同步发展阶段，所带来的新动能及其新的增长空间远远没有显现出来。虽然政府部门需要重视统筹协调区域、行业和企业间的发展分化问题，但这种生产力发展不平衡规律可以激励生产力布局优化及经济结构深度调整、促进要素资源整合及优化配置等的正向激励效应也还远没有充分发挥出来。同时，基于全面创新驱动而拓展的以双创、互联网+、大数据、云服务、移动互联、物联网、战略性新兴产业、工业2025等为核心的新动能、新经济已经迈出坚实的步伐，业

界特别是民间资本的积极主动参与并引导现有企业转型升级的预期不断放大也已经逐渐成为客观现实。因此，从完善和加强宏观调控的角度讲，2017 年政府工作的关键是要做好因势利导，在充分尊重市场规律和经济规律的前提下，务必采取更加精准、有效、有力的政策措施和体制、机制安排，强化推动政策显效和改革举措务实落地，这样才可以抓住机遇、克服挑战，有效对冲经济下行压力，稳定、健康、可持续地实现经济社会发展的预期目标。

1．固定资产投资领域

总体上保持平稳增长，其主要依据包括：一是新开工项目计划总投资快速增长，对后续投资稳定增长形成重要支撑。2016 年 1～9 月份，新开工项目计划投资额同比增长 22.6%，增幅同比加快 19.8 个百分点。二是工业企业效益有所好转带来的新增投资能力。随着供给侧结构性改革全面推进，以及工业生产者出厂价格跌幅不断收窄，工业企业利润逐月回升，有利于增强制造企业的投资意愿及其能力。三是工业企业库存处于历史较低位而拉动的补库存投资，特别因一些上游产业去产能带来的市场供求紧平衡预期，一些企业库存回补的存货投资将呈回升态势。四是已经安排和将继续推进落实的巨额国家专项建设基金、PPP 项目等补短板系列措施，将使得基建投资能够保持在较快增长水平。五是民间投资积极性和投资预期有望得到改善。全面落实《国务院办公厅关于进一步做好民间投资有关工作的通知》，强化了督查整改落实、深化“放管服”改革、营造公平竞争的市场环境、缓解融资难融资贵、降低企业成本负担等方面的配套联动，有助于提升社会投资信心并且调动民营企业积极性，围绕双创和企业技术改造加大民间投资。六是培育、壮大新动能新经济的系列政策措施将催生新的投资热点，借力互联网+行动、四众（众创、众包、众筹、众扶）模式、新型智慧城市建设、大数据等新技术应用，新产业、新业态、新模式将吸引更多增量投资。

但是，也存在一些影响投资增长的因素，比如：一是实体企业投资收益预期并不巩固，相关鼓励和支持民间投资的政策措施落地见效尚需要继续解决好“最后一公里”的问题，稳定持续地吸引社会资金大规模流入的大环境还不具备；二是金融对实体经济的扶持办法和力度仍然面临着不到位的问题，特别是融资难、融资贵、企业经营成本较高等问题仍然十分严重；三是传统行业规模大，退出成本大、耗时长、程序复杂，新旧动能转化需要时间和经验积累，新产业、新业态新增投资难以抵消传统行业投资减量；四是新一轮房地产调控政策将会使房地产市场降温，导致房地产投资呈回落趋势，也相应地会连带诱发相关行业投资回落。预计 2017 年全国固定资产投资增长 8.5%左右。

2．消费领域

总需求将稳中略降，其主要依据包括：一是旅游与休闲、文化与创意文化、体育与健康、医疗与养老、教育与培训、即时通信与信息内容服务等个性化、多元化新兴消费模式和消费热点比较活跃，现实增长及其潜力十分巨大。二是基于互联网+的各类电子商务业态（如 O2O、电商+物流、电商+支付+信用等）迅速发展，创新了消费理念、增加了消费供给，网上购物已经成为城镇也包括部分农村居民重要的消费方式和行为。三是 2017 年随着社会保障体系继续完善，总体保障水平逐步提高，社保覆盖面不断拓宽，将在某种程度上继续缓解部分居民扩大消费的后顾之忧。加上实行允许生二胎政策使得 2016 年新增加百万以上人口，也必然增加新的消费。

但同时，抑制消费增长的因素也较多：一是从根本上讲，居民消费增长与宏观经济走势高度正相关，2017 年面临的经济下行压力所带来的企业增收困难，也必然影响居民收入增长，最终将抑制消费增长。二是 2016 年居民收入增速放缓、最低工资标准上调的省份减少、上调幅度减小等减弱居民消费能力的现实也会对 2017 年的消费产生不利影响。三是 2016 年施行的商品房调控政策，不仅会影响销售面积的增长，也将会抑制与住房相关的家具、家电、建材等关联性很强的商品消费。四是我国汽车等耐用消费品现行政策的调整改变将会明显影响 2017 年的汽车市场消费行情，特别是现行的对政策依赖性较强的 1.6L 及以下排量乘用车购置税优惠政策能否延续或者调整幅度都将会影响来年的消费，同时影响家用汽车配套产业发展。五是消费大环境仍然有待改善，包括产品质量、有效商品和优质服务供给、消费者权益保护、消费体验满意度等问题都还难以满足消费需求变化和升级，这些都会明显影响消费水平的稳定增长。预计 2017 年社会消费品零售总额将增长 10%左右。

3．外经外贸领域

进出口总体上仍将处于低迷、低速态势。首先是 2017 年的全球贸易总量将继续减少。发达国家将继续经济复苏的缓慢态势，从而难以快速增加其居民收入以及相应的消费增长。同时，经济危机以来西方发达国家大批消费者加快从信用透支型、浪费型、奢侈型消费理念和模式向体验式实用型消费理念和模式转化，也使得世界性货物商品相对过剩问题 2017 年将继续积累，试图通过本币贬值谋求扩大贸易出口和强化贸易保护主义限制进口实际上已经成为许多发达国家和新兴国家首选的对外贸易工具，2017 年这一问题不会缓解，世界贸易增长乏力将会持续下去。其次，我国货物商品贸易竞争形势十分严峻，近年来我国包括人力、土地、环境治理成本明显加大，使得“中国制造”参与世界分工体系的传统比较优势逐步削弱，在中低端产品出口市场上面临大批发展中国家的激烈竞争，以及国际上越来越多的贸易争端。而同时，具有自主知识产权的高端装备、智能制造等高技术产品出口，也需要一个打破封锁、战胜对手、拓展市场、巩固阵地的漫长过程，特别是还要受到地缘政治因素影响而与一些发达国家开展不公平竞争，短期内很难形成新的对外投资和贸易增长点。

但是，2017 年也有一些可以有所作为的方面。比如，通过继续务实推进“一带一路”和国际产能合作等战略，借助于亚洲基础设施投资银行、丝路基金、东盟合作基金、中非产业合作基金、中东欧合作基金等融资平台和各类金融工具拓展对外投资新空间，同时通过加快推进“五通”带动商品出口和服务贸易；再如，积极主动调整出口结构并与对外投资参与兼并重组、建立营销网络和研发中心等结合起来，促进进出口稳定上规模、上水平。预计 2017 年我国对外贸易出口将下降 3%左右，进口将下降 4%左右，相较于 2016 年下降幅度均明显收窄。

4．物价领域

居民消费价格温和上涨，工业品价格难以持续稳定回升。在居民消费价格走势上，主要由于劳动力成本呈刚性上涨势头，服务价格将小幅上涨，猪肉价格高位企稳，蔬菜、鲜果等食品价格受天气等因素影响有较大的不确定性。另外，2017 年国家有可能陆续推出一些价格改革举措以及落实 2016 年电价、医药等价格改革政策，也有可能拉动价格小幅升高。但是，因社会总供给大于总需求的基本状况没有改变，消费物价缺乏大幅上涨的基础。从工业品价格看，国际大宗商品价格进一步大幅反弹的动能不足，我国产能过剩问题仍比较突出，工业品供过于求的状况也难以出现根本性改变，其价格持续回升的基础也不牢靠。考虑到工业品翘尾因素明显升高的情况，2017 年工业品价格翘尾较 2015 年回升约 4 个百分点。

预计 2017 年 CPI 将上涨 1.8%左右，PPI 将上涨 1.0%左右。

5．主要预期调控目标

主要考虑到我国潜在经济增长水平和 2017 年的需求变化趋势，以及当前宏观经济下行压力仍然较大的现实，同时也考虑到 2017 年工作不宜各方面绷得太紧，建议把 2017 年经济增长调控目标定在 6.5%左右（见表 2）。但是，若考虑到全国迎接十九大和在国际国内引导积极预期以及深化改革有可能释放出来更多红利的可能性，2017 年增长速度超过 6.5%也是一个具有较大概率的事件。建议居民消费价格指数涨幅控制在 2.5%左右，城镇新增就业 1000 万人以上。

表 2　2016～2017 年我国主要宏观经济指标预测

时间	2016 年预测		2017 年预测	
单位	亿元	（%）	亿元	（%）
GDP	739311	6.7	798942	6.5
一产	64252	3.7	67694	3.8
二产	293522	6.1	309578	6.0
三产	381536	7.6	421670	7.3
规模以上工业增加值	—	6.1	—	5.9
固定资产投资（不含农户）	597441	8.3	648223	8.5
房地产投资	102229	6.5	104274	2.0
社会消费品零售总额	332057	10.3	365263	10.0
出口/亿美元	21153	-6.6	20518	-3.0
进口/亿美元	15623	-7.0	14998	-4.0
居民消费价格指数	200	2.0	203.6	1.8
工业生产者出厂价格指数	199.1	-1.7	201	1.0

四、宏观调控政策建议

顺利实现 2017 年预期增长目标的工作难度不小，为此，务必要充分调动各方面特别是民间资本和民营企业的积极性，采取更加积极的财政政策和稳健合理的货币政策，同时加强综合施策并且采取更加精准、力度适宜的组合式政策工具，着力推进财政、货币政策与规划、区域、产业、价格、外贸等政策同向发力，并且结合深化“放管服”、财税、金融、国有企业、投资等体制改革，进一步激发市场活力和释放制度创新红利。

1．适度扩大财政赤字规模，实施更加积极的财政政策

一是适当扩大财政赤字和国债发行规模。这既是通过适度扩大政府投入带动民间资本投入增长的必要举措，也是补民生改善短板之合理选择。同时强化提高投资效率。建议 2017 年全国财政赤字率控制在 3.5%左右，或者考虑发行一定规模的长期建设国债（特别建设国债）。增加安排地方政府一般债券发行规模。二是实施普遍性减税措施。建议降低增值税税率 2 个百分点，并整合简化税率；尽快出台个人所得税综合征收改革方案。三是实施功能性减税措施，对市场有效供给不足且国家引导发展的行业和小微企业全面减税，支持企业进行创新投资。四是实施专项性减税措施，比如继续延长 1.6L 及以下乘用车购置税减半征收政策至 2017 年底。

2．积极创新金融政策工具，实施稳健合理的货币政策

一是建议社会融资总量和广义货币增长 12%左右，保持适度合理的流动性规模。同时着力推进向实体经济传导。二是运用再贷款、抵押补充贷款（PSL）和信贷质押再贷款等创新政策工具，保证社会流动性平稳合理增长。三是两手抓、去杠杆。一方面，控制企业融资规模，通过缩小分子降杠杆；另一方面货币信贷也要支持经济适度稳定增长，通过做大分母来降杠杆，落实 2016 年出台的企业降杠杆政策措施，切实化解金融风险。四是进一步提高人民币汇率市场化水平，增强人民币汇率弹性。五是密切跟踪美联储加息等重要国际金融动态，防范外汇市场剧烈波动和跨境资金大规模外流等风险。

3．加快深化国有企业改革，切实提高经济增长效益

推进国有企业改革要力求取得实质性进展。建议大规模清除僵尸企业并切实推进股权改革。要按照《关于国有企业发展混合所有制经济的意见》的要求，在电力、电信、民航、军工、石化等领域推出一批混合所有制改革的试点示范。同时，选择一些大企业的子公司，推出力度比较大的、以管理层和员工持股为主的混合所有制改革，可以明确公开地给出股票价格上的优惠。管理层和员工购股资金可用于补充社会养老保险。此外，要按照市场化和法治化原则，加快兼并重组并实施债转股，企业价值应该以市场公允价值而不是企业的总资产或净资产计算。

4．大力促进居民收入稳定增长，推动消费供给创新

一是积极创造就业机会，稳定居民增收。落实好《国务院关于激发重点群体活力带动城乡居民增收的实施意见》，着力培育中产阶层；进一步通过培训、再教育等方式提高居民增收能力；大力推广节本增效技术，促进休闲农业、乡村旅游等相关产业发展，促进农民增收；做好下岗分流员工的安置工作。二是加大消费品供给创新力度。对当前消费品生产领域的共性关键技术集中组织力量进行攻关，研究出台消费品领域的先进技术开发与应用的扶持计划，构建较为完整的消费品供给创新体系。三是大力提升消费供给的质量和标准体系，吸引部分消费回流国内。应尽快对我国12个主要消费品领域770余项指标进行标准升级，特别要提高有害物质、绿色环保、食品安全等通用性标准；优化标准创新的激励政策，提高企业和社会组织标准创新的动力；在教育、旅游、网络消费等重点领域开展服务业质量提升专项行动；实施品牌价值提升工程，培育一批能够展示“中国制造”和“中国服务”优质形象的消费品品牌与企业。同时，加大对公共产品和服务特别是绝对贫困人口、结构性失业人员、低收入群体的财政支出力度，守住民生和社会保障的底线。

5．着力提高投资的有效性，保持投资稳定增长

克服一些似是而非的思维模式，进一步发挥好有效投资对于稳增长、补短板、调结构、培育经济新动能的特殊作用。一是启动一批纳入国家“十三五”规划的重点投资专项和重大基础设施工程建设，条件基本具备的尽快投入开工。二是全面激发民间投资活力。全面放松不公平、不合理的市场准入等形形色色的行政管制和程序化管理，严格督导简政放权，真正能够落实到最后一公里，放开服务行业准入限制，尽快实施市场准入负面清单制度。三是着力深化投融资体制改革。加快地方性中小银行和民营银行发展，发展多业态的普惠金融组织体系。支持民营企业依托资本市场直接融资，扩大中小企业各类非金融企业债务融资工具及集合债、私募债发行。支持并规范移动互联支付、小额贷款等创新性、专业性金融业态发展。

6．延长加工贸易价值链，稳定外贸出口

一是延长加工贸易价值链。鼓励具有实力的加工贸易企业向周边国家和地区延伸产业链，根据全球价值链配置趋势，将核心环节留在国内，同时利用国际分工扩张海外配套组件生产线。二是培育货物贸易新的增长点。适应国际互联网、大数据、智能制造快速发展的潮流，选择智能家电、智能手机等产品作为未来我国货物贸易出口的重点产品，通过政策引导、财税支持、创新补贴等措施进行大力扶植。三是培育外贸新兴业态。加快发展外贸综合服务企业、跨境电商、海外仓、市场采购模式等新型贸易业态，提高传统贸易效率。四是培育外贸自主品牌。坚持实施国际自主品牌发展战略，支持企业开展国际并购，强化本土品牌创新与"走出去"，拓展品牌国际营销渠道。五是借助"一带一路"战略带动相关商品和服务出口。支持高铁、核电等重点领域的重大工程项目合作，带动相关装备制造等商品出口。

（作者：杜平 祝宝良 牛犁）

2016 年世界经济形势分析与 2017 年展望

2016 年，全球经济增速延续下滑趋势，发达经济体明显减速，新兴市场与发展中经济体企稳，国际贸易出现触底回升迹象，国际油价过低弊端显现，物价下行压力加大。展望 2017 年，国际油价及大宗商品价格有望回归理性，国际金融市场抗风险能力进一步增强，新兴市场与发展中经济体有望重新引领世界经济增长。但是，当今世界缺乏主导经济增长的产业和技术，全球债务高企继续阻碍经济复苏，收入分配不平等也在抑制全球潜在增长能力的发挥，美联储加息仍可能引起金融动荡。预计 2017 年全球经济增速有望止跌，并可能出现小幅回升。

一、2016 年世界经济形势分析

2016 年金融市场同步暴跌，年中出现了具有历史意义的英国脱欧事件，同时欧洲难民问题及局部地区冲突不断升级，美国经历了大选闹剧，全球黑天鹅事件不断。但是，2016 年全球经济并没有受到严重冲击，世界经济进入了低速平稳增长周期。

1．发达经济体减速，新兴市场与发展中经济体企稳

2013 年以来，以美国为代表的发达国家一改经济增长停滞不前的状态，经济复苏步伐不断加快，而新兴市场经济体增速逐步放缓，巴西和俄罗斯甚至出现较为严重的衰退，由此导致国际社会舆论出现金砖国家“退色论”“破碎论”。在这一背景下，发达国家似乎又重新主导了世界经济增长格局，但 2016 年这一趋势发生逆转，发达国家明显减速，而新兴市场经济体逐步企稳。国际货币基金组织预计 2016 年发达经济体经济增长 1.6%，比 2015 年下降 0.5 个百分点；新兴市场与发展中经济体增长 4.2%，比 2015 年高出 0.2 个百分点。在新兴市场经济体筑底的过程中，其增速的提高无法抵消发达经济体的下降，因此全球经济总体上保持低迷状态。国际货币基金组织预计 2016 年全球经济增长 3.1%，比 2015 年下降 0.1 个百分点。

2016 年前三个季度美国 GDP 环比折年率分别为 0.8%、1.4%和 3.2%，同比

增长分别为 1.6%、1.3%和 1.5%，经济增长明显乏力，这一增速也明显低于其潜在的经济增长率。欧元区是能源和大宗商品价格下跌的受益者，2016 年一季度经济同比增长 1.7%，二、三季度均增长 1.6%，低于 2015 年同期水平。作为世界第三大经济体，日本经济增长仍然乏力，国际货币基金组织预计 2016 年仅增长 0.5%。

2016 年，俄罗斯和巴西等被西方唱衰的国家表现出较强的韧性和反危机能力，经济企稳迹象明显。俄罗斯并没有出现金融及国家主权债务危机，2016 年前九个月工业生产同比增长 0.4%。巴西经济仍处于衰退之中，但 2016 年 3 月份以来工业生产环比连续六个月实现增长，这表明当前巴西工业生产境况不断改善，开始触底缓慢回升。亚洲新兴经济体继续表现出较强的韧性，2016 年前两季度，印度经济同比增长分别为 7.9%和 7.1%，位居世界主要经济体之首。非洲国家积极应对能源和大宗商品价格暴跌产生的负面影响，促进经济多元化，一些非资源出口国，如埃塞俄比亚、肯尼亚和塞内加尔等经济增速将超过 5%。

2．国际贸易 2016 年上半年增长乏力，2016 年下半年出现触底回升迹象

2016 年，全球贸易增长仍然乏力。前三季度，美国商品进口和出口分别比 2015 年同期下降 4.1%和 5.1%，日本下降 18%和 9.2%，欧元区下降 1%和 3%，巴西下降 25%和 4%，印度下降 15%和 5%，俄罗斯下降 6%和 26%。2016 年下半年以来，衰退幅度有所减缓，并逐步出现转正迹象，但复苏的基础不牢固。根据世界贸易组织的最新预测，2016 年全球贸易增速只有 1.7%，这一增长速度为 2009 年以来的最低水平，这也是十五年来全球贸易增速首次低于全球经济增速。

事实上，2012 年以来，全球商品和服务贸易一直保持 3%左右的低速增长态势，不到前三十年平均增速的一半。根据国际货币基金组织的定量研究，全球贸易增长放缓的主要原因是经济疲软。与 2003～2007 年相比，最近五年贸易增长下降的 3/4 主要与全球经济增长下滑有关，核心原因在于投资下降大幅降低了投资品和中间产品的国际贸易。另外，其他原因也不可忽视。一是国际能源和大宗商品的非理性下跌导致了贸易价值量的下降，也进一步削弱了资源出口国的进口能力。二是逆全球化趋势有所加强，不论是发达国家还是发展中国家，都出现了形形色色的贸易和投资保护主义。三是产业回流降低了国际贸易水平。近年来，发达国家再工业化的呼声很高，部分技术含量高的生产环节回流到国内，这直接导致了国际贸易的下降，虽然产业回流规模相对较小，但对贸易增量的影响依然相对较大。

3．国际油价过低弊端显现，物价下行压力加大，但资产价格上扬

2014年，国际原油价格从每桶100美元的价格开始回落，2016年年初跌破30美元，毋庸置疑，这对能源和资源输入国而言可以大幅降低生产和消费成本，从而促进经济增长，日本、印度以及欧洲等国家无疑是受益者。但“谷贱伤农”的道理同样适用于石油，一旦市场价格低于生产成本就会扰乱市场经济秩序。首先，低油价直接导致产油国经济大幅下滑。以美国为例，2014年美国石油和天然气行业的增加值为3022亿美元，但2015年下降到1744亿美元，直接导致名义GDP下降0.7个百分点，石油在美国经济中的比例较低，但价格的变化对GDP增量的影响仍然较大。而对以石油为主导产业的国家而言，油价的暴跌无疑是一场灾难。其次，低油价直接冲击了全球清洁能源、节能及相关产业的发展，对国际社会应对气候变化也产生了负面影响。三是石油企业前期投资成本难以收回，企业将面临巨大亏损，再投资能力削弱，相关的贷款也存在较大的违约风险。

油价过低也在一定程度上导致消费者价格指数低位徘徊，全球物价下行压力加大，面临较大的通货紧缩压力。不过，全球超发的货币并没有消失，而是流入了资产领域。根据标准普尔的统计，2016年以来，美国20个大中城市房价每月同比上涨均超过5%。与此同时，2016年9月份，美国道琼斯工业平均指数同比上涨12.4%。资产价格的过快上涨无疑给全球金融市场带来了巨大的潜在风险。

4．就业市场相对稳定，但结构问题依然突出

2016年，美国失业率始终保持在5%及以下水平；欧元区就业状况持续改善，9月份失业率下降到10%，同比下降了0.6个百分点；日本失业率一直保持在3.5%以下；遭受经济衰退的俄罗斯失业率并没有上升，2016年9月失业率为5.2%，与2015年同期持平。从整体上看，就业市场似乎并无问题，但就业结构存在一定的问题，民生问题依然突出。就美国而言，劳动参与率始终保持在63%以下，而2009年则保持在65%以上，这说明大量失业者退出劳动力市场，同时美国黑人失业率始终保持在8%～9%的水平。俄罗斯失业率虽然相对较低，但是贫困人口的数量却在上升。据统计，收入低于最低生活标准的俄罗斯人数量已达到总人口的13%左右，而2014年这个比例只有10%，贫困人口增加了将近500万。

二、2017年世界经济发展趋势及影响因素分析

2014年全球经济增速为3.4%，2015年下降到3.2%，预计2016年将降低到3.1%，换言之，世界经济增速已经经历了持续两年的下滑。展望2017年，全球经济增速有望止跌并可能出现小幅回升，但整体上仍然处于低速增长状态。国际货币基金组织预计2017年全球经济增速为3.4%，高出2016年0.3个百分点。其中，发达经济体增长1.8%，增速提高0.2个百分点；新兴和发展中经济体增长4.6%，增速提高0.4个百分点。预计在国际社会的共同努力下，这一增速有望实现，但仍面临很大的不确定性。

1. 促进世界经济发展的有利因素

（1）*新兴市场与发展中经济体有望重新引领世界经济增长* 2016年以来，以巴西和俄罗斯为代表的新兴市场经济体已经出现复苏迹象，2017年这一趋势将会延续，主要原因如下：一是改革政策的落实将有效促进经济增长，近年来新兴市场经济体正在加快改革步伐，政策的累积效应有望在2017年集中显现，从而实现改革推动的经济增长。二是经济多元化及进口替代战略将进一步促进新兴市场与发展中经济体的工业增长。三是国际投资者信心增强，国际资本有望加快流入。在经济处于严重衰退、总统遭受弹劾的情况下，巴西仍然出人意料地成功举办了2016年奥运会；在遭受西方制裁以及油价暴跌的条件下，俄罗斯经济没有崩溃，外汇储备稳定回升。这两个国家的经济表现必将增强国际投资者信心，从而有利于吸引外资，推动经济快速增长。

（2）*国际油价有望回归理性* 2016年国际石油价格经历了非理性下跌，其中的原因比较复杂，众说纷纭，莫衷一是。但是，在经历了多轮博弈之后，各利益主体均应认识到过低的油价对各方都是不利的，从最终结果来看是一种多输的格局。因此，2017年国家油价有望回归理性，并带动大宗商品价格的回升，这不仅对资源输出国是有利的，对美国实现能源自给战略同样是有重要意义的。

（3）*国际金融市场抗风险能力进一步增强* 美国次贷危机以来，国际金融市场经历了多轮市场动荡，但无论哪一次金融动荡，在各国以及国际社会的共同干预之下，最终都能够得以平息。经历了美联储首次加息的洗礼，国际投资者也趋向理性和成熟，尽管全球经济表现欠佳，2016年全球金融市场仍保持了稳定向好的趋势。2017年，国际金融市场将再度经历美联储加息的考验，但在国际投资

者充分消化其预期之后，对金融市场的冲击应当相对较弱，世界经济的发展仍然处于相对有利的金融环境中。

（4）*美国有望进入新的政治增长周期* 美国新当选总统特朗普是企业家出身，未来经济政策将更为务实。另外，从最新的情况来看，特朗普所在的共和党基本上控制了参议院和众议院，这使得经济政策更容易达成一致，总统提出的系列经济政策有望得到快速落实。因此，未来四年美国有望进入新的政治增长周期。尽管美国有可能采取逆全球化的对外政策，但美国经济的持续增长对世界经济的稳定更具积极意义。

2. 影响世界经济发展的不利因素及潜在风险

（1）*当今世界缺乏主导经济增长的产业和技术* 一个国家要保持较长时期的高速增长离不开主导产业的发展，主导产业有三方面作用：第一，后向联系效应，即新产业部门处于高速增长时期，会对原材料和设备产生新的投入需求，从而带动一批工业部门的迅速发展；第二，旁侧效应，主导产业部门会引起周围一系列变化，这些变化进一步推进工业化；第三，前向联系效应，即主导产业部门通过增加有效供给促进经济发展。在美国经济起飞阶段，铁路充当了主导产业，20 世纪 90 年代 IT 行业基本符合了主导产业的三个特征。全球金融危机后美国大力提倡使用清洁能源，积极推动发展页岩气和页岩油的发展，新能源成为美国乃至全球的新兴主导产业。美国石油和天然气设备及建设投资大幅飙升，各国新能源产业蓬勃发展，但国际油价的暴跌终结了本轮周期的繁荣。展望未来，在相当长的一段时间内难以出现主导全球经济增长的产业和技术，新技术推动的经济增长周期难以再现。

（2）*收入分配不平等抑制了全球潜在增长能力发挥* 消费不足理论是在凯恩斯之前就出现的最古老的经济周期理论，其观点之一是收入分配的不平等是终止经济扩张的原因。在次贷危机中表现为美国低收入者丧失还款能力，从而导致富人聚集的华尔街全面爆发金融危机。当前，世界各国收入分配的不平等加剧，高收入社会阶层的消费已经没有增长空间，广大中低收入者无力消费，这就形成了消费不足，即使在印度这样的发展中国家也出现了产能过剩。展望未来，全球性收入分配改革进展缓慢，中低收入者有效消费能力不足将继续压制各国潜在生产能力的发挥。

（3）全球债务高企阻碍经济复苏　最近四十多年，高负债一直在困扰着世界经济发展。1974年，西方经济陷入严重衰退，美国执行了力度更大的财政赤字政策，在后来的二十年间，巨额赤字成为全球经济稳定和扩张的必要条件。克林顿执政之后实行了平衡性财政政策，财政赤字逐步消灭，在这种情况下美联储把提高私人部门的债务规模作为需求管理的新手段，私人债务代替财政赤字成为拉动全球经济增长的主要力量。这种手段能够实施的前提条件是股价不断上升及其产生的财富效应。在美联储的干预下股价不断上升，从1994～2000年第一季度，美国家庭持有的股票价值从4.5万亿美元上升到11.5万亿美元，但储蓄率从1992年的8.7%下降到0.3%，家庭债务占可支配收入的比例在1993～1999年间高达94.2%。但是，这一政策伴随新经济泡沫的破灭而破产，美国经济重新陷入衰退。进入21世纪之后，房价上涨的财富效应再次提高了家庭债务率，家庭债务促进了上轮经济周期的形成，但次贷危机的爆发为此画上了句号。次贷危机爆发后，低利率和量化宽松的货币政策直接导致全球债务的急剧攀升。根据国际货币基金组织的报告，截至2015年底全球债务占GDP的比例已经高达225%，即便不出现全球性债务危机，过高的负债也必将制约借款主体的投资和消费能力，从而抑制潜在经济增长能力的实现。

（4）全球通胀压力上升，美联储加息仍可能引起金融动荡　2017年全球通货膨胀将呈现上升趋势，一方面，能源和大宗商品价格的上涨将推动物价上行；另一方面，全球货币超发首先导致资产价格上涨，最终将传导至生产与消费领域。因此，2017年通货膨胀存在抬头的可能，一旦CPI上涨幅度超过2%，GDP增速不低于2%，失业率在5%以下，国际原油价格持续保持在每桶50美元上下，美联储必将加息。尽管国际金融市场的免疫力有所增强，但仍然难以避免短期的动荡，也不排除由此诱发全球债务危机的可能。

三、我国对策

展望未来，世界经济格局向新兴市场和发展中经济体转变的趋势不会改变。作为发展中的大国，我国应抓住历史机遇，深化国际合作，推动世界经济的健康发展。

1. 联合国际社会，坚决抵制逆全球化浪潮

近年来，贸易和投资保护主义势力有所抬头，逆全球化趋势明显。不论是从

长期还是短期看，逆全球化将会降低全球劳动生产率，对新知识、新技术的推广也是极为不利的，贸易和投资全球化的倒退只能加剧全球经济停滞不前的局面。我国应通过联合国、G20、APEC 等国际组织及有关国际会议，加强国际协调，促进经济全球化，坚决抵制逆全球化趋势。

2．以设备和技术为核心，继续推进国际产能合作

在全球缺乏主导产业和技术的条件下，国家间的设备和技术合作可以在很大程度上提高经济增长水平，有利于世界经济的复苏。在当前形势下，我国应加强如下方面的工作：一是进一步扩大技术设备进口，在促进我国产业升级的同时带动世界经济复苏，展现负责任大国形象。二是以小国为突破口，深化高端产能合作。有的国家经济规模较小，但是科技发达、产业创新能力很强，而且这些国家开放程度高，保护势力弱。通过产能合作吸收这些国家先进的技术设备具有重要意义。三是加大对发展中国家设备的技术输出，促进东道国产业升级。

3．以“一带一路”为核心，积极推动基础设施建设与产业园区建设

基础设施落后是“一带一路”沿线国家的经济发展瓶颈之一，加强与东道国之间的基础设施建设合作有利于消除东道国发展瓶颈，并可以实现“一带一路”与这些国家路网的成功对接。另外，“一带一路”沿线国家大多在实施经济多元化战略，产业园区的建设可以促进这一战略的实现，同时可以保障未来“一带一路”的货运量。

4．加强国际舆论引导，正确认识我国经济和世界经济“新常态”

作为世界第二大经济体，国际社会对我国的关注程度日益提高，但是不良的国际舆论容易造成市场的恐慌。因此，我国应通过高端国际会议及媒体，客观宣传介绍我国情况，让国际社会正确认识我国经济“新常态”和世界经济“新常态”，促进世界经济健康发展。

（作者：张亚雄　程伟力）

2016年中国财政收支分析及2017年展望

2016年以来，受经济增速放缓、营改增减收等其他减收因素影响，全国一般公共预算收入增幅继续走低。在财政收入增速回落、收支矛盾加大的情况下，有关部门加强支出预算执行管理，及时拨付财政资金，切实保障了稳增长、惠民生等重点支出需要。2016年四季度，经济下行压力和财政收支平衡压力仍然较大，建议进一步落实和完善减税降费政策，积极推进财税体制改革，有效化解地方政府债务风险，充分发挥财税政策支持实体经济发展、提升就业和民生保障水平、促进新经济新动能成长壮大的重要功能。

一、2016年全国一般公共预算收支分析及全年预测

1. 2016年1～9月份一般公共预算收入低速增长

2016年1～9月份，受经济增速放缓、营改增减收等其他减收因素影响，全国一般公共预算收入11221.9亿元，同比增长5.9%（见图1），完成预算的77.2%。其中，中央一般公共预算收入54627.95亿元，同比增长4.4%，完成预算的77.4%；地方一般公共预算本级收入66772.0亿元，同比增长7.2%，完成预算的77.1%。收支相抵，累计赤字14556.3亿元，同比多8284.6亿元。全国一般公共预算收入中的税收收入100880.54亿元，同比增长6.6%，完成预算的78.4%。

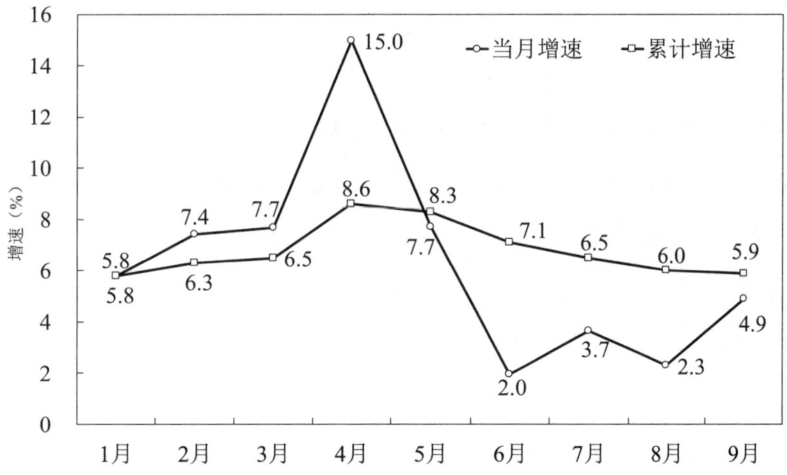

图1 2016年1～9月份全国一般公共预算收入增长速度

2016年1～9月份财政收入增长有如下特点：

（1）受营改增政策减收效应逐步显现，以及前期地方清缴营业税影响，全国一般公共预算收入增幅先升后降　2016年一季度增长6.5%，其中1月、2月、3月份分别增长5.8%、7.4%、7.7%，增幅总体平稳且呈逐月提高的态势。2016年二季度增长7.5%，4月份受部分地区商品房销售回暖以及营业税清缴增收等因素影响，收入增幅跃升至15.0%；5月份受部分企业汇算清缴2015年所得税延后入库影响，增幅回落到7.7%；6月份则受前期清缴营业税减少了部分收入来源、2015年同期基数较高以及政策性减收效应体现等影响，增幅回落到2.0%；2016年三季度增长3.1%，受营改增政策性减收效应进一步显现、2015年基数较高等因素影响，7月份以后财政收入同比增速低位波动。

（2）受消费税、进口环节税收、车辆购置税、证券交易印花税等减收影响，中央财政收入增速较低　2016年1～9月份，主要受产销量下降影响，卷烟和成品油消费税减收较多，国内消费税7952.5亿元，同比增长0.4%，完成预算的66.2%；受一般贸易进口下降影响，进口货物增值税、消费税9091.46亿元，同比增长0.0%，完成预算的70.1%；关税1886.81亿元，同比下降0.4%，完成预算的71.7%。受1.6L及以下排量乘用车减半征收车辆购置税政策性翘尾减收的影响，车辆购置税1912.12亿元，同比下降10.8%，完成预算的74.7%。受股票市场交易低迷的影响，印花税1737.79亿元，同比下降35.7%，完成预算的67.1%。其中，证券交易印花税1030.73亿元，同比下降49.7%，完成预算的62.5%。

（3）受部分地区商品房销售回暖、营业税清缴增收以及2015年基数等影响，地方财政收入增长较快但分化明显　2016年1～9月份，契税3158.33亿元，同比增长11.7%，完成预算的75.9%；土地增值税3280.37亿元，同比增长13.7%，完成预算的80.0%；房产税1561.23亿元，同比增长4.9%，完成预算的71.0%。由于现代服务业和高端制造业多集中于东部地区，其带动东部地区税收持续快于中西部地区。31个地区中，上海、广东、浙江等4个省市实现两位数增长；北京、天津、河南、安徽等22个省市区实现个位数增长；山西、辽宁、青海、陕西、黑龙江5个省份收入下降。

（4）受营改增试点全面推开的影响，原营业税纳税人改缴增值税形成收入转移体现增收，国内增值税增速明显加快 2016 年 1～9 月份，国内增值税完成 28014.41 亿元，同比增长 23.8%，完成预算的 66.5%。其中，改征增值税 7234.55 亿元，比 2015 年同期增加 4831.48 亿元，同比增长 201.1%；如果扣除改征增值税，国内增值税同比增长 2.7%。营业税完成 11404.67 亿元，同比下降 20.4%，完成预算的 157.5%；改征增值税与营业税合并计算，2016 年 1～9 月份累计增长 11.4%，其中上半年增长 24.2%，7 月、8 月、9 月则分别下降 10.9%、17.6%、21.3%，营改增试点全面推开的政策性减收效应逐步体现。

（5）受房地产市场交易回暖及 2015 年资本市场相关企业利润增长较快的影响，企业所得税增长较快 2016 年 1～9 月份，企业所得税为 24162.21 亿元，同比增长 8.3%，完成预算的 83.2%。其中房地产企业所得税增长 25.4%，金融企业所得税增长 6.4%。

（6）由于居民工资性收入、劳务报酬和财产转让所得增长较快，个人所得税增幅较高 2016 年 1～9 月份，个人所得税为 7902.58 亿元，同比增长 17.0%，完成预算的 83.5%。其中，受二手房交易活跃等带动，财产转让所得税增长 27.2%。

2．2016 年 1～9 月份一般公共预算支出保持较高增速

2016 年 1～9 月份，全国一般公共预算支出 135956.23 亿元，同比增长 12.5%（见图 2），完成预算的 75.2%。其中，中央一般公共预算本级支出 19462.99 亿元，同比增长 5.4%，完成预算的 71.1%；地方一般公共预算支出 116493.24 亿元，同比增长 13.8%，完成预算的 76.2%。主要支出情况如下：

（1）教育支出 19683.96 亿元，同比增长 13.3%，完成预算的 73.6% 重点在于完善城乡义务教育经费保障机制，统一义务教育学校生均公用经费基准定额，继续实施农村义务教育薄弱学校改造计划等重大项目。支持普惠性幼儿园发展，对公办普通高中建档立卡等家庭经济困难学生免除学杂费，推动地方建立、健全职业院校生均拨款制度，改善中职学校办学条件，完善高校预算拨款制度，健全家庭经济困难学生资助政策体系。

（2）科学技术支出 3984.33 亿元，同比增长 14.2%，完成预算的 65.6% 重点改革和创新科研经费使用和管理方式，完善稳定支持机制，促进科研院所改革发展。大力支持自然科学基金、科技重大专项和重点研发计划，在重大创新领域

组建一批国家实验室，推动基础性、战略性、前沿性科学研究和共性技术研究。实施国家科技成果转化引导基金，吸引社会资金、金融资本进入创新领域。

（3）文化体育与传媒支出1879.5亿元，同比增长7.7%，完成预算的61.0%

重点推动基本公共文化服务标准化均等化，提高公共文化服务供给体系质量和效率。完善文化产业政策扶持体系，推进实施全民健身战略，支持激活和释放文化需求，扩大文化体育消费。

（4）社会保障和就业支出16780.41亿元，同比增长14.6%，完成预算的84.8%

重点按照城市、农村低保人均补助水平分别提高5%、8%，对地方进行补助。支持地方全面建立困难残疾人生活补贴和重度残疾人护理补贴制度。保障优抚对象等人员的各项抚恤待遇落实。支持做好退役士兵安置工作。按6.5%左右提高企业和机关事业单位退休人员养老金标准，建立基本工资正常调整机制。完善职工养老保险个人账户。支持资源能源型地区和东北地区加强民生政策托底保障。

（5）医疗卫生与计划生育支出10164.43亿元，同比增长21.1%，完成预算的82.2% 重点是将城乡居民基本医疗保险财政补助标准由每人每年380元提高到420元，个人缴费标准由每人每年120元提高到150元，加大对城乡居民大病保险的支持力度。将基本公共卫生服务项目年人均财政补助标准由40元提高到45元。推进重特大疾病医疗救助，减轻低收入大病患者治疗费用负担。

（6）城乡社区支出15657.2亿元，同比增长34.1%，完成预算的98.6%

（7）农林水支出11999.96亿元，同比增长11.4%，完成预算的68.8% 重点是加大对农业可持续发展的支持力度，支持农业水价综合改革，继续推进重金属污染耕地修复治理、地下水超采区综合治理等试点。大规模推进农田水利和高标准农田建设，提高粮食综合生产能力。推进玉米收储制度改革。完善主要农产品储备和调控机制。

（8）住房保障支出4613.84亿元，同比增长22.7%，完成预算的71.5% 重点是继续开展运用PPP模式投资建设和运营管理公共租赁住房试点，落实棚户区改造税费优惠政策和贷款贴息政策，积极推进棚改货币化安置和政府购买棚改服务。

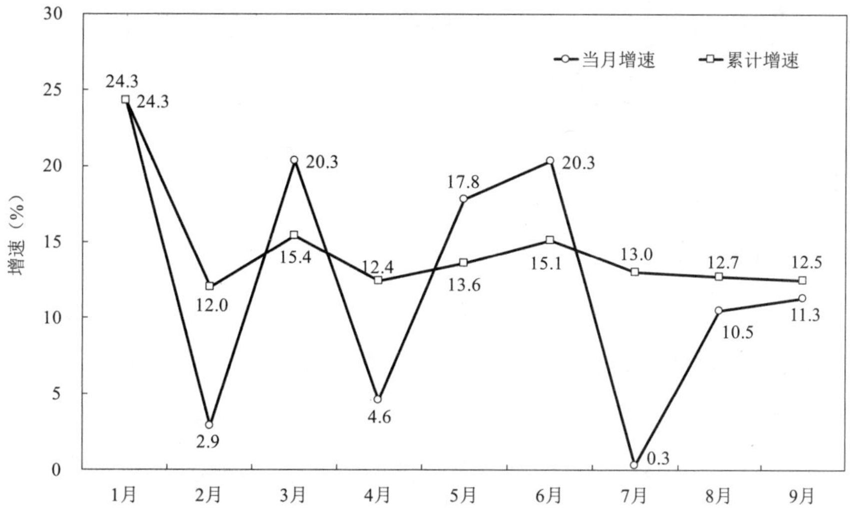

图2 2016年1～9月份全国一般公共预算支出当月累计增速

3．2016 年四季度及全年一般预算收支预测

（1）*四季度一般预算收入增长不容乐观* 2016 年四季度，在全球经济依然疲弱、投资贸易持续低迷、贸易保护主义加剧等因素的叠加影响下，我国出口形势不会明显好转。受去产能、去泡沫和清理债务等因素影响，资金供需萎缩制约投资回升，经济增长仍有下行压力。初步预测，GDP 四季度及全年分别增长 6.6%和 6.7%左右。CPI 四季度及全年分别上涨 1.8%和 2.0%左右。由于经济下行压力没有明显缓解，营改增等政策性减收因素将进一步显现，2015 年同期基数较高，财政收入形势不容乐观。在全面推进营改增试点、调整中央与地方增值税收入划分过渡方案实施后，中央一般公共预算收支相应增加。在继续实行特殊增收措施的基础上，可以完成调整后的中央财政收入预算目标。房地产相关税收增速的回落将加大地方政府实现预算目标的难度。初步预测，四季度及全年一般预算收入分别增长 2%和 5.1%。

（2）*2016 年四季度一般预算支出增长仍然较高* 2016 年四季度，经济下行压力有所加大，要切实发挥好积极财政政策的作用，继续优化支出结构，支持棚户区、扶贫移民搬迁、农村危房改造、网络基础设施、城市地下综合管廊、停车设施、充电设施等建设，加快启动“十三五”重大工程建设，促进区域城乡协调协同发展，落实“十大扩消费行动”，推动投资消费有机结合，增强内需对经济增长的关键支撑作用。同时，要进一步完善高校学生资助政策，加大对贫困大学生的资助力度。支持企业通过转岗培训等方式缓解去产能压力，支持加快发展养老服务业。加大技术改造投入力度，增强制造业的核心竞争力。初步预测，四季度及全年一般预算支出分别下降13.8%和增长4.4%。

二、2017年全国一般公共预算收支分析与展望

1．2017年国内外经济环境分析

（1）世界经济疲弱依旧，我国出口形势不容乐观　2017年，由于新的科技革命和产业变革尚未出现，英国脱欧、美法德等主要国家大选、德国和意大利银行业危机带来的不确定性仍将持续，主要经济体之间政策分化仍将延续，世界经济疲弱态势难以明显改变。美国经济延续复苏态势，但劳动参与率降低、美联储加息和美元走强也使美国经济走势存在变数。欧元区经济增长动力有所增强，但英国脱欧、法德大选及德意银行业危机加大了复苏的不确定性，通缩压力较大，失业率居高不下。日本经济难以摆脱低迷，通货紧缩压力尚未根本缓解。新兴经济体经济继续分化，总体增长乏力，印度有望保持较快增长，俄罗斯、巴西、南非等国家继续低速增长。世界银行、国际货币基金组织分别预测2017年全球经济增速为2.8%和3.4%，为近年较低水平。在全球经济不确定性增加、反全球化和国际贸易及投资保护主义加剧等因素叠加影响下，全球贸易维持低速增长态势，世界贸易组织预测2017年全球商品贸易量增速为1.8%～3.1%。

主要经济体宏观经济政策取向继续分化，应对经济下行的政策空间有限，尤其是美法德大选之后政治经济政策面临诸多不确定性，有可能导致国际金融市场风险偏好下降，新兴经济体资本净流出加剧，货币贬值压力加大，大宗商品市场波动加大。相对疲弱的全球经济和相对坚挺的美元将抑制大宗商品价格上涨幅度，再加上人民币不具备大幅贬值的条件，我国贸易竞争力难有明显好转。初步预测2017年出口下降3.0%，进口将下降4%左右，降幅均较2016年有所收窄。

（2）内生动力依然不足，经济增速继续回落　2017年，党的十九大的召开将极大地提振我国加快全面建成小康社会的信心，供给侧结构性改革、国企、金融、财税等一系列改革的推进将进一步激发市场主体的活力，在市场配置资源的决定性作用得到充分发挥的同时，政府作用也将得到更好的发挥。与此同时，长期积累的深层次矛盾依然存在，总需求依然低迷，内生增长动力依然不足，经济发展仍然面临诸多挑战。在结构性、周期性和外生性因素的作用下，经济增长仍有较大的下行压力。

一是投资增速缓中趋稳。2017年，国家将进一步发挥好积极财政政策的作用，重点抓好基础设施、公共服务等领域的投资，进一步简政放权，开放投资领域，适度降低企业社会成本压力，提高实体经济回报率，规范推广 PPP 模式并加快立法过程，利用引导基金促进更多项目落地。预计 2017 年基建投资增速将维持 2016 年的水平；受房地产调控政策影响，房地产投资增速将小幅回落；制造业投资由基础设施、房地产和出口三大因素决定，2017 年这三大因素都有望缓中企稳，制造业投资也有望出现缓中趋稳的走势；随着制造业和出口增速回稳，服务业等其他投资的增速也有望缓中企稳。综合分析，固定资产投资将增长 8.5%左右，略高于 2016 年水平。

二是消费增速小幅回落。2017 年，居民收入增长放缓对居民消费的滞后影响继续显现，高品质产品和服务的有效供应依然不足，居民消费意愿和消费能力都将受到制约，居民消费难以出现明显改观。预计全年社会消费品零售总额均增长 10.0%左右，略低于 2016 年水平。

三是居民消费物价将保持小幅回落态势。2017 年，尽管货币流动性总体比较宽松、劳动力成本刚性上涨和服务价格稳中有升的态势仍将持续，但由于总需求低迷态势难以改变，社会总供求关系仍然十分宽松，CPI 涨幅将略低于 2016 年。预计全年居民消费价格将上涨 1.8%左右，略低于 2016 年水平。

四是工业生产者价格跌幅将继续收窄。2017 年，稳增长政策继续发力，固定资产投资缓中趋稳，工业品需求基本稳定；国际大宗商品价格同比回升较多，进口初级产品价格对工业生产者价格的提升作用将继续。预计全年工业生产者价格将下降 1.0%左右，比 2015 年降幅有所收窄。

综合考虑以上因素，初步预测，2017 年我国 GDP 将增长 6.5%左右，工业增加值增长 5.9%左右，均略低于 2016 年水平。

2. 全国一般公共预算收入增收空间有限

2017 年，经济增速略有回落，价格水平低位运行，企业效益难有明显改观，结构性减税力度可能加大，一般公共预算收入增幅将继续回落。

（1）国内增值税增速将小幅回升　2017 年，工业增加值增速从 2016 年的 6.1%左右小幅回落到 5.9%左右，PPI 降幅从 2016 年的 1.9%左右收窄到 1%左右，工业增加值名义增速将回升 0.7 个百分点，工业增值税增速将有所回升；社会消费品零售额增速将从 2016 年的 10.4%左右回落到 10.0%左右，商业增值税增速将小幅回落；国家将进一步推进营改增工作，增值税税基将进一步扩大。扣除改征增值税，增值税增速将小幅回升。

（2）所得税增速将有所回落 2017 年，工业增加值名义增速回升，工业企业效益有望微幅改善，工业企业所得税增速有望稳中有升；受经济增速继续回落和潜在风险上升的影响，银行等金融行业利润增速将持续回落，相关企业所得税增幅也将继续回落；随着前期热点城市限价、限贷、限购政策逐步落实，房地产市场将逐步降温，房地产企业所得税较快增长的势头将难以维持。

2017 年，国家有望加快综合和分类相结合的个人所得税改革，适当提高个人所得税的起征点，工资性收入应征额将减少；随着二手房市场交易逐步趋于平淡，财产转让性收入增幅将明显回落。

（3）政策性减收因素效应进一步显现 2017 年，随着纳税人获得进项抵扣逐渐增多，以及纳税人对增值税适应性不断增强，营改增的减税规模将继续扩大。

随着前期热点城市限价、限贷、限购政策逐步落实，房地产市场将逐步降温，房地产营业税、契税、土地增值税、耕地占用税等相关税收增速较快增长的势头难以维持。

随着进一步加大清理规范收费基金的力度，非税收入增速将进一步回落。

（4）行业间、地区间收入分化有可能加剧 2017 年，现代服务业和高端服务业税收仍将保持较高增速，传统制造业总体上将维持低迷状态，煤炭、钢铁等受益于淘汰落后产能和清理僵尸企业的行业收入回升势头难以维系。

东部地区产业转型早、高端制造业与现代服务业比较集中，税收和一般公共预算收入的贡献度越来越高，引领作用越来越强。经济基础薄弱、产业结构单一的中西部地区财政收入将面临较大的下行压力，特别是县级财政增收的困难进一步加大。由于财力有限，部分违法违规或变相举债风险可能会有所上升。

综合以上因素，初步预测 2017 年财政收入增长 3.0%左右。

3．中央和地方财政支出压力很大

2017 年，要通过实施适度扩大总需求、坚定不移地推进供给侧结构性改革、引导良好发展预期的组合政策，努力保持经济平稳发展的走势，要加力增效适时推出新的政策措施，中央和地方财政支出压力很大。

（1）要加大力度支持实体经济发展 2017 年，经济内生增长依然动力不足，要切实发挥好积极财政政策支持实体经济发展的作用。一方面，要适度扩大政府投资规模，继续优化投资结构，支持灾后水利薄弱环节和城市排水防涝设施、扶贫移民搬迁、农村危房改造、网络基础设施、城市地下综合管廊、停车设施、充电设施等的建设，加快启动“十三五”重大工程建设，促进区域城乡协调协同发展。另一方面，要采取多种措施，稳定居民收入增长，优化消费市场环境，在稳定和扩大住行等传统消费的同时，努力增加高品质产品和服务的供给，释放潜在消费需求，促进居民消费扩大和升级，推动投资消费有机结合，带动产业结构调整升级，在更高层次上化解需求不足的矛盾。

（2）*要持续提升就业和民生保障水平* 2017 年，为了应对不断加大的就业压力，要坚持实施更加积极的就业政策，实施好高校毕业生就业创业计划，妥善解决化解过剩产能中的职工安置问题，进一步支持农民工等返乡创业，坚决做好就业托底工作；推进城镇职工基础养老金全国统筹，适当提高城乡居民基本医疗保险财政补贴标准，加快推进城乡医保整合和异地结算落地，完善社会救助和保障标准与物价上涨挂钩的联动机制；对商品房库存较大的三四线城市，进一步提高货币化安置的比例；实施教育、卫生、文化等领域的共享服务提升工程，推动公共服务资源向农村和中西部倾斜；加大贫困地区异地扶贫搬迁的投入力度，持续推进精准扶贫的脱贫工作。

（3）*要进一步促进新经济新动能成长壮大* 2017 年，要大力支持以科技创新为核心的全面创新，着力培育经济发展的新动能。推进国家重大科技基础设施和国家实验室、产业创新中心建设，启动实施一批重大科技项目和重大科技工程；充分发挥国家新兴产业创业投资基金的作用，加快建设首批双创示范基地，推进大中小型企业、科技创新、人才发展与大众创业万众创新的深度融合；加快培育航空航天、海洋工程装备和工业机器人等战略性新兴产业的新增长点。加大技术改造投入力度，推动先进制造产业投资基金尽快开展实质性投资运作，加快国家中小企业发展基金直投子基金的设立运行，增强制造业的核心竞争力。

综合考虑以上因素，初步预测，2017 年一般预算支出将增长 5.1%左右。

三、下一步财政政策的建议

1．进一步落实和完善减税降费政策

加强营改增全面试点效应的分析和评估，调整和完善相关政策措施，确保所有行业税费只减不增；全面落实资源税改革的各项措施，规范资源领域税费关系，

促进资源节约利用；普遍降低和减并各类实体企业增值税税率，将人力资本等项目纳入进项税额抵扣范围；进一步加大对创新投资的支持力度，将有关优惠政策放宽到中小科技企业和所有企业纳税人；进一步加大对科技创新成果应用的鼓励，对企业购置纳入《首台（套）重大技术装备推广应用指导目录》内的设备，按照投资额的一定比例从企业所得税中抵免；扩大固定资产加速折旧政策范围，由目前的 10 个行业扩大到制造业全行业；进一步取消和免征一批行政事业性收费，降低企业交易成本。

2．积极推进财税体制改革

加快推进财政事权与支出责任划分改革，制定出台中央和地方收入划分总体方案；积极推进房地产税立法，择机将一线和热点二线城市纳入房地产税收试点征收范围；修订个人所得税法，将房贷利息、养老、二孩等成本纳入个人所得税税前扣除并优化税率结构，推进综合与分类相结合的税制改革；全面推进消费税改革，适当扩大并调整消费税征收范围，把高耗能、高污染及部分高档消费品纳入征收范围，将消费税由目前主要在生产环节征收改为主要在零售或批发环节征收。

3．有效化解地方政府债务风险

尽快完成剩余的地方政府存量债务置换，减轻地方政府利息负担，防范财政金融风险；加快建立健全地方政府债务风险评估、预警和应急机制，强化地方政府债务限额管理和预算管理；不断完善健全地方政府债券市场化发行和定价机制，建立地方政府债券收益曲线，鼓励符合条件的机构和个人投资地方债券，提高地方政府债券的流动性；进一步推动地方融资平台市场化转型，坚决堵住地方政府各类非正规发债融资渠道，严厉查处地方政府违法违规的担保和举债融资行为；加强风险提示和舆论引导，强化地方政府及其部门对企业债务违法担保的无效性，逐步打破市场对政府“兜底”的预期。

（作者：王远鸿）

2016年金融运行分析与2017年展望

2016年社会流动性平稳充裕，M1与M2剪刀差持续扩大，人民币存款具有活期化倾向，住户部门加杠杆显著，社会资金成本总体下行，人民币汇率小幅贬值。2017年国际经济金融环境仍充满不确定性和不稳定性，全球流动性可能收紧，国际金融市场动荡仍将加剧。我国需求疲弱势头难有好转，经济下行压力依旧存在，工业通缩好转势头难以持续，整体通胀水平仍然温和。社会融资成本下降的负溢出效应不容忽视，未来下降难度增大。货币政策要长短兼顾，坚持“稳健”基调，保持社会流动性中性适度，保持银行体系流动性平稳充裕。

一、2016年金融运行基本特征

1. 社会流动性平稳充裕，M1与M2剪刀差持续扩大

M2余额同比增速稳中有落，2016年11月末同比增长11.4%，比2015年末低1.9个百分点，比2015年同期低2.3个百分点。M1余额同比增速强劲上升，与M2增速之间的剪刀差扩大。2016年11月末，M1余额同比增长22.7%，比2015年末高7.5个百分点，比2015年同期高7个百分点。M1由流通中的现金和单位活期存款构成。其中，流通中的现金占比为14%左右，单位（包括企业和机关团体）活期存款占比为86%左右。2016年11月末，M0同比增长7.6%，仅贡献了5.2%的M1同比增长，单位活期存款增长25.4%，对M1同比增长的贡献率达94.8%。可见，M1增速的飙升源于单位活期存款的高速增长。M2由M1和准货币（单位定期存款、储蓄存款、其他存款）构成。M1与M2增速走势背离是由于单位活期存款增长快于准货币增长。2016年11月末，准货币同比增速为7.0%，比2015年同期低6.0个百分点。

1996年以来，M1增速上升至15%～25%的高增长区间的情况一共有六次，分别是1996年6月～1997年6月，1999年10月～2000年6月，2002年7月～2004年6月，2006年7月～2007年10月，2009年3月～2010年12月，2015年9月～2016年11月。其中，有四次M1高增长且与M2增速走势相背离，另

外两次两者走势一致，双双高增长。在这四次 M1 高增长且与 M2 走势背离中，1996～1997 年的一次，伴随亚洲金融危机爆发，我国经济增速下滑；1999～2000 年的一次，伴随 CPI 负增长，出现通货紧缩；2006～2007 年的一次，伴随经济增速下滑和随之而来的国际金融危机（见图 1）。当 M1 与 M2 两次联袂高增长时（2003～2004 年、2009～2010 年），都伴随着经济增速加快。因此，对于当前 M1 增速与 M2 增速走势背离所带来的两者剪刀差扩大不宜进行乐观解读。

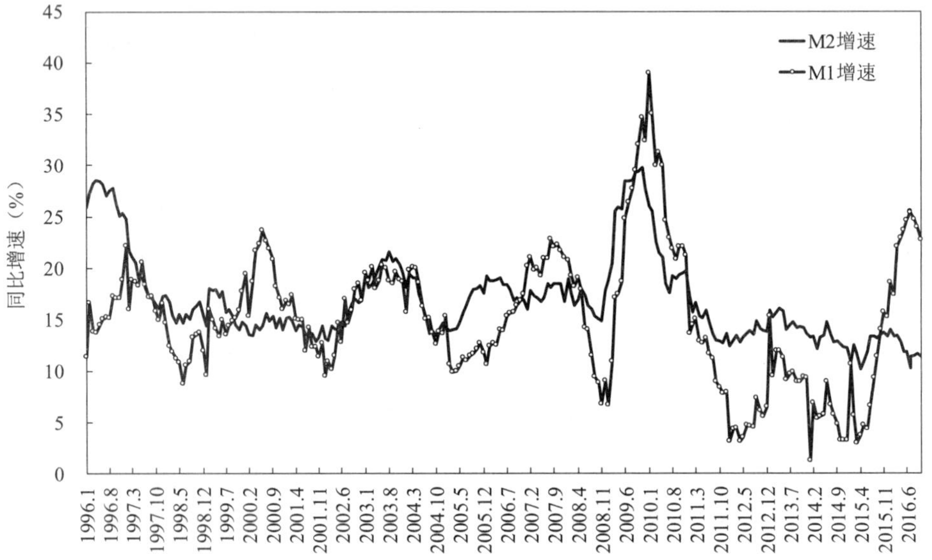

图1 1996年1月～2016年11月M1与M2同比增速

2．人民币存款有活期化倾向，财政性存款增加较多

与 M2 增速相对应，人民币存款增速也有所回落。2016 年 11 月末，人民币存款余额同比增长 10.8%，比 2015 年末低 1.6 个百分点，比 2015 年同期低 2.3 个百分点。活期存款多增较多，居民和企业存款均存在活期化倾向。2016 年前 10 个月，住户活期存款累计增加 1.93 万亿元，同比多增 1.08 万亿元；非金融企业活期存款累计增加 2.53 万亿元，同比多增 1.42 万亿元。2014 年 11 月份以来，央行连续 6 次降息，由于活期存款基准利率保持不变，定期存款基准利率持续下调，一年期定期存款与活期存款基准利率之差由降息前的 2.65 个百分点缩小至目前的 1.15 个百分点，考虑到 CPI 同比涨幅，2016 年 11 月份一年期定期存款实际利率为-0.8%。定活存款利差明显收窄和定期存款实际“负利率”使定期存款在“资产配置”方面吸引力降低，理财、股市、债市等金融投资渠道的丰富，突出了活期存款作为即期购买力的意义，因而存款出现活期化倾向。

财政性存款增加较多，2016 年前 10 个月累计新增 1.53 万亿元，同比多增 4749 亿元。考虑到 2016 年以来财政支出增长远快于财政收入，前 10 个月公共财政收入增长 5.9%，公共财政支出增长 10.0%，财政存款的增加应更多归因于地方政府债务置换和财政存量资金使用效率不高。2016 年地方政府存量债务置换债券发行额度在 6 万亿元左右，新增债券发行额度在 1.18 万亿元。Wind 数据显示，2016 年前 10 个月地方政府债券累计发行 5.56 万亿元，同比多发行 2.62 万亿元。

3．住户部门加杠杆显著，直接融资占比上升

2016 年前 11 个月社会融资规模增量为 16.08 万亿元，比 2015 年同期多 2.49 万亿元。间接融资和直接融资均增加较多，表外融资较为低迷。2016 年前 11 个月，对实体经济发放的人民币贷款增加 11.4 万亿元，同比多增 1.01 万亿元；企业债券净融资 3.13 万亿元，同比多 6606 亿元；非金融企业境内股票融资 1.1 万亿元，同比多 5515 亿元。受监管加强影响，未贴现的银行承兑汇票大幅减少，2016 年前 11 个月减少 2.11 万亿元，同比多减 9009 亿元。表外融资中的委托贷款和信托贷款表现较好，2016 年前 11 个月分别增加 1.78 万亿元和 6949 亿元，同比多增 5462 亿元和 6885 亿元。从结构来看，人民币贷款占社会融资规模增量的比重持稳，直接融资占比上升。2016 年前 11 个月企业债券占比 19.5%，同比高 1.1 个百分点；非金融企业境内股票融资占比 7.2%，同比高 2.7 个百分点。

2016 年 2 月 2 日人民银行、银行业监督管理委员会联合发布《关于调整个人住房贷款政策有关问题的通知》，进一步下调不实施“限购”措施的城市居民家庭首次购买普通住房的商业性个人住房贷款首付款比例。在这一政策的刺激下，住户部门加速加杠杆，住户部门贷款（尤其是以购房按揭为主的中长期消费贷款）出现猛增，与一线城市及部分重点二线城市房价快速上涨形成相互促进之势。2016 年前 11 个月，住户部门贷款累计新增 5.83 万亿元，同比多增 2.28 万亿元，其中，中长期消费贷款新增 5.26 万亿元，同比多增 2.50 万亿元，占全部新增贷款比重达 45.3%，同比提高 20.5 个百分点。

4．社会资金成本总体下行，银行间利率保持平稳

从不同融资渠道看，银行贷款利率保持平稳。2016 年 9 月份非金融企业及其他部门贷款加权平均利率为 5.22%，比 2015 年 12 月份低 0.05 个百分点。民间借

贷利率继续下行，2016 年 11 月份温州民间借贷综合利率为 16.13%，P2P 网贷行业综合利率为 9.61%，分别比 2015 年 12 月份回落 2.52 个百分点和 2.84 个百分点。企业债券融资成本下降，2016 年 11 月份公司债发行利率为 4.02%，企业债发行利率为 4.23%，中期票据发行利率为 4.07%，短期融资券发行利率为 3.32%，分别比 2015 年 12 月份下降了 0.54 个百分点、0.92 个百分点、0.43 个百分点和 0.07 个百分点。影子银行融资成本下行。10 月份非证券投资类信托产品一年期预期收益率为 6.88%，比 2015 年 12 月份下降 0.99 个百分点。社会融资成本下降减轻了企业利息支出和财务负担。2016 年前 10 个月，全国规模以上工业企业财务费用同比下降 5.8%，利息支出同比下降 7.8%。

2016 年银行体系流动性保持充裕，公开市场 7 天逆回购操作利率一直稳定在 2.25%，有效引导短期拆借和回购利率稳定在较低水平。隔夜 SHIBOR 总体稳定在 2%～2.3%，银行间 7 天质押式回购加权利率波动性明显减弱，基本稳定在 2.3%～2.8%的区间。

5．跨境资金持续流出，人民币汇率小幅贬值

对跨境资金流动的监测包括国际收支平衡表中的资本和金融项目（不含储备资产）变动、跨境收付和结售汇数据以及外汇储备规模变化等。2016 年我国跨境资金流出压力持续存在，前三季度非储备性质的金融账户逆差 2073 亿美元。前 10 个月银行结售汇逆差 2580 亿美元，银行代客涉外收付款逆差 2684 亿美元。外汇储备规模持续下降。2016 年 11 月末，我国外汇储备余额 3.05 万亿美元，比 2015 年末累计减少 2788 亿美元。

受美联储加息预期、英国脱欧、德银危机等风险事件影响，2016 年国际金融市场波动加剧，市场避险情绪升温。我国持续面临跨境资金流出压力，人民币贬值预期也一直存在。2016 年 10 月 1 日人民币正式加入 IMF 的特别提款权（SDR）货币篮子，比重超越日元与英镑，位列第三，仅次于美元和欧元。在上述因素影响下，人民币汇率双向波动增强，总体小幅贬值。按中间价和即期汇价计算，2016 年前 11 个月，人民币对美元均累计贬值 5.71%。我国外汇交易中心发布的 CFETS 人民币汇率指数累计贬值 6.20%。

二、2017年金融运行与调控面临的主要问题

1. 全球流动性可能收紧，国际金融市场动荡加剧

国际清算银行（BIS）定期发布的“非美地区的非银部门美元计价债务存量”是观测全球流动性变化，衡量全球金融市场融资难易程度的重要指标。美、欧、日作为世界主要储备货币发行国，其货币政策具有很强的溢出效应，是全球流动性波动的主导因素。从BIS公布的相关指标变化看，2008年国际金融危机爆发以后，全球流动性因美、日、欧相继实行超常规宽松的货币政策而持续快速扩张。但与2015年12月份美联储首次加息相对应，2015年三季度末，非美地区的非银部门美元计价债务存量为9.8万亿美元，与上季度末持平，自2009年以来首次停止增长。2016年一季度末，该指标水平仍停留在9.8万亿美元。新兴经济体“非美地区的非银部门美元计价债务存量”则自2015年四季度以来出现绝对水平下降，显示新兴经济体流动性有所缩减。

目前国际上对美、日、欧超常规宽松货币政策效应递减、存在负面效果和隐患已开始进行反思。美联储已逐步退出超常规宽松政策，2016年12月份再次加息，将联邦基金利率目标区间上调0.25个百分点，从0.25%～0.5%上调至0.5%～0.75%。根据美联储于2016年12月15日发布的联邦基金利率预测中值，美联储官员预计2017年将加息3次。坚定实施量化宽松（QE）和负利率政策的欧洲央行、日本央行也开始有所顾忌。日本央行在2016年9月份引入收益率曲线作为政策目标，称将继续购买日本国债直至10年期国债收益率保持在0附近。相比以往的负利率和量化宽松政策，日本最新的货币政策将导致日本长期国债利率由负转零，因而实际并非宽松，而是收紧。欧洲央行每月购买800亿欧元资产的QE计划将于2017年3月到期，目前尚未释放延长QE的政策信号。美、日、欧货币政策边际收紧会带来全球流动性的收紧。这意味着长期存在的美元流动性泛滥的宽松环境开始改变。全球流动性收紧将对新兴经济体经济金融稳定形成一定冲击。尤其是未来，德国和法国总统大选、美联储加息等风险事件仍将层出不穷。全球流动性收紧与未来风险事件增多将冲击国际金融市场的资金状况和风险偏好，金融动荡难以避免。

2. 需求疲弱势头难有好转，经济下行压力依旧存在

由于“稳增长”对政府投资支出、政策刺激和房地产市场的依赖性仍很强，

企业投融资意愿不高，民间投资和制造业投资持续低迷，需求疲弱势头难以改变，2017年经济下行压力仍较大，GDP增速将延续“稳中略缓”的态势。

首先，民间投资与企业贷款增势低迷表明企业投融资意愿不强。2016年前11个月民间投资累计同比增长3.1%，前11个月非金融企业及机关团体贷款增加5.60万亿元，同比少增1.27万亿元。特别是用于企业日常运营的短期贷款，在4月份、5月份、7月份、8月份和10月份均出现净减少，前11个月非金融企业短期贷款仅增加6497亿元，同比少增9857亿元。

其次，调控措施对未来房地产市场销售和投资的增长带来一定压力。2015年下半年以来房地产市场销售和投资全面回暖，一线和部分热点二线城市房价快速上涨。本轮房地产开发投资回暖势头自2016年5月份以来开始趋弱。作为先行指标，2016年5～9月份，商品房新开工面积累计同比增速连续5个月持续回落。为抑制房价的过快上涨，国庆节前后，先后有20多个一线和部分热点二线城市的地方政府出台了房地产调控政策。受上述调控政策影响，未来房地产市场销售和投资增长将承受一定的下行压力。

最后，“稳增长”对政府基建投资支出、政策刺激依赖性仍很强，经济增长内生动力疲弱。政府基建投资、房地产市场和汽车市场阶段性回暖是目前拉动内需增长的主要力量。但房地产市场和汽车市场的回暖在很大程度上是政府政策刺激的结果。汽车市场的回暖得益于国家出台的1.6L排量及以下车型购置税减半的优惠政策。2016年前11个月，1.6L及以下乘用车销售同比增长22.5%，占乘用车销量比重为72.1%。本轮房地产市场回暖则得益于2015年的“3.30新政”和二孩政策等的刺激。

3．工业通缩好转势头难以持续，整体通胀水平仍然温和

2016年PPI持续回升，当月同比降幅由1月份的同比下跌5.9%转为11月份的同比上涨3.3%，工业领域的通缩状况明显好转。钢铁和煤炭价格回升是带动PPI回升并月度同比转正的重要因素。2016年11月份煤炭开采和洗选、黑色金属冶炼和压延加工、有色金属冶炼和压延加工、石油加工、化学原料和化学制品制造业价格同比分别上涨28.6%、22.2%、12.6%、9.0%和3.1%。据测算，上述五大主要行业合计影响PPI同比上涨约1.6个百分点，是PPI同比涨幅扩大的主要原因。

导致 PPI 回升的因素主要有：一是 2016 年以来中央政府强力去产能政策落地以及房地产、汽车市场销售回暖造成煤炭、钢铁短期供求紧张。与去产能相伴随的控产量造成 2016 年前 11 个月原煤产量同比减少 10.0%。二是以原油为代表的国际大宗商品价格回升与人民币小幅贬值带来相关工业品输入性涨价压力。2016 年前 11 个月 ICE 布伦特原油期货价格累计涨幅达 35.6%。三是煤炭和钢铁等短期供求紧张和“去产能”的深入推进激发市场涨价预期。

需要看到，本轮由煤炭和钢铁价格带动的 PPI 回升是结构性的、修复性的、阶段性的反弹，持续回升的基础较为脆弱。一是国内需求侧疲弱势头并未好转，供给侧依然产能过剩严重，供求紧张不可持续。二是国际大宗商品价格将继续温和复苏，但面临美联储加息和美元走强的打压。三是推动煤炭和钢铁价格回升的心理因素和投机因素将弱化。在本轮价格回升中，煤炭和钢铁期货价格领先现货价格上涨，涨幅较现货价格更为显著，表明相关价格上涨存在一定的预期因素和投机因素。在供求基本面未发生根本变化的情况下，心理因素和投机因素未来将逐步回归正常。

2016 年通胀水平整体温和，前 11 个月 CPI 同比上涨 2.0%，前三季度 GDP 平减指数累计上涨 0.7%。作为影响 CPI 的重要因素，2016 年上半年猪肉价格大幅上涨，下半年随着供应增长，猪肉价格进入下行、回调周期。从养殖开始到猪肉出产至少要 6～9 个月的时间，因此猪肉价格走势大约按照三个季度一个周期波动。目前国内生猪供应量充足，但生猪及能繁母猪存栏量仍处于历史偏低水平。预计 2017 年猪肉价格将先跌后涨，涨幅与 2016 年相当。综合考虑经济增长、猪肉价格和 PPI 走势等因素，预计 2017 年 CPI 涨幅将保持在 2%左右的温和水平。

4．社会融资成本下降的负溢出效应不容忽视，未来下降难度增大

2016 年社会融资成本的整体下降虽然利好于实体经济，但也对虚拟经济的进一步膨胀形成刺激，加剧了社会资金进一步“避实向虚”。具体表现为：一是信贷资金推动国内房地产价格再次快速膨胀。2016 年前 11 个月百城住宅价格指数累计上涨 17.8%。个人购房贷款猛增是高房价的“推进器”，低利率水平则对居民“加杠杆”购房形成了刺激。融 360 数据显示，2016 年 9 月全国首套房平均利率为 4.44%，二套房贷平均利率为 5.39%，分别比 2015 年同期低 0.47 个百分点和 0.27 个百分点。2016 年前 9 个月个人购房贷款增加 3.75 万亿元，同比多增 1.83 万亿元。二是社会资金加速流向金融市场和金融机构，金融领域杠杆风险明显上升。债市投资者加杠杆交易明显增多，2016 年 10 月份银行间市场质押式回购未到期余额比 2015 年同期增加了 20.1%，2016 年年初至 8 月中旬，交易所未到期回购余额增加了 51%。

社会融资成本进一步下降的难度在加大。一方面，降息政策出台受到的干扰和牵制因素增多。从内部来看，社会融资成本进一步下降可能会刺激杠杆率过快攀升和加剧社会资金“脱实向虚”，资产价格泡沫问题也将更为严重。从外部来看，在美联储将进一步加息的情况下，再次降息会造成中美利率政策反向操作，进而加剧跨境资金流出和人民币贬值压力。另一方面，信用债违约事件增多使企业发债成本下降的势头曲折和反复。2016 年 1～11 月份，信用债市场公募债券共违约 24 起，涉及发债主体 15 个，发行债券总金额 175.50 亿元，远超近两年违约数量之和。其中，2016 年上半年 16 支公募债涉及 11 个主体集中出现违约。2016 年上半年信用债“违约潮”不仅造成违约高发行业发债难度增大，也造成企业发债成本在二季度再次转升。2017 年信用债仍面临一定的集中到期压力，违约事件仍可能集中爆发。

三、2017 年金融调控政策建议

1．继续实行稳健的货币政策，保持社会流动性中性适度

2017 年，国际经济金融环境仍充满不确定性和不稳定性，我国经济运行依然存在下行风险，供给侧结构性改革任务更为紧迫，金融平稳运行面临的困难和问题进一步增多。2016 年 M2 增速和社会融资规模存量增速远高于名义 GDP 增速，全社会杠杆率进一步攀升，居民部门过快加杠杆推动房地产泡沫进一步膨胀。“去杠杆”与“稳增长”之间的冲突在上升，平衡经济增长和金融稳定的关系难度在加大。货币政策要长短兼顾，坚持“稳健”基调，推动货币供应量、银行信贷和社会融资规模合理增长，营造中性适度的货币金融环境。综合考虑 2017 年经济增长、物价走势等因素，预计 M2 增长 12%左右，人民币贷款全年增加 12 万亿元左右，社会融资规模增加 16 万亿元左右。

2．综合运用各种流动性调节工具，保持银行体系流动性平稳充裕

货币市场利率水平是反映银行体系流动性状况的关键指标。央行的流动性管

理要加强“利率走廊”间接调控模式，通过逆回购等公开市场操作，SLO、SLF等流动性调节工具，及时投放和回笼流动性，引导货币市场利率在“利率走廊”内平稳运行，保证银行体系流动性合理适度。我国近年持续面临跨境资金流出压力，外汇占款负增长已成“新常态”。地方政府发债、股市与债市波动等影响银行体系流动性供求的不确定因素也在增多。2017年要全面考虑、充分评估银行体系流动性供求影响因素变化，及时通过降低法定存款准备金率，公开市场操作净投放流动性，加大SLF、SLO操作力度等手段来进行“对冲”调节，促进货币市场稳定。

3. 多措并举，积极引导社会融资成本下降

直接调降存贷款基准利率是引导社会融资成本下降的有效手段。但出于为未来政策预留空间和避免降息负溢出效应的考虑，应尽量避免使用直接的全面降息手段。利率调控要充分运用间接调控模式，引导隔夜SHIBOR和7天质押式回购利率稳定运行。2016年8月22日国务院印发《降低实体经济企业成本工作方案》，对于降低融资成本提出了六方面政策措施。未来应加快落实相关政策措施，在银行不良资产处置力度、设立民营银行、发展股权融资、加大融资担保力度等方面实现重点突破。

4. 增强人民币汇率浮动弹性，加强跨境资金流动管理

人民币已纳入SDR篮子，对资本项目可兑换、人民币国际化要求继续提高。未来要进一步推进人民币汇率形成机制改革，加大市场决定汇率的力度，增强人民币汇率双向浮动弹性，保持人民币汇率在合理、均衡水平上的基本稳定。2016年前三季度美元兑人民币的成交金额占人民币兑外币成交金额的比重达97%，因此，人民币汇率问题主要是人民币兑美元汇率问题。目前在岸人民币对美元即期汇价要低于离岸汇价，更低于离岸NDF汇价，显示人民币贬值预期存在。2017年，全球流动性收紧和美联储延续加息周期将推动美元保持强势，相应加大新兴市场资本外逃和本币贬值压力。未来要密切关注国际形势变化对我国跨境资金流动和人民币贬值预期的影响，加强预期引导，保持必要的和适当的干预，完善对跨境资金流动的宏观审慎管理，防止跨境资金流出和贬值预期相互促进和强化。

（作者：李若愚）

2016年中国对外贸易发展分析及2017年展望

2016年以来，世界经济难以摆脱低迷增长，全球复苏举步维艰，外部不确定性增多；国内传统外贸优势逐步削弱，新兴竞争优势有待形成，我国对外贸易维持弱势运行。展望2017年，世界经济增长动力不足，外部需求改善程度有限，国内宏观经济下行压力较大，我国对外贸易进出口形势仍难有大幅改善。但G20共识逐步落实、人民币加入SDR、外贸扶持政策显效等因素将支持外贸平稳运行。建议下一步加快转变贸易发展方式，加强“一带一路”建设，引导并鼓励新贸易业态发展，促进我国对外贸易提质增效。

一、2016年我国对外贸易运行特征

1. 进出口增长低位企稳

2016年前三季度，由于全球贸易延续放缓态势，人民币汇率走势稳中有贬，我国货物贸易增速继续下滑，进出口总值17.53万亿元人民币，比2015年同期下降1.9%。其中，出口10.06万亿元，下降1.6%；进口7.47万亿元，下降2.3%；贸易顺差2.59万亿元，扩大0.6%。各项主要指标降幅较2015年明显收窄。若按美元计价，由于受国际大宗商品价格回升、能源产品进口加速、进口价格指数提高等因素影响，进出口下降7.8%，降幅较2015年同期收窄0.3个百分点；出口下降7.5%，降幅扩大4.9个百分点；进口下降8.2%，降幅收窄6.9个百分点。但是从贸易量角度衡量，根据WTO统计数据，我国2017年以来进出口贸易量增长与世界平均增速持平并略有领先，表明我国外贸总体好于全球平均水平。

2. 出口贸易结构不断优化

在供给侧结构性改革提速、“一带一路”战略实施等重大政策的推进下，2016年以来我国对外贸易发展在进出口贸易方式结构、主要产品结构、市场多元化结构、贸易主体结构等方面继续优化和改善。一是一般贸易不断提升。前三季度，我国一般贸易增长0.1%，占同期进出口总值的56%，比2015年同期提升1.1个

百分点。二是国际市场多元化稳步推进。我国对“金砖”其他国家以及“一带一路”沿线国家出口较快增长。前三季度，对巴基斯坦、俄罗斯、波兰、孟加拉国和印度等国出口分别增长 14.9%、14%、11.7%、9.6%和 7.8%。三是民营企业出口比例进一步提升。民营企业出口占比继续保持首位，比例提升 2.2 个百分点。这意味着我国外贸领域的创新能力、活跃程度、质量效益持续增强。四是成套大型设备出口提速。我国作为世界制造业第一大国，伴随“走出去”战略实施与“一带一路”战略推进，在企业大规模对外投资、建设海外工程、实施国际产能合作过程中，有力推进了装备制造和高附加值产品出口。前三季度，电动机及发电机出口增长 5.7%，医疗仪器及器械出口增长 6.3%。五是对外贸易新模式积极发展。跨境电子商务、市场采购贸易、外贸综合服务企业继续保持较快增长态势，“生产——服务”一条龙配套的产业联盟模式初具端倪。这些新兴模式正成为外贸领域新的增长点。

3．能源产品与高技术产品进口较快

2016 年以来，一方面，国内经济运行稳中有进，带动大宗商品进口量增加，同时由于国际大宗商品价格超跌反弹，我国进口价格指数略有好转，导致能源主要品种进口较快增长。前三季度我国铁矿石进口增长 9.1%，原油增长 14%，煤增长 15.2%，铜增长 11.8%。另一方面，国内产业、消费升级势头明显，带动高技术产品、高档消费品与日用品进口需求增长。前三季度，高新技术产品进口值同比增长 1.4%，其中电子技术进口增长 4.6%，计算机集成制造技术增长 5.8%，生命科学技术增长 14.1%。这显示出在国际需求全面放缓的背景下，我国作为负责任的全球贸易大国，积极扩大国内市场，为稳定国际商品市场做出了贡献。

4．服务贸易加速发展

近年来，国际贸易与投资呈现新趋势，我国对外贸易发展进入新阶段，国内外经济贸易环境要求我国转变外贸发展模式，推进外贸加速升级，大力促进服务贸易发展。2016 年以来，我国服务贸易保持快速增长，1～7 月，进出口总额同比增长 24.6%，占贸易比达 18.2%，较 2015 年全年占比提高 2.8 个百分点。高附加值服务出口加快，电信、计算机和信息服务出口增长 20.8%，技术服务增长 25.3%，广告服务、金融服务分别增长 54.7%和 42.9%。出口结构进一步优化；服务贸易创新试点地区服务进出口增势良好，上半年国务院批复同意开展服务贸易创新发展试点的 15 个省、市、地区服务贸易进出口占全国的比例为 47.5%，比

2015 年提升 0.8 个百分点。

二、2017 年我国对外贸易预测与展望

1. 国际经济处于危机后深度调整阶段

（1）世界经济增长动力不足　金融危机前推动世界经济增长的主要引擎先后进入换档期，全球经济缺乏新的增长点。危机爆发八年以来，全球 GDP 平均增速仅为 3.5%，低于危机前五年 1.6 个百分点。世界经济长期低迷源于结构性改革滞后、有效需求不足、生产效率下降等多重因素。2017 年，上一轮科技革命带来的增长动能逐渐衰减，新一轮科技创新尚未形成有效驱动力，世界经济仍然无法摆脱金融危机的深层影响。一是世界经济增长动力不足，美、欧等发达经济体经济波动幅度加大，新兴经济体潜在增长能力下滑，大宗商品价格低位振荡，全球经济增长预期更为悲观。世界银行、国际货币基金组织等主要国际机构对 2017 年的世界经济增长表示担忧，数次调降预期值。二是传统增长模式动力减弱，新的增长引擎尚不强劲，新旧动能平稳转换面临较大挑战，经济驱动力出现“青黄不接”的局面。与此同时，国际主要经济体均不同程度进入老龄化社会，人口增长率放缓，传统劳动力对经济增长的贡献下降。三是经济全球化出现波折，多边贸易体制受到冲击，金融领域风险仍未消除。世界范围内，针对新兴国家的反倾销、反垄断、贸易壁垒等问题不断升级。据 WTO 报告显示，2015 年 10 月至 2016 年 5 月，二十国集团（G20）经济体月均贸易限制新措施数量达到 2009 年 WTO 开始监测以来的最高水平。与此同时，全球金融治理革新虽有明显进展，但高杠杆、高泡沫等风险仍在积聚。四是全球经济结构性调整任务更加艰巨，发达国家虚拟经济过度发展、社会福利负担沉重、产业空心化等问题难以解决，转型成本高；部分新兴经济体和发展中国家潜在增长水平下行、产业结构单一、财政金融状况脆弱，实现转型升级面临内部体制机制与外部需求环境等方面制约。五是主要国家大选将加大经济领域变数，美国 2016 年总统大选，法国、德国 2017 年将迎来总统大选。由于不同领导人执政风格与战略不同，政治领域重要变化将给相关国家经济策略、制度、政策等方面带来重要影响。

（2）全球贸易前景堪忧　贸易与投资作为经济增长的重要引擎，其重要性日趋凸显。但是，近年来全球贸易和投资形势低迷，世界贸易组织 9 月预测 2016 年和 2017 年世界贸易将处于异常艰难的增长阶段，联合国贸易和发展会议预测

2016年全球投资增速将下降10%～15%。世界经济复苏乏力、国际市场需求低迷、黑天鹅事件频发、贸易保护主义盛行、各国货币政策分化等因素将抑制2017年世界贸易增长。一是全球化趋势削弱。由于世界市场需求不足，主要发达经济体以及部分发展中国家贸易保护主义措施日趋增多，根据有关数据，2008年至2016年5月，G20成员共采取了1583项贸易限制措施，目前为止只取消了约25%，仍有1196项在执行之中。世贸组织、经合组织、联合国贸易和发展会议发布的《G20贸易投资措施报告》显示，近一年来G20成员平均每月新采取的贸易限制措施达到2009年以来最高数量。二是全球贸易投资不确定性增强。英国脱欧从公投到实际退欧将经历数年之久，其带来的不确定性有待进一步观察。脱欧过程不排除意外发生，并可能对国际市场情绪与预期造成巨大影响，引发动荡。同时，欧洲难民潮带来的恐怖袭击事件频发，影响全球消费者和投资者信心，已经干扰了国际贸易、投资与金融市场的正常运行，并给未来国际经济带来了负面影响。

（3）国际金融市场面临挑战　当前国际金融领域高杠杆、高泡沫等风险仍在聚集，金融市场动荡幅度加大、不稳定性增强。一是国际金融市场不协调迹象明显。英国公投决定脱欧对于国际金融市场造成严重冲击，当日世界主要股指急速下跌，幅度超过5%；脱欧公投次日英镑币值跌幅超过10%，伦敦股市开盘重挫8.7%。但是在各国央行大力施加影响的作用下，国际资本市场如注入强心针，主要指数迅速反弹。国际清算银行认为相关市场已出现失调现象，如债券收益率持续走低，但收益率曲线则趋平等，国际金融市场对各国央行的依赖程度越来越深。二是全球信贷疲弱。美元汇率走强、新兴市场低迷以及金融市场不确定性增强打击了信贷需求，根据国际清算银行数据，当前针对美国以外债务人的美元计价银行贷款同比下降，为自国际金融危机爆发以来首度减少；同时针对非欧元区国家债务人的欧元贷款出现了自2014年以来的首次下滑，反映出欧元区银行业的新一轮疲软；针对新兴市场的美元贷款也在收缩。三是主要经济体货币政策分化。美国启动加息程序，欧洲、日本等国家继续实施量化宽松，全球货币政策分化导致的溢出和回溢效应日益突出，跨境资本异常流动及金融市场大幅波动的风险逐步扩大并深化。国际金融市场动荡将进一步增加全球贸易复苏的不确定性。

（4）国际规则与标准加速调整　金融危机后，各国为了摆脱本国经济低迷形势，加强对国际市场的争夺与渗透，国际贸易规则趋于碎片化。以WTO等国际机构为标志的全球贸易一体化成果受到侵蚀，跨太平洋伙伴关系（TPP）、跨大西洋贸易和投资伙伴关系（TTIP）、区域全面经济伙伴关系（RCEP）等区域性贸易组织不断涌现。以 WTO 为代表的原有贸易规则被逐步打破，新的国际贸易、投资、服务标准正在确立。这一过程涉及世界主要国家的博弈与对抗，表现出漫长而反复的特征。一方面，发达国家为实现本国经济利益最大化，意图通过改变原有国际规则，推进贸易、投资、金融等方面标准的全面升级，在国际市场获得更多利益。另一方面，各国之间的竞争更加激烈，各方利益协调难度加大，如 2016 年 9 月，包括总统奥朗德在内的多名法国高层官员表示将中止对欧盟授权，单方面退出美欧自贸协定谈判，德国副总理兼经济部长也公开表示“TTIP 谈判已在事实上失败”。国际贸易与投资制度体系重塑将深刻影响我国进一步参与全球化进程以及未来面临的对外贸易环境。

2．我国经济处于“新常态”发展阶段

（1）*我国国际竞争力增强* 经历改革开放近四十年的发展，我国综合国力不断提升，目前已经成为世界第二大经济体、第一大贸易国、第一大制造业大国。世界经济论坛《2016～2017 年全球竞争力报告》显示，我国在全部 138 个经济体中排名第 28 位，再次成为全球新兴经济体中最具竞争力的经济体。这表明我国在经济实力、人力资源、产业成熟度、营商环境、基础设施、国际吸引力等方面的综合竞争力处于世界前列、新兴国家之首。其他主要新兴经济体中，印度排名第 39 位，俄罗斯排名第 43 位，南非排名第 47 位，巴西排名第 81 位。

（2）*宏观经济下行压力较大* 由于当前我国经济潜在增长水平下台阶、人口红利逐步消退、开放溢出效应不断减弱，劳动生产率下滑，2017 年宏观经济增长的压力仍然较大。需求侧中由于社会新增资本体量有限、居民收入增速放缓、整体预期偏弱等因素，投资、消费需求存在继续走弱的风险；供给侧在去产能、去杠杆、降成本等结构改革显效的作用下，企业效益回升，生产端有望实现稳定运行。预计 2017 年国民经济增速较 2016 年略有放缓。

（3）*人民币汇率贬值压力缓解* 人民币中长期稳定运行基础较为稳固。一是 2016 年 10 月 1 日，人民币正式加入国际货币基金组织特别提款权（SDR）货币篮子，部分国际金融组织、境外央行等境外政策性机构和金融机构将逐渐增加人民币债券资产的配置，从而带来一定规模的资本流入，有利于未来汇率保持稳定，并将进一步提高我国的国际话语权。二是我国国际收支长期保持顺差、外汇储备充裕、金融市场运行稳定、宏观财政状况良好，经济基本面决定了人民币不存在长期贬值的基础。人民币对一篮子货币汇率继续保持在合理均衡水平有利于我国外贸进出口平稳运行。

（4）外贸扶持政策继续发力　十八大以来，国务院共出台十余个促进外贸稳增长的政策文件，四个关于对外文化贸易、自贸区战略实施等方面的相关文件。外贸扶持文件旨在稳定贸易增长，调节贸易结构，转变贸易方式，培育贸易竞争新优势。政策涉及的主要方面包括完善出口退税分担机制、加大信保支持力度、支持保险机构按照商业化原则扩大保险覆盖面、减轻企业负担、提高贸易便利化水平、加快外贸新业态发展、探索建立“六体系、两平台”为核心的跨境电商政策体系等方面。在各级部门、各级政府的大力贯彻落实下，出口退税进度加快，出口信用短期险渗透率提高到 17.8%，进出口企业负担明显减轻，通关无纸化比例提升至 95%，13 个跨境电子商务综合试验区建成，加工贸易梯度转移加快，相关产品关税水平进一步降低。全覆盖性外贸扶持政策有利于促进未来我国外贸增长。

（5）“中国制造”的传统比较优势逐步削弱　当前我国对外贸易发展受到来自新兴国家与发达国家的双重制约，传统劳动密集型产品与以机械设备为代表的投资品出口存在不同程度的下降。伴随我国要素成本与资源环境约束增强，传统劳动密集型出口商品成本不断攀升，价格等方面比较优势弱化，与周边发展中国家相比，工资成本、环境成本等方面明显不占优势。与此同时，高端装备、智能制造等出口产品面临来自发达国家的竞争，仍难以迅速占领国际市场，短期内新的外贸增长点尚未形成。

3．2017 年我国对外贸易运行预测

2017 年，世界经济仍然难以摆脱低迷增长，“中国制造”的传统比较优势逐步削弱，我国外贸发展总体形势仍不容乐观。但是，“一带一路”、国际产能合作等战略加快落实，尤其是对外投资大幅增长有望带动部分商品出口；人民币汇率稳中趋贬有助于提高出口竞争力。2017 年，我国对外贸易出口下降 5%左右，进口下降 7%左右。

三、政策建议

针对当前世界贸易的低迷形势以及我国外贸存在的主要困难，建议进一步加强培育外贸新增长点，加快落实“一带一路”战略，以对外投资带动贸易发展。

1．培育货物贸易新的增长点

一是适应国际互联网、大数据、智能制造快速发展的潮流，选择智能家电、智能手机等产品作为未来我国货物贸易出口的重点产品，通过政策引导、财税支持、创新补贴等措施进行大力扶植。二是鼓励企业积极实施“走出去战略”，建设国际营销网络，加大政府资金扶持，发挥广交会等平台作用，加强经贸交往、产业合作，开展园区建设交流，推动对外贸易从数量扩张转向质量提升，巩固贸易大国地位。

2．扶植外贸新兴业态

大力落实外贸优进优出战略、流通升级战略、国内外市场一体化战略，加快发展外贸综合服务企业、跨境电商、海外仓、市场采购模式等新型贸易业态，提高传统贸易效率。一是推进跨境电子商务建设，加强商务通关服务平台相关系统建设，健全电子支付管理体系，加快发展跨境电子商务物流服务，推动跨境电子商务产业集群发展，提升跨境电子商务对外合作水平。二是鼓励重点跨境电子商务企业发展，重视新型外贸产业联盟等新模式作用，顺应外贸行业发展趋势，以服务企业为核心，打造采购、生产、服务一体化电子信息平台。三是构建新型“内外贸一体化”体系，培育内外贸结合、经营模式与国际接轨的商品交易市场，在主要区域贸易中心举办具有较强国际影响力的大型展会，支持企业建设境外营销、支付结算和仓储物流网络。

3．借助“一带一路”战略带动相关商品和服务出口

一是促进各类资源和要素有序流动与合理配置，激发各类企业的活力和潜力，支持高铁、核电等重点领域重大工程项目合作，带动相关装备制造等商品出口。二是结合我国企业发展需求，进一步加大政策创新、服务创新和监管创新的力度，加强企业提升产品质量、品牌、技术服务水平意识，积极打造新的外贸增长点，提高产品附加值，以新的竞争优势和商业模式，提高开拓国际市场的能力。

（作者：闫敏）

2016年固定资产投资形势回顾及2017年展望

2016年，我国固定资产投资形势总体偏弱，增速明显放缓，未能完成年初计划预期目标（10.5%左右）。从主要投资领域看，基建投资保持17%左右的高速增长，房地产开发投资增长明显加快，制造业投资增长大幅减速。当前投资需要重点关注七大问题，分别是促投资调控力度相对较弱、专项建设基金“亲国有疏民营”、高耗能制造业推进去产能、PPP模式实质性进展缓慢、基建融资保障困难增加、房价快速上涨和高库存风险并存、外热内冷资本外流态势明显。展望2017年，新开工项目增长较快、投资资金供应可能略有好转、民间投资积极性改善、投资热点涌现等将支撑投资平稳增长。综合判断，固定资产投资预计增长8.5%左右，其中房地产开发投资增长2.5%左右。建议将固定资产投资政策主基调确定为“突出补短板，促进投资稳定增长，提高投资的有效性”，发挥好投资补短板、调结构、培育经济新动能的重要作用。

一、2016年固定资产投资的基本特征

在2016年的国民经济和社会发展计划草案中，投资的主基调确定为“着力补短板、调结构，提高投资的有效性”，全社会固定资产投资预期增长10.5%左右。从当前的投资增速看，投资增长预期目标是无法完成的，已经连续三年未能实现目标（见表1）。

表1　全社会固定资产投资的计划预期目标与完成情况

年份	计划预期目标（%）	主基调	完成增速（%）	完成情况
2001年	10左右	促进投资较快增长	13.1	√
2002年	10左右	—	16.9	√
2003年	12	—	27.7	√

（续）

年份	计划预期目标（%）	主基调	完成增速（%）	完成情况
2004年	—	适当控制投资规模	26.8	√
2005年	16	继续控制投资过快增长	26.0	√
2006年	18	加强投资调控	23.9	√
2007年	—	继续加强投资调控	24.8	√
2008年	—	继续严格控制投资过快增长	25.9	√
2009年	20	保持投资较快增长	30.0	√
2010年	20	保持合理的投资规模	23.8	√
2011年	18	保持合理的投资规模	23.8	√
2012年	16	进一步优化投资结构	20.3	√
2013年	18	发挥好投资对经济增长的关键作用	19.3	√
2014年	17.5	促进投资稳定增长和结构优化	15.3	×
2015年	15	着力保持投资平稳增长	9.8	×
2016年	10.5左右	着力补短板、调结构，提高投资的有效性	8.5左右	×

注：1. 投资计划预期目标是政府对年度固定资产投资发展期望达到的目标。预期目标本质上是导向性的，在反映投资发展基本趋势的同时，主要是向社会传递宏观调控的意图，以引导市场主体行为，不等同于预测值。因此，尽量慎重解读投资计划预期目标。

2. √表示完成，×表示未完成。

1．固定资产投资形势整体趋弱

2016年以来，固定资产投资形势整体趋弱，下行压力较大。2016年1～11月份，全国固定资产投资（不含农户）53.85万亿元，增长8.3%（见图1），分别较2015年同期和2015年全年放缓1.9个百分点和1.7个百分点。从投资当月增速的走势看，2016年3月份是最高点，2016年4～7月份逐月回落，2016年8～11月份明显趋稳，总体呈现出V形态势。

资金供应充足程度明显不足，投资意愿疲弱。2016年1～11月份，固定资产投资资金来源54.85万亿元，同比增长5.4%，分别较2015年同期和全年放缓2.5个百分点和2.3个百分点。资金充足率明显回落，投资资金紧张状况加剧。2016年1～11月份，全部投资的资金充足率为101.8%，较2015年同期回落2.8个百分点，其中投资项目资金充足率仅为94.1%，回落5.4个百分点，已经低于100%。

投资资金过于依赖专项建设基金和商品房销售款，自筹资金出现下降。2016

年1～11月份，预算内资金保持两位数增长，促投资力度较大。国内贷款增长8.9%，较2015年同期提升13.2个百分点，金融系统更加积极地支持投资项目。比例接近七成的自筹资金下降0.4%，增速较2015年同期大幅降低9.6个百分点，表明项目主体的资金投入意愿较弱，内生动力严重不足。其他资金大幅增长31.5%，同比提高21.8个百分点，主要受益于专项建设基金投放和商品房销售火爆。一是部分专项建设基金采用借道地方融资平台公司向中小企业投放的方式，二是受房地产销售持续升温带动，房企收到的定金及预收款、个人按揭贷款大幅增长。

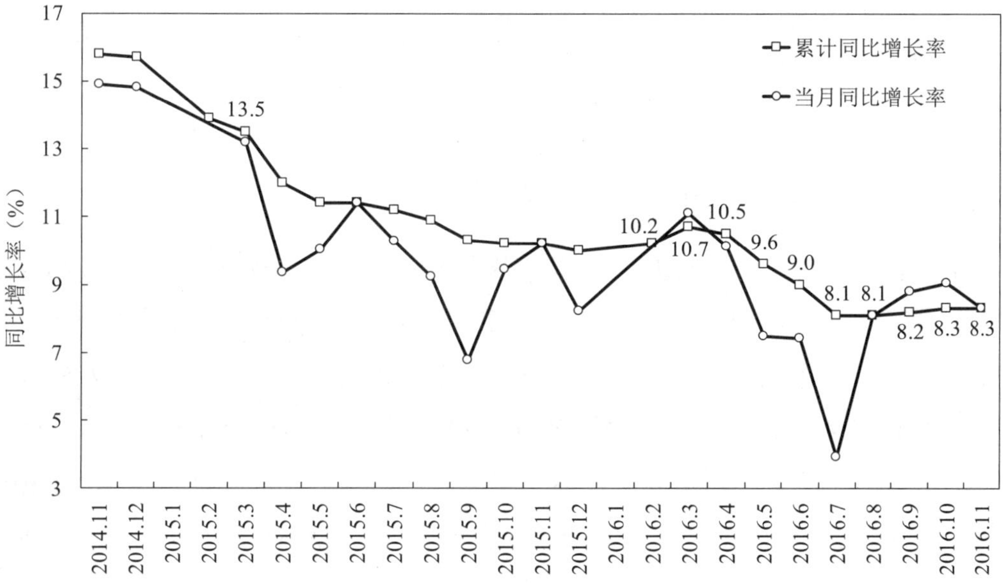

图1 2014～2016年固定资产投资增速走势图

2．基础设施建设投资挑大梁

2016年1～11月份，基础设施建设投资13.62万亿元，增长17.2%，同比回落0.8个百分点。基础设施建设仍然是支撑投资增长的定海神针，贡献率达到48.4%。其中，基础设施投资中增长较快的行业是公共设施管理业（23.5%）、水利管理业（20.2%）、生态保护和环境治理业（42.2%），相对较慢的行业有电力热力的生产和供应业（14.2%）、道路运输业（16.9%）、仓储业（6.2%）。值得关注的是，我国煤电行业（属于电力热力的生产和供应业）产能过剩已经成为共识，但是煤电在建项目增长仍然过快，加上碳减排任务艰巨，煤电发展必须得到有效控制。2016年9月份国家能源局取消了共15项、装机量1240万kW不具备核准建设条件的煤电项目，这意味着“煤电刹车”的开始，后续的投资增长将会明显回落。

基础设施建设是现阶段“促投资稳增长”的重要抓手，应该坚定不移地予以推进。一是因为基础设施属于社会先行资本，尽管收益率较低，但有较强的正外部效应，可以产生较强的挤入效应。二是因为当前我国基础设施仍有较大需求，人均公共设施资本存量与发达国家相比还有很大差距，大概是西欧的38%，北美国家的25%。市政设施、水利工程、交通设施互联互通、通信设施、农村基础设施等领域还有较大的投资空间。三是因为从历史经验看，基建投资占总体投资的比例仍有一定的提升空间。1998～2000年是基础设施建设所占比例最高的几个年份，分别达到36.2%、35.7%和34.9%。此后逐步回落，2015年为23.8%，2016年前11个月为25.3%。

3．房地产开发投资明显改善

2016年1～11月份，全国商品房销售面积、销售额分别增长24.3%和37.5%，较2015年同期分别提升16.9个百分点和21.9个百分点，商品房平均价格增长10.6%。受商品房销售向好带动，房地产开发投资9.34万亿元，增长6.5%，同比加快5.2个百分点。测算可知，房地产开发投资拉动全部投资增长1.15个百分点，高出2015年同期0.9个百分点。去库存取得较大进展。广义商品房库存规模（现房加期房）同比明显降低，加上销售速度加快，以相对数表示的去化周期同比显著减少。2016年11月末，广义商品房库存24.9亿m^2，同比减少4.6亿m^2，降低15.7%。去化周期20.2个月，同比减少9.6个月，降幅达32.2%。

但是，一、二线城市房价过快上涨，热点城市房价暴涨成为新的风险隐患。2016年10月份，4个一线城市新建商品住宅价格同比上涨30.9%，21个二线城市新建商品住宅价格同比上涨18.4%，合肥、厦门、南京等热点城市同比涨幅超过40%，上海、无锡、深圳、杭州、北京等热点城市同比涨幅超过30%。房价过快上涨，严重透支了居民的消费能力，增加了区域房地产市场矛盾，加大了资产泡沫风险。为遏制部分城市房价非理性过快上涨，避免“大涨大跌”风险，房地产市场调控在坚持“分类调控、因城施策、一城一策”的基本思路下，调控基调由松绑转为收紧。2016年国庆节前后，22个重点城市纷纷各自出台了房地产市场调控措施，意在控制房价过快上涨的势头，促进房地产市场健康发展。归纳这些城市的调控政策内容，主要有：一是增加住宅用地供应；二是重新恢复针对户籍和常住人口的住房限购政策；三是收紧个人房地产贷款，普遍提高二套房贷款比例；四是严查楼市场外配资、首付贷等乱象；五是整顿、规范房地产中介行为。

4．制造业投资困难扩大蔓延

2016 年 1～11 月份，制造业投资 17.02 万亿元，增长 3.6%，同比回落 4.8 个百分点，呈现出低速增长状态。其中，高耗能制造业投资下降 1.4%，回落 1.8 个百分点；装备制造业投资增长 3.8%，回落 6.6 个百分点；消费品工业增长 7.6%，回落 4.5 个百分点。可见，2016 年制造业投资增长放慢主要归因于装备制造业投资大幅减速。

装备制造业是为国民经济和国防建设提供生产技术装备的制造业，具有产业关联度高、带动能力强和技术含量高等特点，是制造业的核心组成部分。2016 年以来，装备制造业投资增速很低，反映出产能过剩矛盾已经基本上蔓延到生产资料制造行业，企业对未来预期悲观，放慢了投资扩张步伐。在装备制造业中，越是接近消费端、下游的行业，投资增速相对越稳定，也更高。电气机械投资增长 12.8%，同比加快 3.2 个百分点，电子设备制造业投资增长 14.7%。越是接近生产端、中上游的行业，投资增速滑落幅度越大。通用设备投资下降 2.8%，专用设备投资下降 3.4%，交通运输设备投资下降 11.6%。

考虑到外需低迷、经济下行压力较大、钢铁行业推进去产能等因素，制造业投资疲弱态势仍将持续。分类别看，高耗能制造业投资将继续下降，装备制造业投资难有明显改善，消费品工业平稳增长。

5．民间投资增速断崖式下跌

2016 年以来，民间投资呈现断崖式下跌，民间投资和国有投资增速剪刀差大幅拉开。2016 年 1～11 月份，民间投资仅增长 3.1%，同比回落 7.1 个百分点。2016 年 6 月份、7 月份民间投资更是罕见地连续两个月出现同比下降。民间投资占全部投资的比例为 61.5%，同比降低 3.1 个百分点，基本上回到了 2012 年同期的水平。辩证地看待民间投资滑落现象，主要原因是民间资本主动应对经济转型、市场需求偏弱、产能尚未出清，理性地收缩投资行为。此外，相对弱势地位、缺乏公平竞争的市场环境、市场准入较多等也制约着民间投资释放更多潜力。

6．国有投资多领域高速扩张

2016 年 1～11 月份，国有及国有控股单位投资增长 20.2%，同比加快 8.5 个百分点，高出同期民间投资增速 17.1 个百分点。国有投资重现“四万亿”政策刺激时期的高速增长态势，与民间投资在三次产业中全部减速正好相反，国有投资在三次产业中增速全面加快。其中，一产同比加快 24 个百分点，二产同比加快 1.2 个百分点，三产同比加快 9.3 个百分点。

甚至在竞争性领域和非主营业务上，国有资本也是大举扩张。以房地产开发领域为例，以信达地产、水电系（鲁能、电建、葛洲坝）和铁路系（中铁、中铁建）等为代表的国有企业在多个城市的土地市场上摘得“地王”，为不断升温的地王热推波助澜。在投资收益率普遍较低的经济环境下，国有资本承担“促投资”重任是时之所需，也无可厚非，但要更多地注重投资领域的选择，要集中在关系国家安全、国民经济命脉的重点行业和关键领域，少进入甚至不进入市场竞争充分、市场主体活跃的领域，减少国有资本“与民争利”的现象。

二、当前固定资产投资需要关注的主要问题

当前，固定资产投资下行压力持续释放，内生增长动力还在衰减，增速尚未见底，对促投资政策的依赖性持续加大。需要密切关注的问题主要有：当前促投资调控力度相对较弱，专项建设基金“亲国有疏民营”，高耗能制造业推进去产能，PPP 模式实质性进展缓慢，基建融资保障困难增加，房价快速上涨和高库存风险并存，外热内冷资本外流态势明显。

1．当前促投资调控力度相对较弱

综合比较最近三次典型的促投资调控，可以发现当前中央政府的刺激力度相对较弱，还存在着一定的加力空间。

中央政府第一次调控是应对亚洲金融危机，在 1998～2000 年累计发行了 3600 亿元的长期建设国债（相当于 1998～2000 年投资总量的 5%），定向用于基础设施、经济适用住房、重点行业技术改造、重大项目装备国产化和高技术产业化等领域的建设。随着政府投资的带动作用发挥效应，全社会投资动能开始恢复，投资增速开始提升。

第二次调控是应对国际金融危机，中央政府决定启动“四万亿”投资计划，

从 2008 年四季度到 2010 年底，新增 4 万亿元投资，其中中央政府在 2009～2010 年两年间拿出 1.18 万亿元（相当于 2009～2010 年投资总量的 2.7%），主要用于保障性住房、农村民生工程、重大基础设施、社会事业、自主创新、节能减排和灾后重建等工程。在政策刺激的作用下，固定资产投资在 2009 年实现了 30.4%的高速增长，并在随后 4 年保持着 20%以上的高增速。

第三次调控是应对当前的经济持续下滑和投资动能不断衰减。2015 年 8 月起，中央政府引导设立专项建设基金，直接注入项目资本金，支持看得准、有回报、不新增过剩产能的重点领域建设。2015 年共投放四批计 8000 亿元的专项建设基金，2016 年已投放三批计 1.6 万亿元的专项建设基金。

在前两次促投资调控中，中央政府投入规模约占当年投资总额的 3%～5%。以 2015 年全国固定资产投资 55 万亿元计算，中央政府投入资金规模大概在 1.65 万亿～2.75 万亿元。但是 2015 年专项建设基金规模仅为 0.8 万亿元，而且大部分还未在当年形成投资量，实际投放中也存在一定程度的资金沉淀。2016 年专项建设基金规模为 1.6 万亿元左右，略低于平均水平的救市力度，同时也调整降低了贴息程度。此外，当前对于专项建设基金增加地方政府或有债务的争议较大，2017 年可能暂停专项建设基金的投放工作。

2．专项建设基金“亲国有疏民营”

专项建设基金是当前促投资稳增长系列政策中最大的实招，但在实践过程中，基金分配出现明显的“亲国有疏民营”倾向。基金运作采用政银企社的合作模式，在提高风险管控的同时，也导致了基金更多地支持政府项目和国有企业项目，对民营企业项目鲜有问津。据调研，西部某省基金投向民营企业项目仅占 10%左右，支持力度严重不足。民营企业难以获得基金支持的主要原因有，一是地方政府不提供针对民营企业的担保与回购要约，导致以民营资本为主体申请的基金项目大部分被投放行（国家开发银行和中国农业发展银行）否决。二是民营企业除承担专项建设基金使用利率 1.2%外，还需额外支出担保费。一般地方政府政策性担保机构费率仅为 2%（民企难以获得），市场化担保机构费率达 5%以上。民企融资贵问题在专项建设基金落实中同样存在。三是我国民营中小企业生命周期较短，一般为 3～6 年，投放行对投向民企的长期贷款（8～20 年）较为谨慎，不愿承担民企项目不成功带来的经济与政治风险。四是国家开发银行、中国农业发展银行相比较于商业银行，类行政色彩更加浓厚，对政府项目、国有企业项目有着天然的倾向性。总体而言，专项建设基金未能有效支持民营企业，实质上反映出我国融资体制长期以来“亲国有疏民营”的弊病，导致专项建设基金撬动放大的作用受到制约，民间资本的跟进效应大打折扣。

3．高耗能制造业推进去产能

高耗能制造业包括 5 个大类行业，分别是石油加工、炼焦及核燃料加工业，化学原料及化学制品业，非金属矿物制品业，黑色金属冶炼及压延加工业，有色金属冶炼及压延加工业。2016 年 1～11 月份，高耗能制造业投资 3.99 万亿元，下降 1.4%，同比回落 1.8 个百分点。

高耗能制造业普遍存在着产能过剩，2015 年产能利用率为 70%左右，其中，粗钢约为 67.0%，水泥约为 73.8%，平板玻璃约为 68.0%，电解铝约为 75.4%，造船低于 70%。顺利推进高耗能制造业去产能工作，既要寄希望于高耗能产品的需求保持一定增长，更要减少新增产能投资规模，甚至加快推进淘汰落后产能、小项目产能等。假设到 2018 年基本完成高耗能制造业的去产能工作，行业整体产能利用率提升到美国认定的合理区间下限（以 79%～82%的产能利用率区间为标准），充分考虑去产能促转型加速折旧、高耗能产品需求增长等因素后，静态测算发现，2017～2018 年高耗能制造业投资将年均下降 15%左右，直接拉低制造业投资增速约 3.5 个百分点。

4．PPP 模式实质性进展缓慢

《关于加强地方政府性债务管理的意见》（国发[2014]43 号文）结束了地方政府传统的融资平台和融资模式之后，PPP 模式（政府和社会资本合作）成为地方政府力推的公共产品和服务提供方式。截至 2016 年 9 月底，财政部 PPP 中心平台项目库公布了 10471 个 PPP 项目，总投资额高达 12.49 万亿元。国家发展和改革委员会前两批 PPP 项目库纳入 2531 个项目，总投资 4.23 万亿元，2016 年 9 月份推介的传统基础设施 PPP 项目 1233 个，总投资约为 2.14 万亿元。但从实际运作来看，项目签约、开工建设情况并不理想，并且大部分社会资本方是国有企业，PPP 异化为地方政府和国有企业之间的合作。据调研，各地优质的 PPP 项目基本上都被国有企业垄断，民企要投资 PPP 项目的难度比较大，取得好项目更是难上加难，更多的是一些规模小、收益低的零散项目。项目收益率不高、地方政府政策随领导变动、地方政府信用约束制度尚未建立等是制约 PPP 模式推进的主要因素。

5．基建融资保障困难增加

促投资稳增长的关键在基础设施建设。尽管我国基础设施建设的空间仍然存在，但随着基建投资盘子越来越大，维持当前基建投资高速增长的融资困难明显增多。公共财政赤字、地方政府专项债务、土地出让收入、专项建设基金是政府促进基础设施建设的主要融资方式。2017 年基建融资保障困难很大，一是公共财政赤字率已经提升至 3%，再扩张的空间已经很小。二是地方政府专项债务扩张很快，2015 年债务为 1000 亿元，2016 债务为 4000 亿元，继续扩张的空间不大。三是随着房地产市场调控趋紧，土地出让收入很难再现 2016 年的高速增长态势。四是专项建设基金逐年增长较快，2015 年投放 0.8 万亿元，2016 年投放 1.6 万亿元左右，考虑到基金存在的一些弊端和控财政风险因素，2017 年投放规模很难扩张，甚至可能暂停。客观地说，这些融资渠道都将直接或间接增加政府负有偿还责任的债务、或有债务，加大政府债务负担，对于当前我国财政运行都是巨大的压力，影响财政健康可持续发展。

6．房价快速上涨和高库存风险并存

2016 年以来，一线城市、二线城市房价过快上涨已经明显加大了房产价格调整风险，扭曲了金融资源的配置方向。稳房价已经成为这些一、二线城市政府当前重要的经济工作。但同时，当前城市间房价涨幅差异仍然较大，一、二线城市房价过快上涨势头并没有充分带动三线城市房价上扬，三线城市房地产市场呈现出量升价稳的态势。2016 年 10 月份，45 个三线城市新建商品住宅价格同比上涨 4.9%，涨幅远低于一、二线城市。与此相对应，商品房库存也呈现出地域分化特征。一线城市及部分二线热点城市已经出现库存紧张局面，去化周期低于 6 个月。多数二线城市和三线城市商品房库存仍然较高，存在消化压力，部分城市去化周期仍然高达 18 个月以上。三线外的小城市和县镇的去库存压力极大，没有得到有效缓解。总体来看，房地产市场结构性矛盾突出，一线城市和部分二线城市房价暴涨，三、四线城市高库存压力依然存在。此外，在宽松的房地产市场政策带动下，购房需求已经有 18 个月左右的集中释放，房地产市场存在着需求提前透支的风险。叠加近期热点城市纷纷收紧房地产调控政策的影响，房地产市场将大概率进入调整阶段。

7. 外热内冷资本外流态势明显

2016年以来，与国内投资总体放缓形成鲜明对应，我国对外直接投资实现超高速增长，一定程度上分流了部分投资资金。2016年1～11月份，非金融类对外直接投资1617亿美元，同比增速高达55.3%。分析其原因，一是为做大、做强，企业积极扩大海外经营规模；二是为规避人民币贬值，企业加大资产海外配置力度；三是出于对国内产权保护力度的怀疑，存在向外转移资产的可能。在跨国企业对投资地的市场环境、法律环境了解不足，以及潜在风险的防范意识和能力有待提升的情况下，对外直接投资超高速增长无疑会增加企业经营难度、放大投资风险。

三、2017年固定资产投资形势展望

在凯恩斯主义的短期宏观经济模型中，需求三驾马车分别是投资、消费和净出口。净出口占国内生产总值比例很低，出口受外部环境影响较大，宏观调控对出口的可操作空间较小。消费主要由长期收支决定，稳定性强，通过扩消费、稳增长的政策效果欠佳。投资主要由企业对未来市场的预期决定，具有较强的不稳定性，这种不稳定性以及投资的乘数效应决定了宏观调控对投资更具有影响力。因此，短期内仍不能忽视投资对于经济增长的拉动作用。在外需难有大变化、消费仍是慢变量的情况下，扩大有效合理投资，对于补短板、调结构、培育经济新动能，将起到“一石三鸟”的作用。

随着宏观经济增长速度趋近6.5%的底线，以及固定资产投资下行压力持续释放，固定资产投资形势已经基本明朗，对政策依赖程度加大，基础设施投资必须要发挥起关键性的支撑作用。当然，短期内通过加大国有资本为主导的基础设施投资，可以对民间投资回落形成一定的对冲，但长期看并不能对经济增长形成持久的支撑。经济活力的释放，从根本上说还需要更多民间投资的积极参与，需要重唤民间投资的生机与活力。通过基建投资的高速增长，以时间换空间，一换取高耗能制造业实现去产能、降投资；二换取房地产市场实现调整到位；三换取新产业、新业态、新商业模式为代表的新经济实现发展壮大；四换取世界经济和国际贸易有所企稳复苏。

展望2017年，既有支撑投资增长的有利因素，也有制约投资增长的不利因

素，综合判断，固定资产投资增速将继续承压下行，预计增长 8.5%左右（见表 2），其中房地产开发投资增长 2.5%左右。

表 2 固定资产投资预测表

（单位：亿元）

年份	2015 年		2016 年 1～11 月		2016 年预测		2017 年预测	
固定资产投资	规模	增长	规模	增长	规模	增长	规模	增长
总体投资	551590	10.0%	538548	8.3%	597460	8.3%	648489	8.5%
制造业	180365	8.1%	170152	3.6%	186549	3.4%	194906	4.5%
高耗能制造	44113	-0.3%	39897	-1.4%	43452	-1.5%	41714	-4.0%
装备制造	71949	10.4%	67971	3.8%	74468	3.5%	78936	6.0%
消费品工业	60343	11.8%	58767	7.6%	64869	7.5%	70383	8.5%
基础设施	131265	17.3%	136158	17.2%	154106	17.4%	181845	18.0%
房地产开发	95979	1.0%	93387	6.5%	102026	6.3%	104576	2.5%
其他投资	143981	12.6%	138851	7.6%	154780	7.5%	167162	8.0%

注：短期预测是一门艺术，其价值在于为定性判断提供有价值的定量信息。

1. **有利条件**

（1）新开工项目增长较快，支撑后续投资　2016 年 1～11 月份，新开工项目计划总投资额达到 45.25 万亿元，同比增长 21%，较 2015 年同期加快 16.3 个百分点。新开工项目的多少、新开工项目计划总投资的大小，是判断当前及未来一两年投资是否有明显支撑的重要因素。一般来说，投资项目的平均建设周期在两年半左右，当年新开工项目对本年和下一两年的投资增长影响较大。因此，2016 年新开工项目增长较快，将对 2017 年的投资增长带来积极的支撑作用。

（2）投资资金供应可能略有好转　2017 年投资资金供应总体上可能仍会比较紧张，但预期将略有改观。主要体现在以下几个方面：一是工业企业利润增长由负转正，2016 年 1～10 月份规模以上工业企业利润同比增长 8.6%，较 2015 年同期加快 10.6 个百分点。企业盈利能力大幅改善、利润增加，有助于补充现金流，改善融资能力，提升企业投资意愿。二是积极的财政政策将继续支撑预算内资金高速增长。三是按照营造中性适度货币金融环境，配合财政政策促进基建投资的要求，国内贷款将继续服务于实体项目投资。

（3）民间投资积极性有望得到改善　民间投资专项督查工作将促进营商环

境改善，带动民间投资回稳向好。《国务院办公厅关于进一步做好民间投资有关工作的通知》（国办发明电[2016]12 号）从督查整改落实、深化放管服改革、营造公平竞争的市场环境、缓解融资难融资贵、降低企业成本负担等方面做出具体部署，在制度、体制、措施上着力解决制约民企想投资、敢投资、能投资的问题，切实调动民营企业的积极性，促进民间投资持续健康发展。

（4）新的投资热点涌现并快速发展 以“旅游、文化、体育、健康、养老”为代表的五大幸福产业发展十分迅速，相关行业投资实现快速增长，在补足短板的同时，正在激活并提升居民的服务需求。新型城镇化较快推进，城镇化率年均提高 1 个百分点以上，新增 2000 万城镇人口，重点培育中小城市和发展壮大 1000 个左右特色小城镇，将带动市政设施建设需求。创业投资不断完善规范，将发挥促进大众创业万众创新的资本引擎作用，推动创业投资实现快速发展。

2．不利条件

一方面经济转型要求投资增速的合理回归。在经济新常态下，固定资产投资要告别过去粗放式、重规模、轻效益的增长模式，真正向提高投资增长质量、改善投资结构、注重投资效益等方向转变。这种转变主要看投资能否回归到合理增长区间，因此投资出现换档减速有一定的合理性。随着当前各级政府考核指标体系不断完善、政府职能转变、政府减少对投资的过度干预，我国投资回归理性增长区间成为现实。根据经验，投资增速在 GDP 名义增速的 1.1 倍左右比较适当，既不会造成有效需求不足，也不会导致经济过热。

另一方面投资自主需求不足是当前制约投资增长的主要因素。当前投资增速不断回落，主要原因是市场需求疲弱导致的投资自主需求不足，虽然政府已经用加大基础设施投资力度的方式支撑投资增长，但目前民间投资比例超过六成，市场主体投资自主决策的能力不断提高，项目投资回报率是影响投资决策的主要因素。产能过剩拉低了投资收益，是影响投资需求的最主要因素。随着外需疲弱和内需不足，前期投资高速增长带来的巨大产能将需要较长时间化解。在化解过剩产能的过程中，调整存量、优化增量是长期政策，在此期间相关产业投资不可能回到过去的高速增长态势。当前的产能过剩、投资需求不足主要表现在两个行业，一个是工业，一个是房地产开发行业，这两个行业投资占全部投资的 60%左右，其投资低迷必将制约全部投资增长。

四、政策建议

2017年，建议将固定资产投资政策主基调确定为“突出补短板，促进投资稳定增长，提高投资的有效性”，发挥好投资补短板、调结构、培育经济新动能（“一石三鸟”）的重要作用。

1. 推进重大投资项目建设

一是尽快启动一批“十三五”规划确定的重点投资专项和重大工程建设。制订三年滚动投资计划，充实重点产业、基础设施和民生领域的重大项目储备库。二是发挥好政府投资的引导、带动作用，重在为社会资本提供更好的外部环境和配套设施，增强挤入效应。加大政府资金在教育、医疗卫生等人力资本以及基础研究、创新公共平台、共性关键技术等领域的投入，支持企业技改投入。三是盘活财政存量资金，加快财政资金拨付进度，督促项目尽快形成实物工作量，发挥好政府投资的引导带动作用。四是鼓励金融机构建立绿色通道，加快重大项目等领域的贷款审评、审批。五是继续保持一定的专项建设基金投放力度，简化基金投放手续，扩大基金支持领域，提高改扩建产业项目、民企项目在基金中的比例。六是进一步完善PPP制度体系，重点推进地方政府不履约时的结算扣款机制，控制地方政府违约风险。七是推进财政体制改革，理顺政府间的财政关系，赋予地方政府更多的自主财力，推进地方性基础设施开发建设。

2. 全面激发民间投资活力

一是抓紧推动 “鼓励社会投资39条”等促进民间投资的重大政策落地，充分释放政策效力。二是加快建立市场准入负面清单制度，切实降低民间投资准入门槛，落实好放宽民间投资进入电力、电信、交通、油气、市政公用、养老、医疗、教育、文化、体育等领域市场的准入政策。三是着力推进供给侧结构性改革步伐，积极化解和转移过剩产能，严格执行“僵尸企业”退市制度，加快市场出清步伐。四是支持传统产业企业技术改造，增强制造业核心竞争力，迈向产业链中高端。五是切实降低实体企业综合成本，有效缓解企业困难、助推企业转型升级。六是加快培育新动能、发展新经济，支持服务性制造、战略性新兴产业发展，强化对新兴产业领域知识产权的保护。

3．大力推进国有企业体制改革

一是推动混合所有制改革，完善国有资产管理体制，支持竞争性领域国有企业引入民间资本参股、控股。二是利用去产能倒逼国有企业“瘦身健体”，盘活优化资源配置，促进国有企业转型升级、提质增效。三是进一步打破国有企业垄断，加快放开垄断行业的竞争性领域和环节价格管制，形成充分竞争的机制。四是适当限制国有企业投资领域，更多地向关系国家安全、国民经济命脉的重点行业和关键领域集中，少进入甚至不进入市场竞争充分、市场主体活跃的领域，减少国有企业“与民争利”的现象。五是引导国有企业围绕主营业务打造核心竞争力，支持主业不突出、不具备优势的国有企业重组整合，引入战略投资者，转让产权或依法退出。

4．健全房地产平稳健康发展的长效机制

一是完善住宅土地供应制度。加强住宅土地供应信息公开力度，各级政府要主动及时公布以商品住宅为主的房地产供地计划执行情况，对未能落实的供地要给出解释说明。加大对商品住宅用地供给计划年度执行情况的考核监督力度，增强计划的可操作性和严肃性。研究推广城乡建设用地增减挂钩置换出的建设用地周转指标跨县域流转试点。二是优化公共资源均衡配置制度。适当增加中小城市公共产品和服务的财政投入，引导中小城市发展壮大和人口回归合理流动。积极推进财政体制改革，增强县级政府、镇级政府的财政自主能力，推动当地经济社会发展。三是加快推进户籍制度改革。除极少数超大城市外，全面落实农民工落户、居住证管理等户籍制度改革，支持农民工进城落户，加快农民工市民化进程。统筹推进户籍制度改革和基本公共服务均等化，不断扩大教育、就业、医疗、养老、住房保障等城镇基本公共服务覆盖面。四是完善房地产相关财税制度改革。改革现行房地产税收制度，建立起覆盖住房交易、保有等环节的房地产税制，尤其是完善保有环节的房地产税收制度。规范国有土地出让收入管理，因城乡建设用地增减挂钩而产生的土地增值收益要全部返还农村，支持农村人居环境改善和美丽宜居乡村建设。

5．着力深化投融资体制改革

一是构建多层次、广覆盖、有差异的银行机构体系，促进地方性中小银行和民营银行发展，发展多业态的普惠金融组织体系。二是鼓励商业银行创新信贷管

理和贷款评审制度，加大对新产业、新业态、新商业模式的金融支持力度。三是支持民营企业依托资本市场直接融资，扩大中小企业各类非金融企业债务融资工具及集合债、私募债发行。四是支持并规范移动互联支付、小额贷款等创新性、专业性、社区性金融业态发展。五是加大对种子期、初创期企业投资项目的金融支持力度，有针对性地为“双创”项目提供股权、债权，以及信用贷款等融资综合服务。六是建立健全政银企社合作对接机制，搭建信息共享、资金对接平台，协调金融机构加大对实体经济的支持力度。

（作者：胡祖铨）

2016年消费形势回顾及2017年展望

在外贸需求和投资需求增速明显回落的同时，我国消费需求持续保持平稳增长，成为经济运行的“稳定器”。但是，宏观下行压力对消费的滞后影响逐步显现，保持稳定增长的困难逐渐增大。展望2017年，在一系列有利因素的促进下，消费具有保持稳定增长的条件。初步预计，2017年社会消费品零售总额增长10%左右。建议抓好增加收入和供给创新两方面工作。

2016年以来，世界经济复苏进程放缓，我国经济下行压力持续存在，结构性矛盾更为突出。在投资需求和外部需求增速明显回落的情况下，消费需求对GDP增长的贡献稳步提升，有力支持了经济平稳增长。总体消费增速稳中放缓，传统消费保持平稳，新兴消费增势相对较好。

一、2016年消费市场运行的主要特征

2016年，我国消费市场运行平稳，总体增速稳中略缓，与宏观经济走势基本一致。2016年1～10月份，社会消费品零售总额增长10.3%（分月同比增速见图1），增速同比回落0.3个百分点。而大型商超销售形势略有好转，2016年1～10月份限额以上单位消费品零售额增长7.8%，同比加快0.2个百分点。

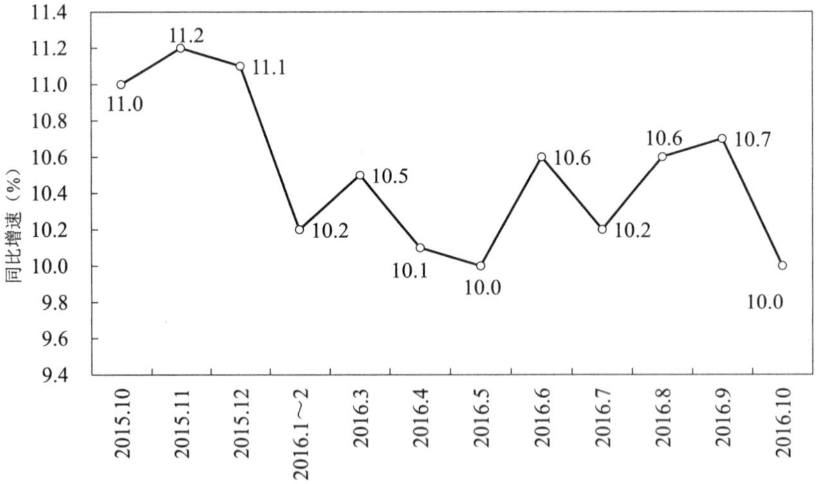

图1 2015年10月～2016年10月社会消费品零售总额分月同比增速

1．城乡消费走势略有差异

社会消费品零售总额数据显示 2016 年 1～10 月份，农村消费增长 10.9%（见图 2），增幅同比回落 0.9 个百分点；城镇消费增长 10.2%，增幅同比回落 0.2 个百分点。同时，农村消费增速回落幅度在波动中扩大，2016 年前 10 个月当月增速分别同比回落了 0.7 个百分点、0.4 个百分点、0.5 个百分点、0.9 个百分点、0.6 个百分点、1.2 个百分点、1 个百分点、1.1 个百分点以及 1.2 个百分点（1、2 月合计），而形成对照的是，城镇消费当月增速从 2016 年 3 月开始同比提高或持平。两方面数据同时从一定程度上表明，农村居民消费增速回落态势更为明显，农村消费对经济下行压力的敏感性更强。

图2　2013年～2016年城、乡社会消费品零售总额当月增速走势

2．传统消费稳中略缓

吃、穿、用等传统基本生活类消费增速仍然保持相对稳定的增长态势，但增速回落态势开始显现。2016 年 1～10 月份，以粮油食品为代表的“吃类必需品”同比增长 11.4%，增速同比回落 3.1 个百分点；而饮料类、烟酒类分别同比增长 10.7%和 9%，增速明显回落 4.6 个百分点和 3.4 个百分点；以服装鞋帽、针纺织品为代表的“穿类必需品”同比增长 7.2%，增速大幅回落 3 个百分点；以日用品为代表的“用类必需品”增长 11.2%，增速回落 0.4 个百分点。

3．新兴消费增势较好

相对于基本生活类消费而言，网络消费、信息消费、教育文化娱乐等新兴的发展型消费依然保持了较快的增长速度。虽然也出现增速回落的状况，但整体增长势头在居民消费类别中，依然保持领先。2016 年 1～10 月，全国网上零售额同比增长 25.7%，其中，实物商品网上零售额增长 24.9%。在实物商品网上零售额中，吃、穿和用类商品分别增长 28.8%、17.1%和 27.8%。与网络消费相比，通信器材消费增速回落趋势更为明显。2016 年 1～10 月份，全国限额以上通信器材销售额增长 11.7%，增速大幅回落 24.2 个百分点。

4．汽车消费明显回温

根据中汽协数据，2016 年 1～10 月份，汽车销售增长 13.8%，高于 2015 年同期 12.3 个百分点。乘用车销售增长 15.4%，其中 1.6L 及以下乘用车销售同比增长 22.8%，增速同比提高 4.1 个百分点，1203.5 万辆的规模占乘用车销量的 72%。商用车销售明显好转，货车销售增长 7.2%，销售好转的主要动力在货车。不过受政策调整影响，新能源汽车销售同比增长 82.2%，其中插电式混合动力汽车销售回落较明显，同比仅增长 37.2%，2016 年 10 月当月甚至出现销售负增长。2013～2016 年社会消费品零售总额中汽车消费当月增速走势见图 3。

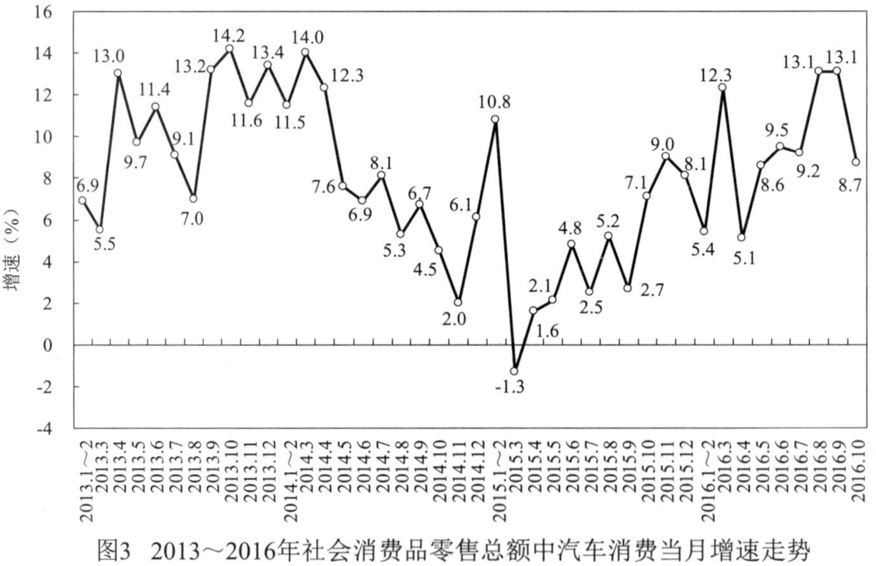

图3 2013～2016年社会消费品零售总额中汽车消费当月增速走势

5．住房相关消费有亮点

2016 年以来，全国房地产市场继续呈现火热行情，一系列促进住房消费政策的影响力释放导致当前楼市销售回暖力度大于预期。在商品房销售回暖的同时，住房相关消费包括家具、建筑装潢等也保持了较快增长，2016 年 1～10 月份，家用电器类、家具类、建筑及装潢材料类消费分别累计增长 7.9%、13.5%和 15.1%。目前，住宅市场上改善性需求逐步走强，带动住房相关消费增势可期。

二、2016 年消费市场运行存在的主要问题

当前我国消费市场运行的主要矛盾较为突出，宏观经济下行压力对消费的滞后影响开始显现、消费品市场缺乏创新无法带动更多需求增量、消费品质量与安全问题加剧消费外流、耐用品消费依赖政策带动而缺乏内生动力，成为制约消费潜力释放的四大主要问题。

1．宏观经济下行压力对消费的滞后影响开始显现

居民消费和宏观经济走势呈现正相关。2014 年开始，我国 GDP 增速进入窄幅波动区间，增长中枢已经开始从 7%向下移动。持续存在的宏观经济下行压力已经开始通过就业和收入渠道对终端消费产生滞后影响。当前，虽然失业率保持稳定，但就业质量转差，并且收入增速放缓现象开始蔓延。2016 年 1～9 月份，全国居民人均可支配收入实际增长 6.3%，较 2015 年同期放缓 1.4 个百分点，低于 GDP 增速 0.4 个百分点。城镇居民和农村居民可支配收入分别实际增长 5.7%、6.5%，分别低于 2015 年同期 1.1 个百分点和 1.6 个百分点。制造业等行业持续低迷以及住宿、餐饮业、修理等服务业企业经营困难直接影响了农民工收入，2016 年前三季度农村外出务工劳动力月均收入同比增长 5.9%，增速较 2015 年同期明显下降了 3.2 个百分点。

与此同时，部分政策调整对中低人群收入增长带来更大压力。最低工资标准调整时间由每两年至少调整一次改为两至三年至少调整一次，且调整幅度原则上不超过社会平均工资增长幅度，导致城镇低收入群体增收前景不佳；2016 年主粮最低收购价下调、种植业结构以及临储政策调整进一步影响了农民经营性收入增长。当居民收入增长承压不断加大时，消费保持较快增长的困难明显增多。

2. 消费品市场缺乏创新无法带动更多需求增量

在我国消费品市场上，供给过剩的是处于生命周期衰退期、技术含量低、附加值低的消费品，十分缺乏的是处于生命周期导入期或成长期、高技术含量、高附加值、符合居民消费结构升级方向的新产品、新供给。没有创新带来的新供给，就无法带动需求新增量。特别是在部分消费品细分市场上，供给创新升级速度放缓直接导致消费需求增长放缓，2016年的通信器材市场、网络消费市场都已经开始显现这样的特征。以手机为例，4G换代趋于完成，品牌差异化减弱，从硬件配置到软件功能缺乏创新点，行业发展进入瓶颈期，消费增长也进入了平台期。

3. 消费品质量与安全问题加剧消费外流

除去消费品创新欠缺、有效供给不足之外，我国现行的消费品标准体系较为落后，质量标准普遍低于国际标准，特别是在绿色环保、有害物质等基础性标准上与国际标准相差较大，还没有适应居民消费结构升级的要求。同时，消费品安全监管落后，进一步影响居民对国内消费品的信心。这些问题在很大程度上加剧了消费外流现象，甚至出现居民到海外大量购买实际上是国内生产的产品。2015年居民境外消费为1045亿美元，约占全年社会消费品零售总额的2%以上。这部分流失的消费是国内消费市场的重大损失，不利于进一步拓展国内消费市场的广度和深度。

4. 耐用消费品市场对政策依赖较大

随着2015年10月1日“1.6L及以下排量乘用车实施减半征收车辆购置税”的优惠政策以及一系列促进住房消费政策相继出台，汽车和住房两大耐用品消费再次全面回暖。但是，从目前的汽车产业结构、发展现状和发展动力来看，汽车高速增长时代已基本结束；房地产市场发展的黄金期已过，逐渐进入存量调整的新时代。可以预期，购置税政策即便延长，其带动效应也会逐步减弱，再加上进行新一轮房地产市场调控，这两大耐用品消费的内生增长动力不足又将导致市场趋冷，带动相关消费增长的能力将会减弱。

三、2017年消费形势展望

展望2017年，新兴消费模式和消费热点活跃，将不断挖掘消费潜力；社会保障改革深化，会进一步破除消费后顾之忧；信息技术推动变革，消费环境明显优化，特别是对释放农村居民消费潜力具有重要意义。综合判断，消费需求具备了保持稳定增长的条件，初步预计 2017 年社会消费品零售总额增长 10%左右。

1．新兴消费模式和消费热点活跃，不断挖掘消费潜力

随着经济发展和收入提高，我国居民的消费模式在历经了温饱型消费模式、基本小康型消费模式后，现已进入全面小康型消费模式的发展阶段，消费热点正在发生根本变化，追求更加个性化、多元化逐渐成为主流。旅游、休闲、文化、体育、教育等消费领域在传统消费增长乏力的情况下，呈现出欣欣向荣的发展态势。据统计，2016 年上半年，国内旅游人数同比增长 10.5%，国内旅游增长 13.7%。在新兴消费模式以及消费热点的带动下，我国居民消费结构不断升级。

2．社会保障改革持续深化，进一步降低了消费的后顾之忧

二十年以来，我国社会保障体制改革进一步深化，托底保障能力进一步提升。城乡居民基本医疗保险制度加速整合，2016 年 1 月印发的《关于整合城乡居民基本医疗保险制度的意见》，明确提出了统一覆盖范围、统一筹资政策、统一保障待遇、统一医保目录、统一定点管理、统一基金管理的“六统一”要求，争论多年无果的医保管理体制、经办机制、统筹层次等问题将得以基本解决；社会保险基金投资新政付诸实施，有望实现基金的保值、增值，逐步结束巨额养老保险基金分散管理问题。此外，2016 年 7 月各地正式开始实施新一轮调整后的社保缴费基数。由于缴费基数增加，职工个人养老金账户中的资金将增加，公积金缴纳金额、贷款限额将提升，医疗报销比例将增大。这些都将在更大程度上降低居民消费的后顾之忧，有利于消费需求释放。

3．信息技术推动变革，持续降低消费环境短板制约

当前，信息技术领域的研发活动在整体技术创新中占有显著地位，信息技术革命给经济生活的供给端和需求端带来了深刻变革。2017 年，在消费领域以“互联网+”为代表的信息技术革命将深度推进，持续推动电商与传统产业深度融合，变革线下供应链与服务模式。特别是信息技术改变了之前厂商与消费者必须通过零售商进行间接连接的方式，让生产与终端消费直接对话，真正实现了以客户为中心的交流、创新。更重要的是，当前“互联网+”打破了城乡二元结构的客观限制，降低了农村消费基础设施建设落后的影响，极大地提高了农村居民消费的便利化程度，激发了之前由于消费环境欠佳而不能释放的消费潜力，成为消费需求较快增长的助推器。

四、促进居民消费结构升级的政策建议

当前，我国居民消费已经进入升级换代的新阶段，应大力促进居民就业和增收，促进社会中等收入群体发展，加大消费品供给创新力度，提高消费品供给质量标准，加快弥补制约消费的短板，促进消费新业态健康发展。

1. 大力促进居民就业和增收

针对宏观下行压力向就业市场传导的现状，一是要重点促进农民增收。大力推广节地、节水、节油、节肥的节本增效技术，提高家庭经营的效益；大力促进农产品加工、休闲农业、乡村旅游等农业农村相关产业发展，提供更多农业增值收益；加大农民工就业指导和服务力度，做好应对农村转移劳动力就业本地化工作；加快推进农产品目标价格制度建设，加快落实《农民住房财产权抵押贷款试点暂行办法》。二是要促进城镇低收入人群增收。在加强社会保障的同时，进一步通过培训、再教育等方式从根本上培养其增收能力。三是要做好下岗分流员工的安置工作。对于接纳去产能再就业职工的企业按照一定比例给予资金奖励和政策的倾斜。

2. 促进社会中等收入群体发展

要提高中等收入人群比例，促进社会中间阶层发展，形成橄榄型分配格局，应建立、健全公正、公平的法治与自由竞争的环境，形成有利于要素公平竞争、自由流动的市场环境，特别是破解城乡二元制度和某些人事管理制度；打击不合法的灰色收入；推进科技成果作价入股、岗位分红权激励等要素分配方式的发展。

3. 加大消费品供给创新力度

引导消费品生产企业更加积极主动适应市场需求变化，实施企业技术改造提升行动计划。一是研究选定若干重点消费品生产行业开展产业链创新管理，系统分析这些重点生产行业的产业链、价值链，对当前消费品生产领域的共性关键技术集中组织力量进行克难攻坚，构建较为完整的技术体系。二是在大力支持高技术、高附加值的战略性新兴产业发展的同时，对消费品领域的先进技术开发与应用给予适当政策倾斜，引导社会资源向消费品重点行业的技术创新前沿积聚。

4. 提高消费品供给质量标准

改善消费品供给的质量，应尽快形成高标准产品与服务质量体系，着重做到：一是提高质量标准。应尽快对我国 12 个主要消费品领域的 770 余项指标进行标准升级，大幅提高严于国际标准、与国际标准一致的指标比例，特别是提高对有害物质、绿色环保等通用性、基础性要求的统一规定标准。二是优化标准创新的激励政策。针对标准制订研发投入大、制订周期长、需求变化快的特点，政府应加大对于国际标准、国家标准研制、升级的足额、稳定、持续的投入。同时，完善在税收、金融、科技、人才等方面的激励政策，提高企业和社会组织标准创新的动力。三是在教育、旅游、文化、产品“三包”、网络消费等重点领域开展服务质量提升专项行动。四是实施品牌价值提升工程，培育一批能够展示“中国制造”和“中国服务”优质形象的消费品品牌与企业。

（作者：邹蕴涵）

2016年区域经济发展分析及2017年展望

2016年，各地区经济发展基本平稳，区域合作不断取得新成效，但分化增长态势更为明显。2017年，区域经济一体化和产业转移将进一步加速，创新成为区域经济发展新动力，不同类型区域将呈现不同的发展态势，东部地区经济增幅可能稳中略降，中西部地区基本保持平稳，东北地区经济增幅依然最低，产业结构重型化的资源性省份仍面临比较大的增长压力。建议加快改革步伐，积极发挥区域规划、政策作用，更加注重区域之间的协同发展，对遭遇断崖式增速下滑的地区给予必要的财政支持。

2016年以来，各地区认真贯彻、落实党中央、国务院的重大决策部署，牢牢树立创新、协调、绿色、开放、共享发展理念，主动适应、把握和引领经济发展新常态，全力推动各项政策措施落地生根，经济发展保持了总体平稳的态势，但受经济体量、发展阶段、产业结构、转型升级、创新活力等因素影响，分化增长态势更为明显。2017年，在国家区域协调发展战略的指引下，各区域仍有望继续保持良好发展态势，在去产能、加快经济转型的大背景下，尽管有国家的政策支持，但产业结构重型化的资源性省份仍面临比较大的增长压力，需要加快改革步伐，出台更有针对性的政策，促进区域间公共服务的基本均等化，保持社会稳定，为长远持续稳定发展创造条件。

一、2016年区域经济发展特点

2016年，各地区经济发展在保持基本平稳态势的同时，也呈现出一些新的特点。

1. 地区差异化发展更加明显

近年来，受国际市场需求低迷和国内经济转型调整的影响，区域经济分化加剧。一些结构调整步伐快、新经济发展好、民营经济活跃、产业竞争优势强的省份经济运行总体平稳；一些重工业、资源型产品比例较高，产业结构单一的省份经济下行压力加大。尤其是东北和少数中西部省份经济持续下滑，人才、资金等要素资源从困难地区流出较多。2015 年末，天津、北京、上海、江苏、浙江人均 GDP 列全国前五位，其中，天津、北京、上海均已超 10 万元。福建、广东、辽宁、山东、重庆、吉林、湖北人均 GDP 高于全国平均水平（5.2 万元），主要集中在珠三角、长三角、环渤海地区。而人均 GDP 低于全国平均水平的省市则主要集中在黄河中上游、长江中上游和珠江中上游三大区，均属中西部地区。我国区域人均 GDP 的最大、最小比值为 4.13（天津:甘肃），较 2014 年扩大 0.15。这表明不仅是不同产业的生产率存在区域差异，更重要的是区域产业结构、就业结构存在巨大差异。

2016 年前三季度，从各地区 GDP 增速看，超过 10%的有重庆（10.7%）、西藏（10.7%）和贵州（10.5%），超过 9%的有天津和江西，在 8%～9%之间的有 7 个地区，在 7%～8%之间的有 12 个地区，吉林、河北、北京、上海、黑龙江增幅在 6.0%～6.9%，山西增长 4%，辽宁是唯一一个负增长的省份（-2.2%）。2016 年前三季度数据反映出，在推动经济由投资拉动型向消费和高科技拉动型转型的背景下，各省份之间的差异进一步明显。东部沿海省份的经济增长相对较快，这些省份有更多的先进制造业、高科技产业以及中央政府希望大力扶持的初创企业。而那些产业结构较为单一、国有企业占主导地位、市场高度垄断的地区由于传统动力弱化、新动力生成不足，增长困难比较大。因而，地区之间的增速极差和标准差有扩大的趋势（见图 1）。

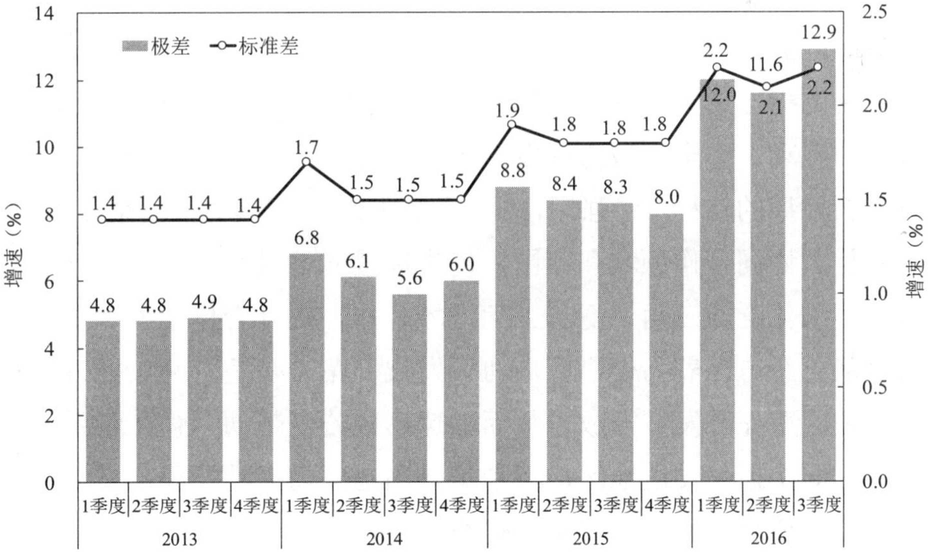

图1 2013~2016年31个地区经济增幅极差和标准差

2．跨区域协调取得实质性进展

京津冀协同发展和长江经济带协调发展上升为国家战略，从国家层面推进跨区域的协调与协同发展，以及其他一些跨区域协调机制的建立，均表明我国跨区域协调取得了实质性进展。

3．区域经济增长极的引领辐射作用开始显现

自设立上海自由贸易试验区以来，在金融、贸易、投资、通关等领域先行先试，已经形成一系列可推广、可复制的经验模式率先在长江沿线城市推广。另外，国务院相继批准设立前海深港现代服务业合作区、青岛西海岸新区、陕西西咸新区等一批重要的国家级新区，分布在东西部不同发展水平的区域，目的是在这些点上通过集中政策资源和项目资金的投入，加快培育、壮大一批区域经济增长极，发挥对周边区域的辐射带动和引领示范作用。从实施效果看，长江经济带经济增长态势看好，一批新的区域经济增长点开始出现。

4．区域合作渐成发展主流

区域协同发展不断推进，不少地区打破行政壁垒，大力推进协同发展、一体化进程。区域深度融合不仅体现在产业项目对接中，更表现在基本公共服务、社会治理、生态环境领域的不断突破，这表明我国区域经济发展不断走向成熟。

二、区域协调发展思路已明确

经国务院同意，国家发展改革委正式印发《关于贯彻落实区域发展战略促进区域协调发展的指导意见》，提出了优化经济发展空间格局、完善创新区域政策、加强区域合作互动、健全区域协调发展机制等多方面要求，到 2020 年要实现形成区域发展新格局的目标。并强调，要推进区域协同发展。推动京津冀、长三角、珠三角不断扩大协同合作领域和范围，促进环渤海地区合作发展，推动东北地区新一轮振兴，深化泛珠三角、泛长三角区域合作，提升合作层次和水平。

未来将从五个方面着力促进区域协调发展。第一是坚持两头推进。一方面是让条件好的地区率先开发、开放，从而加速形成若干带动力强、联系紧密的经济带；另一个方面是抓欠发达地区，特别是贫困地区的跨越发展，采取特殊的手段让这些地方能够追赶上来。第二是强化纽带支撑。以“一带一路”建设、京津冀发展、长江经济带等为引领，发挥纽带支撑的作用。第三是扩大统筹空间，以空

间扩展来促进区域协调发展。第四是发挥功能优势，根据主体功能区的定位来发挥各个地区的比较优势。第五是健全促进机制。形成一些有效的体制和机制，避免区域发展的差距不断地扩大。

从四大区域看，更好地发挥东部沿海地区的优势，使得东部沿海地区在转型升级方面走在全国的前列，发挥其带动全国转型升级的作用。中部地区在继承原有“三基地、一枢纽”的定位基础上，根据新形势、新任务、新要求，提出“一中心、四区”的战略定位，即全国重要先进制造业中心、全国新型城镇化重点区、全国现代农业发展核心区、全国生态文明建设示范区、全方位开放重要支撑区。西部地区要突出小康牵引、创新驱动、开放引领等要求；创新构建“五横两纵一环”的总体空间格局。振兴东北要稳投资、稳消费，围绕补短板、增后劲、惠民生，抓紧推进已纳入“十三五”规划和东北振兴三年滚动实施方案的项目建设，尤其要激发社会投资活力。大力发展基于“互联网+”的新产业、新业态，在实施“中国制造 2025”中重塑东北装备竞争力，发挥人均耕地多、机械化水平高的优势，加快发展现代农业。做强东北开放型经济，打造面向东北亚的重点开放平台。积极开拓重大装备的国际市场，使东北成为国际产能合作的生力军。

三、区域经济发展趋势

1. 创新成为区域经济发展新动力

近年来，在国家对大众创业、万众创新的持续推动下，各地升级发展孵化器、大力兴办众创空间的热情不断高涨，形成了政府与社会力量争相创办孵化器、投身创新创业的新局面。与此同时，孵化器也从中心城市或国家高新区向县市区辐射，孵化器在区域经济格局中的地位也变得更加重要。欣欣向荣的创业孵化器不仅为科技创业活动提供了良好环境，更重要的是，可使一个地区的创新创业精神得到极大发扬，激发当地民众的创造力，使得区域发展更加富有活力。特别是占我国孵化器总数近一半的专业技术孵化器的大量兴起，形成了区域新兴产业发展的源头支撑，发挥产业聚集功能，不断壮大区域高新技术产业发展，成为推动区域产业转型升级的重要引擎。随着创业孵化服务的升级，这些创新创业载体与区域经济发展更加深度融合，创新创业与当地资源、产业方向和市场需求形成有效对接，成为推动区域发展的新动力。

2. 区域经济空间格局将发生调整

当前，我国区域经济空间格局正在发生着重大调整，大交通、大物流的发展极大地促进了区域间的经济联系，改变了区位条件，特别是高铁网络的编织使得我国区域可达性格局逐步由航空主导型向高速铁路主导型转变，这对原有的区域经济空间格局产生了冲击。此外，区域战略、区域规划和区域政策的密集出台和实施对于区域经济空间格局的优化也有积极影响。

3. 区域经济一体化将加速

由于新一代信息技术、现代交通技术的快速发展，支撑区域经济发展的资本、劳动、技术等要素的流动速度和强度都在显著增强，流动方式也出现了重大变化。传统上更多是地理邻近区域之间，通过产品或者劳动力的地理转移而实现，在新技术条件下，超越地理空间、跨越式流动的特征将越来越显著。这一变化将导致经济活动的地理边界日趋模糊，资源要素可以在更大的空间范围内实现优化配置。区域之间的经济联系更加复杂化，由传统基于不同产业链而形成的线性关系向基于价值链的网络关系转变。

4. 区域之间的分化可能进一步加剧

以互联网和智能制造为核心的新技术本质上具有较强的网络积聚效应，先发地区可利用其技术、资本、人才等方面的有利条件，吸引更多要素资源向该地区聚集，其先发优势被进一步强化。相比之下，对于尚处在工业化阶段的欠发达地区而言，由于其基础设施、人力资本、金融资本等方面都不具备优势，在短期内又难以改变。再加上其他一些因素的影响，如国家宏观经济增长速度下降和结构调整所导致的能源、矿产等大宗产品的市场需求减弱，发达地区受宏观经济下行压力加大的影响，欠发达地区仅有的自然资源优势无法得到充分发挥，由此导致地区之间进一步分化。

5. 区域发展路径将被重塑

由于生产活动模块化、数字化、智能化程度的不断提高，一个地区的经济发展对劳动力的技能、基础设施（主要指信息通信设施和公共服务设施）的先进水平和制度条件提出了更高的要求。要素的知识性、不可替代性和不可复制性成为决定一个地区竞争优势的重要因素。低成本劳动力、廉价的土地、能源资源，以及地理区位等传统优势，都将由于生产组织方式、商业模式的变革而被替代，对经济活动空间布局的影响力已明显趋于减弱。在此背景之下，基于传统比较优势，主要依托本地资源的“自身消耗型”的区域发展路径，越来越难以适应新常态下区域发展环境的变化。无论是发达地区，还是欠发达地区，都积极主动向“创造型”的发展路径转变，以适应新时期区域竞争的要求。

6. 产业转移将进一步加速

2016 年 9 月 14 日，国家发展和改革委员会就《中西部地区外商投资优势产业目录》修订稿征求意见，明确提出这一产业目录的主要原则是支持中西部地区承接产业转移，发展外向型产业集群；立足中西部地区产业基础和劳动力、资源等优势，增加对当地经济发展有显著带动作用的产业条目；改造提升传统产业，促进服务业发展，严格控制产能过剩项目等。随着第三批自由贸易区的设立，西部发展的方式、动力引擎会发生非常大的改变。现在西部的口岸加大开放后，可以直接输送到国际市场，节省了人力、物力成本，因此，产业会加速向西部转移。

四、2017 年区域经济发展判断

1. 区域经济整体增幅将略有回落

有研究表明，第二产业占比的提高与生产率增速之间正相关，而第三产业占比的提高与生产率增速之间负相关。第二产业的生产率水平高于第三产业是世界主要经济体中普遍存在的现象，第三产业的崛起往往伴随着整体劳动生产率水平的下降。目前，我国经济结构正发生着深远变化，经济增长由投资驱动向消费驱动转型，第三产业日渐崛起。因此，从规律上讲，整体经济增幅长期将由高回中，特别是在目前世界经济仍然不大景气，大规模刺激政策不可能实施的情况下，预计 2017 年区域整体经济增幅有可能略有回落。

2. 不同类型区域的发展态势

大致上，可以将 31 个地区的经济发展分为以下几个类型：

一是以北京和上海为代表的大都市经济。城市功能逐渐由生产型向服务型转变，产业结构进入以现代服务业为主导的阶段。以技术密集为特征的新兴产业，特别是高新技术产业的比例不断上升，服务业特别是与信息技术等高新技术密切结合的现代服务业发展迅速。发展重心开始转向社会发展为主，市民生存资料的支出比例明显下降，享受和发展资料比例上升。基于高等院校和研究机构聚集的优势，现代金融服务产业、科技服务产业、信息服务产业、现代教育培训、服务外包产业、文化创意产业、专业服务产业、房地产业等现代服务业成为支柱产业和经济增长点，产业发展走向高端化、低碳化、服务化，经济增长基本进入相对稳态。

二是民营经济相对活跃的东部沿海地区。这些地区的产业结构调整都在深入推进，转型升级亮点进一步显现，发展的质量、效益、结构和动力都不断得到改善，对经济波动的自适应能力有了较大提升。但稳定经济增长的基础还不稳固，资源、能源、环境约束持续加大，资金、土地、劳动力等要素成本持续上升，不仅严重削弱了传统制造业的竞争力，也大大制约了高技术产业的发展后劲。因此，实体经济走势还比较疲弱，重点行业产销率不高，新开工项目数量不及预期，企业对扩大再生产和新项目投资比较谨慎。但鉴于这些地区民营经济相对活跃，民间投资增幅相对较高，因此，这些地区的抗风险能力相对较强，经济波动幅度相对较小，预计 2017 年仍然能够保持相对高的增幅。

三是产业结构相对较轻的中西部地区。这些地区普遍城镇化、工业化水平相对不高，要素成本较低，经济增长空间较大。如果能够改善当地的营商环境，创造一个公平、透明度高、交易成本低的市场环境，在国家区域协调政策的支持下，产业转移的加快将有力促进经济的增长。比如，重庆成为全球最大的电脑生产基地之一和国内重要的汽车生产基地，就与近年来吸纳产业转移是分不开的。同时，一些中西部地区总量规模偏小，一旦在某些方面取得突破，就容易带动整个区域的经济增长，比如贵州把推进供给侧结构性改革作为经济工作的主抓手，着力优化结构，推动转型升级，努力走出一条落后地区跨越发展、绿色发展的新路，取得了明显成效。贵阳把大数据作为弯道取直、后发赶超的核心引擎，取得一系列重大突破，产业基础进一步夯实，经济结构进一步优化，发展潜力进一步加大，在全国领跑的地位进一步确立。预计 2017 年这些地区仍是区域经济增长的亮点。

四是资源型、重工业大省。这些地区的共性是：产业结构较为单一、国有企业占主导地位、市场高度垄断，使其承受宏观经济冲击和波动的能力极差。在全国宏观经济形势整体向好时，上述地区尚能迅速发展，然而一旦出现下行冲击，地区单一经济结构弊端马上显现，短期内难以实现复苏增长。尽管国家会出台一系列政策对其支持，但产业培育需要时间，因此，在“三去一补”继续的大背景下，估计增幅有限。

3. 四大区域经济发展判断

2016 年，除东北外，其他三个区域经济增幅相差不大，一个很重要的原因在于东部地区固定资产投资增幅与中西部地区缩小，同时进出口顺差表现最好。展望 2017 年，鉴于消费需求的刚性增长，加上各区域居民收入在政策支持下增速差异缩小，估计各区域 2017 年消费增幅仍然差异不大，经济增幅差异仍将取决于投资和进出口情况。2016 年，中、西部地区基础设施投资高速增长（见表 1）。2016 年 1～8 月份，中、西部地区基础设施投资 40920 亿元，增长 29.1%，占全部基础设施投资的比例为 57.8%。中、西部地区基础设施投资主要集中在铁路、农村公路、农田水利等薄弱领域，从目前的施工项目和新开工项目看，预计 2017 年其仍将维持高水平。2016 年 1～9 月份，西部地区实际使用外资 417.6 亿元人民币，同比增长 18.2%，说明随着产业转移的加快，中西部吸引外部投资的能力增强。综合而言，中西部地区投资增幅仍将维持相对高的增幅。东部地区新旧发展动能转换步伐加快，高技术产业投资会保持一定增幅，加上民间投资相对积极，估计投资增幅相对平稳，与中西部地区增幅差距不大。东北地区尽管在振兴东北战略指引下，相关领域投资会不断加大力度，但从目前施工、新开工情况看，投资增幅仍可能最低。从进出口看，2017 年面临的不确定性因素仍然较多，东部地区能否保持 2016 年顺差对经济的贡献存疑，中西部、东北地区估计变化不大。

综合判断，东部地区经济增幅可能稳中略降；中西部地区基本保持平稳，增幅依然最高；东北地区经济增长有望企稳，但增幅依然最低。

表 1　2016 年 1～10 月份四大区域投资、进出口情况

地区	固定资产投资增长（%）	进出口增长（%）	出口增长（%）	进口增长（%）	比上年同期顺差增加/亿美元	施工项目个数/个	增长（%）	新开工项目个数/个	增长（%）
地区合计	8.3	-2.17	-2.49	-1.77	-134	292662	17.3	219289	20.6
东部	9.6	-1.41	-0.54	-2.55	132	255565	15.6	190436	18.2
中部	12.7	-0.39	-0.65	0.08	-6	166031	27.3	125702	46.2
西部	12.7	-9.60	-18.51	7.94	-223	230780	22.3	174308	31.1
东北	-25.5	-7.64	-13.92	-2.15	-37	44211	2.3	37351	4.0

五、促进区域协调发展的建议

随着我国经济发展进入新常态，区域经济发展所面临的内外条件都出现了显著的变化，为适应新趋势，需要进一步完善区域发展思路，创新发展路径。

1. 全面深化改革是区域协调发展的基石

在决定区域发展格局的各种因素中，制度是最根本的因素。改革开放以来，通过建立有效激发各地发展活力和动力的体制、机制，各地发展进入了快车道。但是，由于目前的体制、机制仍然存在这样那样的瑕疵，导致区域发展出现了“底线竞争”、产业结构同质化等不协调现象。比如，在目前的财税制度和中央、地方财政支出责任安排下，各地公共服务供给能力、公务员工资等都与当地经济增长和财政收入水平高度相关，必然使各地在处理经济发展与资源环境的关系时过于看重经济增长。对地方干部业绩水平的评估与当地经济发展高度相关，导致一些地方形成过于强烈甚至不顾约束条件的发展冲动。以全国一盘棋的思维布局生产力，尽管很合理并被广泛认可，但因现行规划对各地约束不力，在实践中难以完全落实。可见，促进区域协调发展，最根本的在于通过全面深化改革，建立健全与之相适应的体制、机制。

2. 构建完整的区域经济新体系

目前我国地区相对差距开始缩小，地区绝对差距还在扩大，只有构建合理的空间市场一体化条件下的完善区域分工合作新体系，才能正确反映和指导未来我国区域经济发展差距调控的方向和力度。不同地区生态环境和资源条件不一样，区域经济发展的方向和水平也不一样，实现区域经济与其生态环境可持续发展，必须因地制宜，按照不同区域体系的要求，采取不同的发展模式，才能获得事半功倍的效果。区域分工合作可在多个层次展开，不同层次的区域分工与合作解决不同的区域经济问题。各层次的区域分工合作需要与各层次的城镇体系相结合，以促进区域经济“点线面”结构的优化。

3. 更加注重区域之间的协同发展

在坚持区域协调发展的基础上，更加注重区域之间的协同发展。政策协同是实现资源要素空间布局优化调整的基本条件，也是实现不同区域分工协作的必备条件。因此，应将政策协同作为推动区域协同发展的首要突破口。尽快消除影响要素跨区域流动的政策壁垒和地域歧视性政策，加强区域之间基本公共服务和社会保障政策的一致性；加快构建以要素流动、利益共享为核心的区域合作机制；进一步明确中央和地方政府在区域事务上的权责关系；加快推动地方政府政绩考核制度的改革；尽快修订完善城乡规划、环境保护等方面的法律，依法推进区域协同发展。

4．积极发挥区域规划、政策作用

应充分发挥区域政策在宏观调控政策体系中的积极作用，加强区域政策与财政、货币、产业、投资等政策的协调配合，突出宏观调控政策的空间属性，提高区域政策的差异性、精准性和有效性，保持区域政策的连贯性。同时，应增强区域规划的约束力，避免图上画画、墙上挂挂，做好区域规划与相关规划的衔接配合，做到“一张蓝图绘到底”。

5．对遭遇断崖式增速下滑的地区给予必要的财政支持

全国经济进入新常态之后，部分省份国内生产总值出现断崖式下跌。比如山西和东北地区。地方经济增速长期放缓不仅导致居民收入放缓甚至绝对下降，地方政府的收入也会下降，削弱地方政府实施宏观经济政策的能力。经济增长和财政收入面临崩塌现象的地区通常也是“三去一降一补”工作中任务最重的地区。在此背景下，应该更加关注局部区域财政收入崩塌的问题，特别是基层财政收入突变带来的各种民生问题。建议设立过渡期基层财政救助体系，适度弱化财政收入的目标，防止地方政府通过加大税收征收力度和非税收等方式，变相增加企业的负担。财政支出从投资导向转向民生导向，利用积极的财政政策加速广泛的大福利体系的构建，利用定向宽松的财政政策加大养老产业、健康产业以及中高端服务业的发展，释放相应的需求。

（作者：胡少维）

市场预测篇

2016年汽车市场分析及2017年展望

一、2016年汽车市场分析

1. 2016年汽车市场运行概况

2016年我国汽车市场销量为2817万辆，同比增长12.6%（见图1）。其中，乘用车市场销量为2271万辆，同比增长15.9%；7类商用车市场销量为327万辆，同比增长6.0%；微型客车市场销量为219万辆，同比下降7.1%。2016年汽车市场增速显著高于过去五年的平均水平。

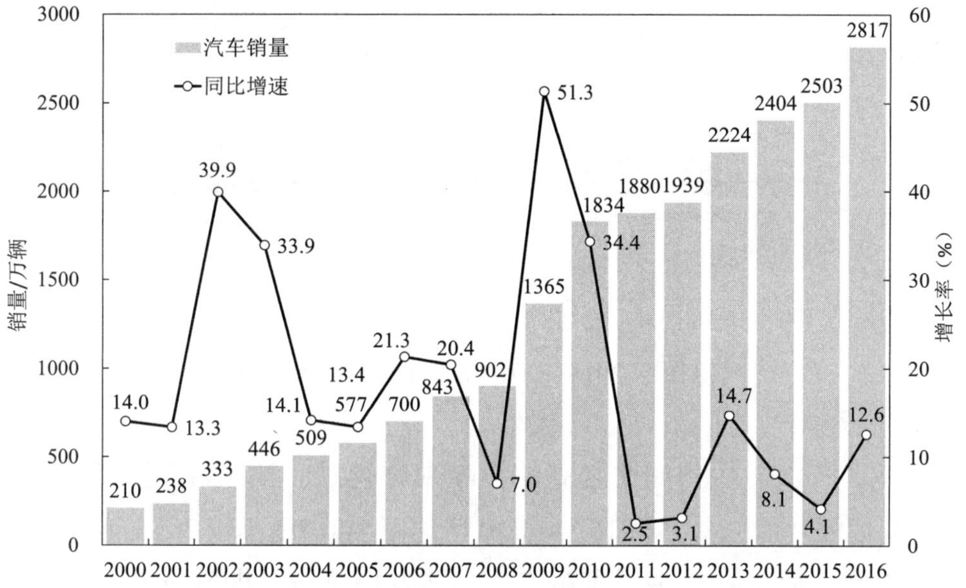

图1 2000～2016年国内汽车销量年度走势

2016年，汽车行业在制造业领域一枝独秀，对经济稳增长也起到了至关重要的作用。从制造业分行业的产量情况来看，汽车制造业产量涨幅迅猛，虽然水泥、煤炭、平板玻璃等行业的生产在下半年开始发力，但也远不及汽车行业的增长水平。从销售收入来看，2016年汽车制造业主营业务收入增长达14.1%，远高于制造业5.6%的平均水平，而煤炭、黑色金属等行业销售收入同比负增长。从利润水平来看，全年汽车制造业利润同比增长水平也是很高的。

2016 年汽车市场的高增速主要是由乘用车带来的。2016 年汽车市场销量较 2015 年净增长 314.2 万辆。其中，乘用车的纯增销量为 312.4 万辆，占比达 99.4%；7 类商用车的纯增销量为 18.4 万辆，占比为 5.9%；而微型客车销量则较去年净减少 16.6 万辆。从贡献度的角度来讲，在 2016 年 12.6%的汽车市场增速中，乘用车贡献了全部 12.5%的增速，7 类商用车和微型客车的贡献相互抵消：7 类商用车贡献了 0.7%的增速，但微型客车却下拉了 0.7%的增速（见图 2）。

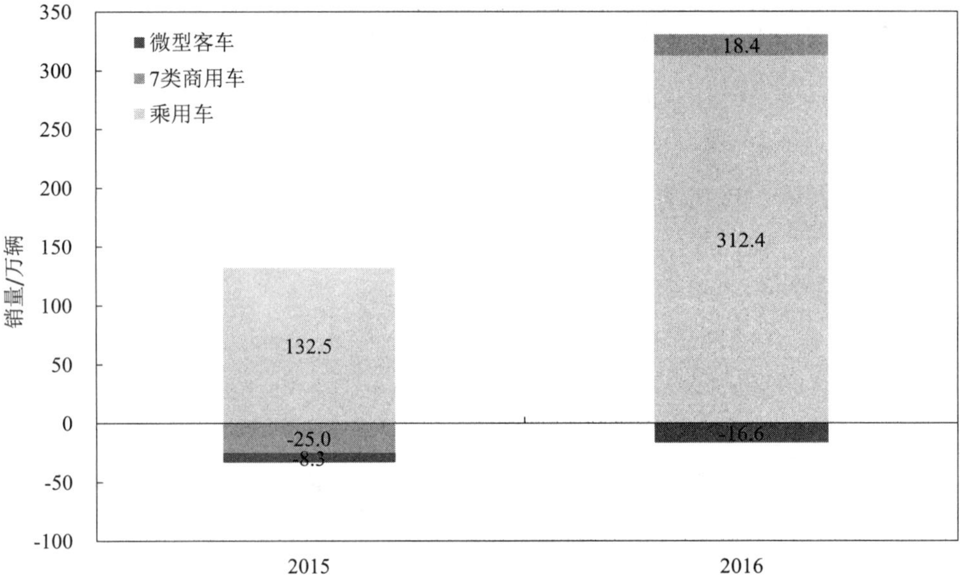

图2 2015～2016年汽车需求增量构成

乘用车之所以能达到如此之高的贡献率都得益于购置税减半政策的实施。首先从宏观经济环境来看，2016 年 GDP 增速降至 6.7%，较 2015 年下滑了 0.2 个百分点。我国目前正处于乘用车第二个高速发展阶段，即普及期，预计到 2024 年结束。在此期间，乘用车内需增长率大致相当于同期 GDP 增长率的 1.3 倍左右，即实现 8.5%左右的潜在增速。但在经济趋势性降速的大背景下，2016 年乘用车市场增速高达 15.9%，相当于同期 GDP 增速的 2 倍多，这一增速显著高于现阶段应有的增长水平，高增长背后的推动力就是购置税减半政策。

分排量结构来看，从 2015 年 10 月政策实施起，1.6L 及以下排量的乘用车销量就迎来了高增长，增速明显高于 1.6L 以上排量的市场，政策效果是非常明显的。同时，政策还带来了其他利好。经测算，购置税减半政策额外拉动 2016 年 GDP 增长 0.17 个百分点。同时，政策也助推了自主品牌竞争力的提升。自主品牌 1.6L 排量及以下的车型占比较高，受益面更广。而且自主品牌在现阶段更需要快速成长，像长安、长城、吉利、奇瑞等厂商目前仍处于销量爬升期，难以与大众、丰田、通用这种竞争优势明显的巨无霸厂商抗衡。处于销量爬升期的自主品牌若在短期难以获得销量的高增长，将会面临更多的风险与挑战。此外，政策也带来了技术的进步，在政策的鼓励下，汽车厂商会更倾向于制造 1.6L 排量及以下的车型，如通过涡轮增压或其他技术手段来实现。不过，政策也有一定的负面影响，那就是加剧了行业振荡，政策带来的高增长是很多厂商在制定计划时没有预料到的，对厂商排产、供货等方面都产生了一定影响。

2．2016 年汽车市场结构特征

（1）SUV 市场保持高增长　2016 年 SUV 市场继续保持高速增长，年销量为 944.4 万辆，年增速达 38.2%，高于乘用车市场 15.9%的增速。从 2007 年开始，SUV 市场的年增长率都始终高于乘用车市场的年增长率（见图 3），SUV 市场份额持续扩张，不断挤占轿车份额。至 2016 年，SUV 市场份额已达 41.6%，基本与轿车分庭抗礼。

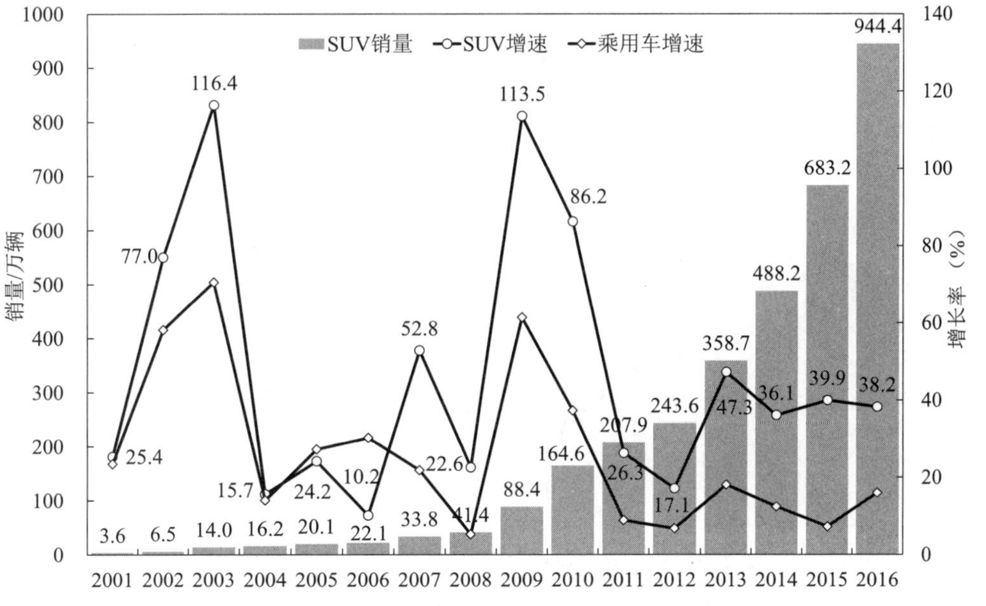

图3　2001～2016年SUV市场需求量年度走势

一般来说，三厢车占比高的国家 SUV 占比也高，比如美国、加拿大、俄罗斯、韩国等。而三厢车占比低、两厢车占比高的国家，SUV 的占比也相对较低，如法国、意大利、德国、日本等。我国目前三厢车占比最高，预计 SUV 市场还将有 1 年多的快速增长期，之后增速会明显下降，但仍会高于乘用车市场平均增速，SUV 的市场份额也将很快超过三厢车。

（2）自主品牌延续高增长　2016 年，自主品牌延续了 2015 年的高增长态势，市场占有率快速提升。2017 年市场竞争格局变化较大，自主和合资的竞争也将愈加白热化。近年来，自主品牌在 8 万～13 万元的区间布局大量新产品，大力抢占市场份额，这一价格区间内的合资品牌产品都受到不小冲击。此外，在一些大集团内部，自主品牌已成为其销量增长的主要动力来源。比如长安集团在 2015 年和 2016 年，集团内部自主品牌销量均高于合资品牌。未来自主品牌的发展状况或成为决定各汽车集团地位高低的关键，如果股份比例放开则更是如此。

（3）中重型载货汽车实现高增长　2016 年中重型载货汽车市场一反 2014 年、2015 年的负增长态势，一路走高，同比增速从年初的 0.6%上涨到年末的 37.8%，其中，2016 年 11 月涨幅最大，达 72.5%（见图 4），从而带动商用车总销量由连续几年的负增长转为正增长。2016 年中重型载货汽车能实现高速增长，除了 2015 年需求低迷、基数较低外，经济环境、行业竞争、政策助力都是不可或缺的支撑因素。

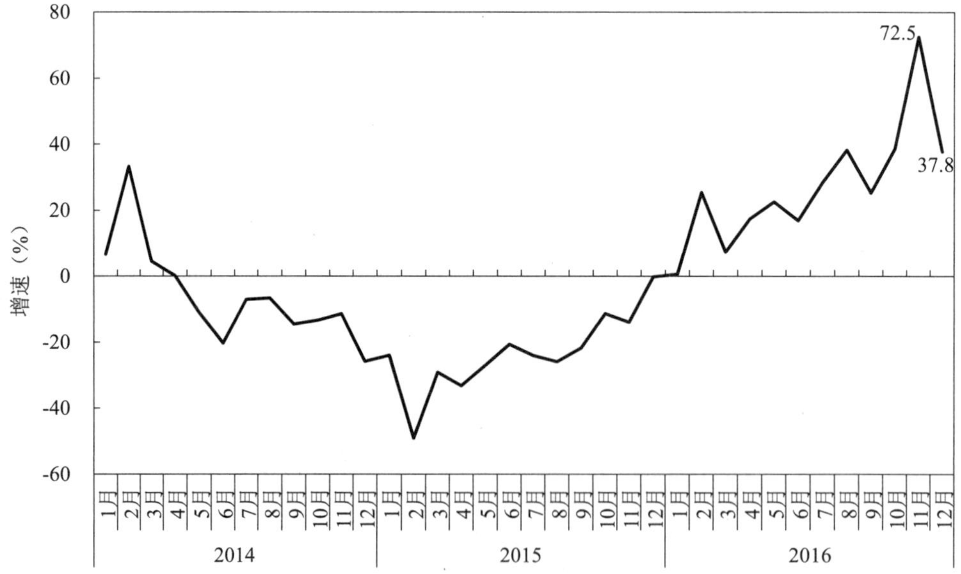

图4　2014～2016年中重型载货汽车（含牵引车）需求量月度走势

首先，2016 年经济运行中的新特征利好中重型载货汽车的需求。2016 年初，银行投放了大量信贷，仅 2016 年第一季度的信贷投放规模就达到了 2015 年全年信贷投放量的40%，再加上政府一系列的房地产刺激政策，房地产销售出现异常火爆的局面。销售的火爆带动了房地产投资的向好。同时，2016 年新开工项目个数也明显增加，施工建设的回暖都利好中重型载货汽车需求。此外，2016 年下半年开始，大宗商品价格也出现暴涨，尤其是钢铁价格和煤炭价格。价格的上涨带动了物料的流转，也带动了运价的上升，进而提升了终端用户的购车热情。

其次，物流行业竞争加剧刺激了中重型载货汽车更新需求的爆发式增长。我国物流市场长期处于运价扭曲失衡的低水平状态，但场地租金、劳动力成本都在不停上升，这都将倒逼物流企业不得不寻求“降本增效”的新路径。物流企业和整车企业都在不遗余力地助力物流效率提升，以获取核心竞争力，比如专线物流企业通过联盟化的方式提升货源组织能力和车辆使用强度；零担运输企业通过提高运输时效来提升竞争力；整车企业也在 2016 年提供了大量大马力和高端化的产品来提升单车运输效率等。在物流竞争加剧及产品供给的双重影响下，2016 年出现了大马力车型的集中更新潮，刺激了牵引车的快速增长。

最后，GB 1589—2016 和公路治理超载超限新规发布，共同拉高四季度中重型载货汽车的需求。GB 1589—2016 的实施对 2016 年中重型载货汽车市场销量的影响主要有两个方面：第一，降低了公路货车的最大限载量，使得相同运输需求下市场对车辆的总需求扩大；第二，影响不同车型的运输效率，促使长途高速公路重载用户换车，以 6 轴车为例，6×2 牵引车的最大限载量从 55t 变化为 46t，使得 6×2 牵引车用户提前换车，并向 6×4 牵引车转移。

3．新能源汽车市场走势分析

2016 年新能源汽车市场销量为 50.7 万辆，同比增长 51.0%，相较 2014 年和 2015 年的爆发式增长，增速明显放缓（见图 5）。由于新能源补贴将于 2017 年退坡，故年内月度需求呈现缓慢上升的走势，至年底集中爆发，达到高峰。

近年来，新能源汽车市场快速扩张，至 2016 年，中国新能源汽车市场需求达到美国的 3 倍，日本的 20 倍，高增长背后的原因在于当前新能源汽车市场基本是政策单轮驱动的市场，而非真正出于自愿需求而购买的市场。首先，中央政府及地方政府采取高额补贴以刺激市场需求。以 2016 年为例，购买纯电版本续航里程在 150～250 km 的车型，中央补贴标准为 4.5 万元/辆（见表 1），省、市级地方政府还有额外的不同程度的补贴，综合补贴力度相当大。其次，限购城市的新能源汽车牌照更易获取，出行的限制也更少。以北京为例，传统汽油车需要摇号获取，中签率极低，约为 0.13%，但 2016 年和 2017 年北京将发放 6 万个新能源汽车牌照，无需摇号，先到先得；同时，新能源汽车不限行，方便居民用车。再如杭州，传统汽油车购买指标需要通过摇号或竞价的方式获得，但购买新能源汽车无需摇号，无需竞价，同时，也不受早晚高峰和景区出行的限制。从限购城市用户调查来看，用户购买新能源汽车最重要的原因就是传统汽油车牌照难以获得或代价太高。最后，政府也在特定领域直接推动新能源汽车的发展。北京、深圳、重庆、南京等公交都市创建城市都对新能源公共汽车采购比例有明确的规划。此外，中央国家机关、新能源汽车推广应用城市的政府部门及公共机构每年购买新能源汽车应占当年配备更新车辆总数的50%以上。以 2015 年为例，新增的 33.6 万辆新能源汽车需求中，仅有 8 万是私人购车需求，其中，70%的私人购车需求集中在限购城市，上海、北京、深圳分列前三位。

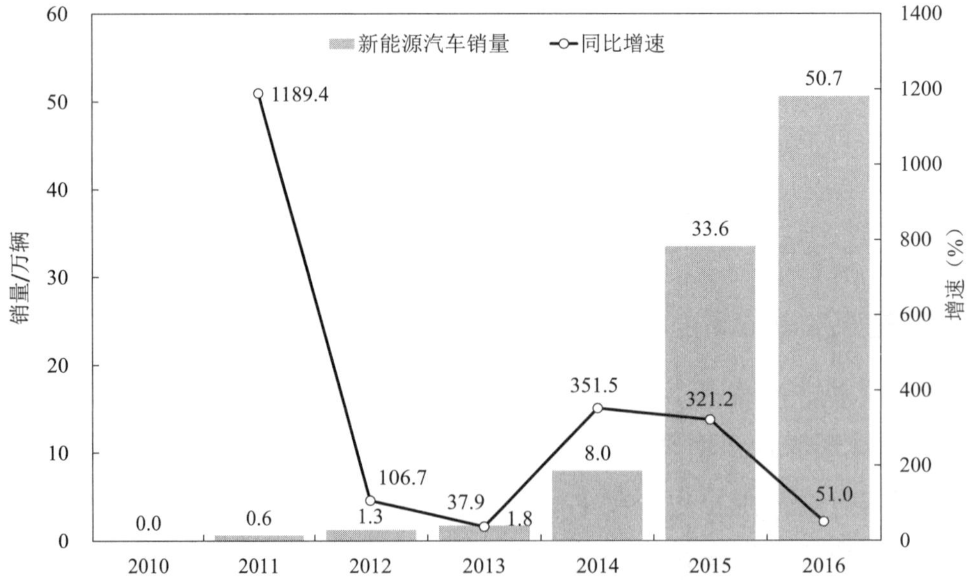

图5 2010～2016年新能源汽车需求量年度走势

表 1 2013～2020 年中央政府对新能源乘用车的购买补贴

（单位：万元）

车型	纯电续驶里程 R/km	2013年	2014年	2015年	纯电续驶里程 R/km	2016年	2017年	2018年	2019年	2020年
BEV	80≤R＜150	3.5	3.33	3.15	100≤R＜150	2.5	2	2	1.5	1.5
	150≤R＜250	5	4.75	4.5	150≤R＜250	4.5	3.6	3.6	2.7	2.7
	R≥250	6	5.7	5.4	R≥250	5.5	4.4	4.4	3.3	3.3
PHEV（含REEV）	R≥50	3.5	3.33	3.15	R≥50	3	2.4	2.4	1.8	1.8
FCV	—	20	19	18	R≥150	20	20	20	20	20

依照目前的补贴标准，中央财政已略显吃力，地方压力更甚，特别是在经济不断减速、地方债务较高的背景下，地方财政补贴新能源的压力越来越大，高额的购买补贴难以持久，目前政府也在研究新的补贴办法以缓解压力。与此同时，通过对全国各城市的交通压力、空气质量、经济因素和市场因素进行研究分析，未来5～10年仍可能有极少部分城市对汽车采取一定程度的限购措施，进而刺激新能源汽车的销售。但仅依靠限购城市来拉动新能源汽车销量，力度有限。因此，要实现2020年新能源汽车保有量达到500万辆的目标，需尽快由政策驱动型市场转变为市场驱动型市场，否则，市场发展将严重受限。从新能源汽车购买调查来看，私人消费者不购买新能源汽车的原因不外乎公共充电设备少、车价昂贵、技术可靠性低等。对于使用新能源汽车的消费者来说，续航里程短、充电时间长、充电不方便等问题都是使用过程中的痛点。因此，若要市场驱动成为主导，就要求汽车制造企业不断突破技术壁垒以解决用户的痛点，同时，充电桩等基础设施的建设也要跟进，改善用户的使用环境。

二、2017年汽车市场预测

1．乘用车市场预测

2017年我国乘用车市场需求主要受三方面因素的影响，一是发展规律，二是宏观经济形势，三是汽车产业政策。发展规律决定了乘用车市场的长期潜在增长水平；宏观经济形势则会导致乘用车需求增速在长期潜在增长水平的基础上来回波动；汽车产业政策更多影响短期车市，在一定时间内刺激或者抑制乘用车购买需求。

（1）发展规律　2016年我国汽车需求为2817万辆，到2025年左右我国汽车需求预计在4000万辆左右，缺口约为1200万辆，新增需求基本都来源于乘用车。那么4000万辆的乘用车需求在2025年能否实现值得探讨。

首先从国际乘用车保有水平来看，美国乘用车保有水平最高，乘用车千人保有量超过800辆；欧洲国家千人保有量基本在600辆左右，意大利、德国、法国乘用车千人保有量分别为687辆、578辆和583辆；丹麦的乘用车保有水平相对比较低，乘用车千人保有量为500辆左右，原因在于丹麦政府出于环保的考虑，一方面对汽车购买征收高额税费，另一方面大力鼓励自行车的运用，因此，汽车的购买需求在一定程度上受到抑制。日本乘用车千人保有量也几乎达到600辆。目前中国千人保有量才刚刚突破100辆，以欧洲600辆左右的千人保有量水平来看，还有很大的发展空间。

乘用车保有水平受9大因素的影响，包括驾龄人口比重、城市化率、出行距离、家庭规模、女性就业率、人口密度、汽车工业发达程度、石油道路资源丰富度、政府对汽车消费的取向等，其中核心的影响因素是人口密度。通过研究日本、美国的情况，发现人口密度与乘用车千人保有量之间存在较为显著的负相关关系：人口密度越高的地方，乘用车千人保有量越低；人口密度越低的地方，乘用车千人保有量就越高。在人口密度高的地区，会出现停车困难、交通拥堵等情况，因此居民更不倾向于保有汽车。以日本举例来说，东京人口密度最高，每平方公里超过10000人，其乘用车千人保有量也相对较低，只有200多辆。而在神奈川、爱知、北海道等人口密度在3000～4000人/ km^2 的地区，乘用车千人保有量都在500辆以上。再从美国纽约州的情况来看，人口密度达到27000人/ km^2的城区，乘用车千人保有量还不足150辆；而人口密度在5000人/ km^2以下的城市，乘用车千人保有量则达到500～800辆之间，也证实了人口密度和千人保有量之间的负相关关系。我国人口密度为143人/ km^2，但由于资源分布不均衡、区域间经济发展差异大等原因，94%的人口主要集中在腾冲——黑河连线以东的43%的国土上，因此腾冲——黑河线以东的实际人口密度约为300人/ km^2，与英国、意大利、德国等欧洲国家类似，远低于日本的人口密度。既然人口密度是千人保有量的关键决定因素，那么我国千人保有量即使达不到欧洲、日本千人保有量 600 辆左右的水平，达到千人保有量 450 辆的水平还是完全有可能的。再乘以 14 亿人口，总保有量就可达 6 亿多辆的水平。以世界平均水平 15 年报废一辆车计算，一年也可实现 4000 万辆的新增需求。

预计未来 10 年乘用车市场将以前高后低的增长速度实现 2025 年 4000 万辆的年需求水平。“十三五”期间乘用车市场发展较好，增长率大致相当于 GDP 增速的 1～1.3 倍。由于“十三五”期间要实现收入翻一番的目标，因此这期间的 GDP 增长底线是 6.5%，以 1.3 倍来看，乘用车市场潜在增速能达到 8%左右。但进入到“十四五”期间，乘用车增速会略低于 GDP 增速，年增长率将放缓。

（2）宏观经济　2017 年经济环境对车市的支撑力度较 2016 年有所减弱。从长周期来看，2017 年中国经济仍将处于本轮经济周期的底部；从短期需求看，经济自身也面临较大的压力。

拉动经济增长“三驾马车”之一的固定资产投资在 2017 年仍将面临较大压力。“防止已经化解的过剩产能死灰复燃”“重点解决三四线城市房地产库存过多的问题”确定为 2017 年中央的重点工作。在去产能、去库存的工作基调下，固定资产投资在 2017 年难有出色表现。具体到三大分项投资：由于一、二线城市房地产调控新政不断加严，三、四线城市人口流出、需求错配、房地产库存过剩问题依旧严重，因此，房地产开发投资难以延续 2016 年的改善态势，有可能面临调整。2016 年去产能工作取得良好进展，2017 年中央将继续推进钢铁、煤炭行业的去产能工作，防止已化解产能死灰复燃，制造业投资受到波动，增速也难有大的改善。不过，2016 年 PPP（政府与社会资本合作）项目大量签约，2017 年将进入 PPP 落地开工年，基础设施建设投资将获得一定支撑，但鉴于 PPP 项目建设周期长，预计支撑幅度也有限。

对出口来说，世界经济尚未渡过金融危机以来的深度调整期，2017 年仍是风险之年。美国经济或继续温和增长，但特朗普政府可能推出的贸易保护政策将可能挫伤我国出口。对欧元区和日本来说，虽然低油价和持续宽松的货币政策令短期经济增长趋稳，但发达经济体货币宽松政策的空间接近极限，政策的边际效用也在减弱。而且在英国脱欧、难民问题和地缘政治等因素的影响下，欧元区经济仍不排除回升受阻的可能；由于日元升值抑制出口，日本经济增速回升的动力也不足。新兴市场和发展中国家经济增长也面临许多困境。外需低迷将令出口难有起色。此外，美国加息预期不减也为全球经济复苏带来很多的不确定性，大部分经济体的货币或因此而进一步贬值。在主要经济体货币贬值的情况下，人民币实际有效汇率仍将维持较高的水平，抬高了出口成本。在此背景下，2016 年我国对外出口状况难有明显改善，不过出口增速降幅会较 2016 年有所收窄。

消费仍是 2017 年经济重要的稳定剂，在政府减税等相关政策的刺激下、收入稳步增长的预期下，网络虚拟消费、旅游休闲消费都将继续扩大。2017 年总体消费将稳步增长，规模将进一步扩大，结构将持续改善，总体消费对经济的贡献作用也将不断增强。综合来看，2017 年 GDP 增速将继续放缓至 6.5%（见表 2）。

表 2 各机构对 2017 年中国经济的预测

预测机构	预测时间	2017 年 GDP 增速预测（%）
亚洲开发银行	2016 年 12 月	6.4
交通银行	2017 年 1 月	6.5
世界银行	2017 年 1 月	6.5
中国社会科学院	2016 年 12 月	6.5
摩根士丹利	2016 年 10 月	6.4
IMF	2017 年 1 月	6.5
瑞银集团	2017 年 1 月	6.4
加权平均值		6.5

虽然经济增长速度可能继续小幅度下降，但我国在结构调整方面取得了可喜的进展。第三产业快速发展，经济吸纳就业能力不断增强，就业人口不断增加，居民收入也能保持较快增长。因此，社会财富逐步向居民转移，在三类部门中居民部门占 GDP 的比重持续提升。这对于以私人家庭消费为主的乘用车需求来说是比较有利的。

（3）产业政策 2017 年产业政策力度明显弱于 2016 年。最重要的影响因素就是购置税优惠政策在 2017 年退坡。2017 年 1 月 1 日到 2017 年 12 月 31 日期间购买 1.6L 及以下排量汽车将以 7.5%的税率缴纳车辆购置税，此前 5%的税率不再适用。因此，在 2016 年年末购置税原定优惠到期前，大量购买需求集中释放，对 2017 年年初的需求造成明显透支。不过鉴于目前明确 2018 年 1 月 1 日起购置税优惠彻底退出，将以 10%的正常税率征税，因此 2017 年下半年开始，购置税优惠政策对需求的带动作用将逐步增强，至年底达到高峰，但全年其对市场的支撑作用将明显弱于 2016 年。

此外，2017 年年初北京国 I、国 II 车全面五环限行的政策预计会刺激较多换购需求释放，二胎放开、网络约车新政也将继续支撑购买需求，这些因素都将利好市场销售。此外，政府、事业单位、国有企业公车改革对私家车需求是促进因素，将对乘用车总量增长有一定的积极意义。

2．商用车市场预测

（1）发展规律　从商用车发展历史来看，2000～2010 年我国商用车处于高速增长阶段，年均增长速度达到 15.3%，远高于 GDP 增速。去除 2009、2010 年的超常规增长，2000～2008 年我国商用车年均增长速度为 12.3%。2011 年以来，商用车增速下降，既是对 2009、2010 年超常规增长的回归，也是商用车潜在增长潜力下行的表现。2016 年商用车市场的超预期增长，主要是由中重型载货汽车需求爆发所带来的，不具备持久性。未来商用车将保持中低速增长，低于同期 GDP 增速，做出以上判断的依据如下。

从先导国家的发展经验来看，经济发展水平与载货汽车千人保有量有如下关系：当人均 GDP 在 15000 美元以下时，千人保有量增长较快；但经济发展到一定水平（人均 GDP 超过 15000 美元），千人保有量增速明显放缓，基本趋于稳定水平。这种对应关系是由经济发展阶段及相应的产业结构来决定的。当一国人均 GDP 低于 4000 国际元时，产业以劳动密集型产业为主导，比如食品加工制造业、纺织业、木材加工业等；当一国人均 GDP 在 4000～12000 国际元时，产业以资本密集型为主导，如煤炭/石油/矿产开采业、化学制品业、金属冶炼业等；当一国人均 GDP 高于 12000 国际元时，该国产业以技术密集型为主导，如娱乐产品制造业、通/专用设备制造业、铁路/船舶/航天等运输业、汽车/电器/机械/仪表制造业等。由于不同发展阶段所对应的主导产业有明显不同，因此，不同阶段的货运需求弹性也就不同。依照国际产业结构升级规律，我国在 2002 年之前，产业结构尚属于劳动密集型；2002～2013 年，产业结构属于资本密集型；2013 年我国迈入技术密集型的门槛，目前我国产业结构属于资本密集与技术密集的混合型阶段。因此，依据国际规律，我国已经进入载货汽车千人保有量缓慢增长的历史阶段。

此外，互联网技术令我国物流效率大幅度提高，空载率明显下降。同时，载货汽车质量的提升与载货强度的下降也令车辆使用寿命有所延长，压缩了车辆的更新需求。

（2）宏观经济　正如前文所说，2017年我国宏观经济形势面临着国际形势错综复杂和国内结构性矛盾突出的问题，国家将着力加强供给侧结构性改革，宏观经济增速稳中有降。同时，在房地产调控加严的背景下，相关投资的建设力度也将小于2016年。因此，从经济层面来看，商用车市场不具备超正常增长的支撑因素。

（3）产业政策　影响2017年商用车市场走势的政策较多，如农用车取缔、黄标车淘汰、国Ⅴ排放升级等。对于带动2016年商用车需求超预期增长的中重型载货汽车而言，治理超限超载政策是关键。据国家信息中心测算，GB 1589有关限载量的调整将带来12万～13万辆的中重型载货汽车新增需求和4万～5万辆的提前更新需求，在2016年已经释放8万～9万辆。从目前执行的情况以及6×2牵引车向6×4牵引车转移的进程来看，预计GB 1589对中重型载货汽车市场的影响会持续到2017年的4～5月。此外，2017年交通运输部还将启动17.5m低平板车的整治，对中重型载货汽车市场销量也会形成利好，有待进一步评估。

综合以上对乘用车和商用车的分析，预计2017年我国汽车总需求将达到2980万辆（见表3），同比增长5.8%。其中乘用车2440.0万辆，同比增长7.5%，7类商用车321.6万辆，同比下降1.7%。

表3　2017年我国汽车市场需求预测

汽车类别	2016年需求量/万辆	2017年需求量/万辆	增长率（%）
乘用车	2271.5	2440.0	7.5
微型客车	218.6	213	-2.5
商用车	327.0	321.6	1.7
合计	2817.1	2980	5.8

（作者：徐长明）

2016 年客车市场现状及 2017 年展望

2016 年 1～11 月份，中国客车统计信息网的 50 家企业累计销售 5m 以上客车 206114 辆（为了保证同比的真实性，数据中剔除了福田的风景海狮系列），同比下降 5.20%，其中座位客车（公路客车）下降 17.87%，校车下降 3.86%，公交客车增长 11.56%（见表 1），其他客车销量较小，不做重点研究。此消彼长之后，公交客车的比例有显著上升，从 2015 年的 37.72%上升到 44.39%，而座位客车则由 2015 年的 49.29%下降到 42.70%，校车 2015 年比例为 10.65%，2016 年为 10.80%，相对稳定。可见，虽然总销量与 2015 年同期相比降幅不大，但销量结构却变化不小，座位客车的第一权重地位已岌岌可危。

表 1　2016 年 1～11 月份客车销量同比情况表

客车市场		总计	L>12m	11m<L≤12m	10 m<L≤11m	9 m<L≤10m	8 m<L≤9m	7 m<L≤8m	6 m<L≤7m	5 m<L≤6m	3.5 m<L≤5m
2015年同期销量/辆	合计	2174111	2293	43302	29454	11227	26214	25525	41765	37631	—
	座位	107171	732	23922	9428	5464	12446	13891	18794	22494	—
	校车	23155		284	1035	1836	1267	3863	4412	10458	—
	公交	82017	1561	19070	18872	3449	12321	7618	17417	1709	—
	其他	5068		26	119	478	180	153	1142	2970	—
2016年累计销量/辆	合计	206114	2313	34115	40466	5267	49991	23867	19605	30490	—
	座位	88017	1060	19331	13921	1802	16068	12420	8184	15231	—
	校车	22261		82	459	1979	667	4357	3265	11452	—
	公交	91498	1252	14667	25980	1430	32644	6858	7613	1054	—
	其他	4338	1	35	106	56	612	232	543	2753	—
差值/辆	合计	-11297	20	-9187	11012	-5960	23777	-1658	-2216	-7141	—
	座位	-19154	328	-4591	4493	-3662	3622	-1471	-1061	-7263	—
	校车	-894		-202	-576	143	-600	494	-1147	994	—
	公交	9481	-309	-4403	7108	-2019	20323	-760	-9804	-655	—
	其他	-730	1	9	-13	-422	432	79	-599	-217	—

（续）

客车市场		总计	$L>$12m	11m＜$L\leqslant$12m	10m＜$L\leqslant$11m	9m＜$L\leqslant$10m	8m＜$L\leqslant$9m	7m＜$L\leqslant$8m	6m＜$L\leqslant$7m	5m＜$L\leqslant$6m	3.5m＜$L\leqslant$5m
增长（%）	合计	-5.20	0.87	-21.22	37.39	-53.09	90.70	-6.50	-53.06	-18.98	—
	座位	-17.8	44.81	-19.19	47.66	-67.02	29.10	-10.59	-56.45	-32.29	—
	校车	-3.86	—	-71.13	-55.65	7.79	-47.36	12.79	-26.00	9.50	—
	公交	11.56	-19.80	-23.09	37.66	-58.54	164.9	-9.98	-56.29	-38.33	—
	其他	-14.4	—	34.62	-10.92	-88.28	240.0	51.63	-52.45	-7.31	—

总销量中，大型客车销量为 76894 辆，同比增长 2.46%；中型客车销量为79125辆，同比增长25.66%；轻型客车销量为50095辆，同比下降36.90%，大中型客车表现尚可，轻型客车遭受重创。

主流企业中，5 家上涨，10 家下跌（见表 2），是对 2015 年超常规增长的纠正，成为 2016 年行业发展的缩影。

表2　2016年1～11月份TOP15客车企业销量及增速

序号	汽车企业名称	1～11月销量/辆	2015年同期销量/辆	增量/辆	增长（%）
	总计	206114	217411	-11297	-5.20
1	郑州宇通集团有限公司	60090	56696	3394	5.99
2	金龙联合汽车工业（苏州）有限公司	17359	21843	-4484	-20.50
3	中通客车控股股份有限公司	15233	14496	737	5.08
4	比亚迪汽车工业有限公司	11304	4357	6947	159.40
5	厦门金龙联合汽车工业有限公司	10623	13360	-2737	-20.50
6	厦门金龙旅行车有限公司	10088	12060	-1972	-16.40
7	安徽安凯汽车股份有限公司	8073	8681	-608	-7.00
8	河南少林客车股份有限公司	6834	7947	-1113	-14.00
9	北汽福田汽车股份有限公司欧Ⅴ客车分厂	6780	6972	-192	-2.75
10	东风超龙(十堰)客车有限公司	6329	7069	-740	-10.50
11	东风襄阳旅行车有限公司	5696	9553	-3857	-40.40
12	桂林客车工业集团有限公司	5016	5467	-451	-8.25
13	南京金龙客车制造有限公司	4377	8015	-3638	-45.40
14	扬州亚星客车股份有限公司	4258	3364	894	26.58
15	湖南中车时代电动汽车股份有限公司	3389	2357	1032	43.78

2016 年客车销量只有 4 个月超过 2015 年（1 月、3 月、4 月、5 月），进入下半年则毫无还手之力，预计 2016 年 5m 以上客车总销量将达到 23.9 万辆，同比下降 8.50%。其中座位客车 10.5 万辆，校车 2.4 万辆，公交客车 10.4 万辆，其他客车 0.6 万辆。就 2016 年客车行业销量数据表现，重点关注三个方面。

一、新能源客车的市场份额已达到 41.78%

2016 年 1～11 月份，50 家企业共有 30 家涉及新能源客车领域，5m 以上新能源客车销量达到 86109 辆（见表 3），同比增长 17.89%，其中，座位客车销量 13276 辆，同比下降 39.01%，公交客车销量 72175 辆，同比增长 45.07%。2016 年 1～11 月份，5m 以上新能源客车销量的比例已达到 41.78%，与 2015 年同期的 33.60%相比，增长了 8.18 个百分点。

表 3　2016 年 1～11 月份新能源客车销量同比情况表

新能源客车市场		总计	$L>12\text{m}$	$11\text{m}<L\leq 12\text{m}$	$10\text{m}<L\leq 11\text{m}$	$9\text{m}<L\leq 10\text{m}$	$8\text{m}<L\leq 9\text{m}$	$7\text{m}<L\leq 8\text{m}$	$6\text{m}<L\leq 7\text{m}$	$5\text{m}<L\leq 6\text{m}$	$3.5\text{m}<L\leq 5\text{m}$
2015 年同期销量/辆	合计	73041	71	13568	18070	1388	6771	2756	20983	9434	—
	座位	21769	—	2617	2601	542	225	1531	6339	7914	—
	校车	0	—	—	—	—	—	—	—	—	—
	公交	49752	71	10951	15469	846	6546	1225	14644	—	—
	其他	1520	—	—	—	—	—	—	—	1520	—
2016 年累计销量/辆	合计	86109	611	11482	28654	497	31949	4102	6584	2230	—
	座位	13276	—	2841	4592	103	2304	501	1401	1534	—
	校车	1	—	—	—	—	—	—	1	—	—
	公交	72175	611	8641	24062	394	29645	3601	5182	39	—
	其他	657	—	—	—	—	—	—	—	657	—
差值/辆	合计	13068	540	-2086	10584	-891	25178	1346	-1439	-7204	—
	座位	-8493	0	224	1991	-439	2079	-1030	-4938	-6380	—
	校车	1	0	0	0	0	0	0	1	0	—
	公交	22423	540	-2310	8593	-452	23099	2376	-9462	39	—
	其他	-863	0	0	0	0	0	0	0	-863	—
增长（%）	合计	17.89	760.5	-15.37	58.57	-64.19	371.85	48.84	-68.62	-76.36	—
	座位	-39.01	—	8.56	76.55	-81.00	924.00	-67.28	-77.90	-80.62	—
	校车	—	—	—	—	—	—	—	—	—	—
	公交	45.07	760.5	-21.09	55.55	-53.43	352.87	193.96	-64.61	—	—
	其他	-56.78	—	—	—	—	—	—	—	-56.78	—

新能源客车的高速增长是2016年客车市场的最大看点，分析其销量数据，可归纳出三个特点：

1．新能源公交客车的市场份额迅速提高

2016年1～11月份，新能源公交客车是支撑2016年客车销量未大幅下滑的主要因素，2016年以来，5m以上新能源公交在公交客车总销量中的比例已高达78.88%，虽然，国家新能源补贴政策扑朔迷离，但并未影响新能源公交客车需求的增长。最近十多年来，公交客车的发展轨迹十分清晰，从大型化、燃气化正在迅速向新能源化过渡，至2016年底，公交客车的保有量约为50万辆，其中，新能源公交将达到20万辆左右，按此速度，至2020年，在补贴政策截止之后，公交客车将基本实现“新能源化”，即所有传统的公交客车都将被新能源公交客车所替代。

分析新能源公交客车销量数据，8～9m和10～11m两个区间的表现最好，这两个区间销量最大，增量最多。

其中8～9m共计销量为29645辆，占新能源公交总销量的41.07%，同比增量高达23099辆，增长352.87%，有6家企业的同比增量超过1000辆，宇通增量为8960辆，增长384.55%，中通增量为7187辆，增长2356.39%，比亚迪增量为1227辆，增长834.69%，南京金龙增量为1149辆，增长234.01%，厦门金旅增量为1051辆，增长1812.07%，上饶客车增量为1406辆。

10～11m共计销量为24062辆，其同比增幅不是最高的，只有55.55%，但增量却达到了8593辆，共有5家企业的同比增量超过1000辆，比亚迪增量为6105辆，增长332.15%，湖南中车增量为1658辆，增长234.51%，南京金龙增量为1521辆，增长905.36%，宇通增量为1041辆，增长37.68%，珠海银隆增量为1106辆。

2．从企业表现来看，30%的企业占据80%的市场

50家企业中，共有31家涉及新能源客车领域（2016年共有7家企业退出，6家新进），其中12家企业销量同比下滑。从企业的表现来看，有三点值得关注。

一是，30%的企业占据80%的市场份额。新能源客车销量列前10位的企业销量合计为69157辆（见表4），集中度达到80.31%。从行业总销量来看，前10

位企业的市场集中度仅为74.09%。

二是，公交优先。2016年1～11月份，新能源公交客车销量72175辆（见表5），占新能源客车总销量的83.82%，销量列前10位的企业销量合计为59997辆，集中度达到83.13%。对比表4和表5，重合率高达80%，可见，现阶段新能源公交决定着新能源客车的行业秩序。

三是，需重视公路客车短板。2016年1～11月份，新能源座位客车销量为13276辆，同比下降39.01%，仅占15.42%。在国家的控制之下，轻型新能源座位客车的大幅下降在情理之中，而大中型新能源座位客车的应用基本上还是一块待开发的处女地，怎样推动新能源客车在道路客运行业的应用，是需要大家共同思考的一个课题。

表4　2016年1～11月份TOP10新能源客车企业销量及增速

序号	汽车企业名称	1～11月销量/辆	2015年同期销量/辆	增量/辆	增长（%）
	总计	86109	73041	13068	17.89
1	郑州宇通集团有限公司	18917	15491	3426	22.12
2	比亚迪汽车工业有限公司	11304	4331	6973	161.00
3	中通客车控股股份有限公司	11241	7807	3434	43.99
4	金龙联合汽车工业（苏州）有限公司	6617	7325	-708	-9.67
5	南京金龙客车制造有限公司	4193	7663	-3470	-45.28
6	北汽福田汽车股份有限公司欧V客车分厂	4152	2539	1613	63.53
7	安徽安凯汽车股份有限公司	3576	2800	776	27.71
8	湖南中车时代电动汽车股份有限公司	3389	2357	1032	43.78
9	厦门金龙旅行车有限公司	2892	3690	-798	-21.63
10	厦门金龙联合汽车工业有限公司	2876	4882	-2006	-41.09

表5　2016年1～11月份TOP10新能源公交客车企业销量及增速

序号	汽车企业名称	1～11月销量/辆	2015年同期销量/辆	增量/辆	增长（%）
	总计	72175	49752	22423	45.07
1	郑州宇通集团有限公司	17337	12275	5062	41.24
2	比亚迪汽车工业有限公司	11304	4331	6973	161.00
3	中通客车控股股份有限公司	11241	7807	3434	43.99
4	金龙联合汽车工业（苏州）有限公司	4094	3913	181	4.63
5	湖南中车时代电动汽车股份有限公司	3389	1852	1537	82.99

（续）

序号	汽车企业名称	1～11月销量/辆	2015年同期销量/辆	增量/辆	增长（%）
6	南京金龙客车制造有限公司	2886	2331	555	23.81
7	安徽安凯汽车股份有限公司	2765	1719	1046	60.85
8	珠海银隆新能源有限公司	2396	—	2396	—
9	扬州亚星客车股份有限公司	2322	431	1891	438.75
10	厦门金龙联合汽车工业有限公司	2263	3121	-858	-27.49

3．伴随补贴逐渐淡出，新能源客车未来发展之路有两个方向

补贴只是市场导入期的一种特殊手段，不可持久，没有哪一个产业能够靠国家补贴来支撑其发展，国家对新能源客车的补贴跨度长达6～7年，大家应该感到庆幸，2016年是新能源客车补贴的第3个年头，即将进入大幅度递减周期，大家的关注点也需要迅速调整，继续紧盯着补贴是没有出路的。

目前，新能源客车已经基本得到了市场的认可，如果说前几年企业是追求用最小的投入获取最多的补贴，今后必须要转向用最好的产品获得最多的市场份额。补贴使行业产生了泡沫，扰乱了企业的心态，让技术领先和产品优秀重新回归本源才是新能源客车持续发展的正确方向。

降低对补贴的依赖，新能源客车有两条路可走。一是降成本。一方面，客车企业自身通过技术突破和批量增长，逐渐消化新能源客车高昂的研发成本；另一方面，新能源客车产业链上的其他环节通过技术突破和批量增长，逐步降低相关零部件的配套价格。这样既合理地降低了成本，又有效地提高了新能源客车的使用价值，最终达到，不依靠补贴，新能源客车的销售价格也能被用户所接受的目的。二是减电池。电池是补贴的依据，电池数量的下降意味着补贴的减少，有些专家建议发展快充，以淡化补贴的影响，这一办法虽然不能解决续驶里程问题，对新能源公路客车没有借鉴意义，但是，在后补贴时代，快充在新能源公交客车上还是有优势的。

二、2016年1～11月传统客车销量同比下降16.88%

2016年1～11月份，新能源客车的高速增长是以传统客车大幅下降为代价的，传统客车销量为120005辆（见表6），整体降幅达16.88%，其中座位客车、

公交客车降幅分别为 12.48%、40.11%。最近两年，传统客车销量降幅累计已经超过30%，但总销量的变化并不大，新能源客车对传统客车的替代趋势已经表现得十分清晰。

表 6　2016 年 1～11 月份传统客车销量同比情况表

传统客车		总计	L>12m	11m<L≤12m	10 m<L≤11m	9 m<L≤10m	8 m<L≤9m	7 m<L≤8m	6 m<L≤7m	5 m<L≤6m	3.5 m<L≤5m
2015 年同期销量/辆	合计	144370	2222	29734	11384	9839	19443	22769	20782	28197	—
	座位	85402	732	21305	6827	4922	12221	12360	12455	14580	—
	校车	23155	0	284	1035	1836	1267	3863	4412	10458	—
	公交	32265	1490	8119	3403	2603	5775	6393	2773	1709	—
	其他	3548	0	26	119	478	180	153	1142	1450	—
2016 年累计销量/辆	合计	120005	1702	22633	11812	4770	18042	19765	13021	28260	—
	座位	74741	1060	16490	9329	1699	13764	11919	6783	13697	—
	校车	22260	0	82	459	1979	667	4357	3264	11452	—
	公交	19323	641	6026	1918	1036	2999	3257	2431	1015	—
	其他	3681	1	35	106	56	612	232	543	2096	—
差值/辆	合计	-24365	-520	-7101	428	-5069	-1401	-3004	-7761	63	—
	座位	-10661	328	-4815	2502	-3223	1543	-441	-5672	-883	—
	校车	-895	0	-202	-576	143	-600	494	-1148	994	—
	公交	-12942	-849	-2093	-1485	-1567	-2776	-3136	-342	-694	—
	其他	133	1	9	-13	-422	432	79	-599	646	—
增长（%）	合计	-16.88	-23.4	-23.88	3.76	-51.52	-7.21	-13.19	-37.34	0.22	—
	座位	-12.48	44.81	-22.6	36.65	-65.48	12.63	-3.57	-45.54	-6.06	—
	校车	-3.87	—	-71.13	-55.65	7.79	-47.36	12.79	-26.02	9.5	—
	公交	-40.11	-56.98	-25.78	-43.64	-60.2	-48.07	-49.05	-12.33	-40.61	—
	其他	3.75	—	34.62	-10.92	-88.28	240	51.63	-52.45	44.55	—

1．需求下降、新能源替代无进展，座位客车市场形势严峻

随着传统公交客车销量大幅下滑，座位客车的权重越来越大，2016 年 1～11 月，座位客车权重为62.28%，较2015 年同期的 59.15%有明显上升。座位客车的兴衰决定传统客车的命运，振兴座位客车就能挽救传统客车，这个命题十分沉

重，但也并非全无希望，除了提高新能源客车的替代比例以外，至少有两个市场空间值得挖掘。

首先是出口。在国际客车市场上，像我国这样用巨额补贴拉动新能源客车发展的国家很少，传统客车仍然占据绝对的主导地位，强化出口，将企业资源向出口倾斜，加强海外营销体系的建设，根据自身特点，在优势地区精耕细作，出口回报仍然值得期待。

其次是农村客车。交通运输行业标准 JT/T 616～2016《乡村公路营运客车结构和性能通用要求》已于 2016 年 4 月 8 日经由交通运输部批准发布，并已于 2016 年 7 月 1 日正式实施。该标准规定了乡村公路营运客车技术性能参数、结构及配置和安全等要求，符合标准的新型农村客车将替代农村客运市场上占比较大的微型面包车。

2．传统公交客车加速退出市场

2016 年 1～11 月份，传统公交客车降幅高达 40.11%，正在加速退出市场。现阶段，公交客车已经成为国家节能减排的突破口，当初的燃气客车、混合动力客车，现在的纯电动客车都是从公交领域开始突破的。因此，传统公交客车加速退出市场带有很强的责任感和使命感，只是目前还需要靠国家补贴来支撑。

3．在传统客车领域，校车已经成为最稳定的市场资源

2016 年 1～11 月份，校车同比降幅 3.87%，已经成为传统客车领域最为稳定的市场资源。虽然如此，但校车不具备振兴传统客车的实力，一方面，校车的总销量不大，市场权重不高，2016 年 1～11 月，校车销量为 22260 辆，权重只有 18.55%；另一方面，行业集中度很高，市场门槛较高。

4．企业的表现方面，覆巢之下有完卵

传统客车销量列前 15 位的企业中，12 家下降，只有 3 家增长（见表 7）。虽然传统客车遭受重创，但仍有企业表现不错，与出口、新能源客车发展迟缓、校车三个因素相关。

举例来说，传统公交客车销量中，有 3 家企业增幅很高，上海申龙销售 582 辆，同比增长 49.23%，而其新能源公交客车销量同比下降 96.48%；上海申沃销售 546 辆，同比增长 55.56%，其公交客车出口 478 辆，同比增长 174.71%；奇瑞

万达销售 405 辆，同比增长 97.56%，而其新能源公交客车销量同比下降 73.76%。

传统座位客车销量中，有 4 家企业增幅很高，东风超龙销售 3874 辆，同比增长20.61%；江铃晶马销售2823辆，同比增长23.38%；上海申龙销售1326辆，同比增长 23.23%，其座位客车出口增长 153.95%；北汽福田销售 1131 辆，同比增长 31.66%，其座位客车出口增长 107.05%。另外，2016 年新能源座位客车的市场需求普遍较差。

传统客车总销量中，同比增长的企业不多，其中桂林客车工业集团销售 5016 辆，同比增长 11.76%，主要增长因素是校车，其校车销量为 3571 辆，同比增长 30.04%；宇通传统客车销量高达 41173 辆，几乎与 2015 年持平，其出口和校车的市场表现都不错。

表 7　2016 年 1～11 月份 TOP15 传统客车企业销量及增速

序号	汽车企业名称	1～11 月销量/辆	2015 年同期销量/辆	增量/辆	增长（%）
	总计	120005	144370	-24365	-16.88
1	郑州宇通集团有限公司	41173	41205	-32	-0.08
2	金龙联合汽车工业（苏州）有限公司	10742	14518	-3776	-26.01
3	厦门金龙联合汽车工业有限公司	7747	8478	-731	-8.62
4	厦门金龙旅行车有限公司	7196	8370	-1174	-14.03
5	河南少林客车股份有限公司	6363	7947	-1584	-19.93
6	东风超龙(十堰)客车有限公司	6225	6965	-740	-10.62
7	桂林客车工业集团有限公司	5016	4488	528	11.76
8	安徽安凯汽车股份有限公司	4497	5881	-1384	-23.53
9	东风襄阳旅行车有限公司	4024	4913	-889	-18.09
10	中通客车控股股份有限公司	3992	6689	-2697	-40.32
11	江西江铃集团晶马汽车有限公司	2859	2315	544	23.50
12	北汽福田汽车股份有限公司欧 V 客车分厂	2628	4433	-1805	-40.72
13	保定长安客车制造有限公司	2174	2838	-664	-23.40
14	上海申龙客车有限公司	1960	1647	313	19.00
15	江苏友谊汽车有限公司	1834	2951	-1117	-37.85

三、客车出口跌幅收窄

2016 年，涉及出口的企业只有 21 家，其中 7 家增长，三分之二的企业下滑。2016 年 1～11 月，出口各类客车 27944 辆(见表 8)，出口金额 107.86 亿元，出口量比 2015 年同期下降 11.77%，出口额下降 3.02%。其中，大中型客车出口 17349 辆，出口金额 100.45 亿元，分别同比下降 8.42%、2.50%（2016 年 1～10 月份，出口量比 2015 年同期下降 15.30%，出口额下降 5.45%。其中，大中型客车分别同比下降 11.53%、4.76%），跌幅明显收窄，客车出口已有好转趋势。

表 8　2016 年 1～11 月份各类客车出口情况表

分类	2015 年同期		2016 年 1～11 月		增量		增长（%）	
	出口量/辆	出口金额/万元	出口量/辆	出口金额/万元	出口量/辆	出口金额/万元	出口量/辆	出口金额/万元
大型客车	12167	743997.16	12108	783769.36	-59	39772.20	-0.48	5.35
其中：公交	4471	249958.31	4080	259752.18	-391	9793.87	-8.75	3.92
中型客车	6777	286283.01	5241	220756.41	-1536	-65526.60	-22.66	-22.89
其中：公交	1521	83380.47	1409	72445.68	-112	-10934.79	-7.36	-13.11
轻型客车	12726	81977.00	10595	74119.88	-2131	-7857.12	-16.75	-9.58
其中：公交	77	917.56	14	248.07	-63	-669.49	-81.82	-72.96
合计	31670	1112257	27944	1078646	-3726	-33611.52	-11.77	-3.02
其中：座位	25152	766137	22322	744011	-2830	-22125.77	-11.25	-2.89
公交	6069	334256	5503	332446	-566	-1810.48	-9.33	-0.54
校车	351	10397	10	837	-341	-9559.59	-97.15	-91.95
其他	98	1467	109	1352	11	-115.68	11.22	-7.88

2016 年 1～11 月份，大中型客车销量达到 156019 辆（见表 9），这是客车行业有史以来的最好成绩，历年 1～11 月份大中型客车销量从未超过 15 万辆），同比增长 13.14%，而大中型客车出口却下降了 8.42%，此消彼长，导致大中型客车出口所占比例下降了 2.62 个百分点（中型客车下降了 4.16 个百分点），这是我国客车国际化的一种倒退，这种倒退会在一定程度上削弱我国客车在国际市场上已经取得的市场地位，特别是中型客车，本来就是出口的短板，取得一点成就来之不易，大幅度倒退，十分可惜。

表 9　2016 年 1～11 月份大中型客车出口情况表

分类	2016 年 1～11 月累计销售/辆			2016 年 1～11 月累计出口/辆			出口占比（%）		
	大中型合计	其中		大中型合计	其中		大中型合计	其中	
		大型	中型		大型	中型		大型	中型
合计	156019	76894	79125	17349	12108	5241	11.12	15.75	6.62
座位客车	64602	34312	30290	11755	8020	3735	18.20	23.37	12.33
校车	7544	541	7003	9	8	1	0.12	1.48	0.01
公交客车	82831	41899	40932	5489	4080	1409	6.63	9.74	3.44
其他	1042	142	900	96	—	96	9.21	—	10.67
合计	137895	75044	62851	18944	12167	6777	13.74	16.21	10.78
座位客车	65883	34082	31801	12535	7510	5025	19.03	22.04	15.80
校车	8285	1319	6966	343	185	158	4.14	14.03	2.27
公交客车	62771	39498	23273	5992	4471	1521	9.55	11.32	6.54
其他	956	145	811	74	1	73	7.74	0.69	9.00

从企业的表现来看，出口量列前 10 位的企业中，出口量同比增长的有 4 家，郑州宇通、上海申龙、上海申沃和北汽福田（见表 10），出口量、出口占比同时增长的只有两家，分别是上海申龙和北汽福田。

表 10　2016 年 1～11 月份客车出口 TOP10 企业出口情况

序号	汽车企业名称	2016 年 1～11 月销量/辆	2015 年同期销量/辆	2016 年 1～11 月出口量/辆	2015 年同期出口量/辆	2016 年 1～11 月出口占比（%）	2015 年同期出口占比（%）	出口占比增长（%）
	总计	156019	137895	17349	18944	11.12	13.74	-2.62
1	郑州宇通	52982	45691	6899	6710	13.02	14.69	-1.67
2	厦门金龙	9774	11325	2248	2936	23.00	25.92	-2.92
3	苏州金龙	12842	14849	2167	3176	16.87	21.39	-4.52
4	上海申龙	1855	2315	1277	629	68.84	27.17	41.67
5	厦门金旅	8255	7876	1157	1196	14.02	15.19	-1.17
6	中通客车	12008	7108	854	1308	7.11	18.40	-11.29

（续）

序号	汽车企业名称	2016年1～11月销量/辆	2015年同期销量/辆	2016年1～11月出口量/辆	2015年同期出口量/辆	2016年1～11月出口占比（%）	2015年同期出口占比（%）	出口占比增长（%）
7	上海申沃	1818	1506	847	832	46.59	55.25	-8.66
8	北汽福田	6472	6733	429	170	6.63	2.52	4.11
9	扬州亚星	3791	2782	416	441	10.97	15.85	-4.88
10	桂林客车	692	1893	248	375	35.84	19.81	16.03

客车出口在2009年跌至最低谷（见表11），金融危机以来，经过5年的上升周期之后，2014年客车出口规模扩大了近4倍，2015年开始调整，2016年继续调整，2017年有可能进入下一个上升周期。

表11 2009～2015年客车出口量及出口金额

年份	2009年	2010年	2011年	2012年	2013年	2014年	2015年
出口量/辆	21156	11510	20184	29117	35213	38161	45130
出口额/万元	67.41	39.8	60.3	90.55	118.66	118.27	143.07

重视出口，把出口建设成为企业发展的另一个支撑点。首先，出口是一种很好的避险工具。客车企业的经营风险主要有内部风险和外部风险。一般来说，内部风险是可控的，而来自于外部的风险，客车企业乃至整个客车产业链都无法自行消化：2003年的“非典”、2008年的金融危机等，切肤之痛至今仍记忆犹新，市场一蹶不振大家却无力自救。当前的新能源补贴也是如此，国家出台了一系列政策鼓励新能源汽车发展，并选择公交行业作为突破口，客车行业的未来充满希望，在大家趋之若鹜之时，发现巨额的新能源补贴根本无法按既定政策兑现。目前很多企业新能源客车占比都在70%以上，补贴不到位大家心急如焚却又无可奈何，拖的时间越久，企业压力越大，经营风险在整个客车产业链上传导、放大，整车企业周转不灵，配套企业也因为整车企业的巨额拖欠而步履蹒跚。至此大家才真正相信，“从来就没有什么救世主”“全靠我们自己”是真理。在国内客车市场出现风险之际，出口订单则显得弥足珍贵，做好出口是保证客车企业健康发展的必要条件。

其次，加强技术交流，推动技术进步。随着我国客车在国际市场上的保有量越来越大，国人十分自豪，在国外碰到国产客车，激动之情溢于言表，但在热情洋溢之时，大多都会遭到国外驾驶员的一瓢凉水，忠言逆耳，不能讳疾忌医，国产客车与国外优秀品牌的差距是客观存在的。2000 年前后，在合资和技术引进的推动之下，我国客车技术进步很快，国产客车与国外优秀品牌的差距迅速缩小，笔者认为1995～2005年间，是我国客车技术进步的黄金10年，其间有几十家客车企业与国外优秀客车品牌建立了稳固的技术交流渠道，客车企业追求技术进步的热情空前高涨。最近几年，这种交流几乎销声匿迹，在政策的推动之下，客车的技术进步已全部聚焦到新能源客车，不能想当然地认为政策走在世界前列，客车技术也处于世界前列，新能源技术的发展客车行业本身无法左右，而取决于电池、电动机等其他相关行业的技术突破，如果客车企业因为聚焦新能源而淡化了其他客车技术的进步，显然是本末倒置之举。虽然合资和技术引进在客车行业已经不再流行，但不可否认做好客车出口是加强技术交流的一个很好的桥梁。

第三，呼应“一带一路”，做好客车出口。“一带一路”顺应国际经济发展的内在规律，积极适应全球经济合作新趋势，获得了广泛的国际共识。目前“一带一路”建设已吸引了一百多个国家和国际组织参与，三十多个沿线国家同中方签署了共建“一带一路”合作协议，二十多个国家同中方开展国际产能合作，以亚投行、丝路基金为代表的金融合作不断深入，一批有影响力的标志性项目逐步落地。随着新兴经济体的发展和我国话语权的增强，新一轮全球化将以均衡、包容发展为要义。在基础设施互联互通的带动下，“一带一路”沿线国家经贸和产业投资合作获得新动力，出现新的经济增长点。2015 年，我国同“一带一路”参与国双边贸易额突破 1 万亿美元，我国企业对沿线国家的直接投资额近 150 亿美元。2016 年 12 月，由苏州金龙海格客车携手哈萨克斯坦知名科研中心 PARASAT 共同打造的纯电动客车生产基地正式落户哈萨克斯坦首都阿拉木图。这是苏州金龙紧跟国家“一带一路”发展战略、助力全球绿色交通发展的重要举措。围绕“一带一路”，完善客车出口的布局，响应“一带一路”，参与建设“一带一路”，最后必然会受益于“一带一路”。

四、对 2017 年客车市场的基本判断

最近几年，新能源客车的大幅增长并非市场因素使然，因此，对市场的判

断和预测尤其困难。2017 年，座位客车和校车将相对稳定，但公交客车会有所下滑，主要依据基于以下三点。

1．新能源公交客车的战略价值将逐步下降

“十城千辆”之后，新能源进入推广应用阶段，并以公交行业作为推广应用的突破口，主要从三个方面来考虑：一是，政府的钱政府花，探探各方反应。公交行业是一种公益性行业，各大城市公交公司亏损是常态，全由政府兜底，设备更新靠政府拨款，经营亏损由政府补贴。国家将新能源推广补贴补给公交行业只是将钱从左兜掏出来放进右兜里，既无多少损失，又拉动了新兴行业的发展，各级政府和企业也都乐见其成。二是，公交行业盘子小，利于掌控。新能源客车推广应用之前，公交客车的保有量约为 50 多万辆，2015～2020 年，即使将现有的公交客车全换成新能源客车，国家所消耗的补贴资金也不会太多，风险可控。三是，公交客车生产企业实力较弱，便于管理。创新的主体是企业，行业政策的实施需要响应，如果碰到实力很强的“钉子户”则会增加推动的难度，新能源企业的推广应用不能陷入所谓的上有政策、下有对策的泥潭。客车行业市场竞争十分充分，而且企业数量较多，基本上不会出现实力很强的“钉子户”，有利于新能源汽车政策前期的导入并站稳脚跟。

目前，新能源汽车推广的第一期目标保有量 50 万辆已经实现，公交行业将逐步失去其作为突破口的战略价值，国家对新能源公交客车的政策补贴会迅速退坡，新能源汽车推广的重心将转向乘用车。不能简单地认为新能源汽车产业政策是过河拆桥，其实，客车行业占整个汽车行业的比例仅约为百分之一，从来就不是产业政策的重点，在新能源汽车政策的导入期能够得到如此多的阳光雨露，应该十分满足和欣慰了。剔除新能源泡沫，公交客车的年销量在 8 万辆左右比较合理。

2．连续十几年的高增长，积累了较大的市场调整风险，需要得到释放

在公交优先、节能减排、新能源汽车的推广应用这些政策一轮一轮的推动之下，公交客车的需求量有大幅提高。公交客车年度销量曲线是一条漂亮的上扬曲线，10 年来，除了 2009 年略有调整，年度销量增长了 2.5 倍，其中 8 年之内更新的公交客车达到了 62.5 万辆，也就是说，目前，几乎所有的公交客车都尚未到达报废年限。

最近几年，在国家新能源汽车政策的推动之下，公交客车更新加速，比如深圳，至2016年，全市1.6万辆公交客车已经几乎全部更新为新能源客车，而集中更新的过程只有短短两年时间，未来 3～5 年都不会再有太多的更新。基于这种现状，笔者判断，2017 年公交客车年度销量将出现明显的拐点。

3．出口难有突破

根据商务部预测，2017 年外部环境不稳定、不确定因素增多：

全球经济复苏依然脆弱。2017 年，世界经济仍处于国际金融危机以来的深度调整阶段。

国际贸易格局继续深刻演变。随着主要经济体结构调整的进行，全球价值链进入重构期，“消费国—生产国—资源国”为核心链条的全球贸易大循环发生重大调整，经济全球化路径深刻变化。传统的消费大国尤其是美国正大力推进“再工业化”，部分进口商品和生产环节被国内生产替代。

“逆全球化”升温、国际贸易投资环境恶化。当前世界经济增速放缓，需求回升乏力，国际市场竞争加剧，加之英国脱欧、欧洲极右翼政党兴起、美国大选走向都表明发达经济体民粹主义思潮盛行，主要经济体在经济政策上“逆全球化”倾向愈发严重。一是各国纷纷实施显性或隐性的贸易保护政策和措施，影响国际市场的公平竞争。二是多边贸易体制的权威性受到严重削弱，新一轮谈判难以取得预期的成果。三是不少政客把经济问题政治化，为了争取选票，不惜把攻击矛头对准反映国际贸易自由化与投资便利化要求的措施和政策。这些混乱现象反映了当前世界经济的一系列深层次结构性失衡和利益矛盾，对国际贸易和世界经济的持续稳定增长构成威胁。

最核心的问题是，客车企业在公交客车方面的经营重心在国内。

预计 2017 年 5m 以上客车销量为 23 万辆左右，同比下降 4%。具体指标判断如下：

1）座位客车总销量为 10.5 万辆，同比持平。

2）公交客车总销量为 9.4 万辆左右，同比下降 9%。

3）校车销量为 2.5 万辆左右，同比基本持平。

4）其他客车销量为 0.6 万辆，同比基本持平。

5）预计 2017 年 5m 以上客车总销量为 23.5 万辆，同比下降 4%。

新能源客车同比下降10%左右，总销量预计9万辆(其中公交客车7.5万辆，座位客车1.5万辆）。

预计客车出口增长15%，出口量在4万辆左右。

（作者：佘振清）

2016年轻型客车市场分析及2017年展望

一、轻型客车市场分析

1．2016年全口径轻型客车市场遇冷

在2010～2014年期间，全口径轻型客车总销量一直保持稳定的增长，但进入2015年以来，全口径轻型客车市场遭遇“寒流”。2016年1～11月份，全口径轻型客车累计销售32.2万辆，同比增长-16.1%（见图1），出现了大幅下降的情况。全口径轻型客车市场表现与正在回暖的商用车市场（5.3%）截然相反，更是低于整体汽车市场的增幅（14.1%）。

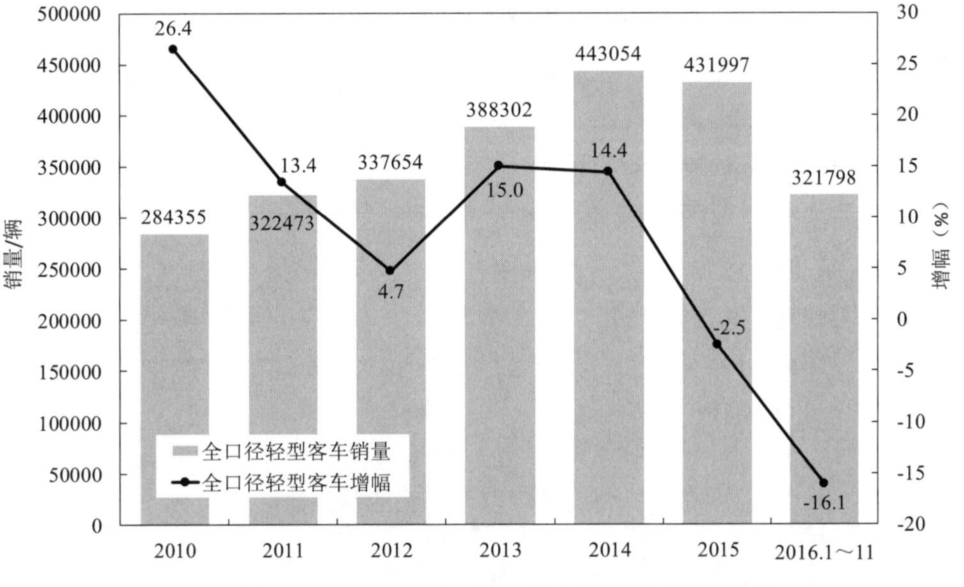

图1　2010～2016年全口径轻型客车销量情况

（注：数据来源于我国汽车工业协会）

2．主流轻型客车销量下滑严重

2016年1～11月份，主流轻型客车增幅-16.7%（见图2），低于整体汽车、客车、全口径轻型客车的增幅。纵观全年，1～7月份主流轻型客车市场销量下

滑最明显，8月份以后，销量回暖但仍低于2015年。导致主流轻型客车销量低迷的主要因素为整体经济环境的不景气以及政策法规对 M1 类日系轻型客车的限制。

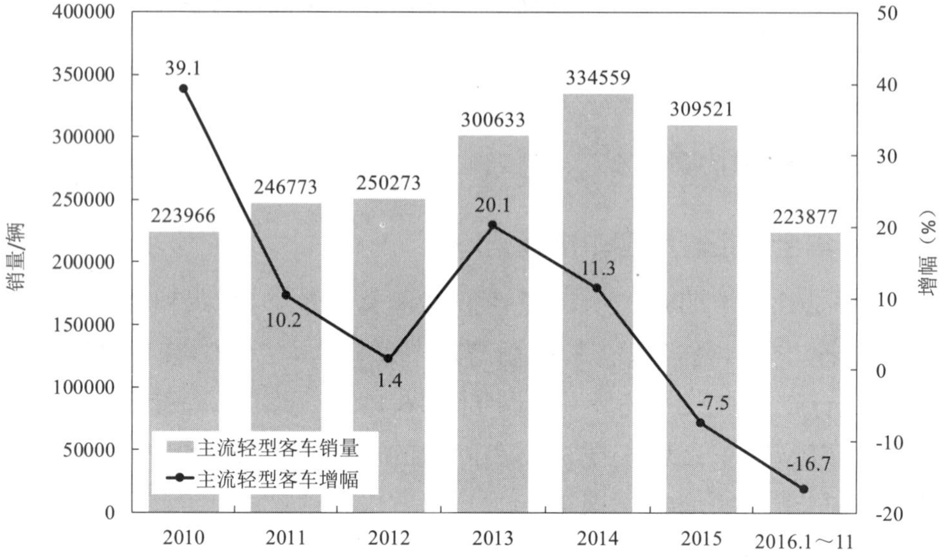

图2 2010～2016年主流轻型客车销量情况

（注：数据来源于中国轻型商用车联谊会）

3. 轻型客车市场格局发生变化

2016年，轻型客车的市场格局也发生了很大的变化。1～11月份，轻型客车销量前十位厂家的市场集中度依然保持在90%左右（见表1）。但以宽体轻型客车车型为主导产品的江铃超越了华晨金杯，跃居第一位。上汽大通也凭借其产品大通V80，从第十位升至第六位。前三强中有两家销量出现下滑，市场集中度降至45.8%，可见轻型客车的市场竞争越来越激烈。

表1 全口径轻型客车企业销量排名

全口径轻型客车		销量		份额	
		2016年1～11月份销量/辆	同比增长（%）	2016年1～11月份销量（%）	变化（%）
		321798	-16.1	100.0	—
1	江铃控股有限公司	65204	18.6	20.3	5.9
2	金杯汽车股份有限公司	49918	-44.2	15.5	-7.8
3	南京依维柯汽车有限公司	32149	-9.6	10.0	0.7
4	北汽福田汽车股份有限公司	28341	7.0	8.8	1.9

（续）

全口径轻型客车		销量		份额	
		2016 年 1～11 月份销量/辆	同比增长（%）	2016 年 1～11 月份销量（%）	变化（%）
		321798	-16.1	100.0	—
5	东风汽车公司	26553	-25.8	8.3	-1.1
6	上汽大通汽车有限公司	25088	44.7	7.8	3.3
7	厦门金龙联合汽车工业有限公司	18347	-2.8	5.7	0.8
8	保定长安客车制造有限公司	16228	-23.2	5.0	-0.5
9	厦门金龙旅行车有限公司	10546	-46.8	3.3	-1.9
10	安徽江淮汽车股份有限公司	10469	-39.0	3.3	-1.2

注：数据来源于中国汽车工业协会。

4．宽体轻型客车在市场中越来越重要

按照轻型客车宽度对轻型客车市场进行划分，可以分为标准轻型客车市场和宽体轻型客车市场。标准型轻型客车主要为日系海狮改款车型，宽体轻型客车主流为欧系轻型客车车型。2016 年以前，标准轻型客车的市场销量占据主导位置，但是随着 453 文件的颁布、消费升级和货运物流行业的快速发展等原因，宽体轻型客车市场的份额发生了逆转，已经超过 50%（见图 3）。一些主流标准轻型客车厂家也陆续推出了新品到宽体市场中（如福田图雅诺、金龙凯歌等）。

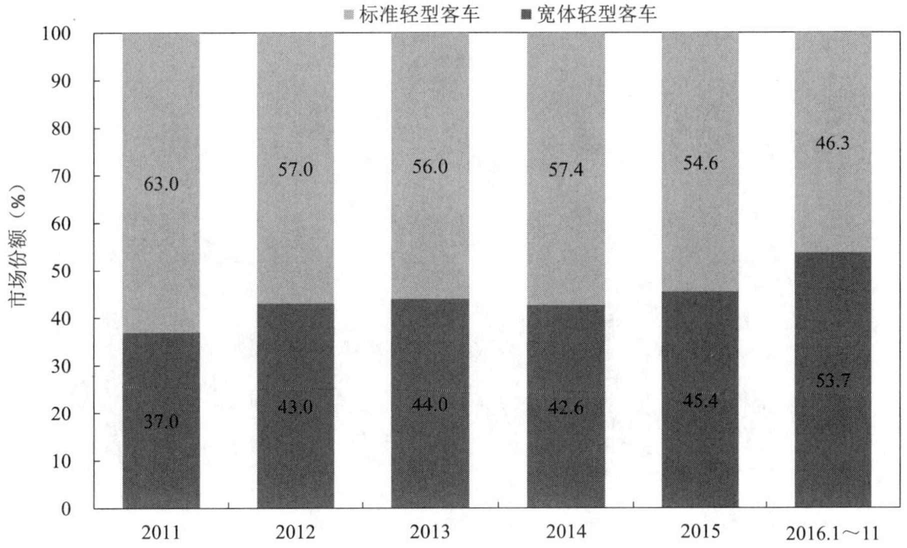

图3　2011～2016年标准体/宽体市场结构分析

（注：数据来源于中国轻型商用车联谊会）

5．欧系轻型客车市场占有率在逐步提升

按照轻型客车技术对轻型客车市场进行划分，可分成日系轻型客车与欧系轻型客车两大类（见表2），日系轻型客车以金杯海狮以及福田风景为代表车型，汽油车为主，价格偏低，是标准轻型客车的主力产品；欧系轻型客车以全顺、依维柯为代表车型，柴油车为主，价格相对较高，是宽体轻型客车的主力产品。

表2 日系与欧系轻型客车的主要区别

类别	主要品牌	燃油	价格/万元
日系	金杯海狮	汽油为主	低端（<8）
	福田风景		中端（8～15）
欧系	全顺	柴油为主	低端（10～12）
	依维柯		中端（>12）

2016年，日系轻型客车市场份额遭遇下滑，其原因在于政策法规直接限制了日系轻型客车核心产品。日系轻型客车厂家纷纷在产品功能上寻求可以替代的产品，大致有大MPV、小MPV、欧系轻型客车和发动机前置四大方向。各厂家在法规过渡时期填补空缺的同时，打一些擦边球，将不符合要求的产品尽可能尽快处理完毕。而欧系轻型客车市场则形成了全顺、依维柯、大通V80三足鼎立的局面。特别是大通V80，增长势头迅猛。货运物流市场需求的增加使得欧系轻型客车比例不断提升。2016年1～11月份，欧系轻型客车占比逆转至52.2%（见图4）。

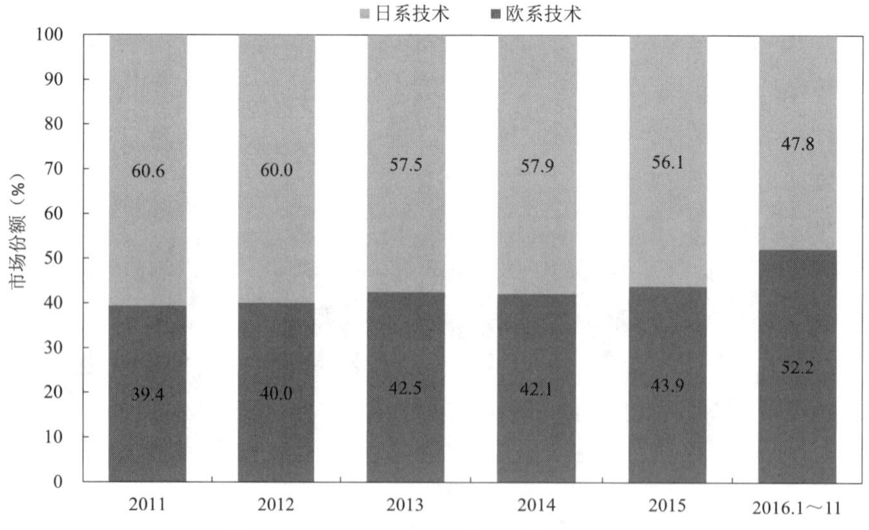

图4 2011～2016年日系/欧系轻型客车市场结构

（注：数据来源于中国轻型商用车联谊会）

6．柴油车市场占有率逐步提升，纯电动车市场降温

由于消费升级和物流产业的高速发展，近几年欧系轻型客车占比不断提升（见图 5），柴油车型占比随之提高。选择柴油车型的原因主要是由于柴油燃油经济性好、动力大、扭矩强等，这些特点在一定程度上满足了货运用户的需求。2016 年 1 月 1 日起国家开始实施第四阶段油耗标准，2018 年 1 月 1 日起强制实施国Ⅴ车用柴油，因此柴油车市场存在着需求与挑战。国Ⅴ动力在高可靠性、低油耗、轻量化、超静音、低排放等技术上有绝对优势。国产轻型客车从国Ⅳ升级到国Ⅴ，实则是一次高难度的技术跨越，它不仅要求企业在发动机关键技术方面具有强大的升级能力，同时还要对后处理技术路线做出正确的选择。

2016 年，由于国家和地方双重新能源补贴政策退坡和国家对个别骗补企业的整顿，6～8m 新能源客车市场逐渐降温。2016 年 1～11 月份，轻型客车市场其他燃料份额降至 3.3%，但其主力车型仍为纯电动轻型客车。

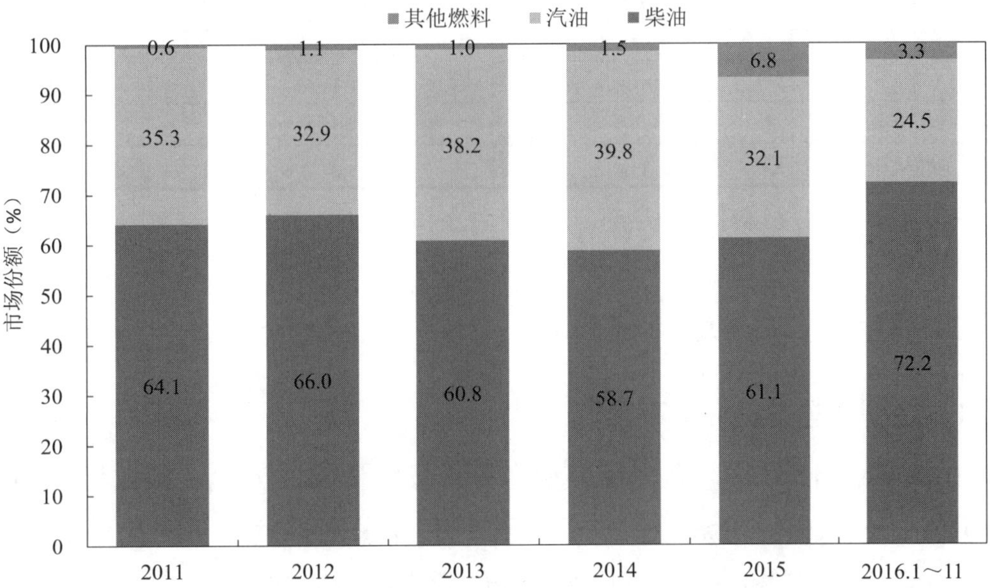

图5 2011～2016年轻型客车市场燃料份额结构分析

（注：数据来源于中国汽车工业协会）

7．国内主流轻型客车出口量下降

2016 年，受国际汇率、个别地区政局动荡、贸易限制措施频发等环境因素

影响，1～11月份国内主流轻型客车出口量大幅下降（见表3）。

表3　2012～2016年轻型客车出口量、增速及其贡献度

年份	出口量/辆	同比增幅（%）	贡献度（%）
2012年	31300	31.8	12.5
2013年	37526	19.9	12.5
2014年	51507	37.3	15.4
2015年	46042	-10.6	14.9
2016年1～11月份	14079	-54.4	6.3

注：数据来源于中国轻型商用车联谊会。

但大金龙和大通V80的出口量依旧保持了良好的增长势头（见表4）。大金龙、小金龙的出口量占其销量的很大部分。

表4　2016年1～11月份主要轻型客车产品出口量、增速及其贡献度

车型	出口量/辆	同比增幅（%）	贡献度（%）
大金龙	6999	10.8	39.4
大通V80	3939	26.8	15.4
小金龙	3682	-43.1	37.5
金杯海狮	2080	-85.1	4.2
江淮星锐	350	-65.4	12.4

注：数据来源于中国轻型商用车联谊会。

二、轻型客车市场特征分析

1. 轻型客车市场环境不景气

2016年1～11月份，全口径轻型客车市场销量32.2万辆，同比增幅-16.1%，是近几年的最低谷。究其原因在于供给侧和需求侧都发生了变化。供给侧方面存在“453文件”和燃油、排放标准升级等法规对轻型客车的抑制，尤其是“453文件”对占轻型客车市场大半份额的日系轻型客车影响巨大。需求侧方面宏观经济持续稳定下行，进入2014年以来经济下行趋势明显（见图6），微增长已经成为新常态。2016年三季度GDP增长进一步放缓至6.7%。随着国民经济总量等基数增大，支撑经济发展的劳动力、资本、技术进步等生产要素都在发生变化，我国经济增长进入速度换档、结构调整和动力转换时期。而北上广深超

大城市陆续出台人口调控政策， 这也对轻型客车市场产生消极影响。

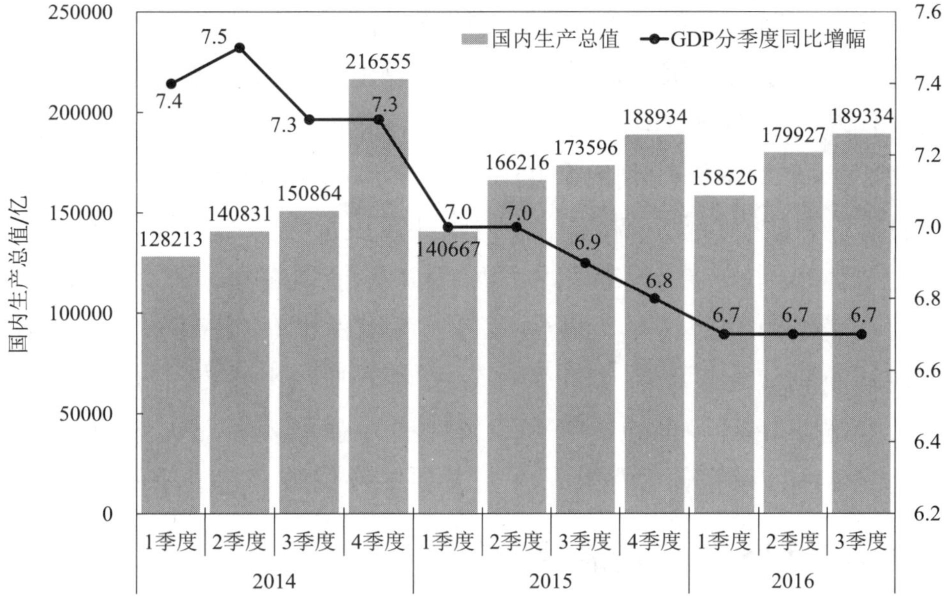

图6 2014～2016年国内GDP分析

（注：数据来源于国家统计局）

2．轻型客车市场结构发生变化

（1）宽体化 由于453号文件限制，标准轻型客车市场主导性产品海狮M1类车型销量大幅下滑，各厂家纷纷寻求可以替代其功能的车型。宽体轻型客车凭借自身产品空间大、承载强的优势，使市场份额发生了逆转，宽体轻型客车可以极大满足城市物流用车的需求，未来宽体轻型客车的市场份额会进一步攀升。

（2）柴油化 随着宽体轻型客车市场份额的攀升，宽体轻型客车主力车型欧系轻型客车越来越受市场的青睐。柴油动力具有动力强，经济性好等优点，是欧系轻型客车物流车型的理想动力总成。

（3）城市化 近几年，我国物流业增加值占GDP的比例一直保持在6.8%左右，已成为国民经济发展的支柱产业。国务院近期印发《物流业发展中长期规划》中提到，到2020年，物流业增加值年均增长8%左右，物流业增加值占国内生产总值的比例达到 7.5%左右。火爆的电商背后是大容量的城市物流运输车市场，有关统计数据显示，城市物流配送车辆从2006年的8万多辆增长到2014年的 24 万辆。预计城市物流运输车保持稳定增长，到 2020 年达到 36.1 万辆，到 2027 年将达到 45.6 万辆。

根据国家统计局的公报，2015 年全年国内游客达到 40 亿人次，同比增长 10.5%。2016 年，随着国家“旅游+”战略的提出，旅游业飞速发展已经成为不可阻挡的时代潮流。目前，我们国家的中小型企业有 7000 多万家，据数据显示，2015 年我国平均每天新登记企业 1.2 万户，同比增长 20%。随着“大众创业、万众创新”的战略推动，未来中小型企业发展前途势必一片大好。

宽体轻型客车同样分为日系宽体和欧系宽体轻型客车。欧系宽体轻型客车的核心用途正是城市物流用车，其优势在于可以保证车内空间、承载力的同时不受货车限行限制。近期新上市的宽体轻型客车则越来越专注于城市物流化专业配置。日系宽体轻型客车的商务客运属性更为强烈，针对火爆的城市旅游、通勤、租赁市场，日系宽体轻型客车在向着更多座位数、更大空间方向发展。

三、未来轻型客车市场展望

轻型客车未来市场仍然面临着许多机遇与挑战。法规方面，未来排放趋于严格对轻型客车行业提出了更高的挑战；国家对座椅、安全带等安全系统的法规也更加的严厉。产品方面，微型客车产品在加宽、加长的发展趋势下，车长早已突破 4m；加上 MPV 产品不断大型化，多方挤压，增大了轻型客车行业企业生存压力。政策方面，个别城市限制载货汽车进城对轻型客车来说无疑是重大利好，但对皮卡政策的放开也会对轻型客车市场产生消极影响。加之物流等新兴产业快速增长，新能源政策持续补贴，以及“一带一路”等宏观政策的逐渐变热，预计 2017 年全口径轻型客车增速将略好于 2016 年。

（作者：穆天宇）

2016 年微型汽车市场分析及 2017 年展望

一、传统微型汽车市场变化翻天覆地

1. 微型汽车市场需求持续向下

（1）市场总体走势　2000 年后的微型汽车市场大致可以分为以下三个发展阶段：

1）微增长阶段（2000～2008 年），微型汽车行业基本按照每年 10 万辆的规模增长。

2）爆发式增长阶段（2009～2010 年），随着“汽车下乡”政策和购置税优惠政策的实施，行业迅速跃升至近 300 万辆的规模。

3）需求持续萎缩阶段（2011 年～至今），受产业优惠政策带来的市场透支和消费者需求升级等因素的影响，微型汽车市场进入了持续的下滑通道。

2016 年 1～11 月，微型汽车市场容量为 89.2 万辆，同比下滑 26.7% 。其中微型客车销售 45.8 万辆，同比下滑 44.8%；而微型货车市场从 2010 年以来需求基本稳定，容量维持在 40 万～45 万辆之间，2016 年 1～11 月销售 43.4 万辆，同比上升 12% 。

（2）对比行业其他细分市场　对比汽车行业其他细分市场，微型客车是下滑最大的车型，2016 年 1～11 月累计销售 45.8 万辆，同比下滑 44.8%；微型货车 1～11 月累计销售 43.4 万辆，同比上升 12%，增幅略低于狭义乘用车行业。

2. 从参与者不断涌入到行业洗牌，微型汽车行业进入新时代

从参与者来看，微型汽车市场由最初的长安、五菱、哈飞、昌河、佳宝 5 家，迅速扩大到20多家；在2016年现有的18家微型汽车销售企业中，预计2016年微型汽车年销量过万辆的企业仅 9 家，6 家年销量将低于 1000 辆。

从市场竞争格局来看，微型汽车市场经历了“群雄争霸”⟶“两强相争”⟶“寡头独占”的变化历程，目前五菱独占微型汽车市场半壁江山，市场占有率达到 50.8%，排名前五位的企业销量占到了整体市场容量的 90.4%，市场集中

度非常高。

3. 新时代下传统微型汽车企业纷纷转型突破

（1）微型汽车企业转型的第一阶段　在微型汽车企业第一阶段的转型当中，产品转型率先展开，由于车型结构、用途、价格、用户特征等因素影响，小型 MPV 市场成为主力厂家突围的首选，各传统微型汽车厂商相继推出了自己的小型 MPV 车型：五菱在 2010 年推出了五菱宏光，长安在 2012 年推出了长安欧诺，东风小康和北汽威旺在 2013 年分别推出了风光 330 和威旺 M20。

传统企业推出的长安欧诺、五菱宏光、风光 330、威旺 M20 等车型迅速崛起，并带动了小型 MPV（包含五菱荣光 V）市场容量的快速拉升。小型 MPV 市场容量从 2010 年的 20.6 万辆迅速上升到 2015 年的 149 万辆，目前这一数据记录仍在不断突破，预计 2016 年将达到 155 万～160 万辆。

（2）从产品发展历程来看转型　目前我国微型汽车行业的发展路径基本上遵循了欧洲和日本汽车类似的发展轨迹（见图 1）；消费升级和需求细分越来越明确，加之汽车相关法规标准的逐步完善和提高，共同推动了微型汽车产品的不断创新和升级换代，行业界限越来越模糊。

图 1　微型汽车产品发展历程

4. 传统微型汽车企业转型已经进入 2.0 时代

在取得小型 MPV 市场的成功后，部分微型汽车企业正在快速向上突破，以 MPV+SUV 的产品组合作为企业重心的微型汽车转型正式进入 2.0 时代（见表 1）。

表 1　主要微型汽车企业产品组合

序号	企业	MPV	SUV
1	上汽通用五菱	五菱宏光系列、宝骏 730	宝骏 560（2015 年 7 月上市）
2	长安汽车	欧诺、欧尚、欧力威	CX70（2016 年 4 月上市）
3	东风小康	风光 330、风光 360/370	风光 580（2016 年 4 月上市）
4	力帆汽车	乐途	迈威（2016 年 4 月上市）
5	北汽威旺	威旺 M20/M30/M50	S50（2016 年 3 月上市）

5．2.0 时代下怎样定义市场

当前，微型汽车企业的转型已经进入 2.0 时代，笔者根据传统微型汽车客户需求变化，将用户需求分为商务、商用、家用和兼用四种，并把能满足其中一种或多种客户需求的车型称之为多功能车，多功能车包含了目前产品供给所属的 MPV、7 座 SUV、微型客车和微型货车四大细分市场。

6．多功能车市场表现

（1）年度走势　从总体来看，行业仍保持增长趋势，但增速减缓，2016 年 1～11 月市场容量为 395 万辆（见图 2），同比上升 5.7%，同比增速连续两年下降。

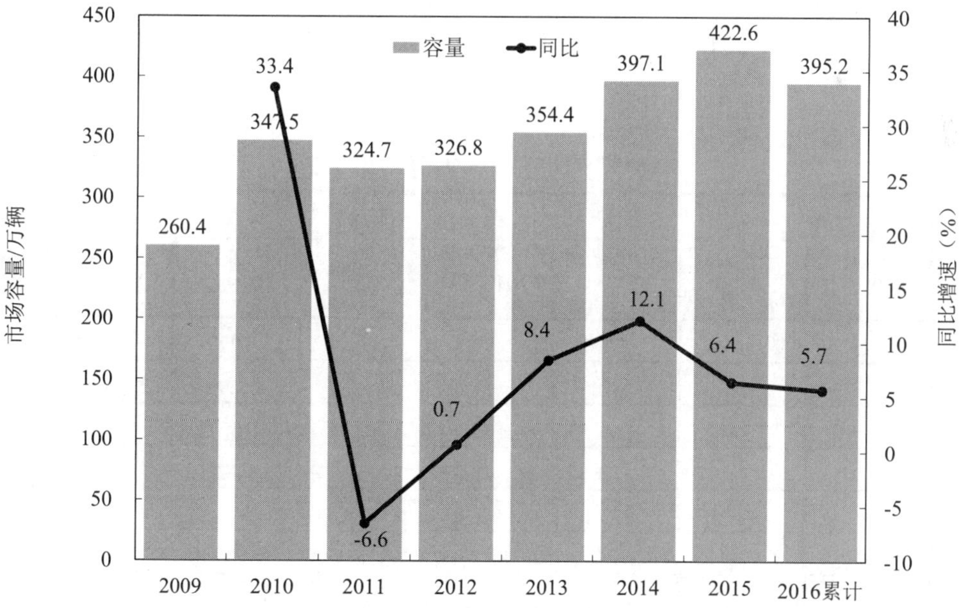

图2　2009～2016年多功能汽车市场容量表现

（2）月度走势　从月度走势来看，2016 年上半年表现较弱，第三季度及第四季度由于受购置税优惠政策结束预期带来的提前消费影响，增速有所回升（见图 3），但将透支 2017 年的部分销量。

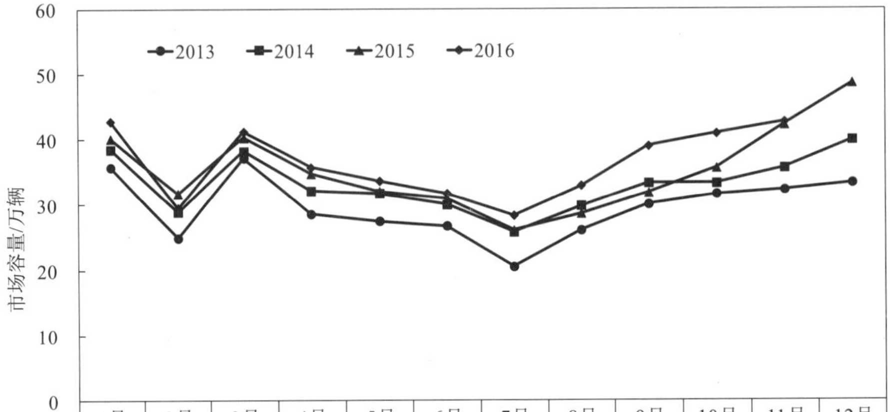

	1月	2月	3月	4月	5月	6月	7月	8月	9月	10月	11月	12月
2013	35.8	24.9	37.2	28.6	27.5	26.8	20.5	26.1	30.0	31.6	32.3	33.3
2014	38.5	28.9	38.2	32.1	31.8	30.0	25.8	29.8	33.3	33.3	35.6	39.9
2015	40.2	31.7	40.3	34.7	32.0	30.9	26.1	28.6	31.8	35.6	42.2	48.6
2016	42.8	29.6	41.2	35.7	33.6	31.7	28.3	32.9	39.0	40.9	42.6	

图3　2013～2016年多功能汽车市场逐月行业容量走势图

（3）细分市场表现　从细分市场来看，主要增量市场 MPV 增速逐步放缓，SUV 增速弱于预期，微型客车加速下滑，微型货车由于轻型载货汽车排放的替代性及力帆产品等影响因素，增速高于年初预期。多功能车各细分市场表现见表 2。

表 2　多功能车各细分市场表现

细分市场	容量/万辆							
	2009 年	2010 年	2011 年	2012 年	2013 年	2014 年	2015 年	2016 年累计
MPV	25.2	45.6	70.1	89.8	130.4	192.2	237.4	240
SUV	3.9	8.5	10.5	11.4	22.6	29.6	52.3	65.5
微型客车	195.0	248.1	205.5	185.2	162.5	133.2	90.5	45.8
微型货车	36.3	45.2	38.5	40.4	38.9	42.1	42.4	43.4
总计	260.4	347.4	324.6	326.8	354.4	397.1	422.6	394.7
细分市场	同比（%）							
	—	2010 年	2011 年	2012 年	2013 年	2014 年	2015 年	2016 年累计
MPV	—	81.4	53.6	28.2	45.2	47.4	23.5	16.2

（续）

细分市场	同比（%）							
	—	2010年	2011年	2012年	2013年	2014年	2015年	2016年累计
SUV	—	119.1	23.6	8.1	98.1	31.3	76.4	44.5
微型客车	—	27.2	-17.2	-9.9	-12.2	-18.1	-32.0	-44.8
微型货车	—	24.6	-14.8	5.0	-3.9	8.3	0.8	12.0
总计	—	33.4	-6.6	0.7	8.4	12.1	6.4	-6.5

（4）区域市场表现　从区域市场来看：华北仍然是重心，西南在快速成长（见表3）。

表3　多功能车各区域市场销售表现

区域	市场容量		销量占比	
	2016年1～11月/辆	同比（%）	2016年1～11月（%）	增速（%）
东北	167033	7.5	5.3	0.1
华北	837665	4.2	26.8	-0.5
华东	519014	7.0	16.6	0.2
华南	494218	4.8	15.8	-0.2
华中	295164	0.2	9.5	-0.5
西北	250950	7.7	8.0	0.1
西南	558803	9.8	17.9	0.8
总计	3122847	5.8	—	—

二、微型汽车行业未来发展趋势探讨

1. 行业需求由“扩张”转向“滞胀”

从行业总体来看，在价格持续走低的态势下，仍没有带动市场容量快速增长，且增速呈现连续减缓趋势，行业已处于“滞胀”期。

从传统市场来看，微型客车市场基盘客户升级仍未完成，低端MPV产品价格下移对微型客车的替代性很强，微型客车将进一步受到挤压，未来预计只存在大空间的专业化需求。而作为微型客车的衍生产品，微型货车发展轨迹与微型客车相似（见图4），产品需求的升级趋势亦较为明显，未来或会基于微型客车升级路径推出前置后驱的产品。

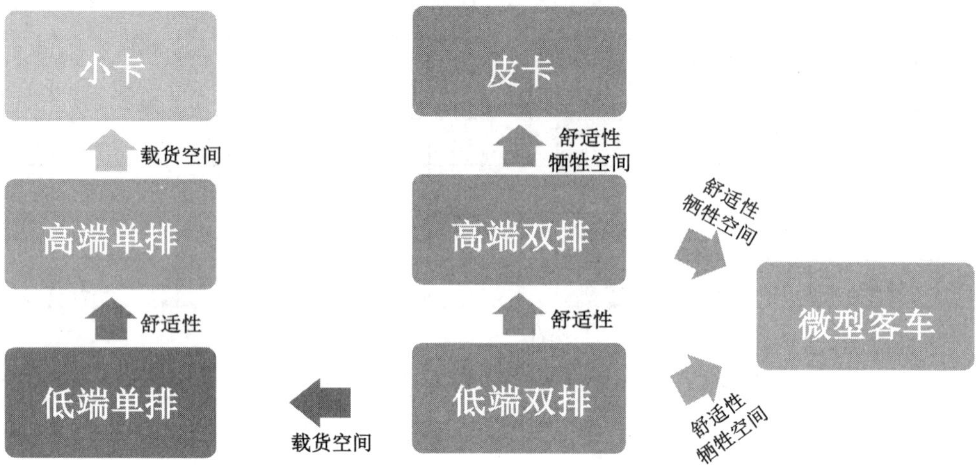

图 4　微型货车市场产品演变过程

2．经济促增长压力大，政策及新品推动仍是未来行业增长的关键

新品是带动行业可持续增长的动因：2016 年 1～11 月 7 座 SUV 市场新品销量对细分市场增量的贡献为 72.4%，MPV 市场新品对市场增长的贡献率达到了 109.2% 。

从产品供给来看，新品仍然是主流，SUV 和 MPV 仍是未来产品供给的主要发力点，传统微型汽车市场再难有全新产品推出，2016 年新品上市统计如下：

传统微型汽车上市新品共 5 款，其中，微型客车增补车型 1 款，改款车型 1 款；微型货车增补车型 1 款，改款车型 2 款。MPV 上市新品共 40 款，其中，全新新品 11 款，增补车型 13 款，换代车型 5 款，改款车型 11 款。7 座 SUV 上市新品共 35 款，其中，全新新品 12 款，增补车型 7 款，改款车型 16 款。

从影响因素来看，购置税优惠、限行限购、油耗法规、安全法规等一系列政策因素，将对未来汽车行业增长和产业结构调整产生重要影响。

3．在持续的严峻竞争压力下，“以价保量”将成为“新常态”

促销频率在加快，官降也将成为常态手段，为快速突破新品销量瓶颈，厂家促销节奏提前，产品溢价周期在缩短，款型车推出速度在加快，新品红利快速消耗。

4．2017 年多功能车行业销售预测

总体来看，基于基盘客户需求和新品驱动，购置税政策的渐进性退出等因素的影响，预计 2017 年多功能车行业销售 455 万辆。从细分市场来看，预测如下。

MPV 市场：在小型和中型市场产品投入带来的增长下，2016 年 1～11 月仍保持了 14%的增速，预计 2017～2018 年增速将进一步放缓（属于内部结构调整），2017 年市场容量预计 281 万辆。

7 座 SUV 市场：随着 2016 年主要品牌紧凑型产品的投放及 2017 年中型产品的投放，容量会进一步扩大，SUV 属新品驱动型市场，未来的增量是多功能车市场增长的关键。预计 2017 年市场容量为 92 万辆。

微型汽车市场：微型客车在连续的大幅下滑后，未来降幅将逐渐减小并趋于稳定，微型货车近几年需求基本稳定，2017 年将继续与 2016 年持平。预计 2017 年市场容量为 82 万辆。

5．未来发展趋势探讨

（1）客户需求变化趋势　随着经济及交通的发展、技术不断进步、个人用车趋势的兴起，用户的未来需求预计有多元化、共享化、个性定制化和小型化四个变化趋势：

多元化。随着年轻化主导消费潮流，女性用户群体占比的逐步上升，老龄化用车的需求，都将促使产品呈现多元化。

共享化。由于消费者的汽车观念及出行行为正在改变，未来通过共享方式的用车解决方案也将拥有更大市场。

个性定制化。信息化和工业化的“两化融合”，使汽车这种复杂商品的真正个性化定制生产成为可能，消费者的个性化定制诉求将得到满足

二次小型化。促使二次小型化的动因仍然存在，特别是家庭用车逐步向个人用车转变。

（2）产品变化趋势　随着客户需求的不断升级，MPV 和 SUV 并非唯一选择，满足未来用户需求的新形态多功能产品将逐步进入市场（见图 5），微型汽车企业转型的 3.0 时代即将到来。

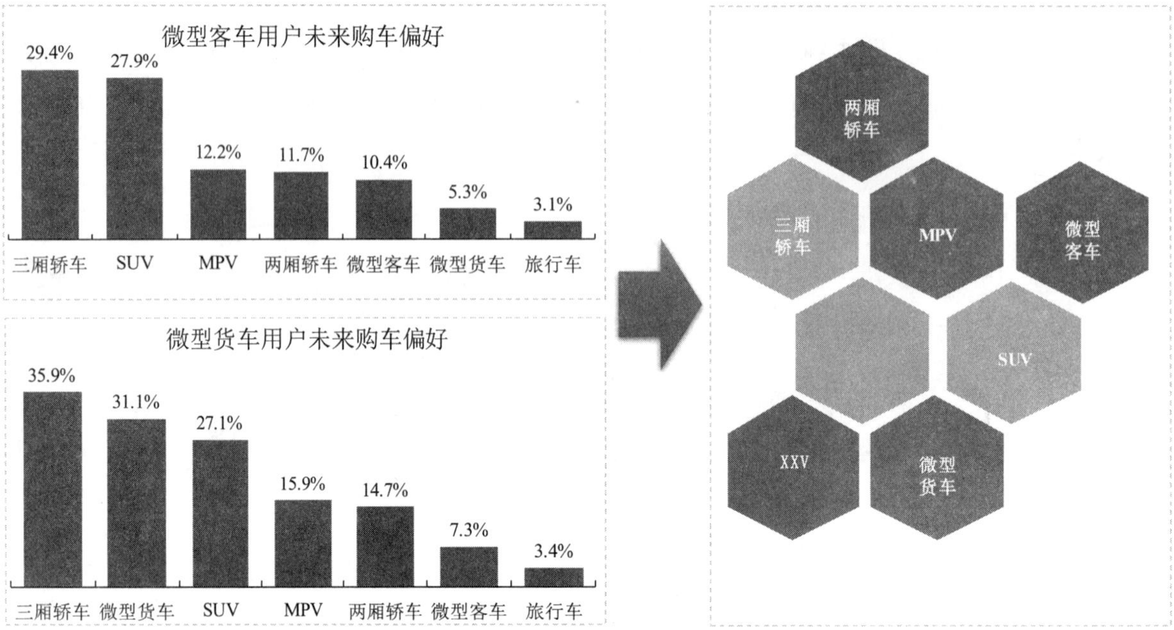

图5 微型汽车企业转型3.0时代

（作者：冉碧林）

2016 年重型载货汽车市场分析及 2017 年展望

2016 年，是重型载货车市场形势触底反弹进而超出预期的一年，截至 2016 年 11 月底，行业销量累计增长实现了 30%的正增长。受国家宏观经济逐步企稳、固定资产投资逐步回升、投资类消费类数据回升，以及新法规政策实施等因素影响，整个行业发展止跌回升。前几年重型载货车的需求逐渐萎缩，产品库存保持较低水平，而后国家严格执行了治理超载等政策，从而使重型载货车市场获得超预期的政策红利。

一、2016 年重型载货车市场回顾

1. 汽车产销基本情况

（1）汽车整体产销量创新高且增长较快　2016 年 1～11 月份，全国累计产销汽车分别为 2502.7 万辆、2494.8 万辆，同比增长 14.3%和 14.1%，汽车产销量均创历史新高。其中乘用车产销 2174.3 万辆和 2167.8 万辆，同比增长均为 15.6%（见图 1），增幅分别高于汽车总体水平 1.3 个百分点和 1.5 个百分点，仍是推动整个汽车行业增长的主力；商用车产销 328.4 万辆和 327.0 万辆，同比增长 6.3%和 5.3%，增长明显。

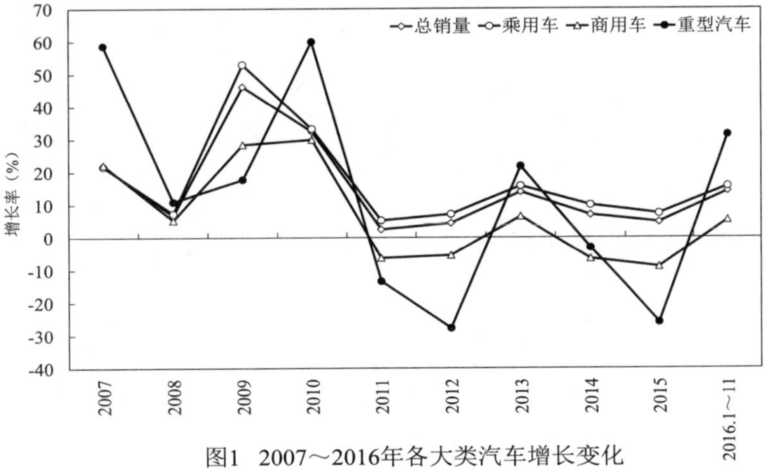

图1　2007～2016年各大类汽车增长变化

根据中国汽车工业协会2016年1～11月的出口数据，我国汽车企业累计出口汽车62.9万辆，同比下降5.1%，其中乘用车出口41.9万辆，同比增长6.9%，商用车出口21.0万辆，同比下降22.4%，但自2016年8月起已连续4个月增长。

（2）商用车市场运行产销同比继续保持增长 2016年1～11月份，商用车产销分别为328.4万辆和327.0万辆，同比增长6.3%和5.3%。

商用车中，重型载货车产销分别为64.31万辆和65.76万辆（见图2），同比分别增长30.56%和31.31%；中型载货车产销分别为19.45万辆和20.05万辆，同比分别增长9.94%和15.40%；轻型载货车产销分别为138.01万辆和137.57万辆，同比分别下降1.97%和2.59%；微型载货车产销分别为57.89万辆和55.96万辆，同比分别增长18.57%和12.48%；客车产销分别为48.69万辆和47.65万辆，同比分别下降6.91%和8.56%。重型载货车、中型载货车、微型载货车成为商用车增长的主要车型品种，只有轻型载货车和客车下降，重型载货车成为汽车行业增长幅度最高车型品种。

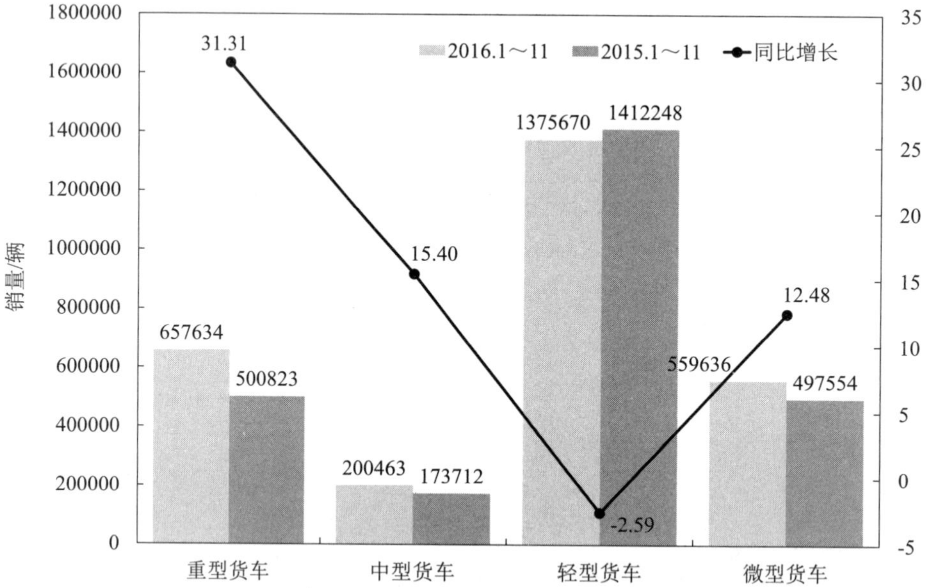

图2 2015～2016年各大类商用车销量变化

2．2016年重型载货车市场回顾

2016年1～11月份，重型载货车累计产销分别是64.31万辆和65.76万辆，同比增长30.56%和31.31%。其中载货车累计19.53万辆和19.68万辆，同比增长

24.14%和 21.72%；牵引车累计 33.58 万辆和 34.09 万辆，同比增长 46.52%和 48.77%，自卸车累计 9.98 万辆和 10.76 万辆，同比增长 10%和 13.15%。牵引车成为重型载货车中增长幅度最高的品种系列。影响重型载货车增长的主要因素主要有以下几点。

（1）固定资产投资结构调整使重型载货车市场发展面临难题 截至 2016 年 11 月底，全国固定资产投资（不含农户）538548 亿元，同比名义增长 8.3%，增速与 2016 年 1～10 月份持平。从环比速度看，2016 年 11 月份固定资产投资（不含农户）增长 0.54%。分产业看，第一、第二、第三产业投资分别为 17099 亿元、206361 亿元、105938 亿元，同比分别增长 21.9%、3.4%和 18.9%，增速比 2016 年 1～10 月份分别回落 0.1 个百分点、提高 0.4 个百分点和回落 0.5 个百分点；第二产业投资中电力、热力、燃气及水生产和供应业投资 27009 亿元，增长 13.2%，增速回落 0.7 个百分点。第三产业中的水利管理业投资增长 20.2%，增速回落 0.7 个百分点；公共设施管理业投资增长 23.5%，增速回落 0.1 个百分点；道路运输业投资增长 16.9%，增速加速 1.3 个百分点；铁路运输业投资增长 5%，增速回落 4.3 个百分点。整体上看，宏观经济结构调整的趋于稳定、道路运输等相关产业的增长导致了重型载货车的回升。

（2）公路运输增长继续推动重型货车市场发展 根据国家交通运输部公布数据统计，2016 年 1～11 月份，全社会货运量、货物周转量分别增长 4.8%和 4.6%，其中公路运输部分分别增长 5.7%和 5.1%；铁路运输部分增长-11.8%和 -1.1%；水路运输部分分别增长 3.2%和 5.6%。公路运输继续保持较高比例增长。2016 年 1～11 月份，全国规模以上港口累计完成货物吞吐量 101706 万 t，同比增长 7.2%，增速较 2016 年 10 月加快 0.4 个百分点，继续保持较快增长，其中外贸吞吐量增速上行，同比增长 8%。2016 年 1～11 月份，分结构看，公路建设完成投资 16376 亿元，同比增长 9.2%。分区域看，东、中、西部地区分别完成公路水路固定资产投资 5809 亿元、40479 亿元和 82195 亿元，同比分别增长 7.5%、-2.0%和 17.2%。因此，公路货运量和货物周转量这两项指标直接影响重型载货车市场发展，在行业整体下降情况下加上国家治理超载政策的实施，重型汽车牵引车份额较 2015 年同期上升了 6.08 个百分点。2005～2016 年公路货运量与半挂牵引车份额变化见图 3。

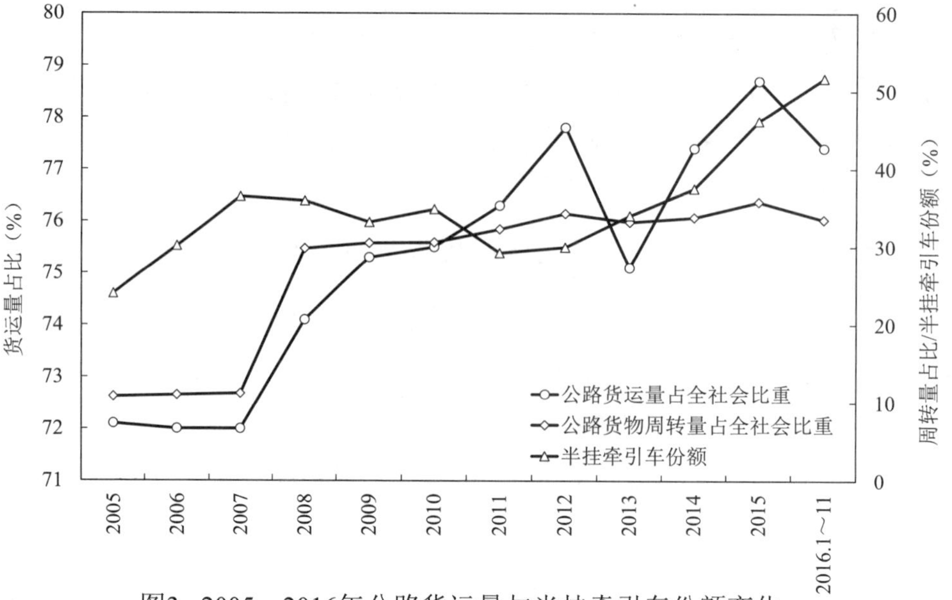

图3 2005～2016年公路货运量与半挂牵引车份额变化

（3）物流业仍为重型载货车市场提供发展的空间 中国物流和采购联合会统计数据显示，2016年1～11月份物流运行良好，在运行中呈现几个特点：一是物流需求增速稳中渐升，全国社会物流总额为208.8万亿元，按可比价格计算，同比增长6.2%，增速较2016年1～10月提高0.1个百分点，总体来看，延续了稳中向好的发展态势，社会物流总额保持平稳较快增长，增速稳中有升。其中，工业品物流总额为194.5万亿元，同比增长6.0%；消费物流需求保持快速增长，2016年1～11月份，与消费有关的单位与居民物流总额同比增长43.8%，增速比2015年同期提高8.8个百分点。二是社会物流总费用规模增速回落。2016年1～11月份，社会物流总费用规模为9.6万亿元，同比增长3.6%。其中，运输费用为5.0万亿元，同比增长4.5%，占社会物流总费用的比重为52.1%；保管费用为3.2万亿元，同比增长1.5%，占社会物流总费用的比重为33.3%；管理费用为1.3万亿元，同比增长5.7%，占社会物流总费用的比重为13.5%。三是2016年1～11月份物流市场规模稳步扩大，物流业总收入为7.0万亿元，同比增长5.3%，增速与2016年1～10月相比提高0.5个百分点。四是物流价格持续回升。根据中国物流业景气指数中的物流服务价格指数显示，2016年1～11月份中国公路物流运价指数为116.8点，比2016年10月回升8.0%。从2016年全年看，我国物流运行呈现整体向好的发展且有望进一步延续的态势。因此，物流行业密切地影响到重型汽车公路用车的系列产品发展。

（4）国家经济结构调整直接引发重型货车市场产品调整　总质量在14t以上的重型载货车，2016年1～11月份累计产销分别为64.31万辆和65.76万辆，同比分别增长30.56%和31.31%，产销率为102.25%。在重型汽车分车型结构中，载货车累计19.53万辆和19.68万辆，同比增长24.14%和21.72%；牵引车累计33.58万辆和34.09万辆，同比增长46.52%和48.77%，自卸车累计9.98万辆和10.76万辆，同比增长10%和13.15%。2016年1～11月份，在重型汽车分车型累计销售份额中，载货车、牵引车和自卸车分别占了29.93%、51.85%和16.36%，与2015年同期相比分别变化了-2.36个百分点、6.08个百分点和-2.63个百分点（见图4和图5）。因此，受国家宏观经济发展新常态和经济结构调整影响，以及物流业等第三产业增长，直接作用在重型汽车市场产品结构大的调整。

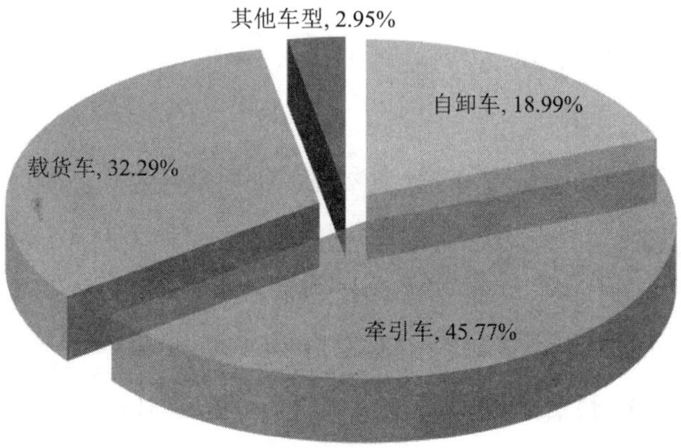

图4　2015年1～11月份重型载货汽车产品份额变化

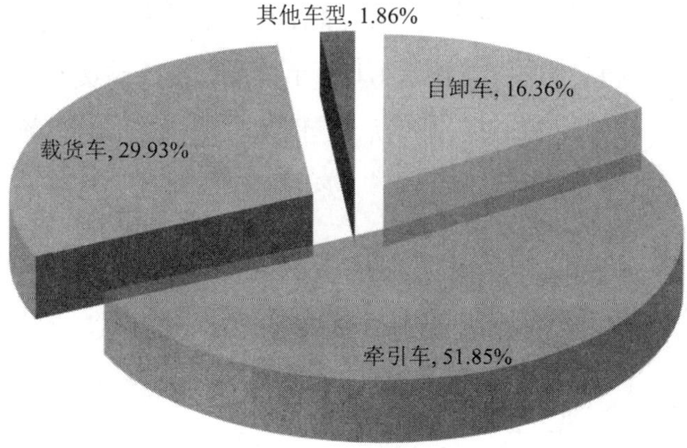

图5　2016年1～11月份重型载货汽车产品份额变化

（5）重型载货车市场充分竞争正在改变行业格局　总质量在14t以上的重型

载货车，2015年累计产销分别为53.61万辆和55.07万辆，同比分别下降28.28%和25.98%，产销率为102.7%。在近25家参与重型载货车市场竞争中，销量超过7万辆的有五家企业，累计销售达45.82万辆，占总质量14t以上重型载货车销售总量的83.20%。而2016年1～11月份，销量超过7万辆的五家企业累计销量达53.81万辆，占总销量的81.82%。在竞争格局中的第二梯队厂家如安徽江淮和成都大运成长较快。

从2016年1～11月份总质量14t以上重型载货车的市场份额看，前五家企业有：一汽集团为21.43%，同比增长5.7个百分点；东风公司为19.02%，同比下降2.44个百分点；中国重汽为16.48%，同比下降1.38个百分点；陕汽份额为14.34%，同比下降0.32个百分点；北汽福田10.55%，同比下降2.84个百分点。前五家中一汽集团王者归来，市场占有率大幅度增加，抢占了第一梯队其他厂家的市场份额。中国重汽也是通过引进曼技术加大了产品结构调整，逐步赢得公路用车的市场份额。

（6）国家治理超载政策对于重型载货车销量的影响，让业界始料未及2016年9月21日起，全国实施的治理超载新政和新GB 1589让重型载货车的最大载货量限值从之前的55t下降到49t，减少了一成，如果考虑到车辆本身的自重，相当于减少两成。另外，对一部分车型，如“6×2”、轿运车的运载量影响更大。从2016年9月底开始，各大主要厂商订单开始突然放量，2016年10月份行业销量为6.92万辆，比同期数据的4.52万辆增长了53.09%，累计增长24.62%；2016年11月份行业销量为9.18万辆，比同期数据的4.67万辆增长了96.57%，累计增幅31.31%。各大主要厂商出现资源紧张、供不应求的局面。

通过上述形势分析，可以看出2016年全国重型载货车的产销发展态势。纵向与国家宏观经济相关，横向与物流、自身与排放标准实施等因素相关，加上国家治理超载严格执行的影响下，全年实现销量74万辆左右，同比增长34%左右。

二、2017年重型载货车市场形势展望

1．2017年国家宏观经济形势展望

2016年12月14日～16日，一年一度的中央经济工作会议在京召开。会议重点部署了2017年的经济工作，成为引领我国经济风向标的会议。面对错综复

杂的国际环境和愈加严峻的国内形势，我国将坚持稳中求进的工作总基调，坚持新发展理念以推进供给结构性改革主线，适度扩大总需求，坚定推进改革，妥善应对风险挑战。会议指出，2017 年经济的工作重点有四个方面：一是深入开展“三去一降一补”；二是深入推进农业供给侧结构改革；三是着力振兴实体经济；四是促进房地产市场平稳发展。

总之，2017 年是“十三五”规划的重要一年，是深化供给侧结构性改革的深化之年。在这一年里，将全面优化过剩产能，深入创新增长动力，真正落实企业减负，保持房地产市场适度活跃的前提下完成房地产去库存，切实防范金融风险，为经济转型升级打下良好基础，为全面建成小康社会开启良好根基。

2．2017 年重型载货车市场形势

2016 年我国重型载货车的市场形势是止跌回升并且超预期的一年，这与国内外复杂的经济环境和自身经济运行密切相关，国家的治理超载政策给整个行业带来了超预期发展，同时也将面对诸多挑战。展望 2017 年重型载货车市场形势，从以下几方面着重分析。

（1）宏观经济稳中求进的总基调将影响重型载货车市场发展　在国际方面，国际货币基金组织提出，2017 年全球经济仍在低位运行。全球金融危机以来，除了 2010 年经济有一个非常强烈的反弹后，经济增长速度一直在缓慢地往下走。全球经济处在低增长、低投资、低贸易、低资本流动、低油价、低通货膨胀、低利率的低均衡水平。预计 2016 年全球国内生产总值（GDP）增长率可能仅为 3.4%。在国内方面，2016 年 12 月 19 日，中国社会科学院经济学部、中国社会科学院科研局等单位联合发布了《中国经济蓝皮书》，预计 2016 年我国经济增长 6.7%。国际货币基金组织、世界银行、摩根大通也分别预测 2016 年我国 GDP 增长为 6.2%、6.5%和 6.4%。2017 年仍将是结构调整的关键年，国际货币基金组织认为 2017 年的世界经济增长率会高于 2016 年，世界 GDP 增长率为 3.6%，我国增长率为 6.4%。《中国经济蓝皮书》指出，2017 年，我国经济增长将在新常态下运行在合理区间，就业、物价保持基本稳定，我国经济不会发生硬着陆。预计 2017 年全年 GDP 增长为 6.5%左右，比 2015 年略降低 0.2 个百分点，略低于 2016 年的预计增长率。对于在经济增长新常态下的重型载货车市场而言，仍具备国际和国内两方面拉动重型载货车增长的外在条件。

（2）固定资产投资增长趋缓影响重型载货车的市场发展　根据中国经济工业景气指数报告，2016年第三季度景气指数为92.5，运行相当平稳，已连续5个季度波动幅度在0.1个百分点范围内。剔除政策等随机因素之后，中经工业景气指数降低2.2个百分点，两者之差比上季度略扩大0.2点，稳增长政策在工业平稳运行中发挥了积极的作用。就中经工业预警指数而言，仍然在偏冷的“浅蓝灯区”运行。由于受“四期”叠加对工业的不利影响仍在延续，国内库存压力不断增大，近期工业生产、销售和盈利面临较大的下行压力，从而引发各方面投资意愿不强烈，造成固定资产增速继续放缓。2016年固定资产投资增速经历了长时期、大幅度下滑后，开始步入低位波动阶段。在政府的政策由“需求侧”转向“供给侧”的过程中，固定资产投资增速大幅回升的基础已经不再具备。预计2016年全年固定资产投资增速为8.3%左右（见图6）。在“促投资、稳增长”的政策作用下，预计2017年全年固定资产投资累计增速将保持总体平稳态势，全年固定资产投资增速大约为9%左右。因此，在工业发展还没有完成由资源投入型向创新驱动型的转变背景下，仍具备重型载货车发展的机遇期。

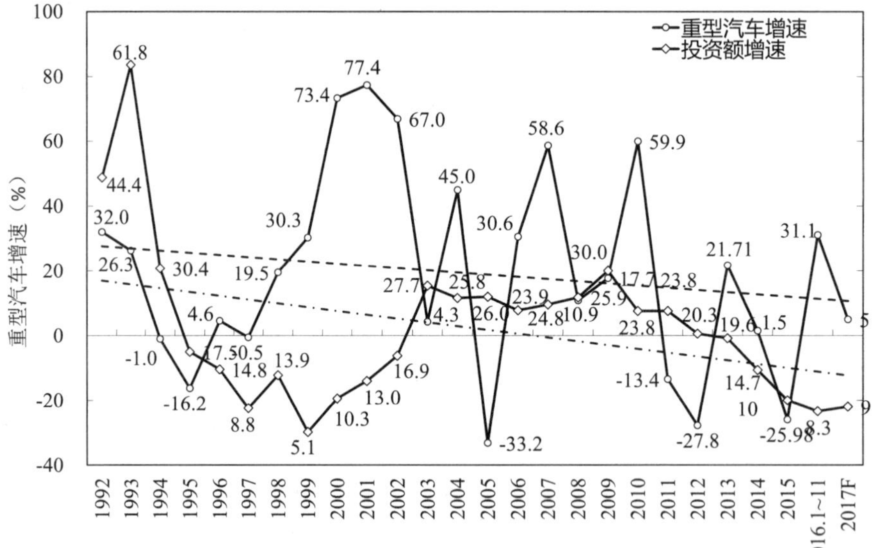

图6　1992～2017年固定资产投资与重型载货车增长对比图

（3）实施积极的财政政策和稳健的货币政策仍是2017年宏观政策走向　中央经济工作会议提出了2017年宏观经济走向，要继续实施积极的财政政策和稳健的货币政策。一是财政政策要更加积极有效，预算安排要适应推进供给侧结构性改革、降低企业税费负担、保障民生兜底的需要。二是货币政策要保持稳健中性，适应货币供应方式新变化，调节好货币闸门，努力畅通货币政策传导渠道和机制，维护流动性基本稳定。总之，金融和货币政策力促国家供给侧结构性改革，其核心是促进我国基础经济不断发展。业内各重型汽车厂家所采取的汽车金融政策在国家宏观经济政策的支持下，将带动重型汽车市场的新一轮发展。

（4）汽车出口同比连续四个月增长，2017 年形势将被看好　国际金融危机爆发以来，在世界各国的共同努力下，全球经济终于走上了复苏的道路，再次爆发系统性金融危机和经济危机的可能性已经大大降低，但危机的深层次影响还远未消除，调整复苏之路依然艰难曲折。欧洲银行业风险上升、国际金融市场动荡、美欧大选、地缘政治冲突等增加了全球经济复苏变数，新的不确定性因素正在集中显现，将继续导致我国出口增速进一步放缓。根据中国汽车工业协会统计的汽车整车企业出口数据，2016 年 1～11 月汽车累计出口 62.9 万辆，比 2015 年同期下降 5.1%。其中乘用车出口 41.9 万辆，比 2015 年同期增长 6.9%；商用车出口 21.0 万辆，比 2015 年同期下降 22.4%。预计 2016 年我国汽车企业累计出口汽车 69 万辆左右，商用车也将达到近 23 万辆左右，都将有不同幅度的下降。但从月度数据来看，2016 年 8～11 月已经连续四个月出现了月度同比增长的势头。2016 年商用车消费仍将集中在非洲、东南亚、中亚等国家和地区。根据预测，随着 2017 年世界经济逐渐复苏，商用车品系中的重型载货车出口量仍将保持稳定增长。

（5）房地产新政策将影响重型载货车发展　房地产市场在 2016 年上半年发展较快，伴随着一线城市房地产价格的过热，限购政策随之而来。截至 2016 年 11 月份，房地产投资累计增长 6.5%。在因地制宜、因城施策的调控政策作用下，15 个一线城市和热点城市房地产市场迅速降温，房价走势明显趋缓，70 个大中城市房价继续呈现积极变化，三线城市总体较为稳定。2016 年 12 月份的中央经济会议为 2017 年的房地产市场确立了“房子是用来住的，不是用来炒的”的定位，既抑制房地产泡沫，又防止出现大起大落。同时还要继续扎实推进以人为核心的新型城镇化，促进农民工市民化。可以预见的是，2017 年房地产投资可能呈现全年稳步增长的趋势，但不会过热。由于政策核心就是平稳发展，因此房地产整体的表现将影响重型载货车车辆品种中水泥搅拌车等车型品种及其他相关产业的发展。

（6）经济结构调整使重型载货车分品系发展且专业化趋势明显 由于国家宏观经济的发展基调是稳中求进，宏观经济政策的实施到位决定了实体经济的发展。房地产业、物流业、钢铁等行业整体运行仍处在调整期，导致重型载货车市场需求走势将有所不同。2016 年 1～11 月份重型汽车分车型累计销售份额中，载货车、牵引车和自卸车分别占了 29.93%、51.85%和 16.36%，分别比同期变化-1.33 个百分点、8.72 个百分点和-2.63 个百分点。因此，预测 2016 年主要的各品系重型载货车占比分别为 30%、50%和 20%。车型需求主要表现在：一是工程用车的自卸车市场温和上涨；公路用车仍将延续 2016 年市场运行态势继续保持平稳增长，尤其牵引车市场潜力较大；载货车市场保持稳定，国内消费市场的增长、城乡交流和城际交流的增多、黄标车换代需求的集中释放等；专用车市场将逐年快速提升。另外，天然气重型载货车受油价影响将要迎来一定份额的增长。

通过以上对重型载货车市场的简析，2016 年 9 月以前的增长是由于国家经济增长带来的，而 2016 年第四季度市场的大规模爆发很大程度上是受到了国家法规和政策面的影响。随着国家经济逐渐步入常态化，重型载货车市场正在回归适应国民经济发展的正常水平。预测 2017 年重型载货车市场较为复杂，若国家固定投资增长幅度不大，重型载货车中工程用车增量有限，再加上受 2016 年第四季度集中更新车辆后的市场销量预支，预计全年销量在 2016 年基础上将有 5%左右幅度的调整，销量下降的可能性大于上涨。

综观 2016 年重型载货车发展态势和根据目前所能掌握的对 2017 年经济环境的预测，2017 年重型载货车市场的发展仍处于反弹阶段，但高度有限。预计 2017 年全年销售高峰期将在上半年发生，行业内各厂家将把握市场竞争的关键时期，力争实现制定的全年目标以期提高企业经济运行效益，从而推动我国重型载货车市场向前发展。

（作者：赵军）

2016 年中重型载货汽车市场分析及 2017 年展望

2016 年市场需求恢复性增长，整体规模接近十二五平均水平，工程车扭转了持续下行局面，公路车强劲复苏，给十三五开了一个好头。

一、2016 年中重型载货汽车需求回顾

1. 市场概况

2016 年中重型载货汽车市场规模 960 千辆，同比增长 28%（见图 1）。国内需求增长，出口下降，重型载货汽车市场大幅度增长（见图 2）。

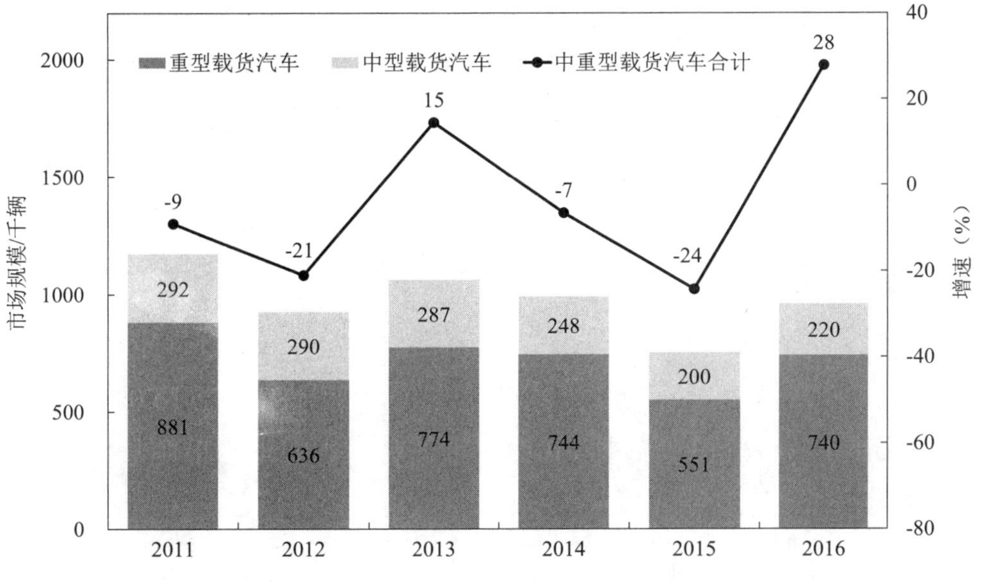

图1 2011～2016年中重型载货汽车市场规模及增速变化

工程车扭转自 2014 年、2015 年以来降幅逐渐加深的被动局面，2016 年增幅逐渐扩大，整体实现恢复性增长；公路车从 2016 年年初开始持续大幅度增长，四季度实现倍增，牵引车是市场的主要增长点（见图 3）。

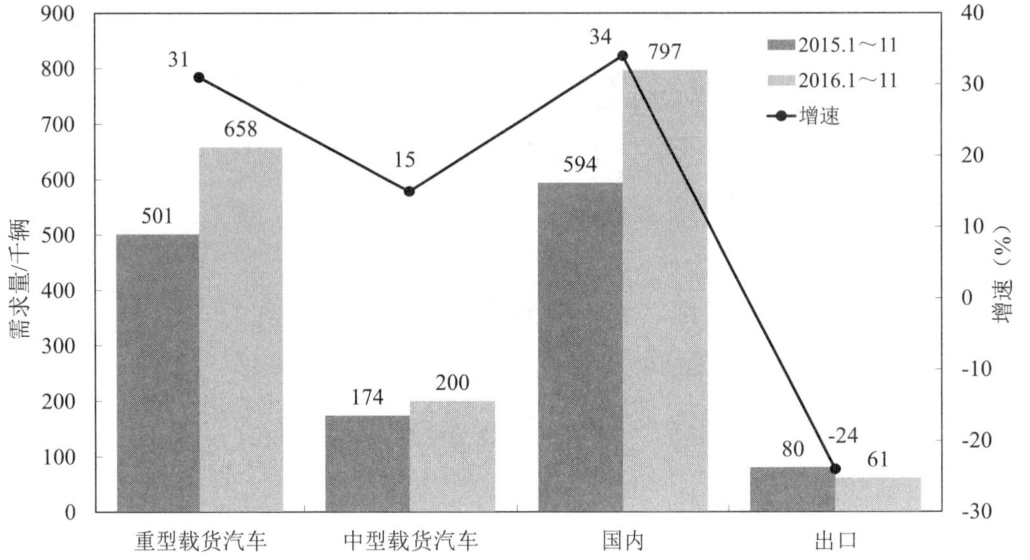

图2 2016年1～11月中重型载货汽车市场国内外需求变化

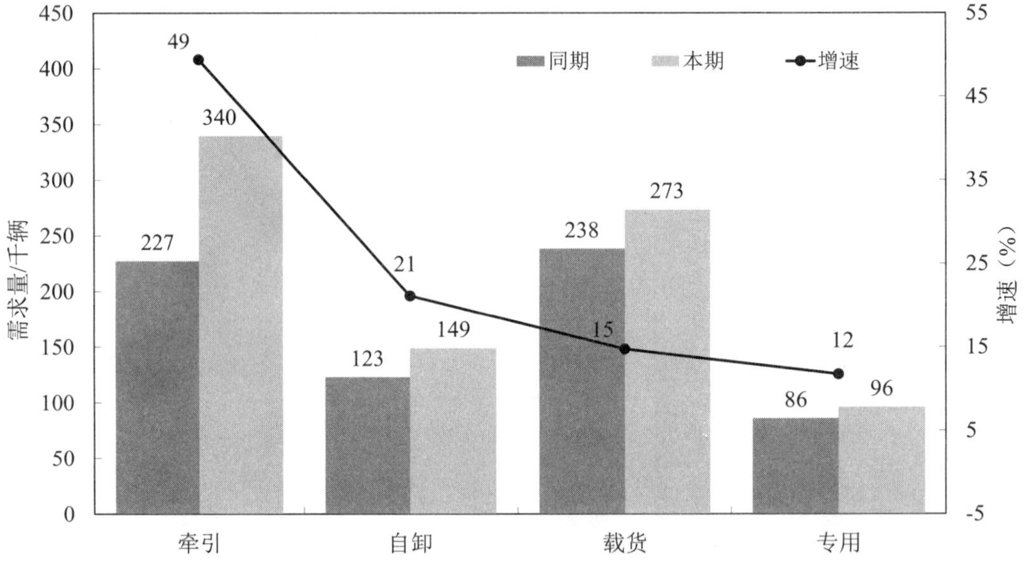

图3 2016年1～11月内需品系需求变化

中重型载货汽车市场月度销量同比由负转正，增幅逐月扩大（见图4）。

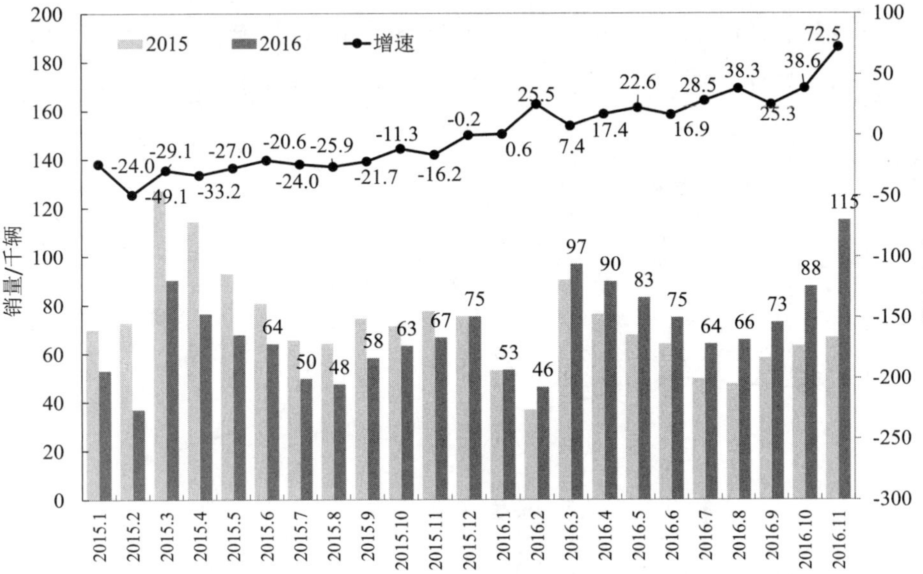

图4 2015～2016年中重型载货汽车月度销量走势

2．需求解读

房地产回暖、消费升级、新政刺激叠加助推需求增长。房地产回暖扭转需求方向，相比 2015 年同期增量为 29 千辆；消费升级推动需求动向，相比 2015 年同期增量为 115 千辆，新政刺激调整需求结构，相比 2015 年同期增量为 74 千辆。

房地产回暖直接推动自卸车市场需求复苏，自 2016 年 4 月份同比转正以来增幅逐步扩大（见图 5）。

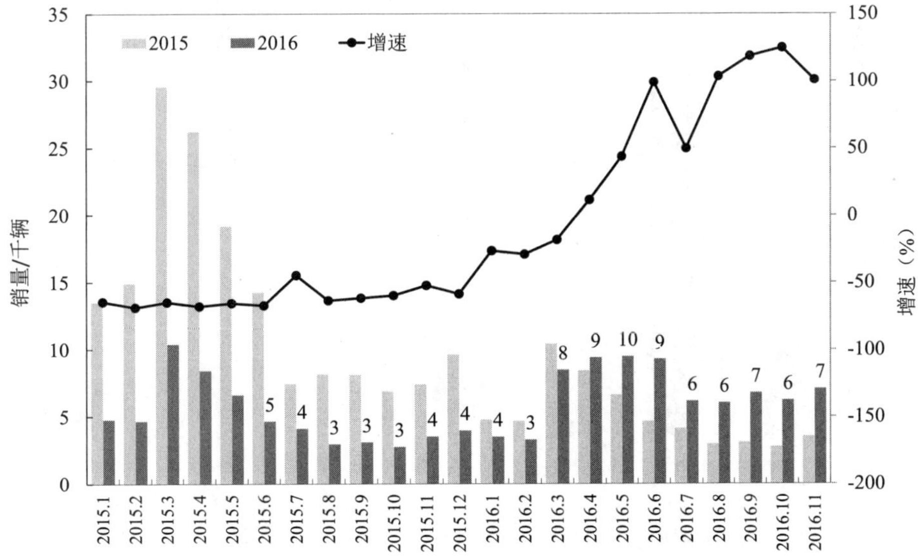

图5 2015～2016年自卸车月度销量走势

房地产回暖扭转中重型汽车市场需求调性，相关车辆需求127千辆，增量29千辆，增速30%。2015～2016年房地产相关车辆需求变化见图6。

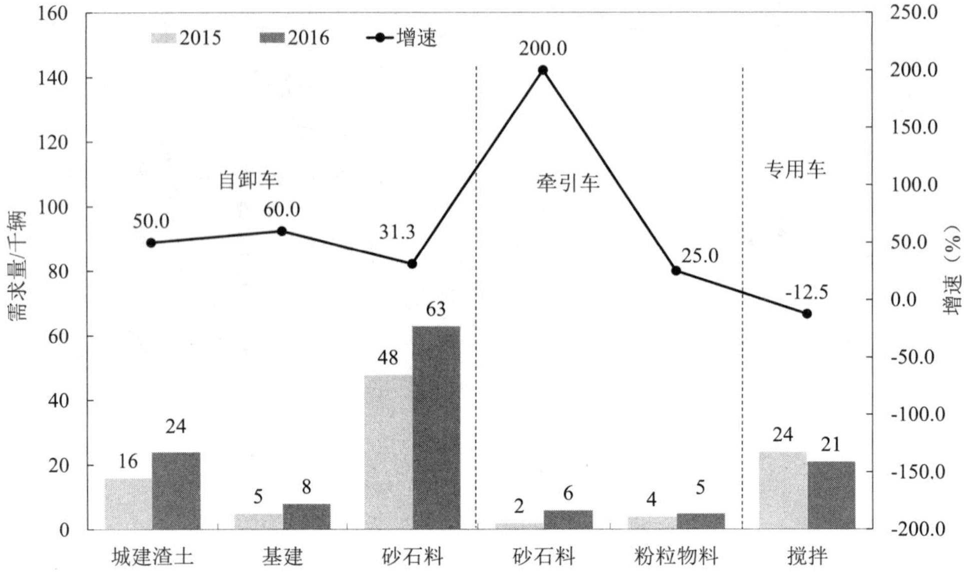

图6 2015～2016年房地产相关车辆需求变化

消费升级推动需求增长，相关车辆需求281千辆，增量115千辆，增速70%。快递越来越多，零担快运越来越快，食品消费越来越好，汽车消费越来越旺，环卫需求倍增。2015～2016年消费升级相关车辆需求变化见图7。

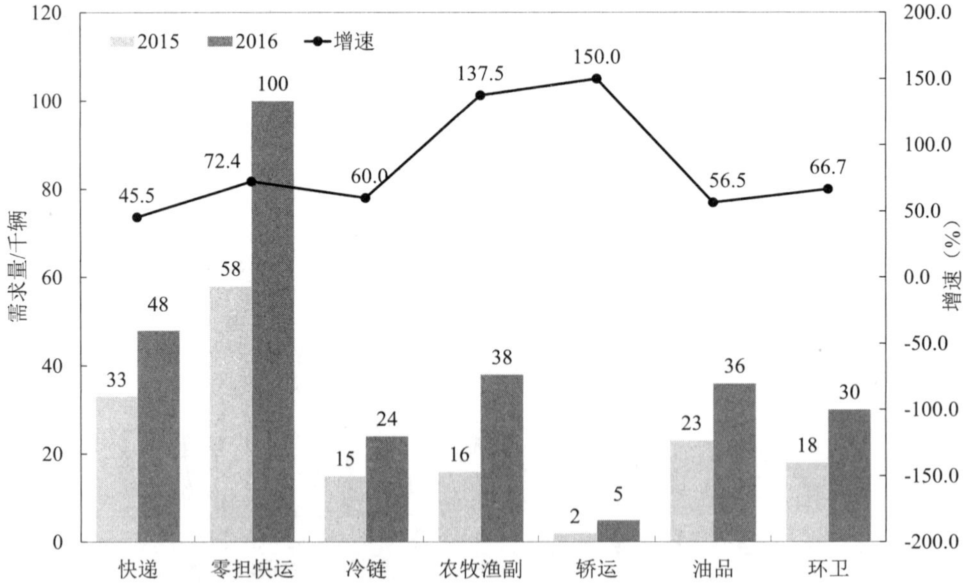

图7 2015～2016年消费升级相关车辆需求变化

GB 1589—2016 新政刺激需求，现阶段主要是超载（重量）标准化，下阶段是超限（尺寸）标准化。新政刺激煤炭、散杂货、普通干线、轿运等相关车辆需求 354 千辆，增量 74 千辆，增长 27%。新政使单车载重降低 5.2t，下降 18.2%，促使需求规模上升。超载治理使牵引车比例上升，6×4 牵引车比例上升，部分 6×2 牵引车、8×4 载货车、8×4 自卸转入 6×4 牵引车。

牵引车 2016 年前三季度的需求变化主要得益于房地产回暖、消费升级，2016 年四季度井喷则主要是新政刺激的结果（见图 8）。可以看到，6×4 牵引车需求井喷（见图 9），6×2 牵引车需求有所下滑（见图 10）。

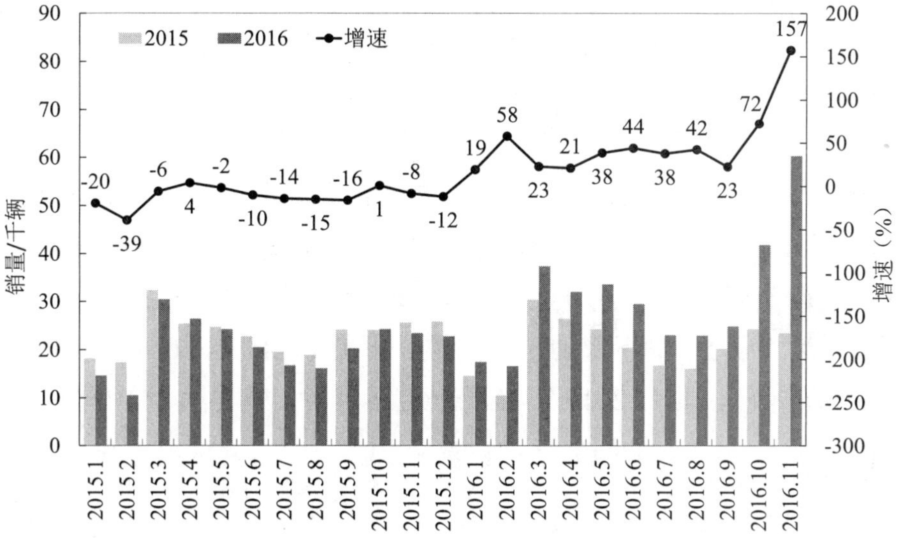

图8 2015～2016年牵引车月度销量走势

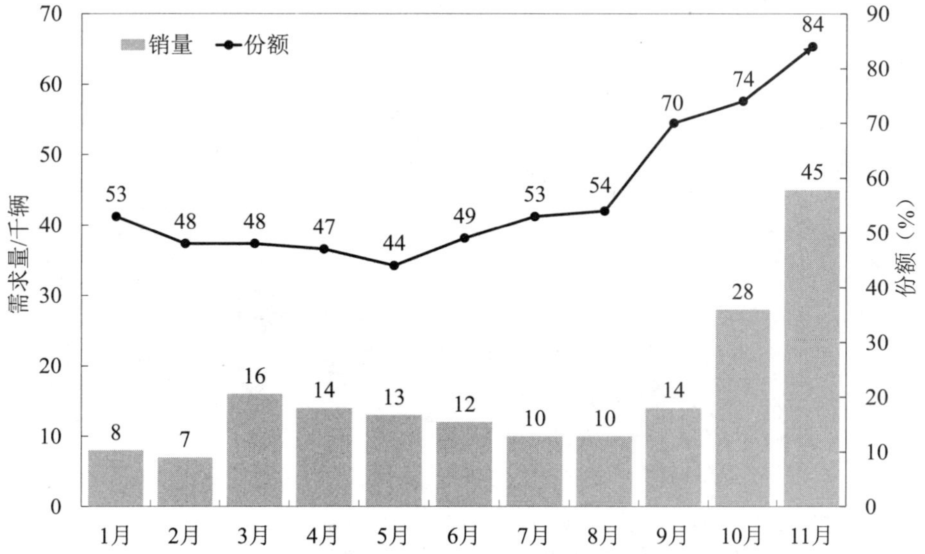

图9 2016年6×4牵引车月度需求及份额

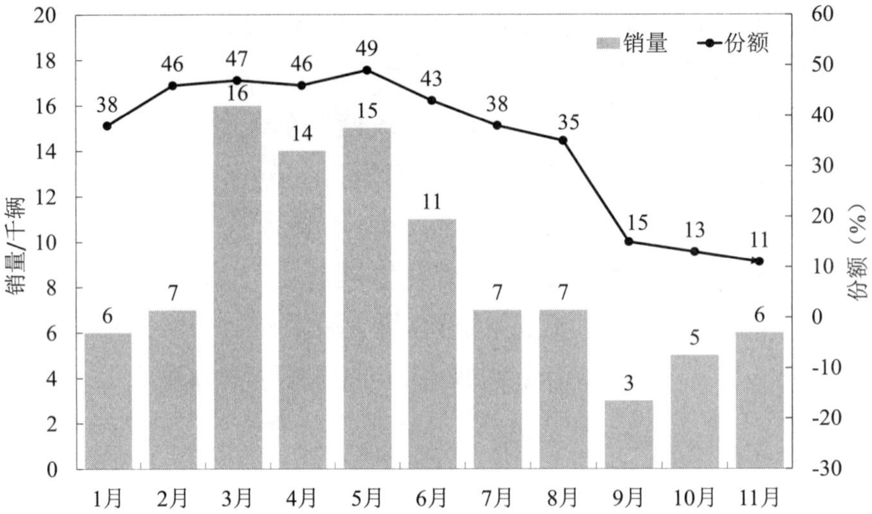

图10　2016年6×2牵引车月度需求及份额

在超限治理影响下，轿运车是现阶段变化最大的市场。从2016年9月21日到2018年6月，轿运车治理分三个阶段进行，主要体现在禁止双排车上路、存量单排超长车过渡运营至2018年6月、新上牌车辆必须满足新规三个方面。超限治理使轿运车单车运力从21辆下降到7～13辆，降幅为40%～50%，整体需求由2千辆显著增加到5千辆，预计2017年将跃升到28千辆，牵引车、中置轴车辆受益。

3．重点关注

大马力车辆需求呈上升趋势，2016年前三季度销量、份额逐月上升（见图11），在经历了2016年10月份的短暂观望后，2016年11月份销量再度回升到3千辆。

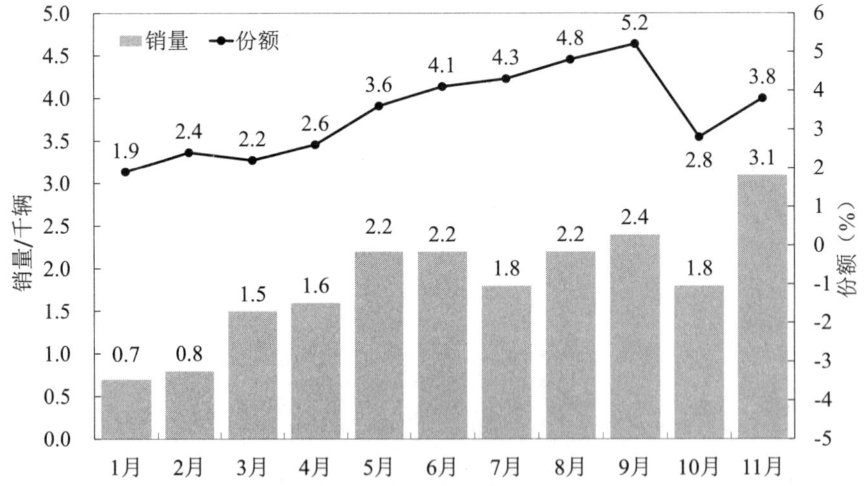

图11　2016年480马力（1马力=735.499W）以上
中重型载货汽车月度销量及份额

国V柴油中重型载货汽车销量、份额呈跨越式发展，2016 年 11 月销量达到 35.8 千辆（见图 12），份额为 43.7%。

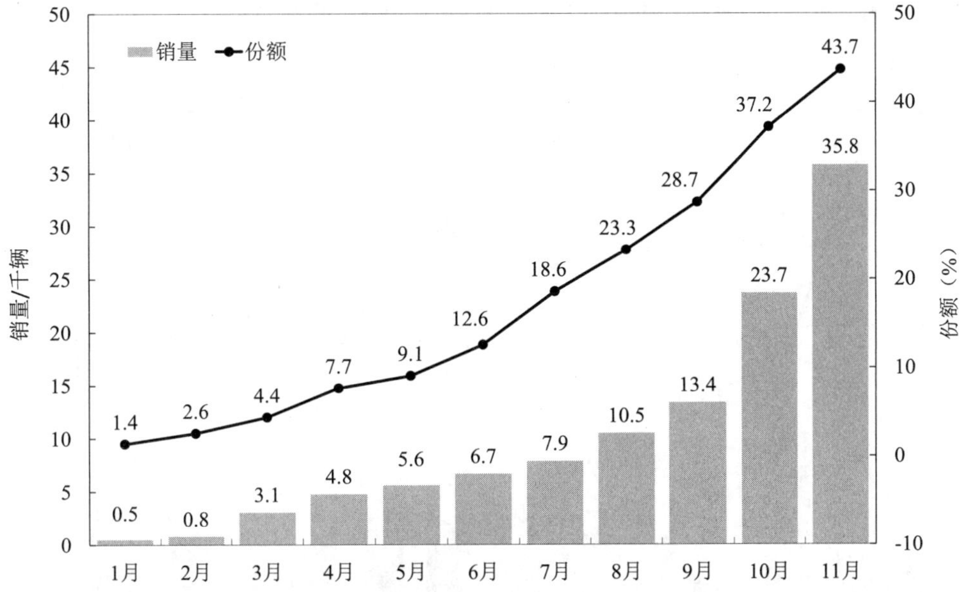

图12 2016年国V柴油中重型载货汽车月度销量及份额

天然气车辆需求复苏。2016 年柴油价格上涨了 885 元/t，山西、陕西等省天然气车辆需求回暖。2016 年天然气中重型载货汽车销量与份额见图 13。

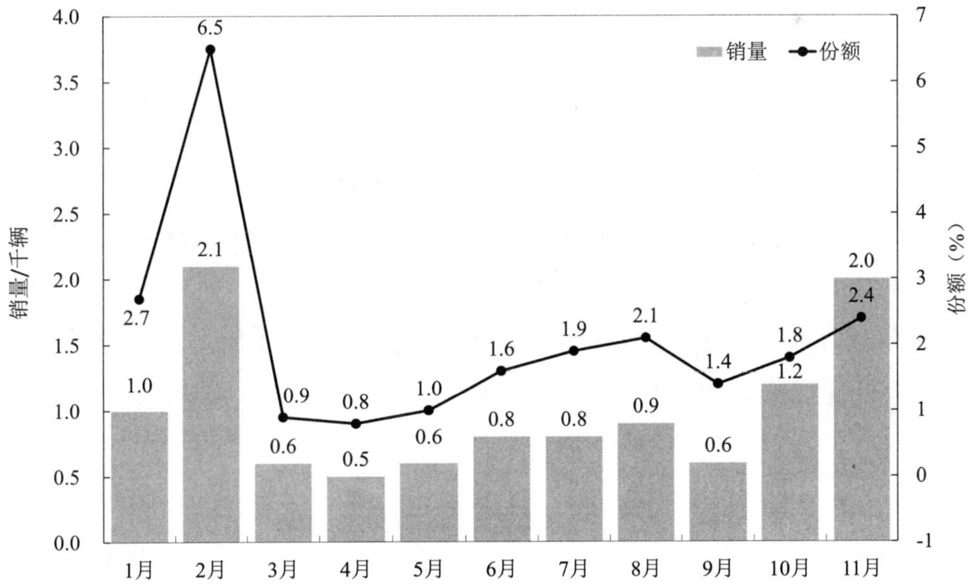

图13 2016年天然气中重型载货汽车销量与份额

二、2017 年中重型载货汽车需求展望

2017 年中重型载货汽车市场需求 1000 千辆，2018～2021 年市场规模约为 800 千辆。2010～2021 年中重型载货汽车需求规模见图 14。

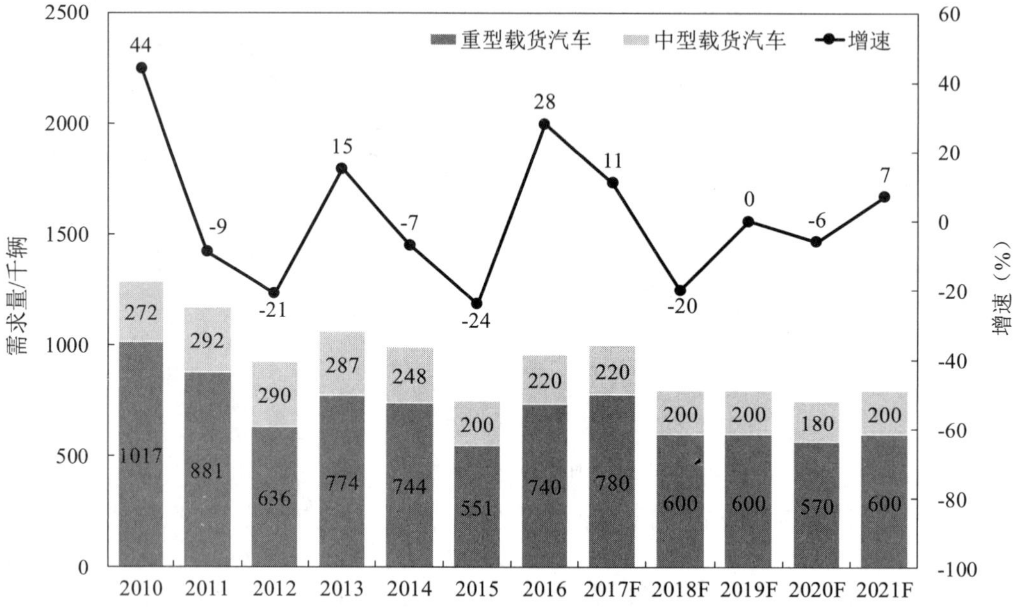

图14 2010～2021年中重型载货汽车需求规模

消费升级、新政刺激、房地产回暖仍是主要有利因素，在 800 千辆基础上有增加 200 千辆的可能性。消费升级增量 100 千辆，房地产回暖增量 25 千辆，新政刺激增量 100 千辆。

新政刺激需求整体释放 200～250 千辆，2016 年释放 74 千辆，2017 年释放 100 千辆。如国家对 17.5m 大板普货运输、超限集装箱进行严格治理，共有 25 万辆存量，有可能会带来新一轮需求行情。

2017 年上半年有利因素较多，需求有望达到 600 千辆，下半年有利因素减弱，需求可能会回落到常态化的 400 千辆。

（作者：朱江涛）

2016年轻型载货汽车市场分析及2017年展望

一、2016年轻型载货汽车市场环境分析

1. 2016年轻型载货汽车经济政策环境

2016年全年国内生产总值744127亿元，按可比价格计算，同比增长6.7%。分季度看，2016年第一季度同比增长6.7%，第二季度增长6.7%，第三季度增长6.7%，第四季度增长6.8%，符合国务院总理李克强在两会做政府工作报告时提出的GDP增长目标6.5%～7%。面对复杂严峻的国内外形势，各地区、各部门在党中央、国务院的坚强领导下，认真贯彻落实新发展理念，积极适应引领发展新常态，坚持稳中求进工作总基调，适度扩大总需求，坚定不移推进供给侧结构性改革，引导良好发展预期，加快培育新动能，国民经济运行总体平稳、稳中有进、稳中提质、好于预期。

2016年1～12月份，全国居民消费价格总水平比2015年同期上涨2.0%，涨幅比2015年扩大了0.6个百分点；2016年1～12月份，全国固定资产投资（不含农户）累计同比增长8.1%，投资增速呈现企稳回升的苗头；2016年1～12月份，工业生产者出厂价格（PPI）同比下降1.4%，降幅比2015年收窄了3.8个百分点（见图1）；2016年12月，我国制造业采购经理指数（PMI）为51.4%，保持在扩张区间，为2016年内次高点，高于全年水平1.1个百分点（见图2），且连续5个月位于临界点之上。总体而言，我国经济运行进入从高速向中高速转型的新常态，经济结构调整出现积极变化，消费需求和有效投资扩大，城镇化健康发展，随着消费增长的逐步加快，作为生产资料的轻型载货汽车势必会受到影响，而我国宏观经济增速的放缓使得商用车整体不会出现大幅增长的可能性。

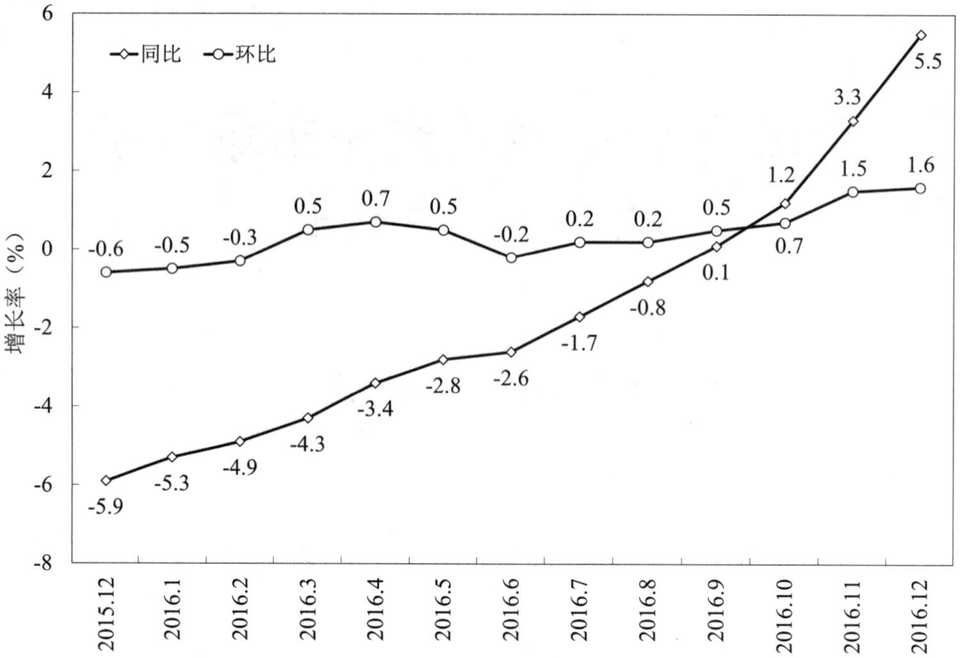

图1 2016年工业生产者出厂价格涨跌幅

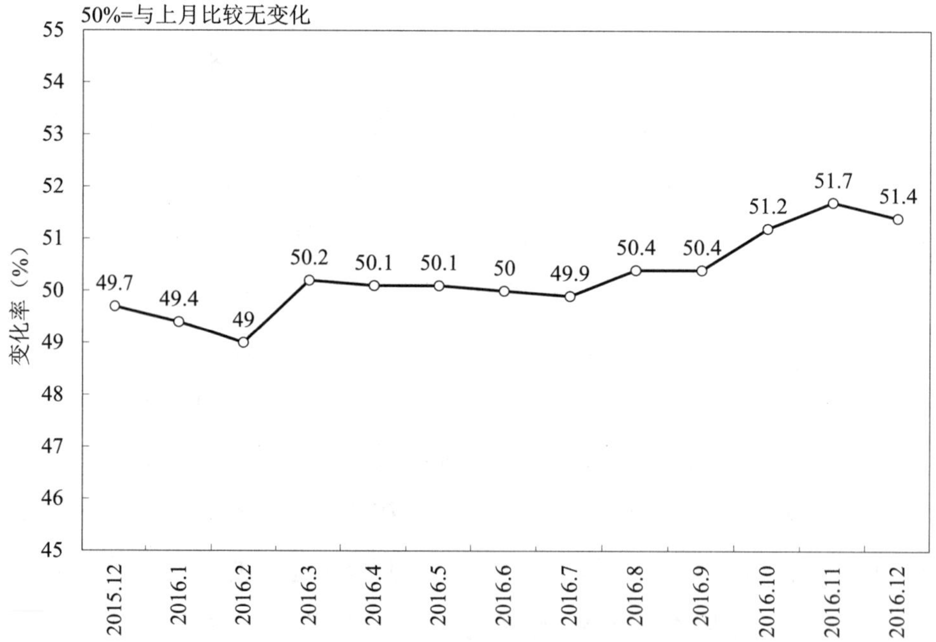

图2 2016年制造业PMI指数（经季节调整）

2．2016 年轻型载货汽车政策法规环境

（1）环保标准趋严 2016 年 1 月 14 日，环保部、工信部确认国Ⅴ标准执行

时间表，自2016年4月1日起，东部11省市所有轻型汽油车、轻型柴油客车、重型柴油车（仅公交、环卫、邮政用途），执行国Ⅴ排放标准，2017年1月1日起，全国所有轻型汽油车、重型柴油车（客车和公交、环卫、邮政用途），执行国Ⅴ标准，2017年7月1日起，全国所有重型柴油车，执行国Ⅴ标准，2018年1月1日起，全国所有轻型柴油车，执行国Ⅴ标准；2016年10月31日，车用汽柴油京Ⅵ标准正式发布，2017年1月1日起实施；2016年11月1日，河南省商用车全面实施国Ⅴ排放标准；2016年12月23日，国家环保部发文确认国Ⅵ排放标准将于2020年强制执行。

（2）交通工程建设规划　《交通基础设施重大工程建设三年行动计划》发布，《行动计划》指出，在2016年至2018年的3年间，将重点推进铁路、公路、水路、机场、城市轨道交通项目303项，涉及项目总投资约4.7万亿元，以完善快速交通网、基础交通网、城际城市交通网为重点，推动形成国内国际通道联通、区域城乡覆盖广泛、枢纽节点功能完善、一体衔接便捷高效的综合交通网络，更好发挥组合优势和网络效益，对于商用车市场也是一项利好。

（3）互联网+物流　2016年，在国家互联网+高效物流的政策驱动下，物流领域与互联网融合发展，各类货运平台风起云涌，其模式虽不尽相同，但目的基本一致，即通过线上线下融合互动，促进人员、货源、车源等信息高效匹配，以降低货车空驶率，提高配送效率，随着互联网、信息化与物流的深度融合，物联网、车联网等一批新兴的技术已进入快速发展的机遇期。

（4）GB 1589—2016正式发布　新版GB 1589于2016年7月26日正式发布并实施，对汽车行业影响深远。与GB 1589－2004相比，GB 1589－2016中影响轻型载货汽车的主要有两个方面的变化：一是取消了车辆长度限值与最大总质量或轴数挂钩的限制，放宽了车辆宽度限值（货车放宽到2550mm，冷藏车放宽到2600mm）；二是明确了外廓尺寸测量要求。此标准的发布，在导致车辆技术升级的同时，也将带来需求结构和客户结构的转化。

（5）车辆安全标准与监管加强　近年来，国家越来越重视道路运输的安全性，相关的法规在逐渐完善，作为物流运输的载体，国家对货车也相继出台了各项安全性能上的规定，来进一步规范商用车行业。自2016年7月1日起，轻型载货汽车必须安装防抱死装置（ABS）才准许上牌。同时，国家五部委发文，自2016年9月21日起，按照GB 1589相关规定认定车辆总重是否超限超载，并据此进行检查和执法，尽管随后交通部与公安部在《整治公路货车违法超限超载行为专项行动方案》中提到执法的重点是三轴及以上货车，两轴轻型载货汽车目前来看不在重点整治范围，但长期来看，轻型载货汽车超载标准从松到严，释放的信号已经足够清晰，未来国家对于超限超载的管理只会越来越严格。

3．2016 年全年政策层面对轻型载货汽车的影响

2016 年是排放升级国Ⅳ落地的一年，也是国Ⅴ实施时间明确、国Ⅵ标准实施时间提上日程的一年，对商用车行业影响重大。

交通工程建设规划和促进物流业发展的政策，对全国公路货运量的增长提供了保障，作为公路货运的载体，轻型载货汽车市场也迎来发展良机。

新版 GB 1589 的发布是车辆运输市场向标准化、规范化发展的标志，在导致车辆技术升级的同时，也将带来需求结构和客户结构的转化，以及车辆成本的上升。

二、2016 年轻型载货汽车市场形势分析

1．货车市场历年销量分析

（1）货车市场历年整体情况　受经济高速增长及政策影响，2010 年以前货车行业呈高速增长态势，2010 年达到高峰，总销量达 386.1 万辆（见图 3）。2014 年行业受排放升级影响，行业下滑严重。2016 年货车市场较 2015 年同期增长 8.82%，达到近 310.8 万辆。

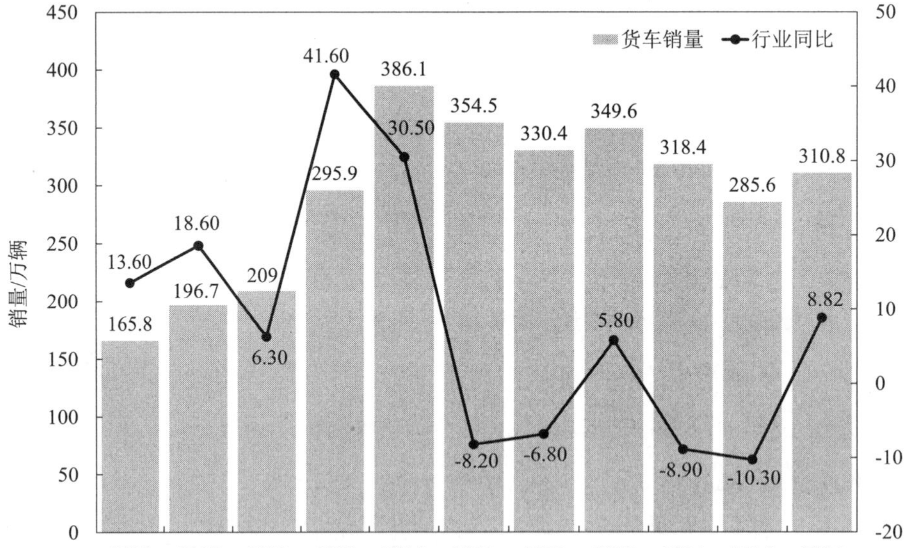

图3　2006～2016年货车整体销量情况

（2）载货汽车市场分车型结构变化　轻型载货汽车仍是市场主流，占比一

直保持在 50%以上（见图 4）。微型载货汽车受排放政策影响及最后一公里物流的发展，近几年其结构占比持续呈小幅增长趋势。

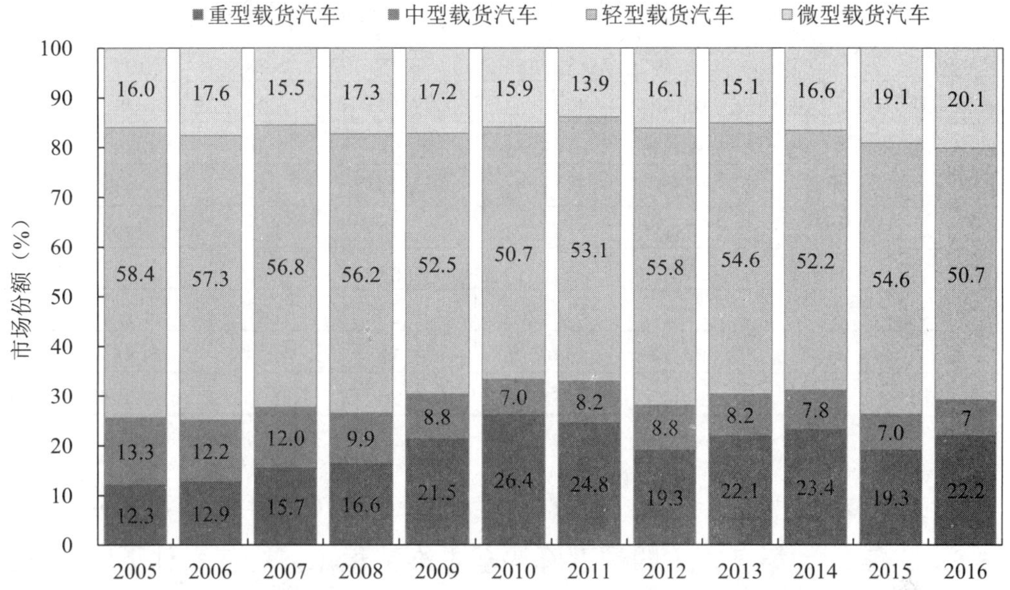

图4 2005～2016年载货汽车分车型变化情况

2．2016 年轻型载货汽车行业销量分析

（1）汽车工业协会产销快讯数据 2016 年全年广义轻型载货汽车（包括纯轻型载货汽车、皮卡、工程车及出口）实现销售 1539820 辆（见表 1），同比下降 1.2%。行业前十中仅江铃、力帆、金杯、庆铃 4 家企业同比下降，其余 6 家企业均实现增长。力帆、金杯、庆铃下降较大，江淮、重汽、长安均呈现两位数的同比增长。福田、江淮、江铃依然稳居行业前三位，金杯、庆铃位次下降，东风、长城、力帆、重汽、长安实现进位，其中重汽由 2015 年的行业第十跃居至行业第七，金杯则由 2015 年的行业第四滑落至行业第九。

表 1 汽车工业协会产销快讯数据（含工程车、皮卡、出口）

厂家	2016 年累计销量/辆	2015 年同期累计销量/辆	累计增长（%）	2016 年份额（%）	2015 年同期份额（%）	份额变化（%）
北汽福田汽车股份有限公司	269531	266776	1.03	17.50	17.12	0.39
安徽江淮汽车集团股份有限公司	184862	166522	11.01	12.01	10.68	1.32
江铃控股有限公司	166142	169186	-1.8	10.79	10.86	-0.07

（续）

厂家	2016年累计销量/辆	2015年同期累计销量/辆	累计增长（%）	2016年份额（%）	2015年同期份额（%）	份额变化（%）
东风汽车公司	127472	123464	3.25	8.28	7.92	0.36
长城汽车股份有限公司	105621	99463	6.19	6.86	6.38	0.48
重庆力帆汽车有限公司	74891	103347	-27.53	4.86	6.63	-1.77
中国重型汽车集团有限公司	70061	51671	35.59	4.55	3.32	1.23
重庆长安汽车股份有限公司	65158	57621	13.08	4.23	3.70	0.53
金杯汽车股份有限公司	56317	137617	-59.08	3.66	8.83	-5.17
庆铃汽车（集团）有限公司	53742	64203	-16.29	3.49	4.12	-0.63
前10小计	1173797	1239870	-5.33	76.23	79.55	-3.32
轻型货车合计	1539820	1558543	-1.20	100.00	100.00	0.00

（2）2016年月度累计走势　从累计走势看，2016年第一季度降幅逐渐收窄（见图5），第二、第三、第四季度降幅基本维持稳定，全年累计下降1.2%。

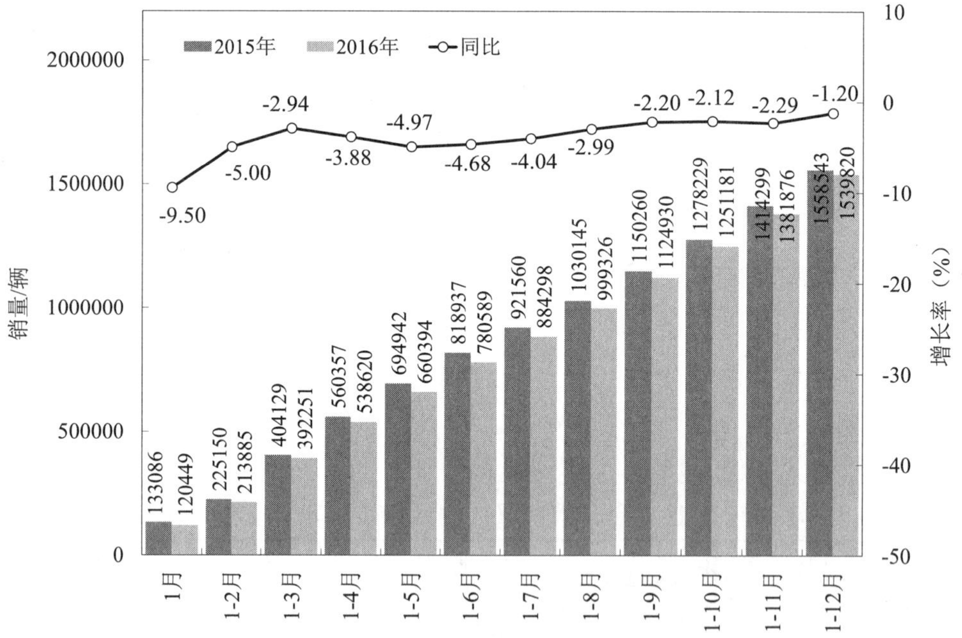

图5　2016年月度累计走势

3．2016年轻型载货汽车细分市场分析

（1）轻型载货汽车市场结构变化情况　随着技术、排放升级，法规趋严，

中、高端市场份额不断增大，经济型市场萎缩严重。市场结构由传统的“6-3-1”向“4-4-2”转变（见图6），未来或趋向“3-4-3”结构。

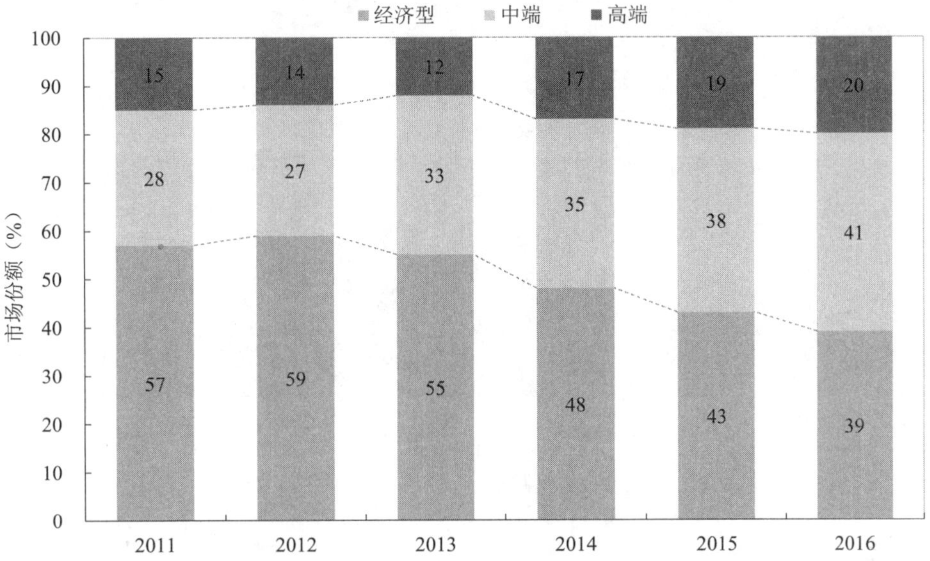

图6 2011～2016年轻型载货汽车市场结构变化

（2）轻型载货汽车产品结构变化情况　轻型载货汽车轴距分布：从轻型载货汽车的各轴距段来看，销量最大的 3300mm 市场有上升趋势（见图 7）；2800mm、3900mm、4200/4700mm 市场相对稳定；高端市场大轴距产品市场表现较好；中端市场3300mm及以上大轴距呈现大幅增长态势；经济型市场小轴距产品比重较大；受GB 1589及治超影响，预计未来4200～4700mm轴距中型载货汽车将呈现增长态势。

轻型载货汽车动力结构变化：柴油动力市场份额逐年递减，从 2011 年的88.7%降至2016年的83.7%（见图8）；电动轻型载货车占比0.3%，呈增长态势。使用成本低是柴油动力一直占据主要地位的原因之一，国Ⅳ排放实施后，成本上升使得汽油动力车型更受欢迎。

纯轻型载货汽车驾驶室车身变化：单排驾驶室的份额最大，市场份额扩大到63.7%（见图9），比2015年提高了6.7%，排半和双排的份额下降。窄体车身的份额最大，在4成左右。宽体车身份额提高，比2015年提高了5.7%。车身有向宽体发展的趋势。

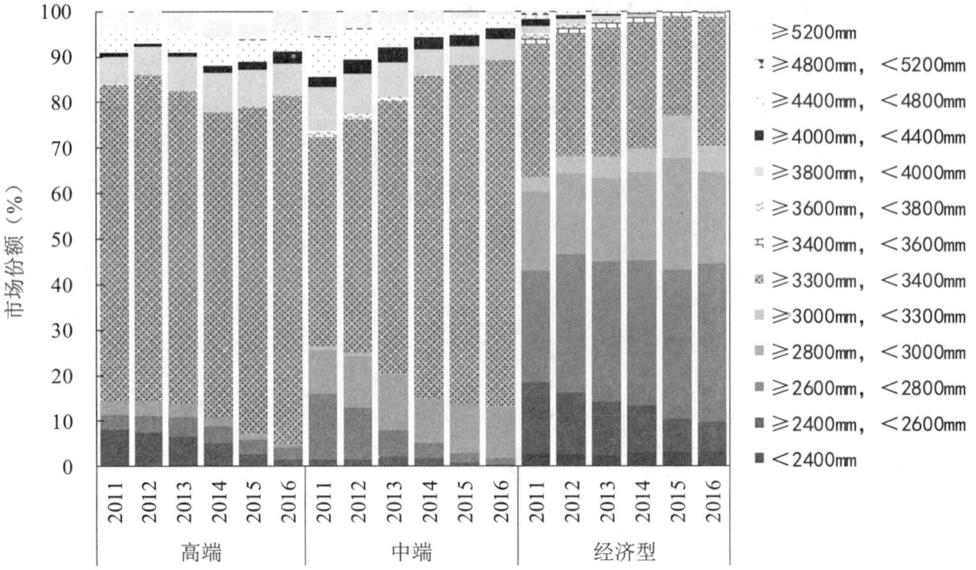

图7 2011～2016年轻型载货汽车轴距分布

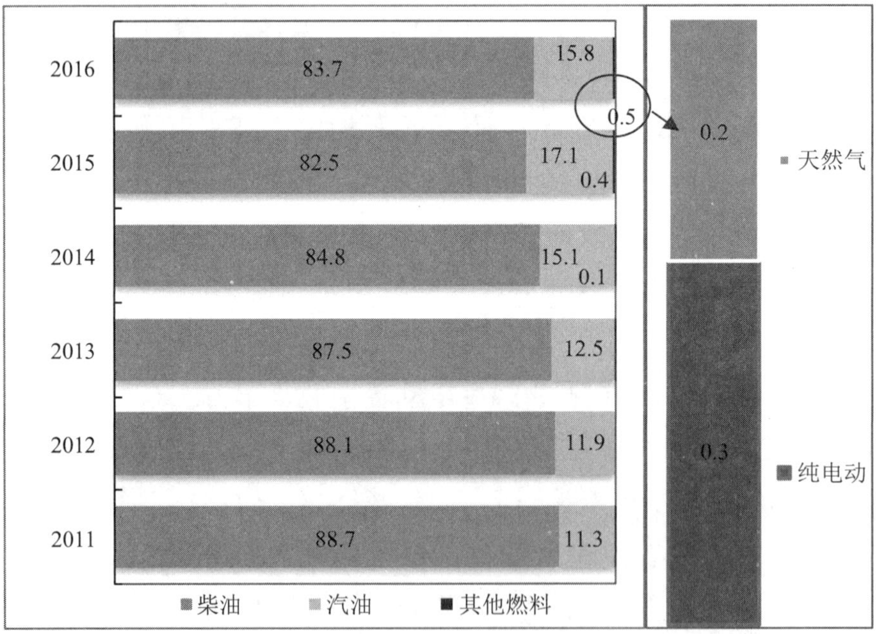

图8 2011～2016年轻型载货汽车动力结构变化

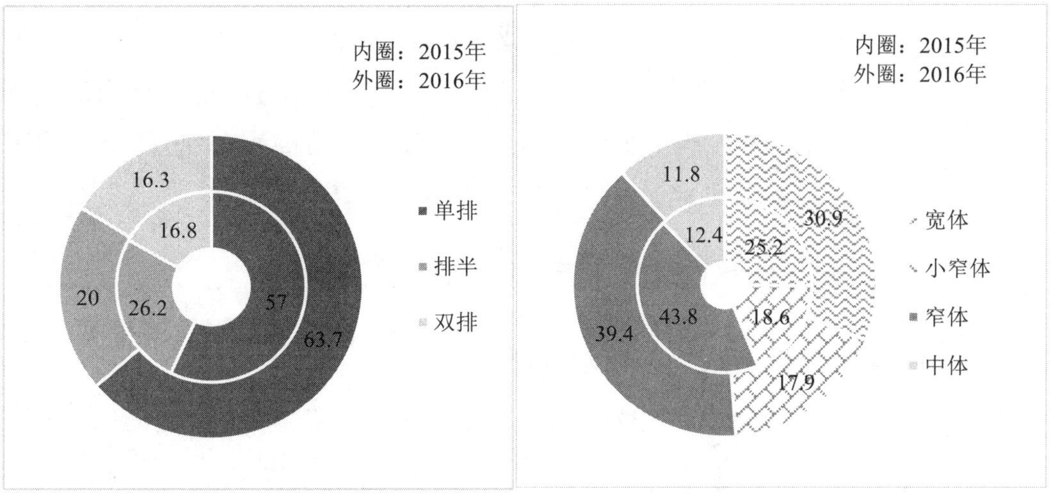

图 9　2015～2016 年纯轻型载货汽车驾驶室车身变化

4. 2016 年轻型载货汽车市场的五个特点

第一，在电商快递、电子商品、冷链、健康医疗等高附加值产业物流快速增长，企业大规模促销以及不断推出中高端轻型载货汽车新品的推动之下，我国中高端轻型载货汽车实现增长。

第二，主流轻型载货汽车企业对物流细分市场的攻伐明显加强，不断推出物流细分专用车。如快递车、危化品车、冷藏车、纯电动物流货车等。

第三，重汽豪沃继 2015 年强势进入轻型载货汽车行业前十以后，在 2016 年保持着高速增长，市场占有率不断扩大。

第四，高端动力产品因其在动力性、舒适性、安全性、节能环保等方面性能突出而继续广受市场和客户追捧；小吨位的产品向汽油产品、双燃料产品集中的趋势愈加明显。

第五，随着市场竞争的加剧，传统营销模式发生了改变，主动行销已成为各轻型载货汽车企业的常态；网上营销成为轻型载货汽车企业创新营销的手段之一。

5. 2016 年轻型载货汽车市场评价

2016 年以来，在实体经济低迷、环保升级、去库存与产能等多重因素的共同作用之下，我国货车细分市场中的重型、中型、微型载货汽车均实现 2 位数增长。而轻型载货汽车总体市场仍然下滑 1.2%，相比 2015 年降幅收窄。各主流厂商市场表现也是喜忧参半。福田商用车 2016 年全年销售货车（含非完整车辆）

43.53万辆，同比微降0.13%，其中轻型载货汽车26.95万辆，同比微增1.03%；江淮商用车2016年全年销售货车（含非完整车辆）24.76万辆，同比增长21.02%，其中轻型载货汽车19.22万辆，同比增长16.40%；江铃商用车2016年全年销售轻型载货汽车（含非完整车辆）16.32万辆，同比下降1.39%。

三、 2017年轻型载货汽车市场形势预测

1. 2017年轻型载货汽车市场趋势预判

2006～2016年轻型载货汽车销量变化见图10，受2008年经济危机后国内经济的强行刺激，在2009年和2010年轻型载货汽车市场出现了2位数的高速增长；2011～2013年市场在缓慢调整修复，2014年的排放政策趋严，遏制了市场增速，出现了2位数的下滑，2015年以后市场缓慢复苏。

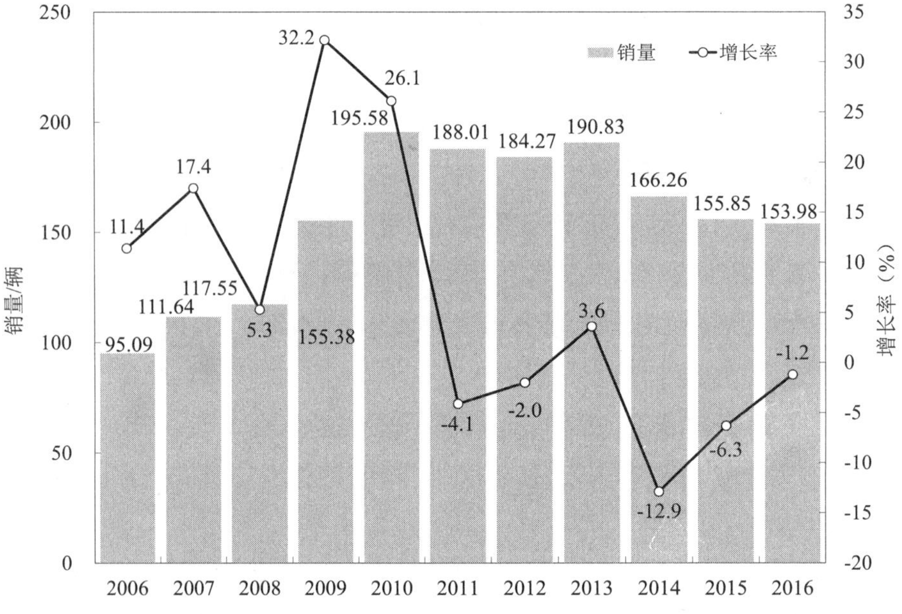

图10 2006～2016年轻型载货汽车销量变化

行业集中度提升，核心动力决定企业竞争力，技术优势企业面临发展机遇。在排放升级、燃油限值等多重因素的影响下，掌握核心动力成为企业竞争力的重要体现，无核心动力、品牌力弱的企业在竞争中处于劣势，技术门槛加快行业优胜劣汰。

物流业的平台化、社会化、专业化发展，影响轻型载货汽车用户向组织客

户集中。电商物流的发展推动物流业的专业化；随着物流业迅猛发展，个体运输逐渐被集约化、专业化运输取代；未来电商物流模式加速融合，平台化、社会化、专业化的大物流体系成为必然。

客户需求升级，高效、专业、智能物流需求增强。受互联网+的影响，社会物流平台化的趋势明显；80、90 后成为产品主流用户，对舒适、智能、安全、造型等方面的关注度更高；车载信息系统、车联网等技术应用将提升汽车智能化程度。

互联网+、客户结构变化促使汽车销售模式变革，数字化营销及行销模式兴起。网上成为获得信息的重要渠道，实体店以体验和成交为主；4S 店线上利用各类网站、微信、APP 和平台网站收集信息与集客，依托销售渠道完成线下交易；个体户、散户被物流平台整合，组织客户成为主流消费者；以大客户为主的行销模式符合客户结构的变化。

2．影响因素分析

（1）有利因素

1）淘汰低速汽车、黄标车置换的最后一年将为轻型载货汽车市场带来机会，低速汽车、柴油三轮车市场保有量约为800万辆，四轮农用车因升级并轨，部分市场会被经济型轻型载货汽车取代，带来新的增长契机，同时皮卡解禁，也将会活跃目前的皮卡市场。

2）城镇化进程加快，将促进城市消费水平的快速增长，以中短途货运为主的城市和城郊物流需求将快速增长。

3）“一带一路”和自贸区建设，将拉动沿线经济、产业发展、区域机会等，有效促进轻型载货汽车市场发展。

4） 4.7 万亿工程投资、基础设施建设及固定资产投资回暖，将带动轻型载货车市场增长。

（2）不利因素

1）宏观经济减速换档，进入“三期叠加”阶段，商用车市场下行压力依然较大。

2）节能减排政策趋严，商用车成本大幅上升，各地城市限行、严查超载，抑制轻型载货汽车市场。

3）产能过剩，市场竞争激烈，轻型载货汽车盈利水平下滑风险较大，企业盈利能力受到挑战。

4）电商平台线上集客、线下体验成交的新模式冲击传统 4S 店，组织客户比重增加，面对大客户的行销模式兴起，消费者沟通模式变化。

3．2017 年轻型载货汽车市场预测

（1）市场环境　从中长期来看，我国经济将处于中低速增长期，商用车需求也将处于平缓需求阶段，并将随经济波动、政策法规实施有所波动。展望 2017 年，随着国家对基础建设的持续投入，将对轻型载货车市场产生一定的推动作用。

（2）政策法规　环保治理趋严，国Ⅴ全国实施；GB 1589 执行力度不断加大；燃油限值的实施、机动车环保信息公开等，企业的责任越来越大，产品升级与客户结构转变需要更快地去适应，由此导致的车辆成本上升及企业的应对措施，也势必会加剧 2017 年轻型载货汽车的市场竞争态势。

（3）细分市场

1）电动物流车市场可期，2016 年电动物流车市场逐步兴起，各地相继推出相关扶持政策，希望以此来推动高效、低碳城市物流发展。列入各级政府部门规划的快递物流车成为新能源汽车的新战场。与此同时，在城市物流配送领域，纯电动汽车的应用范围也在不断扩大。

2）从货车行业自身看，随着我国货车市场进入微增长时代，货车企业需要深入挖掘后市场机遇，开拓新的利润源。2017 年，货车后市场会有较大的发展空间，尤其是以货车信息化、货车售后维修、货车零部件供应、货车金融与保险等为主的行业，将迎来较大的发展新机遇。可以预见货车后市场将成为未来车企竞争的主战场之一。在多重因素影响下，2017 年轻型载货汽车市场预计将实现微增长（见表 2）。

表 2　2014～2017 年轻型载货汽车市场

类别	2014 年/万辆	2015 年/万辆	增长率（取整）（%）	2016 年/万辆	增长率（取整）（%）	2017 年/万辆	增长率（取整）（%）
轻型载货汽车	166	156	-6	154	-1	159	3
纯轻型载货汽车	113	110	-3	110	0	112	2
工程车	14	13	-7	9	-30	9	0
皮卡	39	33	-15	35	6	38	9

（作者：朱永升　田建民）

2016年皮卡市场分析
及2017年展望

一、2016年皮卡市场分析

1. 我国皮卡市场整体运行状况

近十年来，我国经济逐步下滑，GDP增速从2007年的14.2%下滑到2016年的6.7%，经济增长L形走势明显，宏观经济走向新常态。2016年前三季度国内生产总值为529971亿元，按可比价格计算，同比增长6.7%。分季度来看，2016年一季度同比增长6.7%，二季度增长6.7%，三季度同比增长6.7%。分产业看，第一产业增加值为40666亿元，同比增长3.5%，第二产业增加值为209415亿元，同比增长6.1%，第三产业增加值为279890亿元，同比增长7.6%。

预计2016年全年经济增长6.7%左右，比2015年降低0.2个百分点，预计2017年GDP增速继续下滑0.2%（见图1）。2016我国政府继续推进供给侧改革，推出了一系列稳增长措施，工业增加值、消费和投资平稳增长，服务业增幅略有回落，中上游企业利润增速回升。具体来看，一是工业生产同比增速企稳，略有回升。2016年1～11月份规模以上工业增加值累计同比增加6.0%，连续六个月保持2016年以来的新高点。二是消费品市场继续保持平稳增长态势，网上零售额增速大幅下降。2016年1～11月份，社会消费品零售总额同比名义增长10.4%。三是固定资产投资小幅回落。2016年1～11月份全国固定资产投资同比增长8.3%，比2015年同期降低1.9%。固定资产投资连续四个月增速持续回升，结构持续优化。

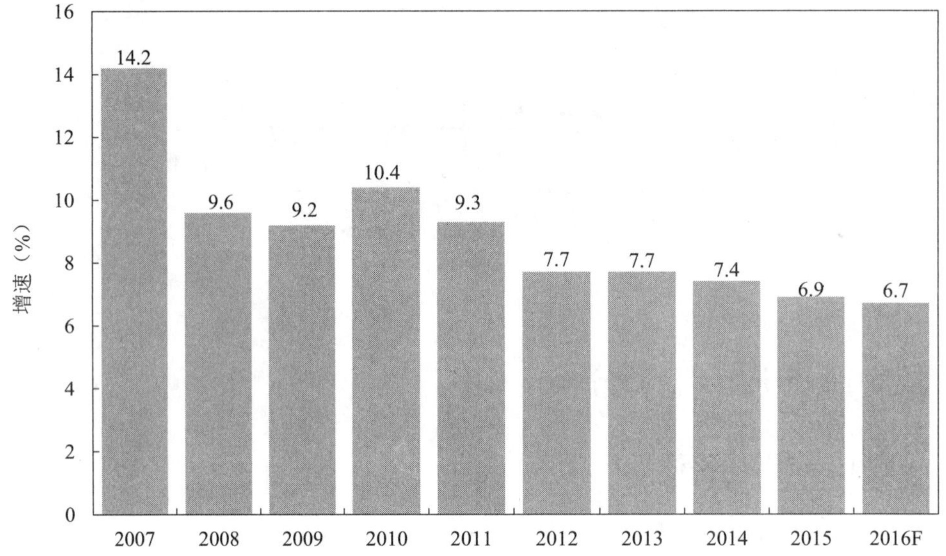

图1 2007～2016年我国GDP增速

2016年1～11月份，汽车累计销量为2494.8万辆，同比增长14.1%，行业增速好于年初预期，其中商用车销售（尤其是重型车）受固定资产投资和汽车排放政策影响，仅实现销售327万辆，同比增长5.3%。具有生产资料属性的皮卡在2016年1～11月份销量为326244辆，销量止住下滑态势，累计同比上升2.1%（见图2）。销量上升得益于我国经济整体回稳向好，国家在四个省试行皮卡放开限行的利好政策。

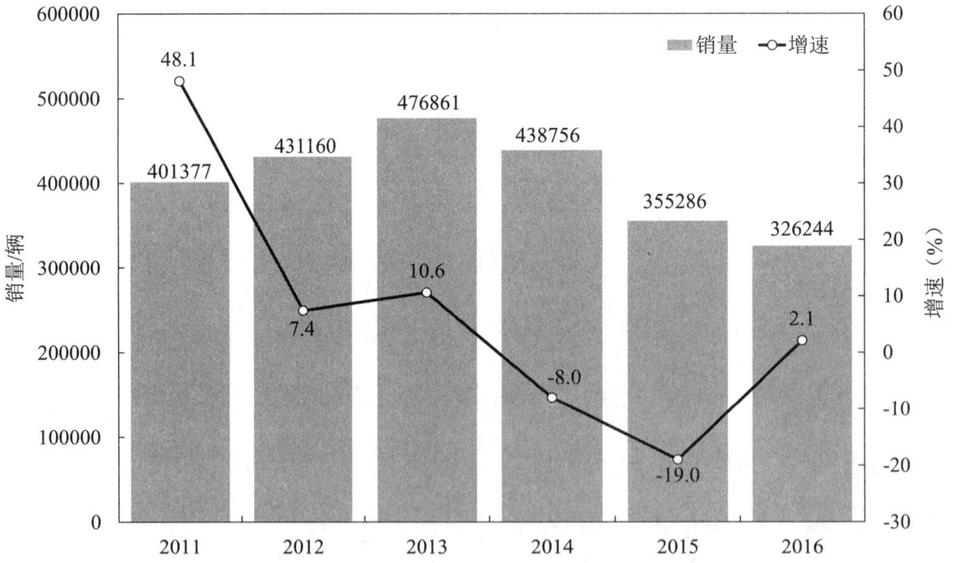

图2 2011～2016年皮卡市场销量及增速

从2016年分月度销售情况看，皮卡销售呈现U形走势，尤其是在7月和8月形成全年销售最低点（见图3），这是一个值得行业深思的销量。自2016年8月份开始，皮卡销量逐月攀升，三部委决定在河北、辽宁、河南、云南等省开展放宽皮卡车进城限制试点工作，选择部分省开展放宽皮卡车进城限制试点，有利于扩大皮卡车市场消费，促进城市相关部门创新运输管理和现代物流模式，优化城市交通资源配置。

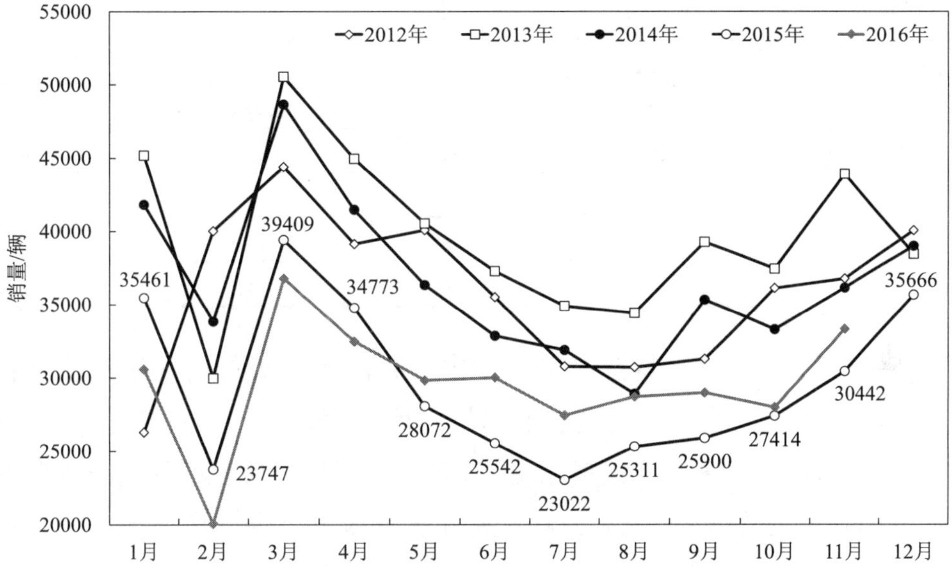

图3 2012～2016年分月度皮卡市场销售情况

从各皮卡企业来看，2016年1～11月份各主要汽车企业销量全部下滑，主要受国内消费萎缩、出口下降、建筑开工不足的影响。长城皮卡销售93701辆（见表1），继续蝉联第一；江铃汽车皮卡销售54117辆，排在第二位。而新进入市场的江西五十铃高端皮卡表现抢眼，2016年前11个月销量达到13512辆；江铃轻汽生产的骐铃皮卡销售10539辆。

表1 2013～2016年皮卡企业销量

（单位：辆）

厂商名称	2013年	2014年	2015年	2016年1～11月份
江铃汽车	66798	70454	59709	54117
长城汽车	126806	118286	99463	93701
郑州日产	59312	56669	44303	36196
中兴	60843	44562	37858	30599

（续）

厂商名称	2013年	2014年	2015年	2016年1～11月份
福田	39551	36820	28417	22037
庆铃汽车	21165	14105	14739	12275
黄海汽车	25238	23288	19389	19352
江西五十铃	0	1007	10007	13512
江淮	15324	13409	9640	15676
主要品牌总销量	415037	378600	323525	297465
骐铃皮卡	—	7074	9119	10539
北京汽车	9743	3585	1228	2117
广东福迪	7130	7806	4885	4517
恒天皮卡	8385	6849	679	401
长安皮卡	—	—	—	7146
其他	36566	34842	15850	4059
合计	476861	438756	355286	326244

整个皮卡行业呈现以下特点：第一，皮卡柴油化趋势加剧：柴油皮卡占市场份额上升5个百分点；第二，四驱皮卡销量占比上涨，占皮卡总量近两成；第三，皮卡加长、加宽化：长轴距加长货箱皮卡销量占比达45%，随着越来越多的皮卡厂家不断推出加长轴车型，长轴皮卡所占市场份额将会进一步增加；第四，皮卡SUV乘用化的特征日益明显，受到环保排放升级的影响，发动机升级导致国V车型价格上涨，整体价位提升0.6万～1万元。

市场格局发生分化，第二梯队的郑州日产、中兴、北汽福田的销量全部下滑，被江淮、黄海、江西五十铃等新车型分流原有市场，长城、江铃等企业加速推出改款车型，提升产品的舒适性和科技感，巩固市场领头羊的地位。而以江铃集团为代表的老牌皮卡厂家，采用多品牌齐头并进发展策略，逐步拉大与郑州日产、中兴皮卡的差距；而以长城皮卡、江淮皮卡为代表的皮卡企业，努力提升盈利能力，逐步放弃金迪尔、瑞玲等低端产品，并大力推出盈利能力强的风骏6和帅铃T6中高端皮卡，产品质量和盈利能力进一步增强。

2．主流皮卡市场分析

2011～2016年，皮卡前五强市场集中度分别为81.2%、78.0%、74.1%、76.2%、80.2%、79.9%（含江铃轻汽和江西五十铃，如果不含江铃轻汽和江西五十铃，2016年集中度为72.5%）。长城皮卡连续多年都获得市场第一，江铃集团紧随其后，市场份额稳步上升。两家企业组成皮卡市场的第一阵营。

从市场集中度看，2016 年 1～11 月份，长城、江铃集团的市场份额为 52.7%，集中度进一步提高；而郑州日产、中兴、福田组成的第二阵营，市场份额持续下降（见图 4）。两大阵营的市场集中度由 2013 年的 74.1%上升到 79.9%，新兴皮卡虽然不断进入，但不能撼动长城和江铃集团在皮卡市场的主导地位；但第二名江铃集团重新皮卡线规划，产品多头并进，新增高端江西五十铃和低端江铃轻汽产品，大幅提升皮卡市场占有率。而第 3～5 名皮卡企业中，产品更新换代慢，原有低端皮卡市场份额萎缩，导致市场份额不断下降。

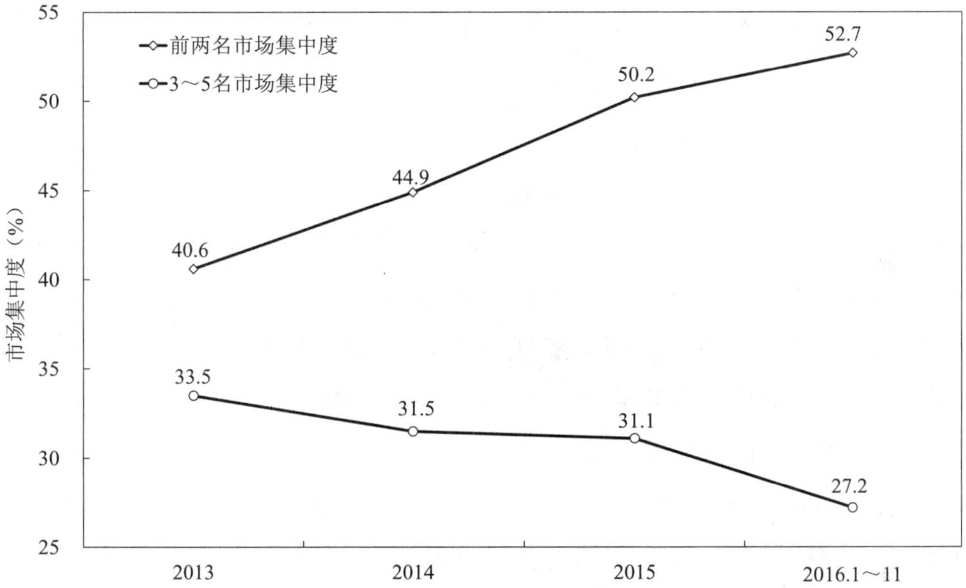

图4 2013～2016年皮卡市场份额集中度

（注：数据来源于乘用车联合会及上牌数据）

（1）长城汽车　2016 年 1～11 月份，长城皮卡销量为 93701 辆，比 2015 年同期上升 5.2%。长城柴油机皮卡销量占比同比稳步提升，占比超 7 成，从产品结构上看：风骏 5 欧洲版柴油机销售占比达 83%，远高于风骏 5 柴油机占比（46%）；长城皮卡四驱车型销量占比同比减少至 32%，主要是风骏 5 等低端车型以两驱销售为主造成。

2016 年 12 月，全新风骏 5 欧洲版和风骏 6 皮卡改款上市。风骏 6 全系标配双安全气囊、倒车雷达、胎压监测、碰撞自动解锁功能等主被动安全配备，领航型配备车身动态电子稳定系统（ESP），售价为 8.68 万～11.48 万元。风骏 5 欧风版内饰沿用风骏 6，大幅提升产品配置，其中标配安全带未系提醒、ABS+EBD、倒车雷达以及 120km/h 超速警报，在中高配车型上还有胎压监测、自动落锁以及双气囊。长城对欧风版重新梳理价格体系，取消风骏 5 产品型谱中部分车型，并对领航和精英系列等车型降价 3000～11000 元，改善舒适性和提升配置，优化低配车型的性价比。

（2）江铃皮卡 2016 年 1～11 月份，江铃集团皮卡销量为 78168 辆，排在第二位，增速上升 22.6%。其中江铃股份销量上升 9.1%，域虎高端皮卡销售 16890 辆，同比增速高达 88.5%；江西五十铃的瑞迈皮卡销售 8800 台，同比增速高达 5500%。而受到江铃轻汽生产的骐铃皮卡的分流，宝典皮卡下滑 8%。江铃集团三剑出击，采用多品牌齐头发展策略，取得巨大成功，缩小与长城皮卡的差距。

2016 年 4 月份，江铃股份推出 2016 款的域虎，价格区间为 9.68 万～13.68 万元。新车有 2.4L 汽油发动机、2.4T 柴油发动机的 8 款车型。新款域虎采用了全新的中控台造型，且各按键区布局比较集中，换装全新造型的三幅式多功能方向盘以及炮筒式仪表盘。2016 款江铃宝典柴油款售价为 7.58 万元起。冰蓝色仪表盘、7 英寸中控大屏、皮质座椅、内饰板软质皮革，让新车倍感时尚舒适。新车全系标配 mp5、电控空调、货箱耐磨胶涂层，全面满足不同人群的使用要求。此外，新款还配备了防眩目内后视镜、倒车雷达、GPS、ABS+EBD 及主/副驾驶安全气囊等，全面呵护行车安全。

江西五十铃在 2016 年 7 月推出 4 驱瑞迈和加长款瑞迈，瑞迈与 D-MAX 基于同平台打造，并镶嵌了家族全新的 LOGO 造型。新车整体设计风格偏于硬派，采用非承载式车身结构。配置方面，全系标配前雾灯、高位刹车灯、车内中控锁、遥控钥匙、驻车钥匙未拔提醒、四门电动车窗和全尺寸备胎以及刹车辅助系统 BA 等功能。

（3）郑州日产皮卡 2016 年 1～11 月份，郑州日产皮卡销量为 36196 辆，比 2015 年同期下降 4.8%，位列皮卡行业第三名。其中出口 3867 辆，同比增长 105%。合资品牌尼桑 D22 下挫 16%，自主品牌下降 0.4%。郑州日产在 2016 年策略是降价+增加配置，市场效果没能达到目标。锐骐新超值版于 2016 年 7 月上市。新车此次共推出两驱版和四驱版两款车型，售价分别为 8.18 万元和 10.38 万元，锐骐新超值版搭载代号为 ZD25 的 2.5L 柴油涡轮增压发动机，采用博世高压共轨技术，最大功率为 85 kW，峰值扭矩达到 280N • m。与发动机匹配的为 5 速手动变速器。

（4）北汽福田皮卡　2016 年 1～11 月份销售 22055 辆，累计同比增长率 -15.5%。其中萨普皮卡下滑 38.5%，新品牌拓陆者皮卡增长 2%，2016 年拓陆者 E3 系列皮卡和 E5 加长版皮卡上市，止住拓路者皮卡销量下滑的局面。拓陆者皮卡自 2012 年上市以来，相继推出了福田拓陆者 E5 皮卡和福田拓陆者掀背版皮卡。采用了萨瓦纳平台，新内饰整体采用深色色调，内饰选材采用硬塑材质并配有搪塑装饰板，内饰配有大尺寸液晶显示屏、多功能方向盘、蓝牙电话、定速巡航等高科技配置。

（5）河北中兴皮卡　2016 年 1～11 月份销售 30599 辆，累计同比增长率为 -11%。2016 年 1～11 月份，中兴皮卡威虎四驱下滑很快，但低端产品威虎二驱出现回升；中兴皮卡在国内上牌数据下滑明显，且出口量也呈现下滑趋势。

2016 年 10 月，中兴汽车旗下新款皮卡——领主正式上市。新车搭载 2.5T 涡轮增压柴油发动机，匹配 6 档手动变速器，具备两驱、四驱两种驱动形式，提供 6 款车型供用户选择，售价区间为 10.98 万～16.18 万元。领主的车身尺寸为 5341 mm×1885 mm×1845mm，轴距为 3230mm，货厢尺寸为 1530 mm×1620 mm×515mm。时尚威猛的外观、颇具档次感的内饰、配备的 EPS/ESC 车身稳定控制系统、差速锁以及定价，定位更加偏向越野、游玩。

（6）其他皮卡　2016 年 1～11 月份，第三阵营皮卡增长迅速，江淮帅铃 T6、江西五十铃瑞迈、黄海 N2 等皮卡新秀增势明显。江淮帅铃 T6 汽油长轴版车型的价格正式公布，该车共有进取型和旗舰型两个配置可选，售价分别为 8.78 万元和 9.38 万元。标配有 ABS+EBD、倒车雷达、大灯高度调节、皮革座椅、多功能方向盘和行车电脑，旗舰型还拥有安全气囊、GPS、7 英寸显示屏、蓝牙电话和倒车影像功能。2016 年 7 月，黄海 N2 单排皮卡推出，主要是面向海外市场。其搭载拥有 2.378L 的三菱 4G69S4N 汽油发动机，最大功率 136 马力，最大扭矩 200 N・m。并且满足即将全面实行的国Ⅴ排放标准，油耗申报值为每百公里 10.7L。

二、2017 年皮卡市场展望

1．宏观经济和细分市场走势

2017 年国内外市场需求总体仍然偏弱，2016 年形成的弱平衡格局很容易被打破。民间投资增速下滑，基建和房地产投资也有下行压力，经济增速回落到

6.5%的预期。2017 年通过财政政策继续加力增效，深化供给侧改革，预期经济继续企稳，物价涨幅略微回升，消费品零售增速基本平稳，固定资产投资、货币供应的增幅也基本平稳，房地产投资增速可能略有下移。CPI 基本平稳，PPI 同比趋向正增长，一方面去产能、去杠杆、去库存、降成本的推进在短期内制约经济扩张，会降低居民收入增长预期，另一方面又会在供给侧压缩产品供给，在一定程度上会推动物价上升，这两方面的作用分别影响 CPI 和 PPI，最终 PPI 的变化又会传导至 CPI。

汽车行业增长与经济增速存在正相关性，预计 2017 年汽车行业的增速大约在 6%～7%。乘用车、商用车销量增幅为 8%、0%，SUV、MPV 销量增幅较高，卡车及交叉型乘用车规模将继续萎缩。皮卡作为轻型货车的一个细分市场，在汽车下乡和逐步放开进城的宽松政策下，其发展速度将逐步企稳回升，增速约为 5%。

2．产品趋势

在产品方面，皮卡消费者偏好由圆润流线、中庸造型向威猛、豪华、科技化转变，皮卡产品竞争由同价位情况下提供更宽大的车身，逐步升级到向消费者提供更多的科技配置和乘用车的舒适性。皮卡产品的发展趋势有逐渐向国际靠拢的趋势，呈现出“四化”的特征。

（1）车辆设计 SUV 化　与 SUV 共平台设计的皮卡纷纷涌现，其造型流行趋势结合北美、欧洲和日本的外形设计，个性硬朗、时尚、大气、彪悍；如江铃域虎与 SUV 驭胜共用 N350 平台，福田 U201 也是基于拓路者皮卡平台打造，SUV 车内饰和电子化配置在皮卡大行其道，如自动档变速器、液晶自动空调、一键启动、可选装具备导航、倒车影像、USB 的液晶屏幕等在高档皮卡中作为标配出现。

（2）车身加长化　2016 年 1～10 月，长轴距加长货箱皮卡销量占比达 45%，2016 年新上市皮卡中，新车身的皮卡（车长超过 5.3m，车宽超过 1.84m）占比超过 60%，其中黄海 N3 的外部尺寸达到 5595mm×1950mm×1865mm，中兴领主的外部尺寸达 5341mm×1885mm×1845mm，甚至出现适用于改装车和房车的长城风骏的 5892mm，车身尺寸有明显加大、加宽的趋势。

（3）动力柴油化　皮卡柴油化倾向越来越明显，2016 年前三季度柴油皮卡占市场份额上升 5 个百分点，进一步上升到 74.1%。受制于国 V 排放升级影响，皮卡车尤其是柴油皮卡将通过新产品的投放提高产品售价，柴油皮卡销售价格将逐步抬升，而价格上涨后留下的空白市场将给汽油皮卡带来较大的市场机会，但不会改变皮卡柴油化的市场趋势。

3. 市场趋势

在国家逐步放开皮卡进城和汽车下乡的支持下，2017 年皮卡国内市场规模将稳步上升；皮卡出口受到各国贸易保护的影响日趋严重，整车出口市场也会下降，而在出口所在国的 KD 件本地组装出口呈现上升。皮卡企业将逐步洗牌，新进入企业如上海大通和江西五十铃，将冲击第二阵营的市场地位，大型汽车企业则继续依赖产品竞争力和强大的开发能力，市场格局将发生较大变化。

当前，各皮卡生产厂家纷纷加大对销售渠道、服务网点的建设力度。长城在二、三线市场启动了分网工作，将销售渠道分成 C1、C2、C3 三套网络。在夯实渠道基础的同时，减少平面广告投入、加大汽车下乡巡展活动和客户体验营销，成为各大皮卡厂商宣传的主要手段。江铃皮卡网络逐渐从原有网络中剥离出来，在全国二、三线城市建立了 400 多家销售网点，使销售重心下移覆盖百强县和重点城镇。一线皮卡企业在营销上强调经销商实力和品牌形象，对硬件要求较高。而第三阵营新进入皮卡企业在网点建设上采取务实的作风，经销商以个体私营经销商为主，经销实力有限但对该品牌忠诚度高，充满热情，在商务政策上灵活实用，也取得了较好的效果，值得一提的是，2016 年江淮皮卡大力推动经销网络扩张，有力提升了产品销量和市场份额。

赛事营销也是 2016 年的市场热点。2016 年初，江西五十铃勇夺 T3 沙漠挑战赛厂商组冠军；2016 年 5 月，江西五十铃组织 D-MAX 参加 2016 环塔国际汽车拉力赛；2016 年 7～9 月，江西五十铃组织丝绸之路中国大越野拉力赛；2016 年 11 月，江西五十铃参加阿拉善英雄会，横扫各大赛事，成为量产车中唯一的三冠王，凸显出江西五十铃皮卡卓越的可靠性、动力性、耐久性、经济性和舒适性，这些优势都传承于五十铃百年的技术精髓。

（作者：邓振斌）

2016 年豪华车市场分析及 2017 年展望

自 2008 年以来，每年都被认为是经济形势极其严峻的一年，2016 年也不例外。L 形的长期走势定性，新常态的宣扬让每个人都了解到帕累托（Pareto efficiency）的甜蜜周期宣告结束。由于潜在增长率的下降，我国经济将进入卡尔多改进（Kaldor-Hicks efficiency），与之对应的将是深化的改革需求和相对缓慢的经济增长。大环境如斯，豪车市场亦无例外。后文将就豪华车的市场情况进行简略分析，并就 2017 年前景作出展望。豪华品牌的定义参照 IHS 分类中的 core premium 和 super premium。

一、豪华车市场概况及展望

1. 乘用车整体市场

2016 年的整体乘用车市场增长率较 2015 年有所提高（见图 1），小排量购置税减半政策功不可没。由于购置税减半政策直至 12 月 15 日晚才由官方确认将于 2017 年实施减半再减半，因而在春节提前至 1 月和经销商预宣传的共同作用下，2016 年年底将提前释放一部分 2017 年的潜在需求。

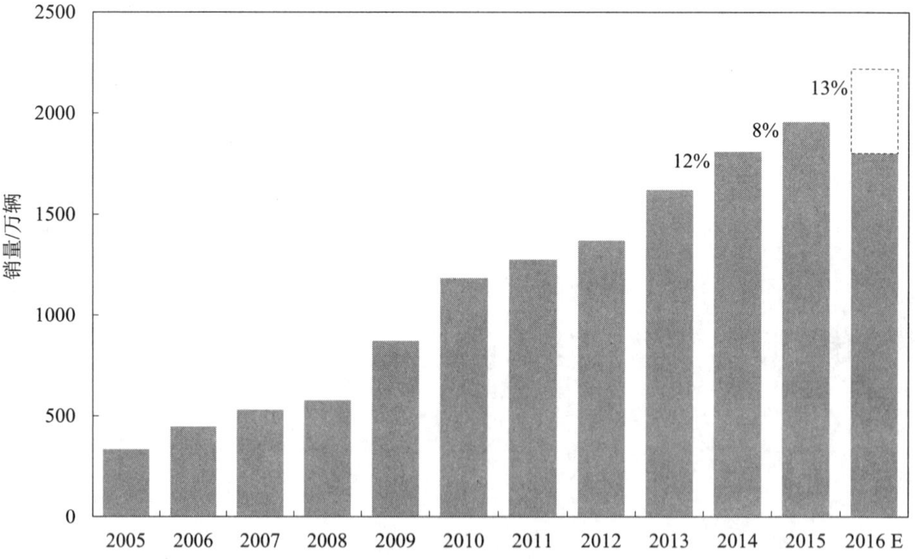

图1 2005～2016年整体乘用车市场销量

2．豪华车市场

2016 年豪华车的增长率恢复到正常水平（见图 2）。豪华品牌在 2015 年增速下滑主要是两方面原因，一方面是来自经济下行、反腐、股市震荡等外部因素导致的购买力下降和购买信心不足；另一方面是由 2014 年销量的高基数所导致，当时国内多地限购传闻导致销量透支，销量较 2013 年出现大幅增长。

2016 年豪华车的增长主要由 ABB 三家推动，以及捷豹路虎的复苏和林肯、雷克萨斯的崛起导致。

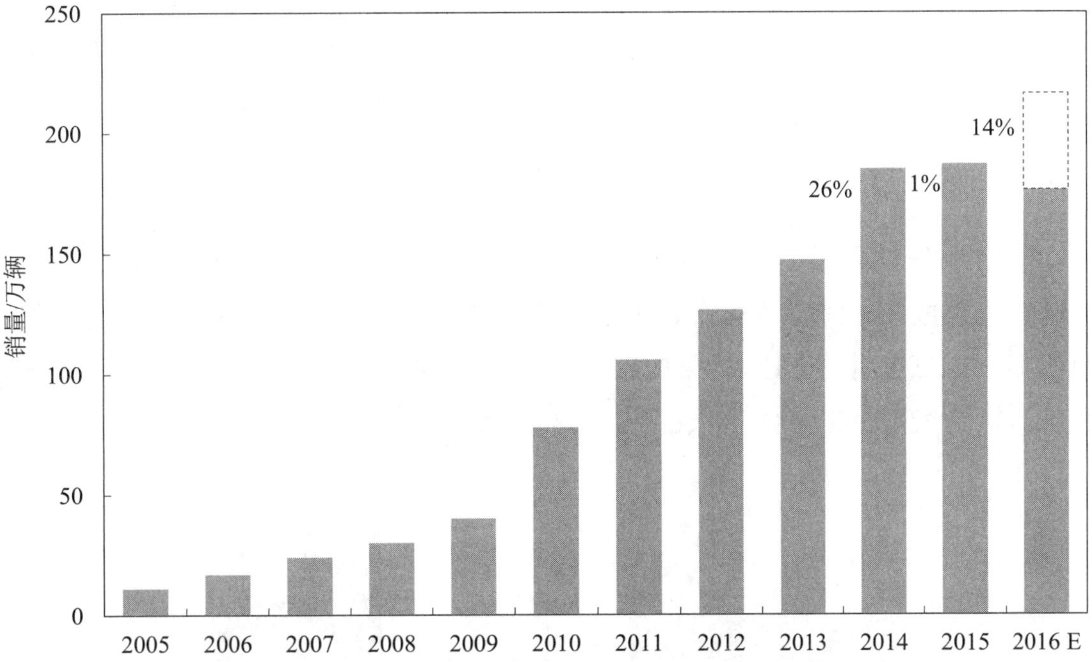

图2 2005～2016年豪华车市场销量

（注：数据来源于 SIC/CAM）

3．豪华车市场各品牌表现

奔驰由于其高基数以及 23%的高增长率（见图 3），对整体豪华车市场的增长贡献最大，捷豹路虎、雷克萨斯和林肯次之。截至 2016 年 11 月，英菲尼迪和 Mini 的同比增长率为负。

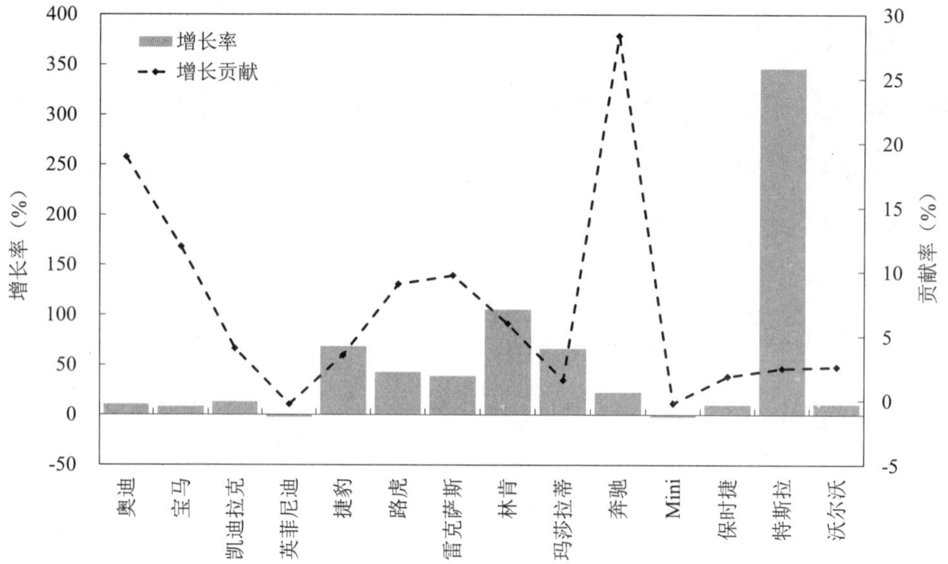

图3 2016年主要豪华品牌增长率及对整体市场增长贡献率

（注：数据来源于 SIC）

从市场份额来看，国内豪华车市场两大阵营的主基调不变。奥迪、宝马、奔驰三家组成第一阵营豪车市场占有率高达 7 成（见图 4），和第二阵营品牌差距明显。二线豪华中的捷豹路虎，雷克萨斯和凯迪拉克齐头并进，单月销量都有破万辆的表现，但总体份额都不到 6%。

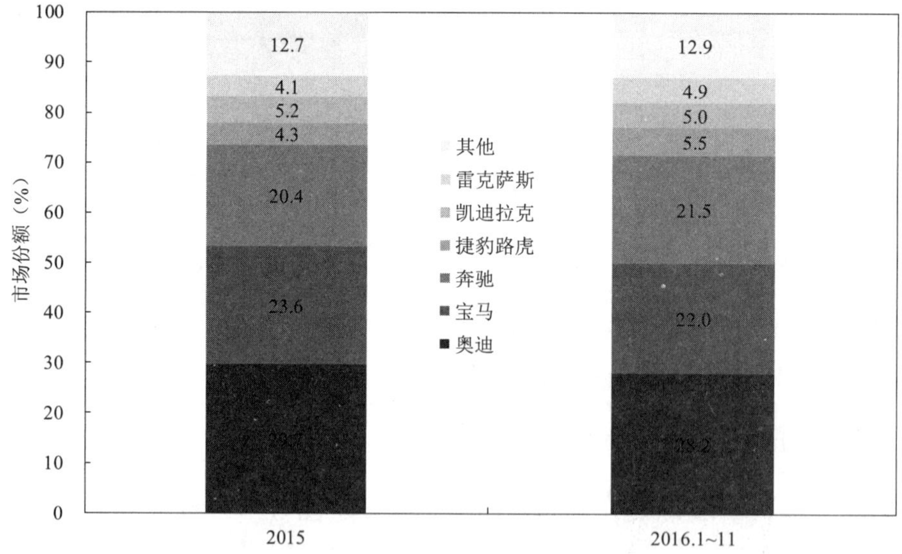

图4 2015～2016年豪华车市场各品牌市场份额

（注：数据来源于 SIC）

4．豪华车市场国产化情况

ABB 的国产化步伐不断加快（见图 5），2016 年 1～11 月份，奥迪 90%的销量来自于合资国产；宝马和奔驰也分别达到 65%和 68%。

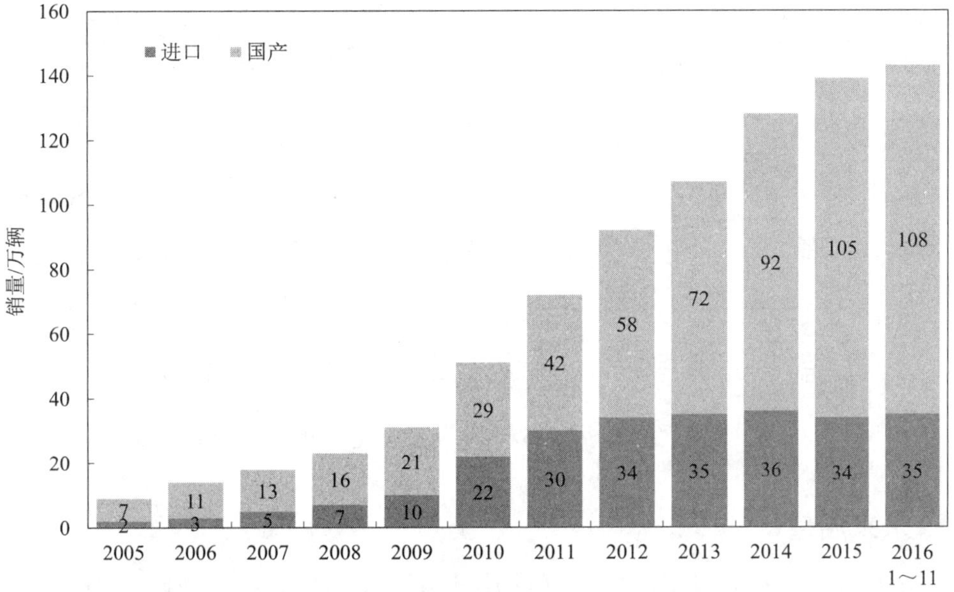

图5　2005～2016年ABB品牌销量中进口量及国产量变化

（注：数据来源于 SIC/CAM）

如今国产步伐明显比 10 年前加快，主要是由于以下三个原因：首先，随着主机厂平台化开发和生产的普及，同平台产品国产化的准备需求降低，成本下降。其次，过去十年来培养了大批成熟工程人员，很多研发可以在本土进行（比如长轴距版等），加快了国产化的节奏。最后，同档次产品一旦有主机厂国产，必然引发价格下降，其他厂家不得不跟进国产或降低进口车价格，比如宝马 X3 和奥迪 Q5 的案例。

未来主机厂将实施以下国产化战略：维持最高端产品线的进口以打造产品形象；维持小众产品的进口，保持灵活性；维持特别改装车的进口，确保个性化；其余产品在适当条件下国产以维持销量和竞争力。

由于起步较 ABB 为迟，二线豪华国产之路却并非如此顺畅。通过对比分析英菲尼迪和雷克萨斯这两个日系高端的案例，笔者发现雷克萨斯坚持进口，销量保持快速增长（见图 6）；而随着国产化比例越来越高（2016 年 1～11 月份国产车销量占比已达 63%），英菲尼迪整体销量增长却远低于雷克萨斯，同时进口销量显著减少，实际上英菲尼迪的利润有所牺牲。

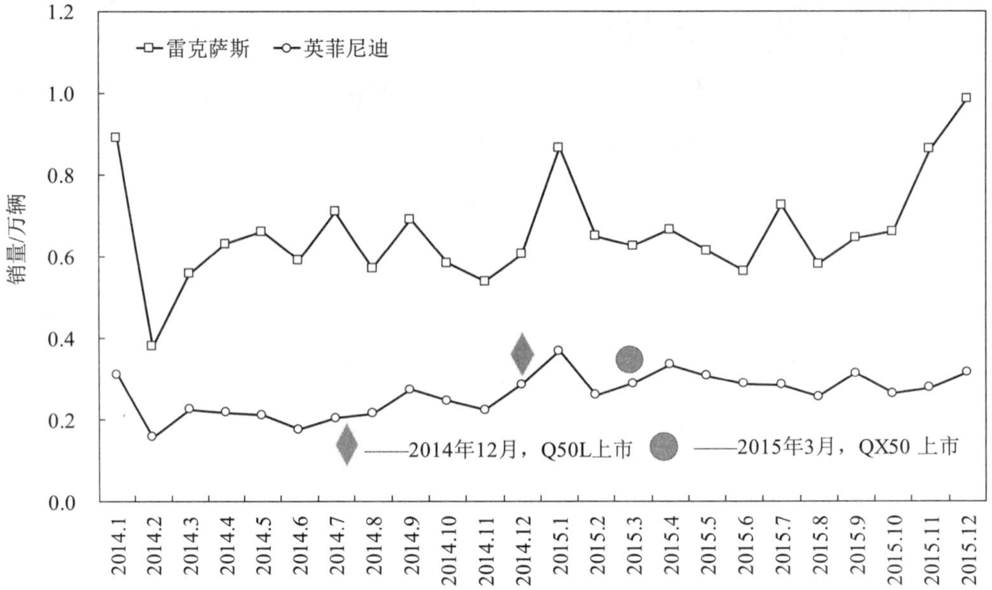

图6 2014～2015年英菲尼迪及雷克萨斯品牌销量

5. 未来展望

1）国际上，2016 年黑天鹅事件层出不穷，先有英国脱欧，后有特朗普当选，到 2016 年底，意大利公投失败平添波折。更有朴槿惠引入萨德波及中韩经济，又被曝亲信干政岌岌可危。2017 年法国大选的结果更将直接决定欧盟存续。

2）政治不稳定，必将导致经济上的波动。人民币对美元汇率的问题将延续至 2017 年中美贸易，全球贸易会有多大程度上的摩擦，将牵动人心。一旦有变，对汽车贸易尤其是豪华车的影响将首当其冲。

3）从国内政策层面上来看，年底突击开征“豪车税”，针对所有市场售价高于 152 万元（含增值税）的乘用车。就以往经验来看，该税种的冲击将在 6 个月后被市场消化；覆盖面较小，全年涉及车辆不足 5 万台。但 2017 年是否会开征新税种，新税种是否会扩大覆盖面以及突击征税的模式是否会延续等问题仍然存疑。

4）此外，历经大半年的沉默，反垄断年底再次出击，以及即将出台的工信部汽车产业规划、低速四轮电动车准入等，都将对国内汽车市场长期的发展有所影响。

5）经济上，在 L 形走势成为新常态成为共识后，2017 年我国经济增长持续趋缓，相对应的车市的增长也将回落。

6）综合来看，如果没有利好政策出台，2017 年总体乘用车增长率将低于 2016 年；豪华车增长率相对稍高，但不会高于 2016 年，估计在 10%左右，甚至略低。

7）2017 年在豪华车市场中，基本的两大阵营划分还将继续保持。ABB 地位尚无人可撼动。第二阵营中的捷豹路虎，雷克萨斯和凯迪拉克如能稳固其 5%的市场占有率，又将对剩余其他品牌保持优势。一方面，奥迪和上汽的合资将是一个既有局面颠覆性的举动。如果一切进展顺利，奥迪销量将再上一个台阶，其领先地位将更无法触及；如果进展不顺，与现有经销商的矛盾激化，将是宝马和奔驰赶超的最大机会。另一方面，奔驰持续两年新品连续上市的节奏终将放缓， 而其在华销量已经无限逼近宝马。宝马能否通过 5 系换代和 X3 国产保持对奔驰的优势将是一大悬念。

二、主机厂面临的挑战

经销商的“合纵连横”引发经销商体系和格局的悄然变化，延续数十年的主机厂垂直管理体系被打破。

以广汇为代表的纵向并购模式，通过资产重组上市募集资金，并用于对其他经销商集团的要约收购。2015 年持续 4 个月的停牌后，于 12 月完成对宝信集团 75%股权的收购；同期完成对亿方尊荣 100%控股。2016 年广汇的并购步伐有所降低，在尝试对武汉康顺的收购未果后，广汇更专注于内部资源整合。

经销商集团间也开始横向联合，基于全国工商联合会汽车经销商商会（隶属工商联）和中国汽车流通协会（隶属民政部）的各品牌分会开始发力与主机厂就返点，商务政策和销量目标等事宜进行谈判。以宝马的 50 亿补贴为标志，经销商联盟的博弈能力明显提升。

到 2016 年底，奥迪与上汽的合作中，经销商的话语权已经可以“叫停” 主机厂的战略事项。媒体报道已经开始用“奥迪将看经销商脸色行事”作为标题。目前奥迪在华销量占全球销量的近 1/3，这是奥迪经销商谈判的资本，也是奥迪不得不顾忌的因素。这起事件对于我国汽车经销商的发展历程具有里程碑的意义。

经销商的合纵连横辅之以国家政策层面的支持（《反垄断指南》和《品牌销售管理办法》），为经销商提供了和主机厂平等博弈甚至尤有过之的地位，必将重构既有体系和格局。

三、新兴趋势

1．新能源汽车市场快速增长

（1）我国已经成为全球新能源汽车销量最大的市场　2016 年 1～11 月份，国产新能源汽车累计销量达到 284116 辆，比 2015 年同期增长 99.6%，其中纯电动汽车（BEV）销量为 210739 辆，同比增长 142.7%，占新能源汽车总销量的 74%。进口新能源车同样保持持续快速增长，2016 年 1～11 月份累计销量为 10300 辆，比 2015 年同期增长 150%，其中纯电动汽车占比 81.7%，特斯拉贡献了进口纯电动汽车的主要销量，份额超过八成。车型方面，2015 年全球销量前十的纯电动车型中，国产纯电动车占 6 款，集中在 A00 级别的小型/微型电动车（如知豆、众泰云 100、奇瑞 eQ）。根据 2016 年 1～11 月份的数据，A 级车比例大幅上升（见图 7），下半年 A 级车的销量占比超过 30%。

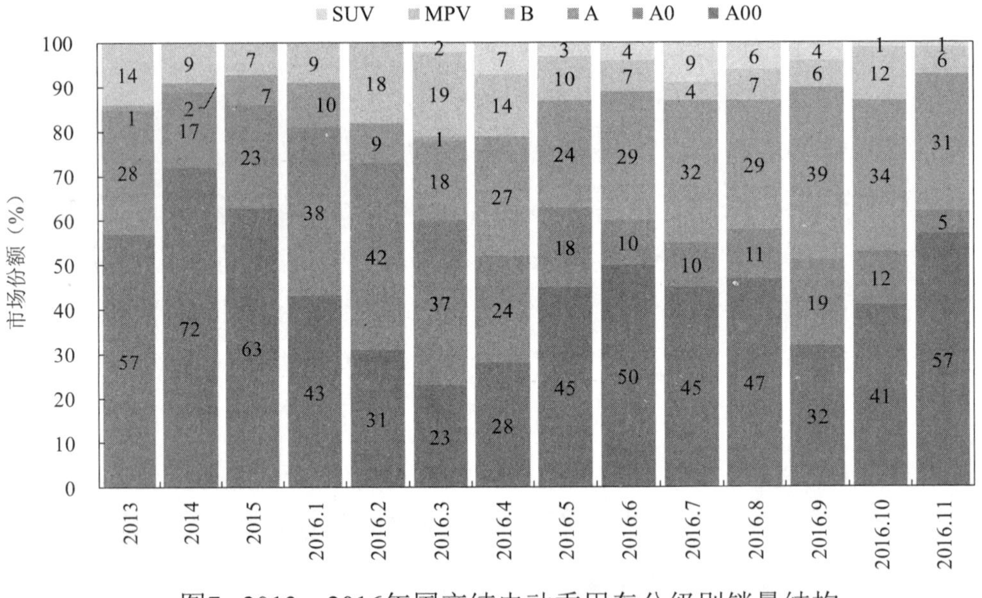

图7　2013～2016年国产纯电动乘用车分级别销量结构

（2）豪华车品牌全面布局国内新能源市场　目前豪华车品牌中只有特斯拉在我国电动车市场获得了一定的销量，其他豪华车品牌目前推出的车型销量都非常有限。但是未来五年内，各个豪华车品牌都将推出多款新能源汽车，宝马、奔驰、奥迪也各自推出了自己的电动车产品线和品牌，豪华电动车市场将随着产品供给的增加而快速增长。

（3）新能源市场快速增长主要源于国家政策推动　新能源汽车市场近两年在我国的飞速发展，与国家政策的推动密不可分。目前中央和地方各自有针对新能源汽车的优惠政策：中央的激励政策主要是直接资金补贴、免征购置税和车船税，需要进入特定的车型目录才能享受这些政策；地方政府有更加灵活的激励政策，除了资金补贴外，还有新能源专有牌照（不限购/单独摇号）、不限行等，这在限购/限行的城市成为消费者购买新能源车的核心驱动；对于厂商来说，要享受地方优惠政策通常需要进入工信部《新能源汽车推广应用推荐车型目录》，而北京、上海有各自的地方备案流程，需要满足一些特定的要求/技术指标。

（4）新能源市场未来发展仍存受制因素　未来新能源汽车市场的增长还受制于部分制约因素，主要是充电基础设施、电池成本以及电池充电效率。未来几年，在政府推动下，充电基础设施会有快速发展。根据《电动汽车充电基础设施发展指南（2015～2020年）》，到2020年，将新增集中式充换电站超过1.2万座，分散式充电桩超过480万个，超过430万个用户专用充电桩，超过2400座城市公共充电站与50万个分散式公共充电桩，超过800座城际快充站，以满足不同场所的不同充电需求（见图8）。电池成本和充电效率的提升则更多依赖于技术的发展。随着电动车市场的增长，规模经济会带来制造成本的降低（见图9），但技术的突破性进步（新材料、超级充电等）或许才能带来电动车市场真正的爆发式增长。

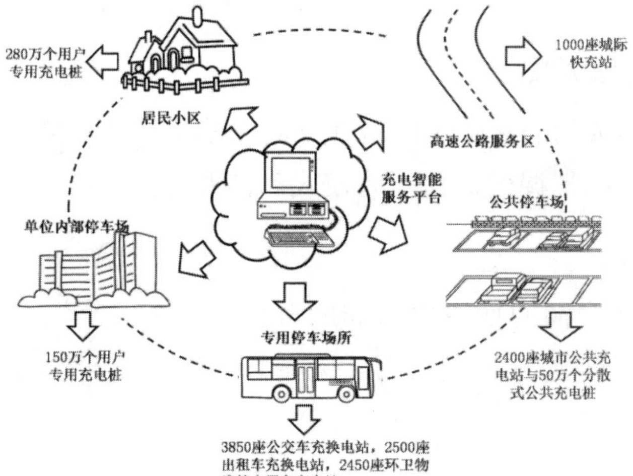

图8　到2020年充电基础设施分场所建设目标

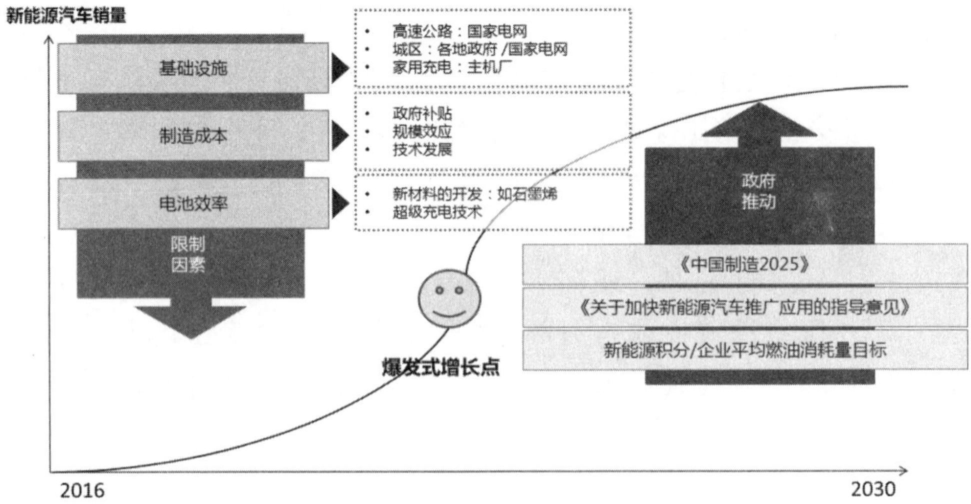

图9 2016～2030年我国新能源车市场发展预测

2．政策放开

生产许可证门槛、平行进口都已经松动。自贸区已允许新能源汽车电池合资突破 50∶50 的比例，下一步极有可能放开新能源整车合资比例。而传统汽车的 50∶50 比例被突破，也只是时间问题。

3．车联网

联网功能将成为标配，车和使用者的联系，车和车的联系，以至于车和路（交通系统）的联系，将是未来半自动/无人驾驶的基础。

4．新世代的新消费

90 后和 00 后成为潜在车主的时代即将来临，什么都需要在线是该群体的一个基础特征。了解和把握他们的行为模式和消费方式将成为车企营销必修课。

5．共享模式

共享模式带来产品的使用权而非所有权的变革。在这个趋势下，越来越多的主机厂将企业长期远景描述成为未来出行的服务提供商而非产品制造商。针对该变革，奔驰已经尝试在多个城市推出了 Car2go，其他主机厂预计也将有类似项目推出或引入国内。

（作者：叶永青）

2016年普及型轿车市场分析及2017年展望

2016年是我国实施“十三五”规划的开局之年，面对复杂严峻的国内外经济形势，中央坚持稳中求进的工作总基调，国民经济呈现出整体良好的态势，前三季度GDP平稳增长增速均为6.7%。经济的稳步增长为乘用车市场的快速发展输出了稳定的原动力。与此同时，在1.6L及以下小排量乘用车购置税减半政策、各地加快步伐取消二手车限迁政策等一系列利好政策的刺激之下，2016年乘用车市场快速增长。累计到11月，乘用车市场销量已突破两千万大关，达到2167.81万辆，同比增长15.6%。从季节走势来看，在经历了2015年过山车似的增速波动后，2016年整体乘用车市场增速呈现出了单边上升的增长势头，10月份以后受2015年高基数影响增速有所回落。预计2016年全年乘用车市场规模将达到2270万辆，同比增速为15.9%。

一、2016年普及型轿车市场回顾

1. 整体销量

普及型轿车（普及型轿车指A级轿车）作为乘用车市场主力车型之一，近几年由于受到SUV市场的强力冲击，其市场占比逐年下滑，2016年已降至36.5%（见图1），被SUV市场超越成为乘用车第二大市场。但得益于购置税减半政策及多款全新车型（领动、艾瑞泽5、高尔夫嘉旅等）和换代车型（新思域、新轩逸、新起亚K3、新宝来等）集中上市等利好因素的带动，2016年普及型轿车市场占比降幅有所缩减，相较2015年下滑4.0%，2016年仅下滑1.6%。

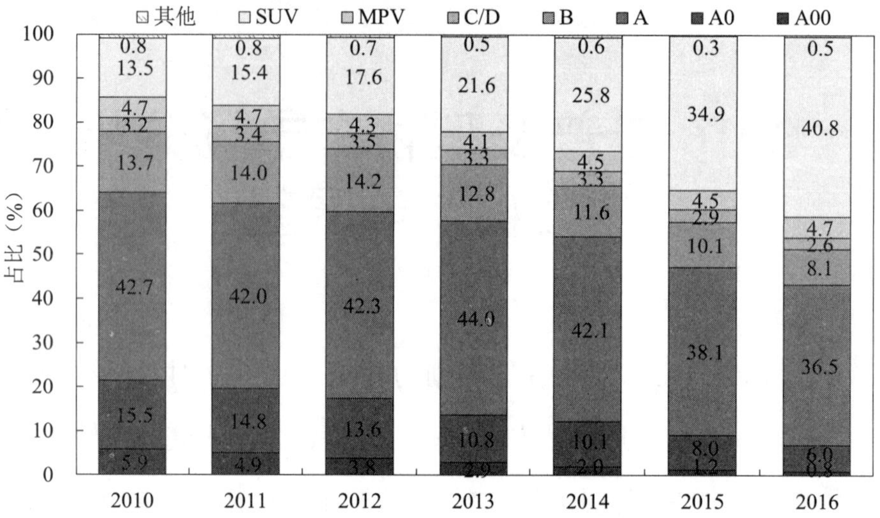

图1 2010～2016年乘用车市场分级别销量占比

2009～2010 年在购置税政策及汽车下乡政策的刺激下，普及型轿车高速增长（见图 2）。2011～2012 年经过两年调整，2013 年普及型轿车增速恢复至 20%以上。2014～2015 年小型 SUV 市场在大批新车型的拉动下，呈爆发式增长，迅速挤占普及型轿车市场份额，2015 年普及型轿车市场甚至出现负增长。2016 年在新一轮购置税减半政策的刺激下，普及型轿车市场实现逆转。2016 年 1～11 月份，普及型轿车累计销售 738 万辆，预计全年销量可达 830 万辆，同比增长 12.7%。

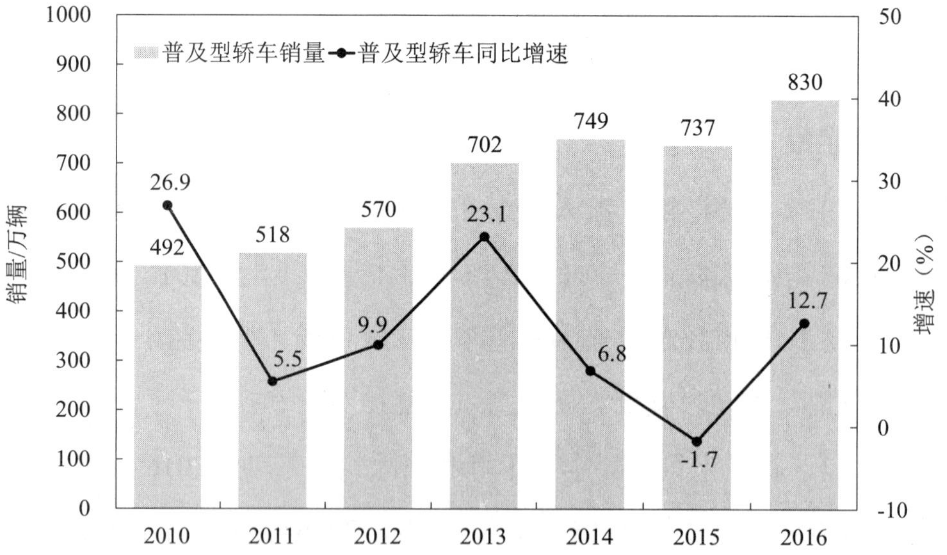

图2 2010～2016年普及型轿车销量及增长率

2016 年普及型轿车销量分月增速呈现“中间高，两头低”的倒 V 形态势（见图 3），前三季度同比增速几乎呈单边上升的趋势，这主要由以下三点因素导致。第一，2015 年市场基数低。2015 年二、三季度受股市震荡影响，前期牛市导致大量资金流入股市，而后期股灾又导致资金蒸发、被套均对车市产生不利影响。第二，2016 年购置税减半政策拉动市场。普及型轿车 1.6L 排量以下车型占比达到 90%以上，受惠面极广。购置税政策逐步发力拉动市场快速增长，同时 8 月份市场谣传购置减半政策将于 10 月底结束，也刺激部分消费者提前购车。第三，新产品拉动市场增长。2015 年下半年和 2016 年上半年威朗、蓝鸟、领动、艾瑞泽 5 等新车型集中上市，这部分车型经过几个月爬坡后销量达到高峰阶段，带动市场增长。进入 10 月和 11 月普及型轿车增速大幅回落，主要是受 2015 年高基数影响。购置税政减半政策实施前，普及型轿车市场已连续 6 个月负增长，2015 年 3 季度增速更是下降到-12.2%，创近十年新低。而购置税减半政策实施当月，普及型轿车便实现正增长。

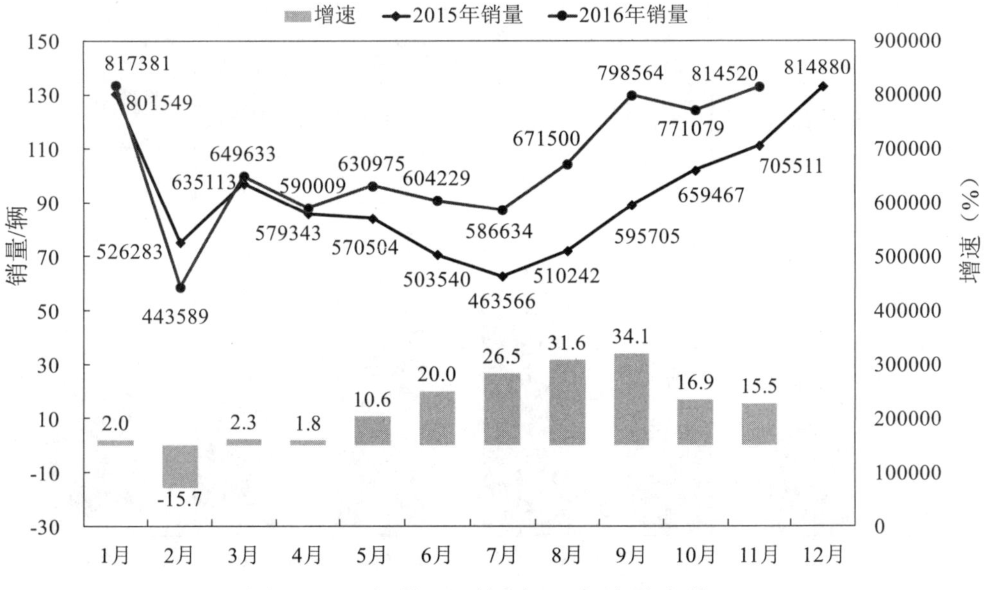

图3 2016年普及型轿车月度销量走势

2．系别结构

2016 年各系别普及型轿车市场占有率变化延续 2015 年的变化趋势，德系、美系和日系等相对强势的合资品牌市场占有率持续提升（见图 4），而韩系和法系等相对弱势的合资品牌及自主品牌的市场占有率则持续下滑，这与市场供、需两端的变化均存在一定的关系。从需求端来说，2009、2010 年购车高峰后近几年市场迎来换购高峰，换购引起的消费升级是导致德、美、日等一线合资品牌普及型轿车市场占比提升的一个重要原因。从供给端来看，各车企的品牌战略与车型规划差异是导致系别间占比变化差异的主要原因。德系品牌的战略重心主要集中在普及型轿车上，普及型轿车在德系品牌中的占比达到54%，其中捷达、桑塔纳、朗逸、速腾、高尔夫等车型在其所在细分市场中的地位也是不可撼动、十分稳固。与之相反，自主品牌则把战略重心放在 SUV 产品上，各主流自主品牌 SUV 占其总销量的比重基本都在 50%以上，有的甚至能达到百分之八、九十以上，而其在普及型轿车上的投入则相对较少。美系和日系品牌市场占比的提升主要得益于近年新车型集中上市带来的新产品效应，其中部分换代车型重新调整市场定位也取得了不错的销量表现，如新英朗、新卡罗拉等。同时，日系品牌中丰田、本田“双车战略”的成功实施也为其巩固市场地位提供了有力保障。相较而言，近两年法系和韩系品牌纯新产品少，市场竞争力减弱，市场占比也逐年下滑。

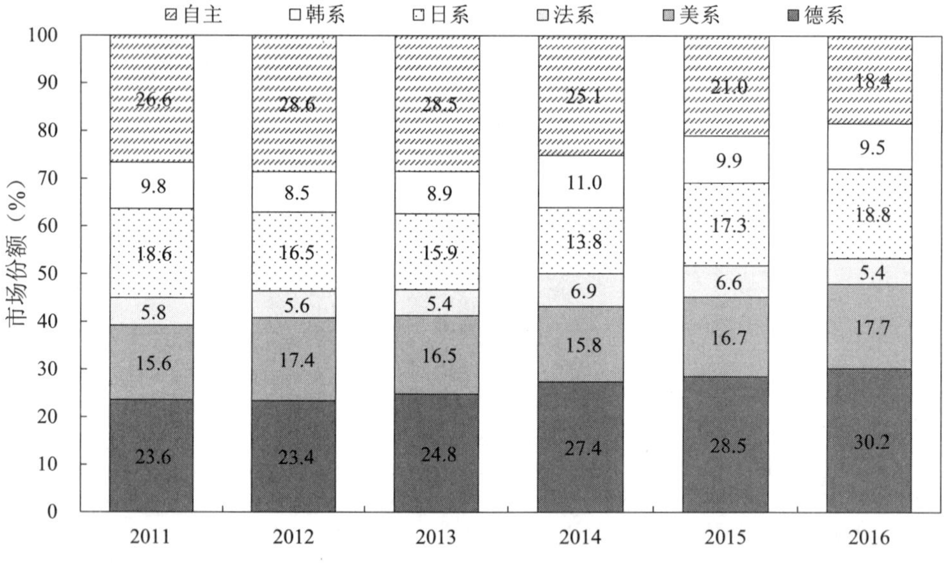

图4 2011～2016年普及型轿车分车系份额结构

3．区域结构

从全国各大区发展状态来看，东北区、西北区、华东区三个大区的普及型轿车占比仍处于下行通道当中（见图 5），华南区比例持续提升，华北区、西南区相对稳定。这与各省份经济发展状况、人口流动趋势及乘用车市场发展成熟度等因素均存在较大关系。东北区是老重工业基地，近几年受国家产业结构调整，国企改革及资源型行业不景气等因素影响经济增长缓慢，同时经济的不景气，对人口的吸引力不足，于是更多人口外流，导致整个东北区的购买力持续下滑。西北地区情况与东北地区相似，而且西北地区地貌形态复杂，道路建设落后，消费者更倾向于购买越野性能相对较好的 SUV 车型，也不利于其普及型轿车市场的发展。华东区各省经济相对发达，城镇化率高，乘用车市场起步早，市场成熟度高，千人保有量高于全国平均水平，市场潜力相对较小，尤其以浙江、江苏、上海最为显著。与上述三个地区相反，近几年华中地区普及型轿车市场发展相对较快，市场占比逐年提升，这主要也得益于华中各省近几年经济的快速增长。华中地区承接东部沿海产业结构转移，经济增长良好。经济的快速增长为其乘用车市场的发展提供了动力，同时华中地区庞大的人口基数和较低的千人保有量也为其乘用车市场的快速发展奠定了深厚的“群众基础”。华南地区普及型轿车的快速增长则主要依靠广东省，广东省普及型轿车市场占华南地区普及型轿车总市场的80%，虽然广东省有广州、深圳两座限购城市，但限购不限行的政策本质上没有抑制市场需求，同时国家重点打造珠三角经济带，建设珠三角经济群也为其周边城市的经济注入活力，市场需求大幅增加。

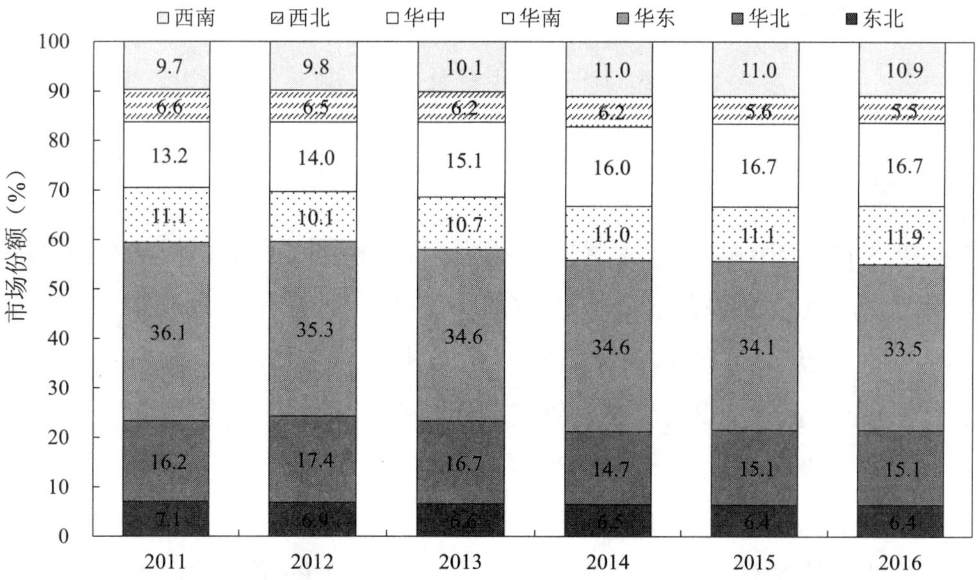

图5 2011～2016年普及型轿车各区域份额结构

4. 排量结构

分排量来看，普及型轿车小排量化趋势明显。2016 年 1.6L 及以下小排量车型占总市场比重继续大幅提升，达到 94.2%（见图 6）。这一方面是受购置税减半政策的刺激作用，另一方面，为应对国家对乘用车企业平均油耗日趋严苛的标准，很多企业加大了 1.4L 及以下排量的产品布局力度。有的企业，例如长安福特，甚至率先引入 1.0T 发动机，并配置在其明星产品福克斯上，也有不错的销量表现。

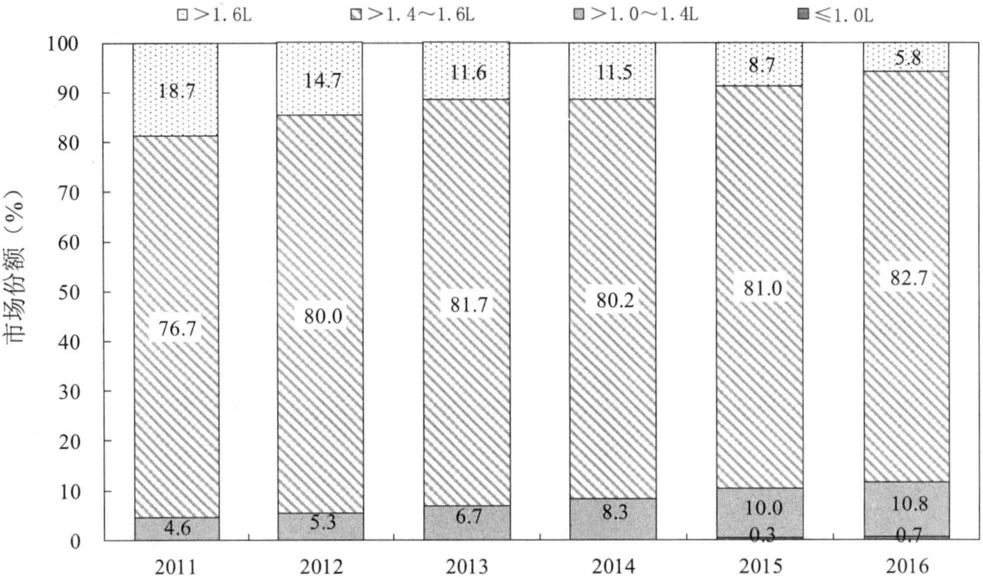

图6 2011～2016年普及型轿车排量结构变化

5. 主要产品表现

和往年一样，2016 年普及型轿车销量排名前十位的车型依然全部为合资品牌（见图 7），其中德系品牌车型占据其中五席，日系和美系分别占据两席，韩系仅一款车型进榜，而自主品牌仍然一席难求。从各车型表现来看，德系五强一扫 2015 年的阴霾，在 2016 年全面实现正增长。美系品牌两款车型表现同样亮眼，其中英朗凭借其成功的市场重新定位策略，从上市起便受到追捧，上市仅 4 个月销量便突破两万辆，2016 年其销量更是达到销量顶峰，月均销量突破三万辆大关，累计同比增速达到 87.7%，排名从 2015 年的第八位跃升至第二位。相较而言，日系和韩系品牌车型增速相对较慢，排名出现不同程度的下滑。这一方面与日韩系车型 2015 年基数相对较高有关，另一方面与日韩系品牌加强普及型轿车产品线布局有关。东风日产在原有新、老轩逸的基础上又投入了一款蓝鸟车型，北京现代在原有朗动和悦动的基础之上又投入了领动，这在一定层面上也分流了原有老车型的销量。相较 SUV 和 MPV 等新兴市场，普及型轿车进入我国市场早，发展成熟度高，部分车型投放市场的时间甚至超过二十年，树立了良好的用户口碑并建立了深厚的用户基础，这在一定程度上也加大了新进产品与之抗衡的难度，产生了强者愈强，弱者愈弱的现象，这一点也体现在 Top10 产品的销量集中度上。2016 年 Top10 产品集中度相较 2015 年增长了 3.6 个百分点，达到 37.5%。

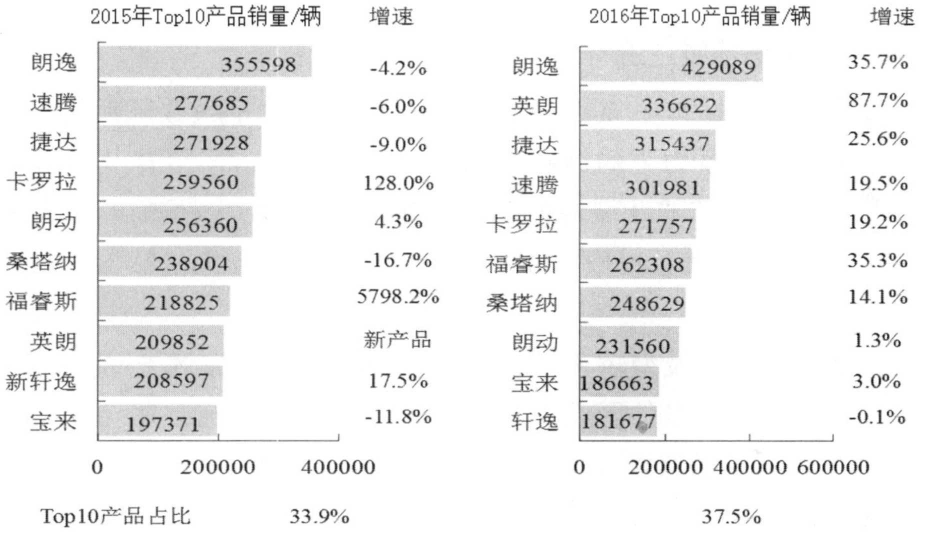

图 7　2015～2016 年 1～11 月普及型轿车 Top10 销量排名及集中度水平

二、2017 年普及型轿车市场展望

1．宏观经济与政策法规

2017 年是进入“十三五”规划的第二年，各项改革进入施工期，各项措施若能很好落实，会有望稳定市场预期，产生新的制度红利。但房地产过度泡沫化，金融市场杠杆率过高，国企改革步伐缓慢等一系列不确定因素也给 2017 年的经济增长带来很大压力。同时，国际形势的不稳定性，尤其是发达经济体中以欧盟内部动荡和美国总统换届可能政策大幅变化引发的外部环境不确定的持续，使得我国经济在短期内很难借助外力回暖。总的来看，2017 年我国经济仍

会面临比较大的下行压力，经济增速会继续考验 6.5%的底线。

政策法规方面，2016 年 12 月 16 日，国家颁布乘用车购置税新政，明确自 2017 年 1 月 1 日起至 12 月 31 日止，对购置 1.6L 及以下排量的乘用车减按 7.5% 的税率征收车辆购置税。这对乘用车市场来说是喜忧参半：忧在政策力度不及 2016 年，刺激效果必然不及 2016 年，喜在政策仍会对乘用车市场发挥作用。2016 年购置税减半政策透支 2017 年部分市场，预计 2017 年一季度市场大概率负增长，以后市场增速逐步恢复，四季度受政策刺激作用销量大幅提升，但受 2016 年高基数影响，增速亦不会太高。同时，各地逐步取消二手限迁政策，刺激二手市场快速发展，从而对新车销量产生正面作用。整体来看，2017 年乘用车总市场销量预计可达 2380 万辆，增速 4.8%。

2．普及型轿车发展预测

（1）新产品　2015 年和 2016 年是普及型轿车新产品及改款换代产品投放的高峰年，多款市场竞争力强的纯新产品及换代产品上市，给普及型轿车市场带来不少活力。但 2017 年普及型轿车市场纯新产品数量将大幅减少，而 SUV 市场 2017 年仍将有大批新产品投放。新产品投放力度的差异，必然导致双方市场占比继续分化。

（2）政策作用　普及型轿车 1.6L 以下的车型销量占比达到 94%，因此 2016 年在购置税减半政策刺激的影响下，销量大幅提升，这也必然导致大量的市场透支。2017 年购置税虽然以 7.5%延续，但刺激效果将大打折扣，预计难以弥补 2016 年的透支量。

（3）市场高端化　随着市场换车高峰的到来，消费者购车高端化趋势明显，而且首辆汽车为两三厢轿车的用户再购车时选择 SUV 车型的用户比例也逐步提升，同时随着市场竞争的加剧，高端车型价格大幅下探，也对普及型轿车产生较大影响。

综合以上因素考虑，2017 年普及型轿车市场增速将大幅放缓，预计保持零增长或微负增长。

（作者：姜兆文）

2016年SUV市场分析及2017年展望

一、2016年国内乘用车市场概况

2016年1～11月份，汽车产销2502.70万辆和2494.80万辆（见表1），同比增长14.26%和14.11%。乘用车产销2174.33万辆和2167.81万辆，同比增长15.56%和15.57%。其中，基本型乘用车（轿车）产销1086.37万辆和1089.52万辆，同比增长3.95%和4.14%；运动型多用途乘用车（SUV）产销803.63万辆和793.88万辆，同比增长46.25%和45.49%；多功能乘用车（MPV）产销223.86万辆和222.44万辆，同比增长19.30%和21.28%；交叉型乘用车产销60.47万辆和61.97万辆，同比下降39.11%和38.30%。SUV同比增速45.49%，与2015年同期增速下降5.63个百分点，但依然位列乘用车类别中增速最高。

表1　2016年1～11月份乘用车各细分市场销量及增长率

细分市场	2016年1～11月份销量/万辆	同比增长率（%）
汽车	2494.80	14.11
乘用车	2167.81	15.57
轿车	1089.52	4.14
MPV	222.44	21.28
SUV	793.88	45.49
两轮驱动	677.69	47.37
四轮驱动	98.23	35.30
交叉型乘用车	61.97	38.30

狭义乘用车市场中，轿车整体销量同比增加4.14%，实现小幅增长，2016年前11月份市场份额结构比例也较2015年下降6.72%（见图1）；MPV市场结构比例微增0.05%；SUV结构比例增长6.67%，市场份额总体呈现逐年递增趋势。SUV和MPV市场份额结构均呈现增长比例，多功能车类（SUV+MPV）占狭义乘用车市场份额48.26%，轿车为51.74%，相差3.48个百分点。

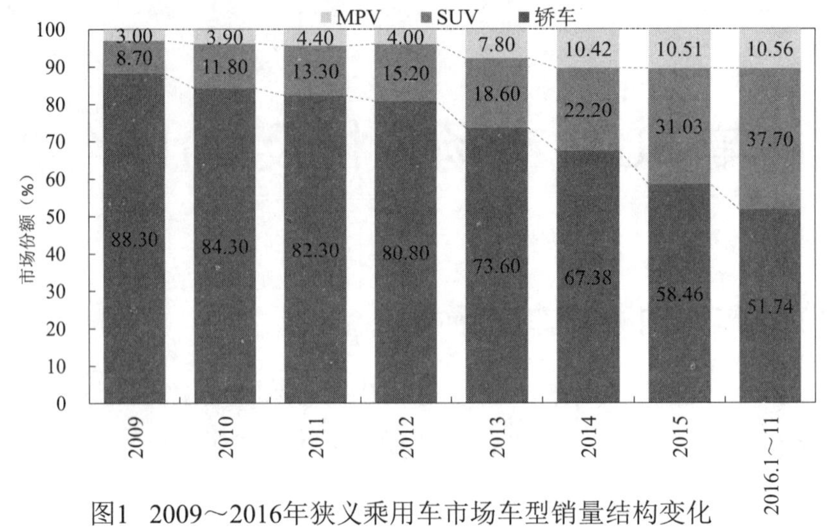

图1　2009～2016年狭义乘用车市场车型销量结构变化

二、2016年国内SUV市场分析

1．国内销量前十SUV车型竞争格局

2016年前11月累计销量第一名依然由哈弗H6领衔（见图2），哈弗H6凭借结实可靠、皮实耐用、市场保有量大，销量稳守冠军宝座，月均销量4.5万辆。2016年年初销量曾迅猛一时的上汽通用宝骏560，单月销量也直追哈弗H6，从3月月销量4万余辆开始退坡，让出盘踞数月的亚军宝座，而广汽传祺GS4自4月起赶超宝骏560荣登销量榜单亚军，第二、三名的累计销量差距1.74万辆。参考2016年排名第十的哈弗H2销量，月均销售1.45万辆以上，才能有机会进入十强。

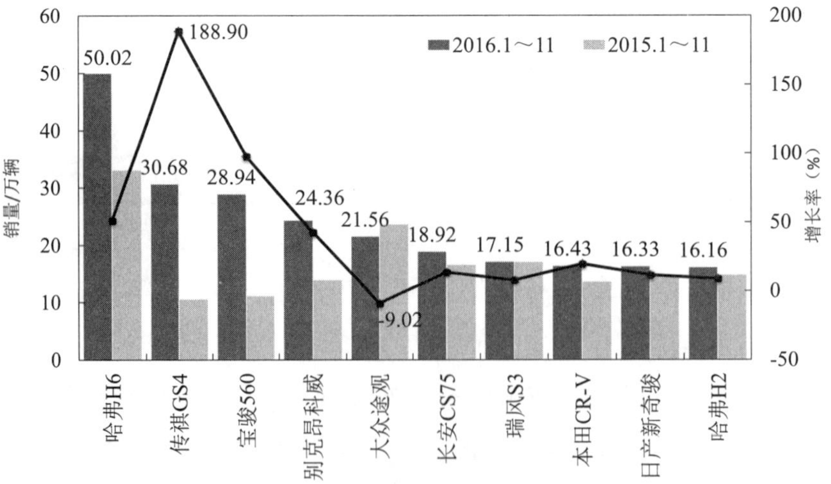

图2　2016年1～11月份国内SUV车型销量排行前十

国内 SUV 销量排名前十榜单与 2015 年情况对比（见表 2），前十整体车型名单变化不大，相同点为 2015 年和 2016 年前十名均有 6 个自主品牌 SUV 车型在列，2015 年长安 CS35 位列第五名和北汽幻速 S3 居第八，2016 年则为广汽传祺 GS4 和上汽通用五菱宝骏 560 这两匹强实力的黑马分别位列销量第二、三名，至此，2016 年国内 SUV 销量前三名均由自主车型包揽。前十榜单中，除日系两名，美系、德系各占一席。

表 2 2015～2016 年 SUV 销量前十排名

	第一名	第二名	第三名	第四名	第五名	第六名	第七名	第八名	第九名	第十名
2015 年	哈弗 H6	大众途观	瑞风 S3	长安 CS75	长安 CS35	哈弗 H2	日产奇骏	北汽幻速 S3	别克昂科威	本田 CR-V
2016 年	哈弗 H6	传祺 GS4	宝骏 560	别克昂科威	大众途观	长安 CS75	瑞风 S3	本田 CR-V	日产新奇骏	哈弗 H2

2．自主 SUV：黑马成双，整体更强

近年来，国内 SUV 市场增速迅猛，2015 年自主品牌 SUV 在整个 SUV 市场所占比例达 53.8%。2016 年国内 SUV 销量前十排行榜，自主品牌包揽前三名（见图 3），整体占 6 席。其中，销量排名第二名的广汽传祺 GS4 和第三名宝骏 560 可谓是具有强实力的黑马，更突显出自主品牌在 SUV 领域整体的竞争力强大。分析主要原因，自主品牌提前把握了市场机遇，纷纷谋划布局 SUV 市场，大多数车企推出的自主品牌 SUV 车型价格极具竞争力，尺寸级别全，配置丰富多样，性价比高，目前受市场消费者欢迎，销量随之增长，自主品牌是 SUV 领域的大赢家。

自主 SUV 领域，除出现了长城汽车哈弗 H6 和 H2 两款销量俱佳的双刃剑，长安也凭借 CS75 和 CS35 两款车型搭档拓展长安的 SUV 销量疆场。2016 年，自主另一款关注度较高的 SUV 吉利博越，受上市较晚、产能限制等因素，销量未充分体现，未来或将彻底释放更多的增量。2016 年前 11 月自主 SUV 十强中，第九名奇瑞瑞虎月均销量近 9500 辆（见表 3），再次印证月销万辆是每个 SUV 车型迈入列强的及格成绩单。

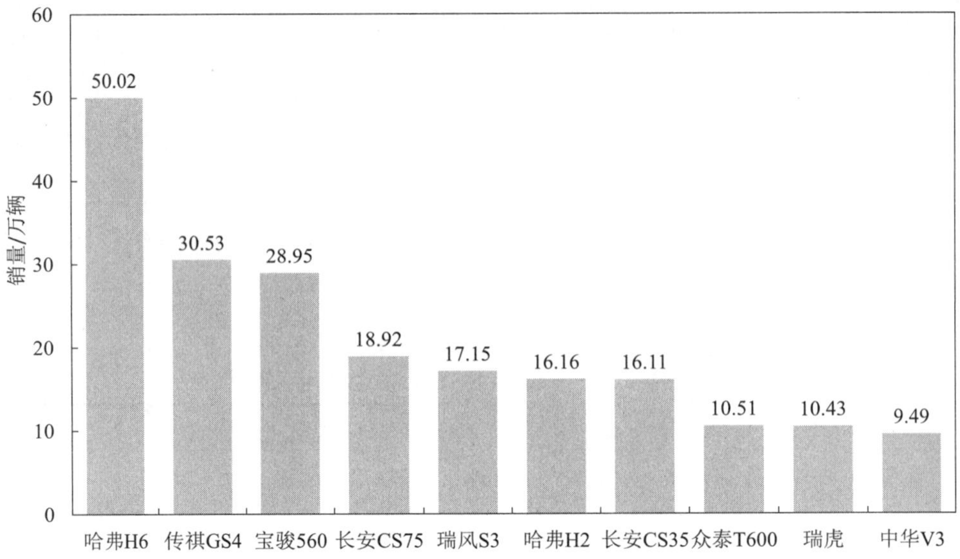

图3 2016年1～11月份国内自主品牌SUV车型销量排行前十

表3 2016年1～11月份自主品牌前十SUV车型分月度销量表

（单位：辆）

车型	1月	2月	3月	4月	5月	6月
哈弗H6	42188	33062	46075	43946	37435	37547
传祺GS4	30513	15020	28051	25083	26044	26154
宝骏560	40002	30970	42077	24963	18515	18002
长安CS75	27148	16888	22037	10663	11495	8624
瑞风S3	24732	17934	20097	12148	11275	11271
哈弗H2	17268	11022	10768	10711	12476	10089
长安CS35	20806	14125	18255	13510	11785	12031
众泰T600	13626	9210	10061	12156	4406	6005
瑞虎	10985	7486	5932	5108	11446	7443
中华V3	16693	15825	10810	9325	6768	5057
车型	7月	8月	9月	10月	11月	1～11月累计
哈弗H6	39079	40629	53268	56667	70292	500188
传祺GS4	27615	26409	34207	35521	32183	306800
宝骏560	15607	15112	22231	30820	31248	289547
长安CS75	6737	15017	24820	23790	21978	189197
瑞风S3	10966	3881	21888	19659	16549	170400
哈弗H2	10073	11875	20242	21079	26039	161642

（续）

车型	7月	8月	9月	10月	11月	1～11月累计
长安CS35	9594	11873	18493	17583	13092	161147
众泰T600	6586	8928	11885	11508	10764	105135
瑞虎	10020	9537	9100	12917	14329	104303
中华V3	2207	4865	8313	8232	6963	95058

3．合资SUV：销冠易主，韩系更需一展宏图

要总结合资SUV领域，不得不先叙述下历史。其中，2012年可作为一个历史里程碑节点。2007～2011年的5年时间，本田CR-V一直位于合资SUV销量冠军。2012年本田CR-V被大众途观反超，在2012～2015年大众途观继任合资SUV的销量冠军。而2016年似乎又可作合资SUV领域的第二个里程碑年份，2016年1～11月份累计数据显示，大众途观被别克昂科威反超（见图4），其中别克昂科威累计销量24.36万辆，大众途观为21.56万辆，累计超出近3万辆。别克昂科威畅销是否能决定2016年合资SUV领域销冠的易主，还需要12月销量数据的最终坐实。

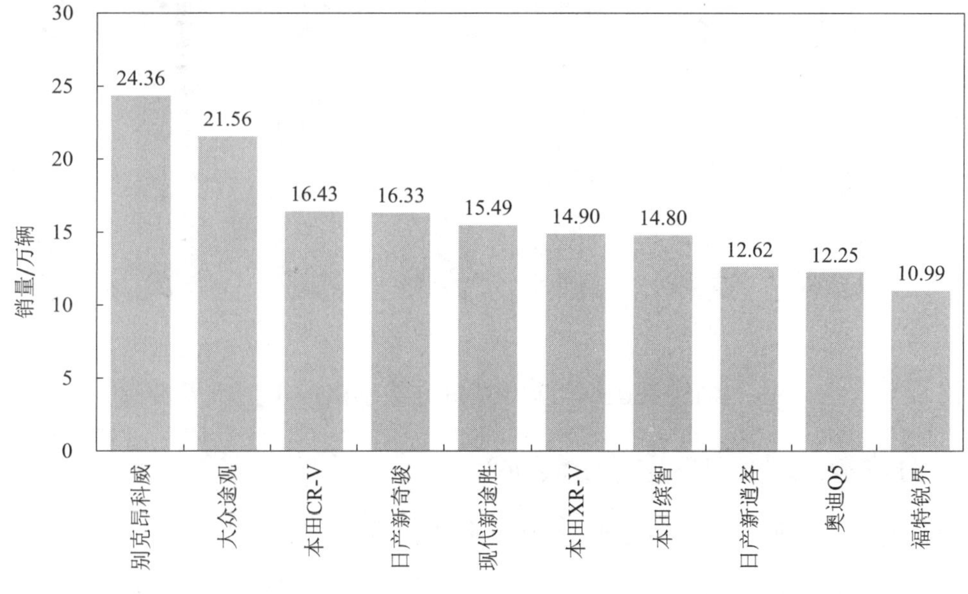

图4 2016年1～11月份国内合资品牌SUV车型销量排行前十

合资SUV销量排行前十车型榜中，日系分别凭借本田CR-V、日产新奇骏、本田XR-V、本田缤智、日产新逍客占据5个席位，而且这5个车型的销量之和

占到前十合资 SUV 车型总和的 47%；韩系仅能看到现代新途胜进入前十，以往销量较为可观的起亚 SUV 车型销量暗淡，反而中型 SUV 级别的奥迪 Q5、福特锐界也晋级合资畅销 SUV 前十。

4．分级别：A 级和 A0 级市场份额此消彼长

2010～2015 年数据显示，A 级和 A0 级市场份额之和占 SUV 市场整体份额平均为 85%，近两年两者占比之和稳定在 83%（各级别份额见图 5）。结合分级别市场份额的历史数据特点，2016 年 1～11 月份 A 级市场份额较 2015 年增长的 4.45%，可以说正是 A0 级失去的市场份额。A0 级市场份额同比负增长，小幅下降 4.16%；两级别市场份额的浮动比例也较为吻合。B、C 级市场份额分别占比 15.35%和 0.44%，与 2015 年份额对比较为稳定。

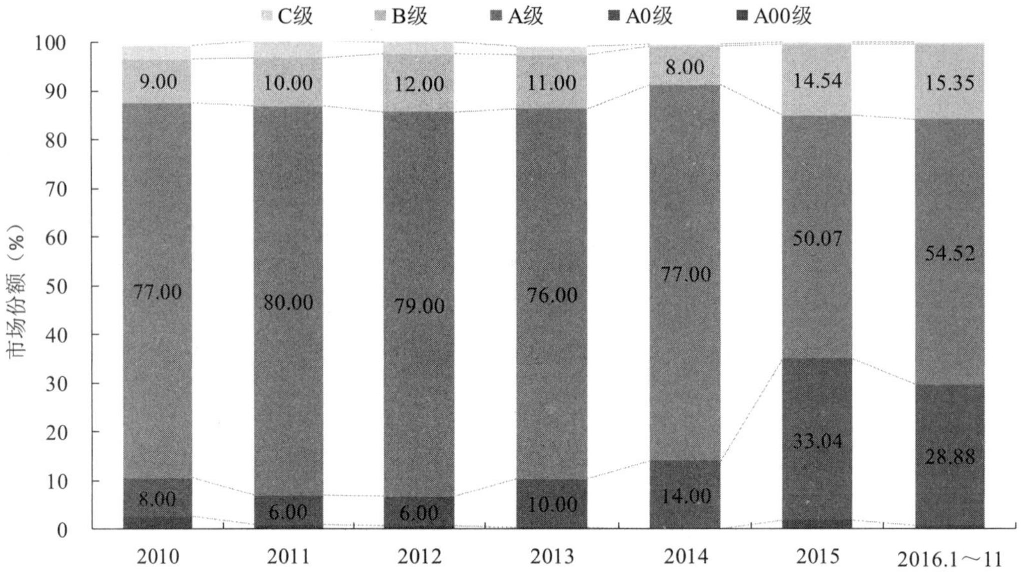

图5　2010～2016年前11月份分级别SUV车型市场份额

5．分排量：2.0L 以下市场份额 96%

1～1.6L 排量区间实现微增长 2.58%（见图 6），1.6～2.0L 区间下降 4.51%，2.0～2.5L 基数较小，比例的变动增长了一倍。从 SUV 分排量整体市场份额来看，2.0L 以下市场份额近 96%，2.0～2.5L 排量市场份额为 3.59%，2.5L 以上的市场份额为 0.5%。似乎传达出的信息是排量 2.0L 以上的就是“大排量”SUV 市场，该区间市场份额近 4%。

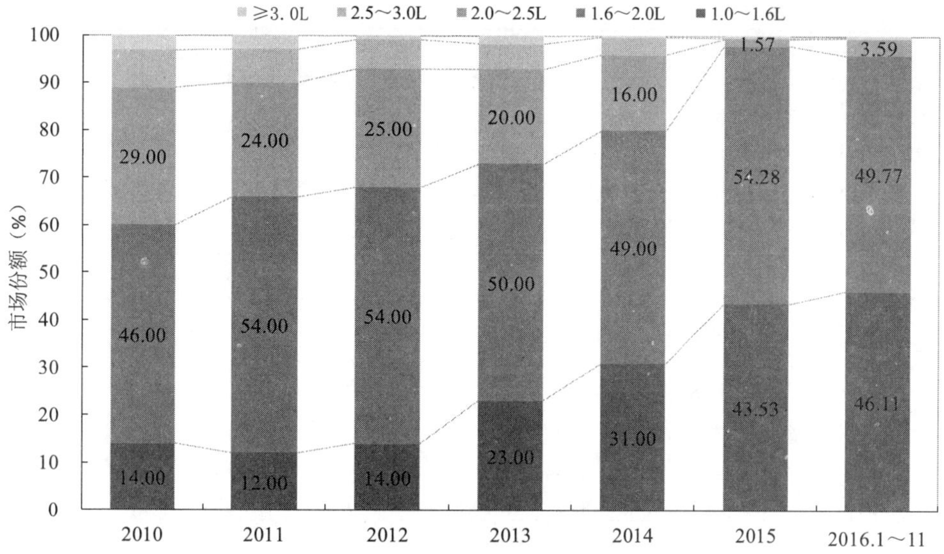

图6 2010～2016年前11月分级别SUV车型市场份额

6．2016 年上市全新 SUV 车型情况

经统计筛选，截至 2016 年 12 月 15 日，国内厂商投放市场的全新上市 SUV 车型，共计 36 款（见表 4），主要展现车型级别、价格维度。其中，厂家关注和市场消费者青睐的小型和紧凑型新车，占全部上市 SUV 车型总数的 74%；中型及以上级别 SUV 车型仅 9 款，而中型 SUV 通过自主全新上市的新车型，也在拉低中型 SUV 的入门级价格。2016 年上市的全新 SUV 车型，从某种程度上来讲，至少可以代表 2017 年 SUV 产品的发展趋势及特点，以及未来新增量的产品载体。

表 4 2016 年国内全新上市 SUV 车型列表

小型		紧凑型		中型	
名称	售价/万元	名称	售价/万元	名称	售价/万元
昌河 Q25	5.59～7.59	开瑞 K60	5.88～7.78	华晨鑫源斯威 X7	8.59～10.69
长安 CS15	5.79～7.39	凯翼 V3	6.28～7.88	众泰 SR9	10.88～16.18
奇瑞瑞虎 3X	5.89～8.09	东风风行 SX6	6.99～10.29	哈弗 H7	14.98～19.38
比亚迪元	5.99～12.19	吉利远景	7.49～10.19	广汽传祺 GS8	16.38～25.98
昌河 Q35	6.59～8.69	吉利帝豪 GS	7.78～10.88	宝沃 BX7	16.98～30.28
凯翼 X3	6.66～9.69	北汽威旺 S50	7.98～10.88	现代格越	25.90～38.78
北汽绅宝 X55	7.68～11.98	东风风神 AX5	8.97～12.87	广汽本田冠道	26.98～32.98
森雅 R7	7.89～9.99	吉利博越	9.88～15.78	合计	7 款

（续）

小型		紧凑型		—	
名称	售价/万元	名称	售价/万元	—	—
哈弗 H2S	8.38～10.28	观致 5	13.99～19.49	中大型	
北汽 BJ20	9.68～13.98	一汽马自达 CX～4	14.08～21.58	名称	售价/万元
雪佛兰创酷	9.99～14.99	东风悦达起亚 KX5	15.68～23.18	玛莎拉蒂 Levante	99.98～147.8
广汽菲克 Jeep 自由侠	14.18～17.88	东风雷诺科雷傲	17.98～26.98	合计	1 款
—	—	东风标致 4008	18.57～27.37	大型	
—	—	广汽讴歌 CDX	22.98～30.98	名称	售价/万元
—	—	英菲尼迪 QX30	24.98～38.98	奔驰 GLS	107.6～199.8
合计	12 款	合计	15 款	合计	1 款
合计					36 款

注：1. 全新上市车型包含初投放市场、全新换代车型，不包含年度款、特别款、增配等改款车型。

2. 按照车型尺寸级别大小、入门级配置售价顺序排列。

三、2017 年国内 SUV 市场展望

1. 客户的强烈需求是市场的最佳催化剂

SUV 本身设计的最大特点就是离地间隙较高，具有轿车所不具备的高视野、通过性大、驾乘空间大、后排储物空间灵活多变等特点。SUV 作为多功能类车，一车多用，甚至可以说能够替代轿车、皮卡、旅行车等多类车型的使用场景功能定义。目前大多数的购车消费者，包括初购车者以及换购车主，基于对日常上班代步和假日出行游玩的用车需求考虑，认为城市型 SUV 是第一选择。尤其是年轻购车者对小型 SUV 的热衷，也造就了小型 SUV 市场的火爆。着眼 SUV 市场的未来，消费者的强烈需求必然保证销量的增长。

2. SUV 热词：小型化和 7 座

国内 SUV 从最早发展到一定热度的单一大空间车型市场，已经演变到现在更加多样化的细分市场。SUV 小型化趋势更加迎合了购车消费者的需求。所谓

的小型化是尺寸级别由中型、紧凑级向小型化（A0 级及小 A 级）的转变，能够在尽量保证驾乘空间宽松的条件下，实现驾驶的灵巧机动性，以及解决城区停车空间有限而带来的停车不便问题。目前 SUV 的小型化仍是趋势热点，但各车企的策略有所不同，因此体现在产品布局上也不尽相同。例如从售价上区别，现市售自主品牌颇具性价比，价位区间 5 万～8 万元居多，合资小型 SUV 价位普遍在 10 万元级。未来年轻消费者购车增多，他们对小型（入门级）SUV 的需求是最基础的客户群体保障。当然，届时小型 SUV 市场的竞争格局也将随之升级。

7 座泛指所有具备第三排座椅、座位数为 6 座～8 座的车型。目前整体 7 座车市场商用为主，家用总量规模小，但近两年销量增长迅速。SUV 功能定义上兼容轿车、皮卡等，定义为多功能车，在实现多用途的前提下，多载客也是需求趋势。未来，7 座车由偏商用向家用定位的覆盖升级，7 座 SUV 能符合消费者对家用 7 座和 SUV 的组合选择。目前市场已推出各级别的 7 座 SUV 车型，例如紧凑型力帆迈威、开瑞 K60、广汽三菱欧蓝德；中型长安 CX70、东风风光 580、哈弗 H7、现代格越等。未来各车企还将推出更多的 7 座 SUV 车型迎合消费者的需求趋势。

3．“大势所趋”SUV 新能源化

SUV 具有鲜明的产品优点，同时也伴随着产品缺点，例如车型整备质量重、油耗较高、排放等。如何应对未来国家第四阶段油耗限值法规，是 SUV 车企未来发展的当务之急。车企厂商会着重策划 SUV 车型的节能及新能源化发展趋势。目前新能源 SUV 车型以国家对新能源鼓励技术路线为引导，市场主要车型以插电式混合动力（PHEV）和纯电动（EV）两种主流技术路线为主。目前行业的一个研讨话题点，即 SUV 车型新能源技术路线是以 PHEV 为主，还是以 EV 为主。考虑未来的新能源财政补贴政策退坡、电池成本短期内成本优势不明显、SUV 车型使用场景特殊（郊区出行、自驾游）、当前充电桩的布局点特点（以城市和高速路为主要）等因素，似乎插电式混合动力技术路线更适合 SUV 车型。另一方面，市场上也已有居多的纯电动 SUV 车型，例如特斯拉 MODEL X、比亚迪唐、宋、元系列、江淮 IEV6S、荣威 eRX5、华泰 xEV260 等。据国内某机构预测，EV 电池系统成本 2020 年会由 2016 年的 2.13 元/Wh 降至 1 元/Wh，电池系统成本的大幅度降低，在影响纯电动轿车普及的同时，也会促进 SUV 车型的进一步推广。

4. 2017 年 SUV 上市新车趋势

纵观2017年国内SUV市场新车投放，无论从外观颜值、内饰做工、动力性能等各个方面，都能够感觉到较高的新车整体实力，竞争也必将升级加剧，2017年对于SUV将注定是不平凡的一年。从已知信息来看，本田CR-V、大众途观都将迎来全新换代车型投放上市（见表5）。参看2016年国内SUV销量，现款CR-V销量下滑，换代势在必行，新一代CR-V动力方面将搭载1.5T涡轮增压发动机，匹配CVT变速箱。大众途观也要在2017年推出其换代车型，其中的途观 L 是首款基于 MQB 平台打造的 7 座 SUV，新车轴距将加长 110mm 达2791mm，越级轴距定位升级为中级 SUV，新车动力总成将搭载 1.4L、1.8L、2.0L 三款涡轮增压发动机。目前途观L已公布部分配置版本的售价区间为27.68万元～35.98 万元，价格异常偏高，也属越级水平。与此同时，大众另一款同出于MQB平台的斯柯达首款7座SUV柯迪亚克预计也将国内上市。美系车方面，雪佛兰Equinox将会换掉老将科帕奇，定位比昂科威略低，将和昂科威并肩组成通用SUV阵线新联盟。起亚KX7新车尺寸4730mm×1890mm×1690mm，轴距为2700mm，采用7座布局。据悉，丰田小型SUV CH-R已于日本国内开售，售价折合人民币14万元起。近两年丰田可能也会将CH-R引入国产，以此来填补国内 SUV 市场丰田旗下小型 SUV 的空缺，不知 2017 年丰田是否会先以进口方式进入我国市场。

表5　2017年预上市车型列表

小型	紧凑型	中型及以上	
宝骏 510	广汽菲克 JEEP 新指南者	东风日产启辰 T90	力帆 X80
上汽名爵 ZS	一汽奔腾 X40	长安 CS95	马自达 CX-9
丰田 CH-R	起亚极睿（进口）	上汽大众 Teramont	雪佛兰 Equinox
—	哈弗 F6	上汽通用雪佛兰探界者	起亚 KX7
—	全新本田 CR-V	斯柯达柯迪亚克	—
—	全新途观	江淮瑞风 S7	—
—	长安 CS55	—	—

5．2017 年继续保持稳增长

SUV 市场的持续高速增长主要与两方面因素有关。一是国内乘用车市场还存在着巨大的刚性需求；二是汽车消费偏好转变，SUV 功能特性更符合新一代年轻购车群体及换购车主对 SUV 的个性化需求。2017 年国内 SUV 市场仍将继续稳定增长，且将延续 2016 年的市场基本特征。紧凑型是主体，小型 SUV 市场空间快速提高，城市型 SUV 车型的市场份额也将得到进一步巩固。结合 2017 年预上市的 SUV 车型情况，新一代车型竞争力普遍较强，不排除会出现搅局者或大黑马，竞争只会越来越激烈。最后，综合因素剖析，初步预测 2017 年 SUV 领域或将保持 40%左右的增速。

（作者：王巨鹏）

2016年MPV市场分析及2017年展望

2016年是我国加入WTO的第15个年头，按协议规定，满15年后，我国可以彻底摘掉“非市场经济国家”的帽子了。这一年也是我国“十三五”规划行进中的第一年，中央提出的供给侧结构性改革初见成效，提高了改革整体效能，扩大了改革受益面，进一步拓展了经济增长的新动能，但依然面临通缩风险与潜在通胀、滞涨并存的压力。汽车产业作为国民经济支柱产业之一，因受利好政策的影响，2016年市场销量大幅增长，成为国民经济中的亮点行业。

2016年1～11月份国产汽车销量达2494.79万辆（见表1），同比增长14.1%，其中狭义乘用车销量为2105.84万辆，同比增长18.6%；商用车销量326.98万辆，同比增长5.3%；交叉车型销量61.97万辆，同比下降38.3%。在狭义乘用车中，2016年1～11月份轿车累计销售1089.52万辆，MPV销售222.43万辆，SUV销售793.87万辆，同比分别增长4.1%、21.3%、45.5%。MPV和SUV在乘用车中的占比合计48.3%，与2015年同期相比，猛增7.2个百分点，其中MPV占比较2015年同期稍有增长，达10.6%；SUV已经高达37.7%，占比大涨7个点。

根据全国乘用车市场信息联席会2016年年初对车市走势的判断，2016年呈“前低中高后稳”的态势，现在看来，政策激励作用超乎想象，再加上8、9月间传出政策将到10月底为止的谣言，属意料之外的因素，使市场非理性地增长，更准确地讲，应该是“前低后高”的趋势。

表1　2016年狭义乘用车及商用车的销量

分类	2016年11月销量/辆	2015年11月销量/辆	同比增长（%）	2016年1～11月份销量/辆	2015年1～11月份销量/辆	同比增长（%）
轿车	1283508	1170590	9.6	10895244	10461876	4.1
MPV	235725	218385	7.9	2224388	1834079	21.3
SUV	1018627	716195	42.2	7938785	5456701	45.5
狭义乘用车	2537860	2105170	20.6	21058417	17752656	18.6
交叉车型	52297	91603	-42.9	619721	1004490	-38.3
商用车	348496	311991	11.7	3269856	3105383	5.3
汽车合计	2938653	2508764	17.1	24947994	21862529	14.1

一、国产 MPV 市场

MPV 在乘用车这个大市场中也水涨船高，2016 年 1～11 月份累计销售 222 万辆，同比增长 21.3%，创历史新高。7 月为 2016 年销量的谷底（见图 1），销量也在 15 万辆以上，9 月及以后销量更是达到 20 万辆以上，12 月预计可达 28 万辆。

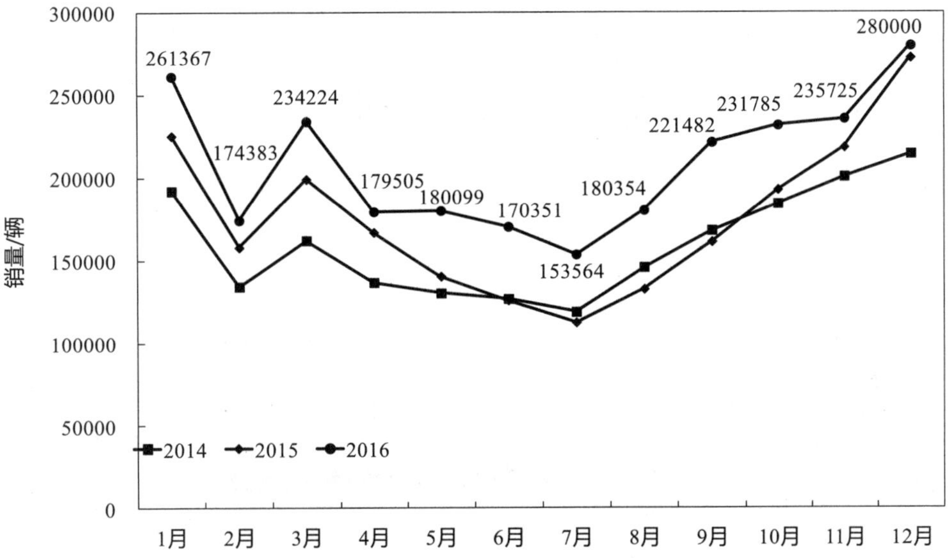

图1　2016年MPV市场月度销量走势

（注：图 1 中 12 月数据为预测值。）

从季度趋势线图看，2016 年二、三季度销量比较低，但也都在 50 万辆以上（见图 2），大大高于 2015 年同期，分别达 52.99 万辆和 55.54 万辆；10～11 月份的数据也都达到 23 万辆以上，预计第四季度将达 75 万辆，2016 年销量表现超常大部分应归功于汽车购置税优惠的利好政策。12 月 15 日，国家财政部公布“关于减征 1.6L 及以下排量乘用车车辆购置税的通知”，业界讨论许久的优惠政策终于靴子落地。

虽然 2017 年政策给予优惠 2.5 个百分点，相比 2016 年底前的 5 个百分点有所降低，但对一辆 10 万元价位的车来说仍然约省 2000 元，许多消费者还是趋之若鹜，计划提前入手，年底的突击消费是不可避免的。有迹象表明进入 2016 年 12 月，厂家的批发与零售都大超预期，市场已经进入到政策即将“半退”前的疯狂，预计 2016 年 12 月全国销量都会高于预期。预计厂家为了使 2017 年初的销售数据不至于太难看，可能会把 2016 年 12 月销量雪藏部分销量，到年初再回吐，故对 12 月的 MPV 销量预估 28 万辆的水平，第四季度销量达近 75 万辆。

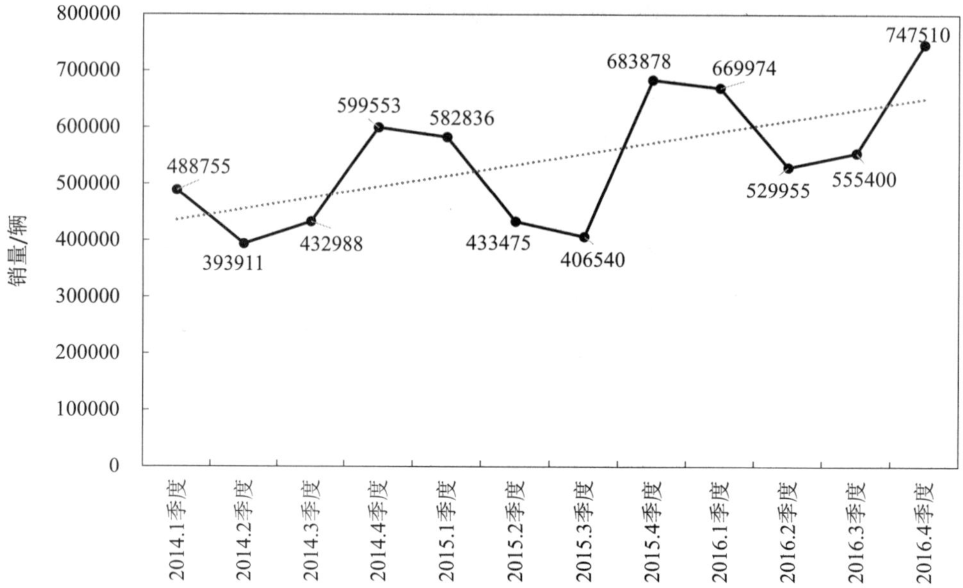

图2　2016年MPV市场季度销量走势

二、MPV 细分市场的特点

1．市场集中度分化

与 2015 年同期相比较，MPV“前五强”集中度有所提升，达 58%，“前十强”集中度有所下降，为 75.6%（见表 2）；排名第 11～27 位的产品销量占比是 20.2%（以前 11 个月份累计销量进入 1 万辆以上的划界）；最后 31 款车型销量为 9.38 万辆，同比下降 30.7%，仅占 4.2%的市场份额。MPV 市场体现了“强者恒强”的发展态势。

MPV 市场前五强都是近年来投放的新款 MPV 车型，五菱宏光及宝骏 730、东风小康风光、长安欧诺及欧尚，呈“三企五车”的竞争态势，其中上通五菱和长安汽车是由传统微型汽车厂商“转场”而来，它们的华丽转身，让业务全面换档提速；东风小康也是异军突起，代表了东风系的新生力量，2016 年已销售 15.09 万辆，同比大增 76.6%。五车相加销量近 130 万辆，净增 20 万辆以上。至此，上汽、长安和东风在 MPV 界形成领军地位。

表 2　2016 年 MPV 车型累计销量及同比

序号	厂家	车型	2016 年 1～11 月份销量/辆	2015 年 1～11 月份销量/辆	增长率（%）	2016 年份额（%）	月均销量	集中度（%）
1	上通五菱	宏光	567475	578787	-2	25.5	51589	75.6
2	上通五菱	宝骏 730	320041	273379	17.1	14.4	29095	
3	东风小康	风光	150912	85467	76.6	6.8	13719	
4	长安汽车	欧诺	142603	133297	7	6.4	12964	
5	长安汽车	欧尚	108129	—	—	4.9	9830	
6	北汽银翔	幻速 H3	94301	7515	1154.8	4.2	8573	
7	东风柳州	菱智	86214	108312	-20.4	3.9	7838	
8	北汽股份	威旺 M20/30	85042	71676	18.6	3.8	7731	
9	东风柳州	S500	68764	—	—	3.1	6251	
10	江淮瑞风	瑞风	58708	54055	8.6	2.6	5337	
11	奇瑞汽车	Q26	55250	37382	47.8	2.5	5023	20.2
12	华晨金杯	金杯 750	50825	21318	138.4	2.3	4620	
13	上汽通用	新 GL8	39851	36232	10	1.8	3623	
14	广州本田	奥德赛	34584	36539	-5.4	1.6	3144	
15	上汽通用	GL8	30695	36484	-15.9	1.4	2790	
16	东风本田	杰德	29654	46180	-35.8	1.3	2696	
17	北汽银翔	威旺 M20	27623	47970	-42.4	1.2	2511	
18	东风本田	艾力绅	27622	6418	330.4	1.2	2511	
19	江西昌河	福瑞达 M50	27309	17818	53.3	1.2	2483	
20	上汽大众	新途安	24030	—	—	1.1	2185	
21	上通五菱	征程	17072	20907	-18.3	0.8	1552	
22	上汽大众	途安	16812	30902	-45.6	0.8	1528	
23	上汽商用车	大通 G10	16784	12706	32.10	0.80	1526	
24	潍柴汽车	英致 737	15834	8934	77.2	0.7	1439	
25	华晨金杯	阁瑞斯	12219	10871	12.4	0.5	1111	
26	北汽银翔	幻速 H2	11490	15353	-25.2	0.5	1045	
27	福田汽车	伽途 ix	10652	—	—	0.5	968	
28	其他 31 款车型小计		93893	135577	-30.7	4.2	8536	4.2
合计			2224388	1834079	21.3	100	202217	100

注：5、9、20、27 为新车。

2．MPV出现哑铃型增长趋势，自主兼用型MPV成为增长最快赢家

按常规把MPV市场分为五大细分市场（合资商务、合资兼用、自主商务、自主兼用、自主小型商用），合资商务MPV累计销量达到了15.29万辆，同比增长18.8%，市场占有率为6.9%；合资兼用MPV累计销售7.69万辆，同比下降10.8%，市场占有率为3.5%；自主商务MPV累计销售19.29万辆，同比下降9.7%，市场占有率为8.7%；自主兼用MPV累计销量为68.28万辆，同比增长89.7%，市场占有率为30.7%；自主小型商用MPV累计销量已达111.86万辆，同比增长7.0%，市场占有率为50.3%。

从中发现市场整体增长21.3%，合资商务、自主兼用和自主小型商用是增长的（见表3），合资兼用与自主商务子市场均负增长。从2015年开始，自主兼用MPV大幅增长，2016年依旧领涨MPV市场，前几年疯涨的自主小型商用MPV反而退居二线，其增长率（7.0%）还不如合资商务MPV（18.8%）高。MPV市场基本上呈现哑铃型增长趋势。

表3 2015～2016年五大品类车型销量及市场占有率对比

功能	2016年1～11月份销量/辆	2015年1～11月份销量/辆	增长率（%）	2016年份额（%）	2015年份额（%）	份额变化（%）
合资商务	152981	128762	18.8	6.9	7.0	-0.1
合资兼用	76966	86309	-10.8	3.5	4.7	-1.2
自主商务	192954	213652	-9.7	8.7	11.6	-3.0
自主兼用	682804	359912	89.7	30.7	19.6	11.1
自主小型商用	1118683	1045444	7.0	50.3	57.0	-6.7
合计	2224388	1834079	21.3	100.0	100.0	—

（1）合资商务MPV市场　在合资商务MPV市场中，东风本田的艾力绅以价换量，促进销量大增（330%）；奥德赛定位高于艾力绅，销量出现同比小幅下滑（-5.4%）；别克新GL8有小幅增长（10%），GL8销量同比却出现下滑（-15.9%），别克与本田两大品牌四个车型的销量占合资商务市场的86%，所以这个市场主要是别克与本田品牌的竞争。合资商务MPV历来在国内MPV市场中具有风向标作用。2016年11月，别克GL8华丽转身，推出全新一代别克GL8豪华商旅车（Avenir），呈现更为豪华的细节和品质，产品价格覆盖到20万～45万元，定位覆盖从商务到精英家庭，喊出了“GL8在哪里，家就在哪里”的保姆

式关怀；同期奥德赛也不示弱，在广州车展上推出了定价在 35 万元的至尊福祉版，2017 年两强争霸，试看谁能“坐·享其程”。

（2）自主兼用型 MPV 市场　在自主兼用型 MPV 市场中，由宝骏 730、东风柳汽 S500、英致 737、北汽威旺 M50F 等构成的宜商宜家 MPV 车型，近年来成为 MPV 市场增长最快的主力军。

3．中系车成 MPV 市场的中流砥柱，占有近九成的份额

中系品牌 MPV 销量在整体 MPV 市场中占有绝对优势。2016 年 1～11 月份中系车累计销量达 199.44 万辆，同比增长 23.2%，占有率为 89.7%；德系车销量为 5.08 万辆，同比增长 44.9%，市场占有率为 2.3%；美系车销量为 7.05 万辆，同比下降 3.0%，市场占有率为 3.2%；日系车销量为 10.85 万辆，同比微增 1.2%，占有率为 4.9%（见表 4）。低端 MPV 拥有国内普通阶层的千万粉丝，是国外市场所不具备的优势，这是我国具有高度中国特色的 MPV 市场。

表 4　2015～2016 年 MPV 车系销量及市场占有率

来源地	2016 年 1～11 月份销量/辆	2015 年 1～11 月份销量/辆	增长率（%）	2016 年份额（%）	2015 年份额（%）	份额变化（%）
中系	1994441	1619008	23.2	89.7	88.3	1.4
德系	50828	35068	44.9	2.3	1.9	0.4
美系	70546	72716	-3.0	3.2	4.0	-0.8
日系	108573	107287	1.2	4.9	5.8	-0.9
合计	2224388	1834079	21.3	100.0	100.0	0.0

4．传统 MPV 需求量达 110.57 万辆，增长率达 40.2%

按 2012 年传统口径来观察 MPV 市场，2016 年前 11 个月 MPV 销量达 110.57 万辆（见表 5），同比增长 40.2%，远高于 2016 年 MPV 现有统计口径的累计增长率（21.3%），而非传统（小型商用）MPV 的销量是 111.86 万辆，同比增长 7.0%，小型商用 MPV 始于 2012 年，经过近五年的大发展，现已步入低速增长期。总体上来说，我国近十年在多功能车上经历了三个阶段，即从具有草根特色的“交叉车型阶段”，跳跃到以五菱宏光为代表的“自主小型商用阶段”，现在又进入了以宝骏 730 等车型为主角的“兼用型 MPV”阶段。兼用型 MPV 市场的扩大，带动了传统 MPV 市场的大增长。从长远来看，对多座乘用车的需求

已经明显增长。如果符合生育条件的人群中有10%的人有愿望生二孩，那么届时二孩家庭对多座车型的需求将会大幅增长。

表 5　2015～2016 年传统与非传统（小型商用）MPV 销量及市场占有率对比

新旧统计法	2016 年 1～11 月份销量/辆	2015 年 1～11 月份销量/辆	增长率（%）	占比（%）
传统 MPV	1105705	788635	40.2	49.7
非传统 MPV	1118683	1045444	7.0	50.3
合计	2224388	1834079	21.3	100.0

5．1.6L 以下排量的 MPV 成为市场主流

2016 年由于购置税减半政策的正面影响，1.6L 以下排量的 MPV 成为市场主流，销量达 195.4 万辆（见表 6），同比增长 27.4%，市场增长最快，市场占有率提升 4 个百分点，净增 18 万辆；1.6～2.0L 档 MPV 占整个 MPV 的 5.6%，几乎与 2.0～2.5L 档的 MPV 齐名。

表 6　2012～2016 年各发动机排量对 MPV 市场销量的影响和对比

排量	2012 年销量/辆	2013 年销量/辆	2014 年销量/辆	2015 年销量/辆	2016 年 1～11 月份销量/辆	2016 年 1～11 月增长率（%）
1.0～1.6L	246466	982295	1501660	1766757	1954084	27.4
1.6～2.0L	62437	106633	149828	117953	125613	21.9
2.0～2.5L	156717	197249	228180	197885	128501	-27.6
2.5～3.0L	26861	34105	34041	23942	15901	-26.0
>3.0	915	534	546	192	289	88.9
合计	493396	1320816	1914255	2106729	2224388	21.3

6．进口 MPV 销售 16.21 万辆，需求下降 24.09%，占进口车 19.5%

进口 MPV 也是我国 MPV 市场的一个重要组成部分。2016 年以来，随着国际政治经济走势错综复杂，国内供给侧改革不断深化，进口车也进入了深度调整期。2016 年 1～10 月份，MPV 进口量达 16.21 万辆（见表 7），同比下降 24.09%，而乘用车平均负增长为 9.17%，所以 2016 年进口 MPV 是拖后腿的子市场，由于国内 MPV 的强大，有替代进口的作用，所以进口 MPV 的负增长也无可厚非。

表 7 2016 年 1～10 月进口 MPV 及其他车种的进口量及市场占有率对比

类别	2016 年 1～10 月份进口量/辆	同比增长率（%）	占有率（%）
轿车	301471	3.55	36.3
MPV	162140	-24.09	19.5
SUV	367337	-6.23	44.2
合计	830948	-9.17	100.0

7. MPV 二手车 10 月份交易占全国交易量的 6.85%，相当于 6 万辆

近年来，二手车交易越来越被业内人士所重视。像美国这样的成熟市场，一般新旧车之比为 1∶2～1∶3。但在我国，中国汽车流通协会报告显示，2016 年 10 月份 MPV 二手车交易占到我国二手车交易量的 6.85%，对比我国 10 月 MPV 的销量，发现我国现在的 MPV 新旧车交易量之比，已是 3.8∶1（比 2015 年已有所提高），由此推测我国 2016 年累计交易了 MPV 二手车达约 60 万辆（忽略库存的因素）。只有旧车置换顺畅，新车才能顺利销售，期望 2017 年进一步改进。

8. MPV 新能源车市场难以撬动市场

在国内新能源车蓬勃兴起的今天，国产新能源类乘用车已达 34 款型，其中 MPV 仅 2 款，2016 年 1～11 月份销量达 274657 辆。2 款电动 MPV 分别是销售 5 辆的比亚迪 T3 和销售 33 辆的大通 G10。出于电池容量的考虑，一般新能源车都是配备在 A 级甚至 A0 级轿车上，较少为具有大空间的 MPV 车型配置/生产电动车，除非将来电池能量密度有较大提高，否则 MPV 电动车市场空间较小。

9. 2016 年内需：约 270 万辆

整个市场都处于政策的亢奋期，笔者预计 2016 年 12 月 MPV 销量为 28 万辆，相信整年国产 MPV 销量达 250 万辆（见表 8），进口约 19 万辆，而出口仅 1 万辆左右，由此内需约为 270 万辆，同比增长 13.9%。

表 8 2016 年国内内需 MPV 及其增长率

MPV 内需	2016 年预计销量/辆	2015 年销量/辆	同比增长率（%）
国产	2504388	2106729	18.9
进口	194140	264340	-26.6
出口	10500	7755	35.4
合计内需	2709028	2378824	13.9

三、产品：2016年双车或多车战略意图明显

在 MPV 市场上，新车的挤出效应极为明显，老车型销量往往走下坡路；而刚上市走上正轨的新车则迎来满堂红，且屡试不爽。

2016年 MPV 市场竞争越来越激烈，各汽车集团采用双车或多车战略意图明显，以期在市场上多分一杯羹（见表9）。如别克采用新GL8和GL8商务车并存（2016年11月上市的全新一代别克GL8的市场供应还在爬坡中，起效要到2017年）；大众有途安与新途安L共市；本田有奥德赛和艾力绅携手，双车战略覆盖的市场范围更广，为制造商争取更多用户奠定基础。

表9　2016年各汽车集团双车战略下车型销量及增长率

<table>
<tr><th>车型</th><th>2016年1～11月份销量/辆</th><th>2015年1～11月份销量/辆</th><th>增长率（%）</th><th>备注</th></tr>
<tr><td>新GL8</td><td>39851</td><td>36232</td><td rowspan="3">-3.0</td><td>生产在爬坡中，预计2017年销量出现正增长。新车优势明显</td></tr>
<tr><td>GL8</td><td>30695</td><td>36484</td><td rowspan="2">—</td></tr>
<tr><td>别克</td><td>70546</td><td>72716</td></tr>
<tr><td>奥德赛</td><td>34584</td><td>36539</td><td rowspan="3">44.8</td><td>高端车优势明显</td></tr>
<tr><td>艾力绅</td><td>27622</td><td>6418</td><td>—</td></tr>
<tr><td>本田</td><td>62206</td><td>42957</td><td>—</td></tr>
<tr><td>新途安L</td><td>24030</td><td>—</td><td rowspan="3">32.2</td><td>双车战略，新车优势明显</td></tr>
<tr><td>途安</td><td>16812</td><td>30902</td><td>—</td></tr>
<tr><td>大众</td><td>40842</td><td>30902</td><td>—</td></tr>
</table>

北汽集团是采用多车战略的典型车企，在低端 MPV 市场上做足了文章。举例来说，北汽股份继续巩固威旺M20/30的市场，向上的产品是2016年广州车展上发布的威旺 M50F；银翔的 M20 让位于北汽股份，取而代之的是幻速 H3，2016年幻速H2也有较大负增长（见表10），说明银翔已经移步到4.7m车长的中级MPV市场中，幻速H3才是主销产品；江西昌河与北汽股份共享一个车型——M50，在昌河称为“福瑞达 M50”，在北汽股份称为“威旺 M50F”。至此，在众多MPV的簇拥下，北汽集团的MPV累计销量达到了25.15万辆，同比增长56.9%，成为国内MPV市场上的赢家之一。

表 10　北汽集团旗下三大车企 MPV 车型市场布局

车企	车型	2016 年 1～11 月份销量/辆	2015 年 1～11 月份销量/辆	增长率（%）	车长 /mm	价格 /万元	备注
北汽股份	威旺 M20/30	85042	71676	18.6	4440	3.98～5.68	主力车
	威旺 M50F	5736	—	—	4724	6.78～9.18	2016 年广州车展上市
江西昌河	福瑞达 M50	27309	17818	53.3	4724	4.79～5.69	2015 年上海车展上市
北汽银翔	威旺 M20	27623	47970	-42.4	4440	4.03～4.68	—
	幻速 H3	94301	7515	1154.8	4720	5.58～6.78	成为主销产品
	幻速 H2	11490	15353	-25.2	4451	3.98～6.68	—
	幻速 H6	75	—	—	4925	5.98～7.58	2016 年广州车展上市
合计		251576	160332	56.9	—	—	—

四、2017 年展望

2017 年是“十三五”扎实奋进之年，刚刚落幕的中央经济工作会议确定了 2017 年的主要发展目标和政策基调，经济改革将稳中求进，进一步拓展和增强了经济增长的新动能。

小型 MPV 仍是 2017 年的主基调，购置税半退坡的政策（减让 2.5%）将在 2017 年得到贯彻执行，所以 1.6L 以下仍是黄金排量。我国常住人口城镇化率已接近 55%，未来城镇化进程还有很大的空间；得益于政府鼓励一对夫妻生育二孩，使家庭对车型需求会转向多座，预计对市场需求结构产生较大的影响，对 MPV 厂家比较有利。因此，2016 年全年 MPV 内需将会在 2015 年的基础上增长 10%以上。2017 年还会迎来年底政策退出之说，翘尾因素仍然存在，预计需求量的增长也会达 10%以上。

（作者：唐奕奕）

2016年乘用车自主品牌发展分析及2017年展望

2016 年宏观经济继续下行，但受益于车辆购置税减半优惠政策，汽车市场反弹，取得了高增长。自主品牌在政策刺激下，取得了令人瞩目的成绩，销量份额也达到历史新高。

一、2016年乘用车自主品牌销量表现

1. 2016年自主品牌总体表现

2016年乘用车市场反弹，增速较2015年提高。截至2016年11月，乘用车市场整体销售1953万辆（见图1），同比增长19.2%，增速比2015年全年提升9.1个百分点。其中自主品牌销售717万辆，同比增长34.8%，高于整体市场15.6个百分点。

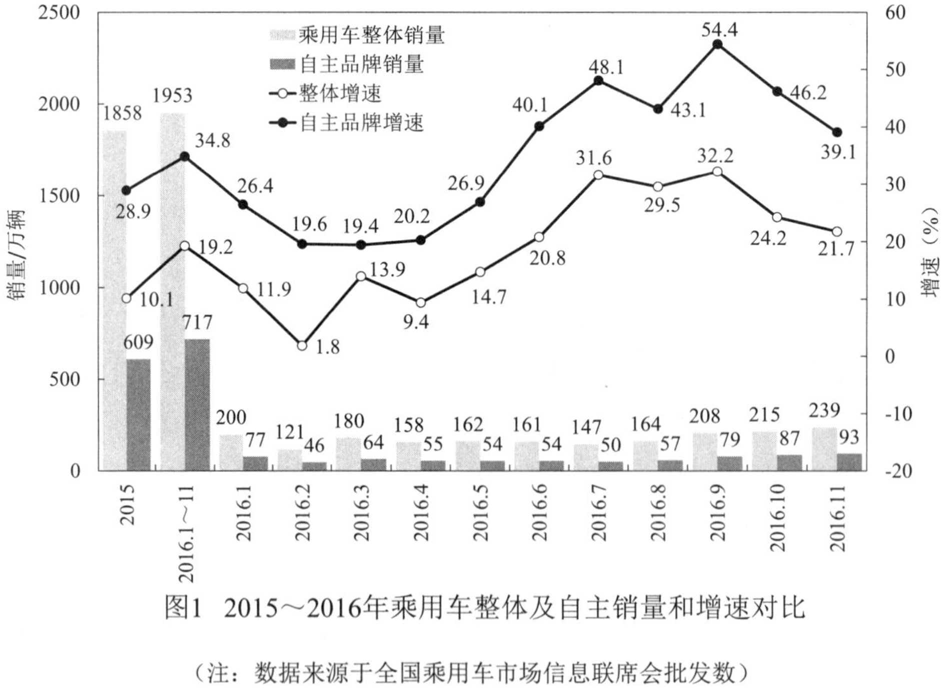

图1　2015～2016年乘用车整体及自主销量和增速对比

（注：数据来源于全国乘用车市场信息联席会批发数）

从月度走势看，自主品牌呈现出前低后高的态势，2016 年第一季度相对较差，分析原因主要有以下几点：

第一，节能补贴于 2015 年年底到期，刺激了部分的 2016 年需求提前至 2015 年底释放，造成 2016 年第一季度的需求透支。

第二，2015 年春节较晚（2016 年 2 月 7 日），节后市场恢复时间较长，造成 2016 年第一季度旺销时间短于正常年份。

第三，居住证制度抑制部分需求。2016 年初，部分省市先后推出居住证制度，普遍要求非户籍人员办理申请居住证登记后半年才能取得居住证，而办理车辆注册登记要求需持有居住证，因此延迟了部分需求。

第四，购置税优惠政策的刺激作用在 2016 年上半年相对较小，对车市的拉动作用低于 2015 年底的预期。

进入 2016 年 5 月份，购置税优惠政策的刺激作用逐渐增强，居住证的影响也由负转正，一波南京限购传闻以及购置税优惠政策提前到期的传闻引发了部分恐慌性购买，叠加下半年传统旺季逐步来临，多因素刺激下自主品牌开始出现持续高增长，2016 年 6～11 月份单月同比增速均超过 40%，2016 年 9 月份甚至达到 54.4%。

从份额来看，自主品牌份额也达到历年新高。2016 年 1～11 月份自主品牌份额达到 36.7%（见图 2），比 2015 年提升 3.9 个百分点，达到 2004 年以来的最高。

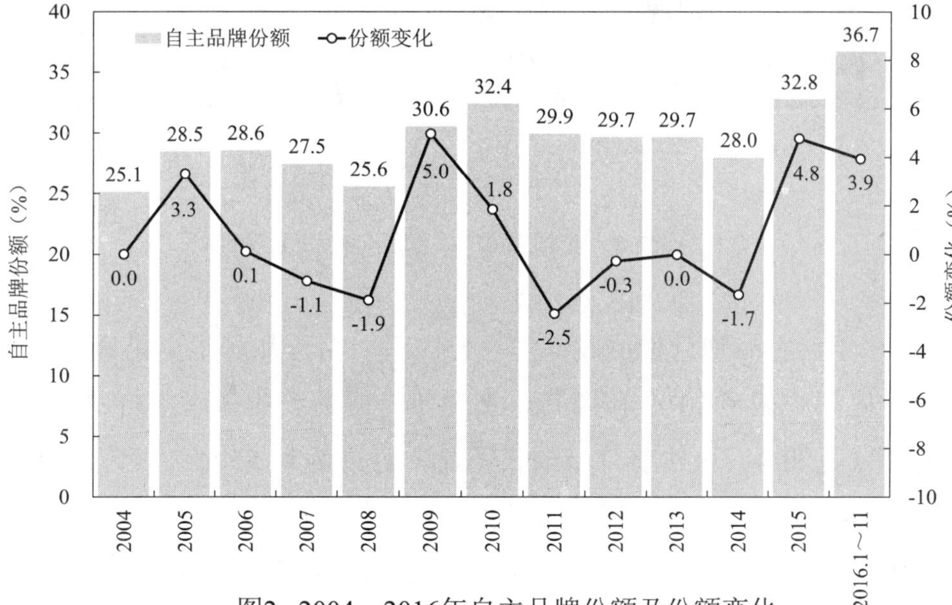

图2　2004～2016年自主品牌份额及份额变化

（注：数据来源于全国乘用车市场信息联席会批发数）

2．2016 年自主品牌市场特征

从车辆级别看，自主品牌目前销量集中在 A 级。2016 年 A00 级销量占比继续萎缩，下滑至 1.5%（见图 3）；A0 级销量占比 20.7%，比 2015 年小幅下滑了 2.2 个百分点；从 A00 和 A0 级份额看市场升级趋势仍在继续，小微型车趋势性下滑难以阻挡。A 级车份额提升至 64.7%，比 2015 年提升了 6.6 个百分点，而 B 级车突破受困，份额比 2015 年下滑了 3.5 个百分点，下滑至 11.5%。可以看出，目前 A 级仍是自主品牌的主销市场，其销量份额仍是无可撼动的。

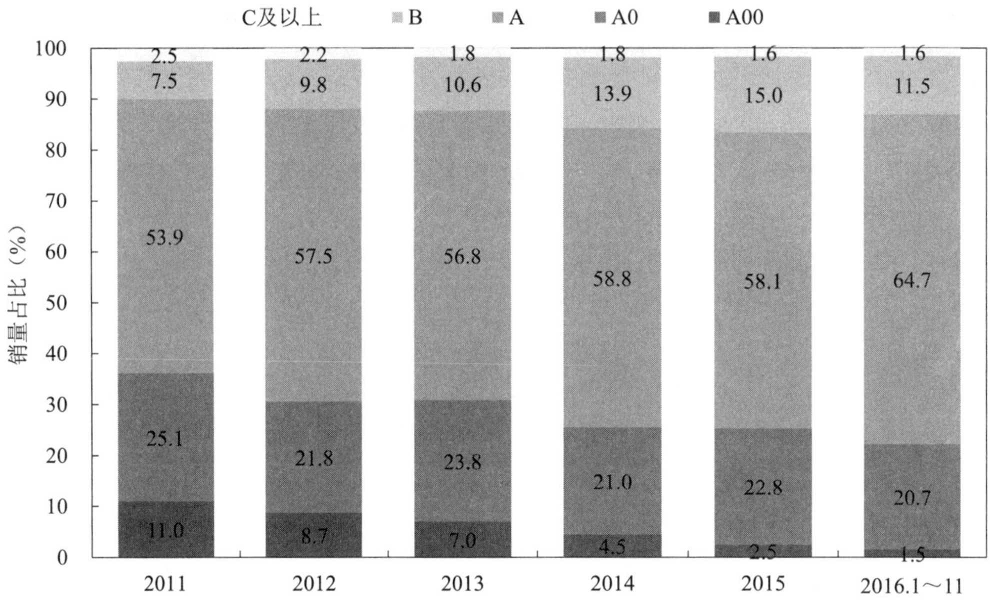

图3 2011～2016年自主品牌分级别销量占比

（注：数据来源于全国乘用车市场信息联席会批发数）

从 2016 年自主品牌分价位段销量及分布看，自主品牌销量仍集中于 5 万～10 万元价位区间。截至 2016 年 11 月，在 5 万～10 万元价位段，自主品牌累计销售 535 万辆（见图 4），比前几年增长明显，占比达到 75.5%。可喜的是，自主品牌继续寻求高端突破，也取得了显著的提升，10 万～15 万元价位段销量明显增长，2016 年销售 119 万辆，占比达到 16.8%，成为第二大的销量市场。自主品牌在向上突破的道路上持续前行，未来值得期待。

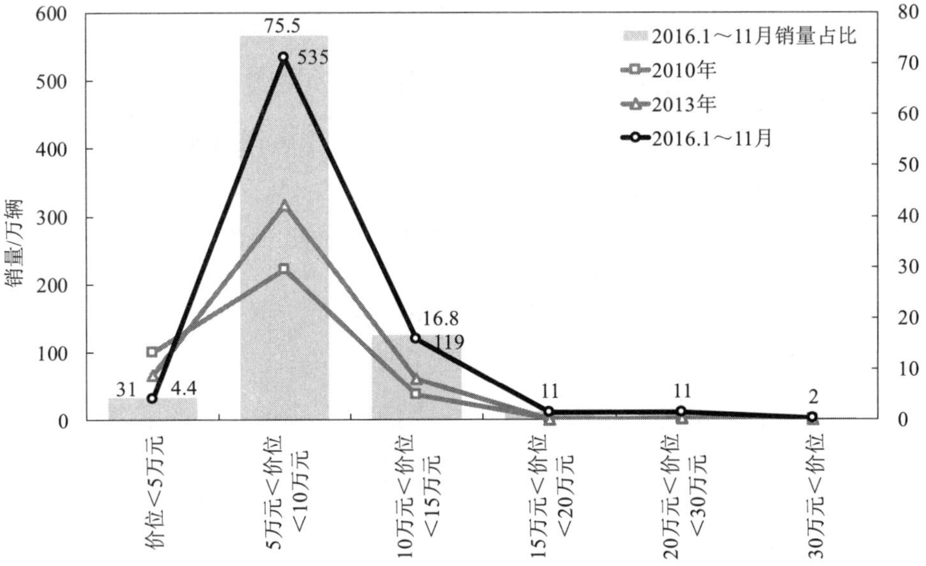

图4 2010年、2013年、2016年自主品牌分价位销量

（注：数据来源于全国乘用车市场信息联席会批发数）

从车辆类型看，2016 年自主品牌 SUV 继续高速增长，销量增长强劲，轿车销量则连续下滑，MPV 也增长明显。截至 2016 年 11 月，自主品牌 SUV 销量达到 446 万辆（见图 5），比 2015 年全年增加了 121 万辆，MPV 销量为 86 万辆，比 2015 年增加了 24 万辆，轿车销量为 184 万辆，比 2015 年减少了 38 万辆。

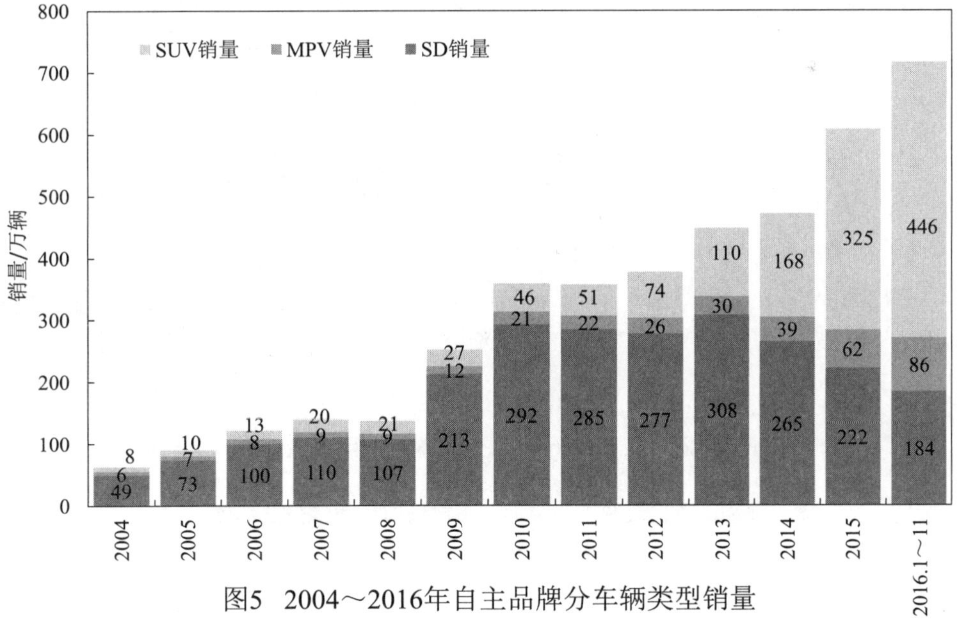

图5 2004～2016年自主品牌分车辆类型销量

（注：数据来源于全国乘用车市场信息联席会批发数）

从增速看，SUV、MPV 持续高速增长，自 2012 年开始 SUV 各年增速均在 40%以上，2016 年 1～11 月累计同比增速达 58.8%（见图 6）；MPV 近 2 年也呈现高速增长，2016 年增速继续走高，达到 66.9%；轿车表现则不尽如人意，已连续 3 年负增长，2016 年 1～11 月份累计同比下滑 7.4%，较 2015 年下滑幅度收窄，但仍未扭转负增长态势。

从各类型销量占比看，自主品牌 SUV 表现抢眼，自 2011 年开始份额持续大幅提升，从 2011 年的 14%提升至 2016 年的 62%（见图 7），占比过半，即自主品牌每销售 3 台车，有将近 2 台都是 SUV；MPV 份额继续小幅扩大，截至 2016 年 11 月份，MPV 占比 12%，比 2015 年提高 2 个百分点；与此同时，轿车占比自 2009 年开始一路下滑，目前已连续被压缩，2016 年占比仅为 26%。

对各类型车辆做更细维度的分析可以发现，自主品牌所依赖的市场呈现出不同的发展特征。

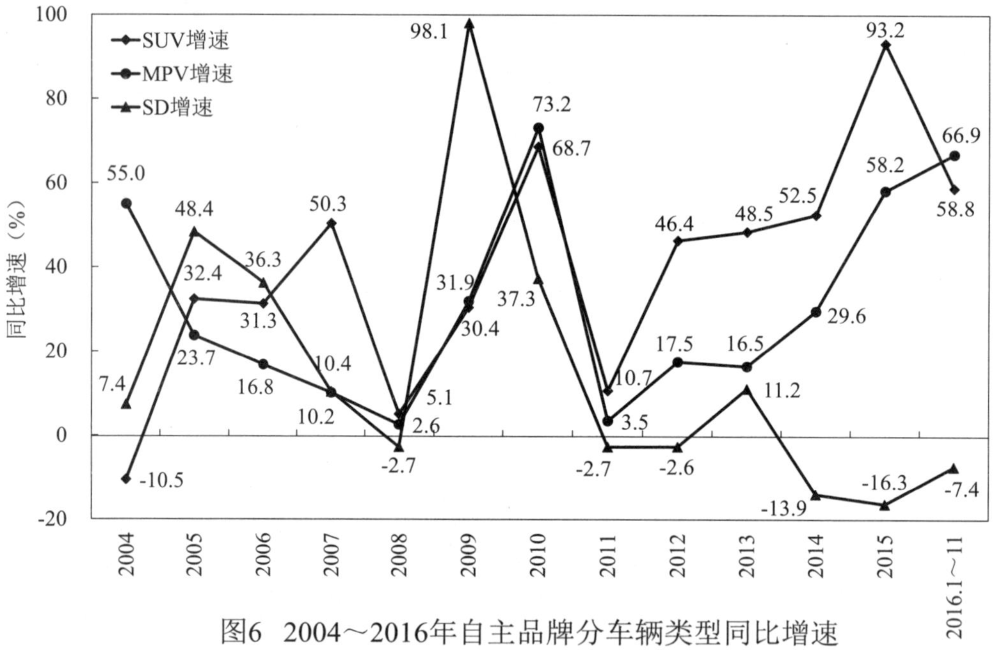

图6 2004～2016年自主品牌分车辆类型同比增速

（注：数据来源于全国乘用车市场信息联席会批发数）

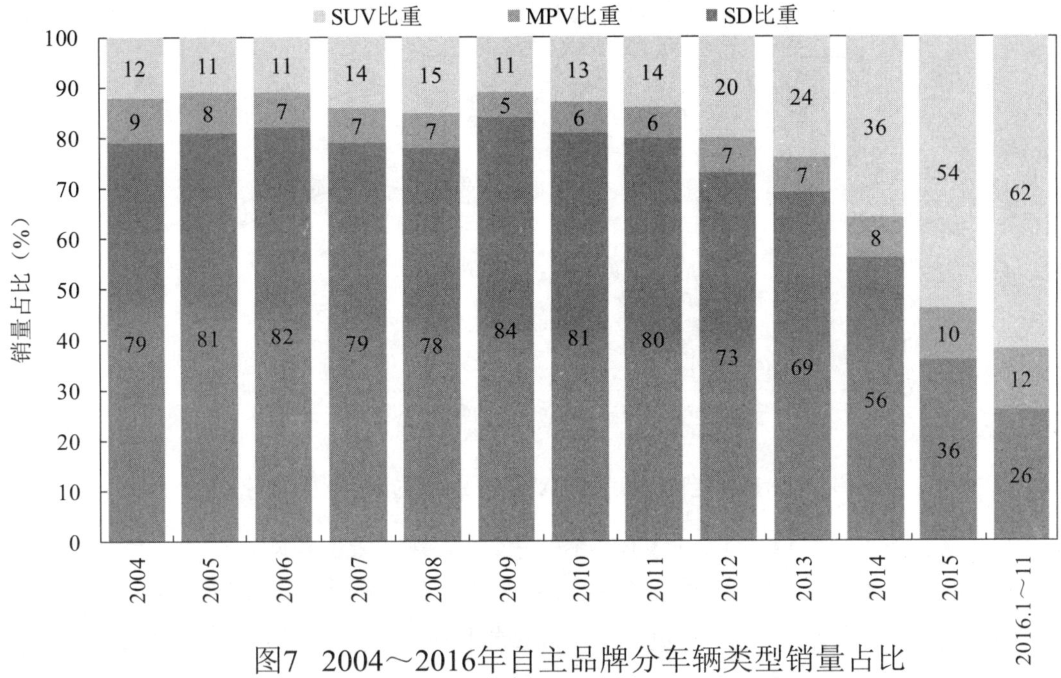

图7 2004～2016年自主品牌分车辆类型销量占比

（注：数据来源于全国乘用车市场信息联席会批发数）

SUV 市场特征：目前集中在 3 个较大的细分市场。截至 2016 年 11 月份，最大的市场为 5 万～10 万元 0A 级市场，销量达到 202 万辆（见图 8），增速为 147.9%，增速超高的原因主要是部分明星产品降价，出现跳水现象。2016 年 4 月开始部分销量较好的产品如长安 CS75、哈弗 H6、宝骏 560 等陆续降价，导致产品价格落入此区间，从而使该细分市场销量及同比增速均大增；其次为 5 万～10 万元 A0 级市场，2016 年 1～11 月销量达 114 万辆，同比增速达 42.8%。小型 SUV 由于价格低，配置高，对部分自主 A0 级两厢及三厢车存在较大的替代效应，导致该细分市场近年较火爆，2016 年则继续增长，已成为自主 SUV 的第二大市场；可喜的是，在自主品牌整体向上突破的过程中，SUV 起到了较大的作用。截至 2016 年 11 月份，10 万～15 万元 A 级 SUV 销量达到 95 万辆，增速为 10.2%，向上突破取得了明显的进展。

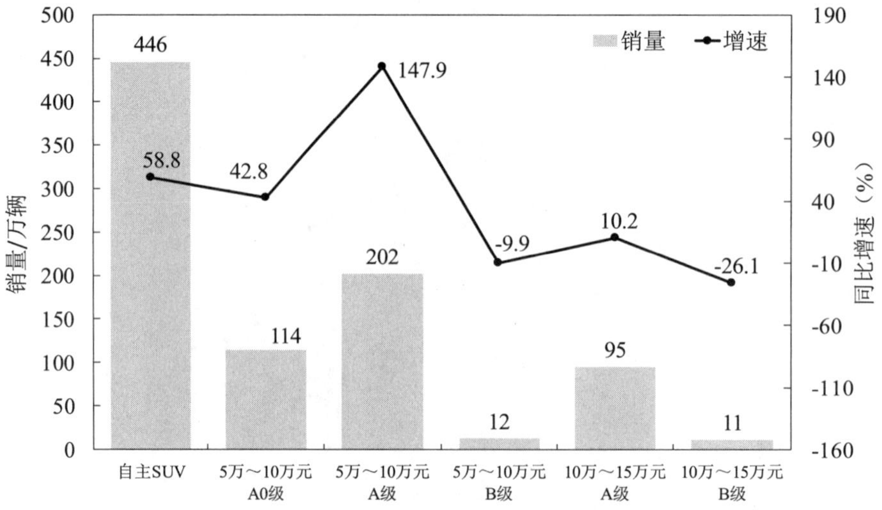

图8 2016年自主品牌SUV分级别价位销量及增速对比

（注：数据来源于全国乘用车市场信息联席会批发数）

轿车市场：5 万～10 万元的 A 级市场仍是主流市场，2016 年前 11 个月累计销售 109 万辆，但增速仍然为负增长；低端市场趋势性下滑仍在延续，5 万元以下、5 万～10 万元 A0 级下滑幅度较大（见图 9），均为 2 位数水平；值得注意的是，10 万～15 万元 B 级市场由于吉利博瑞的优异表现出现了正增长，其从产品外观、品质、做工等多方面均表现出较好的竞争力，该车型拉动了自主品牌中高端轿车市场的销量，尽管该市场体量仍旧较小，但随着自主品牌纷纷寻求品牌及产品方面的向上突破，未来表现值得期待。

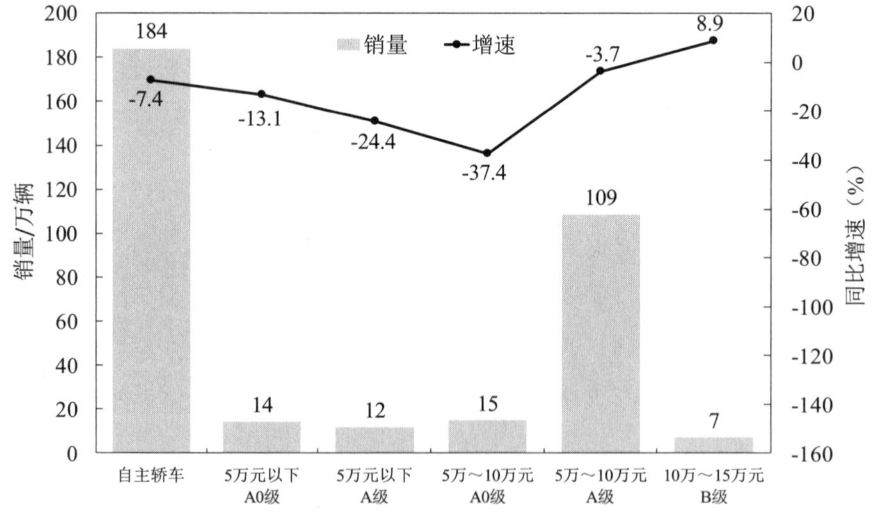

图9 2016年自主品牌轿车分级别价位销量及增速对比

（注：数据来源于全国乘用车市场信息联席会批发数）

MPV市场：自主品牌MPV市场相对较集中，价位均集中在5万～10万元区间，主打家用及家商兼用型产品。从级别价位分布来看，集中于A、B级。2016年，5万～10万元价格区间的A级车销售33万辆（见图10），增速达731.1%，主要是由长安欧尚的新车带动；5万～10万元B级车销售41万辆，增速7%，主要是由于宝骏730自2014年上市后强劲的销量表现，平均月销3万多台，使该细分市场销量持续稳步增长。

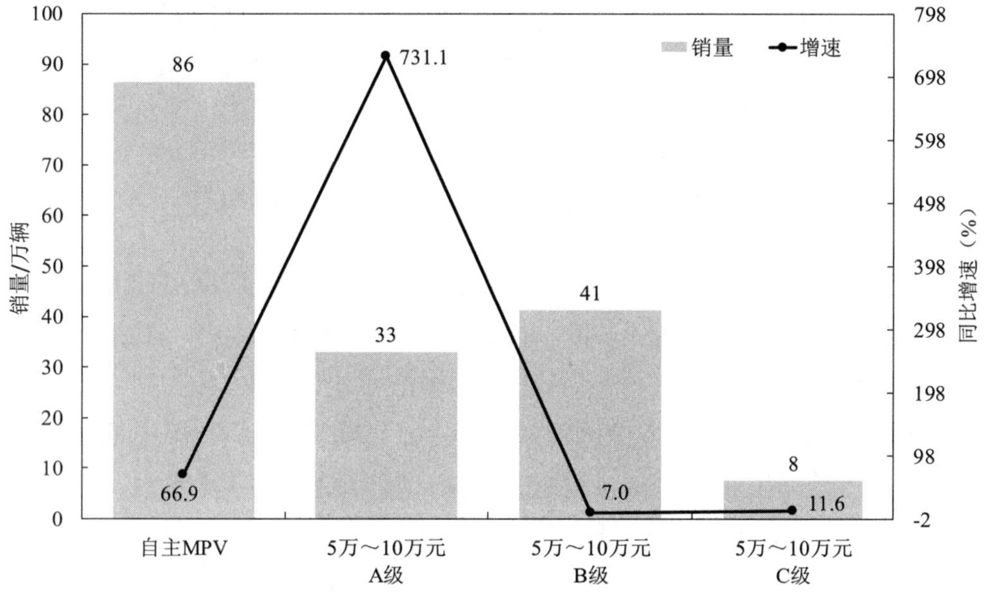

图10 2016年自主品牌MPV分级别价位销量及增速对比

（注：数据来源于全国乘用车市场信息联席会批发数）

从燃料类型及排量分布看，自主品牌销量集中在1.6L及以下小排量车型上，新能源车也占据小部分销量。得益于购置税减半优惠政策，2016年1～11月，自主品牌1.6L及以下排量乘用车销量占比达到76.7%（见图11），比2015年提高了2.7个百分点，扭转自2013年以来的下滑态势，抢占了部分大排量车的销量，因此1.6L及以下排量乘用车占比提升的同时，1.6L以上排量车辆的占比出现了下滑；新能源方面，纯电动及混合动力合计占比达到3.2%，比2015年减少0.2个百分点，这主要是由于2015年新能源补贴政策退坡的影响，叠加部分车企骗补事件因素，导致部分省市补贴政策迟迟不出，部分用户存在观望状态，新能源车销量及占比扩张受到一定程度的阻碍。

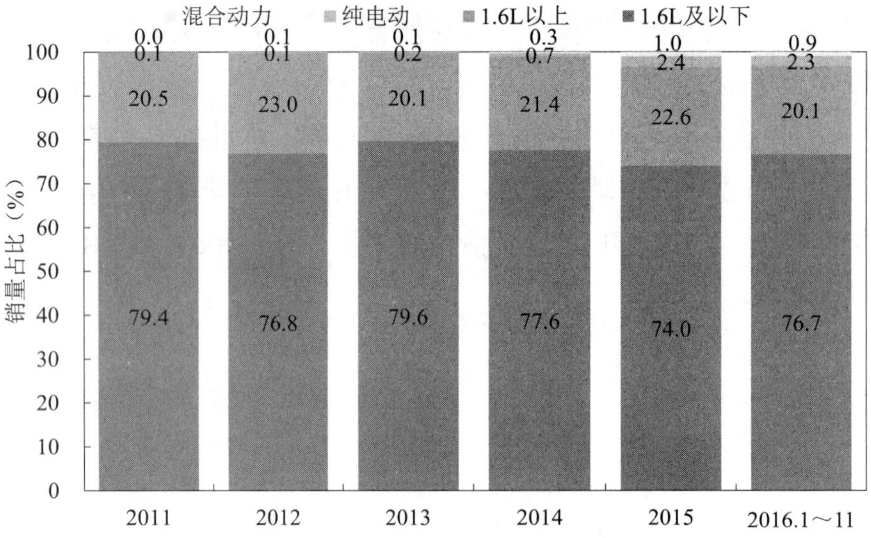

图11 2011～2016年自主品牌分排量销量占比

（注：数据来源于上牌数+保险数）

在区域方面，自主品牌在2016年也取得了一定进展，部分省份自主品牌份额进一步提升，部分省份则达到40%以上，如贵州（45.3%）、甘肃（44.9%），云南（43.5%）等，大部分省份均超过全国平均水平。但从各省自主份额与全国对比的分布情况来看，超过全国平均份额的分省数量多集中在中西部，东部特别是沿海地区仍然是自主品牌的弱势区域。这些地区经济发展水平较高，对应的购车价位也较高，因此自主品牌在这些区域仍旧需要从品牌力方面向上突破。如何在这些区域提升份额，仍然值得自主品牌关注。

3．自主品牌增长原因分析

通过以上对于2016年自主品牌总量及结构的分析，可以看出，自主品牌销量、份额在持续提升，结构上看也在处于上升通道，车辆级别趋于大型化，价位趋于高端化，区域上也在大部分省市处于优势地位，这些都是2016年我国乘用车市场的亮点。笔者认为，自主品牌之所以取得这些成绩，主要是以下几个方面的原因。

（1）品牌力逐步提升，消费者对自主品牌的意向购买率持续提升 据相关机构调研发现，自2014年开始，消费者对自主品牌产品的意向购买率持续提升，于2016年达到22%。这些用户愿意甚至偏好自主品牌产品，对自主品牌的发展起到了积极的作用。

（2）产品质量提升明显，产品可靠性及消费者感知质量大幅提升 自主品牌通过正向研发和平台研发的体系化能力提升，使得产品质量、可靠性取得大幅提升。据 J.D.Power 新车质量跟踪研究发现，自主品牌的新车故障率逐年下降，每百辆车的问题数持续减少，已经从 2003 年的 469 个降低至 2016 年的 112 个（见图 12），质量提升显著。与此同时，自主品牌和合资品牌的差距也越来越小。百辆车问题数差距从 2003 年的 191 个缩小至 2016 年的 14 个。质量提升给消费者带来了良好体验和口碑认同，对销量起到了积极作用。

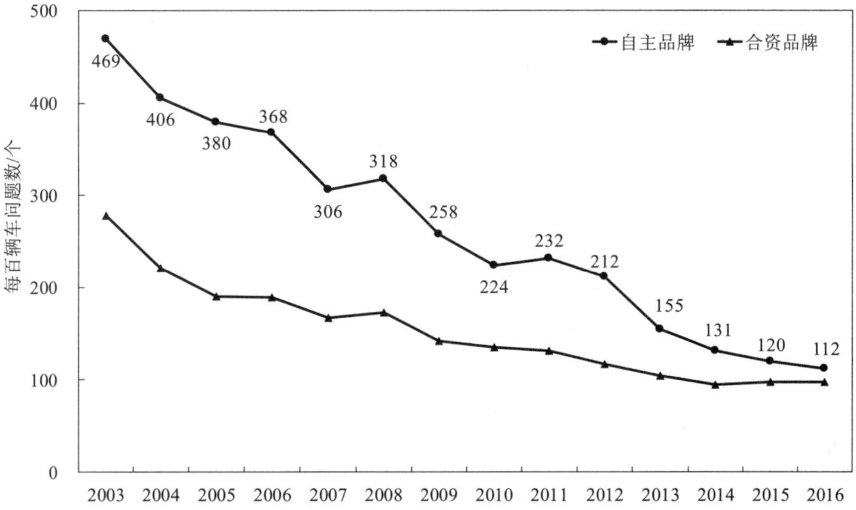

图12 2003～2016年自主合资品牌新车质量研究结果对比

（注：数据来源于 J.D.Power 中国新车质量调研）

（3）产品供给丰富，特别是 SUV 车型 自主品牌 SUV 供给速度较快，每年持续以 20 款左右的速度投放市场（见图 13）。新产品的投放迎合了 SUV 市场的火爆特点，快速上量，对自主整体的销量拉动作用巨大。

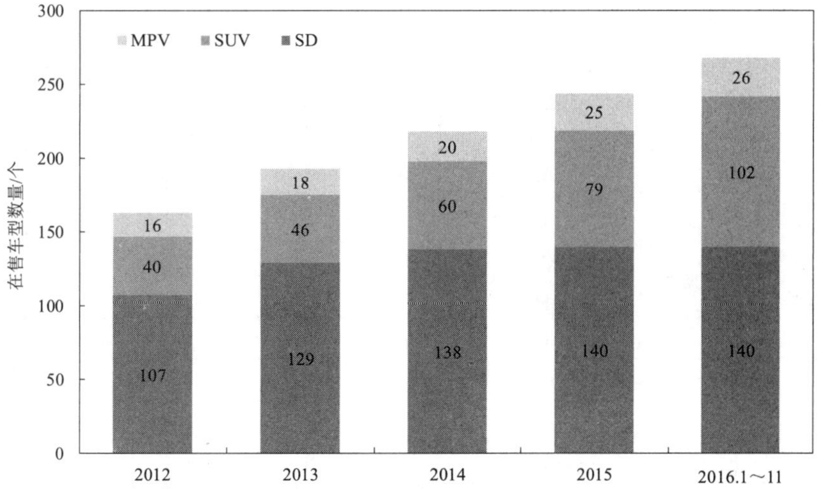

图13 2012～2016年自主品牌分车辆类型在售车型数量

（注：数据来源于全国乘用车市场信息联席会批发数）

（4）新产品带动　自主品牌在2016年投放了大量的新产品，这些产品竞争力较强，上市后销量快速爬升，对自主品牌销量提到强有力的拉动。据不完全统计，截至2016年11月份，自主品牌新产品销量中轿车达到27万余辆（见表1），MPV达到18.4万辆，SUV更加强劲，新品销量达到近96万辆，三类车型合计为自主品牌贡献了141万辆销量，新品的带动作用不容忽视。

表1　2016年自主品牌新产品销量

车辆类型	车型	2016年1～11月销量	车辆类型	车型	2016年1～11月销量
SD	艾瑞泽5	101433	SUV	博越	87862
	宝骏310	32125		长安CX70	70597
	帝豪GL	19934		风光580	69580
	绅宝D50EV	18431		长安CS15	67100
	众泰Z700	11794		荣威RX5	65255
	帝豪EV	11158		绅宝X35	57834
	众泰E200EV	10940		帝豪GS	50299
	吉利知豆D1EV	10710		迈威	41705
	秦EV	10137		元	40678
	吉利知豆D2EV	7744		众泰SR7	38919
	康迪K17EV	6104		哈弗H7	38050
	众泰云100EV	5024		远景SUV	37892
	和悦IEV	3827		森雅R7	37389
	纳智捷锐3	3315		风神AX3	33183
	凯翼C3	3204		绅宝X55	29009
	荣威e950	2933		瑞虎7	23133
	传祺GA8	2860		威旺S50	20544
	芝麻E30EV	2666		凯翼X3	19906
	康迪K10EV	2482		斯威X7	18520
	江南T11SEV	1740		风行SX6	16612
	东风A9	1607		昌河Q25	15076
SD新产品小计		270168		昌河Q35	12277
MPV	欧尚	108129		北京20	11146
	风行S500	60389		观致5SUV	9016
	威旺M50	5732		凯翼V3	8359
	海马V70	5454		其他新产品	36733
MPV	英致727	4151	SUV新产品小计		956674
MPV新产品小计		183855	自主新产品总计		1410697

4. 自主品牌存在的问题

2016 年自主品牌在乘用车市场取得了巨大的增长，SUV 和 MPV 的贡献较高，但同时也隐含着一定的风险，即自主品牌在轿车市场表现较差。截至 2016 年 11 月，自主品牌轿车销量为 184.2 万辆（见图 14），比 2015 年同期下滑了 7.4%，销量减少了 14.7 万辆。轿车市场表现与 SUV 和 MPV 市场表现呈现冰火两重天的局面。未来，在消费升级、合资品牌低价下压、二手车市场蚕食、同级别 SUV 的渗透和转化等多重因素叠加下，自主品牌轿车市场发展仍存在不小的挑战。如何在轿车领域形成突破，相信也将成为各自主品牌企业重点研究的重大课题。

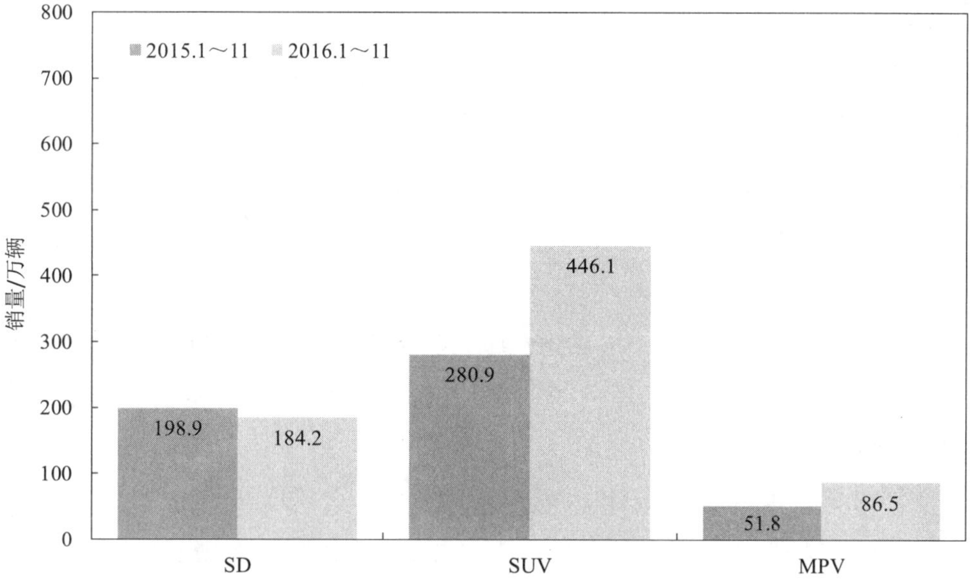

图14 2015～2016年自主品牌分车辆类型销量对比

（注：数据来源于全国乘用车市场信息联席会批发数）

二、2017 年自主品牌展望

1. 潜在增速

根据乘用车发展阶段分析，2017 年，我国乘用车市场仍处于普及前期，潜在增长速度和 2016 年相比不会发生较大变化。目前我国乘用车已经结束了大规模进入家庭的高速增长阶段，转而进入需求高级化的中速增长阶段。在此阶段，通过其他发达国家乘用车市场规律的研究，判断潜在增长水平约为 GDP 增速的 1 倍。

2．经济环境

2017 年宏观经济将继续寻底，消费环境将有所恶化。中央经济工作会议明确了 2017 年经济工作的总基调是稳中求进、保持货币政策稳健中性、深化供给侧结构性改革。这使得 2017 年经济将继续小幅下降，但由于下半年的十九大等重大事项使全年走势呈现前低后高的态势；调结构、去产能等的继续深化使工业继续回落，房地产由于调控加严也将继续回落。根据各因素综合判断，2017 年 GDP 增速将会小幅下降至 6.5%。

3．政策因素

购置税优惠政策方面，2017 年已明确 1.6L 及以下排量乘用车将按 7.5%的税率征收车辆购置税，2018 年恢复 10%的税率。可见优惠幅度小于 2016 年，即使 2018 年的退出将会刺激部分的购车需求，可以预见该政策对于乘用车市场的影响也将小于 2016 年。经测算，预计该政策将拉动 2017 年乘用车市场销量约 59 万辆。

排放法规方面，近期北京市明确国Ⅰ、国Ⅱ排放的车辆将限行，使得这些更新需求将在 2016 年底及 2017 年第一季度释放，综合判断将会拉动新车销量约 24 万辆。

二手车方面，根据国家规定，二手车限迁放开政策将于 2017 年继续全面铺开，该政策将既抑制部分新车需求，也拉动部分更新换购需求，综合判断拉动 2017 年新车需求约 11 万辆。

网约车方面，随着 2016 年下半年各地网约车细则出台，网约车门槛普遍加严，将不利于新车的购买，长期看还将降低用户的保有意愿，对于新车销售存在不利影响。

4．市场环境

从销量目标看，各车企特别是部分自主品牌车企的 2017 年销量目标普遍较高，可以预见 2017 年竞争将更加激烈，车企之间的份额竞争也将趋于白热化。

产品供给上，2017 年全市场，特别是自主品牌将继续投放大量新产品（见表 2），供给相对丰富。目前已监测到 2017 年将投放的部分新产品竞争力较强。

表 2　自主品牌 2017 年新产品投放

车辆类型	1 季度	2 季度	3 季度	4 季度
轿车	EH400	艾瑞泽 3 EV	宝骏 630	宝骏 E100
	—	荣威 E550	观致 3 EV	GA6 PHEV
轿车	—	—	—	红旗 H5
	—	—	—	荣威 ei6
	—	—	—	荣威 i6
SUV	2017 款海马 S5	WEY W01	北京 B90	MG ZS
	BJ20 运动版	WEY W02	传祺 GS6	WEY PHEV
	宝骏 510	改款 H9	凯翼 X7	WEY W03
	北汽新能源 EC180	瑞风 S7	众泰 SR7 插电版	奔腾 X40
	风度 MX3	鑫源 X5	—	传祺 GS4 EV
	海马 S3	长安 CS15 电动版	—	东风风神 AX1
	汉腾 X5	众泰 T300	—	风神 D27
	汉腾 X7 双模混动版	猎豹 CS9	—	改款中华 V3
	一汽吉林 7 座 SUV	森雅 R7 1.5T	—	红旗 SUV
	长安 CS95	—	—	荣威 W5
	斯威 X3	—	—	—
MPV	传祺 GM8	风行 S500 纯电	—	—
	伽途 im6	瑞风 M4 1.5T	—	—
	伽途 im8	新瑞风 M2	—	—
	力帆轩朗	—	—	—

综合以上各因素，预计 2017 年乘用车市场销量将达到 2348 万辆（见图 15），同比增长 6.1%。

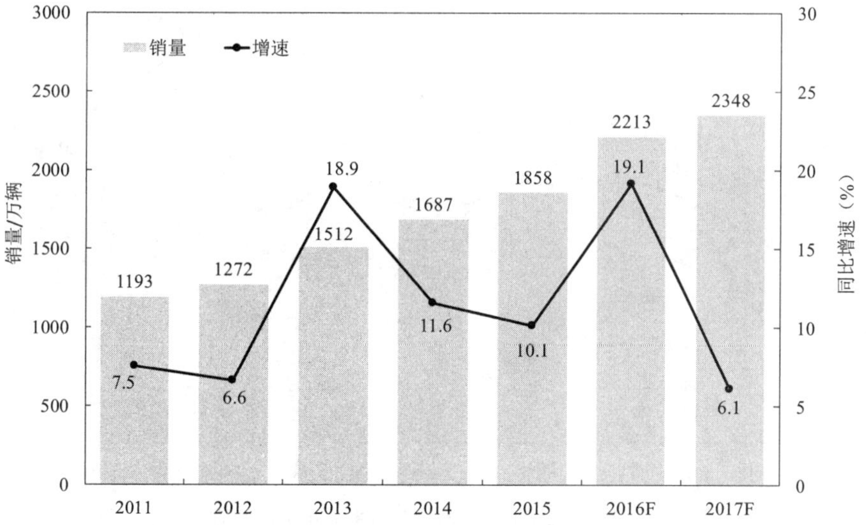

图15　2011～2017年乘用车市场销量

（注：数据来源于全国乘用车市场信息联席会批发数）

自主品牌 2017 年将会继续发力，销量、增速、份额仍会进一步突破。预计 2017 年自主品牌销量将继续增长，达到 932 万辆（见图 16），增速为 11.7%，份额提升至 39.7%（见图 17）。

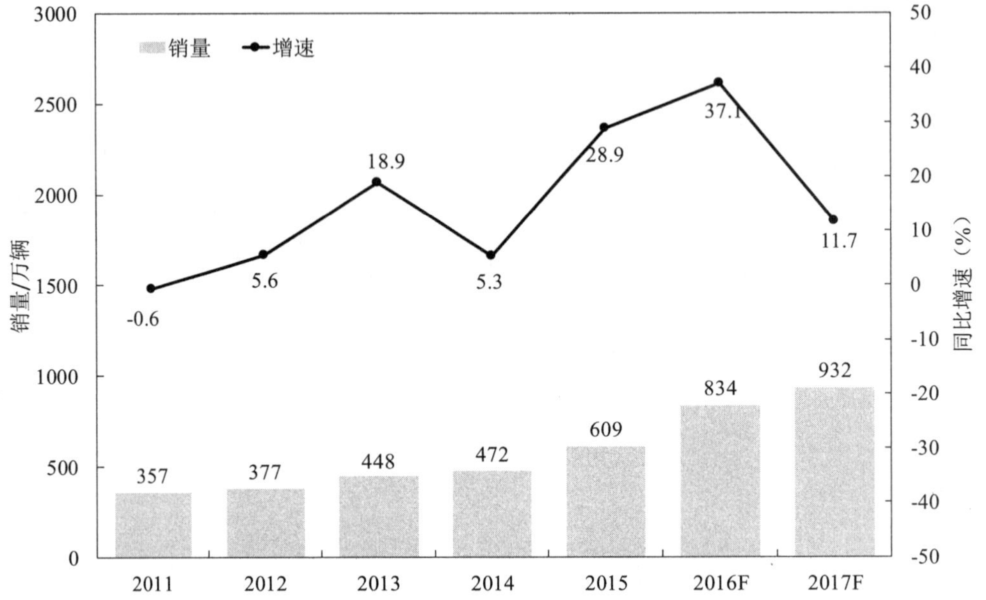

图16　2011～2017年自主品牌乘用车销量

（注：数据来源于全国乘用车市场信息联席会批发数）

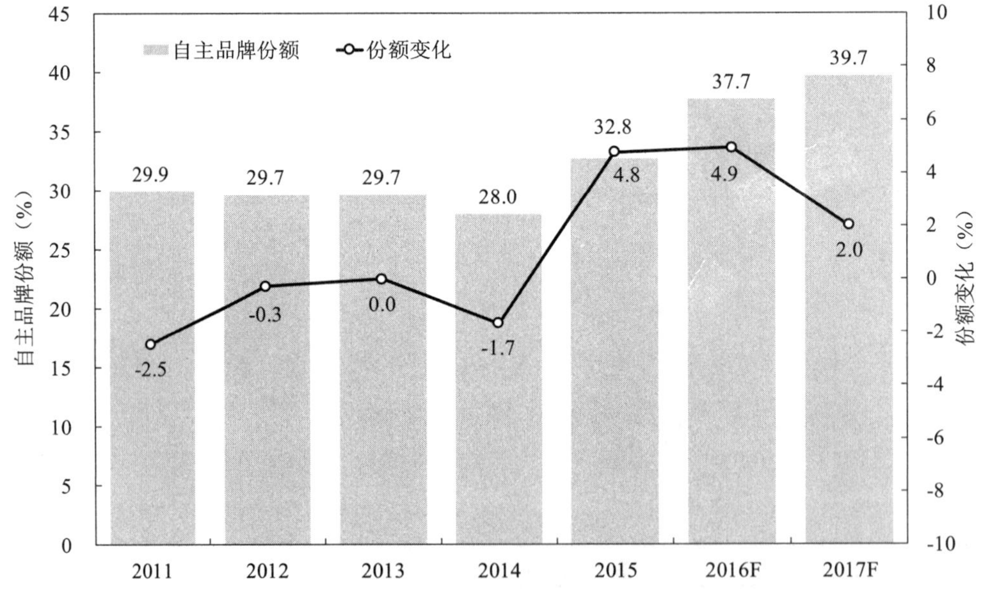

图17　2011～2017年自主品牌份额

（注：数据来源于全国乘用车市场信息联席会批发数）

三、结语

总体来说，2016 年乘用车市场自主品牌表现优异，保持了 2015 年以来的高速增长态势，同比增速均达到30%以上，市场份额快速提升，市场竞争力大幅提高，这与自主品牌的品牌及产品升级密不可分。部分细分市场已经占据了绝对的优势，比如 A0 级 SUV 以及 7 座低端 MPV 市场。自主品牌取得的这些成绩证明了自主品牌自身的能力提升吻合了外部需求的特征。

然而自主品牌仍然存在短板，在轿车领域自主品牌表现不尽如人意。虽然当下依靠 SUV 的火爆，自主品牌仍能提升销量，然而当整体市场增长放缓、SUV 红利消失抑或合资下压力度加大时，自主品牌的表现就将受到严峻的挑战。因此自主品牌如何寻求品牌力提升，强化研发，使产品力的可靠性、感官质量、性能等多方面均取得提升，从而提升用户口碑，确保持续的成本优势，构建企业内部的良性循环仍值得深入研究与投入。只有不断提升品质及口碑，才能持续稳步发展，真正做到自主品牌由大到强的转变，所有这些课题也值得每一个自主汽车人的奉献与投入。

（作者：姚腾飞）

2016年低速汽车市场分析及2017年展望

2016年12月31日，诞生于农村、服务于“三农”的低速货车将彻底退出历史舞台。只具备低速货车生产资质的企业除了部分转型为专用汽车企业外，其余的低速货车生产企业将彻底失去了原有的农村汽车市场。低速货车生产企业在最后一年以清库存为重点的营销活动中表现“有惊无险”，但三轮汽车市场却保持了稳定的发展态势。

一、低速汽车市场整体情况

2016年前三个季度，低速汽车总产量达到217.85万辆，同比减少了1.71%。其中三轮汽车总产量为190.73万辆，同比仅增长了0.37%；低速货车总产量为27.12万辆，同比下降了14个百分点。低速货车产销量的下降，抵消了三轮汽车微增长的整个低速市场的拉动作用。

工信部2014年发文要求，2016年低速货车新产品执行与轻型载货汽车同等的节能与排放标准。根据《道路机动车辆生产企业及产品公告》发布信息显示，2016年前三个季度低速货车并无安装与汽车排放等同的发动机新产品发布，低速汽车新产品结构还是以三轮汽车为主。

低速货车虽然同比减少了4万辆，但销量却超过27万辆，在2016年清库存的过程中，表现还算差强人意，并没有出现大规模滞销现象，基本完成了库存的清理整顿工作。三轮汽车也未因低速货车的清库存而导致产销量下滑。

从近几年的产销数据看，实际低速货车的产销量整体比较稳定，2011年到2015年前三个季度，低速货车产销量平均维持在32万辆左右（见图1）；三轮汽车除2014年增速同比下降较快外，近三年增速基本持平，产销稳定。

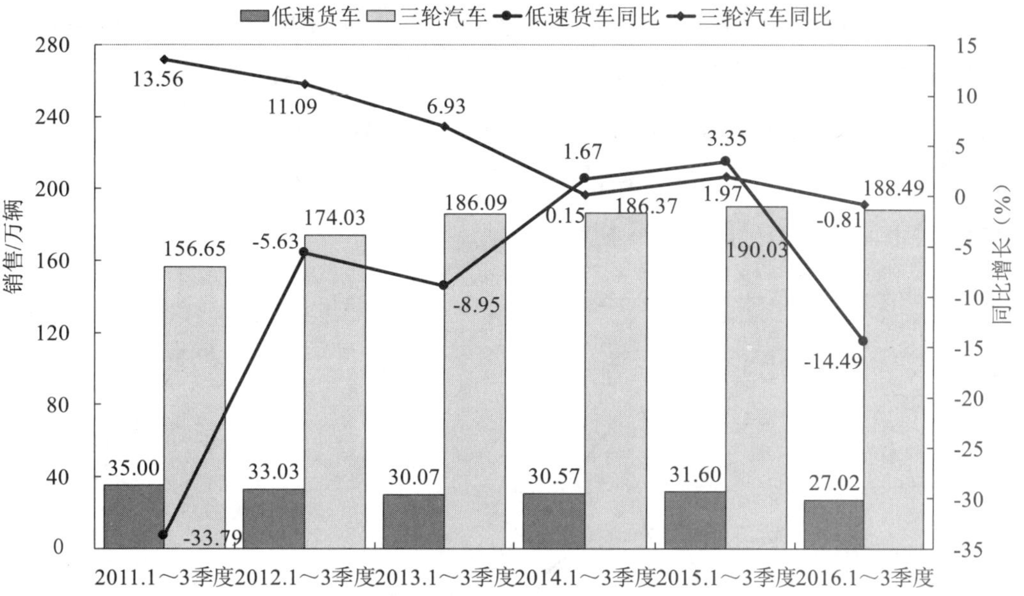

图1 2011～2016年前三个季度三轮汽车和低速货车产量走势图

二、低速汽车产量月度情况

1. 低速货车

2016年低速货车月度销售同比都进入了下降期。特别是1月份的开局，本已进入“寒冬”的低速货车产销量同比下降了 23 个百分点，产销减少了 6432 辆（见图 2），整个行业销售信心受到了重大打击。不过进入 2 月份以后，低速货车每月的销售开始出现增长，3 月份的产量达到了 3.88 万辆，降幅同比开始下降。直到2016年5月份，低速货车的产销量同比仅下降了1.6个百分点。但是进入2016年6月份，低速货车同比下降了32个百分点，产销量仅有2.25万辆，同比减少了1万多辆。7月份和8月份，低速货车的降幅大幅回落，分别仅有13.0%和 8.6%。进入 9 月份，低速货车产销量再次同比下降 14 个百分点，这与低速货车前 8 个月大规模清理库存、减少产量、按订单生产有莫大关系。预计第四季度，低速货车产销量仍会持续下降。

2. 三轮汽车

2016 年三轮汽车开局表现不俗，同比增长了近 6 个百分点，产销增加了近 9000 辆（见图 3）。除了三月份略有下降（0.95 个百分点）外，三轮汽车前 5 个月产销量均有不同程度的增加，增长态势平稳。从6月份、7月份和8月份三个月来看，三轮汽车产销量持续下滑，累计产销量减少了4.5万辆。特别是8月份三轮汽车产销量达到了2016年的最大降幅，同比减少了7.95个百分点，产销量减少2.11万辆。进入9月份，产销量有所回升，增长了4.39个百分点，拉回了前三个月持续下降对整个行业的不利影响。

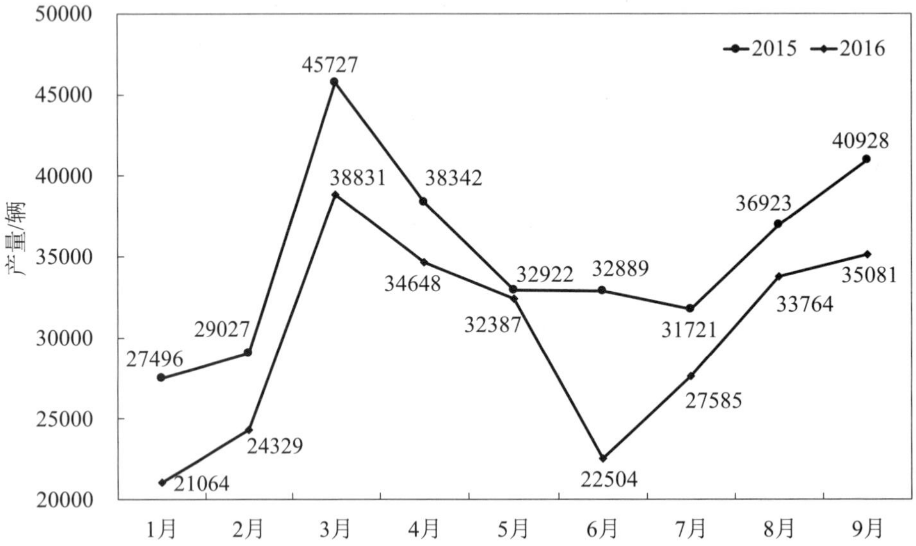

图2 2015～2016年低速货车月产量走势图

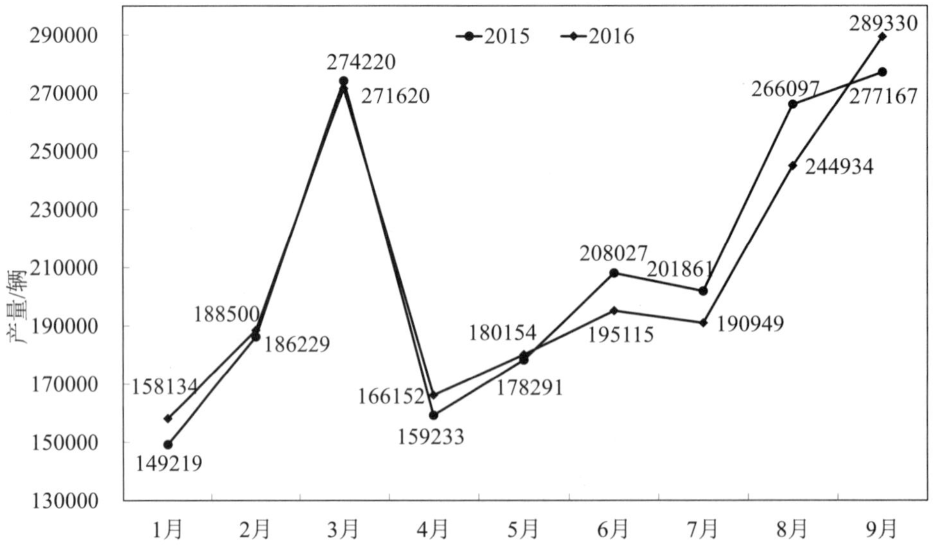

图3 2015～2016年三轮汽车月产量走势图

三、行业生产集中度情况

2016年前三个季度，低速货车前10位企业产量之和占全行业的93.07%，同比2015年增加了9.55个百分点，但前10位企业总产量却下降了5.48个百分点。三轮汽车前10位企业的市场集中度及总产量均保持稳定增长，前10名产量之和占全行业的99.89%，同比增幅0.6个百分点，总产量增长1%。

从生产企业看，无论是低速货车或三轮汽车市场中的传统产量较大的企业，排名基本未发生实质性变化，时风、五征、奔马、福田依然占据着前几名的位置。但后五位的企业变化较大。

从低速货车前10位的企业看，南骏汽车集团有限公司由于申请升级汽车生产资质，2015年位居第5位2016年则退出了前10位的争夺，从中国农机工业协会农用运输车分会统计数据看，南骏公司2016年仅销售了4600多辆；同样2015年第7位的江西英田公司，2016年则停产整顿，285批《公告》显示其原车型产品已取消。重汽王牌公司和钦州力顺公司虽然在2016年分别位居第8位和第9位，但产销量仅有7100多辆和5900多辆。2016年后3位企业产销量总和仅与2015年第6位的企业产销量接近。

从三轮汽车前10位的企业看，东方曼公司和兰驼集团退出了前10位的争夺，取而代之的分别是2016年排名第8位的五丰机械厂和排名第10位的信阳大别山公司，但产销量分别仅有3400多辆和1400多辆。值得注意的是，排名第7位的企业汝南广源公司三轮汽车产品也仅有5800多辆，同比下降了34%。三轮汽车产品的市场集中度越来越向前6位集中，前6位三轮汽车总产量占全行业总产量的99.3%，与2015年前十位的总产量占全行业总产量基本一致。

四、低速汽车产品结构情况

与2015年同期相比，2016年三轮汽车依然以载重量500kg、半封闭、自卸、盘式、电启动产品为主，但全封闭驾驶室的三轮汽车增长了近5个百分点，电启动的增长了3个百分点，市场对舒适性、启动性好的三轮汽车需求渐涨；低速货车仍然以载重量1500kg、自卸、排半、四缸机为主流产品，其中自卸低速货车增长了11个百分点，排半低速货车增长了7个百分点，四缸低速货车增长了近9个百分点。低速货车在清理库存的过程中，载重大、自卸型多缸低速货车市场需求较旺盛。

五、行业转型升级情况

2016 年低速汽车生产企业转型升级速度进一步加快，截至 9 月份，累计有 27 家低速汽车取消资质，转型为专用车或被摩托车等行业合并，其中低速货车取消资质 18 家，三轮汽车取消资质 4 家，既有三轮汽车又有低速货车资质的企业取消 5 家。

六、2017 年市场展望

2016 年低速汽车市场的表现波澜不惊，进入 2017 年三轮汽车将成为低速汽车市场的唯一产品。为农村培育三十多年汽车市场的低速货车产品将彻底退出，轻型汽车产品借此会进一步抢占潜力巨大的农村汽车市场。同时，伴随农村青壮劳动力不断向城市转移，农村老龄化现象会更加明显，以老龄及妇女为主的留守农村劳动力向汽车需求转移的难度较大（需要重新考取汽车驾照），三轮汽车作为适应性较好的车辆产品还会有一定的市场空间，但与摩托车、电动车等产品竞争会进一步加剧，加上农村土地流转加快，连片经营趋势明显，同时还有部分三轮汽车企业也在陆续转型升级，预计 2017 年三轮汽车市场会有一定程度的下降。

（作者：吕树盛）

2016 年专用汽车市场分析及 2017 年展望

近年来，我国商用汽车专用化比例不断提高，六大类专用车占商用车比例从 2007 年的 21.47%提升到 30%以上，半挂汽车占比从 2007 年的 6.4%提升到 2016 年的 15%以上。商用汽车专用化是满足用户专用化与个性化需求、提升产品附加值、提升商用汽车行业竞争力的必然趋势。2016 年，我国专用汽车市场一改前两年持续下滑的态势，产量大幅增长，预计 2016 年全年六大类专用汽车产量超过 110 万辆，半挂汽车产量近 60 万辆，自卸汽车产量近 20 万辆，创历史新高。

未来五年，影响专用汽车市场的主要因素包括四方面：政策调整、经济新常态、社会消费环境变化和新技术突破。综合考虑四大影响因素，专用汽车市场将长期保持旺盛的市场需求，市场前景较好。然而，专用汽车行业由于采购特点等因素，有其固有的周期性，每个波动周期的总产销量相比上个周期将持续增长。2016 年是一个发展周期的高峰，2017 年专用汽车产销量将回落。

从技术趋势来看，同汽车行业一样，专用汽车行业将呈现绿色化、品质化、智能网联化和信息化的趋势，节能减排、产品高端化、基于智能网联的车载后市场服务、企业价值链全面信息化，将是专用汽车行业转型升级的四大方向。

一、2016 年专用汽车市场态势

1．商用汽车专用化比例不断提高

随着经济发展进入新常态，我国 GDP 增速从高速增长转向中高速增长，受此影响，我国商用车市场呈现两个发展阶段：2007～2010 年，商用汽车市场持续快速增长（见图 1），2010 年以后，商用汽车市场结束快速增长态势，进入波动式的发展新常态，呈现出明显的行业周期性，2010～2012 年、2013～2015 年，呈现出两个持续下滑的周期，2016 年商用汽车产量达到新的高点。

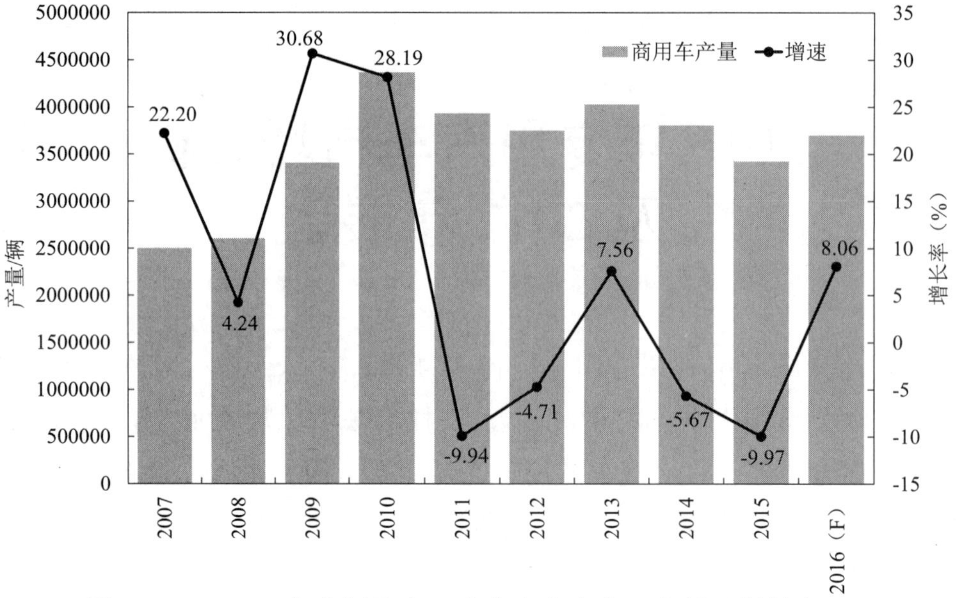

图1 2007～2016年商用汽车（含货车和客车）产量及增长率

（注：数据来源于中国汽车工业协会）

总体来看，2007～2016 年，我国商用汽车专用化比例不断提升（见图 2），六大类专用汽车占商用汽车比例从 2007 年的 21.5%提升到 30.5%，半挂汽车占比也有一定提升。商用汽车专用化是满足提升产品附加值、提升商用汽车行业竞争力的必然趋势。

图2 2007～2016年商用汽车专用化比例

2．专用汽车行业在波动中增长

（1）六大类专用汽车　六大类专用汽车产量走势与商用汽车呈现相似的规律，分为两个发展阶段：2006～2010 年，专用汽车市场持续快速增长，2010 年以后，专用汽车市场结束快速增长态势（见图 3），进入波动式的发展新常态，呈现出明显的行业周期性，市场规模放缓，产能过剩，行业亟需新的增长点。

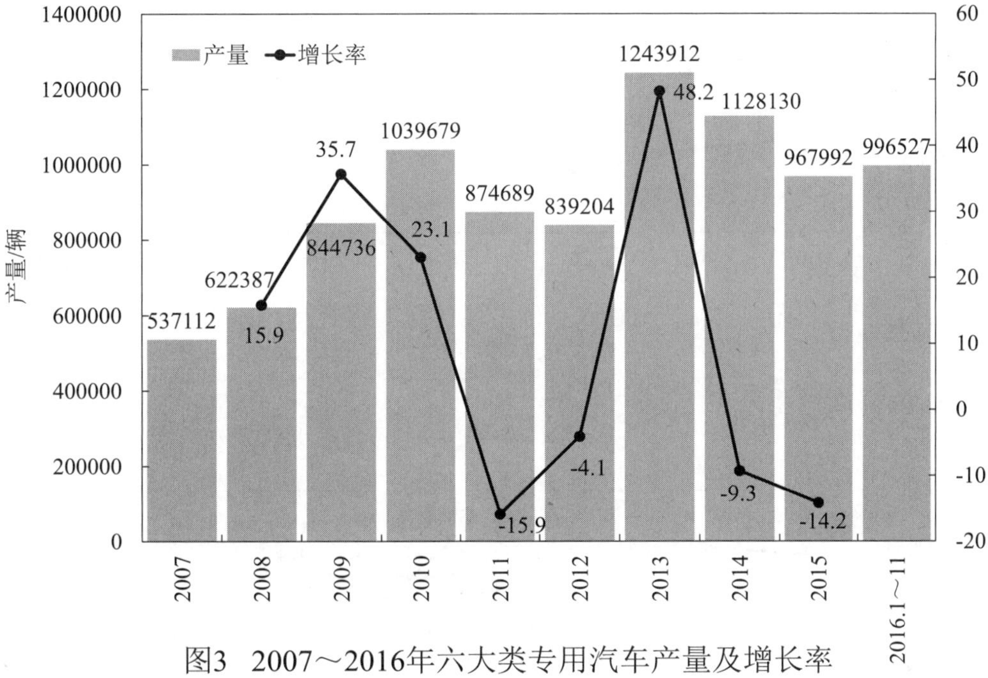

图3　2007～2016年六大类专用汽车产量及增长率

（注：数据来源于中国汽车技术研究中心产销数据）

六大类专用汽车中，厢式汽车、仓栅式汽车、罐式汽车、自卸汽车、特种汽车和举升汽车的占比分别为 61.5%、22.4%、6.3%、4.3%、3.5%、2%。从历年走势来看，厢式汽车、自卸汽车持续增长，罐式汽车、举升汽车持续下滑（见图 4、图 5），仓栅汽车和特种汽车呈现波动式发展态势。

（2）普通自卸汽车　自卸汽车与载货汽车呈相似的市场波动规律，以三年为周期。2016 年 1～11 月份，自卸汽车累计产量为 175003 辆（见图 6），高于 2015 年全年水平。从历年产量数据来看，2015～2016 年自卸汽车产量呈断崖式下滑，从年产 40 万～60 万辆规模降到年产 20 万辆规模。这主要是由于 GB 1589 的实施以及交通运输部发布的《超限运输车辆行驶公路管理规定》，对超载治理的加强。

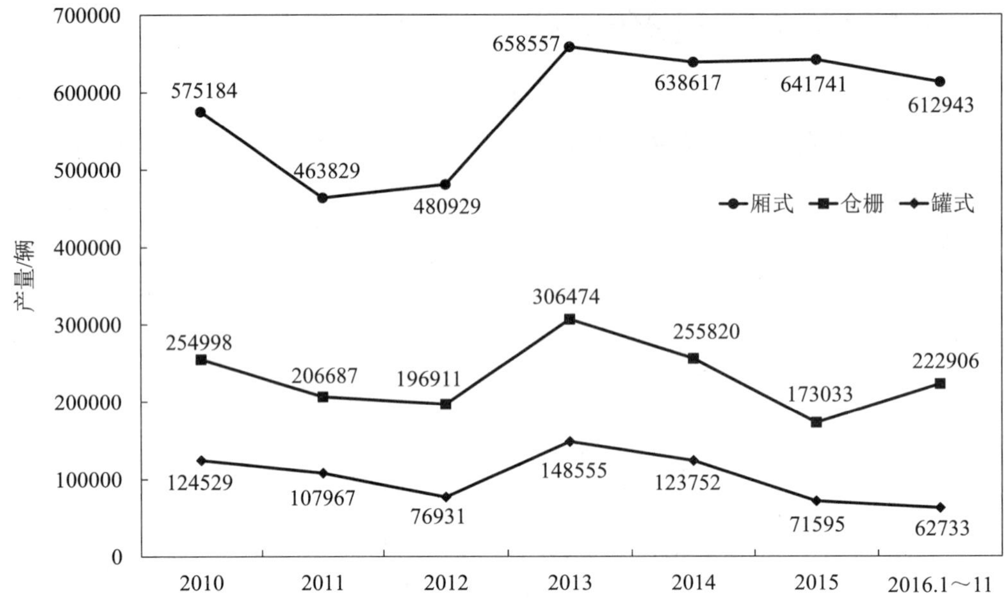

图4 2010～2016年厢式、仓栅、罐式汽车产量走势

（注：数据来源于中国汽车技术研究中心产销数据）

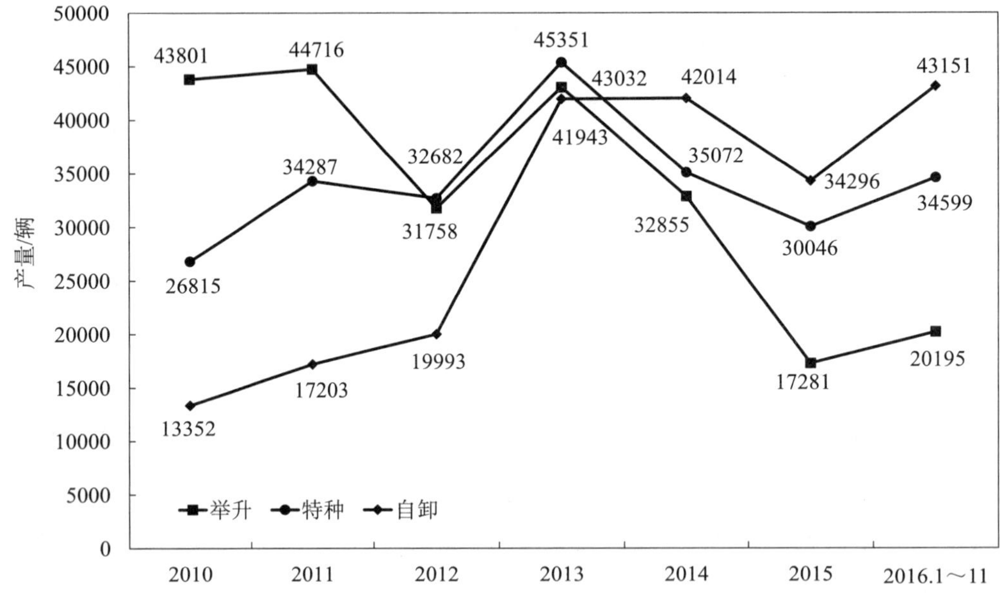

图5 2010～2016年举升、特种、自卸汽车产量走势

（注：数据来源于中国汽车技术研究中心产销数据）

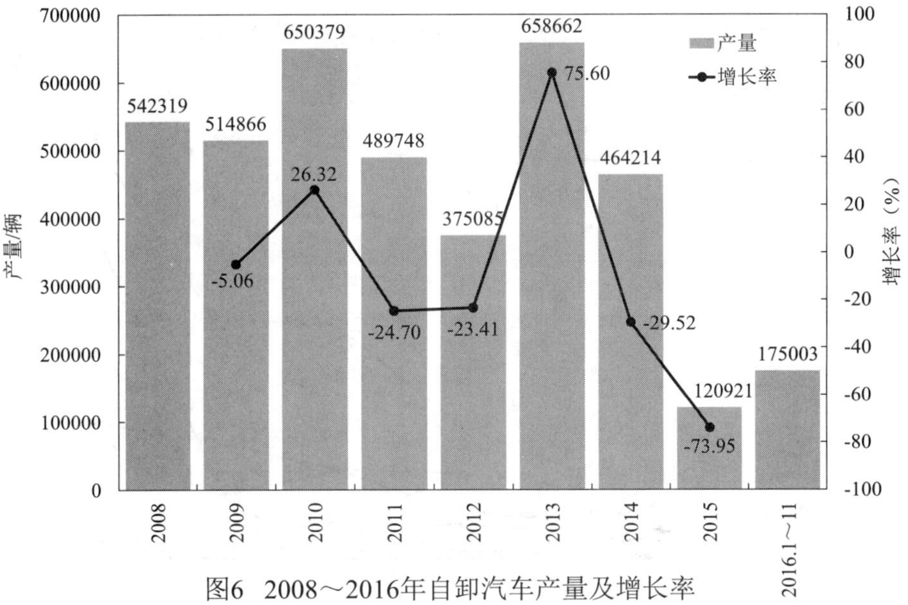

图6 2008～2016年自卸汽车产量及增长率

（注：数据来源于中国汽车技术研究中心产销数据）

（3）半挂汽车 2016年1～11月份，半挂汽车产量达到52万辆（见图7），高于历史最高水平。随着超载治理工作的力度加大，用户从普通自卸汽车转向挂车，我国公路货物运输方式开始转变。

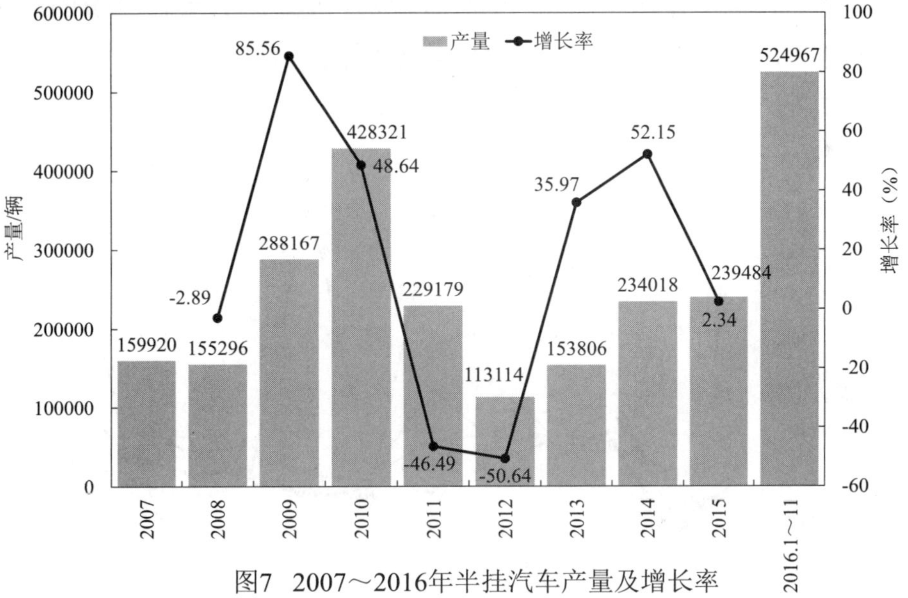

图7 2007～2016年半挂汽车产量及增长率

（注：数据来源于中国汽车技术研究中心产销数据）

半挂汽车包括厢式半挂车、罐式半挂车、低平板半挂车、普通半挂车、仓栅半挂车、集装箱式半挂车、自卸半挂车和车辆运输类半挂车等。近年来，仓栅式半挂车和集装箱式半挂车呈现快速增长态势（见图8）。

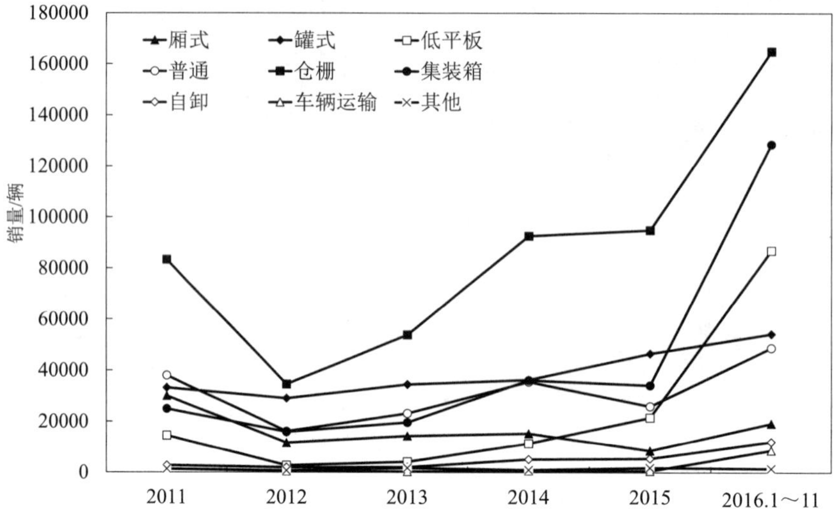

图8 2011～2016年半挂汽车细分市场产量走势

（注：数据来源于中国汽车技术研究中心产销数据）

3. 月度产量走势

（1）六大类专用汽车 专用车产量呈现很强的季节性波动规律，排除异常情况（2013年与2014年重型柴油车国Ⅳ排放升级），历年各月份的产量呈现相似的走势（见图9）。数据显示，2016年专用汽车市场开始回暖，3月、6～11月的产量均位居历年最高水平。

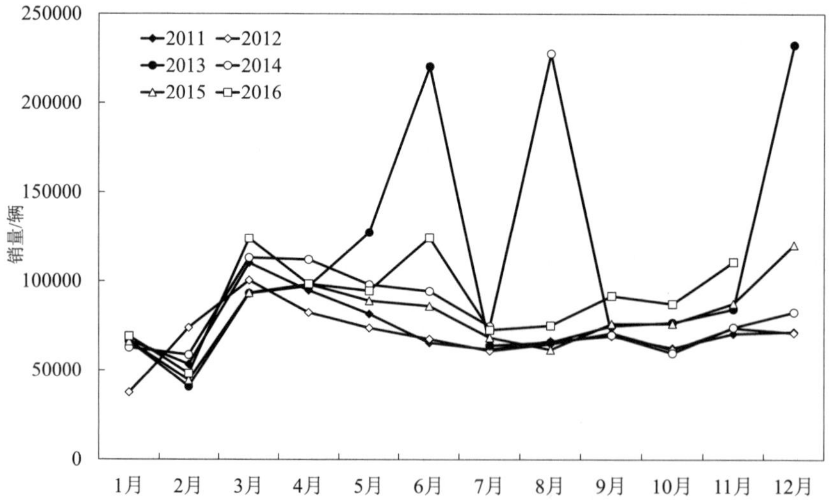

图9 2011～2016年六大类专用汽车月度产量走势

（注：数据来源于中国汽车技术研究中心产销数据）

（2）普通自卸汽车　2015～2016 年，普通自卸汽车产量呈断崖式下滑（见图 10），2016 年各月份自卸汽车产量高于 2015 年同期，但远低于 2011～2014 年发展水平。

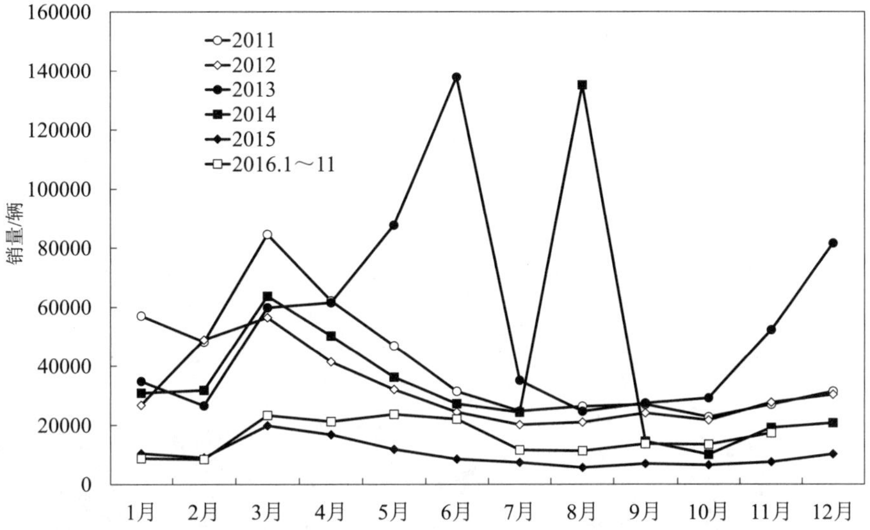

图10　2011～2016年普通自卸汽车月度产量走势

（注：数据来源于中国汽车技术研究中心产销数据）

（3）半挂汽车　2016 年 4～11 月，半挂汽车产量呈爆发式增长（见图 11），表明我国货物运输方式正发生深刻变革。

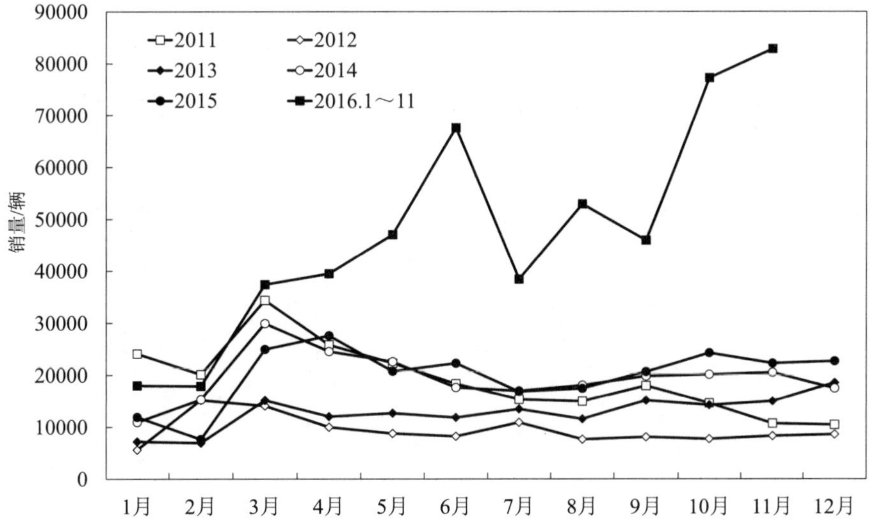

图11　2011～2016年半挂汽车月度产量走势

（注：数据来源于中国汽车技术研究中心产销数据）

4．吨位结构

从吨位结构来看，专用汽车主要以轻型为主。2016 年 1～11 月，轻型、重型、中型和微型的占比分别为 65.9%、23.6%、8.8%和 1.7%（见图 12）。2011～2016 年 11 月，轻型专用车的比例持续增加，中型和微型的比例下降，重型车呈 V 字形的态势。

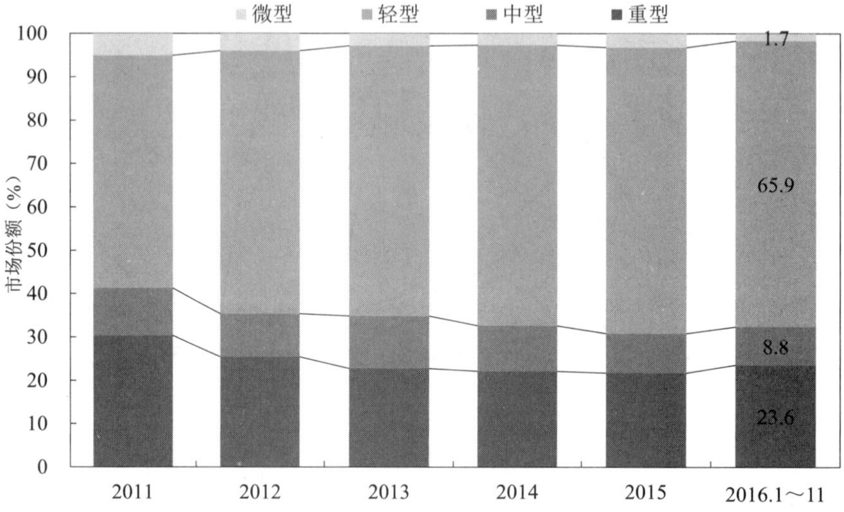

图12 2011～2016年专用汽车各吨位类型市场份额

5．燃料结构

（1）燃料结构态势　从燃料结构走势来看，汽油专用汽车和新能源专用汽车的占比逐步提升（见图 13 及表 1），柴油专用汽车的占比呈下滑态势。

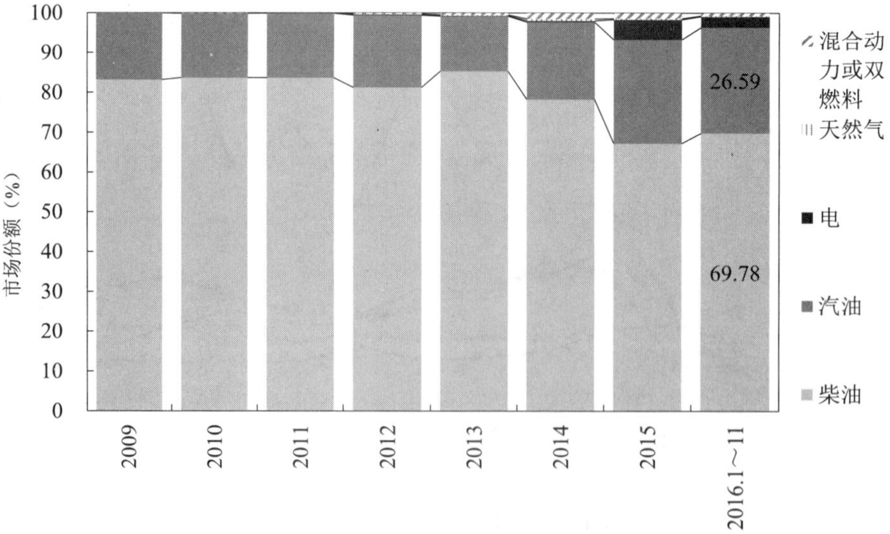

图13 2009～2016年专用汽车各类燃料类型市场份额

表 1　2009～2016 年各燃料专用汽车产量

（单位：辆）

燃料类型	2009 年	2010 年	2011 年	2012 年	2013 年	2014 年	2015 年	2016 年 1～11 月
柴油	702429	869212	731815	681765	1061437	882763	650818	695338
汽油	141624	167934	141492	152338	171843	219146	252148	264953
电	59	162	593	1790	1430	3983	49092	27163
天然气	17	54	291	1021	2838	5494	2395	1822
混合动力或双燃料	344	1387	264	2244	6287	16694	13539	7251

（2）新能源专用车结构　在政策推动下，新能源专用汽车产量快速增长（见表 2）。2016 年，由于新能源专用汽车的补贴政策不明朗，新能源专用汽车比 2015 年同期大幅下滑。根据最新补贴政策，新能源专用车将受到政府大力支持，同时，深圳等城市的纯电动物流车将不限行，利好新能源专用车。

表 2　2013～2016 年新能源专用车产品结构及产量

（单位：辆）

专用车类型	2013 年	2014 年	2015 年	2016 年 1～11 月
厢式运输车	330	2904	45997	25251
仓栅式运输车	11	1	668	879
车厢可卸式垃圾车	30	546	623	53
路面养护车	2	59	379	102
扫路车	6	89	309	150
电源车	—	—	—	201
桶装垃圾车	293	110	216	65
自装卸式垃圾车	331	74	180	74
邮政车	13	25	137	16
工程车	73	46	115	72
冷藏车	—	—	80	76
其他	331	129	388	224

6．行业竞争格局

（1）厢式汽车　厢式汽车的主要生产企业为北汽福田、江淮和江铃（见图 14），2016 年 1～11 月，三家企业的产量分别为 101230 辆、65446 辆和 53698 辆。从行业竞争格局来看，行业集中度略有下滑，前三名企业市场份额从 2008

年的 41.7%下降至 2016 年的 36%（见表 3），前十名企业市场份额则从 65.2%下降至 59.2%。

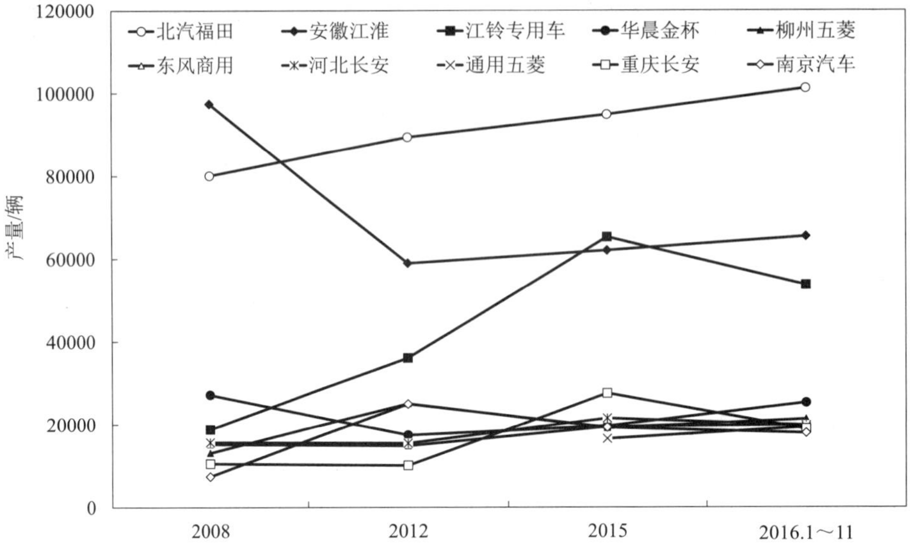

图14 厢式汽车前十名生产企业产量

表 3 厢式汽车前十名生产企业产量及市场份额

（单位：辆）

生产企业	2008 年	2012 年	2015 年	2016 年 1～11 月
北汽福田	80052	89409	94886	101230
安徽江淮	97429	58959	62048	65446
江铃专用车	18805	36088	65278	53698
华晨金杯	27175	17415	19609	25266
柳州五菱	13098	25073	19121	21303
东风商用	15202	14845	19441	19822
河北长安	15665	15447	21509	19716
通用五菱			16525	19328
重庆长安	10512	10086	27556	18878
南京汽车	7399	24990	19263	17897
累计	569508	480929	641741	612943
TOP3 市场份额（%）	41.7	38.4	34.6	36.0
TOP10 市场份额（%）	65.2	64.7	57.1	59.2

（2）罐式汽车　罐式汽车的主要生产企业是湖北程力、厦工楚胜、中联重科，2016 年 1～11 月产量分别是 5539 辆、3730 辆和 3413 辆（见图 15）。从行

业竞争格局来看，行业市场份额呈倒V形态势，2008年、2012年和2016年前三名的市场份额分别是18%、34.2%和20.2%（见表4），前十名市场份额分别是40.2%、60.6%和41.2%。

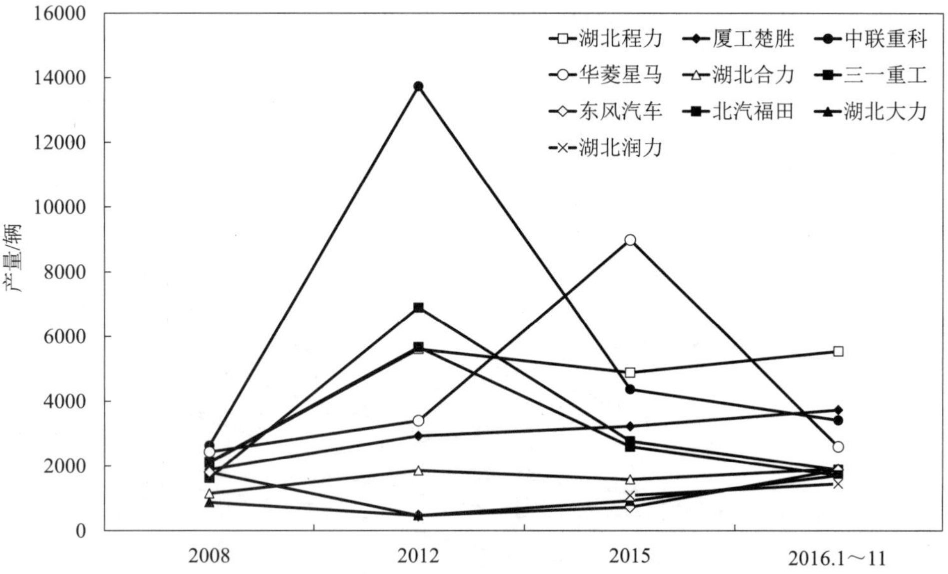

图15 罐式汽车前十名生产企业产量

表4 罐式汽车前十名生产企业产量及市场份额

（单位：辆）

生产企业	2008年	2012年	2015年	2016年1～11月
湖北程力	2101	5609	4885	5539
厦工楚胜	1887	2929	3228	3730
中联重科	2629	13730	4368	3413
华菱星马	2437	3396	8989	2601
湖北合力	1149	1854	1583	1912
三一重工	1629	6896	2767	1881
东风汽车	1802	466	727	1876
北汽福田	2121	5667	2599	1711
湖北大力	876	470	923	1705
湖北润力	—	—	1090	1447
累计	67363	76931	71595	62733
TOP3市场份额（%）	18.0	34.2	25.5	20.2
TOP10市场份额（%）	40.2	60.6	47.2	41.2

（3）仓栅汽车　仓栅汽车的主要生产企业是安徽江淮、北汽福田、中国一汽，2016 年 1～10 月份产量分别为 28730 辆、23889 辆和 21350 辆（见图 16）。从行业竞争格局来看，与 2008 年相比，行业市场集中度呈明显下降，前三名企业市场份额下降了 5 个百分点（见表 5），前十名企业市场份额下降了 9 个百分点。相比于 2015 年，2016 年市场集中度略有提升。

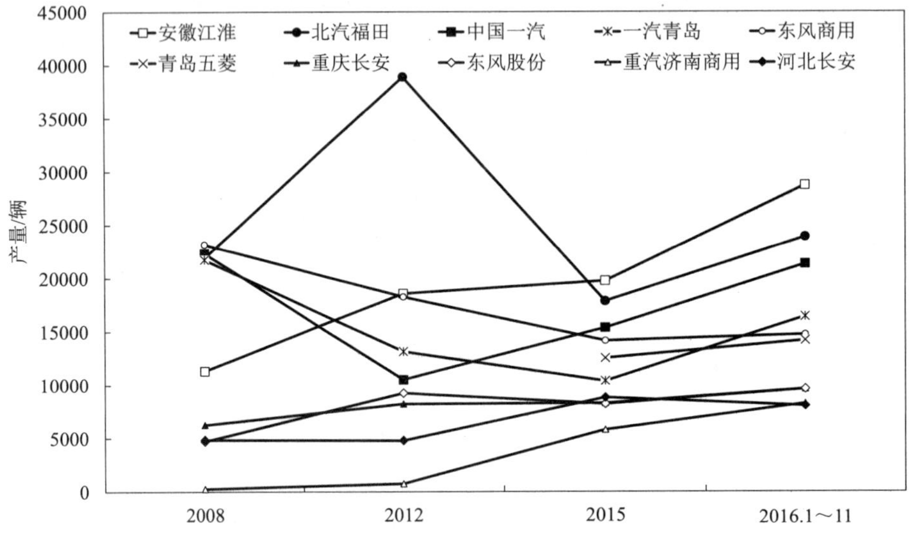

图16　仓栅汽车前十名生产企业产量

表 5　仓栅汽车前十名生产企业产量及市场份额

（单位：辆）

生产企业	2008 年	2012 年	2015 年	2016 年 1～11 月
安徽江淮	11320	18580	19771	28730
北汽福田	21914	38900	17865	23889
中国一汽	22366	10517	15376	21350
一汽青岛	21751	13152	10394	16417
东风商用	23183	18269	14156	14729
青岛五菱	—	—	12539	14186
重庆长安	6249	8209	8291	9604
东风股份	4708	9232	8208	9598
重汽济南商用	257	744	5794	8240
河北长安	4848	4787	8808	8028
累计	181517	196911	173033	222906
TOP3 市场份额（%）	38.0	38.5	30.6	33.2
TOP10 市场份额（%）	78.9	74.8	70.0	69.4

（4）特种汽车　特种汽车产量前三名的企业分别是中联重科、龙马环卫和湖北程力（见图 17），前三名企业的产量分别是 6324 辆、2278 辆和 1992 辆（见表 6）。特种汽车行业集中度有所下降，2016 年前三名企业市场份额为 30.6%，前十名企业的市场份额为 54.8%，比 2008 年分别下降 16 个百分点和 7 个百分点。

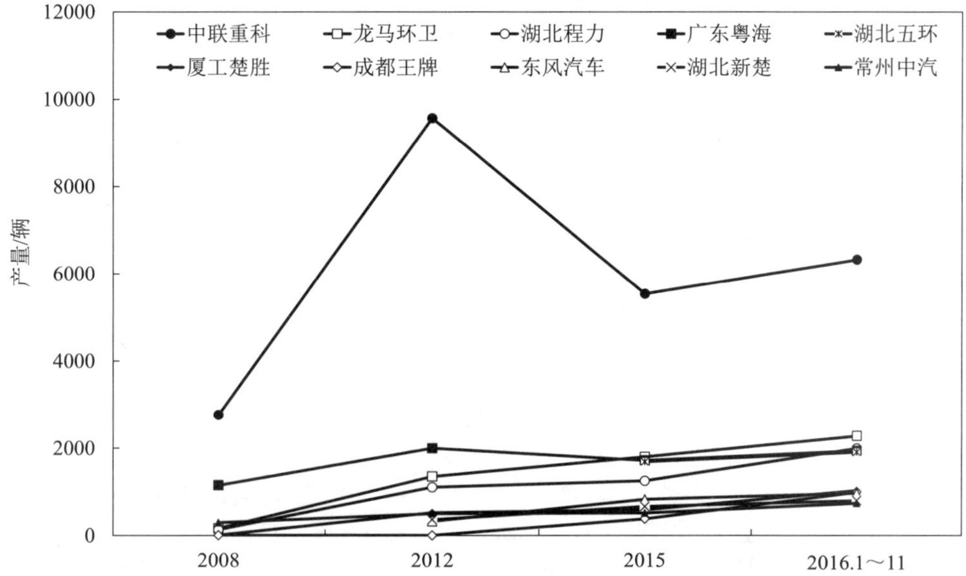

图17　特种汽车前十名生产企业产量走势

表 6　特种汽车前十名生产企业产量及市场份额

（单位：辆）

生产企业	2008 年	2012 年	2015 年	2016 年 1～11 月
中联重科	2764	9568	5541	6324
龙马环卫	165	1350	1799	2278
湖北程力	135	1104	1250	1992
广东粤海	1149	1997	1718	1938
湖北五环	—	—	1687	1906
厦工楚胜	13	520	588	1027
成都王牌	7	3	381	988
东风汽车	—	324	827	966
湖北新楚	—	362	662	795
常州中汽	294	500	514	736
TOP3 市场份额（%）	46.6	54.3	31.1	30.6
TOP10 市场份额（%）	62.0	68.8	55.7	54.8

（5）举升汽车　举升汽车前三名生产企业是徐州工程、中联重科和山东唐骏（见图 18），2016 年 1～11 月产量分别为 4652 辆、1327 辆和 1183 辆（见表 7），举升汽车行业集中活动度呈明显下滑，前三名企业的市场份额从 2008 年的 66.2%下降为 2016 年的 35.5%，前十名企业市场份额则从 2008 年的 80.7%下降为 2016 年的 66.9%。

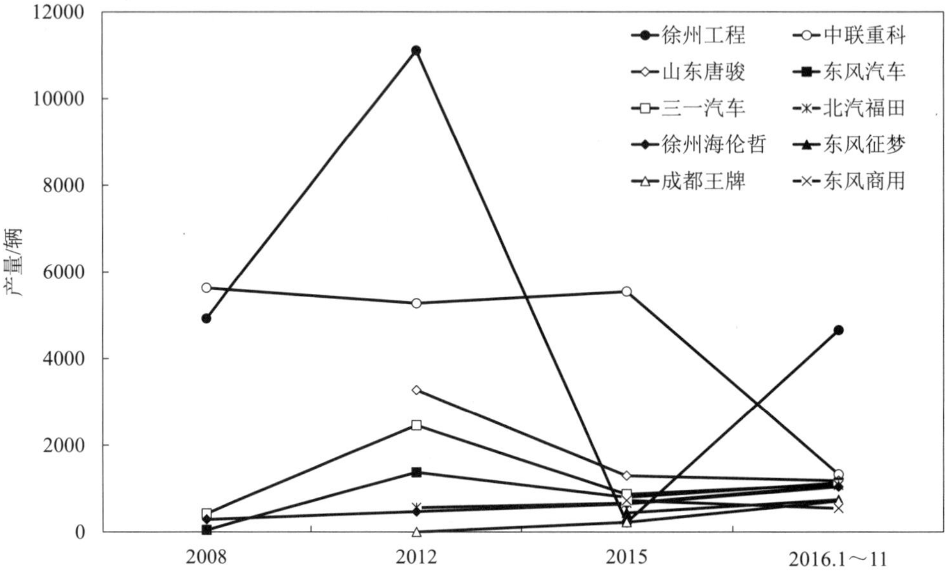

图18　举升汽车前十名生产企业产量走势

表 7　举升汽车前十名生产企业产量及市场份额

（单位：辆）

生产企业	2008 年	2012 年	2015 年	2016 年 1～11 月
徐州工程	4919	11108	220	4652
中联重科	5626	5272	5541	1327
山东唐骏	—	3275	1297	1183
东风汽车	46	1377	802	1132
三一汽车	424	2459	871	1101
北汽福田	—	564	666	1078
徐州海伦哲	288	470	648	1043
东风征梦	—	—	441	745
成都王牌	—	2	225	712
东风商用	—	—	726	544
TOP3 市场份额（%）	66.2	61.9	35.1	35.5
TOP10 市场份额（%）	80.7	85.2	64.8	66.9

（6）自卸汽车　2016 年 1～11 月，自卸汽车产量前三名企业是中联重科、湖北程力和龙马环卫（见图 19）。2008～2012 年，自卸汽车行业集中度有所提高（见表 8），而 2012～2016 年 11 月，前三名企业的行业集中度从 26.5%下降至 21.0%，前十名的行业集中度从 47.4%下降至 43.2%。

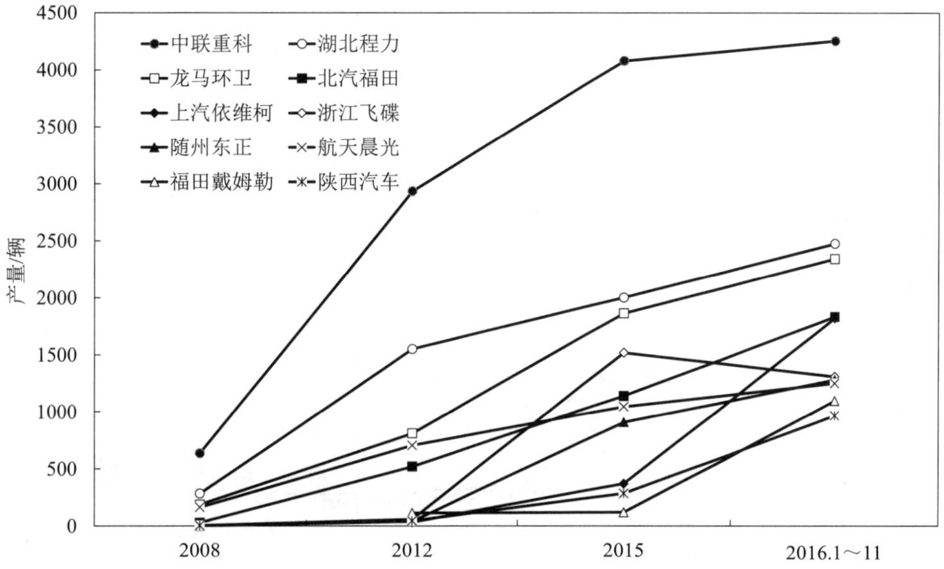

图19　自卸汽车前十名生产企业产量走势

表 8　自卸汽车前十名生产企业产量及市场份额

（单位：辆）

生产企业	2008 年	2012 年	2015 年	2016 年 1～11 月
中联重科	636	2935	4079	4254
湖北程力	283	1551	2002	2476
龙马环卫	187	812	1864	2343
北汽福田	29	520	1141	1833
上汽依维柯	—	33	371	1821
浙江飞碟	4	59	1519	1309
随州东正	1	40	910	1281
航天晨光	163	706	1046	1251
福田戴姆勒	—	114	120	1098
陕西汽车	4	45	285	968
累计	9301	19993	34296	43151
TOP3 市场份额（%）	20.0	26.5	25.0	21.0
TOP10 市场份额（%）	44.0	47.4	47.6	43.2

（7）普通自卸汽车　普通自卸汽车产量前三名企业分别是北汽福田、陕西汽车、成都王牌（见图 20），产量分别是 14917 辆、10853 辆和 10126 辆（见表 9）。行业集中度逐年下降，前三名企业的市场份额从 2008 年的 40.2%下降至 2016 年的 20.5%，前十名企业的市场份额从 2008 年的 67.6%下降到 2016 年的 55.1%。

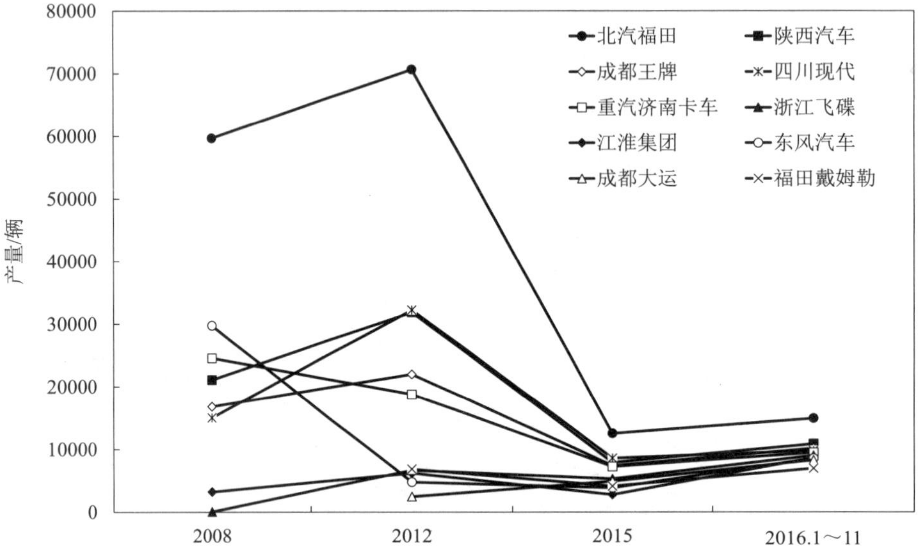

图20　普通自卸汽车前十名生产企业产量走势

表 9　普通自卸汽车前十名生产企业产量及市场份额

（单位：辆）

生产企业	2008 年	2012 年	2015 年	2016 年 1～11 月
北汽福田	59674	70660	12531	14917
陕西汽车	21073	31847	7889	10853
成都王牌	16798	21957	7389	10126
四川现代	15007	32214	8569	9763
重汽济南卡车	24556	18747	7232	9445
浙江飞碟	46	6655	5291	8980
江淮集团	3204	6185	2766	8621
东风汽车	29736	4761	3865	8529
成都大运	—	2449	4916	8251
福田戴姆勒	—	6838	4115	6937
累计	542319	375085	120921	175003
TOP3 市场份额（%）	40.2	34.3	23.0	20.5
TOP10 市场份额（%）	67.6	65.3	53.4	55.1

（8）半挂汽车　半挂汽车企业的排名变化较大，2016 年产量前十企业中的多家企业于 2015 年投产。2016 年 1～11 月，前三名企业分别是驻马店中集、郓城龙亿达和中集车辆（见图 21），产量分别是 17695 辆、17291 辆和 15933 辆（见表 10）。半挂车行业集中度逐年下降，2008 年至今，前三名企业的市场份额从 20.8%下降到 9.7%，前十名企业的市场份额从 38.4%下降到 24.6%。

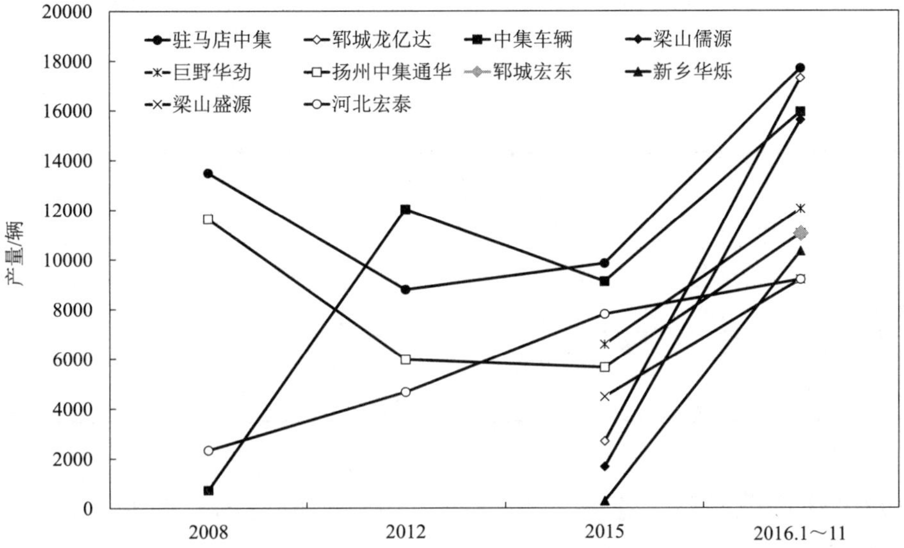

图21　半挂汽车前十名生产企业产量走势

表 10　半挂汽车前十名生产企业产量及市场份额

（单位：辆）

	2008 年	2012 年	2015 年	2016 年 1～11 月
驻马店中集	13489	8787	9841	17695
郓城龙亿达	—	—	2696	17291
中集车辆	729	12021	9117	15933
梁山儒源	—	—	1674	15606
巨野华劲	—	—	6584	12034
扬州中集通华	11633	5973	5657	11038
郓城宏东	—	—	—	11029
新乡华烁	—	—	286	10325
梁山盛源	—	—	4481	9192
河北宏泰	2330	4667	7805	9191
累计	155296	113114	239484	524967
TOP3 市场份额（%）	20.8	23.7	11.2	9.7
TOP10 市场份额（%）	38.4	44.8	27.2	24.6

7. 用途结构

（1）分用途走势　专用汽车品种较多，2016年六大类专用汽车共有270个车型，主要的用途包括：公路物流运输类、土建工程类以及市政环卫类等。2016年1～11月份，公路物流类、土建工程类及市政环卫类专用车产量分别为76.5万辆、5.9万辆和94.7万辆（见表11），其中公路物流类和市政环卫类专用车均已超过2015年全年产量，而土建工程类继续保持下滑态势。

表11　2012～2016年各用途专用汽车产量

（单位：辆）

用途	2012年	2013年	2014年	2015年	2016年1～11月
公路物流	634052	921984	834012	736425	765377
土建工程	93858	149856	122767	74035	59156
市政环卫	52938	104120	94593	79931	94655
其他	58356	67952	76758	77601	77339
总产量	839204	1243912	1128130	967992	996527

（2）公路物流类发展态势　公路物流运输车以通用型的厢式运输车和仓栅式运输车为主，2016年1～11月份产量分别为49.5万辆和22万辆（见表12）。

表12　2011～2016年公路物流车产量

（单位：辆）

细分车型	2011年	2012年	2013年	2014年	2015年	2016年1～11月
厢式运输车	376328	388869	556763	529967	518058	495283
仓栅式运输车	205750	195387	304159	253375	171388	220203
粉粒物料运输车	7758	5522	8687	6612	1005	585
冷藏车	6208	8542	14102	20673	19836	23845
运钞车	5563	6049	5698	6344	5711	4636
运油车	3819	3384	6081	4138	3187	2268
邮政车	3790	6907	4773	5328	7750	7571
爆破器材运输车	1961	2224	4207	2906	2557	2057
低温液体运输车	250	253	182	163	235	151
仪器车	167	89	77	107	124	30
液化气体运输车	131	82	136	187	—	44

公路物流类各车型中，厢式运输车和仓栅式运输车是走量车型，产量较

高，长期来看呈快速增长的态势。冷藏车是增幅较大的车型，近五年产量持续快速增长（见图 22）。邮政车、运钞车、运油车等车型整体规模较为稳定，由于采购周期，产量呈现明显的周期性波动。

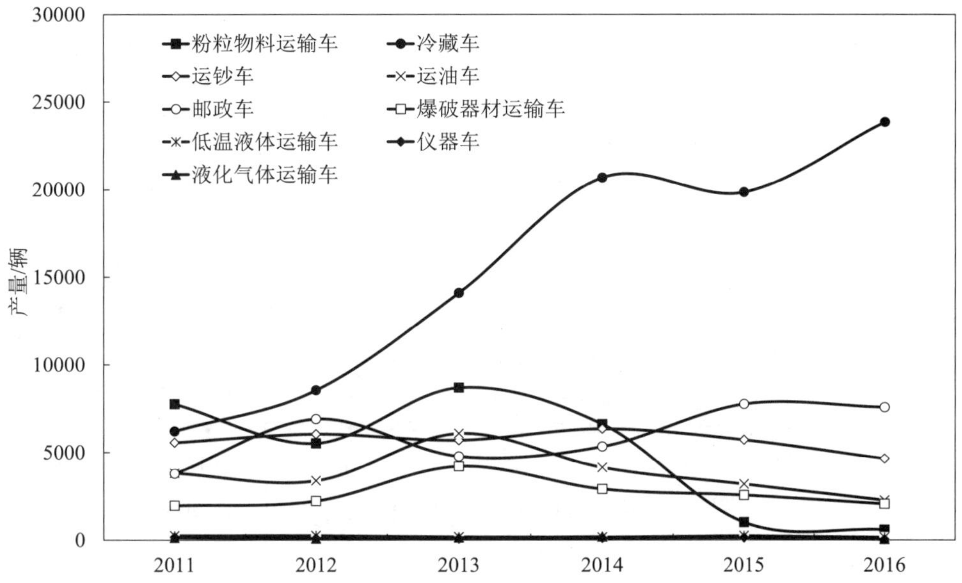

图22 2011～2016年公路物流类运输车产量走势

（3）土建工程类发展态势 土建工程类专用汽车以混凝土搅拌运输车、工程车和汽车起重机为主，2016 年 1～11 月产量分别为 21400 辆、11296 辆和 8946 辆（见表 13）。

表 13 2011～2016 年土建工程类专用车走势

（单位：辆）

细分车型	2011 年	2012 年	2013 年	2014 年	2015 年	2016 年 1～11 月
混凝土搅拌运输车	65165	40731	79948	68619	35072	21400
工程车	4718	4810	8159	10393	17390	11296
汽车起重机车	36669	24091	25863	17340	8139	8946
随车起重运输车	5714	5412	13672	12747	6324	7972
高空作业车	1966	1780	2814	2473	2422	2879
混凝土泵车	16547	13810	11953	6838	2114	2615
路面养护车	533	807	1003	1529	1523	1910

数据显示，混凝土搅拌运输车、汽车起重机车、混凝土泵车等车型呈长期

下滑态势（见图23），而工程车、随车起重机车等车型市场表现较好。

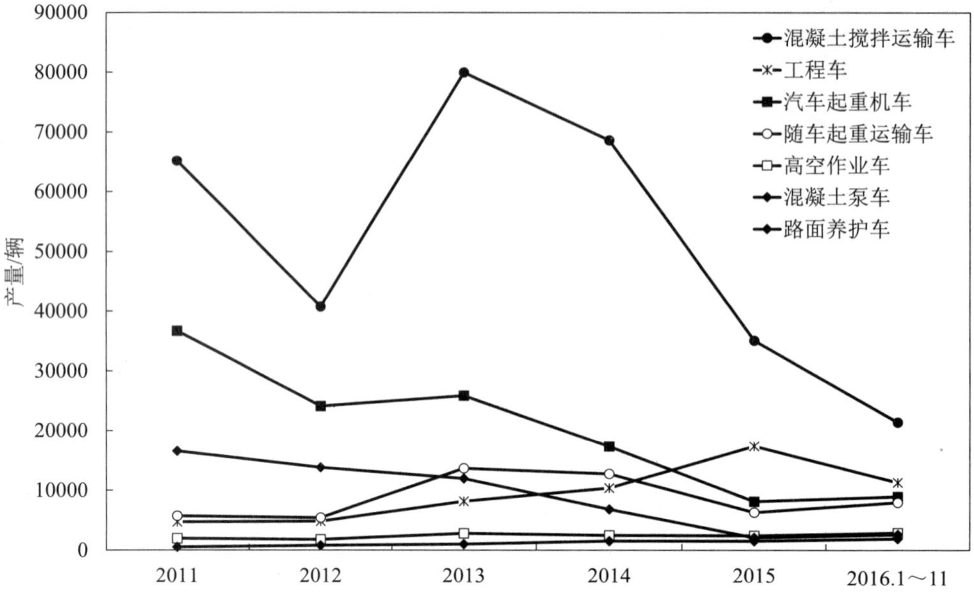

图23 2011～2016年土建工程类专用车产量走势

（4）市政环卫类发展态势 近年来，市政环卫类专用车呈快速增长态势。2016年1～11月份，车厢可卸式垃圾车、自卸式垃圾车、洒水车和压缩式垃圾车产量较高（见表14），分别为13858辆、11342辆、11108辆和11008辆。

表14 2011～2016年市政环卫类专用车走势

（单位：辆）

细分车型	2011年	2012年	2013年	2014年	2015年	2016年1～11月
车厢可卸式垃圾车	3616	4658	9001	10952	10744	13858
自卸式垃圾车	1285	1442	2373	17999	5711	11342
洒水车	10349	9031	19264	18010	10266	11108
压缩式垃圾车	5462	4531	8043	7469	8651	11008
清障车	5306	5481	11025	7063	6797	8699
洗扫车	1621	2242	4447	4181	3880	5593
清洗车	2429	2788	4452	4292	4345	5473
绿化喷洒车	2360	2604	7915	4377	2562	4251
扫路车	3420	2828	4959	3537	3945	3933
自装卸式垃圾车	3366	5949	17804	2724	3922	3703

数据显示，车厢可卸式垃圾车、压缩式垃圾车呈持续快速增长的态势（见图

24），洒水车、自卸式垃圾车、清障车等车型呈波动式发展。

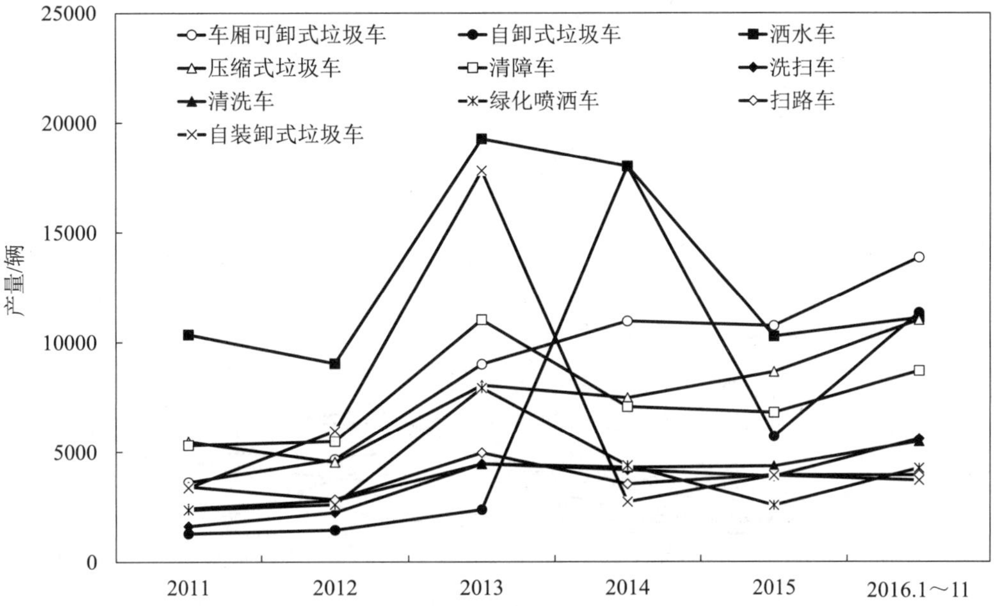

图24　2011～2016年市政环卫类专用车产量走势

（5）其他用途专用汽车发展态势　其他用途的专用车中，商务车、服务车和加油车产量较高（见表 15），2016 年 1～11 月份产量分别为 10472 辆、8413 辆和 7551 辆。

表 15 2011～2016 年市政环卫类专用车走势

（单位：辆）

细分车型	2011 年	2012 年	2013 年	2014 年	2015 年	2016 年 1～11 月
商务车	—	—	—	3880	3975	10472
服务车	1942	2648	3166	6243	14135	8413
加油车	8839	5710	8996	6203	5209	7551
救护车	9811	9379	11264	9817	8110	6979
教练车	21877	22308	16467	16339	11408	6422
翼开启厢式车	661	1009	1688	3115	4302	5968
售货车	31	120	230	879	3135	5168
宣传车	1441	2054	3117	5489	5447	4482
旅居车	779	993	1776	2588	3368	4107

各细分车型中，商务车、翼开启厢式车、旅居车呈持续快速增长（见图

25），加油车、服务车等车型呈波动式态势，而教练车、救护车等车型产量有所下滑。

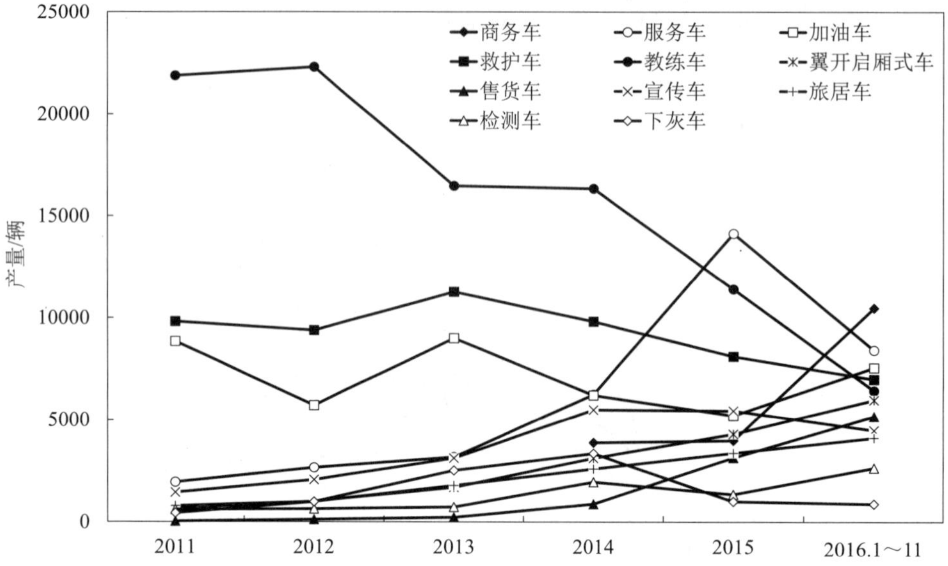

图25　2011～2016年其他细分用途专用车产量走势

二、专用汽车市场的四大影响因素

“十三五”期间，专用汽车行业主要受四方面的因素影响：政策、经济、社会和技术（见图 26）。

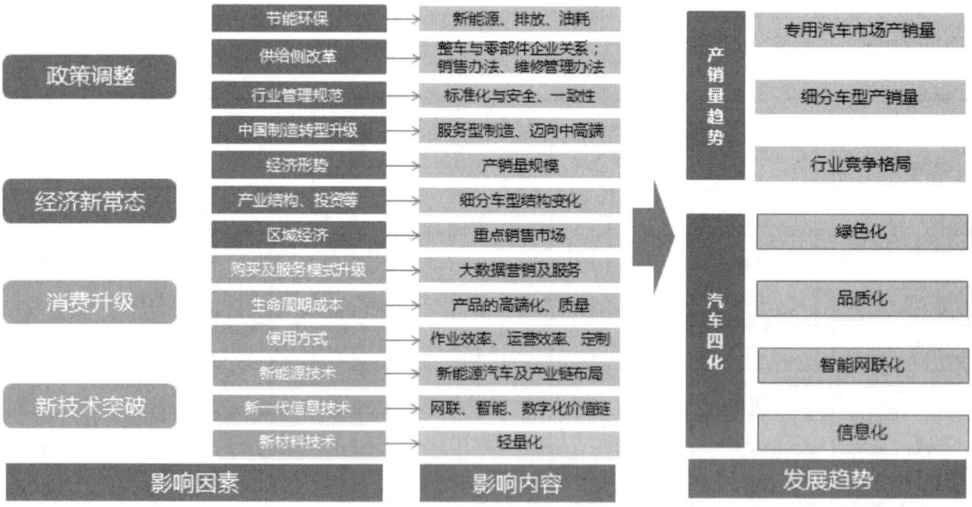

图 26　专用汽车行业四大影响因素、影响内容及发展趋势

1. 政策因素

金融危机前推动世界经济增长的主要引擎先后进入换档期，全球经济缺乏新增长影响专用汽车行业的政策因素以产业政策为主，包括：节能环保政策、供给侧改革相关政策、行业管理规范，以及中国制造转型升级相关规划。

（1）节能环保政策　随着经济社会发展的环境压力日趋严峻，汽车产业节能环保的力度加大，主要包括排放政策、油耗政策和新能源汽车政策。

排放升级。2016 年 1 月 14 日，环保部和工信部《关于实施第五阶段排放标准的公告》，2017 年 1 月 1 日起，全国范围内轻型汽油车、重型柴油车（公交、环卫、邮政）实施国Ⅴ标准；2017 年 7 月 1 日起，全国范围内重型柴油车实施国Ⅴ排放标准，2018 年 1 月 1 日起，全国范围内轻型柴油车实施国Ⅴ标准。同时，环保部于 2016 年 12 月 23 日发布《轻型汽车污染物排放限值及测量方法（中国第六阶段）》，要求自 2020 年 7 月 1 日起，所有销售和注册登记的轻型汽车应符合第六阶段标准要求。

燃料消耗限值持续加严。国家标准委于 2016 年 1 月 20 日发布《轻型商用车辆燃料消耗量限值》强制性国家标准，新标准将于 2018 年 1 月 1 日实施，其中轻型货车汽油车型燃料消耗量限值最低为 5.5L/100km、柴油车型燃料消耗量限值最低为 5.0 L/100km，比 2007 版国家标准分别加严了 23%、27%。重型商用车燃料消耗限制标准同样在酝酿升级。

新能源汽车产业政策。截至目前，国家和地方政府已经出台新能源汽车相关政策共计 160 余项，形成了比较完备的、系统的支撑新能源汽车产业发展的政策体系。政策从五方面推动新能源汽车产业的发展，首先，明确发展目标，指出到 2020 年，新能源汽车销量超 210 万辆，2025 年超 525 万辆。第二，直接创造市场需求，在市政环卫、城市物流配送、公交等领域，中央政府及各地方政府直接规定新购车辆中的新能源汽车比例，如京津冀等地比例不低于 35%。同时，通过直接发放补贴、减免购置税、不限购及路权等措施，形成新能源汽车竞争优势。第三，从供给端鼓励企业生产，通过将排放、油耗与新能源汽车挂钩，迫使企业生产新能源汽车。第四，规范企业价值链，对新能源汽车企业的生产、研发、营销和服务能力提出明确要求，确保企业的产品和服务水平。第五，规范电池等上游产业，推动基础设施等下游产业健康快速发展。

（2）供给侧改革　供给侧改革针对产业结构、产业组织优化，在乘用车行业的核心内容是反垄断，包括销售及售后服务垄断，价格垄断等。在专用车行业的主要内容是简政放权、清理僵尸企业、提高行业集中度、规范行业管理等。

（3）行业管理规范　标准体系更加完善。近两年，多项专用车标准法规出台，标准体系基本建立，对危化品等重点车型更为重视。根据标准对《公告》内车型进行整改，加大车辆生产一致性执行力度。根据相应标准，工信部加强对公告车型的管理。中机车辆技术服务中心根据工信部要求及最新国家标准的要求，对《公告》内相关车型进行清理整顿，强化对罐式车、危险品车辆的管理。未来几年，对车辆生产一致性管理将会更加深入、全面和常态化。

2016年7月26日国家质量监督检验检疫总局、国家标准委正式批准发布GB 1589—2016。该标准规定了汽车、挂车及汽车列车的外廓尺寸及质量限值。新标准出台有利于引导汽车和挂车的设计制造升级、加强道路交通安全管理、规范运输市场发展、提高道路运输效率。同时，交通运输部发布的《超限运输车辆行驶公路管理规定》，加大超载治理力度，将推动我国公路货物运输方式的转变。

（4）中国制造转型升级　针对中国制造的困境：产品同质化严重、中低端为主，国务院、工信部出台一系列规划，并设立了大量的专项补贴基金，鼓励各类制造企业转型升级。相关政策体系围绕两方面：产品迈向中高端、工业化和信息化融合发展。

将发展服务型制造作为产品迈向中高端的主要方式。对于专用汽车等生产资料，专用汽车企业发展服务型制造，就是从单一的车辆生产销售向用车解决方案转型，为用户提供便捷维修及配件、远程诊断、车队管理方案、智能调度、货源供需对接等增值服务，向服务要利润。

将工业化和信息化融合发展作为中国制造转型升级的主线，通过深入应用“互联网+”、大数据等新信息技术，实现营销、服务、研发和生产环节的信息化、网络化和智能化，提高产品质量和性能，提升专用汽车企业的竞争力。

2. 经济因素

（1）经济下行压力加大　2016年前三季度GDP增速同比增长6.7%（见图27），相较于2015年全年增速下降0.2个百分点，下行压力持续增大。

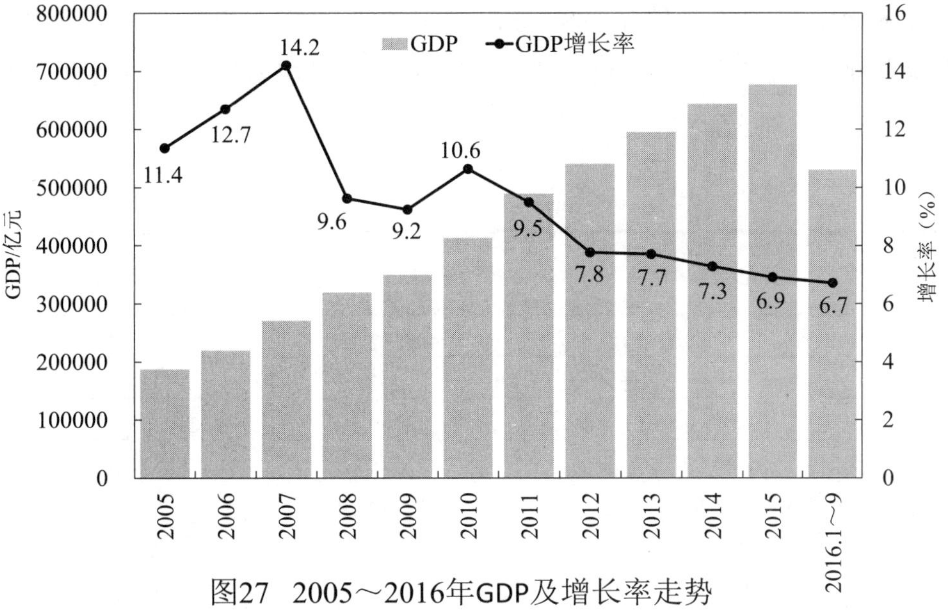

图27　2005～2016年GDP及增长率走势

（注：数据来源于国家统计局）

（2）主要经济指标向好　2016 年 1～11 月份，投资增长乏力，全国固定资产投资（不含农户）538548 亿元，增长 8.3%，增速比 2015 年同期下降 1.9 个百分点。2016 年 1～11 月份，民间固定资产投资 331067 亿元，增长 3.1%（见图 28），增速比 1～10 月份加快 0.2 个百分点，表明投资者信心增强，但比 2015 年同期水平仍有大幅下滑。

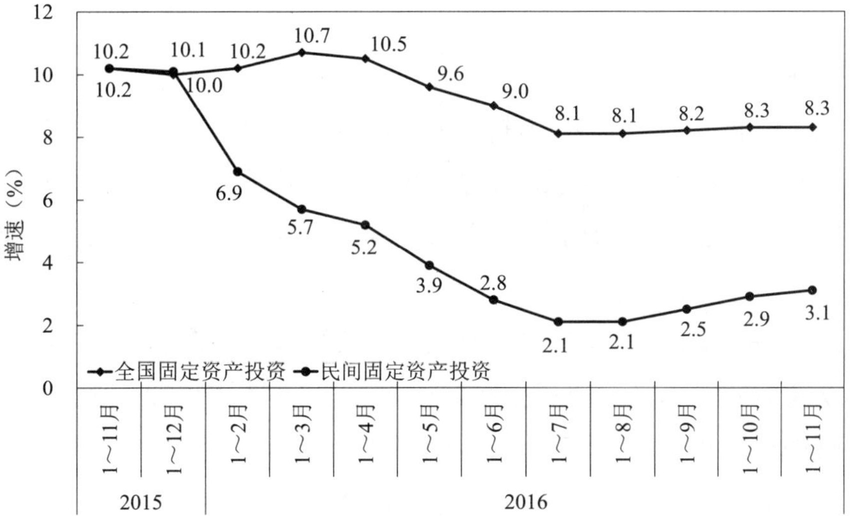

图28　固定资产投资增速走势

（注：数据来源于国家统计局）

从影响专用车的各具体指标来看，固定资产投资、房地产开发投资、社会消费品零售额、水泥产量、钢材产量，比 2015 年同期增幅较大（见表 16），而公路货物周转量、原煤产量呈下滑态势。

表 16　影响专用汽车的主要指标变化

专用汽车分类	影响的经济指标	2015 年 1～11 月	2016 年 1～11 月	同比（%）
作业类	固定资产投资/亿元	497182.15	538547.98	8.30
	房地产开发投资完成额/亿元	87702.38	93387.08	6.50
	水泥产量/万 t	214709.10	220328.00	2.70
运输类	全国社会消费品零售总额/亿元	272296.10	300559.50	10.40
	公路货物周转量合计/亿 tkm	58742.18	55257.32.18	-5.10
	原煤产量/万 t	336778.70	305253.40	-10.00
	钢材产量/万 t	102812.30	104344.30	2.40

（3）行业竞争加剧　从行业竞争格局来看，行业竞争逐步加剧，主要来自三方面。第一，行业集中度较低，产品同质化日趋严重，竞争更加激烈，未来五年，行业内兼并重组趋势明显。第二，来自商用车企业的竞争加大，随着商用车专用化比例增大，各大商用车底盘厂发力专用车行业。同时，东风、北汽福田等商用车企业开始走合资路线，将对技术水平薄弱的专用汽车行业形成冲击。

3．社会因素

从社会因素来看，用户更加注重从生命周期来考虑车辆的成本及收益，使专用汽车行业开始消费升级，表现为对车辆效率要求提升、对车辆舒适度要求提升、各类新运营模式开始出现，要求专用车企业必须进行产品升级，并发展服务型制造。

（1）对车辆运输及作业效率要求提高　运输车辆来说，高端货物的比例上升、高时效性运输、车队客户比例上升、年轻司机比例上升；对作业车辆方面，对车辆的技术性能要求更高，如环卫车辆的噪声、污染泄漏等要求更高。

（2）对舒适性、安全要求提升　根据中国汽车技术研究中心专用汽车用户调研，除动力性及油耗，高端用户最关注安全性和动力品牌，中端用户关注质量稳定性和品牌口碑，经济型用户关注价格；同时，用户关注点开始发生变化，安全、舒适、科技智能等因素更加重要。

（3）运营模式变革　“互联网+”促进各类专用车的运营模式发生深度变革。例如，使运输及作业过程管理透明化、合理调度车辆、全程监控、事故提前预警、提供实时路况规划并规划行驶路线、分析驾驶规律，提供各类参考数据。此外，物流网络平台对现有物流模式形成冲击。

4．技术因素

从技术因素来看，未来五年，新能源、新信息技术、新材料等三大新技术会影响专用汽车产品。

（1）新能源技术　在节能减排政策的驱动下，动力电池、电控系统等新能源汽车关键技术，快速充电、智能电网技术，将推动新能源汽车产业生态体系的逐步成熟，新能源汽车比例不断提升，迫使专用汽车行业的电动化。同时，在节能汽车方面，发动机热管理、控制系统优化等先进节能技术将快速发展，推动商用车的节能减排效果不断提升。

（2）新信息技术　从新信息技术来看，互联网、大数据及云计算，先进制造技术，先进感知技术等不断突破，将逐步推动价值链各环节全面信息化，智能生产、大数据营销、智慧服务、智能网联汽车、协同式研发、智慧供应链等企业新运营方式快速发展。

（3）新材料技术　从新材料来看，铝镁合金、钢化车身、碳纤维等新材料的应用快速普及，同时，混合材料车身连接、大批量生产制造技术或将有实质性突破，将推动汽车轻量化进程。

三、四大因素影响下的专用汽车行业发展趋势

1．2017 年专用汽车市场预测

未来五年，影响专用汽车行业市场表现的最主要因素仍是行业固有的周期性规律，行业将长期以三年为周期，呈波动态势。长远来看，一个周期内的总体产销量将呈增长态势。2017 年是行业发展到高点后开始回落的年份，产销量将出现一定幅度的下滑。

（1）专用汽车行业长期向好的基础坚实　影响专用汽车行业的各类因素见表 17，从各影响因素指标来看，专用汽车行业将保持长期旺盛的市场需求，每

个发展周期的总产销量比上个周期将有快速增长。长远来看，专用汽车行业长期向好的发展趋势更加明显，商用汽车专用化的比例将持续提高。

表17 专用汽车细分市场的影响因素及长期发展趋势

细分市场	影响因素	长期发展趋势
公路物流类	货运周转量、居民消费、社会零售品消费额持续增长；电商、冷链、甩挂运输；原材料运输需求将回升；法规及标准	厢式运输车、仓栅式运输车需求将稳中有进；冷链车、甩挂运输等车辆持续快速增长
土建工程类	发改委审批通过大量的基建项目，“十三五”期间固定资产投资额度较大；民间基础设施投资回暖；房地产开工面积增加；行业管理：规范化、标载化	混凝土搅拌运输车、混凝土泵车、随车起重运输机等车型将有回升，但难以达到2013年的水平；工程车需求加大；高空作业车的高端化趋势加快
市政环卫类	大气污染防治及各类政策对机械化清扫率的要求增加；城镇化的发展；四五线城市及农村市场需求增长；城市规范和管理标准提高	车厢可卸式垃圾车、压缩式垃圾车、扫路车、清障车等车型将快速增长；洒水车、清洗车等车型市场规模较为稳定
危化品运输	危化品运输的政策趋严和管理规范； 各类特殊运输物品的运输需求增加	长远来看，危化品运输车的市场前景较好，但短期内难以爆发 危化品运输车将更加高端化、安全化、标准化
其他专用车	经济结构调整；服务业的快速发展； 城市服务需求增长	专用车逐步由工程类向消费服务类转型，未来旅居车、商务车、文化宣传车、流动舞台车、医疗设施车等需求持续增加，专用车品种将更加多元化
新能源专用车	新能源政策力度持续加大；新能源车免限购及限行政策；燃料消耗及排放标准升级；动力电池、充电技术的突破 消费者对新能源汽车的认知和满意度不断提升	物流车、环卫车、邮政车的电动化趋势将加快；房车、旅居车、MPV物流的电动化趋势加快；电动化与智能网联化融合，产品逐步高端化

（2）周期性波动导致市场短期下滑　尽管专用汽车行业的长期市场需求旺盛，但由于行业的周期性规律，中国汽车技术研究中心北工部预测，2017年，各主要用途的专用汽车将比2016年呈小幅下滑态势（见图29），公路物流类运输车为80万辆，土建工程车为6.5万辆，市政环卫类为9.8万辆，其他各用途专用车为8.8万辆。

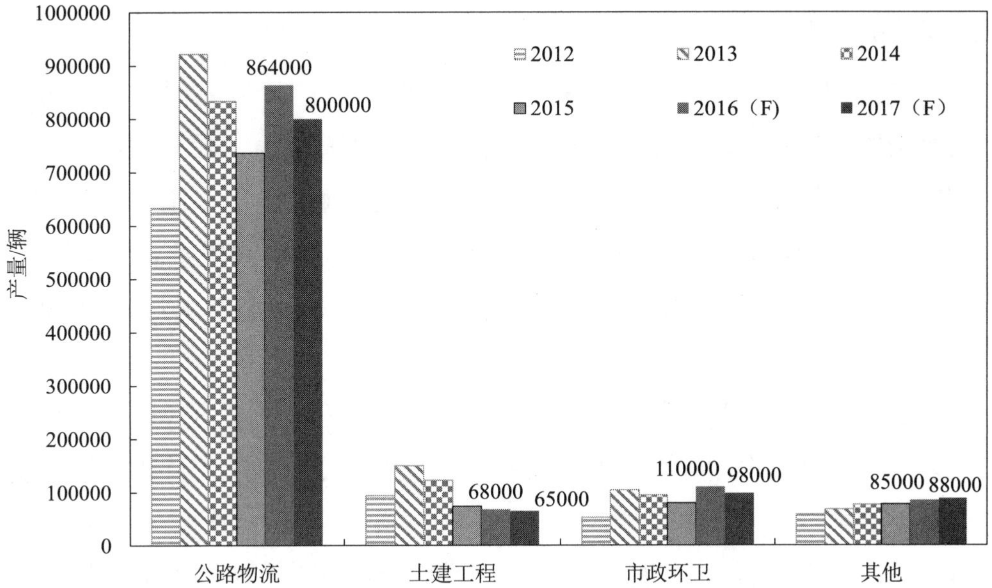

图29　各用途专用汽车走势预测

（3）专用汽车行业将继续在波动中增长　综合考虑政策、经济、社会和技术对专用汽车行业的影响，预测 2017 年专用汽车行业继续在波动中增长，总体产量为 105 万辆（见图 30）。

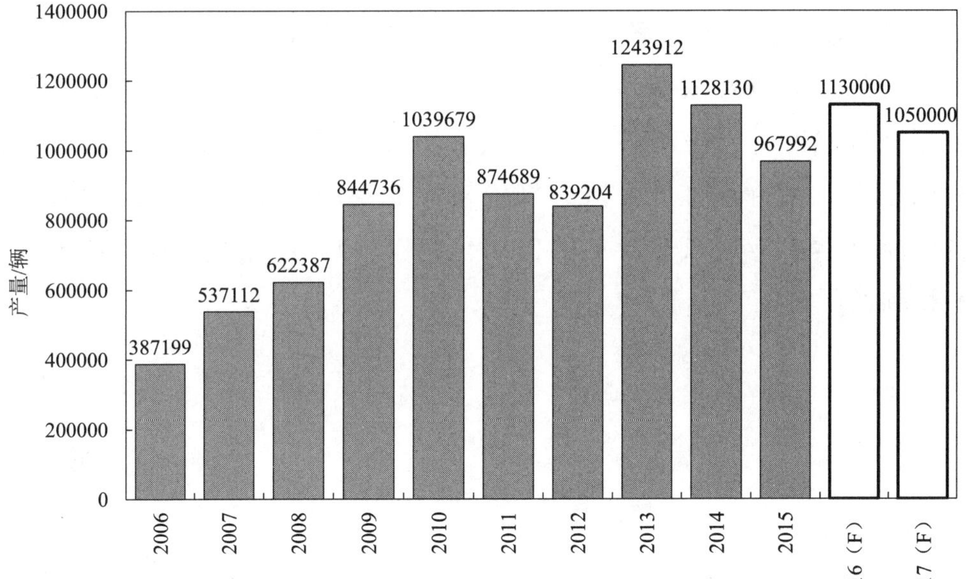

图30　2017年专用汽车总体市场预测

2．产品走势

（1）绿色化　未来五年，专用汽车行业将呈绿色化的发展态势。专用汽车电动化比例进一步提升，主要集中在物流车和环卫车市场，预测 2017 年新能源专用汽车产量将在 12 万辆。未来两年，全国范围内的商用车国Ⅴ标准将实施，专用汽车的排放标准进一步升级。油耗是车辆使用成本的重要部分，是用户重点关注的重要因素，政策驱动及用户需求驱动，将促使专用汽车油耗持续下降。

（2）品质化　在消费升级及商用车合资的双重背景下，专用汽车将逐步品质化。专用汽车品质化将针对用户全生命周期收益的提高，表现在以下方面：车辆的运输效率及作业效率将提升、车辆故障率下降，可靠性和出勤率提高，油耗下降，动力性更优，更加轻量化、各类主被动安全技术逐步应用、车辆舒适度更高。

（3）智能网联化　智能网联汽车将对车辆的运营模式发生根本性变革，目前在商用汽车领域已开始初步应用，福田、重汽、沃尔沃、戴姆勒等商用车企业均开始发力。智能网联汽车主要包括单车智能和汽车网联化。目前汽车网联化已开始应用于车辆远程诊断及维修、运营车辆调度、路线规划、UBI 保险等。各类驾驶辅助系统将开始应用，为车辆提供警示提示类及干预辅助功能。

（4）信息化　价值链各环节全面信息化，是汽车行业转型升级的重要方向，是车辆品质化以及服务型制造的重要支撑。车企信息化主要表现为车企利用大数据及互联网等新信息技术，推动价值链与信息技术融合发展。目前信息化在乘用车企业中持续推进，国外规模较大的商用车企业以及国内部分商用车企业也开始探索。专用汽车行业的信息化将首先应用于服务和营销环节，逐步向研发和制造环节推进。

（作者：任海波　王同辉）

细分市场篇

2016年北京市汽车市场分析及2017年展望

一、2016年北京市汽车市场总体评价

北京市新车市场在多维度利好政策的促动下，其市场活跃度及交易同比增幅均高于二手车市场，但二手车成交过户总辆次仍然超过新车注册总量。

1．综合利好因素，特别是购置税减半末班车效应拉动北京市汽车市场整体超预期

有关数据显示，2016年北京市新车注册累计同比增长7.36%，相比2015年累计同比-4.3%的负增长提升了11.66个百分点；2016年12月是购置税减半政策的到期月及报废车高补贴的新政起始月，在双因素的超强拉动下，2016年12月北京市新车销售单月同比增长34.33%，较2015年12月同比-18.56%的负增长提升了52.89个百分点。

2．专项利好政策促动了新能源汽车、平行进口车及报废车等细分市场发展

在限购及限行给压力、购车补贴给动力、上路行驶给特权等多重因素的驱动下，北京市新能源汽车市场得到显著提升。北京市新能源汽车发展促进中心数据显示，截至2016年11月底，在京新能源汽车新增55259辆，占6万辆年度配置指标的92%。北京市已累计推广了9.12万辆新能源汽车，其中私人购车约6.44万辆，占70%以上。

平行进口车增速及占比均有所提升。国机汽车数据显示，2016年，在进口车市场规模同比下滑4.3%的大背景下，平行进口车在市场准入和产品准入政策的鼓励和驱动下，其进口量实现了同比增长10.94%，占比12.1%的骄人业绩。

报废车政策刺激效果明显。北京市老旧车淘汰更新平台数据显示，受国Ⅰ、国Ⅱ老旧车限行及报废车政府补贴新旧政策交叉期的就高不就低影响，2016年12月，北京市场报废旧车3.2万辆，环比增长170%，同比增长75.4%；2016年北京市场报废车总量为17.4万辆，比2015年的15.2万辆提高14.5%。

3. 北京市二手车市场徘徊难进

尽管在国八条等政策催动下北京市二手车外迁率从 2016 年 4 月起开始逐步上升，在2016年8月达到50.65%的峰值，但随后逐渐回落，全年月均水平为40.64%（见表 1）。受此限迁解禁落实不力及报废车分流等影响，北京市场尽管二手车外迁率同比提升了 9.51 个百分点，但成交过户总辆次的增幅低于新车市场。亚运村汽车交易市场有关数据显示，北京市二手车成交过户辆次累计同比下降 2.5%。

表 1 北京市二手车外迁率

年度	2013 年	2014 年	2015 年	2016 年
年均外迁率（%）	40.27	38.40	31.13	40.64

二、2017 年北京市汽车市场展望

1. 各项利好政策叠加支撑 2017 年北京市汽车市场平稳运行，将呈现前高中低后稳态势

（1）40 万辆老旧车置换资源将成为拉动 2017 年北京市汽车市场交易的最重要因素　北京市环境保护局、交通委员会、交通管理局于 2016 年 12 月 15 日联合下发《关于对国 I、国 II 排放标准轻型汽油车采取交通管理措施的通告》，对近 40 万辆国 I、国 II 老旧车报废实施高补贴及限行措施，进一步深度淘汰老旧车，扩展各价格区间传统燃油车乃至新能源汽车的需求空间，将有力拉动市场销售，并弥补购置税减半政策导致的提前透支消费所产生的市场缺口。

（2）2017 年汽车配置指标数量与 2015 年持平，确保了增量资源的持续性　《北京市 2013～2017 年机动车排放污染控制工作方案》任务分解表及 2018～2020 年配置指标总量分解表显示，2017 年是配置指标总量保持 15 万辆的最后一年，从 2018 年开始，配置指标将减至 10 万辆/年。

（3）1.6L 及以下燃油车购置税减半政策退坡延续，对小排量节能减排车销售仍然具有促进作用　2017 年 1.6L 及以下排量车购置税减半政策退坡延续，看似与 2009 年、2010 年模式一样，但实质内涵不尽相同，突出体现了国家实施节能减排方略的导向性，引导厂商关注节能减排，有效调整供给侧的产品结构；购置税减半退坡政策虽然对市场拉动作用有所减弱，但在宏观经济的调整时期，运用政策+市场的方法，对避免销售断崖式下滑、保持 2017 年汽车市场平稳运行仍将起到积极作用。

2．专项细分市场潜能可观，将带动北京市汽车市场交易提升

（1）新能源汽车是北京市汽车市场不可或缺且极具发展潜能的细分市场 新能源汽车在政策及市场两个层面较前几年发生了质的变化，已成为汽车厂商破局解困、提升发展的重要驱动力。

政策向好、方向明确、规范管理、自主把控。2016 年 3 月全国人大上李克强总理在政府工作报告中首次明确新能源汽车是国家战略发展方向，确保了发展新能源汽车的目标长远性和政策连续性，坚定了企业战略发展投入的信心和决心。从工业和信息化部颁发《汽车动力蓄电池行业规范条件》企业目录，到查处骗补、谋补行为，政府政策落实全面务实，导向强烈，已经深入到电池国产化、产品质量、技术安全性等产业链的各个环节，完善机制和制度，一手抓规范、一手抓自主把控。

技术品质、续航里程及产品供给等不断提升。据统计，截至 2016 年 11 月底，北京市已累计备案了 18 家企业的 66 款新能源小客车产品，续航里程门槛提升到 200km 以上，轿车、SUV 等车型种类逐步增多、完善。率先于全国的北京市新能源汽车需求将吸引更多厂家提供更优质的产品，争夺新能源汽车市场份额。

充电技术不断提升，设施建设不断完善。北京市新能源车充电设备技术不断提升、充电方式更加多元化以及充电设施建设的规模发展将有利于加快北京市新能源车需求从政策倒逼到自愿购买的进程。

前景光明且潜力巨大，任重而道远。北京市新能源汽车购车指标已进入紧俏期，对指标稀缺性的担心促使消费者对指标的珍惜度提升，弃号率逐渐走低。补贴退坡将对新能源汽车销售产生阶段性的影响，特别是将影响到以更新需求为主的弹性购车客户的购车决策，但随着厂家不断注重提升产品品质、积极采取内部消化成本、提高续航里程、争取原价格区间车补贴不减、增加销售服务网点等切实措施，市场销售将会得以恢复。充电设施的不完备和不方便、续航里程不能满足中远途需求、新能源产品线不够丰富以及价格高等仍是未来新能源汽车发展的瓶颈。而汽车限购限行政策则是北京市新能源汽车市场目前呈现出的车、桩两旺的主要原因。

（2）平行进口车的系列鼓励政策将进一步完善落地，成为经销商跟风追逐的目标市场 市场准入及产品准入等合规化政策以及配套措施的不断出台、实施，将为平行进口车扩大市场规模创造出政策资源及经营条件。

宣传到位，认识提升，平行进口车需求增加。随着自贸区的不断建设、发展及广泛宣传，人们对平行进口车的认识将进一步深化，需求将逐渐增加。在进口车市场整体处于低谷缓慢回升的背景下，平行进口车仍将以配置高、价格低等优势吸引中高端消费者。

政策推动、盈利可观、厂家强势约束力弱，以及进、存、销环节简捷是经销商热衷拓展平行进口车业务的主要动因。开展平行进口车业务的口岸逐渐增加，将有利于经销商进行多地选择、节省报关费用、缩短报关时间；产品准入政策调整也将降低运营成本，为企业进入平行进口车市场提供动力。

三方面因素将使平行进口车价格优势减弱，占比提升愈加困难。随着平行进口车由“灰色”转为“阳光”，合规化将逐步加强；在与总经销商的利益博弈中，平行进口车业务规模将会愈加受到跨国资源方的种种抑制；130 万元以上的进口车消费税提高10%及汇率变化等因素将导致平行进口车成本增加、价格优势减弱。行业预测，2017 年平行进口车占比将超过 2016 年的 12.1%，达到峰值后会缓慢回落。

个性化改装及新、奇、特车型将逐渐回归平行进口本质，成为今后平行进口车的主要资源特征。

便宜车、放心车是平行进口车市场营销的亮点和卖点。售后服务体系不健全、不规范，汽车“三包”不落地，经销商队伍良莠不齐，诚信缺失，仍是平行进口车市场发展的瓶颈。保险公司等服务第三方，特别是大经销商集团纷纷进入平行进口车市场对规范市场、弥补短板、建立完善的平行进口车售后服务体系具有划时代意义。

（3）改装车市场将是极具发展潜力的市场　市场有需求，资源有基础。随着 80 后、90 后逐渐成为汽车市场的消费主体，对于汽车消费的个性化需求愈加突显；汽车新增资源及在用车存量资源都为改装车市场发展提供了雄厚的潜力。

产品有特色、效益能提升、发展有空间。在白热化的市场竞争中，产品同质化、价格倒挂是经销商头痛纠结的普遍现象。规范诚信、品牌化的汽车改装将支撑私人定制业务发展，满足消费者个性化的产品需求，改变市场产品同质化现状，扩展经销商收入利润空间，形成特色经营项目，提升企业品牌的含金量。

3. 信息网络营销将进一步促进北京市经销商的外埠市场业务提升

外埠市场向来是北京市经销商重要的目标客户市场，电商平台、垂直电商及微信等互联网技术手段的广泛应用，将极大促进北京市汽车经销商B2B外埠市场的业务拓展。

4．“十三五”将是北京市汽车市场的窗口期

北京市新增和逐步进入置换期的在用车存量资源将支撑北京“十三五”期间的汽车市场经营。

资料显示，目前北京市汽车保有量为560万辆，其中的56%即近314万辆车为2006～2010年间销售的，已经逐步进入置换期。2017年，北京市将有15万辆新增配置指标和40万辆国Ⅱ以下老旧车置换资源，累计拥有50余万辆本地刚性需求，标志着2017年北京汽车市场或将呈现牛市特征。

5．挑战与机遇并存，北京市二手车市场将进入新一波结构调整、服务升级和营销转型

（1）北京市二手车市场面临巨大挑战　北京市的40万辆国Ⅰ、国Ⅱ老旧车绝大部分将游离于二手车市场，转入车辆报废渠道，二手车市场的资源规模将刚性减少。车管部门针对二手车交易买卖双方必须到场面签的要求如成常态措施，将对租借指标用于二手车过户周转的经销商日常经营产生不便。全国二手车限迁解禁动作迟缓、落实不力，解禁反弹，导致二手车流转渠道不畅，经销商经营发展遭遇巨大挑战。

（2）北京市二手车市场大势未变，挑战与机遇并存　经营资源尚在。北京市汽车保有量为560万辆，其中“十三五”期间将产生近200万辆的在用车置换资源，是北京市二手车市场持续发展的雄厚资源基础。分流转化并举，北京市二手车经销商要分流汽车报废车辆，针对车况较好的国Ⅱ老旧车开展异地流转外迁业务。同时，开展针对国Ⅰ、国Ⅱ老驾驶员的精准营销，争取消费者以废换旧，提高二手车成交过户量。

（3）面对挑战逆势调整，积极应对，重树品牌　北京市二手车经销商及各种营销模式在生存与退出中前赴后继，持续变化调整。40万辆国Ⅰ、国Ⅱ老旧车资源大部分转入报废渠道，利空二手车市场，这种不利与挑战又恰恰为经销商以需求问题为导向、分析市场、重塑方略、整合资源、调整定位、去虚做实、借此开展客户消费观念培养、提升品牌意识、提高营销力和服务力及品牌力提供了有利时机。二手车经销商将把不利变动力，在整合洗牌中发展壮大。

6．提高报废补贴政策及限行措施，促进老旧车报废数量增长

国Ⅱ以下老旧车限行及报废高补贴新政将加速北京市汽车报废、拆解、回收行业的升级改造和发展，使之成为汽车产业链的重要末端环节。受政府补贴退坡点影响，2017 年上半年将呈现老旧车报废高潮，利好 2017 年 6～8 月汽车市场的淡季销售。

7．北京市汽车市场将在创新中前行发展，步入转型升级、创新拓展的轨道

（1）坚持差异化的特色经营　整合运用发挥汽车市场的资源优势，拓展差异化特色项目，开展特色营销和服务，以吸引不同细分市场的消费者。以小市场大份额，拉动人气、增强集客能力，带动常规汽车产品的销售，从特色项目入手逐步扩展形成独具特色的市场品牌，成为汽车销售服务企业持续发展的战略选择和战术探寻。

（2）转型升级、创新驱动、整合价值链、联盟大合作，运用“互联网+”思维，服务车生活，脚踏实地开展“营销联盟平台”建设　运用“互联网+”思维，整合汽车前后市场及报废车市场各项特色业务资源，搭建 C2B、B2C、B2B 资源信息互动平台；开展全国汽车市场网络营销联盟平台的建设，发挥 O2O 集约化资源平台功能，支撑线下有形特色项目的拓展经营。

（3）抓好线上线下落地营销，打好“五张牌”　要全方位利用资源，抓好线上线下落地营销，打好以下“五张牌”：特色项目旗帜牌、行业责任引领牌、诚信经营服务牌、品牌项目传播推广牌以及 O2O 网络联盟营销牌。

8．2017 年北京市汽车市场预测

在综合利好因素的叠加影响下，2017 年北京市汽车市场将处于“十三五”窗口期的峰值年，是值得期待的一年。同时也需要看到，北京市汽车限购现行政策收紧趋势未变，老旧车报废导致二手车资源减少，全国二手车限迁解禁在收放反弹中落实缓慢；退坡利好政策虽在，销售拉动作用却将逐渐减弱，经销商生存发展环境依然严峻。新一年厂商要保持清醒的头脑，抓住“十三五”窗口期发展机遇，在创新挑战中未雨绸缪，迎接北京市汽车市场即将到来的市场拐点，预计 2017 年新旧车交易量与 2016 年持平。

（作者：颜景辉）

2016年天津市汽车市场分析及2017年展望

2016年天津汽车市场进入恢复增长期，随着全国经济的回升和房地产价格的暴涨，汽车市场销售也出现较好的表现。2015年受到“8·12滨海爆炸事件”影响，天津进口车口岸市场剧烈调整，国产车的产销也暂时停顿，2016年的天津进口车市逐步从谷底回升。随着各地平行进口业务的开展，天津车市的进口车受到一定影响，2016年天津国产车和进口车的全国市场优势地位相对下降。2017年的天津车市将会受到经济下行压力的影响，市场增速低于2016年表现。

一、天津汽车市场的总量分析

1．保有量的历史变化趋势

天津汽车保有量增长较快，从2002年的48万辆增长到2016年的预计286万辆（见图1），2001～2013年平均每年的保有量增长速度达到17%。但限购后的2014～2016年平均增速仅有3%，2016年有望接近286万辆，保有量增速处于相对低位。从增长特点看，2009年到2013年是增长的爆发年，增量平均达到30多万辆。2014年和2016年保有量增长较慢，2015年是内部调整期，限购对增量的抑制作用突出。

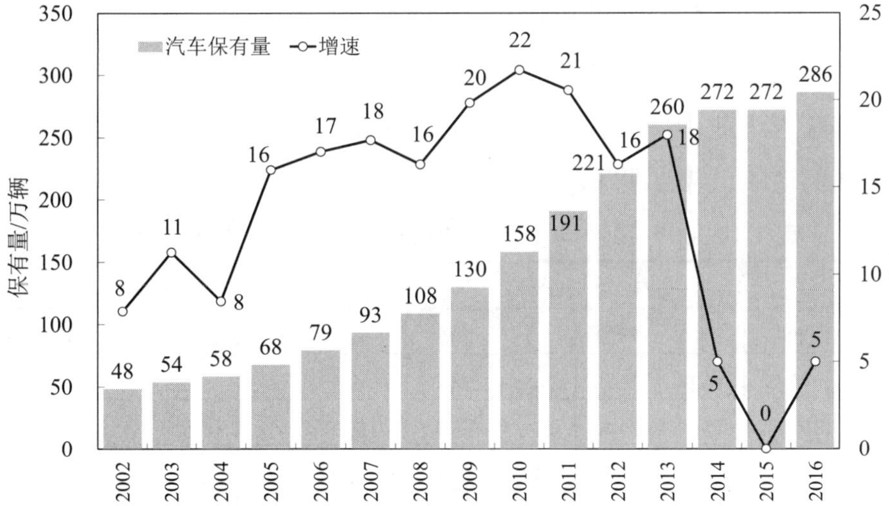

图1　2002～2016年天津民用汽车保有量增长变化

2．天津历年汽车保有量对比分析

全国四大直辖市的汽车保有量增长趋势差距较大（见图 2），2010 年底北京限购，2013 年底天津限购，无限购政策的重庆保有量增长较快，且近期加速较快，北京增速则较低。天津保有量的增长属于东部地区最快的，其核心原因是天津的快速发展、经济增长对消费的拉动作用越来越强，但 2014 年和 2015 年天津的保有增速迅速降至北京的低增长水平。上海因较开明的郊区牌照政策而表现出较好的增量速度。

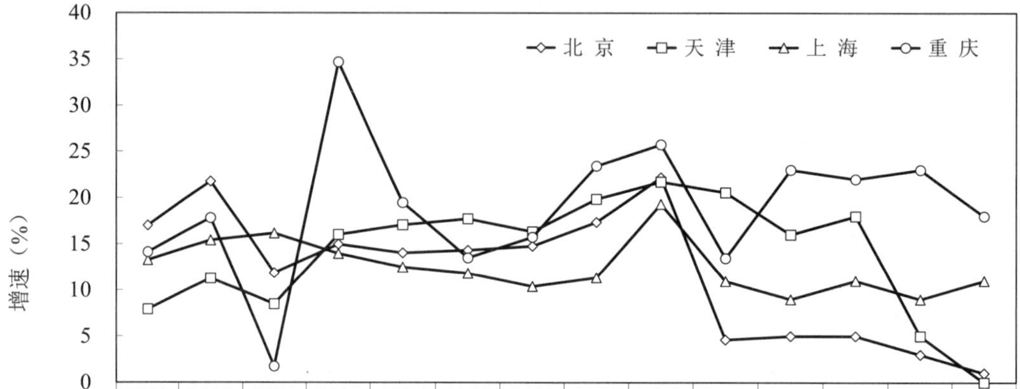

	2002	2003	2004	2005	2006	2007	2008	2009	2010	2011	2012	2013	2014	2015
北 京	17	22	12	15	14	14	15	17	22	5	5	5	3	1
天 津	8	11	8	16	17	18	16	20	22	21	16	18	5	0
上 海	13	15	16	14	12	12	10	11	19	11	9	11	9	11
重 庆	14	18	2	35	19	13	16	23	26	13	23	22	23	18

图2 2002～2015年北京、天津、上海、重庆四大城市汽车保有量增速对比

3．天津汽车生产表现相对较强

2016 年 1～11 月天津汽车产量为 49 万辆（见表 1），接近 2015 年全年汽车产量，在全国汽车产业中的地位不断下滑，这与天津缺乏对汽车的重视相关，对天津经济和汽车市场的增长形成了较大压力。

表 1 2005～2016 年全国主要省份地区汽车产量及排名

省份	产量/万辆						全国排名					
省简称	2005	2008	2010	2013	2015	2016	2005	2008	2010	2013	2015	2016
重庆	42	78	162	203	261	242	6	5	3	5	1	1
广东	41	88	156	254	239	239	7	1	5	1	3	2
上海	48	81	170	227	243	237	3	3	1	3	2	3
吉林	52	86	167	234	220	229	2	2	2	2	5	4

（续）

省份	产量/万辆						全国排名					
省简称	2005	2008	2010	2013	2015	2016	2005	2008	2010	2013	2015	2016
广西	38	70	137	187	229	219	9	7	7	6	4	5
湖北	46	79	158	159	197	215	4	4	4	7	7	6
北京	59	77	150	204	202	212	1	6	6	4	6	7
江苏	31	33	74	110	116	123	11	12	10	8	9	8
安徽	40	57	124	101	117	123	8	8	8	11	8	9
河北	19	32	71	97	113	117	13	13	12	12	10	10
辽宁	15	34	71	108	109	97	14	11	13	9	11	11
山东	45	47	87	106	83	78	5	10	9	10	12	12
河南	4	8	24	51	53	59	18	17	16	15	13	13
浙江	15	23	32	35	41	51	15	14	15	18	17	14
天津	33	54	74	56	53	49	10	9	11	14	14	15
江西	21	21	37	37	42	47	12	15	14	17	16	16

4．天津市场汽车销售额

作为全国性的汽车进口集散市场，天津汽车销售势头相对较强。2016 年 1～11 月份的累计销售额为 2874 亿元，同比增长 12.6%（见表 2）。2016 年 1～11 月份，天津市社会消费品零售总额为 5126.30 亿元，同比增长 7.2%。2016 年 1～11 月份，全市限额以上批发和零售业 22 类主要零售商品中，15 类商品同比增长。其中，消费升级类商品增势较好。网上零售额继续保持较快增长。2016 年 1～11 月份，全市限额以上单位网上零售额为 339.25 亿元，同比增长 51.1%，占全市限额以上社会零售额的 11.9%，比例同比提高 3.4 个百分点。出行类消费小幅回升，汽车消费小幅加快。2016 年 1～11 月份，全市限额以上单位汽车类零售额为 833.41 亿元，增长了 14.4%，增幅比 2016 年 1～10 月份加快了 1.6 个百分点。石油及制品消费降幅收窄。2016 年 1～11 月份，全市限额以上单位石油及制品类零售额为 350.20 亿元，下降了 5.4%，降幅比 2016 年 1～10 月份收窄了 0.1 个百分点。

表 2　2016 年 1～11 月份天津汽车市场销售情况

天津汽车市场	月销/亿元	增速（%）	累计销售额/亿元	累计增速（%）
1 月	191	0	191	-0.3
2 月	191	0	383	-0.3
3 月	286	85	669	24.1
4 月	202	-24	871	8.0

（续）

天津汽车市场	月销/亿元	增速（%）	累计销售额/亿元	累计增速（%）
5月	210	-9	1081	4.1
6月	393	31	1474	10.1
7月	231	12	1704	10.3
8月	208	-3	1912	8.7
9月	496	94	2408	19.5
10月	217	-18	2625	15.1
11月	249	-8	2874	12.6

二、天津购车需求结构分析

1．上牌量及历史变化趋势

天津的汽车需求发展与全国的增长特征有所差异，这与天津的需求变化因素直接相关。从载客车辆角度看，2002～2004年的天津载客车辆需求始终保持较旺盛的增长态势，增速保持在30%左右，这与全国的乘用车市场增速特征反差较大，尤其是2004年和2006年的增速与全国相反。2004年的全国轿车市场增速大幅下滑，出现寒流，而天津市场一枝独秀，轿车增长保持在38%（见表3）。2009～2010年的天津轿车市场高速增长，2011～2015年增速放缓，货车市场需求也有所放缓。这种需求波动与天津的投资和消费变化密切相关。2013年天津汽车市场实现高速增长，其中限购传闻下的轿车增速好于汽车市场增速。

表3　天津的上牌量及历史变化趋势

年份	2004年	2005年	2006年	2007年	2008年	2009年
汽车上牌量/万辆	9.9	12.1	12.9	15.9	18.4	24.2
汽车增速（%）	27	23	7	23	16	31
轿车上牌量/万辆	7.8	10.5	11.1	13.5	16.0	21.5
轿车增速（%）	38	35	6	21	19	34
乘用车占比（%）	79	87	86	85	87	89
年份	2010年	2011年	2012年	2013年	2014年	2015年
汽车上牌量/万辆	31.1	32.7	34.2	42.1	23.4	22.0
汽车增速（%）	29	5	5	23	−44	−7
轿车上牌量/万辆	27.4	29.0	30.6	38.2	18.3	17.0
轿车增速（%）	27	6	6	25	−52	−6
乘用车占比（%）	88	89	89	91	78	80

2．天津汽车上牌历年分析

2015 年底天津新增机动车上牌增加 22.3 万辆（见表 4），其中下滑较小的是乘用车。随着黄标车淘汰的进程加速，商用车购买增长体现在轻卡市场，重卡的需求相对平稳。这也是由于经济增长较强推动了天津的车辆需求增长。

表 4　2005～2015 年天津汽车上牌量

（单位：辆）

年份	上牌合计	载客汽车				载客汽车汇总	载货汽车				载货汽车汇总
		大客	中客	小客	微客		重卡	中卡	轻卡	微卡	
2005	119603	1900	1171	105227	971	109269	470	1004	8743	117	10334
2006	127728	1825	1284	111400	645	115154	531	1146	10647	250	12574
2007	156017	2738	1384	134810	380	139312	798	1202	14689	16	16705
2008	181243	2783	896	160432	646	164757	820	2004	13603	59	16486
2009	240535	1924	878	211679	3265	217746	3221	1150	18182	236	22789
2010	309234	2767	1304	265011	4764	273846	8437	1946	24969	36	35388
2011	325132	2781	1191	289983	3265	297220	7414	1097	19379	22	27912
2012	341487	3112	1162	306080	2207	312561	6250	1010	21666	—	28926
2013	420606	2976	1088	379104	3112	386280	8596	1419	24303	8	34326
2014	234243	4002	1443	181228	1431	188104	9700	1511	34629	299	46139
2015	223972	4009	1133	174943	949	181034	7200	893	33513	1332	42938

3．天津市场报废转出分析

随着天津限牌和淘汰黄标车的持续推进，报废转出成为天津市场的特色格局。2015 年天津市场转出报废包括更新老旧车辆和转出外地两部分。总体来看，2015 年的新车购买者大于上户数量 23 万辆，这是大量老旧车辆更新、旧车流出天津的结果。由于天津的机动车污染治理不断加大力度，柴油车的淘汰转出速度较快。由于限购导致的天津二手车淘汰数量达到 7.4 万辆，属于较大的二手车流转市场，这也是车市保有结构调整的结果。其中轻卡的转出量也比较大，速度是近期少有的。

三、天津汽车市场消费结构分析

1．四大城市限购摇号状态

由于北京百姓解决用车问题只能靠买电动车，属于极度挤压需求下的被迫购买，北京抢购新能源车的市场表现并没有推广示范意义，近期难以在其他城市出现。北京以外的其他城市在限购政策下购买新能源车的消费者仍为数不多，但上海的号牌相对宽松。其他城市的个人购买力度较小，加之取消限购的消息，指标变化不大。

2．天津牌照价格近期高位稳定

前期随着深圳房价的暴涨，汽车牌照的个人拍牌价格偏高，但伴随经济下行压力加大以及单位用户购买力不足，个人拍牌价格也呈现下调趋势。2016 年 9 月份广州拍牌价格下降到 1.9 万元，相对 2015 年 7～8 月份的高价下跌较多。天津和杭州 2016 年初汽车牌照价格较高点大幅下降，随着 2016 年的房价暴涨，需求心态不稳，7～8 月份汽车拍牌价格增长速度很快，目前进入暴增期，牌照拍牌价格创出新高。深圳处于次新高状态，有利于新能源车的销售，尤其是深圳 2016 年 6 月份的牌照价格暴增到 5.1 万元，2015 年 6 月份才 1.9 万元，拍牌的财富效应得到体现，同时也推动了插电混动产品的销量提升。2016 年 9 月后拍牌价格稍有回落，天津、广州、杭州稳定在 2.7 万元左右。

3．天津摇号买新能源车的数量上升较好

北京的电动车指标申请数量增长很快，而其他城市的增长较慢。2016 年 2 月北京的申请人数仍然较多，6 月达到 1.6 万人左右，8 月购买指标就已经用光，这也体现了北京不限行政策对新能源车的拉动作用。天津等部分城市也有增长的潜力，毕竟新能源车牌照申请是免费的，而且很多低价新能源车比较实惠。

4．天津新能源车的总体走势较强

根据测算，2016 年 1～10 月份天津新能源车的销量达到 1.39 万辆，其中纯电动乘用车达到 3930 辆，插电混动达到 2955 辆，而混合动力轿车达到 7000 辆，这也是天津消费者务实的选择。

5．天津国产狭义乘用车走势分析

天津国产车的走势主要取决于狭义乘用车的走势，2015 年天津车市处于低迷状态，新购和换购需求全面低迷。2016 年的天津车市销量增速较快（见表 5），且年末的增长形势喜人，这也是年末购置税政策退出的效应体现。

表5 2015～2016年天津国产狭义乘用车走势分析

（单位：辆）

天津	排量	1～2月	3～4月	5～6月	7～8月	9～10月	11月
2015年	大于1.6L	10238	9181	11088	11248	11229	5542
	小于1.6L	11762	12811	13919	14565	14617	8508
2015年汇总		22000	21992	25007	25813	25846	14050
2016年	大于1.6L	12957	12921	12979	12717	15348	9052
	小于1.6L	16894	21177	21657	26467	30871	16192
2016年汇总		29851	34098	34636	39184	46219	25244
2016年增速（%）	大于1.6L	27	41	17	13	37	63
	小于1.6L	44	65	56	82	111	90
2016年汇总（%）		36	55	39	52	79	80

6. 天津国产车需求结构分析

天津市场的消费需求以合资和豪华车为主，2016年自主品牌表现突出，尤其是民营自主的增长超强（见表6），而天津SUV市场的增长也是持续的亮点。2016年的天津SUV市场全面高增长，其中的A级SUV增长迅猛，实现倍增效应。

表6 2015～2016年天津国产车需求结构分析

（单位：辆）

年份	所有制	1～2月	3～4月	5～6月	7～8月	9～10月	11月	总计
2015年	豪华	2927	2495	3014	3021	3278	1697	16432
	合资	14448	14847	16937	17622	17556	9193	90603
	国有	2454	2587	2733	2868	2671	1384	14697
	民营	2171	2063	2323	2302	2341	1776	12976
2015年汇总		22000	21992	25007	25813	25846	14050	134708
2016年	豪华	3651	3450	3767	3513	4095	2290	20766
	合资	19891	24098	23882	27349	29264	15165	139649
	国有	3062	3387	3464	3951	5621	3301	22786
	民营	3247	3163	3523	4371	7239	4488	26031
2016年汇总		29851	34098	34636	39184	46219	25244	209232
2016年增速（%）	豪华	25	38	25	16	25	35	26
	合资	38	62	41	55	67	65	54
	国有	25	31	27	38	110	139	55
	民营	50	53	52	90	209	153	101
2016年增速（%）		36	55	39	52	79	80	55

7. 天津新能源车市场销售情况

2016年天津新能源车销售增长较好，结构逐步转向普通混动，但随着后期普通混动供货不足，导致纯电动的微型电动车逐渐成为市场主力（见表7）。

分车型来看，天津新能源车销售中主要是比亚迪的秦和唐销量较高，其次是众泰的知豆电动车表现较强，奇瑞EQ和吉利康迪两款电动车表现也不错，这也是天津限购带来的入门级消费和家庭第二辆车的需求增长。

天津汽车市场受到限购影响，主城区居民的换购及新购热情较高，而雾霾天气的限行压力导致新能源车的需求在2016年年末呈现爆发增长。

随着天津国Ⅱ用车淘汰更新政策的推进、限购的深入和限迁政策的实施，天津的二手车数量大、档次低、本地二手车价格较低，导致本市的置换需求不如淘汰更新的需求强烈，因此2016年年末新能源车的销售相对火爆。

表7　2015～2016年天津新能源车销售情况

燃料种类	级别	2015年	2016年	2016年					
				1～2月	3～4月	5～6月	7～8月	9～10月	11月
纯电动	a00	72%	77%	34%	66%	59%	59%	80%	89%
	A0	24%	19%	40%	32%	33%	34%	18%	9%
	A	3%	4%	23%	1%	7%	7%	3%	3%
	B	1%	0%	3%	1%	0%	0%	0%	0%
纯电动汇总		51%	33%	7%	13%	17%	23%	53%	60%
插电混动	A	77%	47%	33%	42%	47%	61%	49%	33%
	B	23%	53%	67%	58%	53%	39%	51%	67%
插电混动汇总		38%	20%	22%	23%	21%	28%	16%	14%
混合动力	A	19%	94%	93%	94%	95%	94%	93%	95%
	B	81%	6%	7%	6%	5%	6%	6%	5%
混合动力汇总		11%	47%	71%	64%	63%	50%	30%	25%
总计		100%	100%	100%	100%	100%	100%	100%	100%

总体来看，相较增速乏力的2015年，2016年天津车市增长有诸多推动力，尤其是下半年受到购置税优惠政策退出和限行的双重利好影响，购买量明显增加。展望2017年的天津车市，预计增速将大幅低于2016年，但在全国车市中的表现应相对稍好。

（作者：崔东树）

2016年上海市汽车市场分析及2017年展望

2016年前11个月，我国汽车产销量均已超过2015年全年水平。中国汽车工业协会数据显示，2016年1～11月，我国汽车市场整体销量达到2494.8万辆，同比增长14.11%；乘用车共销售2167.81万辆，同比增长15.57%。乘用车市场季度增速逐季上升，进入2016年下半年后，受购置税减半政策退出预期的影响，市场表现强势。

一、2016年上海区域市场分析

1．2016年上海经济情况

2016年前三季度，上海市经济运行总体平稳、稳中有进、好于预期，创新转型效应进一步显现。初步核算，2016年前三季度全市生产总值完成19529.67亿元（见表1），比2015年同期增长6.7%，增速与上半年持平。其中，第一产业增加值61.13亿元，下降12.1%；第二产业增加值5630.27亿元，下降0.7%；第三产业增加值13838.27亿元，增长10.3%，占全市生产总值的比例达到70.9%，是经济增长的主要推动力。2016年前三季度，全市一般公共预算收入5453.11亿元，比2015年同期增长21.6%；2016年全市居民人均可支配收入40888元，比2015年同期增长8.8%；2016年居民消费价格总水平比2015年同期上涨3.2%。

表1　2016年前三季度上海市生产总值

（单位：亿元）

指标名称	2016年前三季度	增长（%）
地区生产总值/亿元	19529.67	6.7
农林牧渔业	63.18	-12.0
工业	5077.11	-1.4
建筑业	571.98	5.5
批发和零售业	2842.74	4.5
交通运输、仓储和邮政业	876.97	6.9

（续）

指标名称	2016 年前三季度	增长（%）
住宿和餐饮业	283.52	-1.0
金融业	3371.76	13.8
房地产业	1466.30	6.9
信息传输、软件和信息技术服务业	1150.05	15.1
第一产业	61.13	-12.1
第二产业	5630.27	-0.7
第三产业	13838.27	10.3

2．2016 年上海汽车市场

据上海市交警总队公布的统计数据，截至 2015 年底，上海汽车保有量达 291.08 万辆，上海小型载客汽车达 247 万辆（见图 1）。上海汽车保有量继续呈快速增长趋势，与 2014 年相比，汽车保有量净增 29.5 万辆，其中小客车新增 28 万辆。

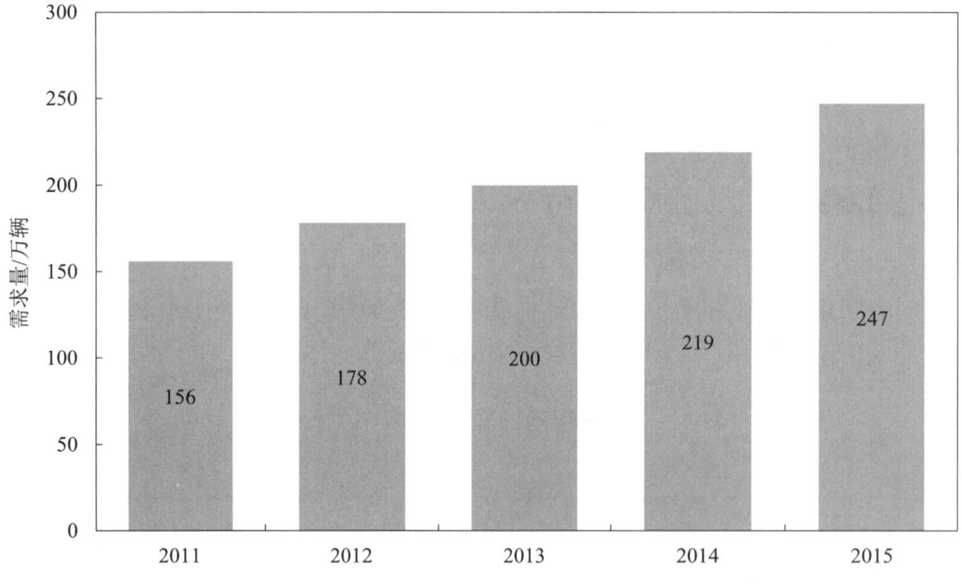

图1 2011～2015年上海市乘用车市场（含进口）保有量

2016 年上海汽车市场需求增长迅速，全年总体市场需求（注册数）预计为 53.8 万辆，同比增速达到 29.3%，其中乘用车市场预计为 49.6 万辆（见图 2），占汽车市场需求比例为 92%，同比增长 31%。

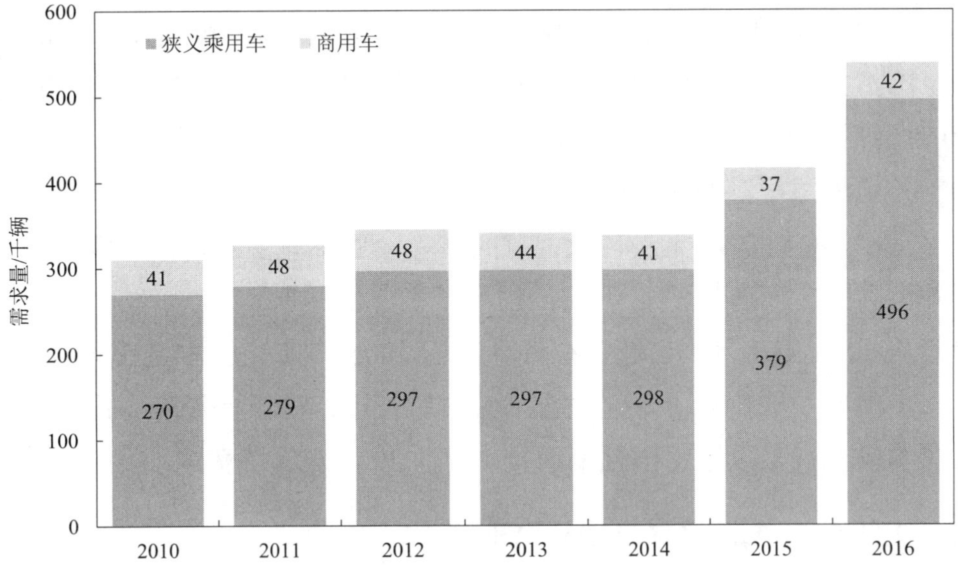

图2 2010～2016年上海市汽车需求总量

2016 年上海汽车市场的高增长得益于市区牌照额度、沪 C 牌照增长及更新需求上升的共同推动。

由于中标率持续低位，2016 年 4 月开始管理部门将市区私人牌照额度从 8000 多张/月大幅提高到 1.1 万张/月以上，全年市区私人牌照额度达到 13.2 万张，明显高于 2015 年的 9.3 万张。2014～2016 年上海私车牌照投标人数及中标率见图 3。

图3 2014～2016年上海私车牌照投标人数及中标率

2016年4月8日，上海对外地牌照车辆进一步限行，高架道路（城市快速路）的限行范围扩大，限行时间的上午时段7时至10时不变，下午限行时段改为15时至20时前后，分别比原限行时段延长了1h。

由于外地牌照车辆的使用受到不断升级的限行影响，而且今后还面临上海环保标准提高后，外地牌照无法转回上海的风险，更多无法获得市区牌照的消费者从使用外地牌照转而选择沪C牌照，推高了上海的注册数。

上海从2016年1月1日起，在外环限行2005年前注册的国II标准汽油车，并且下一步根据实施效果再研究是否扩大限行范围。由于市场时有进一步限行的传闻，在购置税减半政策退出预期的推动下，2016年置换需求明显上升。

二、2017年上海区域市场预测

1．2017年全国市场环境分析

日前中央经济工作会议提出坚持稳中求进的工作总基调，牢固、树立和贯彻、落实新发展理念，以深化供给侧结构性改革为主线，全面做好稳增长、促改革、调结构、惠民生、防风险等各项工作，坚持以提高发展质量和效益为中心，促进经济平稳健康发展和社会和谐稳定。

2017年，我国经济或将保持平稳运行的态势，但下行压力仍然较大。由于货币宽松受到房地产调控、人民币贬值压力等多重因素制约，货币政策稳健中性；财政政策将更加积极有效，以适应、支持供给侧改革。2017年我国固定资产投资将在基础建设投资拉动下保持平稳增长，国内消费需求受房地产调控、车辆购置税优惠减半的影响将呈稳中略降态势，外贸进出口由于贸易保护主义抬头仍将低迷。

由于2016年高增长的基数影响，2017年汽车市场增速将低于2016年，但考虑到2017年底购置税减半政策完全退出，会刺激部分消费者提前购买，综合分析，全年预计乘用车销量略高于经济增速。

2．2017年上海经济态势

2016年前三季度，上海第三产业增加值比例已经超过七成，增长10.3%，但第二产业增速为-0.7%，2013年、2014年上海的工业增加值增速还分别保持了6.6%、4.5%，到2015年开始明显放缓，仅实现0.2%的增长，呈现持续下滑态势。

2016 年 12 月 19 日～20 日召开的中共上海市第十届委员会第十四次全体会议指出 2017 年上海要不断巩固实体经济基础、提升实体经济水平。上海作为全国最大的经济中心城市，必须防止资源、资金、资产脱实转虚，防止产业结构形态虚高，巩固提升实体经济能级，更好地服务全国经济发展。

初步预计 2017 年上海 GDP 增速与全国 GDP 增速接近，上半年由于房地产调控影响，压力更大。

3．2017 年上海乘用车市场影响因素及总量预测

据近期发布的《上海综合交通十三五规划》，上海将完善小客车的拥有和使用管理：

（1）坚持并完善车辆拥有控制政策　建立市区号牌小客车新增额度发放规模与交通拥堵指数（道路交通运行情况）、交通环境的联动机制，动态调整额度发放规模；适时调整取得额度所需的条件，从源头上实现小客车的总量调控。

（2）加大小客车使用管理的政策管控力度　在现有高架高峰限行政策基础上，视道路交通运行状况，进一步深化研究调整限行时段和范围；通过停车资源供应、停车价格政策等措施，调控小客车使用。

上海市交通委员会主任谢峰称，将加快推进社会车辆新能源化发展，继续支持鼓励本市消费者购买和使用新能源汽车，统筹新能源车与传统汽车额度管理。

2014 年新能源车的实际使用额度约为 1 万辆，2015 年为 4.1 万辆，2016 年约为 4.5 万辆，增速已明显放缓。而且主要厂商自 2014 年 1 月起在上海的新能源车累计销量已接近 4 万辆，其能获得的 2017 年上海市补贴将减半，将影响新能源车需求。

由于市区牌照额度发放规模受与交通拥堵指数、交通环境联动机制的总量调控政策影响，2017 年市区牌照额度数量将低于 2016 年。由于管理部门计划进一步深化研究调整外地牌照车辆的限行时段和范围，2017 年外地牌照购车需求将继续转向沪 C 牌照，沪 C 牌照将继续增长。

2005 年以前国Ⅱ汽油车限行政策刺激了 2015 年、2016 年的更新需求，2017 年更新需求预计增速将会回落。

综合以上因素，预计 2017 年上海乘用车销量将达到 50.6 万辆（见图 4），同比增长 2.0%。

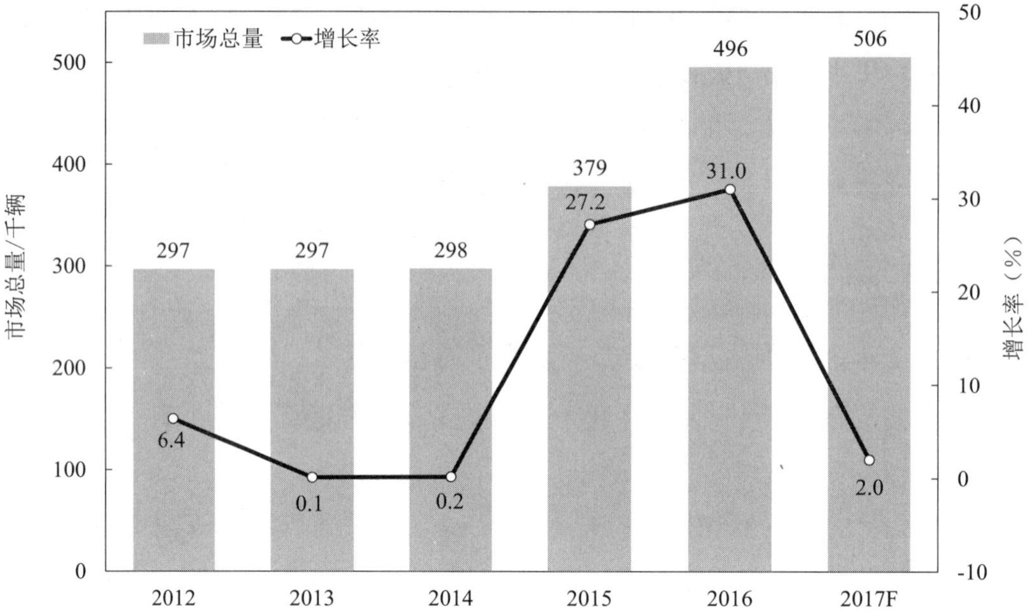

图4 2012～2017年上海乘用车市场（含进口）销量走势

（作者：俞滨）

2016 年河南省乘用车市场分析及 2017 年展望

2016 年，我国面对世界经济复苏弱于预期和国内经济下行压力加大的双重困难局面，全年 GDP 预计增幅 6.7%。河南省经济运行呈现“总体平稳、稳中有进、稳中向好”的态势，全年 GDP 预计为 8.1%，略高于全国。受国家购置税减半政策的影响，河南省乘用车保持了较高增幅，预计全年达到 23%，高于全国平均增幅 18%。2017 年，外部环境依然复杂、严峻，河南省将坚持以推进供给侧结构性改革为主线，加强预期引导，深化创新驱动，促进经济平稳健康发展。预计 2017 年河南省 GDP 增幅保持在 7.8%左右，乘用车市场增幅仍会高于全国平均水平，保持在 10%以上。

一、2016 年河南省经济情况及乘用车市场回顾

1．2016 年河南省经济发展情况回顾

2016 年以来，面对世界经济复苏弱于预期和国内经济下行压力加大的双重困难局面，河南省上下主动适应经济新常态，更加注重稳增长、促改革、调结构、强基础、惠民生，经济运行保持在合理区间，呈现出“总体平稳、稳中有进、稳中向好”的发展态势，2016 年 GDP 增长 8.1%（见图 1）。

2016 年前三季度，全省生产总值达到 28840.57 亿元，稳居全国第 5 位，增速达到 8.1%，高于全国平均水平 1.4 个百分点，居全国第 9 位，较 2015 年同期前移 5 位。2016 年 1～10 月份，全省规模以上工业增加值、固定资产投资、社会消费品零售总额分别增长 8.0%、13.3%、11.7%，增速分别高于全国平均水平 2.0 个百分点、5.0 个百分点和 1.3 个百分点；地方一般公共预算收入增幅比全国平均水平高 1.4 个百分点。

（1）工业结构持续优化　2016 年 1～10 月，全省高成长性制造业增速达到 10.2%，占规模以上工业增加值的比重达到 47.9%，较 2015 年同期增加 1 个百分

点；其中电子信息、汽车行业工业规模以上工业增加值增速分别达到 12.2%和 13.2%。服务业发展持续加快，2016 年前三季度，全省服务业增加值增长 10.1%，比 2015 年同期高 0.1 个百分点，比工业增加值增速高 3.7 个百分点，服务业成为推动全省经济增长的主要动力。

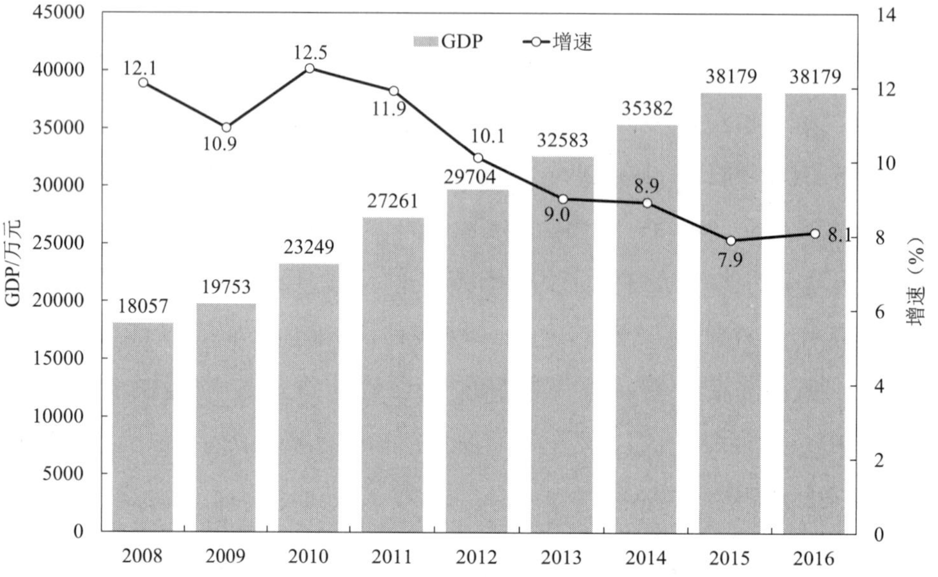

图1 2008～2016年河南省GDP及其增速情况

（2）财政收入较快增长 2016 年 1～10 月，全省财政总收入 3935.43 亿元，增长 8.1%；地方一般公共预算收入 2623.48 亿元，增长 11.0%；增幅分别比 2015 年同期高 1 个百分点和 2.3 个百分点。企业效益向好，2016 年前三季度，全省规模以上工业企业利润总额 3592.91 亿元，增长 5.0%，增速比上半年提高 0.7 个百分点，亏损企业亏损额下降 4.9%，自 2014 年 10 月份以来首次下降。

（3）大众创业、万众创新态势向好 2016 年 1～10 月份，全省新登记各类企业增长 31.9%，日均新增 658 户。新旧动力加速转换，2016 年 1～10 月，规模以上高技术产业增加值增速达到 14.2%，分别超过全省工业增加值增速、规模以上工业增加值增速 6.8 个百分点和 6.2 个百分点。新业态蓬勃发展，2016 年 1～10 月份，全省信息传输、软件和信息技术服务业投资增长 47.9%，高于全省投资 34.6 个百分点；主营业务收入合计增长 55.7%，营业利润合计增长 57.1%；全省快递业务量增长 64.6%。

（4）去产能方面，严重过剩行业持续压缩产能 2016 年 1～10 月，全省水泥、原煤、电解铝产量较 2015 年同期分别下降 2.4%、13.5%、5.0%；六大高载能行业增长 6.5%，较上半年回落 0.4 个百分点。去库存方面，2016 年 9 月份全省规模以上工业企业产成品库存下降 0.5%；2016 年 1～10 月，全省住宅销售同比增长 35.5%，比 2015 年同期提高 27.9 个百分点。去杠杆方面，2016 年前三季度全省规模以上工业企业资产负债率为 48.2%，分别比 2016 年上半年、一季度下降 0.3 个百分点和 0.8 个百分点。在补短板方面，2016 年 1～10 月，全省基础设施投资 5314.06 亿元，增长 30.3%，高于全省投资增速 17 个百分点。

2．2016 年河南省乘用车市场回顾

（1）2016 年河南省乘用车市场分析　2016 年虽外部经济环境压力较大，但受国家购置税减半政策因素的影响，需求提前释放，乘用车仍大幅增长，全国平均增幅约为 18%，河南省约为 23%。河南省乘用车注册数 2016 年预计可达 160 万辆，增幅由 2015 年的 11%提升到 2016 年的 23%，增长约 12 个百分点（见图 2）。从全国总体市场容量增幅来看，明显高于全国平均增速的省份主要集中在中西部地区，如广东、河南、湖南、安徽、江西、贵州、广西、天津等。体量与河南省相当，但增幅超河南的仅有广东省。

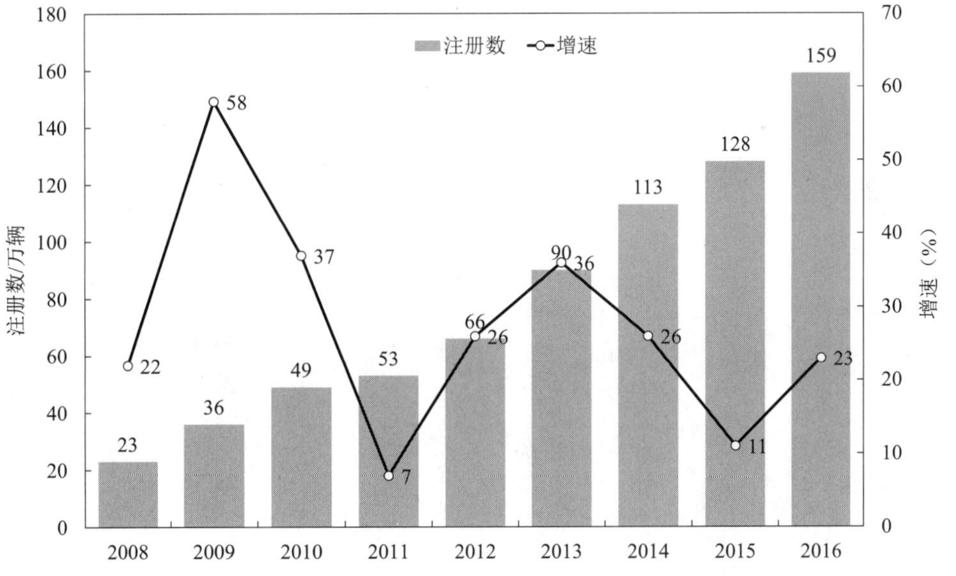

图2　2008～2016年河南省乘用车（含进口车）注册数及增幅

河南省乘用车增幅一直远高于全国平均水平，除得益于居民人均收入日益增长外，与河南省是人口大省、较低的城镇化水平不无关系。就千人保有量看，河南省仍处于汽车普及阶段。河南省乘用车保有量增速每年都保持在20%以上，2015年577余万辆，2016年达到约700万辆（见图3）。河南省人均GDP自2008年的19181元增长到2016年的41089元，增幅翻番，千人保有量达到70辆/千人（见图4）。

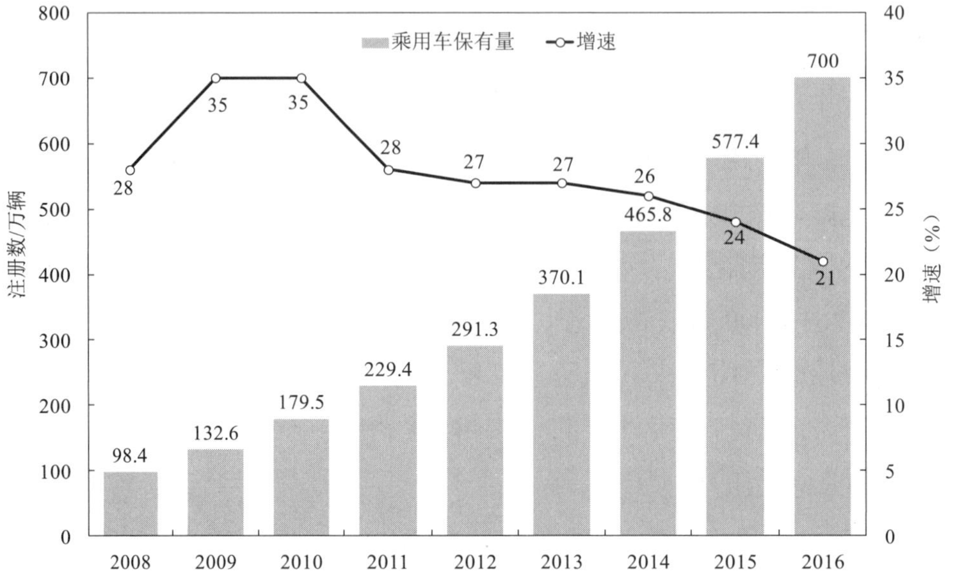

图3 2008～2016年河南省乘用车保有量及增幅

图4 2008～2016年河南省人均GDP及千人保有量

（2）SUV 销量排名分析 2015 年以来，SUV 细分市场一直保持高速增长，连续两年同比增幅高于乘用车整体市场增幅。河南省 2016 年 SUV 同比增长 34%，较乘用车市场增幅多 11 个百分点。河南省乘用车的同比增长主要依靠 SUV 的带动。狭义乘用车中，SUV 的销量占比也从 2015 年的 28.7%提升至 2016 年的 37.0%。

从品牌来看，自主品牌在 SUV 细分市场的贡献是有目共睹的。2016 年自主品牌在这个细分市场的车型价格分布也更细致，有进一步向上的趋势。在河南市场表现最为抢眼的前三个车型分别为：瑞风 S3、哈佛 H2、长安 CS35（见图 5），市场占有率均在 10%左右。合资品牌在 15 万元以上的 SUV 市场表现较好，别克昂科威、大众途观、新途胜、东风本田 XR-V 是市场接受度最高的几款车型，其中别克昂科威更是首次超过大众途观，在这一细分市场占据合资品牌 TOP1 的位置，市场占有率同比提升了近 3 个百分点。

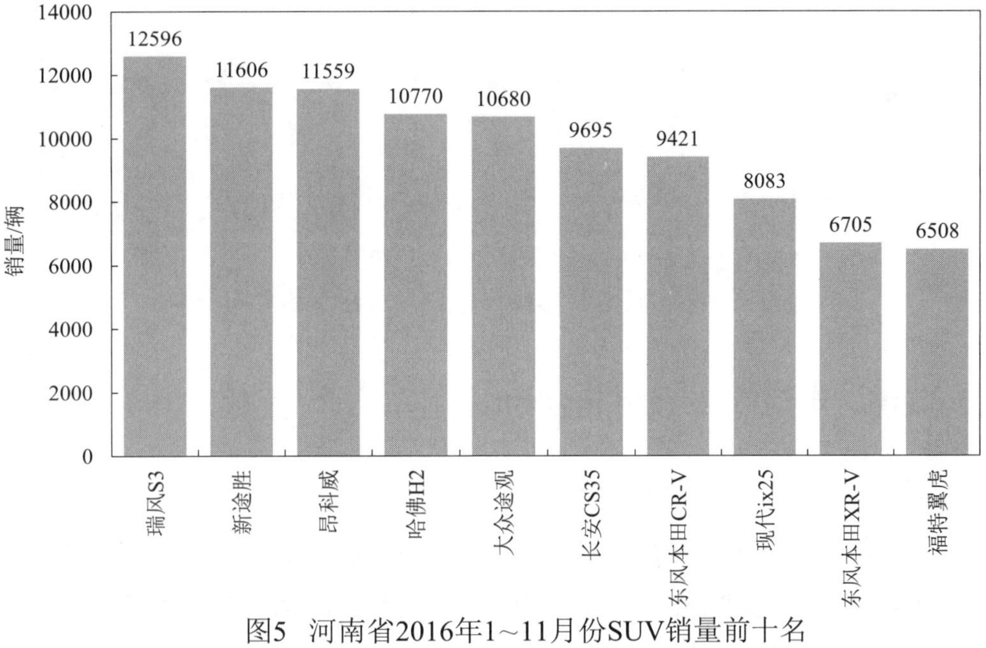

图5 河南省2016年1~11月份SUV销量前十名

（3）轿车销量排名分析 2016 年，河南省的轿车市场整体增长。细分的看，中高级轿车增幅远不及中低端轿车。2016 年中高级轿车同比仅有 2%左右的小幅增长。中低端轿车则出现 15%左右的大幅增长，主因还是受国家购置税减半政策的影响。从销售前十的排名来看，这一细分市场也出现了消费进一步升级的情况，也就是紧凑型三厢的销量进一步压缩。这一细分市场仍以家庭用车为主。

从品牌上看，合资品牌在这个细分市场仍具优势，尤其南北大众，这一细分市场的地位无人能及，前十位占据4位。2016年，别克销量增长强劲，尤其在凯越退市之后，英朗实现别克在这一细分市场的销量软着陆，全年销量排名第二（见图6）。其他进入前十的品牌有北京现代、福特、吉利、起亚。吉利也是唯一一个进入前十的自主品牌。北京现代及福特同比下滑明显。

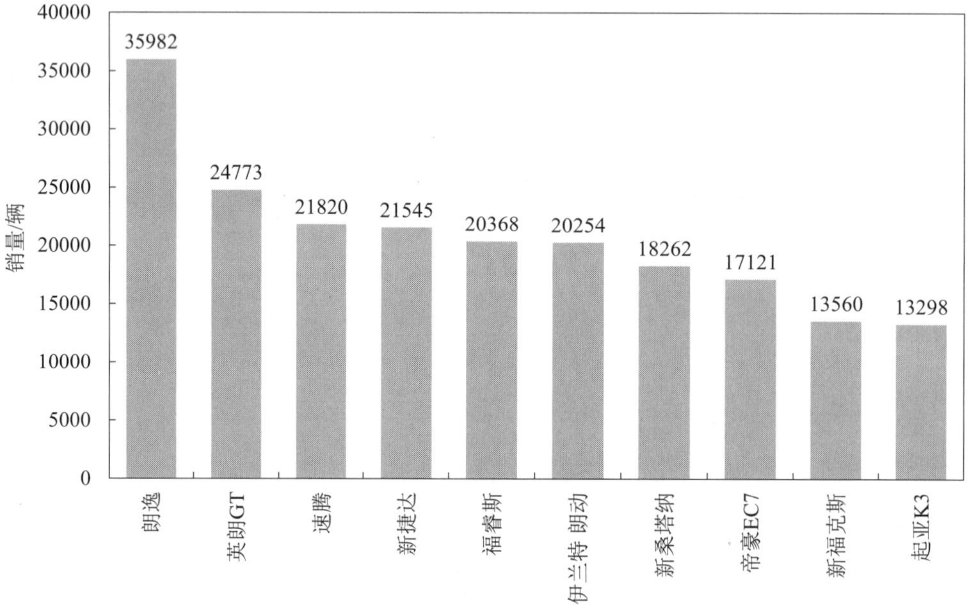

图6 河南省2016年1~11月份轿车销量前十名

二、2017年河南省经济走势和乘用车市场预测

1. 2017年河南省经济走势预测

2017年国际国内环境依然复杂多变，我省仍处于大有作为的战略机遇期。综合国内外形势和我省发展条件，预计2017年我省经济增长将达到7.8%左右。

为确保河南经济稳增长，河南省提出了六大战略取向：

（1）突出“打好四张牌”为引领　当前河南还存在产业结构不合理、创新能力不足、基础能力建设不强、城镇化率偏低等突出问题。要以习近平总书记提出的“打好四张牌”为引领，加快转变经济发展方式和提高经济整体素质。以建设先进制造业强省、现代服务业强省、现代农业强省、网络经济强省为重点，发展优势产业、推进产业结构优化升级；以郑洛新国家自主创新示范区为牵引，实施创新驱动战略、打造发展新动能；以提升现代化水平为方向，强化基础能力建设，培育发展新优势；以人的城镇化为核心，推进新型城镇化，促进城乡协调发展。

（2）突出以供给侧结构性改革为主线　要贯彻中央经济工作会议精神，以供给侧结构性改革为主线，解决经济发展中的突出问题。扎实推进煤炭行业去产能，妥善处置企业债务，做好人员安置工作。因地施策推动商品房去库存，维护房地产市场平稳发展。提高城市教育、医疗等公共服务水平，增强对农业转移人口的吸引力。积极稳妥地降低企业杠杆率，强化企业降成本的各项政策落实。推进教育、医疗、养老、网络基础设施、生态环保等重点领域投融资机制创新。深化农村产权制度改革，加快农村土地确权登记颁证，培育新型农业经营主体和服务主体。

（3）突出四个强省建设为主题　加快建设先进制造业强省，壮大装备制造、食品制造、新型材料、电子信息、汽车制造五大产业，加快产品技术创新和质量品牌提升。加快建设现代服务业强省，推动服务业与传统产业融合发展，着力培育现代物流、现代金融、信息服务、文化旅游、健康养老等产业。加快现代农业强省建设，继续推进高标准农田建设，持续巩固粮食安全保障能力，积极推进农村一、二、三产业发展，创新农业生产经营方式。加快网络经济强省建设，全面启动国家大数据综合试验区建设，加快交通物流、农业、制造业等产业与互联网、大数据产业融合发展。

（4）突出三大攻坚战为突破点　打好脱贫攻坚战。确保实现 100 万农村贫困人口稳定脱贫，推动 10 个贫困县摘帽，做好贫困人口易地搬迁的安置工作。打好国企改革攻坚战。深化以混合所有制为核心的产权制度改革，加快形成有效制衡的公司法人治理结构、灵活高效的市场化经营机制，完成国有企业剥离社会职能。扎实推进“三煤一钢”改革发展，加快推进油气、电信等领域改革。打好大气污染治理攻坚战。强化监管，精准施策，深入推进挥发性有机物、扬尘、劣质散煤、黄标车及老旧车等重点领域治理，实现空气污染物平均浓度稳步下降。

（5）突出打造“三个高地”为平台　打造中西部地区科技创新高地。聚焦郑洛新国家自主创新示范区建设，开展创新政策机制先行先试。深入推进大众创业万众创新，加快创新载体平台建设，吸引创新人才企业到河南省发展。打造内陆开放高地，加快郑州航空港经济综合实验区等国家战略实施。创新开放招商方式，推动国际产能和技术合作。大力发展口岸经济，深化大通关改革，打造“智慧口岸”。打造全国重要的文化高地，以华夏历史文明传承创新区建设为载体，以文化产业大发展为支撑，加快文化创意、文化产品电商平台等各类新兴文化产业发展。

（6）突出实现“三大提升”为方向　持续加大民生投入，如期全面完成脱贫攻坚任务，做好就业工作，妥善安置化解过剩产能中下岗分流职工。完善社会保障、社会救助和社会福利体系建设。加强教育、医疗卫生和公共文化体育设施建设，实现人民群众获得感、幸福感显著提升。加快建设立体化、信息化社会治安防控体系，强化安全生产、食品药品安全等重点领域治理，及时预防化解各类群体性事件，实现治理体系和治理能力现代化水平显著提升。贯彻落实十八届六中全会精神，不折不扣地落实党中央经济的方针政策、决策部署和改革方案，实现管党治党水平显著提升。

2．2017年河南省乘用车市场预测

（1）有利因素　2017年，河南省宏观经济虽然存在下行压力，但仍将保持稳步增长，这将成为乘用车市场发展最重要的有力支撑。较快的经济增长带来城镇居民人均可支配收入、农民人均纯收入的稳步提升。河南作为全国人口大省，人口红利继续释放，千人保有量仍处于较低水平，人口规模带来的汽车攀比消费惯性和置换升级，将会引发需求的爆发性增长。新型城镇化的加速推进，将释放更大的消费潜力。汽车厂家产能过剩、汽车厂商之间的竞争加剧将使得汽车销售价格继续下探，消费者将以更实惠的价格享受有车生活。随着国家对新能源汽车的日益重视，国家给予的补贴政策及对汽车厂商新能源汽车配额的强制要求都将推动新能源汽车成为乘用车市场新的增长点。2016年底，河南省各地市公务员车改范围进一步扩大，这也将刺激一大批公务员的购车需求。2017年购置税采用新优惠政策，1.6L及以下排量乘用车按照7.5%征收，对汽车消费仍会有不小的拉动作用。国家二孩政策的放开，也会在一定程度上刺激汽车消费，尤其是七座SUV及MPV市场。省会郑州基于千人保有量及城市道路等多种因素，增速远低于其他城市。

（2）制约因素　2017年河南省经济下行压力大，企业盈利水平下降，将会对企业购买力和个人消费升级产生不利影响。受环境污染因素影响，多地出现限行情况，在很大程度限制了居民驾车出行，更多居民会采用公共交通出行方式。河南经济虽然一直保持稳步提升，但人均 GDP 和城乡人均消费支出均低于全国平均水平，反映了较低的购买力。同时 2016 年购置税减半政策提前释放了部分消费能力，虽然 2017 年政策有一定的延续性，但上半年的不确定性仍然较强。

根据对上述乘用车发展影响因素的综合分析预测，2017 年，河南省乘用车需求量约为 180 万辆，将保持 12%左右的增长速度。就区域来看，信阳、周口、驻马店、南阳、商丘、洛阳、新乡等地区的增速将会高于平均增速。

（作者：朱灿锋）

2017年山东省乘用车市场展望

一、2016年山东省经济回顾

山东省地处华东沿海、黄河下游、京杭大运河中北段，是华东地区最北端的省份。国土面积15.8万km^2，占全国总面积的1.65%。2015年常住人口9847万，占全国人口7.2%，是全国人口第二大省；城镇化率达到57.0%，高于全国平均水平。1995年以来，山东省经济增速始终快于全国增速，2015年GDP总量达到63002亿元，占全国的8.71%，是全国经济第三大省。山东省第二产业占比较高，工业是国民经济发展的基础性和先导性产业，制造业基础雄厚，其中化工、轻工、纺织、机械、冶金、石化等行业均处于支柱地位。

2016年山东省GDP增速呈现前低后高走势，第一季度从2015年的8.0%回落至7.3%，二季度维持在7.3%，三季度增速稳中有升至7.5%，高于全国累计增速0.8个百分点（见图1）。2016年1～10月份工业增加值累积同比增长6.8%，较2015年继续下降0.7%，为2010年以来最低值。全省工业生产者出厂和购进价格持续下降，反映出企业需求不足。

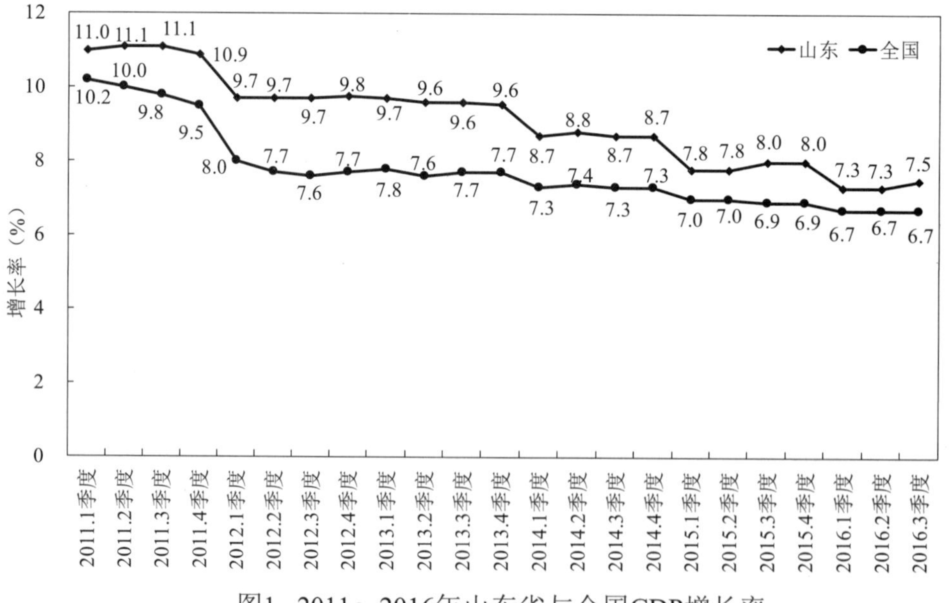

图1　2011～2016年山东省与全国GDP增长率

从三大需求来看：消费品市场平稳运行，2016 年前三季度山东省社会消费品零售总额同比增长 10.2%，较 2015 年下降 0.4 个百分点。在外贸进出口方面，增速回升。2016 年 1～10 月份累计完成进出口 12476.6 亿元，同比增速 4.4%，较 2015 年回升 16.1 个百分点。其中，出口 7355.8 亿元，同比增速 4.5%，较 2015 年提升 3.8%；进口 5120.8 亿元，同比增速 4.3%，较 2015 年回升 29.6%。在投资方面，山东省投资增速有所回落：在 2016 年 1～10 月份完成固定资产投资总额 42148 亿元，同比增速 10.5%，较 2015 年回落 3.4%。其中，民间投资 32885 亿元，同比增速 5.4%，较 2015 年回落 8.0%，为近六年最低水平；2016 年以来，国内经济下行压力增大，增速明显放缓，加上全球经济复苏乏力，导致民营企业投资信心明显不足，对未来投资的收益率持悲观态度，不少处于“持币观望”状态，影响了投资后劲；房地产开发投资完成 5130 亿元，增速回升至 8.3%，较 2015 年提升 7.0%，商品房待售面积依然居高不下；基建投资出现明显提高，预计全年增速将保持在 35%左右，明显高于全部投资增速；企业投资意愿普遍下降。

二、2016 年山东省乘用车市场分析

1. 乘用车总体市场概况

按保险数据口径统计，2016 年山东省乘用车市场相对全国市场的高增长，表现相对平稳，2016 年 1～10 月份需求约 145.5 万辆（见图 2），被江苏省超越降为我国第三大市场；虽然相比 2015 年自身表现出现回升，同比增速达到 8.0%，但大幅低于 2016 年全国增速 7.8 个百分点。2016 年山东省增速为全国各省最低。

分月度来看，2016 年上半年山东省市场表现与全国市场相比较为一致，但下半年山东省需求增速与全国平均增速之间的差距不断扩大（见图 3），显示出购置税政策对山东省的带动作用相对偏弱。

纵向比较来看，“小排量乘用车购置税减半征收”优惠政策对山东省 2016 年乘用车需求增长的带动作用明显，1.6L 及以下乘用车占整体乘用车市场的份额在 2015 年 74.2%的高基础上继续提升至 77.6%（见图 4）；但横向比较，其份额提高幅度仅 3.4%，相比全国平均 4.3%的提高幅度偏低，显示购置税政策对山东省的带动作用弱于全国平均水平。此外，山东省车市增长低迷还受到宏观经济影响，工业生产困难，企业投资意愿普遍下降，对居民收入、消费信心均存在影响。

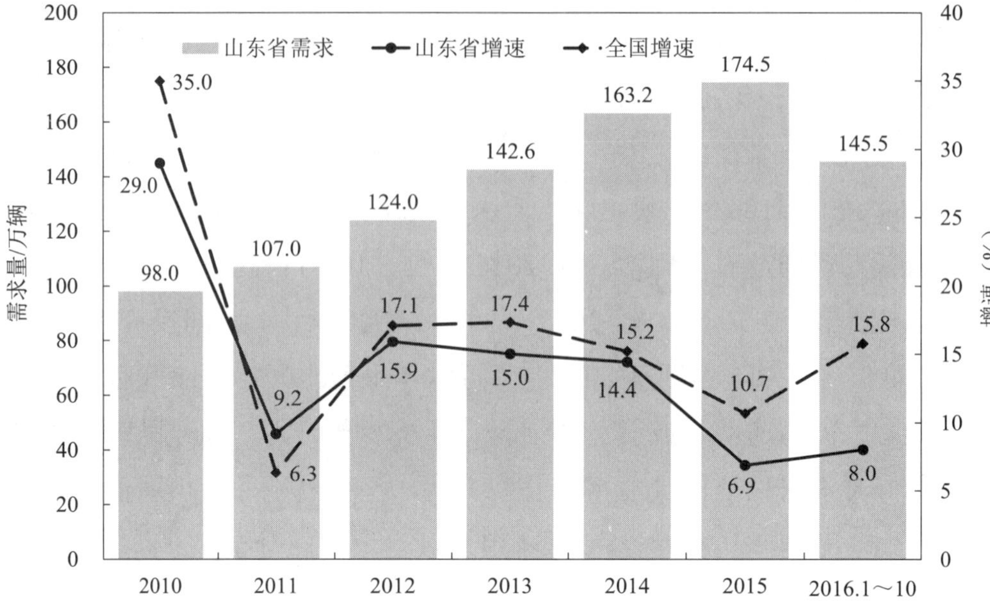

图2　2010～2016年山东省与全国乘用车需求量及增速

（注：2010～2015年需求为注册口径，2016年需求为保险数，均含进口车数据）

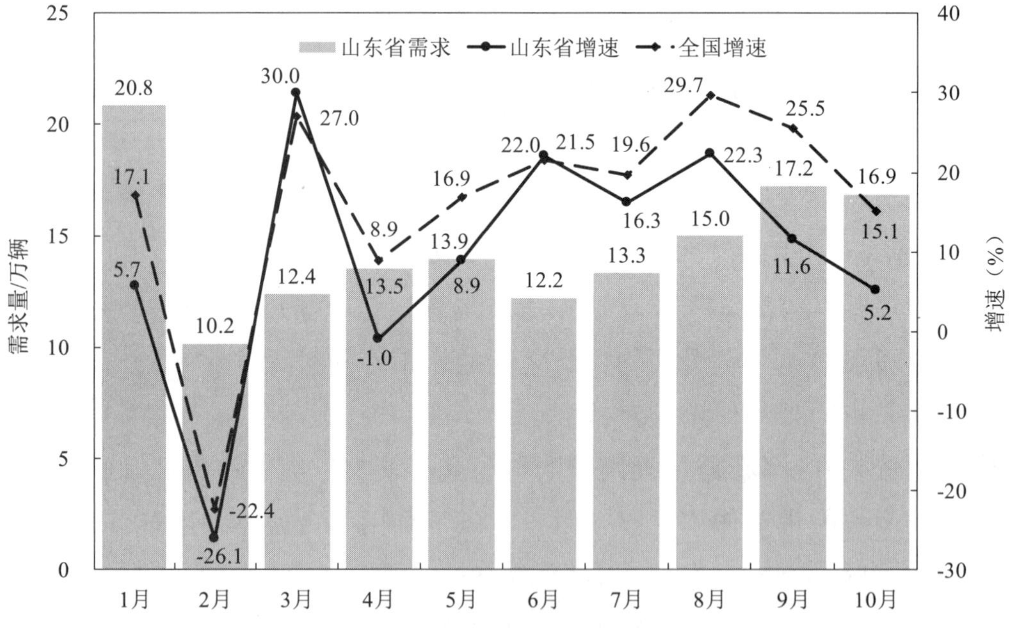

图3　2016年山东省乘用车月度需求与增速

（注：以上需求数据为保险数，含进口车保险数据）

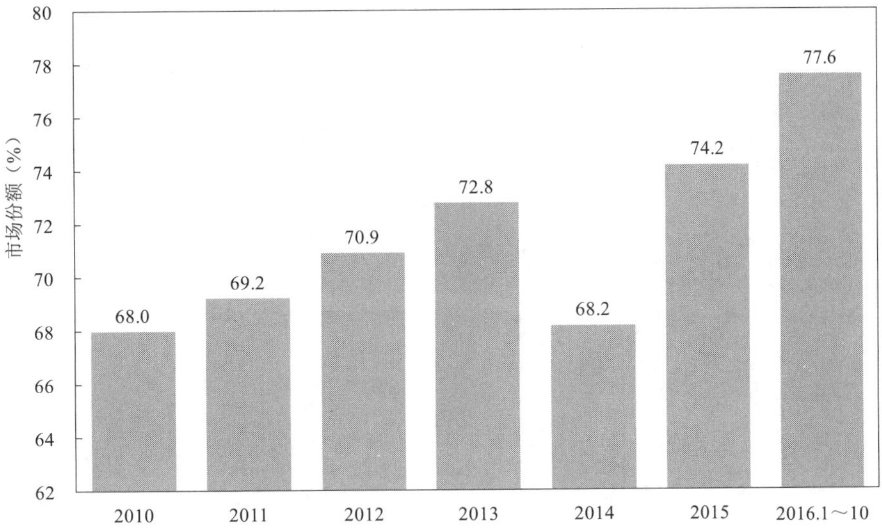

图4 2010～2016年山东省1.6L及以下排量乘用车份额

（注：2010～2015 年需求为注册口径，2016 年需求为保险数，均含进口车数据）

2．乘用车需求结构概况

从乘用车级别看，山东省整体需求档次以普通家用为主。与全国平均水平相比，B 级及以上高级别车占比偏低且逐年下降。近年来，以家用为主的 A 级车份额逐年增长，受车辆购置税优惠政策影响，2016 年 1～10 月份额大幅提升至 64.4%（见图 5）。同时，小型的 A00 级和 A0 级份额持续下滑（见图 6）。

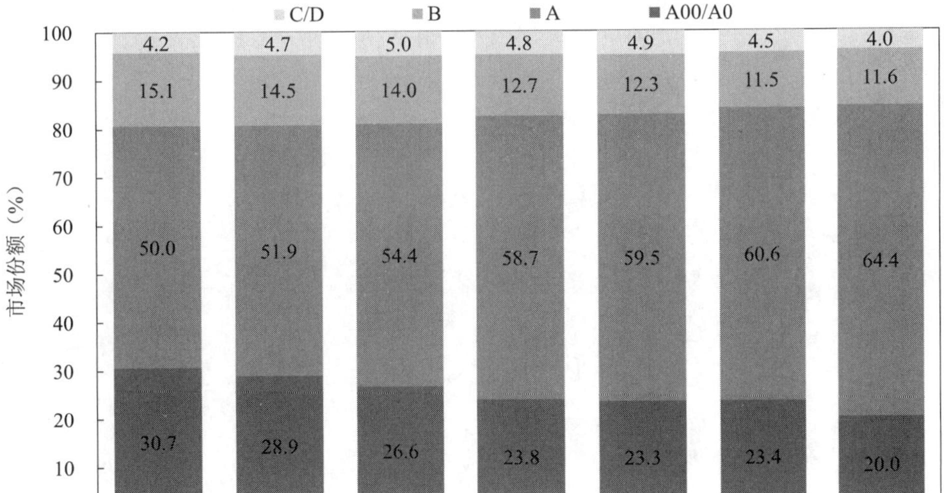

图5 2010～2016年山东省乘用车级别份额

（注：2010～2015 年需求为注册口径，2016 年需求为保险数，均含进口车数据）

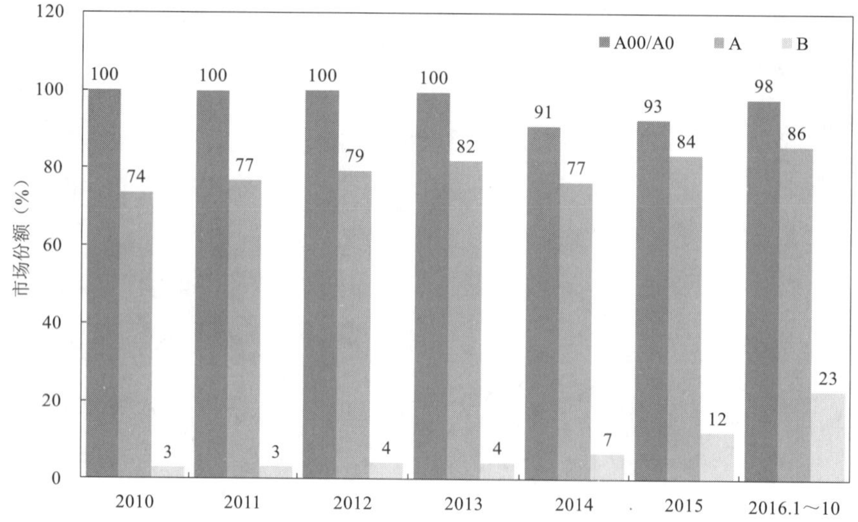

图6 2010～2016年山东省1.6L及以下排量乘用车分级别份额

（注：2010～2015 年需求为注册口径，2016 年需求为保险数，均含进口车数据）

从乘用车类型看，轿车占据山东市场的主体地位，但受到SUV和MPV挤压，份额逐年下降。与全国平均水平相比，山东市场轿车需求比例较高。随着小型产品供给丰富、再购比例增加以及人们自驾旅游需求提高，山东市场 SUV 份额迅速提高，2016 年 1～10 月份额达 29.7%（见图 7），比 2015 年提高了 5.7 个百分点。山东市场 MPV 份额也逐年提高，2016 年份额占比 10.9%，其中微客型 MPV 对份额提升的推动作用明显。

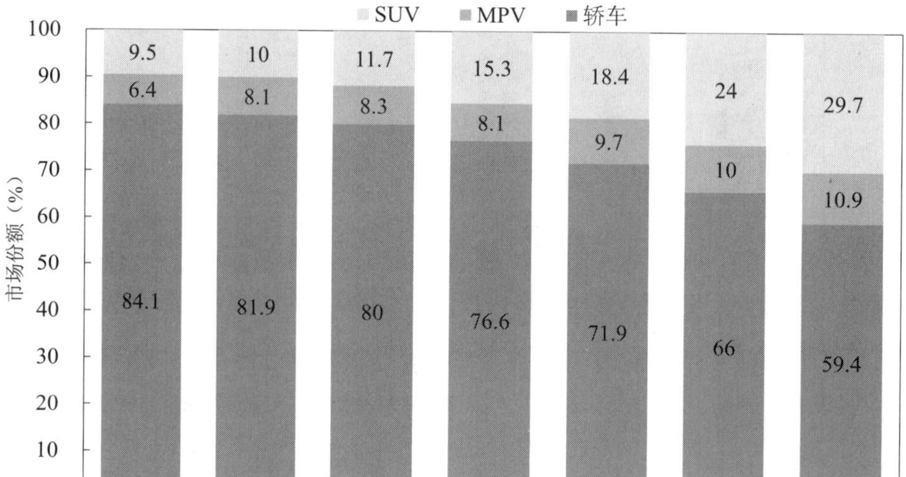

图7 2010～2016年山东省乘用车类型份额

（注：2010～2015 年需求为注册口径，2016 年需求为保险数，均含进口车数据）

从乘用车车系看，山东省自主品牌和韩系品牌占比高于全国平均水平，日系品牌份额偏低。近年来，自主品牌占据主体地位且份额稳中有升（见图8），欧系品牌份额逐年大幅提升，日系品牌和韩系品牌份额下降，美系品牌份额较为波动。

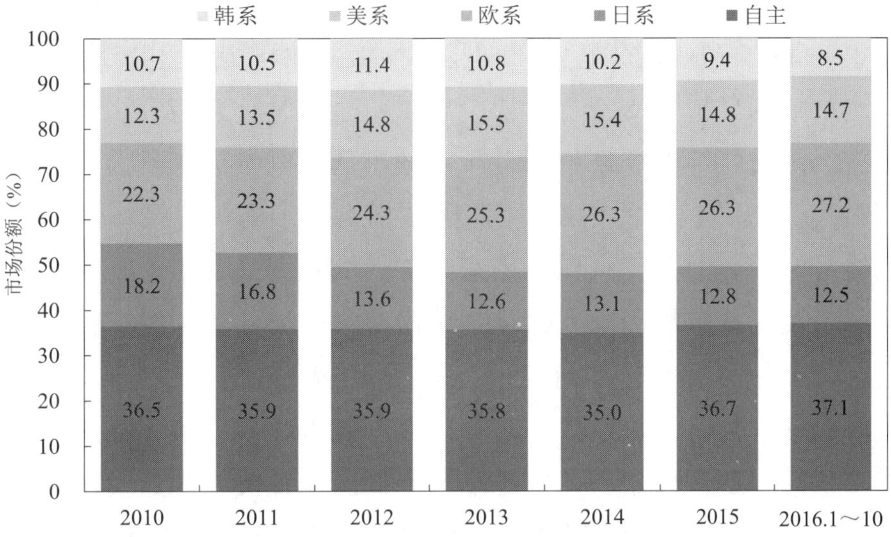

图8 2010～2016年山东省乘用车车系份额

（注：2010～2015 年需求为注册口径，2016 年需求为保险数，均含进口车数据）

三、2017 年山东省经济展望

2017 年山东省宏观经济虽然面临较多困难，但仍有望实现平稳增长，预计 2017 年山东省 GDP 增速为 7.5%，与 2016 年基本持平。

投资预计将保持稳定。山东省经济结构偏重，制造业投资受去产能影响较大。房地产市场发展缓慢，商品房待售面积依然居高不下，预计 2017 年房地产投资增速全年将增长 7%左右。但 2017 年山东省的基建投资将高于全部投资增速，主要原因有两个：一是将加快重大基础设施建设。山东省启动实施市市通高铁、县县通高速的“两网两通”工程，济青高铁、鲁南高铁、潍莱高铁、济青高速公路扩容、青岛新机场等开工建设。二是将加快城乡基础设施建设。城市方面，山东省开展了立体交通、地下管网、智慧城市管理等“十个系统”建设，重点解决“城市病”和城市建设管理中的薄弱环节。农村方面，山东省将继续推进改路、改电、改校、改房、改水、改厕、改暖的“七改”工程。

山东省经济的发展还有赖于经济结构的进一步优化。2016 年山东半岛国家自主创新示范区获得批复，集中建设了青岛海洋科学与技术国家实验室、国家超算济南中心等一批重大创新平台，创新能力不断提升。全省已经共创建创业孵化基地370个，创业园区128个，全社会创新创业积极性不断提高。新材料、新医药、节能环保等新兴产业发展迅速，通用设备、仪器仪表、计算机通信等先进制造业都保持了高速增长。第三产业主导格局已基本形成，成为拉动全省经济增长的第一引擎和第一动力。山东省以转型和创新发展为主线，运用“敲开核桃”的方式，对服务业进行解剖分析，支持行业协会和重点企业制订转型升级实施方案。

山东省经济的持续发展还将得益于各地市的协同发展，目前已规划形成“两区一圈一带”省域城镇空间格局。“两区”指山东半岛蓝色经济区和黄河三角洲高效生态经济区；其中，蓝区包括山东全部海域和青岛、东营、烟台、潍坊、威海、日照6市及滨州市的无棣、沾化2个沿海县所属陆域，发挥青岛龙头带动作用，打造具有国际竞争力的高端产业、海洋经济聚集区，在创新发展上实现率先突破；黄区包括东营、滨州及潍坊寒亭区、寿光市、昌邑市、德州乐陵市、庆云县、淄博高青县和烟台莱州市，推进临港产业区和各类园区建设，加快未利用地开发步伐，做强高效生态经济品牌，抢占生态文明建设制高点。“一圈”即济南省会城市群经济圈，支持济南建设全国的区域性经济、金融、物流中心和科技创新中心，是带动山东省中西部发展、加快城镇化进程的经济增长极，将带动聊城、德州等西部城市经济快速发展。“一带”即西部经济隆起带，依托鲁南经济带开发建设，构筑欧亚大陆桥东部新的经济增长极和城镇带，将带动菏泽、日照、济宁和临沂等南部城市经济快速发展。

四、2017年山东省乘用车需求预测

2016年山东省乘用车千人保有量约为121辆/千人，高于95辆/千人的全国平均水平。根据乘用车市场发展阶段理论，当千人保有量达到20辆/千人以后，乘用车市场进入起飞阶段，千人保有量的提升幅度明显加快，高于当期GDP的增长率。济南、临沂、莱芜、山东半岛蓝色经济区和黄河三角洲高效生态经济区等城市千人保有量已突破100辆/千人（见图9），步入乘用车起飞后期阶段，千人保有量净增量比较稳定或者略有增长，需求增长相对缓慢，影响车辆需求主要因素为经济增长、人口数量和消费环境（如汽车限购政策）；而西部经济隆起带和济南省会城市群经济圈的其他城市千人保有量水平仍较低，处于起飞前期，该阶段需求增速较快，影响车辆需求主要因素为经济增长和人口数量。

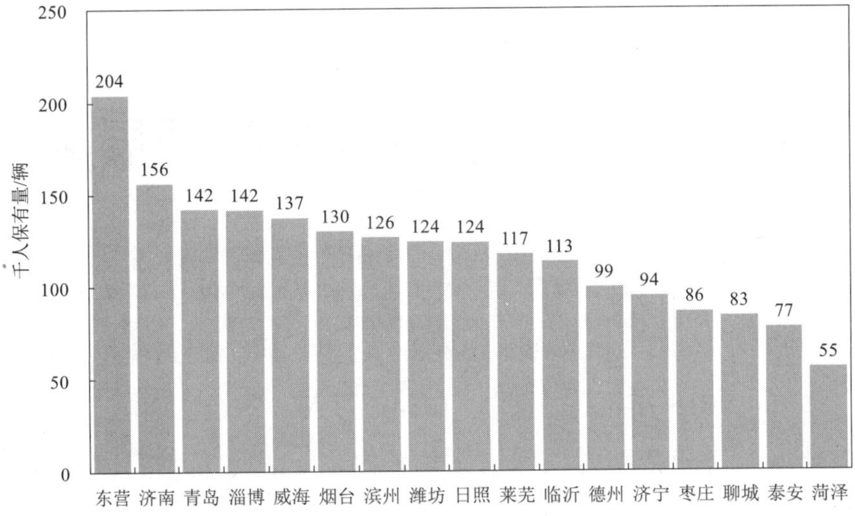

图9 2016年山东省分城市乘用车千人保有量

结合乘用车发展阶段理论及省内经济发展状况，对山东省乘用车需求预测如下：2017 年山东省乘用车销量预计为 192.4 万辆（见图 10），同比增长 0.7%，增速较 2016 年下降 8.8 个百分点。2017 年购置税由 5%提高至 7.5%，优惠力度减小，对山东省乘用车需求的拉动力度将小于 2016 年。济南、青岛等大城市交通拥堵和空气污染压力较大，两市一直存在限购传闻。2017 年实施限购的可能性不大，在限购政策实施之前，限购传闻对需求有一定的刺激作用，促使消费者提前购买，属于一定利好因素。

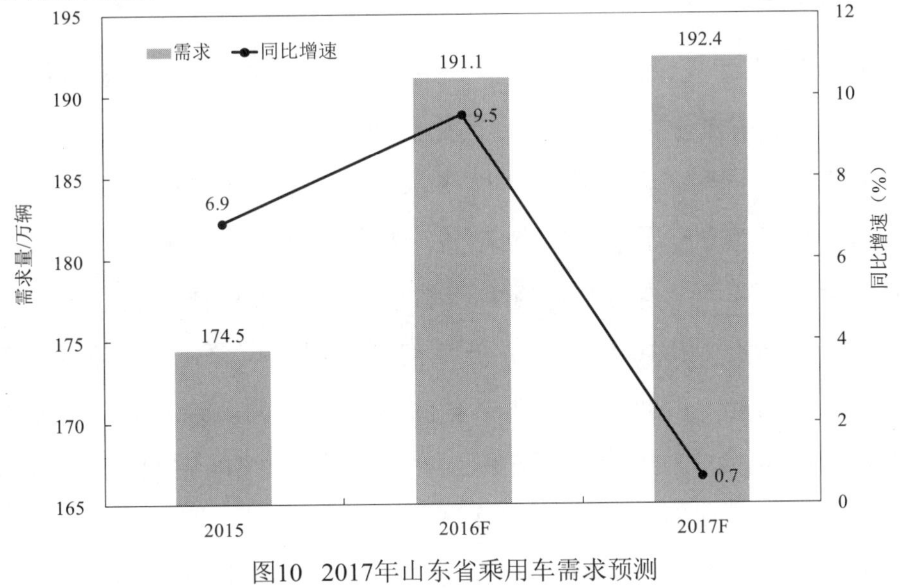

图10 2017年山东省乘用车需求预测

（作者：贾炜 臧晔）

2017 年广东省乘用车市场展望

广东地处我国大陆南端沿海，全省陆地面积为 17.98 万平方公里，占全国总陆地面积的 1.87%；全省大陆岸线长 3368.1 公里，居全国第一位。广东是全国常住人口第一大省，2015 年常住人口为 10849 万人，占全国总人口的 7.9%。广东常住人口中外来人口和劳动力人口占比都较高，可见广东对人口吸引力强，劳动力资源丰富。

优越的自然地理环境和丰富的劳动力资源为广东成为全国经济体量最大和发展最快的省份奠定了基础。2015 年广东 GDP 总量为 7.3 万亿元，占全国总量的 10.6%，远高于广东国土面积和人口的比例；人均 GDP 达到 68000 元，高于全国平均水平 49000 元，居民购买力较强。从产业结构来看，2015 年广东三产比例为 4.6:44.8:50.6，第三产业占比已经显著高于第二产业，广东省产业转型升级步伐迅速，第三产业内部批发零售业、金融业、房地产业近年来发展很快。

一、2016 年广东省经济回顾

2016 年，在错综复杂的国内外形势和持续加大的经济下行压力的大环境下，广东省整体经济保持平稳增长，前三季度 GDP 增长 7.3%，高于全国总体 0.6 个百分点（见图 1）。同时，广东前三季度多项经济指标增速高于全国：规模以上工业增加值高于全国 0.7 个百分点，固定资产投资增速高于全国 4.1 个百分点，进出口降幅比全国窄 1.7 个百分点。综合来看，广东经济总体发展态势优于全国。

从经济结构来看，2016 年广东经济结构继续优化调整，经济增长质量和效益保持提升。具体来看，工业生产虽然略有回落，1～9 月，规模以上工业累计完成增加值 22677.13 亿元，同比增长 6.7%，增幅比 2015 年同期回落 0.6 个百分点，但其中各行业之间分化较为明显，支柱产业、高端产业发展较快，计算机、通信和其他电子设备制造业、汽车制造业增长较快，分别增长 10.5%和 14.5%，有力带动全省工业增长。服务业成为支撑经济稳定增长的主要力量。2016 年前三季度服务业增加值增长 8.6%，对经济增长的贡献率达 60.2%，同比提高 5.7 个百分点，拉动经济增长 4.4 个百分点。

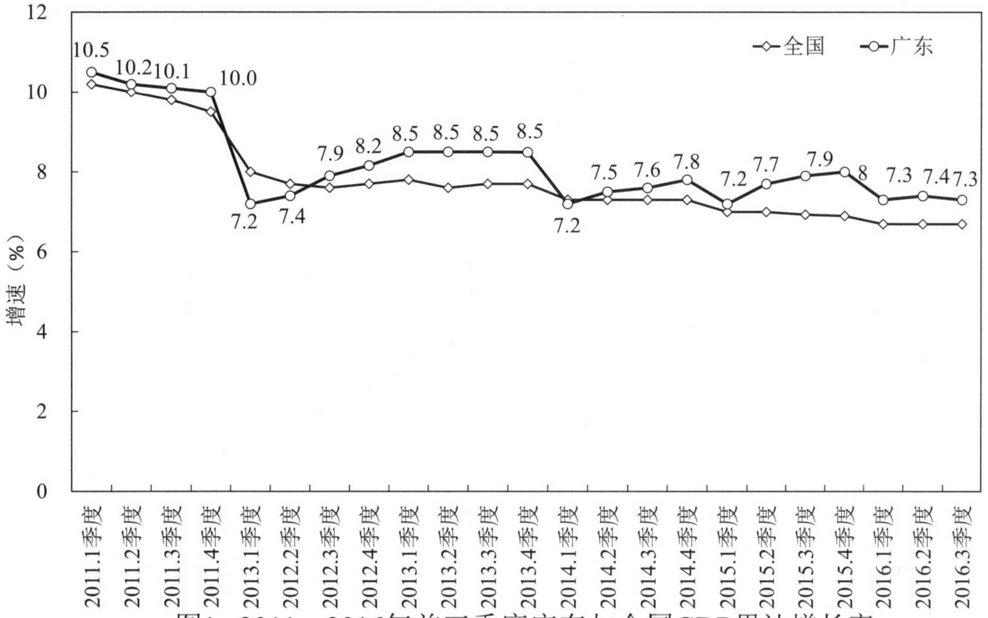

图1 2011～2016年前三季度广东与全国GDP累计增长率

从三大需求结构来看，广东 2016 年投资和消费稳定增长，进出口降幅逐步收窄。投资方面，前三季度固定资产投资累积增长 12.3%，其中占比达 62.0%的民间投资增长 16.0%，占比为 32.8%的房地产开发增长 17.4%。消费方面，市场持续扩张，2016 年前三季度实现社会消费品零售总额 25465 亿元，同比增长 10.1%，与 2015 年同期持平：其中汽车类零售额为 2967.93 亿元，增长 11.4%，增幅比 2015 年同期提高 11.5 个百分点；石油及制品类零售额为 1413.14 亿元，下降 5.3%，降幅比 2015 年同期收窄 5.0 个百分点。外贸方面，2016 年也在逐步好转，降幅逐季度收窄。

此外，广东新兴产业发展良好，产业结构不断转型优化。2016 年 1～8 月，广东发明专利申请受理量和授权量分别增长 55.2%和 44.0%，自主创新能力不断提升。制造业新产品生产增长快，2016 年 1～9 月，广东新能源汽车产量为 51187 辆，同比增长 1.9 倍；代表高端先进制造的工业机器人产量增长 36.4%，光纤产量增长 27.7%，智能电视产量增长 24.7%。与互联网相关的新业态不断涌现，增长较快。2016 年 1～9 月，全省限额以上批发零售业通过公共网络实现商品零售额增长 27.0%。与互联网相关的信息消费方面，限额以上单位通信器材类商品零售额同比增长 20.5%；与互联网相关的服务业方面，实现营业收入增长达 50.3%，软件和信息技术服务业营业收入增长 22.0%，增速均达到较高水平。

二、2016 年广东乘用车市场分析

1．2016 年广东乘用车市场表现

宏观经济平稳增长为广东乘用车需求提供了较好的基本面支撑。2016 年广东乘用车市场表现很好，1～10 月乘用车需求为 174.6 万辆（见图 2），同比增长 21.1%，高于全国增速 5.3 个百分点，且从 2015 年个位数增长的低位上大幅攀升。

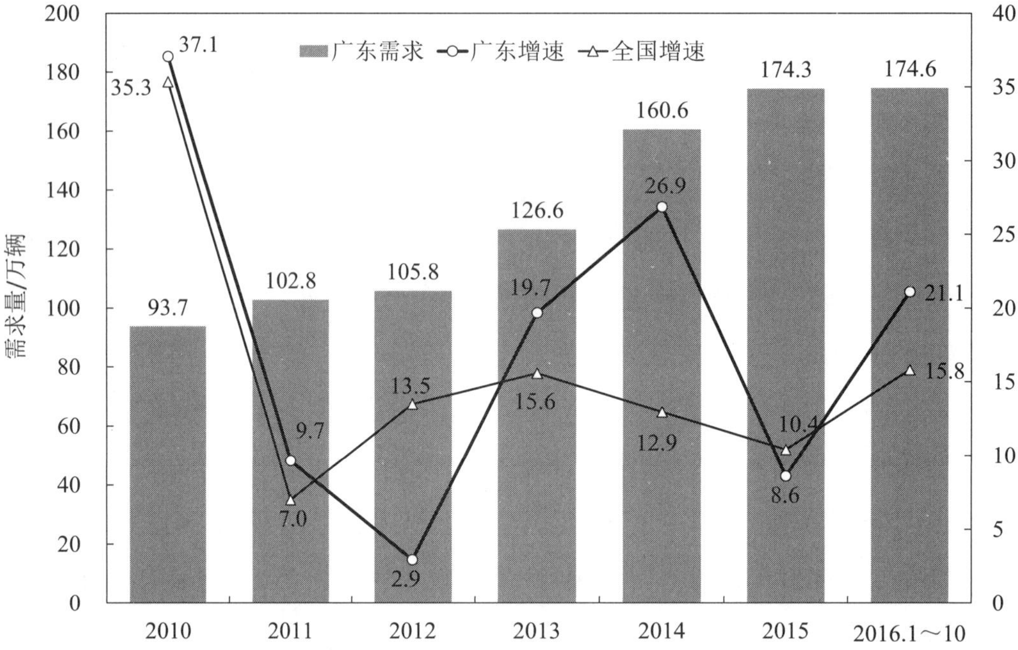

图2 2010～2016年广东与全国乘用车需求及增速

（注：本文中 2015 年及以前数据均为国家信息中心注册数，2016 年以后数据为保险数）

从季度走势来看，广东 2016 年各季度表现都很好，尤其是 2 季度以来，需求同比增速保持在 20%以上（见图 3），快于 2015 年同期和 2016 年全国平均增速。

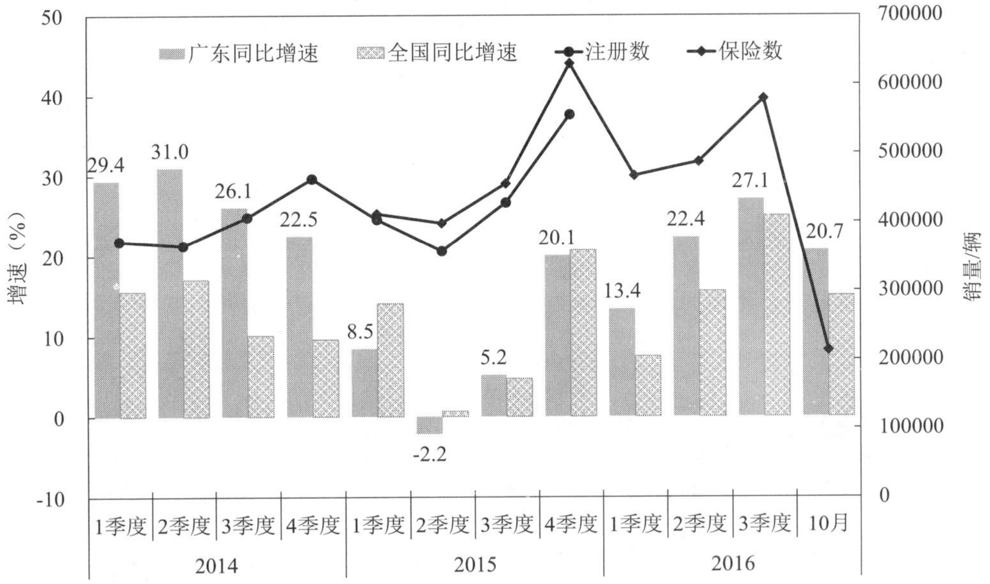

图3 2014～2016年广东乘用车市场季度销量走势

从级别结构来看，广东 2016 年 A 级乘用车占整体乘用车的份额创历史新高，从 2015 年的 58.6%上升至 61.9%（见图 4），A0 级及以下走稳，其他级别份额都有所下滑。A 级份额的上升主要源于购置税减半政策的拉动。

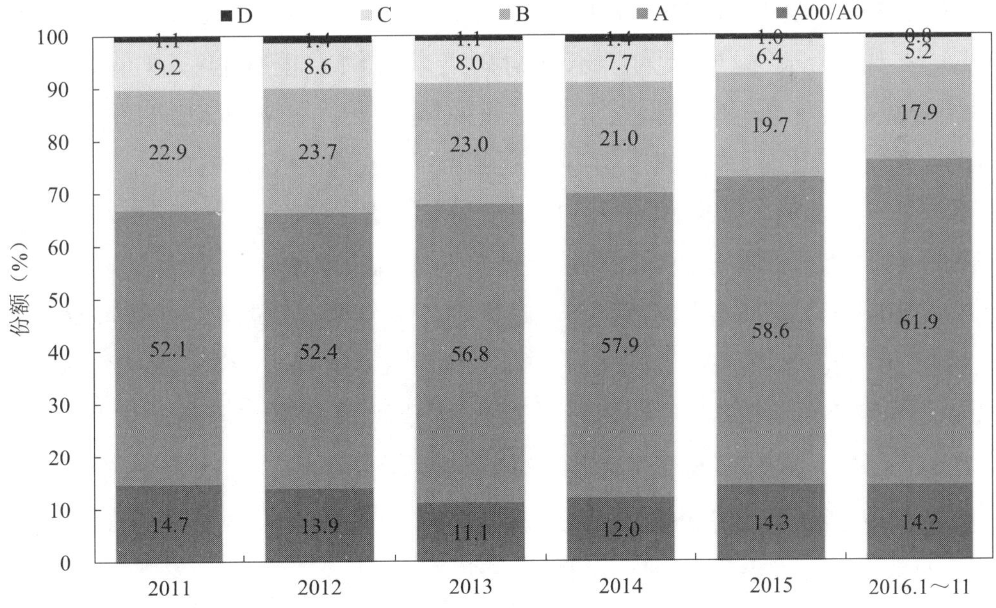

图4 2011～2016年广东乘用车级别份额走势

从车型结构来看，2016 年 SUV 占整体乘用车的份额继续攀升，从 2015 年的 34.8%上升至 38.2%（见图 5），轿车份额继续下滑，MPV 份额走稳。预计未来随着 SUV 产品供给的不断丰富，多样化需求的日益增加，SUV 车型份额仍将保持上升态势。

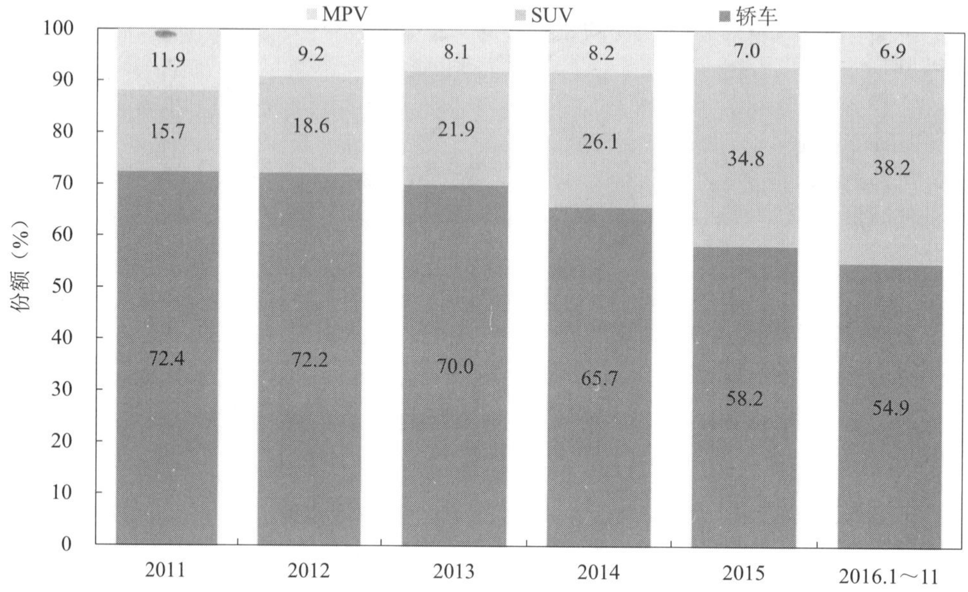

图5 2011～2016年广东乘用车车型份额走势

2．广东乘用车市场表现的原因分析

（1）宏观经济平稳增长为广东乘用车需求提供了较好的基本面支撑 2016 年广东经济整体运行态势优于全国，宏观经济的平稳增长推动居民收入稳定增长。2016 年前三季度，广东城镇常住居民人均可支配收入 29752 元，全国排名第五位，名义增长 8.5%，实际增长 6.1%；农村常住居民人均可支配收入 11547 元，名义增长 9.1%，实际增长 6.9%，消费者购买力基础牢固。

（2）1.6L 及以下排量购置税减半政策刺激效果逐渐增强，有效推动市场需求平台的提升 2015 年 10 月，1.6L 及以下排量车型购置税税率减半征收的刺激政策出台，对广东乘用车需求的拉动效果日益显现。政策实施前，2015 年 1～9 月广东 1.6L 及以下排量车型份额仅为 53%；政策实施后，2015 年底份额升至历史新高 63%（见图 6）。2016 年 2 季度后，购置税优惠政策 9 月底提前退出的传言不断，消费者 2、3 季度集中提前购买，政策刺激效果进一步攀升，3 季度末，广东 1.6L 及以下排量车型份额再创新高，达到 65%；4 季度，政策进入倒计时，广东 1.6L 及以下排量份额预计仍将维持高位。

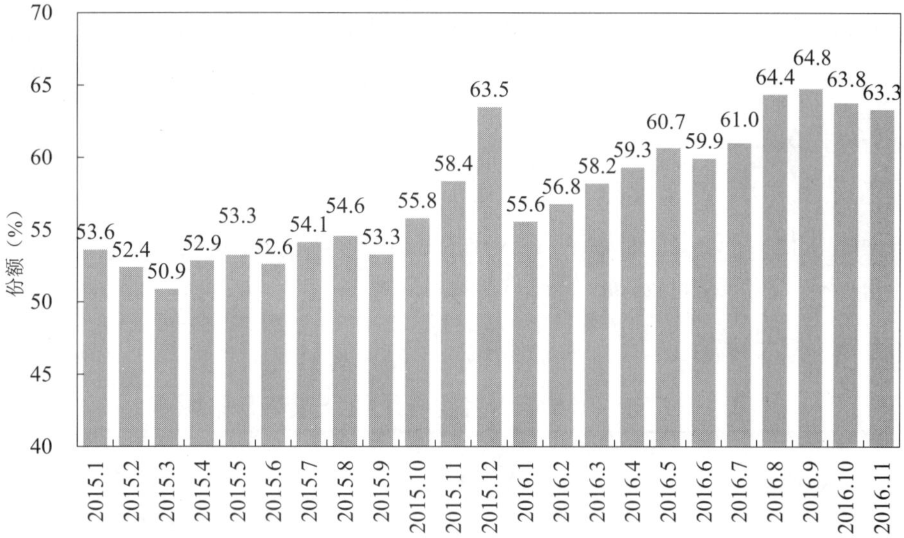

图6 2015～2016年广东1.6L及以下排量乘用车份额

（3）2016 年深圳限购影响减弱，外溢需求仍然存在，其他城市不时传出限购传闻刺激销量　深圳市场在 2014 年底突然实施了乘用车限购政策，到 2015 年下半年深圳限购影响逐渐消失，2016 年深圳市场恢复正常增长，不过限购带来的需求外溢作用持续存在，深圳周边城市东莞、惠州、佛山销量增速因此都有明显提升。此外，作为广东目前第一、二大市场的东莞、佛山随着千人保有量的上升，汽车限购、限行成为关注点（见图 7），限购传闻不断增加，引发消费者提前购买。

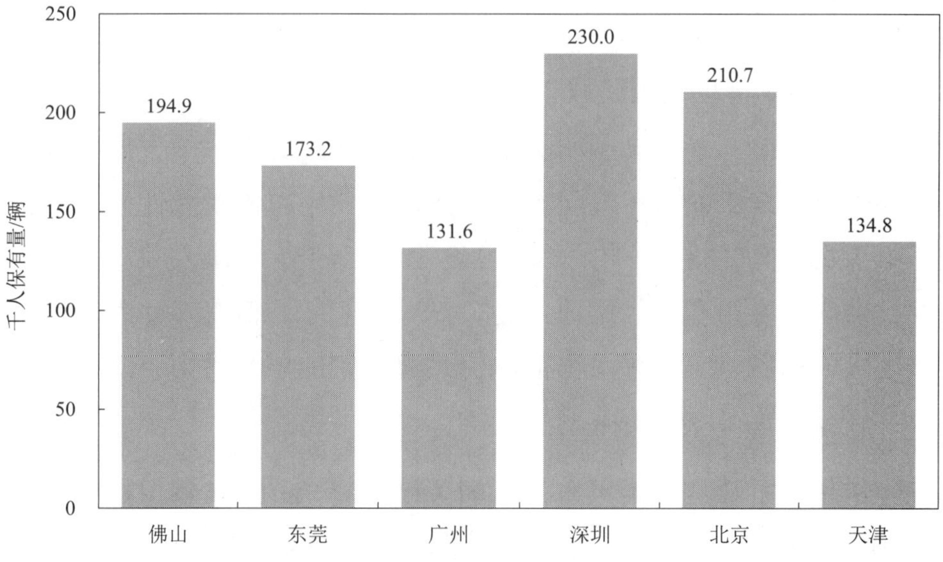

图7 2016年佛山、东莞及其他限购城市千人保有量对比

（4）居住证政策仅导致消费者购车时间延迟，对广东 2016 年总量影响较小，且下半年部分地区政策松动，可以凭借居住证办理回执上牌，政策负面影响基本解除 2016 年 6 月起广东 6 大城市佛山、东莞、中山、珠海、肇庆、茂名实行居住证改革（见表 1），居住证办理时间延长至 6 个月，而外地户籍人员想上当地车牌需要有当地居住证。该政策导致部分消费者购车时间被延迟。为缓解该政策对车市的影响，2016 年 9 月份部分城市政策松动，即可以凭借居住证办理回执上牌，至此政策影响基本解除。

表 1 广东 2016 年 6 月实施居住证改革政策城市

省份	城市	居住证方案	实施时间	是否有省级规定	是否要求从居住登记时间起算
广东省	佛山	有	2016 年 6 月 1 日	是	是
广东省	东莞	有	2016 年 6 月 1 日	是	是
广东省	中山	有	2016 年 6 月 1 日	有	是
广东省	珠海	有	2016 年 6 月 1 日	有	是
广东省	肇庆	有	2016 年 6 月 1 日	有	是
广东省	茂名	有	2016 年 6 月 1 日	有	是

三、2017 年广东乘用车市场展望

2017 年广东乘用车市场变化趋势主要受三个方面因素的影响：广东乘用车市场发展阶段、广东宏观经济以及乘用车刺激政策等政策影响。

1．广东乘用车市场发展阶段

从长期发展来看，一个区域的乘用车需求弹性与乘用车千人保有量之间存在较强的相关性，体现为随着千人保有量的递增，乘用车需求弹性呈下降趋势。当前广东千人保有量为 108 辆/千人，已突破 100 辆/千人，步入乘用车发展阶段的起飞后期，对应的乘用车需求增速约为 GDP 增速的 1 倍左右。因此，只要宏观经济不出现大的问题，广东乘用车需求仍具有稳定的增长潜力。

2．广东 2017 年宏观经济展望

宏观经济作为支撑广东乘用车需求的关键因素，2017 年将保持平稳增长的态势，预计 2017 年广东 GDP 增速 7.3%（见图 8），与 2016 年持平。投资方面，2017 年预计将保持基本稳定：供给侧结构性改革持续推进，城建保持较快增长；一、

二线城市去库存较快，但受有关政策影响，房地产投资将有所降温；制造业持续改造升级。消费方面，总体将保持平稳增长，以信息消费、网购为主的消费项有望继续保持高增长。出口方面，人民币贬值预期有利于广东外贸经济发展，出口将恢复一定的增长。

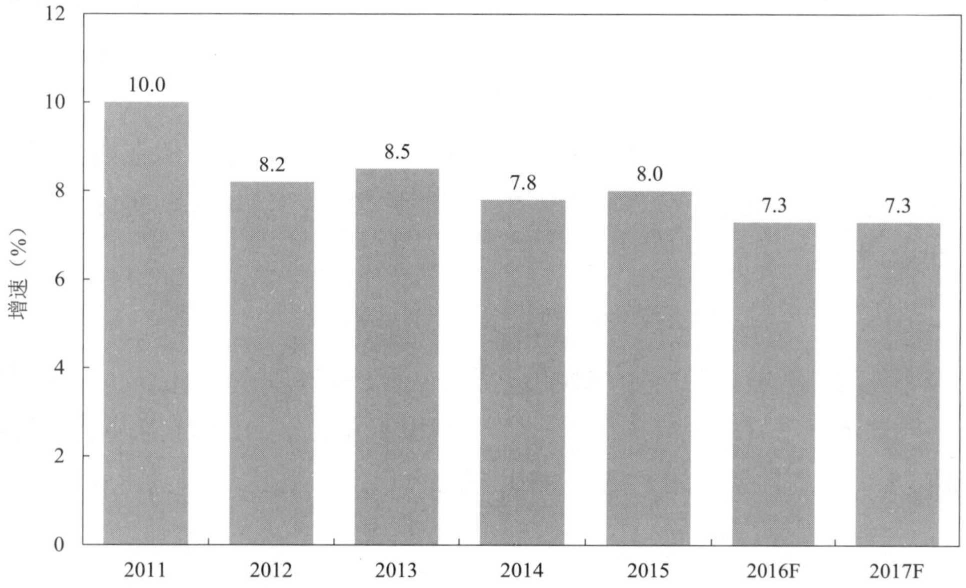

图8 2011～2017年广东省GDP增速

在经济总量保持平稳增长的同时，经济增长质量也将持续提升。随着广东供给侧结构性改革不断推进，产业转型升级持续加快，深入实施创新驱动发展战略，内生性增长动力增强。一方面，先进制造业和高技术制造业占比持续上升。另一方面，近几年广东民营投资保持较快增长，民营经济占比持续上升：2016 年 1～11 月累计民营投资保持增长 14.6%，高于全社会固定资产投资增幅 3 个百分点，占全社会固定资产投资的比例上升到 62.6%。民营经济的加快发展，正在成为广东经济创新发展的主要驱动力。

作为“一带一路”的战略枢纽和经贸合作中心，广东目前主要项目进展良好，“一带一路”建设工作领导小组已召开二次会议，研究部署下一步重点工作任务。“一带一路”战略给广东自贸区环境建设带来了新突破，促进了广东与沿线国家的互联、互通及加强了全方位经贸合作，进一步优化了广东的对外开放格局，推动广东经济平稳较快增长。

3．2017 年购置税刺激政策半退对广东车市的影响

2017 年 1.6L 及以下排量乘用车购置税政策退坡，对广东乘用车需求刺激作用也将明显弱于 2016 年。从目前刺激政策实施后的市场实际表现来看，广东乘用车需求中 1.6L 及以下排量的份额从 2015 年的 55.3%上升至 2016 年 1～11 月的 61.1%，涨幅 5.8 个百分点，相比全国整体提升幅度要高 1.5 个百分点，表明广东对刺激政策更为敏感。预计 2017 年刺激政策对广东乘用车市场的带动作用依然大于全国平均水平。

此外，尽管佛山、东莞千人保有量已达到限购城市水平，但在购置税刺激政策实施的大环境下，出台汽车限购政策的可能性较小，只是限购传闻将持续，利好城市新增需求。

4．2017 年广东乘用车需求展望

综合考虑 2017 年广东乘用车发展阶段、宏观经济以及 1.6L 及以下排量购置税刺激政策，预计 2017 年广东乘用车需求规模有望达到 250 万辆以上（见图 9），成为全国乘用车需求规模首个突破 250 万的大市场，同比增速为 8.6%，较 2016 年的超高速增长明显回落。

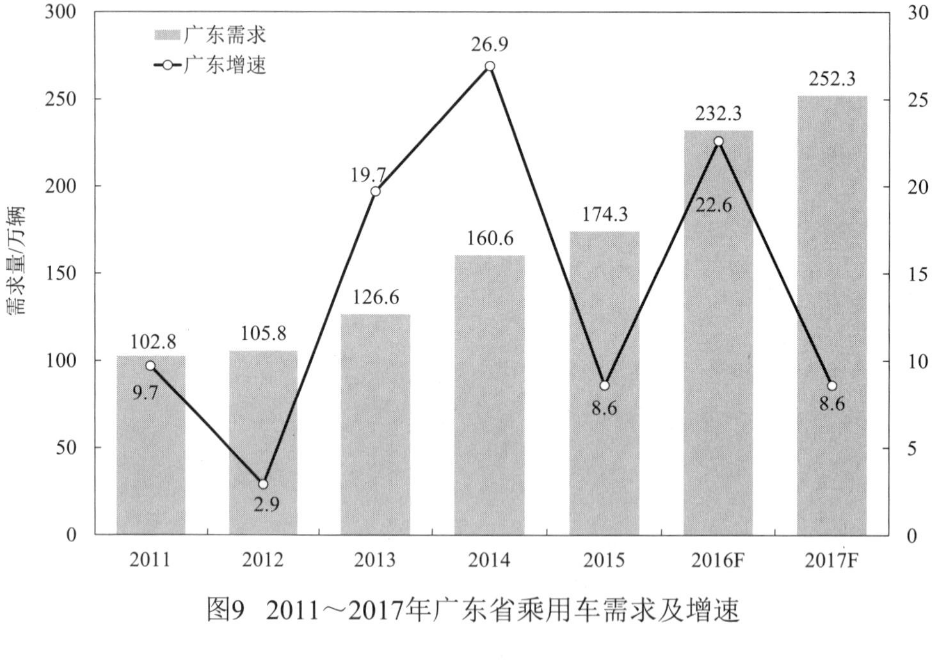

图9 2011～2017年广东省乘用车需求及增速

（作者：张飒）

2017年四川省乘用车市场展望

一、四川乘用车市场发展状况

四川位于我国西南，是西部综合交通枢纽、西部经济发展高地。2015年，四川的GDP总量为3万亿元，占全国的4.2%（见图1），经济总量连续多年位居西部第一。四川是我国人口大省，2015年常住人口为8204万人，位列全国第四位，占全国的6.0%。四川同时是人口输出大省，户籍人口为9133万人，有近1000万人的外出务工人口。四川地区经济发展极不平衡，省会成都经济发达，人均GDP达7.5万元，远远高于全省的3.7万元和全国的4.9万元。但四川除成都以外其他地区的经济发展水平则远远不及全国平均水平。四川的主要城市和人口地处四川盆地，其间的成都平原土质肥沃，河网纵横，物产丰富，有“天府之国”的美誉。总的来看，四川人口众多，经济发展具有坚实的自然和社会基础。

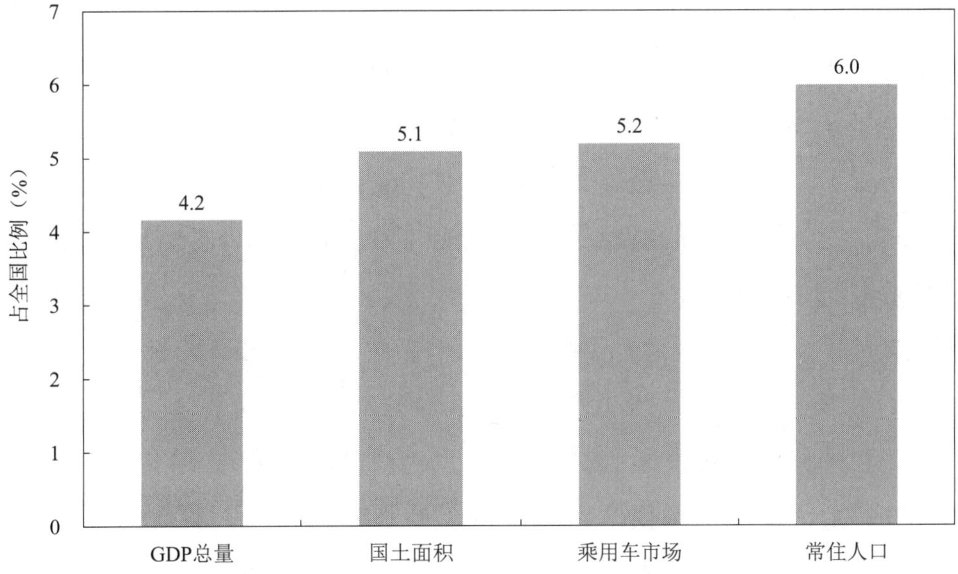

图1 2015年四川总体市场概况

1．乘用车总体市场概况

四川是我国的乘用车大市场。2016年1～11月，四川乘用车市场规模为101万辆，位列全国第7位，是西部第一大乘用车市场。四川乘用车市场占全国的5.2%，但低于常住人口6.0%的份额，四川的乘用车发展水平低于全国平均水平。当前四川的乘用车千人保有量（每1000人常住人口拥有的乘用车数量）为69辆，低于全国86辆的保有水平。四川的乘用车千人保有水平在全国31省市排名仅位列第20位，是乘用车市场发展较为靠后的地区。四川处于乘用车发展的初级阶段，未来乘用车市场具有巨大的发展潜力。此阶段的乘用车需求主要受消费能力影响、经济的持续增长和居民收入的稳定增长，具备乘用车消费能力的人群不断增加，才能带来乘用车的快速普及。

近五年来四川乘用车的需求增速总体高于全国平均增速，特别是2013年和2014年明显快于全国。2016年在购置税优惠政策刺激下，全国乘用车市场需求增速大幅提升，而四川市场增速不升反降，增速位列全国倒数。四川2016年1～11月需求增速仅为8.6%（见图2），远远低于全国的16.5%。主要原因在于四川的市场发展极不均衡。成都是四川最大乘用车市场，仅一个成都，乘用车需求就占了全省53.5%的份额（见图3），在2014年份额更是接近60%。除了成都的其他城市虽然人口众多，但经济发展与成都差距巨大，乘用车需求水平很低。因此四川市场的表现很大程度上是由成都市场决定的。2013年和2014年连续两年的成都限牌传闻导致恐慌性购买，成都市场增速高达30%左右，带动四川全省市场快速增长。由于恐慌性购买透支了大量需求，成都市场在2015年和2016年在汽车限牌让位于经济稳增长的背景下，限牌传闻大大减弱，市场增速大幅下滑，四川全省增速也随之下滑。

四川同时是豪华车大市场。2016年1～11月，四川的豪华车占全省乘用车需求的份额（豪华车渗透率）达10.2%（见图4），位列全国第8，仅排在浙江、江苏、北京、上海和广东等发达地区之后，远远超过四川人均GDP全国位列23的排名。四川的豪华车渗透率仅次于东部沿海经济发达市场，说明四川的豪华车发展水平领先于其自身的经济发展水平，体现了四川乐于超前消费的市场特征。豪华车市场经历了2012～2014年的快速增长后，2015年和2016年出现了明显回落

（见图 5）。这与这两年经济不景气、反腐力度大、居民收入特别是高收入人群收入下滑有关，同时与四川豪华车的超前消费有关。

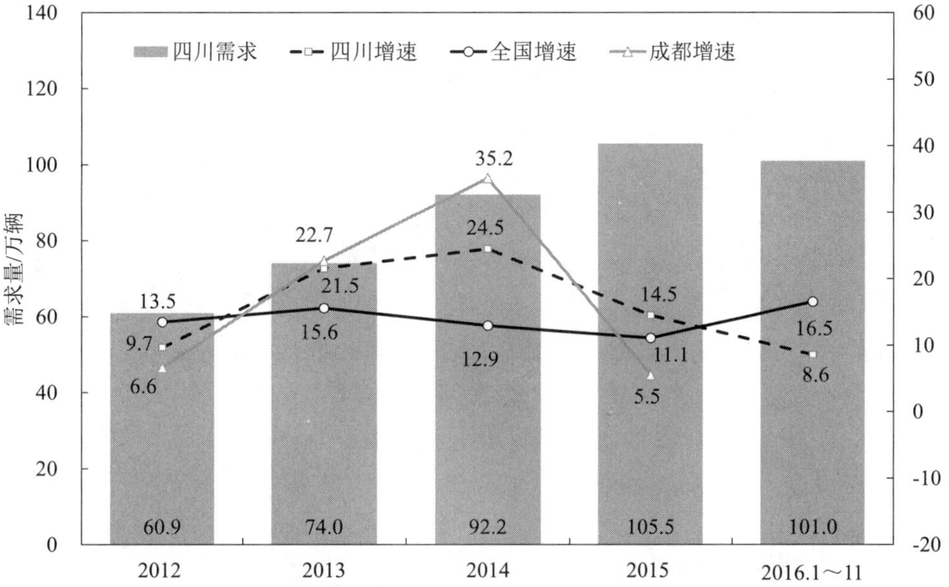

图2 2012～2016年四川的乘用车需求与增速

（注：以上需求数据均为含进口车的需求量，2016 年采用上险数口径，没有分城市的数据）

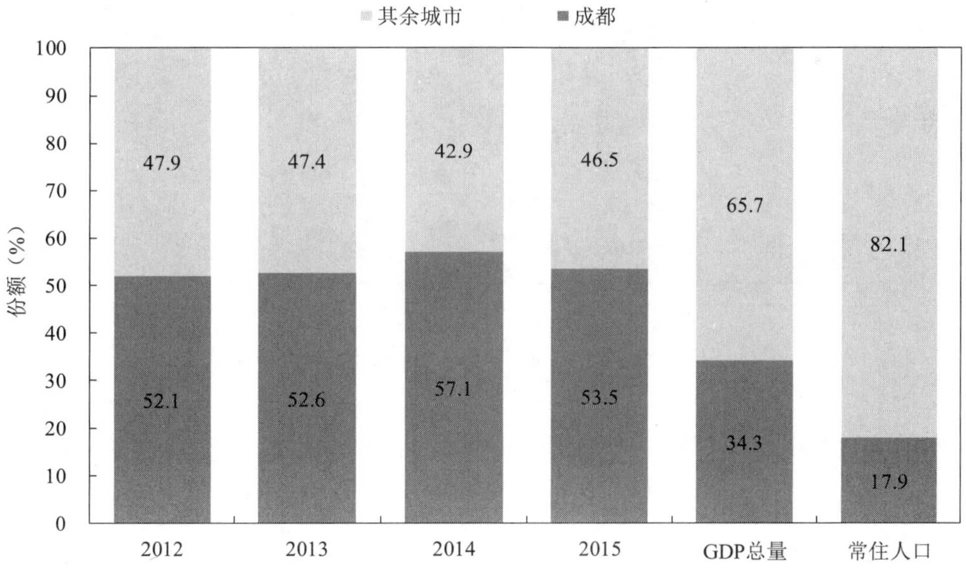

图3 2012～2015年四川分地区乘用车需求份额

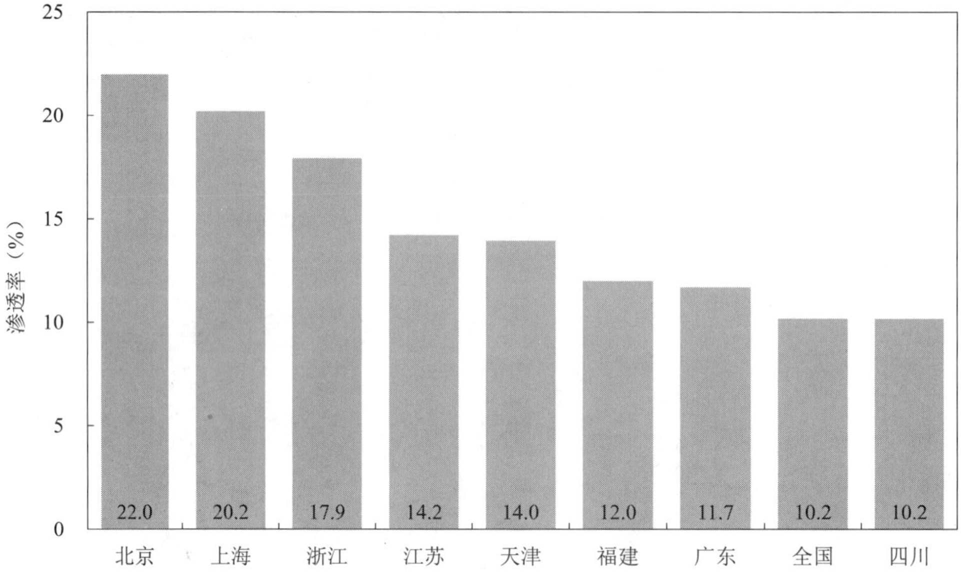

图4 2016年豪华车渗透率最高的省份

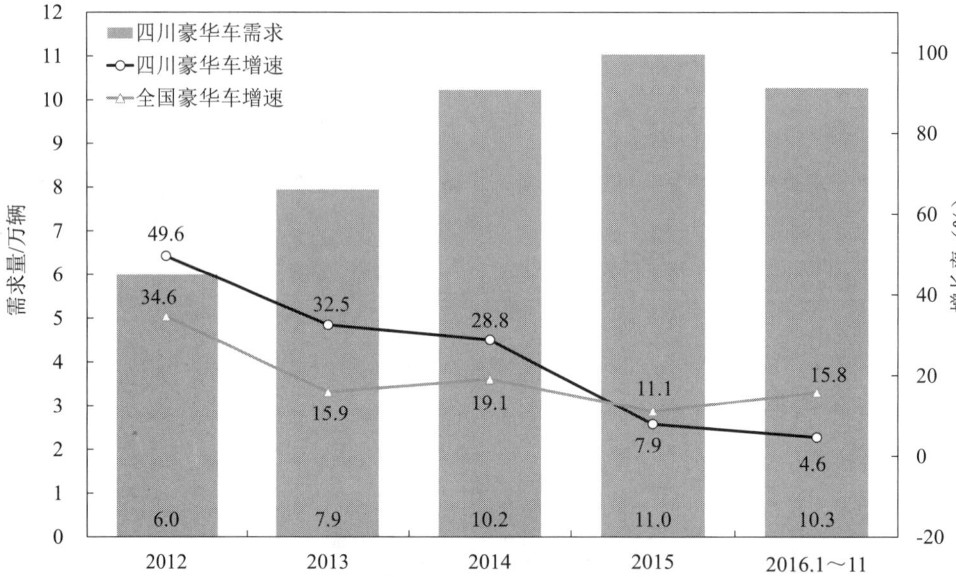

图5 2012～2016年四川与全国乘用车需求与增速

四川豪华车需求占比高是四川乘用车市场的主要特征之一。从省内城市来看，豪华车渗透率最高的市场是成都，远远高于其他城市。成都经济发展水平远远超过省内其他城市，拥有巨大的购买力，豪华车需求量大。而周围城市的经济发展水平普遍很低，不仅豪华车需求水平低，甚至乘用车需求水平也普遍偏低。豪华车渗透率高一定程度上反映了四川省内的区域收入差距和居民收入结构，呈现高收入和低收入人群的比例大，而中等收入人群比例过少的特征。刚进入购车门槛的中等收入人群比例少，会导致对乘用车的消费能力不足，继而造成近两年年来在成都受到限牌传闻透支影响增速下滑后，四川乘用车增速低于全国。

2. 乘用车细分市场分析

四川乘用车市场的车型级别大型化、高级化的趋势明显。近年来四川 A00/A0 车的比例呈逐年下降趋势，与之相对的 A 级车比例则大幅上升（见图 6）。2011 年小微型车比例有较大幅度的下降，主要原因是 2009/2010 年汽车购置税优惠政策的退出使小微型车的竞争优势变弱。同时，随着千人保有水平的不断提高，乘用车大规模进入家庭后，实现了从无车到有车之后，车型级别结构呈现不断大型化趋势。因此即使在 2015 年 4 季度汽车购置税优惠政策重新出台，也难以改变小微型车比例逐年下降的趋势。B 级以上的高级车型在 2013 年后则呈现逐年下降的趋势。主要原因是 SUV 的异军突起。SUV 中，A 级 SUV 的份额增长最为迅猛，并且仍然没有明显放缓的迹象。B 级轿车与 A 级 SUV 基本处于同价位段，在受到火爆的 A 级 SUV 的挤压后，份额逐年下降。与全国相比，四川 A 级或以上车型比例高于全国，B 级及以上车型的比例则低于全国。2016 年四川乘用车千人保有量将超过 70 辆，根据国际经验，当处于该千人保有量阶段时车辆需求有大型化趋势。乘用车高级化是四川现阶段乘用车市场的重要特征之一。

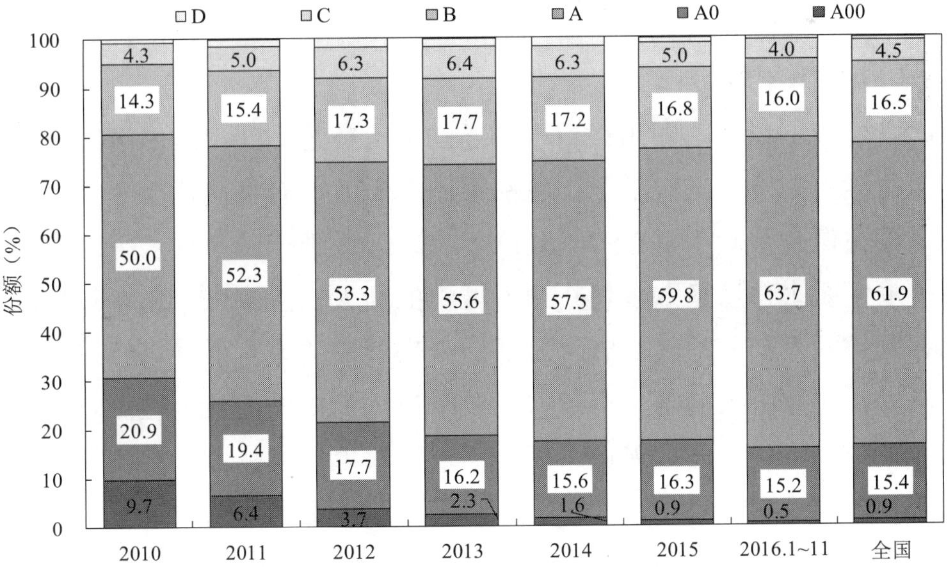

图6 2010～2016年四川乘用车分级别细分市场份额（乘用车市场）

四川乘用车市场大型化、高级化的趋势不仅体现在车型级别上，还体现在车身形式上。与其他西部省份一样，四川对 SUV 偏好度高，SUV 占乘用车市场的份额高于全国平均水平。并且四川 SUV 的份额仍在大幅提升，由 2010 年的 13.4% 上升到目前的 41%（见图 7）。SUV 的火爆是全国性甚至是全球性的现象，未来仍将进一步挤占轿车的空间。因此能否抓住未来四川乘用车市场增长机会，主要取决于能否抢占 SUV 市场。

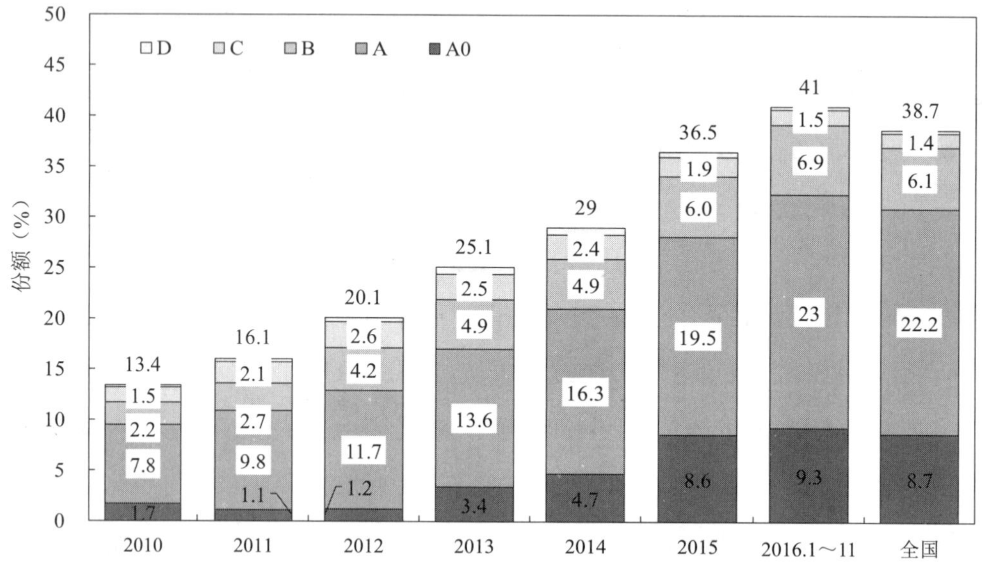

图7　2010～2016年四川SUV分级别细分市场份额（乘用车市场=100）

3．乘用车格局分析

地区发展极不均衡是四川乘用车市场的最大特征，四川的地区发展极不均衡首先体现在乘用车千人保有量上。成都乘用车千人保有量高达 175 辆，其余城市的乘用车千人保有量几乎都在 70 辆以下，远远低于全国平均水平。成都发展阶段高，需求主要来自增换购以及新迁入城市的新人口，未来市场增长空间较小。而除成都以外的大部分地区发展阶段低，未来潜在的首购群体仍然很大，市场增长空间巨大。四川未来的增长贡献将主要来自成都以外的其他城市。

地区发展极不均衡还体现在乘用车需求规模上。成都市场规模一城独大，年均需求达到 50 万辆以上的超大规模（见图 8），几乎是全国乘用车需求规模第一城（由于北上广深已经限牌）。与此同时，除了成都以外，其他城市的市场规模都很小。排名第二的绵阳也仅有 5.3 万辆的需求规模，不及成都的十分之一。市场发展不平衡导致成都占全四川乘用车市场的份额长期高达 50%以上。成都的一城独大，导致四川市场表现严重依赖成都，这也是四川 2015 年、2016 年表现不佳的主要原因之一，同时也限制了四川市场未来的增长空间。

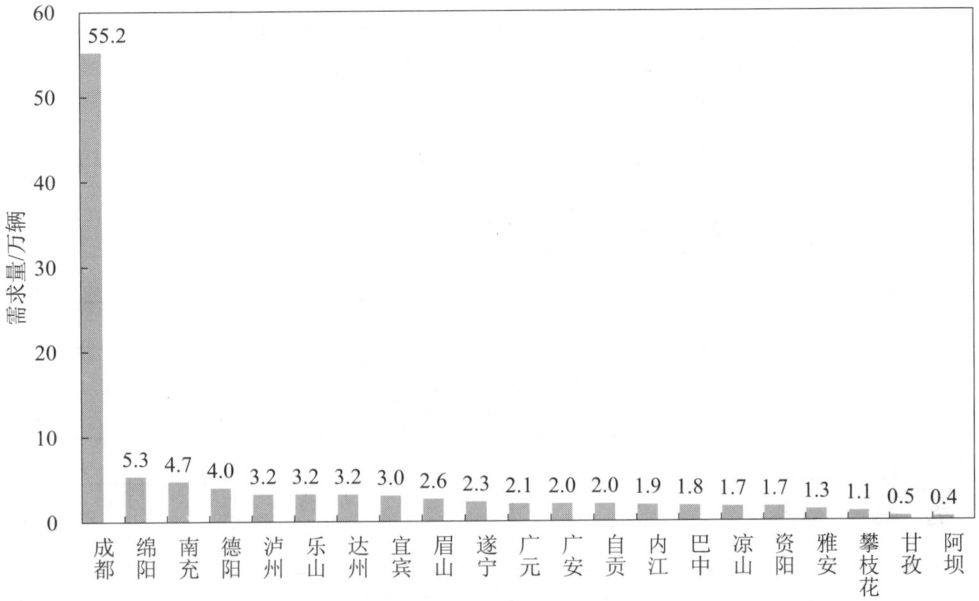

图8 2015年四川各城市乘用车需求

虽然四川地区的发展极不均衡，但四川市场未来仍具有巨大发展潜力。主要在于四川城市数量多、城市人口规模大、城镇化水平低。四川共辖 1 个副省级市、17 个地级市、3 个自治州。2015 年省会成都的经济总量遥远领先，占全省 GDP 的 34.6%。省会成都人口为 1466 万人（见表 1），亦遥遥领先，其常住人口也占到了全省的 17.9%。南充以 636 万人位居第二，达州以 557 万人位居第三。除了阿坝，其余 17 个城市的人口均在 100～500 万人之间。四川的各个地级市人口众多，但城镇化水平普遍偏低。除了省会成都和矿业城市攀枝花的城镇化率超过 50%，其他所有地级市的城镇化率水平都低于 50%，也远远低于全国平均水平。城镇化率水平低，说明大量人口仍然生活在农村地区，劳动生产率比较低，大部分仍然达不到购车门槛。同时，城镇化率水平低，说明未来的城镇化发展空间大。随着城镇化率水平的不断提升，将有大量的农村人口转移到城市，收入水平也将随之提升，从而具备足够的购车能力。

表 1　四川 2015 年经济与乘用车市场情况

城市	常住人口/万人	2014 年城镇化水平（%）	人均 GDP/万元	乘用车千人保有量/辆	乘用车需求量/万辆
成都	1466	70	7.4	175	55.2
绵阳	477	47	3.6	65	5.3
南充	636	42	2.4	38	4.7
德阳	351	47	4.6	71	4.0
泸州	429	45	3.2	39	3.2
乐山	326	46	4.0	53	3.2
达州	557	39	2.4	35	3.2
宜宾	449	44	3.4	29	3.0
眉山	300	40	3.4	48	2.6
遂宁	329	45	2.8	36	2.3
广元	263	39	2.3	45	2.1
广安	325	36	3.1	32	2.0
自贡	277	47	4.1	43	2.0
内江	374	44	3.2	31	1.9
巴中	333	36	1.5	28	1.8
凉山	468	31	3.1	33	1.7
资阳	357	38	3.6	28	1.7
雅安	155	41	3.3	59	1.3
攀枝花	123	64	7.5	69	1.1
甘孜	116	27	2.2	39	0.5
阿坝	93	36	1.7	53	0.4

二、2017 年四川乘用车市场预测

在全国经济处于新常态的大环境下，预计 2017 年四川经济运行总体平稳，投资、消费将保持较快增长，GDP 增速为 7.4%。同 2013 年之前的两位数高增长相比，四川经济下行幅度大，未来依然面临较大的经济下行压力。同时四川经济发展的有利条件也很多，面临融入“一带一路”、长江经济带建设、西部大开发等国家战略、国家实施成渝经济区区域规划、系统推进全面创新改革试验、获批设立自由贸易试验区、天府新区获批成为国家级新区、国家加大脱贫攻坚支持力度等一系列难得的历史机遇。四川当前阶段仍属于西部不发达省份，未来的经济

发展仍有很大的发展潜力。

根据对四川乘用车市场和经济的分析，笔者预测四川 2017 年乘用车市场需求量为 120 万辆左右，仍然保持全国第 7 大乘用车市场的地位。在购置税优惠政策的持续带动下，四川乘用车市场增长 8%左右，与 2016 年基本持平。成都的高千人保有量和超大市场规模，决定四川未来的增长仍将主要来自成都以外的城市。

（作者：温志群）

2016年中国进口车市场分析及2017年展望

2016年，汽车市场在购置税优惠政策的推动下，总体保持较快增长，产销增幅同比明显提高。据中国汽车工业协会数据显示，2016年1～10月份汽车产销分别完成2201.6万辆和2201.7万辆，比2015年同期均增长13.8%。其中，乘用车产销1910.5万辆和1909.6万辆，同比增长15.3%和15.4%；商用车产销291.1万辆和292.1万辆，同比增长4.9%和4.6%。

进口车市场在去库存和国产化持续推进的大背景下，主要呈现供需双降、库存压力犹存、价格优惠幅度大等特征。同时，进口新能源汽车、平行进口成为新亮点。据国机汽车中国进口汽车数据库数据显示，2016年1～10月份汽车进口83.1万辆，同比下滑6.5%。经销商交付客户进口车（即AAK，数据来源于中国进口汽车信息联席会，占进口汽车品牌经销商正常进口市场份额的95%左右）销量为72.7万辆，同比下滑3.9%。较2015年全年分别下滑24.2%和20.6%，降幅减小17.7个百分点和16.7个百分点。预计2016年全年市场销售110万辆，同比下滑3%。

一、2016年中国进口汽车市场特点

通过对2016年1～10月份相关数据的分析，我国进口汽车市场主要呈现出以下十个方面的特征：

1. 进口量持续调整，主力品牌进口恢复

自2016年一季度以来，高库存压力迫使供给面持续调整。数据显示，截至2016年三季度，进口量已经连续七个季度下滑与调整。依据2012年至2013年间的历史情况，去库存持续了三个季度。本轮库存深度创下历史峰值，去库存周期比上一轮增加了一倍以上。2016年1～10月份中国累计进口汽车83.1万辆，同

比下滑 6.5%（见图 1），但相比 2015 年全年 24.2%的下滑，降幅收窄了 17.7 个百分点；其中，进口量排名前十的品牌，进口量累计同比增长 5.0%。

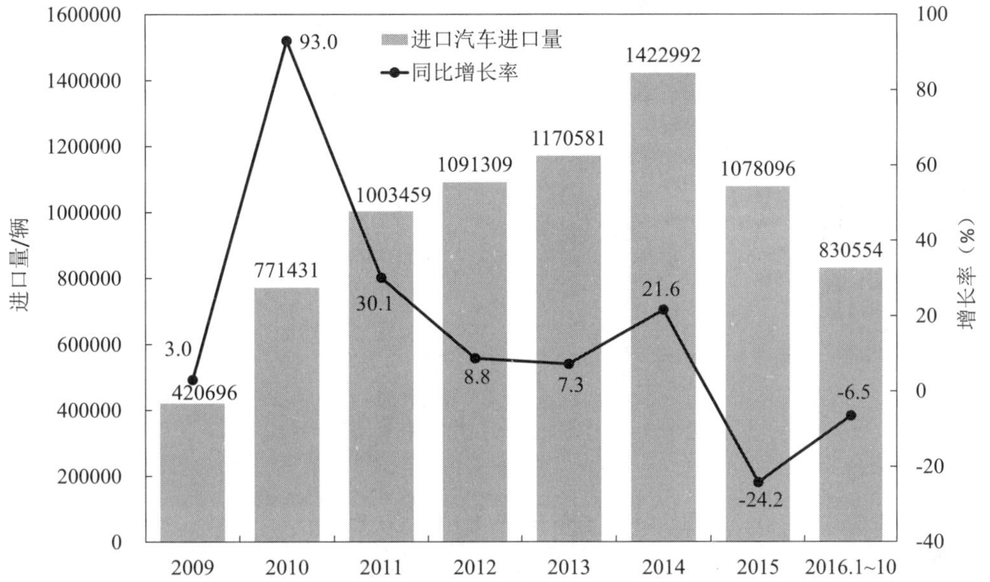

图1　2009～2016年10月海关进口量

（注：数据来源于中国进口汽车市场数据库，以下不再赘述）

2．终端销量降幅收窄，呈现止跌回升趋势

2016 年 1～10 月份，主要在购置税优惠政策的推动下，以及受进口车型国产化、经济下行压力等不利因素影响，进口汽车市场需求继续下滑，但降幅有所收窄（见图 2）。数据显示，2016 年 1～10 月经销商交付客户进口车 72.7 万辆，同比下滑 3.9%，相比 2015 年全年下滑 20.6%，降幅收窄 16.7 个百分点。

受 2015 年同期低基数的影响，经销商交付客户进口车数量呈现止跌回升趋势。从 2016 年 7 月开始，除了 10 月经销商交付客户进口车数量小幅回落以外，经销商交付客户进口车数量 7～9 月连续三个月出现同比增长，2016 年三季度累计增长 8.1%。

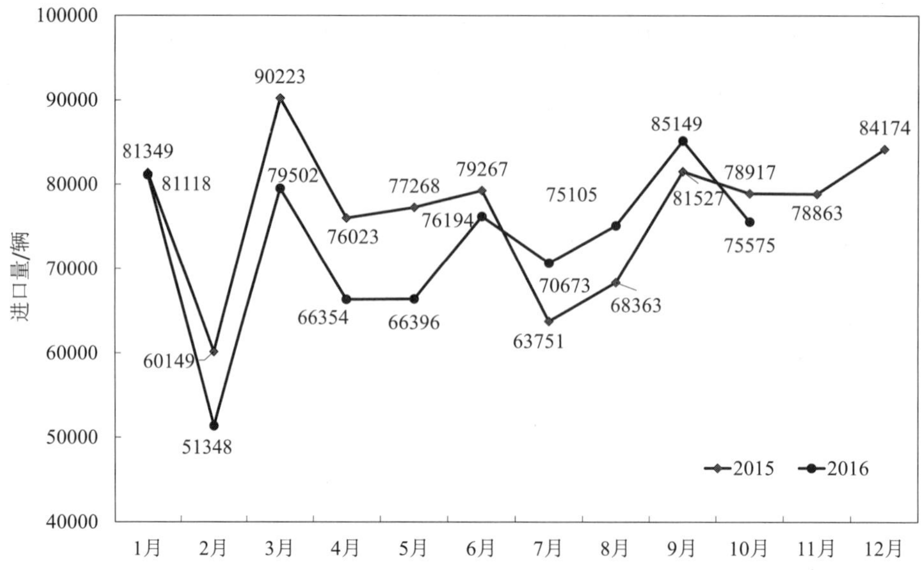

图2 2015～2016年10月进口汽车销量月度走势

3．行业库存压力犹存，经销商库存相对减小

基于持续七个季度供给面调整，2016 年 10 月份行业库存【厂商（含平行进口商）库存+经销商库存】深度仍达 3.6 个月（见图 3），回归到 2012～2013 年水平。虽然行业库存深度持续处于高位，但相比 2015 年同期有较大幅度的下降；进口经销商库存压力相对较小，厂商（含平行进口商）库存压力依然很大。

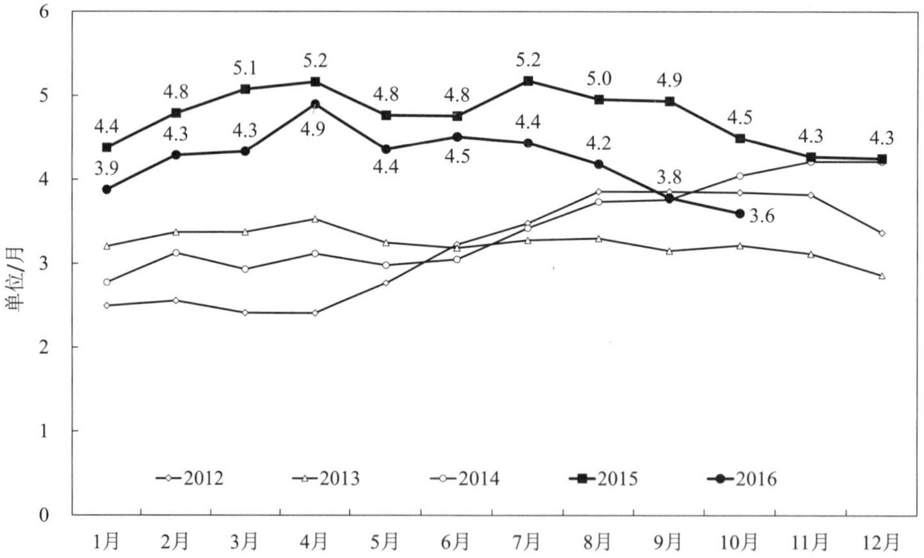

图3 2012～2016年10月进口乘用车市场累计库存深度走势

（注：行业库存包含总经销商和经销商两部分库存）

4．成交价格优惠幅度加大，新产品溢价情况鲜有

虽然进口量及终端销量降幅收窄，但进口汽车行业库存仍处高位，进口车市场终端成交价格优惠幅度依然逐渐加大，2016 年 10 月市场整体优惠幅度达 13.3%（见图 4），环比基本持平，但和一季度整体 11.6%的优惠幅度相比加大 1.7 个百分点。

值得注意的是，目前进口汽车市场因为新产品效应带来的加价或原价销售的周期越来越短，新产品溢价情况鲜有。进口车经销商销售压力依然较大，尤其以 C 级 SUV 最为明显。主要原因是厂家新老产品交替期间，终端价格差距过大，导致消费者在新产品上市初期持币待购。

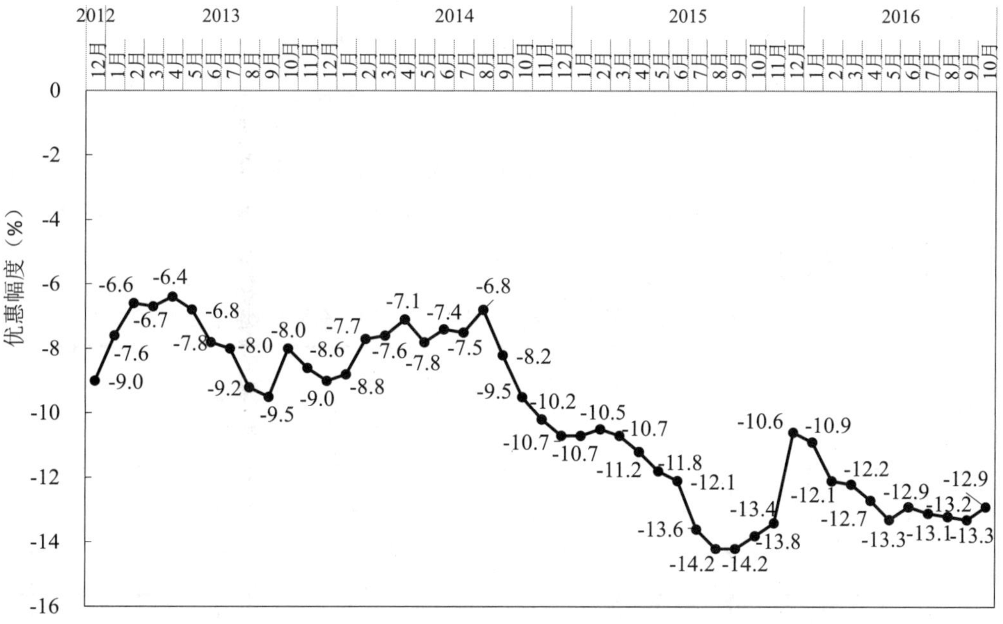

图4　2013～2016年10月份进口车市场终端优惠幅度

5．第一阵营格局相对稳定，第二集团竞争激烈

2016 年 1～10 月份，在进口量排名前十的品牌中，奔驰、保时捷、林肯品牌实现增长（见图 5），其中林肯品牌增速 137.8%，主要原因在于 2015 年基数较低；其他品牌均出现不同程度的下滑，其中奥迪、斯巴鲁、JEEP 品牌下滑幅度均超过 20%。

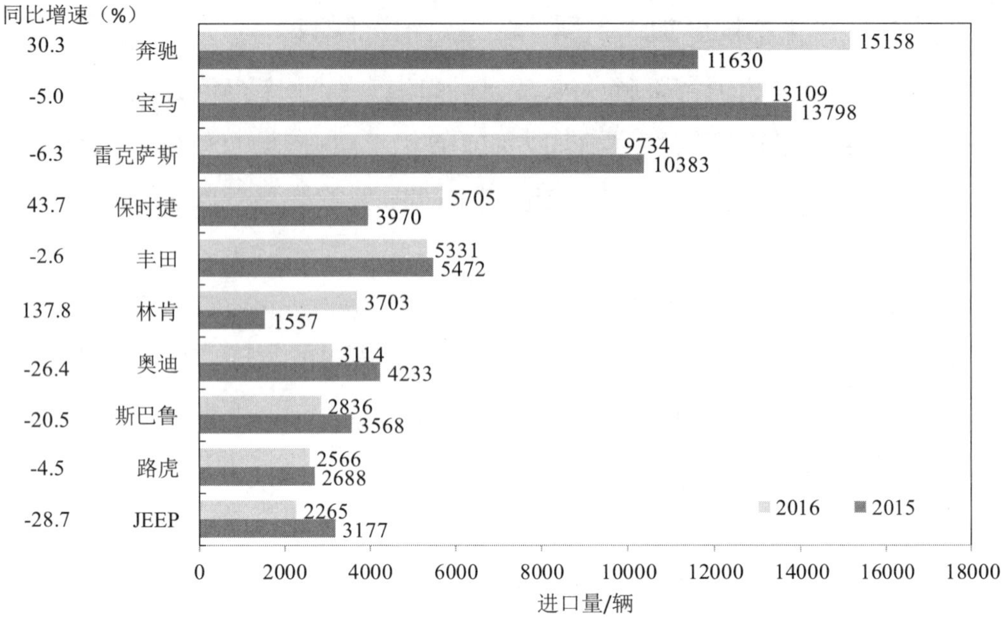

图5 2016年1～10月份乘用车分品牌进口量与同比增速

终端销售层面，分析各品牌销量排名情况，从 2015 年起，宝马、奔驰、雷克萨斯在排名上稳居前三（见表 1），第一阵营格局相对稳定；第二集团竞争激烈，大众、斯巴鲁、保时捷等品牌的排名有所提升。

表 1 2012 年～2016 年 10 月份进口汽车市场各品牌销量排名

年份 名次	2012	2013	2014	2015	2016.1~10
1	BMW	BMW	BMW	BMW	BMW
2	MB	MB	MB	MB	MB
3	VW	VW	Land Rover	Lexus	Lexus
4	Audi	Audi	Jeep	Jeep	Porsche
5	Lexus	Land Rover	VW	Porsche	VW
6	Land Rover	Lexus	Audi	Land Rover	Audi
7	Jeep	Jeep	Lexus	Audi	Subaru
8	Subaru	Volvo	Subaru	VW	Land Rover
9	Volvo	Subaru	Volvo	Subaru	MINI
10	Kia	Porsche	Porsche	MINI	Jeep
11	Porsche	Kia	Ford	Cadillac	Smart
12	Renault	MINI	Cadillac	Renault	Jaguar
13	Hyundai	Cadillac	Renault	Ford	Volvo
14	MINI	Renault	Kia	Dodge	Cadillac
15	Cadillac	Ford	MINI	Kia	Infiniti

6. SUV 份额出现下降，车型分级情况略有变化

从车型结构看，2016 年 1～10 月份，乘用车累计进口 83.1 万辆，同比下降 6.8%。轿车增幅 6.8%，是三大车型中唯一增长车型，主要由于雷克萨斯 ES200 等车型进口量增长及宝马全新 7 系等新车型上市；受到国产化的影响，SUV 进口 48.3 万辆（见图 6），总量降幅 13.1%，在三大车型结构中的占比继续下降。从车型分级看，随着乘用车企业平均油耗标准日趋严格，在小排量新产品的推动下，B 级、C 级份额均超过 A 级，分别达 27.6%和 32.9%。

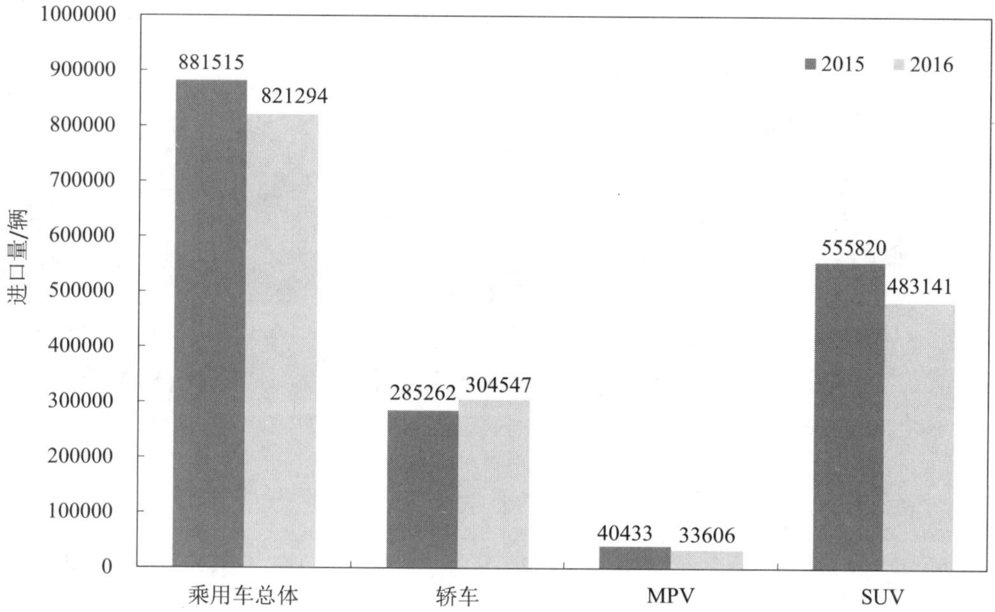

图6 2016年1～10月份乘用车分车型进口量

7. 3.0L 以下排量占比下降，其中 1.5～2.0L 份额增长

2016 年 1～10 月份，3.0L 以下排量份额相较 2015 年全年的 93.1%下降了 1.8 个百分点，至 91.3%，其中 1.5～2.0L 排量区间以 42%的份额保持第一大排量区间（见图 7），在 2015 年全年 37.5%的基础上继续提升。1.5～2.0L 排量区间份额的稳定增长主要是由于紧凑型 SUV 车型的拉动及更多 C 级 SUV 车型推出小排量产品所致；1.0L 以下区间份额的提升则是主要因为 MINI、SMART 等小排量车型进口量的显著上涨。

因大排量汽车平行进口量加大，3.0～4.0L 排量区间比 2015 年全年份额上升了 0.8 个百分点。

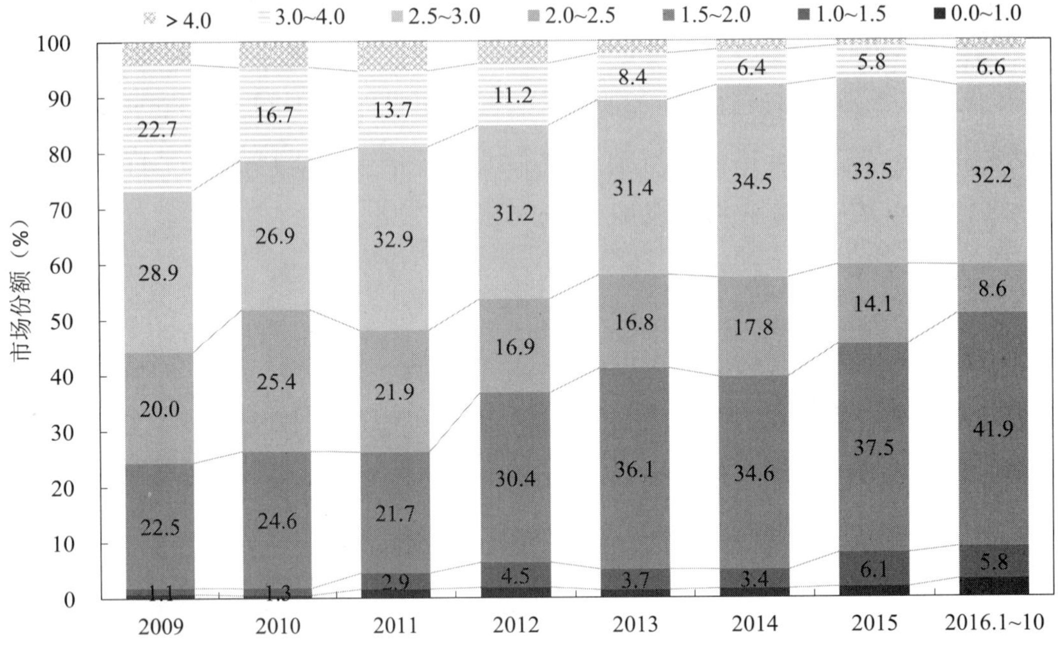

图7 2009～2016年1～10月份进口汽车市场排量结构变化

8．传统三大港份额超九成，其余十六个口岸角逐一成市场

2016 年 1～10 月份，天津港、上海港及黄埔港三港占据 93.3%的市场份额，“三足鼎立”态势延续。在“8・12 事件”之后，上海港以 35.4%的份额保持第一大港地位（见图 8），但相比 2015 年全年 38.3%的份额有所回落。天津港份额回升至 31.4%，但较 2015 全年份额仍有下滑。宝马、奔驰、奥迪和路虎等多个转港进口的品牌虽已陆续恢复至天津口岸进口，但各跨国厂商的进口量普遍未恢复到“8・12”前的水平。黄埔港主要受市场因素拉动，因华南沿海地区需求日趋稳定，2016 年 1～10 月份，黄埔港份额达 26.5%，较 2015 年增长了 2.1 个百分点。自 2015 年起，青岛港份额逐渐提升，其增长主要来源于平行进口业务；2016 年 1～10 月份，青岛港进口汽车 1.5 万辆，目前其平行进口汽车已达其总进口量的 90%以上。

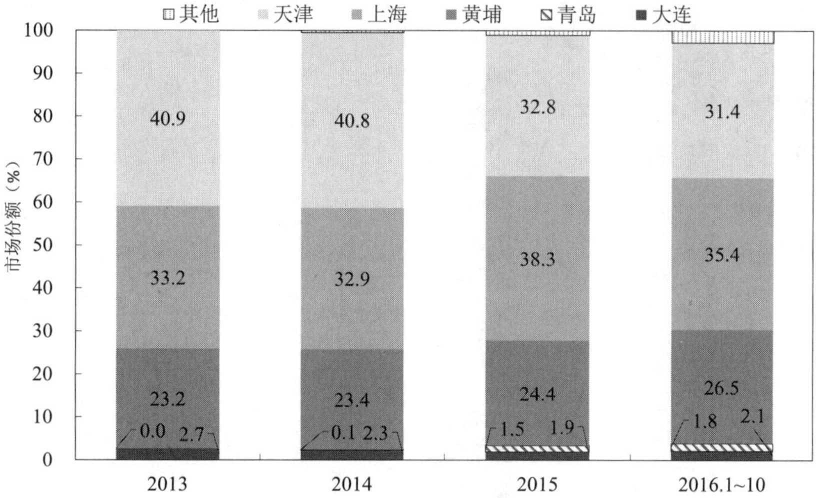

图8 2013～2016年1～10月份各港口进口量市场份额

9. 平行进口持续增长，份额超一成

在“打破汽车销售品牌授权单一模式，扩大汽车平行进口试点省市范围”等一系列政策推动下，平行进口持续增长。2016 年 1～10 月份，平行进口汽车 95397 辆（见图 9），同比增长 4.8%，占进口汽车市场份额的 11.5%，好于进口车市场整体情况，较 2015 年的 10.5%市场份额继续增长 1 个百分点。截至 2016 年 10 月份，平行进口车型达到 135 个，其中，2016 年新增车型 18 个，新车型的进口速度和频率均快于 2015 年。也正是因为平行进口车型的多样化，2016 年 1～10 月份，SUV 占比相较 2015 年同期小幅下降，占比达 83%（见图 10），其中 2016 年 7 月份和 9 月份占比低于 80%。预计 2016 年全年平行进口规模将在 13 万辆左右。

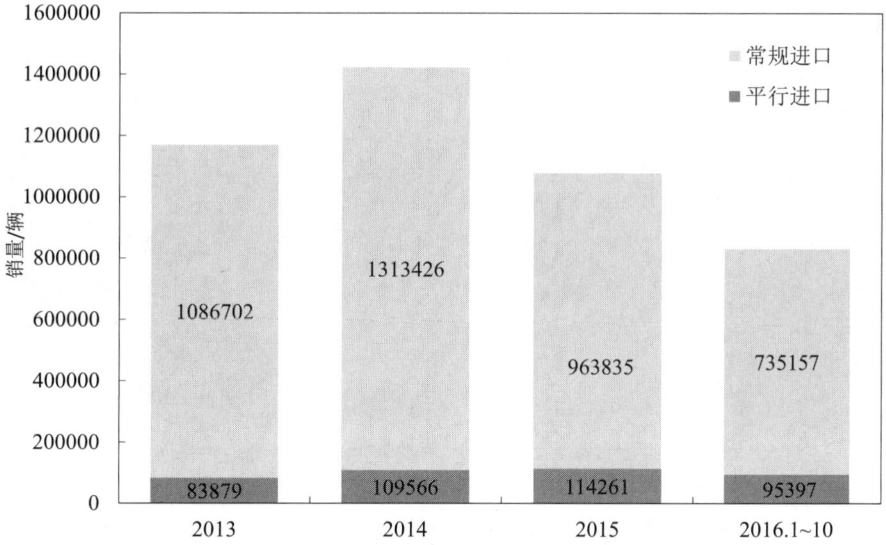

图9 2013～2016年1～10月份中国平行进口车销量

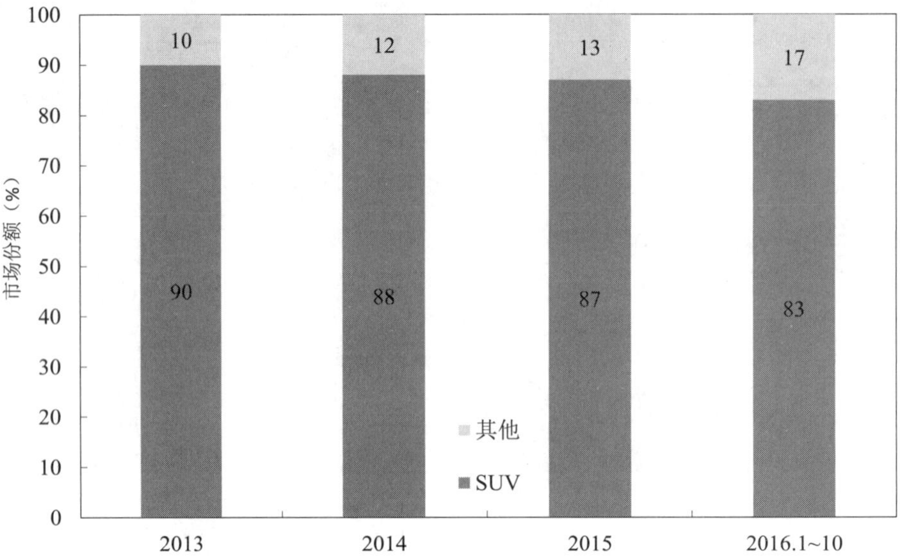

图10 2013～2016年1～10月份平行进口汽车市场SUV市场份额

10．进口新能源车积极引进，PHEV 车型初探市场

2016 年 1～10 月份新能源汽车进口 1.04 万辆（见图 11），同比增长超过 2.5 倍。预计 2016 年全年进口新能源车市场规模将在 1.4 万辆左右，规模占进口汽车总量的 1.3%。在新能源汽车市场开拓初期，虽受进口新能源汽车政策受惠有限、产品品种少等因素影响，但进口产品引入积极，相较补贴政策利好的国产新能源汽车市场占比 1.9%的数字，表现不俗。其中，PHEV 汽车进口力度大幅增加，占进口新能源汽车总量的 40%。

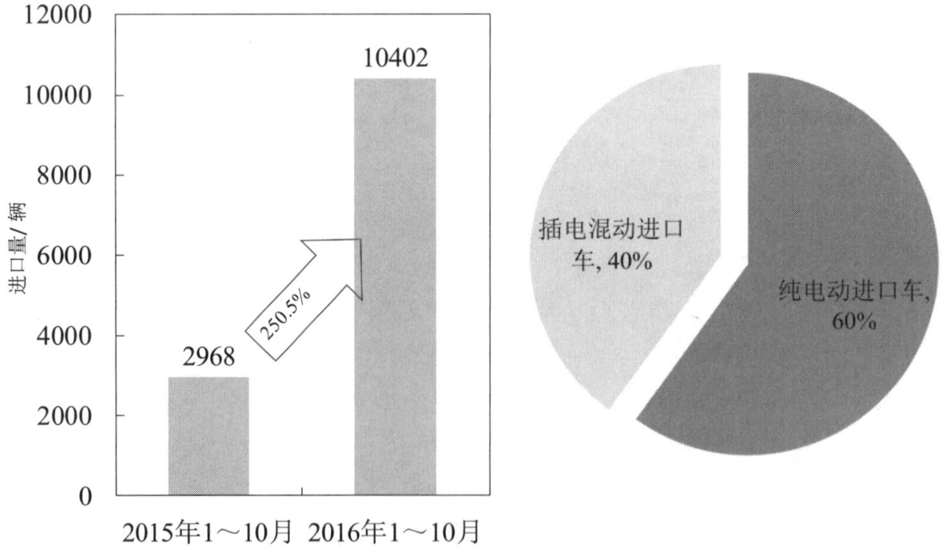

图11 2016年1～10月份进口新能源汽车进口量情况

二、2017 年中国进口汽车市场展望

通过充分对主要发展环境的分析，展望 2017 年，预计全年销售 109 万辆左右，与 2016 年基本持平。

1. 2017 年市场环境展望

展望 2017 年，我国经济仍面临较大下行压力，增长态势主要取决于宏观政策走向，预计 GDP 增长 6.5% ；行业政策“汽车销售管理办法”“关于汽车业的反垄断指南”等政策将对汽车市场现有格局产生影响；第四阶段燃料消耗量标准的实施，将进一步加大企业油耗达标压力；国产汽车狭义乘用车市场增速将大幅放缓，预计 2017 年我国汽车市场仍将恢复到个位数增长；新产品供给 2017 年全年将有超过 40 款进口新车投放我国市场，其中“量销”新车型有限，新产品主要以市场补充为主；平行进口汽车市场规模将进一步扩大，占比将继续提升，控制试点企业数量，提高试点企业经营水平，建立及完善试点企业的退出机制将成为下一阶段的工作重点。

（1）宏观经济面　全球经济方面，在发达经济体中，美国经济受到美元升值、投资不振、美国大选结果等因素影响，增长低于预期；欧洲经济在宽松政策的支持下，内需保持稳健，复苏有所扩展，但英国经济陷入停滞；日本经济尚未摆脱日元升值、通缩压力等因素。在新兴经济体中，随着一些国家刺激经济的力度加大、大宗商品价格触底回稳和地缘及国内政局动荡局面得到控制，经济复苏力度趋于回升，总体仍处于疲弱区间，需要进一步巩固政策成果。

国内经济方面，2016 年国内出口继续回暖，财政政策持续发力，基建投资、新兴产业等领域得到支持，消费、服务业平稳增长，经济短期趋于稳定。但展望 2017 年，经济企稳态势能否延续存在三个不确定性：一是工业回升能否持续。二是在去库存和加杠杆之间如何取舍。三是企业存款活期化和居民财富地产化使得 M1 和 M2 增速“剪刀差”持续扩大。

结合各方面因素，我们预计 2017 年我国经济仍面临较大下行压力，增长态势主要取决于宏观政策走向，GDP 增长将在 6.5%水平。

（2）市场政策面　国务院召开常务会议要求打破汽车销售品牌授权单一模式，扩大汽车平行进口试点省市范围。商务部组织起草的《汽车销售管理办法》（以下简称《办法》）和国家发展和改革委员会组织编制的《关于汽车业的反垄

断指南》（以下简称《指南》）已于 2016 年公开征求意见，将对汽车市场现有格局产生影响。国务院常务会议的要求再次表明了政府对于打破汽车销售领域的垄断行为的决心。同时也将《办法》拟放开汽车销售的非授权经营方式，并提出鼓励发展共享型、节约型汽车销售，推动汽车流通模式创新，积极发展电子商务等规定。《办法》一旦实施，将有利于破除不平等的厂商关系；发挥市场配置资源的决定作用，减少政府对市场行为的行政性干预。《指南》的出台可以更好地降低行政执法成本，降低经营者合规成本，推进科学有效的反垄断监管。将有利于预防汽车业垄断行为，保护公平竞争，维护消费者利益和社会公共利益，促进汽车业健康发展，促进我国汽车市场的有效竞争。2016 年 10 月 14 日，国务院常务会议的要求再次表明了政府对于打破汽车销售领域的垄断行为的决心。同时也将促进《汽车销售管理办法》和《关于汽车业的反垄断指南》的尽快出台。

工业和信息化部发布《关于 2015 年度中国乘用车企业平均燃料消耗量核算情况的公告》，27 家进口乘用车企业中 1/3 未达标，随着 2016 年第四阶段燃料消耗量标准的实施，企业油耗达标压力将进一步加大。按照《乘用车燃料消耗量评价方法及指标》（GB 27999—2011）的要求，2015 年企业达标值为目标值的 100%（2014 年为 103%）；2016 年起，将实施第四阶段油耗标准，油耗管理进一步趋严，企业达标难度增加。从公布的数据看，共有 31 家企业 2015 年平均油耗未达标，其中进口乘用车企业 9 家。27 家进口乘用车经销商进口乘用车 95.38 万辆，平均整车整备质量为 1826kg，平均燃料消耗量实际值为 8.33L/100km，较 2014 年下降 5.9%；距离 2016 年 6.9L/100km 的目标还有很大差距。

（3）国产汽车市场　分析影响 2017 年国产汽车市场的主要因素。有利因素是：汽车产业政策性相对平稳、供给侧改革释放活力、房地产限购，从而使得小型 SUV 增长潜力放大，新能源汽车驶入快速成长期；以满足城市间物流为增长动力的商用车得以发展，货车企稳迹象明显。不利因素是：受世界经济增长疲软、美国加息预期、欧美等国家贸易保护措施、英国脱欧等因素影响，宏观经济继续存在下行压力及政策影响的不确定性，市场需求持续偏弱，实体经济发展动力仍显不足。

我国汽车市场已进入中低速增长、竞争不断加剧的新常态。预计 2017 年我国汽车市场仍将恢复到个位数增长。尽管购置税优惠政策延续，但预计狭义乘用车市场增速仍将放缓。

（4）新产品供给　据不完全统计，2016 年四季度至 2017 年全年预计将有 54 款进口新车投放我国市场，包括 24 款全新产品、24 款换代产品和 6 款增添版本产品。从车身形式看，有 29 款轿车、20 款 SUV、3 款旅行车和 2 款 MPV。其中轿车占比 55%，SUV 占比近 40%。

随着 SUV“量销”车型的国产，跨国汽车加大了对紧凑型和小型 SUV 产品的导入以适应消费者的不同需求，如奔驰的 GLC Coupe、GLACoupe，英菲尼迪 QX30、奥迪 Q2、新 MINI COUNTRYMAN 等。部分品牌将大型或旗舰版本导入我国市场，成为高端市场的补充，如林肯 Continental、现代 Genesis G90、雷诺塔利斯曼、阿尔法罗密欧 Giulia 等全新车型，以及奥迪新 R8，宝马 5 系 GT，保时捷新 Panamera、新卡宴等换代车型。

主要受进口车国产化因素的影响，2016 年四季度至 2017 年全年，引入的进口车产品真正上量的车型有限，其中“量销”新车型有限，新产品主要以市场补充为主。多是“个性化”“小众化”车型，新产品拉动市场的力度也将持续减弱，引入的车型主要起到市场补充的作用。

（5）平行进口　2016 年 1～10 月，平行进口已达进口汽车市场的 11.5%。随着《平行进口汽车认证管理要求（试行）》《关于开展汽车平行进口试点保税仓储业务的通知》等一系列政策的出台与实施，以及辽宁、浙江、河南、湖北、重庆、四川、陕西等 7 省市自贸试验区的设立，以及平行进口试点省市范围的进一步扩大，市场规模将进一步扩大，占比将继续提升，预计 2017 年在进口汽车市场中的份额有望达到 17%左右。

与此同时，控制汽车平行进口试点企业数量，提高试点企业经营水平，建立及完善试点企业的准入与退出机制，将成为部委及区域政府部门加强市场监管的工作重点。

2．2017 年总量预测

从供给层面看，一方面进口车行业去库存进程仍在继续，海关进口量虽然经过七个季度的下滑，但仍处于 2012 年以来的库存高点。考虑到 2016 年第二季度和第三季度进口量下滑幅度分别只有 2.3%和 3.3%，四季度有望终止下滑趋势。另一方面，Jeep 指南者、路虎发现神行、凯迪拉克 SRX 等车型的国产仍对市场整体产生着影响因素。由此预计，进口车市场难言企稳。

从需求层面看，在购置税优惠政策、国五排放标准实施等政策推动下，以及受进口车型国产化、经济下行压力等不利因素影响，进口车前三季度累计需求继续下滑，但降幅有所收窄。1.6L 以下车型购置税优惠政策对于进口车市场需求的刺激也有所体现，2016 年前三季度 1.6L 以下车型销量占比达到 15%，相比 2015 年 1.6L 以下车型销量占比 11.7%有 3.3 个百分点的提升。

进口车型的国产化进程仍在继续，如宝马 X3 或将在 2017 年国产。2016 年开始国产的 Jeep 指南者、自由客、凯迪拉克 SRX 对 2017 年的市场影响仍在延续。

基于以上分析，预计 2017 年进口汽车销售 109 万辆左右（见图 12），与 2016 年基本持平 。

图12 2009～2016年中国进口汽车销售上牌与2017年预测

（作者：国机汽车股份有限公司）

2016 年中国汽车出口分析及 2017 年展望

一、2016 年汽车出口概况

近年来，受主要目标市场国家需求下滑、汇率波动和贸易保护措施频发等负面因素影响，我国汽车产品出口陷入低迷。根据海关统计，2015 年，我国汽车出口持续下滑态势，全年整车出口 70.51 万辆（由于未列明载人机动车平均单价不足 1000 美元，不属于汽车，不包含在内，下同），同比下降 23.3%。2016 年 1～10 月，我国整车出口 55.23 万辆（见图 1），同比下降 8.7%，出口金额 89.94 亿美元，同比下降 13.4%。其中，乘用车出口 32.48 万辆，同比下降 0.7%，出口金额 33.58 亿美元，同比增长 9.3%；商用车出口 22.75 万辆，同比下降 18.0%，出口金额 56.99 亿美元，同比下降 23.0%；汽车零部件出口金额 532.39 亿美元，同比下降 3.9%。预计 2016 年全年整车出口量降幅将会收窄，同比下降 5%以内。

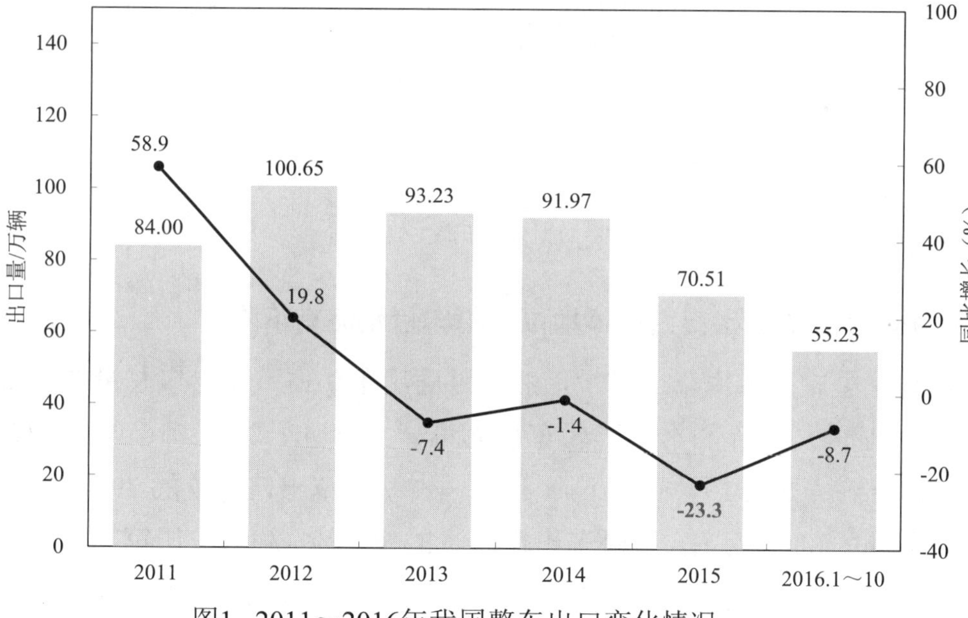

图1 2011～2016年我国整车出口变化情况

（注：数据来源于海关数据）

二、2016年汽车出口主要特点

1. 汽车出口触底反弹，月度出口逐步回升

2016年，随着相关部门支持“走出去”政策的逐步实施以及部分国家汽车市场需求的上升，我国汽车出口呈现回暖迹象。按月度出口来看，2016年前两个月整车出口量不足5万辆（见图2），跌至近五年最低水平。由于2015年同期基数较低，2016年下半年汽车出口开始反弹回升，尤其是2016年8～10月，整车出口量分别同比增长了26.6%、0.7%和43.8%。

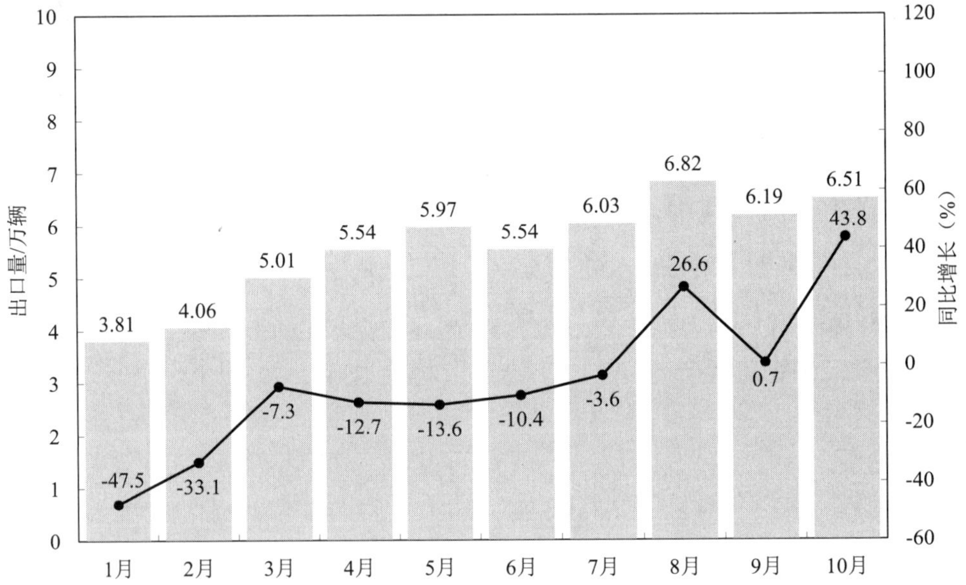

图2 2016年1～10月整车出口月度走势

（注：数据来源于海关数据）

2. 轿车和载货车出口占主体地位，单车价格略有下降

在出口车型中，乘用车出口量仍然超过商用车，占整车出口总量的58.8%，比2015年提高了1.7个百分点。轿车作为第一大出口车型，2016年1～10月共出口25.80万辆（见表1），同比下降4.4%，占乘用车出口总量的79.4%。其中以1.0～2.0L排量汽油车为主，占轿车出口总量的89.8%。载货车居第二位，共出口16.57万辆，同比下降21.3%，占商用车出口总量的72.8%，其中5t以下轻型载货车占载货车出口总量的50.8%。以上两者出口量占整车出口总量的76.7%，比2015年下降2.7个百分点。除四驱越野车和9座及以下小客车外，其他车型出口量和

金额均有不同程度的下滑。

2016 年 1～10 月，我国整车出口平均单价保持在 1.57 万美元，较 2015 年下降了 0.18 万美元，其中小轿车单价为 0.85 万美元，下降了 0.1 万美元，载货车单价为 1.69 万美元，下降了 0.21 万美元，而 9 座及以下小客车和四驱越野车单价则显著提升至 1.55 万美元和 3.90 万美元，较 2015 年分别增长了 109.5%和 38.8%。

表1 2016 年 1～10 月整车（分车型）出口情况

车型		出口数量/辆	同比增长（%）	出口金额/亿美元	同比增长（%）
乘用车	轿车	258017	-4.4	22.03	-12.1
	四驱越野车	2179	2.4	0.85	57.4
	9 座及以下小客车	62773	18.8	9.75	149.2
	其他载人机动车	1832	-24.7	0.32	-5.2
	合计	324801	-0.7	32.95	10.4
商用车	客车	47281	-4.3	17.59	-7.8
	载货车	165719	-21.3	28.06	-30.3
	特种车	12206	-14.3	10.78	-23.3
	汽车底盘	2278	-30.0	0.56	-11.6
	合计	227484	-18.0	56.99	-23.0
汽车总计		552285	-8.7	89.94	-13.4

注：资料来源于海关统计数据。

3．传统市场普遍下滑，“一带一路”沿线国家大幅增长

我国整车出口目的国家仍主要集中在中东、东南亚和南美等发展中地区。出口国家方面，2016 年 1～10 月，我国对伊朗出口 11.92 万辆（见表 2），同比增长 18.7%，仍为中国最大的汽车出口市场，但随着西方国家经济制裁的逐步解除，跨国汽车公司开始回归，市场竞争压力加大；越南仍居第二，但由于重型载货车进口税大幅上调，出口量同比下降 20.3%；随着昂科威等合资车型出口逐渐增多，美国升至第三位，猛增 853.1%。

由于政局不稳、经济低迷和当地货币贬值等负面因素造成传统出口市场需求下降，中国对传统出口国家汽车出口量均有不同程度的下滑，其中对阿尔及利亚、巴西和委内瑞拉分别同比下降 71.5%、74.4%和 90.4%；另一方面，“一带一路”战略为汽车企业出口带来新机遇，2016 年对东南亚和南亚等“一带一路”沿线国家汽车出口量大幅增长，其中对巴基斯坦和菲律宾分别同比增长 41.9%和 40.3%。

表2　2016年1～10月整车分国别（前20位）出口情况

序号	国家（地区）	出口数量/辆	同比增长（%）	出口金额/亿美元	同比增长（%）
1	伊朗	119233	18.7	10.60	-5.7
2	越南	46918	-20.3	8.34	-39.0
3	美国	37533	853.1	8.38	890.6
4	埃及	35812	15.5	2.28	22.8
5	智利	32344	-3.4	2.52	-9.3
6	哥伦比亚	23894	-13.1	1.36	-19.1
7	秘鲁	20672	-14.3	1.76	-16.8
8	俄罗斯联邦	19797	33.1	1.97	12.0
9	菲律宾	16029	40.3	4.21	22.9
10	沙特阿拉伯	15587	-30.2	3.64	-32.1
11	缅甸	12169	-29.7	2.05	-35.4
12	玻利维亚	10170	37.0	1.04	16.3
13	朝鲜	9458	35.2	1.42	12.0
14	阿尔及利亚	7932	-71.5	1.93	-30.6
15	巴基斯坦	6392	41.9	1.97	182.6
16	厄瓜多尔	6135	-42.3	0.46	-50.4
17	阿联酋	5750	-31.5	1.59	-16.5
18	古巴	5714	0.3	1.62	-6.6
19	老挝	5034	-13.7	0.87	16.0
20	英国	4549	31.1	0.65	38.9

注：资料来源于海关统计数据；对印度和孟加拉出口的绝大多数为未列名载人机动车，平均单价不到500美元，不属于汽车，因此未计入统计中。

4．整车出口以自主品牌企业为主，合资企业外资品牌出口比例进一步提高

我国整车出口仍以自主品牌企业为主，根据中国汽车工业协会统计的整车企业出口数据，2016年1～10月排名前五位的出口企业分别为上汽（8.87万辆）、奇瑞（6.85万辆）、北汽（6.00万辆）、华晨（5.79万辆）和江淮（4.80万辆），合计出口量占出口总量的58.2%（见表3）。其中，奇瑞、北汽、华晨、江淮等多数车企均呈下滑趋势，东风、力帆和长城降幅较大，分别为27.1%、39.1%和36.6%，而上汽和长安则逆势上涨44.7%和43.3%。

表 3 2016 年 1～10 月主要汽车企业出口情况

序号	企业名称	出口数量/辆	同比增长（%）
1	上海汽车集团股份有限公司	88679	44.65
2	奇瑞汽车股份有限公司	68513	-11.29
3	北京汽车集团有限公司	59969	-6.27
4	华晨汽车集团控股有限公司	57912	-8.05
5	安徽江淮汽车集团有限公司	48028	-13.56
6	东风汽车集团	31247	-27.14
7	重庆力帆乘用车有限公司	29533	-39.09
8	中国长安汽车集团股份有限公司	28680	43.30
9	中国重型汽车集团	20340	-9.10
10	浙江吉利控股集团有限公司	19782	-22.41
11	第一汽车集团	14303	-6.48
12	厦门金龙汽车集团股份有限公司	14223	-22.58
13	长城汽车股份有限公司	13460	-36.60
14	荣城华泰汽车有限公司	12994	27.77
15	广州汽车工业集团有限公司	9264	-41.44
16	比亚迪汽车有限公司	6990	-32.55
17	湖南江南汽车制造有限公司	6413	127.98
18	郑州宇通集团有限公司	6375	10.81
19	陕西汽车（集团）有限责任公司	4509	3.37
20	山东唐骏欧铃汽车制造有限公司	4200	-30.00

注：资料来源于中国汽车工业协会数据。

合资企业外资品牌乘用车出口所占比例进一步提高（见表 4)。2016 年，通用、本田、标致、宝马、日产等跨国公司进一步调整对合资企业的定位，日益重视国际市场。2016 年 1～10 月上汽通用、本田中国、长安标致雪铁龙、东风神龙、华晨宝马、郑州日产等合资企业乘用车出口比例已达到 18.9%。

表 4 2016 年 1～10 月乘用车合资企业出口情况

企业名称	出口数量/辆	同比增长（%）	所占比例（%）
上汽通用	60137	80.45	16.51
本田中国	8395	-21.63	2.30
长安标致雪铁龙	190	—	0.05
东风神龙	102	-81.85	0.03
郑州日产	60	-81.54	0.02

（续）

企业名称	出口数量/辆	同比增长（%）	所占比例（%）
华晨宝马	34	-47.69	0.01
合计	68918	—	18.92

注：资料来源于中国汽车工业协会数据。

5．汽车零部件出口小幅下滑，主要面向发达国家市场

2015年，我国汽车零部件出口开始出现负增长。2016年1～10月，汽车零部件出口金额532.38亿美元（见表5），同比下降3.9%。我国汽车零部件产品出口主要以劳动密集型和低附加值产品为主，出口金额排名前四位的是行驶系统、汽车电子电器、车身及其附件、零件和发动机零部件，2016年1～10月这四类产品合计出口额占全部零部件出口总额的比例超过70%。

表5 2016年1～10月汽车零部件（分类别）出口情况

零部件产品类别	出口金额/亿美元	同比增长（%）	所占比例（%）
行驶系统	157.91	-6.78	29.68
汽车电子电器	85.34	-6.19	16.03
车身及其附件、零件	76.11	5.81	14.30
发动机零部件	59.78	-1.00	11.23
制动系统	39.10	-1.94	7.34
汽车用其他零部件	29.73	-3.29	5.58
传动系统	27.97	-7.51	5.25
挂车、半挂车及零部件	26.55	-22.28	4.99
发动机整机	15.01	1.74	2.82
转向系统	14.88	5.21	2.78
合计	532.38	-3.93	100.00

注：资料来源于海关统计数据。

我国汽车零部件出口主要面向发达国家，对欧洲、北美、日本和韩国出口额占总出口额比例超过60%（见表6）。其中，美国仍是第一大出口市场（占比26.08%），主要出口轮胎、轮毂、汽车电子电器等低附加值配件产品，大部分供应售后市场，关键零部件产品很难进入跨国公司采购体系。

表 6　2016 年 1～10 月汽车零部件（分国别）出口情况

序号	国家（地区）	出口金额/亿美元	同比增长（%）	所占比例（%）
1	美国	138.83	-6.68	26.08
2	日本	56.40	0.61	10.59
3	韩国	27.83	1.72	5.23
4	德国	22.02	6.56	4.14
5	墨西哥	18.22	-4.03	3.42
6	英国	15.24	-3.01	2.86
7	俄罗斯	13.01	2.11	2.44
8	泰国	11.48	5.91	2.16
9	加拿大	11.36	-10.66	2.13
10	印度	10.56	2.02	1.98
11	澳大利亚	9.74	-5.88	1.83
12	巴西	7.84	-11.92	1.47
13	西班牙	7.50	9.49	1.41
14	意大利	7.48	0.81	1.41
15	伊朗	7.47	-4.74	1.40
16	荷兰	7.22	-2.55	1.36
17	阿联酋	7.21	-21.46	1.35
18	马来西亚	6.85	-27.51	1.29

注：资料来源于海关统计数据。

6．骨干自主品牌企业加快推进国际产能合作

随着我国汽车产品出口规模的不断扩大，面临的贸易摩擦形势越来越严峻，导致了中国汽车及零部件企业成本不断攀升，为应对上述问题，骨干自主品牌汽车企业积极调整海外市场发展战略，加快推进国际产能合作。据统计，目前，吉利、江淮、奇瑞、长城、力帆等 22 家国内汽车企业已在俄罗斯、巴西、伊朗、南非等 35 个主要出口国家和地区建立了 90 多家工厂，主要以技术合作为主，采取 KD 工厂的形式在海外组装整车。2016 年主要汽车企业海外投资项目情况见表 7。

表 7　2016 年主要汽车企业海外投资项目情况

企业名称	海外投资情况
吉利	在白俄罗斯成立合资公司，生产工厂在建中，并涵盖销售及售后服务等
江淮	伊朗 KD 项目已投产，年产能 3 万辆
力帆	俄罗斯 CKD 工厂在建中，投入 3 亿美元，计划年产能 6 万辆

（续）

企业名称	海外投资情况
长城	俄罗斯图拉工厂在建中，投入33.3亿元，预计2018年投产，实现8万辆整车年产能及配套服务
华晨	伊朗工厂已投产，年产能3万辆
长安	计划12月在伊朗和印度分别签约成立合资合作项目，伊朗项目投入2亿美元，年产能15万辆，印度项目投入4亿美元，年产能15万辆，到2025年产销达到18万辆
一汽	正在巴基斯坦筹建ALHAJ组装工厂，投入8000万美元，年产能1万辆
上汽	上汽通用五菱投入7亿美元，在印度尼西亚成立子公司，整车工厂将于2017年中投产，生产MPV车型，计划年产能15万辆
北汽	南非合资项目投入8亿美元，工厂计划2017年投产，预计年产能10万辆

注：资料来源于公开资料整理。

7. 民营企业海外并购日趋活跃，主要集中在零部件领域

海外并购是企业外延式增长的主要驱动力，也是加快走出去发展的重要途径。通过收购海外优质资产，可以汲取国外先进的核心技术和管理理念，吸收和培养国际人才，快速融入国际汽车市场提升竞争力。由于并购整车企业所需资金规模较大，风险较高，多年来我国汽车行业的境外并购一直以零部件企业为主，整车企业并购案例较少。2016年，民营企业海外并购持续升温，投资规模不断提升，海外并购主要以美国、西欧等成熟市场为主，且集中在零部件项目。自2011年收购德国普瑞开始，均胜电子迅速跻身汽车电子领域的全球领先企业，2016年2月，又以11亿美元完成对美国KSS汽车安全系统供应商和TS汽车信息板块业务的并购，并进入保时捷、大众、宝马等跨国车企的全球配套体系。2016年零部件领域部分海外并购项目见表8。

表8 2016年零部件领域部分海外并购项目

时间	并购发起方	企业性质	并购标的	所在国家	涉及金额/亿美元
2016年2月	均胜电子	民营	KSS汽车安全系统供应商	美国	9.2
2016年2月	均胜电子	民营	TS汽车信息板块业务	德国	1.8
2016年3月	银亿集团	民营	美国ARC集团	美国	5.1
2016年6月	银亿集团	民营	邦奇自动变速箱公司	比利时	10.6
2016年9月	天海集团	民营	E-traction新能源汽车传统系统供应商	荷兰	0.6

注：根据公开资料整理。

8．自主车企加快建设海外研发中心

自主品牌汽车企业海外研发中心的建立，标志着部分企业的国际化战略已经开始向纵深领域拓展。设立海外研发中心有利于企业融入美国、欧洲和日本等世界顶级汽车研发产业集群，聘用最优秀的汽车科研人才，与一流的学术机构建立合作关系，通过行业交流捕捉最新的技术趋势，最大程度整合各方面优势资源，提高研发水平和缩短研发周期。2016 年，骨干自主车企继续加快海外研发布局。2006 年 1 月，北汽新能源在美国底特律设立全球第三家研发中心，主要负责电驱动总成系统研发；2016 年 11 月，江淮日本研发中心在东京挂牌成立，主要负责开发内饰零部件与电气系统。

三、汽车出口低迷的影响因素分析

1．全球经济增长乏力，主要新兴市场汽车需求疲软

2016 年全球经济增长乏力，新兴市场经济增速放缓。根据国际货币基金组织（IMF）发布的《世界经济展望报告》，2016 年全球经济增长率为 3.1%，新兴和发展中经济体经济增长率为 4.2%。根据世界贸易组织（WTO）预测，2016 年全球贸易增幅回落，预计仅为 1.7%，低于此前预期。主要新兴国家经济增速放缓导致汽车市场需求下降，2016 年 1～10 月巴西、俄罗斯、南非汽车市场销量分别同比下降 22.3%、13.3%和 11.2%（见表 9）。

表 9　2016 年 1～10 月主要国家和地区汽车销量情况

序号	国家	2016 年 1～10 月	同比增长（%）
1	中国	2194.29	13.9
2	美国	1474.14	-0.5
3	欧洲	1471.88	7.8
4	日本	415.51	-3.1
5	印度	310.12	8.9
6	加拿大	168.91	1.9
7	巴西	166.78	-22.3
8	墨西哥	129.02	17.9
9	韩国	128.85	1.4
10	俄罗斯	114.77	-13.3
11	澳大利亚	98.04	2.4

（续）

序号	国家	2016 年 1～10 月	同比增长（%）
12	伊朗	97.09	14.7
13	印度尼西亚	87.48	2.6
14	土耳其	73.81	-2.9
15	沙特阿拉伯	68.36	-7.9
16	泰国	61.72	-0.7
17	阿根廷	58.81	12.9
18	马来西亚	46.62	-13.9
19	南非	45.95	-11.2
20	菲律宾	29.90	23.4

注：根据日本 FOURIN 公司和中国汽车工业协会数据整理。

2．汇率波动导致价格竞争优势削弱

受国际油价及大宗商品价格下跌、美联储加息等因素影响，全球汇率市场波动，导致南美主要新兴经济体货币大幅贬值，2016 年以来，阿根廷比索、巴西雷亚尔、委内瑞拉玻璃瓦尔对美元分别贬值 30%、32%和 17%。受此影响，2016 年 1～10 月我国对厄瓜多尔、委内瑞拉、乌拉圭和巴西整车出口量分别同比下降 42.3%、90.4%、80.5%和 74.4%。同时，日元和韩元贬值幅度超过人民币，其汽车出口产品价格竞争优势明显提高。

3．部分国家政局动荡，贸易限制加大出口难度

2016 年，国际形势依然严峻复杂，局部地区爆发战乱和政局动荡，直接影响到我国汽车出口市场需求的复苏。同时，全球贸易保护主义逐渐升温，贸易限制措施频发加大我国汽车出口难度。如越南上调了对重型货车整车和零部件的进口税，严重制约了中国重卡的出口销售；海湾七国开始实施轮胎标签法，技术法规标准加严；印度将商用车进口关税由 10%提高到 20%等。另一方面，发达国家车辆安全及环保法规加严，使得中国汽车产品很难进入当地市场。

4．自主品牌汽车产品国际竞争力不强

与欧美日等汽车强国相比，我国自主品牌汽车产品国际竞争力不强，在质量和性能、创新能力、品牌美誉度、售后服务水平等方面差距明显。当前，我国整车出口仍以满足发展中国家中低端汽车市场需求为主，销售价格和利润率较低，

2016 年 1～10 月，整车出口平均价格为 1.57 万美元，其中小轿车均价不足 1 万美元，单车利润有的仅为几百元，受成本上升、汇率波动等因素影响容易导致亏损。而关键零部件产品很难进入跨国公司采购体系，以供应国外售后市场为主。

5．金融服务体系不健全，造成企业海外融资困难

我国银行海外机构多设在发达国家和地区，没有覆盖汽车出口的一些新兴国家和地区，且业务模式单一，融资服务、贷款利率、风险管控、信用服务等方面能力较弱，与日本银行和车企的紧密合作相比，不具备支撑我国车企走出去的海外融资服务能力。如在俄罗斯等东欧国家，当地消费者习惯贷款购买，我国内资银行较少，且贷款利率较高，而当地银行不愿为中国汽车企业提供按揭，首付比例和按揭费率都较高，严重制约了我国汽车产品在海外市场的销售。

6．车企海外本地化生产程度不断提高，造成整车直接出口减少

为规避出口国家的贸易壁垒和技术壁垒，降低生产成本，吉利、奇瑞、力帆和江淮等骨干车企加快海外投资建厂步伐，由产品直接出口向组装生产和本地化生产过渡，据商务部不完全统计，2015 年我国整车海外生产 28.5 万辆，部分零部件开始从当地或周边国家采购，导致汽车产品出口减少。2016 年，随着上汽印尼工厂、北汽南非工厂和长城俄罗斯工厂的建设和投产，汽车企业海外产能进一步提高，更多的汽车出口将会转化为本地生产和销售。

四、2017 年汽车出口面临的形势和展望

由于全球经济增速放缓，新兴市场需求疲软，部分国家政局动荡，地缘政治风险上升，国内综合成本不断攀升，国际汽车市场竞争加剧，2017 年我国外贸形势更加严峻，汽车出口前景不容乐观，下行压力较大。但随着国家促进外贸企稳回升以及鼓励企业走出去的相关支持政策相继落地，车企竞争力不断提高，汽车出口有望止跌回升，预计 2017 年整车出口基本持平，乐观估计增长 5%左右。汽车零部件出口主要面向汽车工业发达国家市场，且以售后市场为主，受新兴市场复苏乏力影响相对较小，或仍保持小幅增长势头。

1．全球经济复苏依然脆弱，新兴市场需求回升乏力

根据世界银行《全球经济展望》报告，未来全球经济发展仍面临下行风险，主要包括发达经济体增长乏力、金融市场脆弱性增强、地缘政治风险加剧、新兴

市场私人债务高企、主要发展中经济体的大宗商品出口国经济状况持续恶化、贸易保护主义抬头、宏观政策不确定性增加以及难民危机深化等。2017 年，世界经济仍处于国际金融危机以来的深度调整阶段。国际货币基金组织预计，2017 年全球经济增长 3.4%，其中，发达国家增长 1.8%，新兴经济体增长 4.6%，较 2016 年略有提高。但新兴市场和发展中国家经济增长仍然面临许多困难，资本外流风险依然存在，结构性改革有待进一步深化，初级产品价格低位振荡仍将影响巴西、俄罗斯和南非等资源出口依赖型国家的经济复苏。WTO 将 2017 年全球贸易增速预期下调至 1.8%～3.1%，同时将 2016 年增速预期调至 2.2%。我国汽车出口仍面临较大压力。

2．全球贸易保护主义盛行，我国汽车出口困难重重

目前国际经贸规则正在进行新一轮的重构，多边贸易体制举步维艰，自由贸易区迅猛发展，全球贸易碎片化风险上升。英国脱欧、欧洲难民危机、美国民粹主义兴起导致“逆全球化”升温，国际贸易投资环境恶化，贸易保护主义抬头。根据 WTO 评估报告，2015 年 10 月～2016 年 5 月，二十国集团成员共实施了 145 项新的贸易限制措施，平均每月有近 21 项新措施出台。2017 年，我国汽车出口面临诸多挑战。一方面，发达经济体民粹主义盛行，提倡保护本国制造业。如美国新任总统特朗普表示对中国进口产品加收关税或实施其他惩罚性措施，首先影响的就是我国对美国汽车零部件的出口。另一方面，新兴经济体区域政局动荡，贸易壁垒升级。如伊朗考虑对外国车企在当地进行投资设立条件，同时禁止整车进口；印度拟向柴油车征收高额污染税；巴西拟对华汽车玻璃征收反倾销税。

3．汽车出口传统竞争优势继续弱化

低成本和低价格一直是中国汽车产品出口的最大竞争优势，然而由于汇率波动以及劳动力、原材料等制造成本的上升，中国汽车产品出口传统竞争优势正在消失。随着土地、物流和人工成本的持续上涨，中国汽车产业制造成本已接近美国和日本等发达国家，一些劳动密集型产品逐渐向东南亚和南亚等国家转移。为了降低生产成本，更多汽车企业加大海外直接建厂或投资收购步伐，吉利将投资 2.5 亿英镑在英国考文垂建立工厂和前沿技术研发中心，2017 年投产新一代零排放及超低排放出租车，年产能将达 3.6 万辆，同时研发 TX5 出租车、新能源商用车等 9 种车型，以后将进入英国和欧洲市场。

4．跨国公司加快新兴市场布局，挤占自主品牌市场份额

中国汽车产品与跨国公司产品互补的格局已经改变，跨国公司在海外市场的产品类型不断下探，自主品牌竞争压力很大。针对新兴市场，日系企业加大本地生产和研发中低端车型，尤其在东盟市场处于垄断地位，丰田 Avanza、大发 Xenia、铃木 Ertiga 等车型定价在 8000 美元左右，并能享受税收优惠政策，中国自主品牌产品很难与之抗衡。同时，国内合资企业也开始重新定位中国工厂，开始考虑或扩大出口业务。以通用为代表的跨国企业，目前锁定的出口市场主要集中在非洲、南美和亚太等地区，这些区域同时也是自主品牌汽车企业的主要目标市场，但外资企业在品牌和渠道方面都更具优势，未来对自主品牌在海外市场的发展势必会造成冲击。

5．“一带一路”、自贸区战略加快推进，推动汽车产业国际化发展

我国政府加快构建开放型经济新体制，积极推动自由贸易区（FTA）和双边投资协定（BIT）谈判，为汽车出口创建良好的投资和贸易环境。2015 年 12 月，国务院印发《关于加快实施自由贸易区战略的若干意见》，提出逐步构筑起立足周边、辐射“一带一路”、面向全球的高标准自由贸易区网络。目前，中国已签署自贸协定 13 个，涉及 22 个国家和地区；在谈自贸协定 9 个，涉及 26 个国家；在研自贸协定 6 个。未来将重点推进中日韩、区域全面经济伙伴关系（RCEP）、中国—海合会等 “一带一路”周边国家自贸区谈判，西亚、南亚、东南亚等“一带一路”国家出口稳定性趋好。汽车产品作为自贸区谈判的重点领域，可以有效减少关税和非关税壁垒，提高投资自由化和贸易便利化水平，为汽车企业走出去营造更加有利的贸易环境。

6．国家走出去相关政策支持力度加大

国家相关部门继续加大对国内企业走出去的政策支持力度，随着相关配套政策的完善和落实，将对汽车企业走出去发展提供更大的支持。2016 年 2 月，人民银行发布《关于金融支持工业稳增长调结构增效益的若干意见》，提出要“加大出口信用保险对自主品牌、自主知识产权、战略性新兴产业的支持力度；进一步提高‘两优’贷款支持力度，支持生产型海外项目建设。支持‘走出去’企业以境外资产和股权、矿权等权益为抵押获得贷款。支持国内工业企业与‘一带一路’国家及产能合作重点国别企业开展多方面合作”。5 月，国务院出台《关于促进外

贸回稳向好的若干意见》，提出要“加大财政专项资金支持力度、充分发挥出口信用保险作用、拓宽金融服务渠道、落实出口退税政策”等 14 条政策措施，其中，在金融服务方面，将加快推进金融机构与出口企业同步走出去，在贷款、贴息、出口保险、消费信贷等方面为企业境外投资和并购、销售网点建设等提供支持；在贸易便利化方面，将进一步简化出口管理环节，提高通关消息，降低贸易成本。综合运用海关对企业的分类管理、分类通关等便利措施，提高产品通关效率。简化外汇审批流程，缩短审批时间。

（作者：马胜 吴松泉 沈庆）

2016 年二手车市场分析及 2017 年展望

笔者认为，2017 年二手车市场将进入全面爆发期，之所以得出这样的结论，是建立在对二手车市场运行规律的长期观察与研究基础上的。本文将对 2017 年二手车市场的运行状态进行分析，并判断市场走势是跌还是涨。按照惯例，笔者还是先从新车说起。

2016 年的汽车市场又与预测专家们开了一个不大不小的玩笑，市场表现出乎意料的好，这不仅体现在汽车工业产销数据上，在国家统计局发布的经济数据上也有同样的反映。

据中国汽车工业协会发布的数据，2016 年 1～10 月份工业销售 2201.72 万辆，同比增长 13.83%，其中乘用车工业销售 1909.58 万辆，同比增长 15.4%。这个增长率是继 2011 年国家对汽车消费刺激的政策退出以后，6 年来的第二个两位数增长，这似乎也应验了每隔两年跳跃式增长的汽车市场运行规律。

如果只有汽车工业销售数据还不足以证明 2016 年汽车市场的真实状况，笔者可以从第二个维度来印证，即国家统计局的社会消费品零售总额数据。据国家统计局公布的数据显示，2016 年 1～10 月份汽车消费 31554 亿元，同比增长 9.1%，其中 8、9 两个月份的增长率都超过了 13%。

印证 2016 年汽车市场繁荣的还有第三个数据，即汽车经销商的财务状况。据 15 家已上市的汽车经销商 2016 年半年报显示，销售收入平均增加 5.24%，净利润平均增长 15.29%，其中中升增长幅度超过 100%，庞大汽车、广汇汽车、元通汽车增幅均超过或接近 50%。

分析市场增长的原因，无疑是周期性增长规律的体现。更重要的是受到国家出台的“1.6L 以下小排量乘用车购置税减半征收”刺激政策的影响，拉动作用立竿见影，2015 年 10 月份出台，当月汽车市场就扭转颓势实现了 11.8%的大幅增长。

与新车市场的超预期增长相比，2016 年的二手车市场又表现如何？在 2016 年 3 月“两会”的政府工作报告中，李克强总理提到了“活跃二手车市场”。而后 2016 年 3 月 25 日政府网站上全文公布了国务院 13 号文件《关于促进便利二手车交易的若干意见》(以下简称《国八条》),至此,长期以来困扰二手车市场的“限迁”问题有了明确的时间表。13号文件的第一条就是要求各省市自治区在2016年5月31日前取消“限迁”。正是由于中央政府的高度重视,制约二手车市场发展的禁锢正在被逐一解除,2016年的二手车市场也在这样的环境中逐渐走出低谷,向着快速增长期不断迈进。

一、2016年二手车市场的主要运行特征

据中国汽车流通协会统计,2016年1~10月二手车交易量为828万辆(见图1),同比增长率为9.57%,二手车交易额为4694.17亿元,同比增长6.18%。其中,基本型乘用车交易500.7万辆,同比增长 11.2%;SUV交易54.3万辆,同比增长48.3%,MPV交易46.61万辆,同比增长66.58%;微型面包车交易26.4万辆,同比增长10.29%;客车交易85.24万辆,同比增长-12.24%;载货车交易81.49万辆,同比增长-6.59%(注:2016年二手车数据使用的是全口径统计数据,2015年的数据是对 400 多家重点二手车交易市场的不完全统计数据)。从以上细分数据不难看出,二手车市场运行状况与新车市场非常相近,SUV与MPV成为拉动市场增长的主要驱动力。伴随着SUV与MPV市场的火爆,轿车也出现了较大幅度的增长。相反,商用车的表现不尽如人意,均出现了负增长。这也符合市场规律,商用车市场早在几年以前,就基本上进入了饱和阶段,新车市场的表现是跌涨互现,反映到二手车市场同样也是正常的波动。不过预计 2017 年商用车也将出现较大幅度的增长。

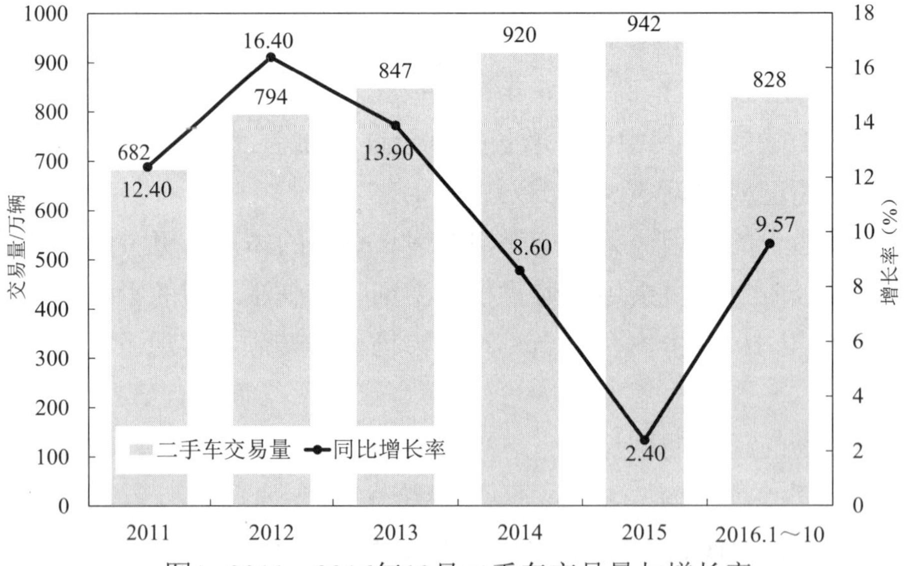

图1 2011~2016年10月二手车交易量与增长率

1. 二手车交易渐入佳境

虽然总交易量增量并不明显，但仔细分析不难发现其中的奥妙之处。众所周知，2016 年 3 月份，国务院办公厅发布了 13 号文件《关于便利二手车交易的若干意见》，俗称国八条。第一条就是除文件规定的长三角、京津冀、珠三角的部分城市以外，其他地区要在 2016 年 5 月底全部打开对二手车迁入的限制。虽然一些省市观望情绪较重，没有在中央要求的时间放开限迁，即便有些取消限迁的城市后来又封口了，但随着时间的推移以及国家有关部门的督办，最终还是有百余个城市取消了限迁，二手车市场的活力正在逐渐恢复。这一点从数据上能够清晰地反映出来：在已发生的 2016 年前 10 个月交易数据中，除 2 月份因春节长假影响交易量较低以外，其余各月的二手车交易量均在 80 万辆以上（见图 2），即便是在传统淡季的二季度，交易数据也没有出现较大幅度的下降。与 2015 年同期相比，各月均有显明的增长，且进入第三季度市场增长开始提速。

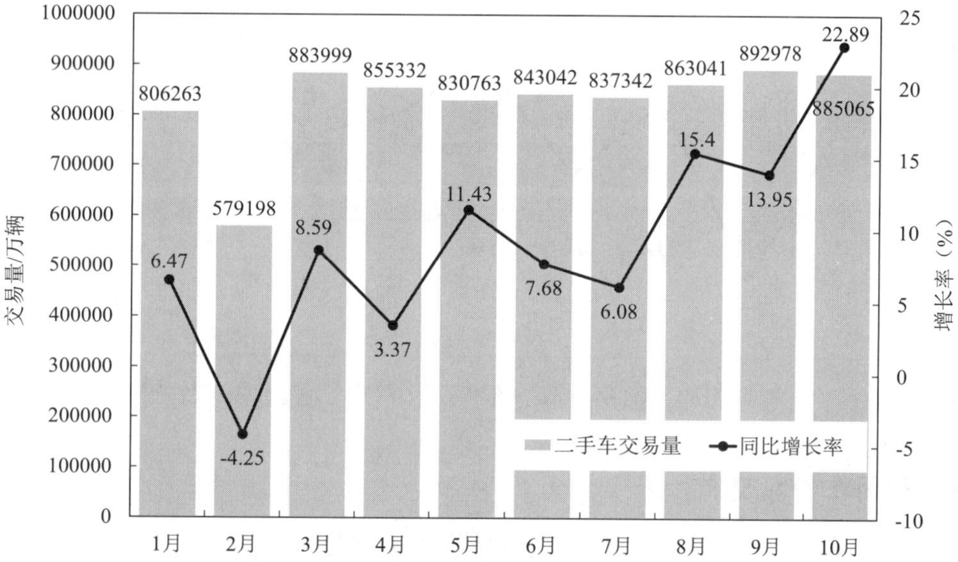

图2 2016年月度交易量与同比增长率

2. 运行轨迹与新车既相似又不同

分析二手车与新车增长率不难发现，2016 年前 5 个月，两个细分市场的增长趋势几乎完全一致，且增长率的幅度也接近相同（见图 3）。而到了 2016 年下半年，市场增长情况又有了几乎相反的表现：当新车销量增长幅度快速提升时，二手车市场增长率反而有小幅度的下降；反之亦然。可以看到，两个细分市场在2015年的表现就呈现相反的走势，特别是在2015年第二、三季度新车市场出现负增长，为2016年的增长提供了较大的空间。相反，二手车市场在2015年的前三季度虽然同样不够活跃但基本处于相对平稳的状态。随着2016年10月份小排量政策的实施，新车市场出现了较大幅度的增长；由于小排量乘用车与二手车有较强的替代效应，2015年10月份二手车市场出现了负增长，加上2016年下半年限迁解除的区域逐渐增多，二手车市场恢复活力，两项作用叠加，导致2016年10月份的二手车同比增速超过新车。

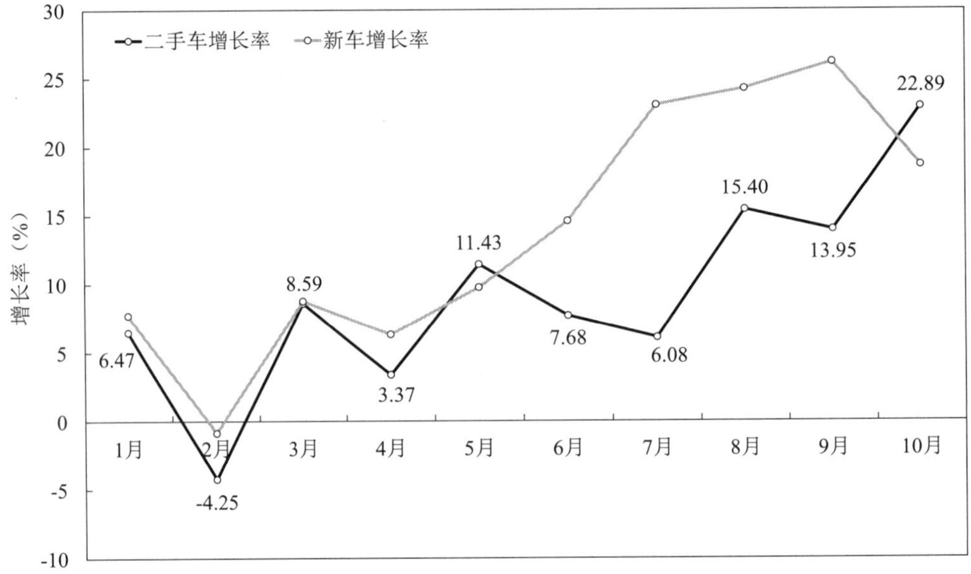

图3 2016年二手车与新车同比增长率对比图

3．乘用车份额又有提升

统计结果显示，2016年1～10月份，二手乘用车共交易682.21万辆，同比增长16.62%，高于整体二手车交易总量增长率7.05个百分点，二手乘用车占交易总量的75.79%，比2015年又提升了4.48个百分点。在乘用车中，轿车占市场总量的60.43%（见表1），相比2015年同期微增0.8个百分点；MPV占交易总量的5.62%，占比与2015年同期相比增加了近2个百分点；SUV占交易总量的6.56%，占比与2015年相比增加了1.71个百分点，SUV的表现与新车需求相呼应，继续保持较高的增速；交叉型乘用车占交易总量的3.18%，这一比例也与2015

年同期基本持平。

表 1 各车型占二手车总交易量的份额表

（单位：%）

车型分类	乘用车			商用车			其他车	农用车	挂车	摩托车
	轿车	MPV	SUV	交叉型	货车	客车				
2015 年	59.63	3.71	4.85	3.17	11.55	12.86	1.18	0.16	0.88	2.01
2016 年 1～10 月	60.43	5.62	6.56	3.18	9.83	10.28	1.49	0.21	1.14	1.26

4．领先区域多数增长势头良好

与 2015 年排名前十位的省市中一半出现负增长不同，2016 年出现负增长的省市下降到了 3 个，除山东出现 16.81%负增长的原因待查外，另外两个二手车大户排名第一的广东与排名第五的北京下降幅度收窄，分别只有 3.56%和 7.12%（见表 2）。排名在前十位的省市表现最抢眼的是河南，交易量增长了 53.41%，其次是辽宁，增长了 37.00%，而排名第二位的浙江也增长了 27.48%，2016 年二手车市场增长的主要驱动力无疑来自于这些区域。

表 2 交易量排名在前 10 位的省市交易量与同比增长率

省 市	累计交易/辆	同比增长率（%）
广东	741903	-3.56
浙江	688754	27.48
江苏	612135	2.43
四川	602476	0.93
北京	523753	-7.12
河南	502522	53.41
河北	498469	13.72
辽宁	431766	37.00
山东	418375	-16.81
上海	371748	11.67

5．二手车平均交易价格继续呈现降势

2016 年前十月，二手车平均交易价格为 56626 元，比 2015 年下降了 2154 元，

这是继2015年二手车平均交易价格十年来首次下降之后再次出现的小幅下降（见图4）。其中轿车平均交易价格为56073元，下降了3020元；MPV平均价格为76108元，下降了4078元；SUV平均价格为102274元，下降幅度最大，达到45532元。二手车平均交易价格下降主要有两方面原因：一是限迁没有完全打开，特别是2016年上半年，限迁的强度与广度达到了历史最高，二手车流通不畅，导致交易价格下降；二是与2016年的新车市场相呼应，经济型、小排量的乘用车为新车市场主力军，反映到二手车市场后，二手车的各品类中也是经济型、小排量的比例得到提升。

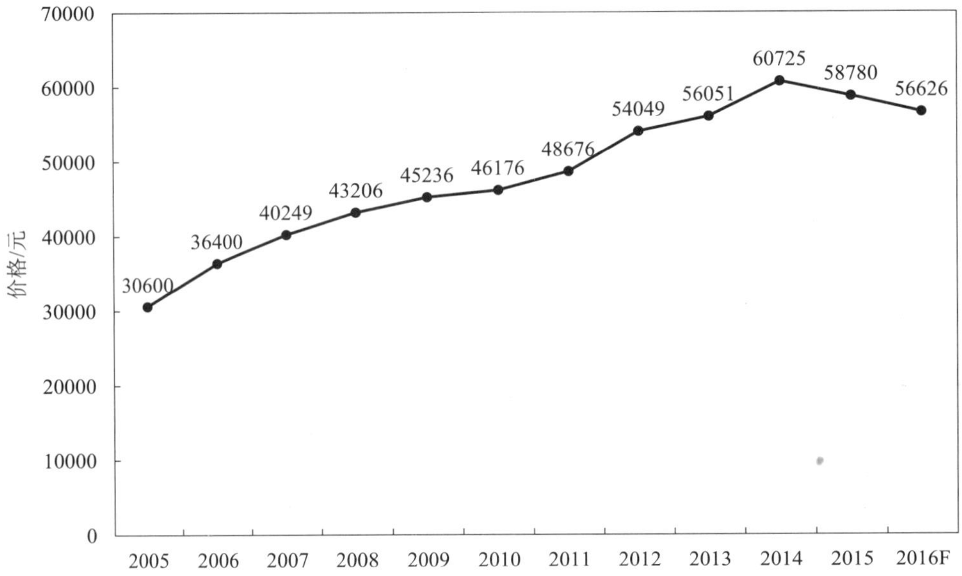

图4 2005～2016年二手车平均交易价格变化情况

6. 准新车比例恢复到历史次高水平

2016年1～10月，使用年限在3年以内的准新车共交易177.27万辆，占总交易量的21.38%（见图5），与2015年相比有了较大幅度的回升，增加了5.66个百分点。使用年限在3～10年的车辆占71%，其中使用年限在3～6年的车辆交易量最多，占比为49.16%，其次为7～10年车龄的交易量占21.84%，10年以上车龄的交易量占7.58%。

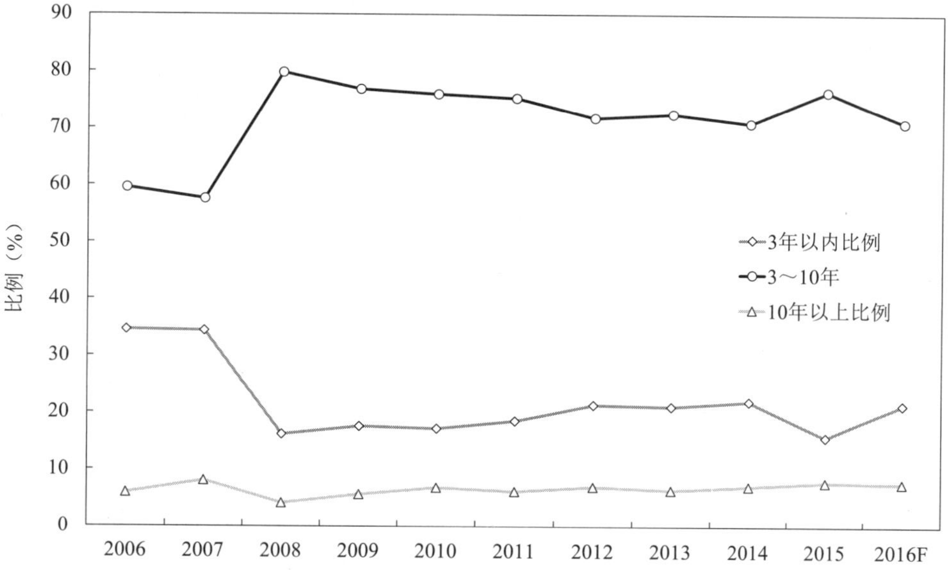

图5 2006～2016年各年龄段二手车比例

7．“限迁”逐渐解冻、跨区域流通提升

2016 年 1～10 月的二手车异地转移登记的比例为 18.07%，与 2015 年相比小幅下降，降幅为 1.14 个百分点（见图 6）。理论上推断，受“国八条”的鼓舞，随着二手车限迁城市的逐渐减少，二手车跨区域流通应该会越来越活跃，2016 年的异地转移登记的比例应高于 2015 年。从具体月度数据来看，市场发展也着实符合这样的预期判断。可以看到，二手车跨区域交易的比例呈逐月提升的趋势（见图 7），“国八条”的效果非常显著。“国八条”规定 2016 年 5 月 31 日是各省市打开限迁的最后期限，6 月份各省市开始响应政策，二手车跨区域交易比例就有了一定幅度的拉升。2016 年 7 月份更是直接跃升到 20%以上，且后续一直保持在这个较高的比例。预计 2016 年全年的跨区域交易也将维持在 20%以上。

8．重点区域市场表现

按照“国八条”中对区域描述，针对京津冀、长三角与广东珠三角区域的划分，分析二手车在各个月份的增长表现见表 3。不难看出，一线地区，即北京、上海、广东，全年增长情况比较稳定，各月份虽有一定起伏，但起伏幅度较小（个别情况除外）。而非一线地区，如天津、河北、浙江、江苏等省份，随着时间的推移，增长幅度变化明显，大部分是在 2016 年 6 月份开始出现明显提速，2016 年 9、10 两个月份又出现较大幅度的跳跃。

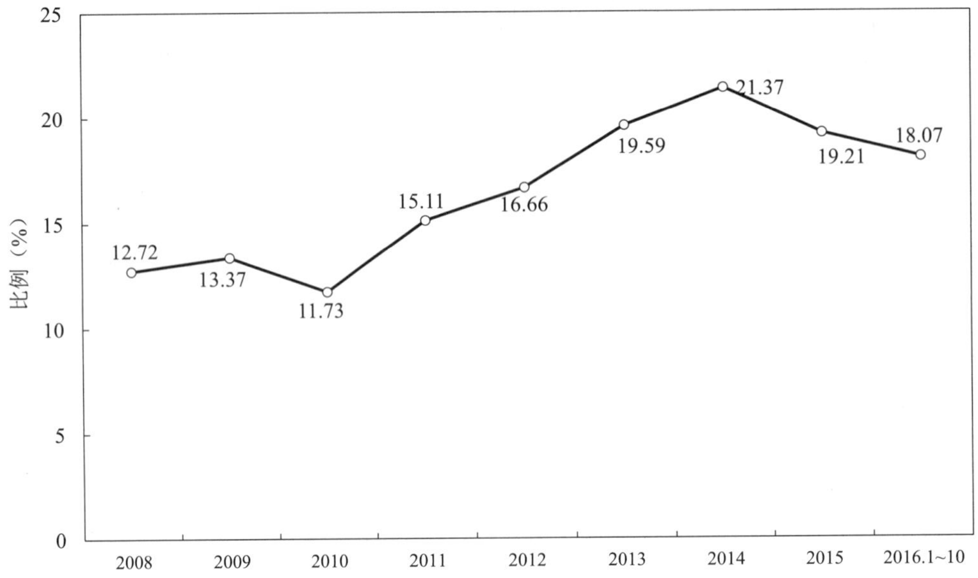

图6 2008～2016年二手车异地转移登记比例

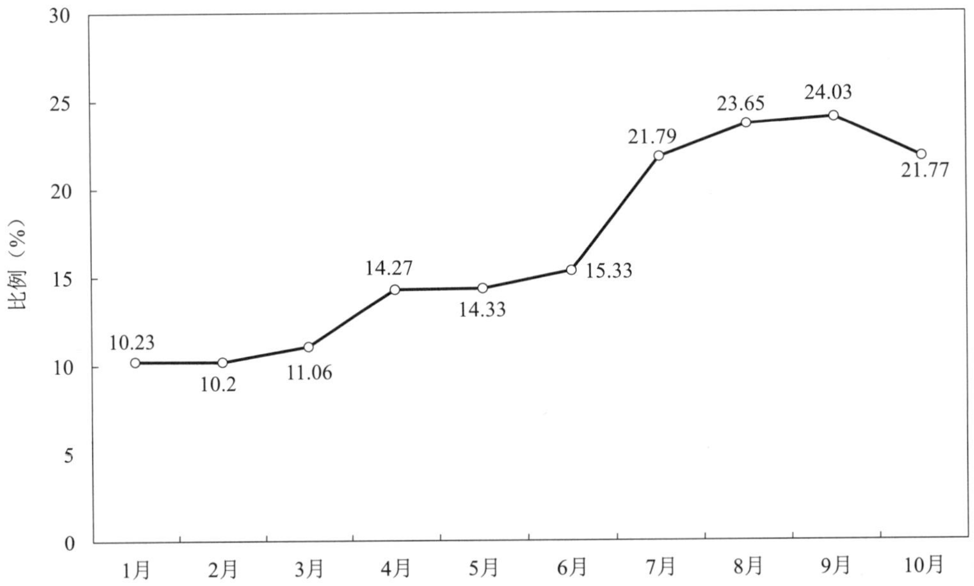

图7 2016年月度异地转移登记比例

表3 2016年重点区域二手车交易增长情况表

省市	1月	2月	3月	4月	5月	6月	7月	8月	9月	10月
北京	-1.1%	-9.7%	7.7%	12.8%	4.4%	-7.3%	-2.5%	-11.0%	-6.7%	2.1%
天津	10.2%	-19.8%	41.7%	17.8%	30.1%	66.5%	82.0%	81.6%	88.1%	70.8%

（续）

省市	1月	2月	3月	4月	5月	6月	7月	8月	9月	10月
河北	15.0%	-8.5%	-30.9%	-3.9%	5.4%	20.8%	37.6%	47.1%	7.6%	4.9%
上海	24.0%	22.3%	61.7%	11.7%	24.2%	-18.2%	0.4%	15.8%	5.3%	2.3%
江苏	11.9%	-28.5%	1.8%	14.5%	11.2%	4.3%	-6.3%	0.1%	16.1%	42.3%
浙江	1.5%	-2.6%	3.7%	-5.1%	11.1%	35.7%	38.1%	44.5%	41.2%	73.7%
广东	9.6%	41.6%	8.5%	-12.8%	-1.5%	-14.3%	-9.6%	-6.7%	-1.8%	5.4%

二、二手车市场存在的突出问题

二手车市场虽然得到了中央政府的高度重视，但市场本身存在的既有问题还需要时间来逐步解决。政策层面的问题与以往相同，主要有三个方面，即增值税、二手车临时产权、地方限迁；市场层面仍然是诚信问题等。由于在 2015 年的专文中有过较详细的描述，本文不再一一展开，主要讨论限迁与诚信两个方面。

1. 二手车流通突破地方牢笼异常艰难

为了促进二手车市场健康发展，保持汽车市场活力，国务院办公厅在 2016 年 3 月下旬发布了《关于便利二手车交易的若干意见》，其中第一条规定“营造二手车自由流通的市场环境。各地人民政府要严格执行《国务院关于禁止在市场经济活动中实行地区封锁的规定》（国务院令第 303 号），不得制定实施限制二手车迁入政策。符合国家在用机动车排放和安全标准，在环保定期检验有效期和年检有效期内的二手车均可办理迁入手续。”要求除珠三角的 9 个城市、长三角以及京津冀共三个环保压力较大的区域外，其余地区全部应放开二手车迁入限制，严禁采取双重标准。

然而，笔者最不愿看到的情况是，截至 2016 年 11 月末，全国只有四川、湖南、湖北、黑龙江、新疆、广东（非限制区域）6 个省全部放开了限迁。另有山西、陕西、青海、江西、贵州、安徽、内蒙古、辽宁、吉林、山东、云南、广西 12 个省区虽然出台了文件，意图鼓励二手车流通、便利二手车交易，但又明文规定限制国Ⅳ以下排放的二手车迁入。另外还有河南、福建、西藏、宁夏 4 个省市区还在观望中，至今没有出台相应的文件。从整体来看，解除二手车限迁异常艰难。

2. 诚信体系建设任重而道远

诚信体系建设不单单是二手车行业迫切需要解决的问题，而是全社会体系建设的问题。诚然，由于二手车本身的一车一况、一车一价的不稳定性特质，二手车市场建立以诚信为主基调的消费环境，是广大消费者对二手车市场发展的期盼。然而，如果身处二手车交易的实际发生地，就会发现，只有少量的二手车具备有关质量状况的检测报告、明确的标价以及相应的质保服务。一个连商品质量信息与价格信息都缺失的市场，诚信建设可谓任重道远。

在 2015 年的专文中，笔者对当前我国二手车市场中信息不对称、经营不诚信现象的形成机理进行了分析，认为主要是由于二手车经营主体基础框架尚未形成、经营资源的碎片化以及经营主体的碎片化，而规模化、品牌化经营的企业还是凤毛麟角并非主流。也就是说，我国二手车市场仍然处于市场发展的早期阶段。

根据发达国家二手车市场的成长经验，在其早期阶段，市场不诚信的现象同样非常突出。五六十年代的美国以及七十年代的日本二手车市场与我国现在的情况基本相似，同样存在信息不透明、故意隐瞒车辆的重大质量缺陷以及调整里程表等问题。著名经济学家乔治·阿克尔洛夫还以二手车市场为剖析目标发表了《柠檬市场：质量不确定和市场机制》的论文。随着市场机制的不断完善以及经营主体的不断成长，发达国家的二手车市场逐步建立起诚信经营的市场机制，为此，政府与行业协会做了大量工作，建立起较为完备的市场规则。

再回头看一下我国的二手车市场，主流经营主体还是以小型经纪公司、个体经营者为主，与二手车流通的相关政策依然不配套，特别是二手车增值税政策，困扰着规模化经营企业的成长。在国内，二手车品牌经营是要付出成本的。根据笔者调查，经营规模在 10 人以下的小型二手车公司大部分都经营得很好，盈利能力较强；一旦人员规模超过 20 人，经营能够实现持平已经很难，少有企业能够盈利。这主要是管理成本会随着经营规模的提升而加速增加。因为拥有相同档次与质量二手车的小公司，其经营成本要远远低于大公司。小公司由于大部分属于个体经营或合伙经营，员工即老板，老板也是员工，人员成本可以忽略；小公司只需要在交易市场中租个小摊位，单位面积的租金成本要比大公司在临街租一个上千平方米的展厅小得多。较大规模的二手车公司如果不在成本控制、管理提升以及融资能力上有所作为，很容易就会跌入“品牌经营陷阱”。所以，在 2016 年遗憾地看到，曾经名噪一时的郑州启乘名车广场瞬间倒闭、质新二手车因经营困难而关门。

可以说，笔者在领衔推广二手车“行”认证的过程中体会颇深。所谓的“行”认证就是用国家标准《二手车鉴定评估技术规范》所规定的操作流程与检测项目，组织技术人员对商品车进行全面检测，并将检测结果公示出来，让广大消费者在买车时做到明白消费。在推“行”认证过程中就受到一些小车商的抵制，因为他们已经习惯了“蒙着卖”，让他们说真话一时还无法适应。所以，我国应该全面、立体地针对二手车市场引入诚信机制。

首先是从法律层面对经营者进行普法教育。《中华人民共和国消费者权益保护法》第十九条规定“经营者应当向消费者提供有关商品或者服务的真实信息，不得作引人误解的虚假宣传。商店提供商品应当明码标价。”作为各级行业主管部门以及行业协会，需要不断向经营者进行普法教育，提示经营者，不明示车辆质量信息、不提供车辆销售价格属于违法行为。执法部门有责任对于经营者的违法行为进行纠正和处罚。

其次，需要政府、行业、企业共同努力，疏通信息渠道。《国务院关于促进二手车便利交易的若干意见》中第三条提出了“加快完善二手车流通信息平台”的总体思路。指出“建立二手车流通信息工作机制，积极整合现有资源，加强互联互通和信息共享，加快建立覆盖生产、销售、登记、检验、保养、维修、保险、报废等汽车全生命周期的信息体系。非保密、非隐私性信息应向社会开放，便于查询，符合国家有关要求的信息服务可以市场化运作，已经具备条件的行业信息要进一步加大开放力度。”当然，做好信息整合可能会有一定的难度，政府应给予一定的扶持。

再次，在行业中建立诚信企业公示制度。中国汽车流通协会早在 2009 年就推出了“二手车交易市场诚信等级评定”工作，该项工作一直持续至今，全国有百余家二手车交易市场成为诚信市场，近千名二手车经销商达到了诚信二手车经销商标准，获得了诚信经营标识。通过在二手车经营企业中进行诚信经营示范或评定工作，会对企业的诚信经营起到正向的激励作用，通过诚信企业的示范作用，促进整体市场的诚信体系建设。

三、2017 年二手车市场展望

在本文开头提到过，二手车市场已经上升到了国家战略层面，受到国务院的重视。无论是总理工作报告还是国务院的文件，再到主管部委政策措施，都对未来的二手车市场发展，从政策环境的顶层设计有了明确的方向。之所以受到中央政府的高度重视，是因为二手车市场已经从一个边缘的细分市场，逐渐成为具备巨大发展潜力的拉动消费的大市场。

1．二手车市场对我国经济发展的重要性突显

众所周知，拉动经济增长的三驾马车是投资、消费、进出口。新时期，我国经济发展的重心已经开始从投资向消费转移，而汽车消费中除去保险、金融、维修保养、停车、加油等日常消费，仅新车销售一项一般就占整体社会消费品零售总额的12%左右，2015年占11.96%，2016年1～11月份占11.8%。因此，汽车市场的稳定增长，是保持经济活力的重要方面。

首先，二手车消费本身对国民经济的拉动作用明显。根据国家统计局发布的《2015年国民经济和社会发展统计公报》，2015年末全国民用汽车保有量达到16273万辆（不包括三轮汽车和低速货车），比2014年末增长了11.5%。这就意味着两重含义，一是巨大的保有量奠定了二手车流通的宏大基数；二是保有量的基盘还在以每年超过1700万辆的绝对数量增长，二手车市场还具备广阔的增长空间。另据中国汽车流通协会发布的统计数据显示，2015年二手车交易量达到941万辆，交易额达到5535.40亿元，而且这个数据还在快速增长之中，预计2018年前后，二手车市场将成长为过万亿的大市场，成为拉动消费的一支有生力量。

其次，二手车置换拉动新车销售的贡献度正在提高。据《中国乘用车用户的消费趋势》报告指出，2015年汽车购买中置换需求占到汽车购买者的21.5%，而且这个比例还在逐年提高。换而言之，2015年的2460万辆的新车销量中，有529万辆的销售是通过二手车置换实现的。按平均14.61万元的平均售价（2015年社会消费品零售总额中的汽车消费金额除以全年汽车销量），二手车交易拉动新车消费7730亿元。如果算上保险、车船税、维修保养、路桥、加油等养车成本，每年将有平均2万元左右的用车消费，相当于增加了1058亿元的消费支出。也就是说，按照现有水平，二手车交易已对新车消费拉动近万亿。

再次，二手车置换已经成为新时期保持汽车市场实现可持续发展的重要支柱。发达国家汽车市场经验表明，二手车市场发展对新车消费持续稳定增长具有重要的推动和支撑作用。据美国经销商协会NADA提供的数据，2015年美国新

车销售 1747 万辆，二手车销售 4200 万辆，二手车交易量是新车销售的 2.4 倍；我国 2015 年新车销售 2460 万辆，二手车交易仅为 941 万辆，二手车交易量是新车销售的 38%。同欧美等发达国家相比，差距巨大。究其原因，主要在于我国二手车市场还很不发达，应有活力尚未释放，除市场自身因素外，还受到政策法规不完善、不配套等因素制约。

北京、上海、广州、深圳、天津、杭州等大城市实行汽车限购政策，居民购买汽车多以置换实现。以北京为例，2015 年北京全年共销售新车 54 万辆，2016 年销量有所下滑，为 46 万辆，而这两年小客车配置指标都只有 15 万辆，假设配置指标全部用于购买新车，2014 年、2015 年新车销量比配置指标分别多出了 39 万辆和 31 万辆的销量，绝大多数是通过二手车置换实现的。随着汽车向普通家庭普及阶段的深入以及家庭汽车拥有率的提升，二手车置换将成为新时期维持汽车市场可持续发展的重要保障。

2．二手车流通政策将继续向有利于市场发展的方向推进

在 2015 年二手车市场展望中，笔者首先对二手车流通政策走向进行了预测。结合上期对政策趋向预测评估，再给出对 2017 年政策走向的预判。

2015 年预测 2016 年市场准入可能性指数为 80%，这个预测基本上已经实现。2016 年 9 月 1 日正式实施了《二手车流通企业经营管理规范》，但是并没有见到从政府层面的实际推动。不过，市场准入问题已经不是二手车市场的关键问题，由市场准入所产生的矛盾已经钝化。换而言之，市场准入已经通过市场的杠杆得到了基本解决。随着二手车市场的自身发展与完善，经营主体的准入将不再需要通过国家政策来规定，而是通过市场本身来调节，市场准入的矛盾将逐渐消除。

2015 年预测破除限迁可能性指数为 60%，实际完成情况要好于预期。从中央政府的角度来看，解决限迁的决心达到了 100%。其重要标志有四，一是在 2016 年 3 月份“两会”的政府工作报告中，李克强总理提出了“要活跃二手车市场”。二是由国务院办公厅下发了国办 13 号文件《关于促进便利二手车交易的若干意见》，明确指出要破除限迁。三是 2016 年 6 月份由商务部、发展与改革委员会等 11 部委联合下发了《关于促进二手车便利交易加快活跃二手车市场的通知》，对国务院 13 号文件的落实进行了细化。虽然地方政府在执行过程中还有些打折扣，但中央政府会从各个角度去敦促地方政府落实。就在 2016 年的最后一天，环保部和商务部联合下发了《关于加强二手车环保达标监管工作的通知》（以下简称《通知》），这是第四个标志。《通知》明确规定在环保定期检验和安全检验有效期内，并经转入地环保检验，符合转入地在用车排放标准的机动车，地方不得限制转入。其中特别的关注点是“符合转入地在用车排放标准的机动车”，没有提到排放标准是国Ⅳ还是国Ⅲ，这与 2014 年下发的文件中规定国Ⅳ排放作为一个标尺有了明显的不同。2014 年 9 月环保部等 6 个部委发布了《关于印发 2014 年黄标车及老旧车淘汰工作实施方案的通知》，实施方案的目标任务中明确要求“到 2014 年底淘汰黄标车和老旧车 600 万辆；到 2015 年，淘汰 2005 年底前注册营运的黄标车，基本淘汰京津冀、长三角、珠三角等区域内的 500 万辆黄标车；到 2017 年，基本淘汰全国范围的黄标车”。其中关于老旧车的定义，该实施方案指出“黄标车指排放水平低于国Ⅰ排放标准的汽油车和国Ⅲ排放标准的柴油车，老旧车原则上指未达到现行国家第四阶段排放标准的车辆。”《关于加强二手车环保达标监管工作的通知》的发布意味着环保部在 2017 年度对各省市区机动车排放标准不再强调以国四划线，对于分派到各地的老旧汽车淘汰工作的强制标准出现了变化，将有利于 2017 年全国各地全面贯彻《国八条》，各地对二手车的限迁会逐步消除。

2015 年预测二手车流通增值税改革有一半的可能，但遗憾的是这个问题在 2016 年没有得到解决。2016 年，中央政府已经针对限迁问题出台政策明确要破除地方封锁，那么二手车的增值税问题则上升为制约二手车行业向规范化、规模化发展的第一障碍。这主要是因为大的经营主体、大型经销商集团要进入二手车流通领域，跨越税收屏障，我国的二手车市场才能进入一个全新的时代。其实在《国八条》中就已经明确提出了要“优化二手车交易税收政策。按照‘统一税制、公平税负、促进公平竞争’原则，结合全面推开营改增试点，进一步优化二手车交易税收政策。”因此，行业呼声迫切，政府高层重视，2017 年二手车增值税改革实施的可能性将会进一步提高，可能性指数将会提高到 70%。

关于建立二手车临时产权登记制度的预测，实施的可能性指数为 30%。由于这项改革涉及现行机动车登记制度，需要从制度上做出改变，同时机动车的注册管理系统也需要进行调整。实施这项制度会有较大的成本和阻力，因此，2017 年这个制度建立的可能性仍然为 30%。

3．二手车市场环境也将会有比较明显的改善

在二手车流通领域中提及最多的是“转型升级”。这个口号起源于2009年，当时由国家财政拨款支持部分二手车交易市场改善经营场所的基础设施，对于推动整体市场经营环境的改善起到了一定作用。但从管理与服务的软件建设上，大部分交易市场还是被动地应付。笔者观察到，2016年二手车流通主体的转型升级有了实质进展，二手车交易市场与经营企业的升级是主动的，是在没有国家财政拨款的前提下，自掏腰包完成的全面系统化升级。在这里通过三个例子来说明第一个群体——二手车交易市场的转型升级路径。

第一个例子是上海二手车交易中心。这个交易市场的特点是全封闭式管理、互联网线上线下同步。这个交易市场采用在一栋大楼内的多层立体展场式模式，硬件上实现了全室内、展厅式构造，消费者的购车环境以及经营者的经营条件都有了极大的改善。在软件建设上则实现了互联网化、线下车源全部与线上同步。展区内的车辆全部经过市场管理者的检测，向购车人提供车况检测报告与有限质保。消费者可以先在线上看车，再到线下达成交易。当然，二手车交易环节中的金融需求等还需要通过引入三方机构来实现。

第二个例子是浙江方林二手车交易市场。早在5年前这个市场就实现了硬件的改造，做到全室内展厅。2016年12月中旬，该交易市场召开了“树立行业标杆暨诚信经营成果发布会”。会议之所以用这个名称，是因为他们在2015年引入了由中国汽车流通协会发起的“行”认证，用“行”认证检测服务，以透明二手车信息。通过近两年时间的推广，市场内的经营企业从开始的抵触，已经转变到主动让交易市场的“行”认证机构对经营车辆进行检测、公开车况信息。用二手车商自己的话说，是“从原来要我诚信到我要诚信”的转变。因为台州的二手车经销商发现，通过“行”认证检测的车辆库存周期明显缩短。对于很多外地的商户，只要台州的经销商把“行”认证的电子检测报告发过去，商户就能够做出购买决策。这里需要提出一个背景信息，即台州是全国中高端二手车集散地之一，这里的二手车生意是“买全国、卖全国”。透明车况信息，使台州方林二手车交易市场的经营环境已初步形成了诚信氛围。目前，方林二手车交易市场的“行”认证检测服务已经实现对整个交易市场的全覆盖。当然，“行”认证检测只是方林二手车交易市场升级的工具，通过这个工具，为交易市场增加了金融、保险、质保等多项服务功能，该交易市场的盈利能力也有了大幅度提升。

第三个例子是东莞市整个二手车流通业。在2016年初，由东莞二手车行业协会牵头引入了“行”认证服务，并尝试在全市的二手车交易市场内推广。这项工作得到了东莞市场行业主管部门的高度重视，并通过行业协会以“行”认证为主要手段，透明车况信息，建立诚信二手车交易环境。2016年，全市已有一百多家二手车经销商获得了由政府主管部门认可、行业协会颁发的“诚信企业”的标牌，诚信经营的交易环境已基本形成。

第二个群体——二手车经销商的升级也在进行中。这主要体现在二手车经营除了传统的交易市场租赁摊位以外，形式上与新车4S店相近的二手车精品展厅、品牌大卖场、连锁店如雨后春笋般在各个城市迅速发展。二手车精品展厅、品牌大卖场、连锁店等主打的口号就是诚信，通过上百项检测保证车辆品质、明码标价、无理由退车、提供质保已经成为这批实现升级的二手车经销企业的“标配”。诚信经营、品牌经营、规模经营已经在二手车经销商群体中不断发酵，成为众多二手车商的奋斗目标。

第三个群体——二手车鉴定评估服务正在向车辆质量认证升级。中国汽车流通协会自2014年推出了二手车“行”认证品牌以来，得到了全行业的积极响应，也受到了市场的追捧。截至2016年12月，共有37家第三方二手车鉴定评估机构获得了“行”认证授权，覆盖全国100个城市，认证车辆累计达5万多辆。在“行”认证引领下，品牌认证开始盛行，这其中在行业中较有影响力的企业有南德和北德的两个TUV认证、车猫认证、UC认证等。此外，市场中还涌现出了一批有一定规模的第三方检测服务机构，如好车伯乐、维真验车、车透明等在地方颇有名气，有的还获得了风险资本上千万的资金注入。

4. 2017年二手车市场有望保持较高速增长

在2015年的展望中，笔者预测2016年的二手车增长率会在15%左右。从2016年前十月已经发生的交易情况看，全年增长率预估可能为10%～15%。从前文的图2中不难看出，二手车交易活跃度越来越高。进入8月份后，二手车交易同比增长均超过10%。其中，2016年10月份的月度同比增长率达到了23%。根据季节波动规律，年末是二手车交易最活跃的时期，预计2016年11月与12月的交易量将会再次刷新纪录，为全年实现较高增长做出贡献。具体来说，测算2016年全年的二手车交易量将会达到1050万辆左右，同比增长预计实现11.5%～12%的目标，接近预测值。

针对 2017 年二手车增长率的预测，笔者将从另外一个维度——保有量析出率来分析。所谓的保有量析出率也称保有量析出比，其计算公式为：保有量析出率=二手车交易量÷2015 年度汽车保有量。

众所周知，汽车保有量是二手车市场的蓄水池，池子越大，水就越多。根据国家统计局公布的统计公报显示，2015 年末我国汽车保有量达到 16273 万辆（不含低速载货车），与 2014 年相比净增 1798 万辆。由于 2016 年汽车市场出现了较高的增速，预计 2016 年保有量净增量或将达到 2000 万辆，2016 年末的汽车保有量大约为 1.8 亿辆。

2015 年二手车交易量为 942 万辆，保有量的析出率是 5.79%（见图 8），由于还无法得知 2016 年全年数据，预计会与 2015 年相差不多。如果以 2015 年的保有量析出率来测算，2017 年二手车交易量应在 1058 万辆左右，这个数据显然存在偏差。笔者将就近年的保有量析出率做进一步分析。

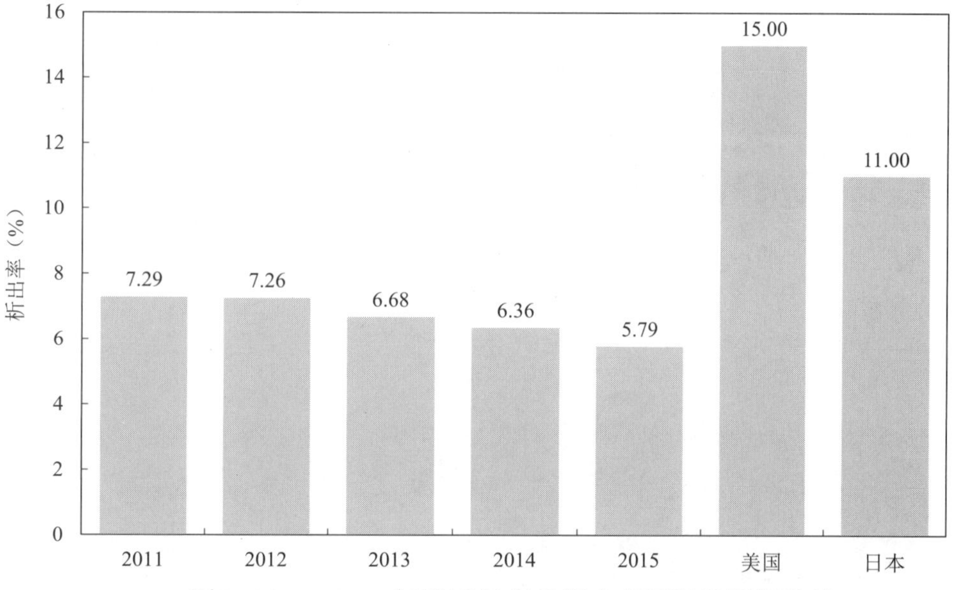

图8 2011～2015年我国保有量析出率情况及国际比较

图 8 反映出两个信息：第一个信息是我国的保有量析出率指标远低于发达国家。原因在于我国还处于汽车普及阶段，保有量还在不断增长中。在汽车保有量中，新车占的比例较大，进入交易区的车辆占比就相对低，保有量向二手车转化的比例就会少。而发达国家的汽车保有量已经饱和，各年度的汽车保有量基本恒

定，汽车消费会随着经济发展周期而波动，与我国有着明显差异。从车辆保有的平均车龄上看，发达国家的平均车龄为8～10年，而我国平均车龄只有4.5年（来自于“菁葵投资汽车服务世界”发布的《2017中国汽车后市场研究报告》)。随着平均车龄的增加，从保有向二手车转化的比例自然就会提升，预计2017年这个指标将由于平均车龄向中年过渡而有一个较为明显的提升。

第二个信息是近年保有量析出率在不断下降，不是随着平均车龄的提升而提升，有违常理。这主要是由于各地的限迁大幅度降低了二手车交易的活跃度。随着限迁的解禁，二手车交易活跃度将会有明显提升，保有量析出率也会随之提升。如果这个指标能够恢复到2011年前后7%的水平，2017年的交易量将达到1260万辆。按照预估2016年全年交易量为1050万辆测算，2017年的二手车市场增速将达到20%。如果按照笔者以往的观点，以20%增长率为衡量井喷行情的分界线，那么，2017年的二手车市场就能够达到或者接近井喷行情了。

（作者：罗磊）

市场调研篇

2016年上海大众产品市场调研报告

一、2016年上海大众市场总体表现

经历了2015年的市场低迷，2016年我国汽车市场在产业刺激政策的推动下快速回升，在股市平稳以及房地产价格走高的宏观环境下，汽车购买需求显示出了回升态势。再加上自主品牌以及新能源车的持续增长，全年总体市场增速大幅回升。上汽大众依旧凭借卓越的品牌口碑和产品质量、丰富的产品线以及精准灵活的营销策略，在2016年成为了汽车行业内首位全年销售突破200万辆的乘用车厂商，实现总销售2001777辆，位居汽车行业第一，并实现10%的同比增长。其中大众品牌共实现销售1671689辆（见图1），稳居全国汽车企业中单一品牌销量第一；斯柯达品牌年度销量达到330088辆。

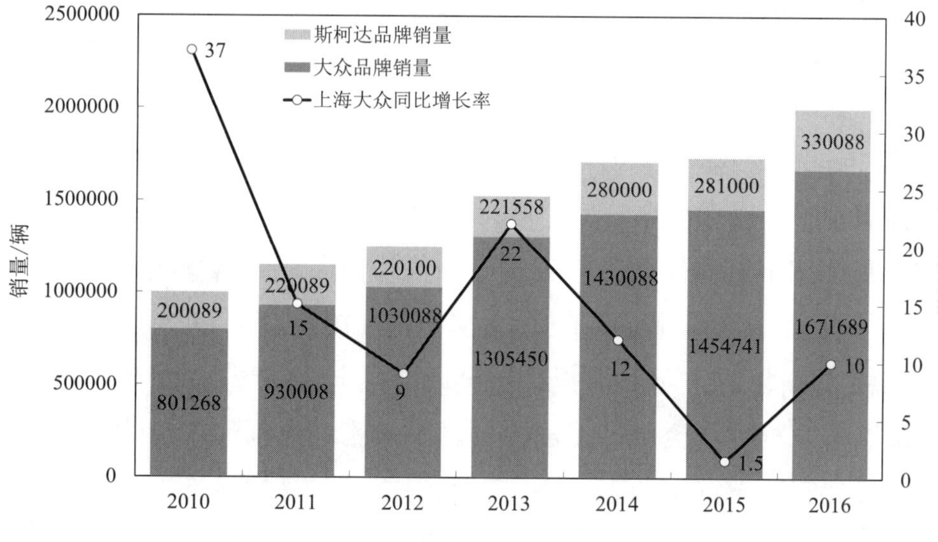

图1　2010～2016年上海大众销量及同比增长率

上汽大众具有深厚的历史底蕴，再加以近年来双品牌产品的不断丰富，企业品牌已拥有73%的无提示知名度，同时企业的美誉度、信任度和推荐度均位居行业榜首。上汽大众已然成为我国汽车消费者熟悉、喜爱和信任的汽车企业。

1．大众品牌

大众品牌2016年全年批售1671689辆，同比增长9.1%。其中，Lavida朗逸家族实现了548131辆的傲人销量，继续领跑A级轿车市场。Passat家族全年销售188214辆，仍然位于B级轿车市场前列。A级SUV的明星车型Tiguan销售势头依然火热，全年销售242160辆。全新Touran L凭借其上市营销的助推重启热潮，实现全年销售46703辆，达到43.7%的高增长水平。POLO在A0两厢市场依旧是一枝独秀，全年销售180150辆。全新桑塔纳家族依然传承了桑塔纳家族的历史底蕴，实现销量159170辆，成为迎合现代时尚和品味的“国民车”。2016年底，上汽大众全新旗舰车型Phideon辉昂实现销量3307辆，代表了上汽大众的至尊品质。

2．辉昂（Phideon）

辉昂于2016年10月21日在我国第一高楼上海中心上市，这也象征着辉昂在上汽大众的旗舰地位，刷新了大众的品牌新高度。Phideon的名称来源于古罗马的女神“Fides”，象征誓约与信仰。Phideon昂首迈入C级高端三厢轿车市场，基于与奥迪A6一样的MLB纵置发动机平台，搭载380TSI、480V6两款动力选择，结合丰富的顶级装备，共推出8款车型，售价区间为34.9万～65.9万元。

外观上，辉昂车型长度突破5m，长宽高分别为5074mm/1893mm/1489mm，轴距达到3009mm，凸显了豪华尊贵的造型。前脸部分，引擎盖上的两条特征线突出了精致的质感。新车配备了全LED辉光自适应前大灯，每一只大灯由34颗LED组成，科技感十足，与带有精致镀铬饰条的横向进气格栅融为一体，为前脸注入尊贵大气的气质。造型犀利别致的前大灯和LED日间行车灯结合，使得前脸充满前卫气息（见图2）。侧面双腰线的设计同样十分吸睛，3D感十足的上腰线以车头为起点，一直延伸至尾灯上部，刻画出优雅、流畅的车身线条。尾部采用水平设计元素，塑造出宽阔的车身姿态。包围整个车身的镀铬饰条与尾排镀铬装饰件融为一体，为尾部增加了宽厚、稳重的视觉效果，同时提升了品质感。19英寸辉霆铝合金轮毂立体感十足，置身于优雅、流畅的车身之下，彰显着上汽大众全新旗舰的尊贵身份与动感魅力。

图 2　辉昂外观

内饰方面，辉昂沿袭了大众品牌的家族设计理念，配备了豪华的车型配置，尽显低调奢华。同时，还配备了夜视系统、抬头显示、全自动四温区空调系统、车门自动吸合、全车辉彩环境氛围灯等高端配置，科技感十足（见图 3）。在后排也配备了电动调节后排座椅，并拥有气动式按摩功能，可通过控制气袋的充放气，提供有 9 种按摩方式组合，快速缓解旅途疲劳，再加以宽敞的车身搭载后排娱乐系统，如此高贵大气的头等舱级奢华空间，为现代企业精英们所青睐。

图 3　辉昂内饰

辉昂的成功上市离不开产品设计初期的研究和对市场的精准定位。研究表明，辉昂的消费人群大多以 30～40 岁已婚男性为主，事业成功，家庭和睦，家庭年收入在 55 万元以上。“隐锋芒，自辉昂”，辉昂迎合的是崇尚低调奢华生活理念的社会精英，不同于奥迪、宝马和奔驰车主的性格外露，辉昂车主把低调作为一种实力和价值的彰显。

3. 全新途观 L

全新途观 L 是德系中高级 SUV 的标杆车型，于 2016 年 12 月 22 日宣布上市，并公布了 3 款车型的售价。2017 年 1 月 18 日，全新途观 L 于深圳启动上市会，并公布了其余 4 款车型的售价。同时在 2016 年 10 月底推出了途观丝路版，上市 2 个月销量已破 3 万辆，将和全新途观 L 并驾齐驱，覆盖不同价格领域，满足不同消费人群的需求偏好。

外观方面，上汽大众全新途观 L 的前脸进气格栅采用了镀铬处理，LED 光源前大灯与进气格栅完全连为一体，整个前脸十分大气（见图 4）。车身的长、宽、高分别为 4712mm、1839 mm、1673mm，轴距为 2791mm，其相比老款 Tiguan 的车身长度加长了 206mm，同时轴距增长了 107mm。得益于轴距的加长，途观 L 的后排腿部空间也会有更大提升。

内饰方面，全新途观 L 延续了大众一贯的稳重设计，主打实用性。此外，根据配置不同，提供了 5 英寸、8 英寸、12.3 英寸显示屏可选，且将采用第二代大众 MIB 多媒体娱乐系统。此外，高配车型将会配备全液晶仪表盘（见图 5）。

途观作为我国汽车 SUV 市场的“神车”，自 2010 年上市以来，在汽车市场上销售历久不衰，受到 SUV 消费者的热烈追捧，累计销售已逾 130 万辆。此次途观全新换代，必将使得市场中对于新款途观积蓄已久的期待和关注再度沸腾，“神车”必将再续辉煌。

图 4　全新途观 L 车型外观

图 5　全新途观 L 车型内饰

4．斯柯达品牌

2016 年是斯柯达品牌全面反击的一年，在经历了 2015 年勉强保平的艰辛之后，2016 年斯柯达品牌全年销售 330088 辆，创下在华年销量的新纪录，同比增幅为 18%，增速远超行业平均水平，展现出“实在不简单”的品牌实力。其中贡献最大的是 2015 年年底上市的全新速派，全年实现销售 41692 辆，同比增长 126%，成为最具成长性的中高级轿车。此外昕动也在 A 级两厢车市场中异军突起，实现销售 27527 辆，同比增长 106%。综合实力出众的 Octavia 明锐全年销售 155098 辆，同比增长 3.4%，稳居 A 级车市主流品牌前列。硬派高性能 SUV Yeti 自 2015 年 8 月升级后人气复苏，全年销量同比增长 15%。

5．全新速派（Superb）

全新速派（Superb）于 2015 年 10 月闪亮登场，作为斯柯达品牌的全新旗舰车型，这款全新速派相比老款有了革命性的改变。

外观方面，全新速派无论是长、宽、高（4861mm、1865mm、1489mm），还是轴距（2841mm），相比老款均增加了很多，尤其是轴距增加了近 90mm，让乘坐舒适性和空间得到了质的改善，同时也增加了档次感。整体设计全面应用了斯柯达最新概念车 Vision C 的设计语言，整车立体优雅，线条轮廓鲜明，极具情感力量。头灯的设计中加入了捷克传统的水晶工艺，并且借鉴了人眼的造型，射线状的日行灯与 LED 转向灯条令人耳目一新（见图 6）。值得一提的是，全新速派全系均标配氙气头灯，体现了配置的跨越。此外，中网部分使用镀铬装饰条同样提升了档次，而下部进气格栅的蜂巢状造型还带来了些许运动气息。尾灯造型继承了家族式风格的“C”字造型尾灯，样式更加犀利的尾灯不仅采用了 LED 光源，而且与头灯一样加入了水晶工艺。与此同时，全新速派采用双边共两出排气布局，在后保险杠上采用嵌入式的方形镀铬排气尾喉。再加上琉黑一体式全景天窗设计，增加车内开阔空间感，完美地契合了车身流线。

图 6　全新速派车型外观

同时，全新速派搭载动力澎湃的第三代 EA888 TSI 发动机，第二代 MIB 信息娱乐系统，打造行驶中的影音盛宴。新一代人机交互功能 CarPlay 兼容 iOS 系统，配备 MirrorLink 完美兼容安卓系统，尖端科技一路随享。

分析斯柯达全新速派在 2016 年大获成功的原因，其颠覆性的新潮造型是首要的功臣。在针对全新速派的消费者调研中发现，有 40%的消费者对全新速派的外观表示满意（见图 7），内部空间和动力性能也受到青睐。

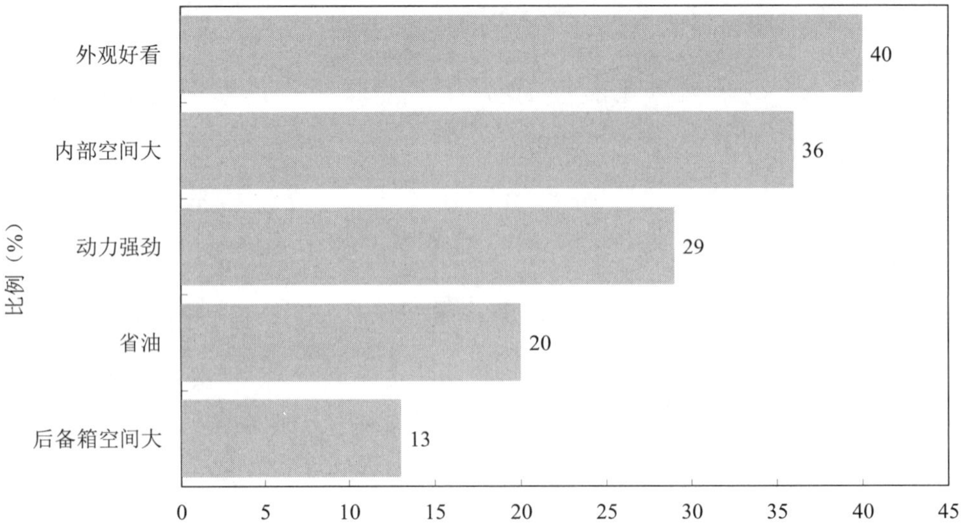

图7 消费者对全新速派的满意度调查（TOP5）

二、2017 年展望

2016 年，上汽大众可谓硕果累累。作为汽车行业的领军人，强势扭转了 2015 年低迷的市场情绪，并取得了我国汽车市场首位全年销售突破 200 万辆的荣誉，为我国汽车工业注入了强大的动力。在车型上，辉昂的上市延展了品牌的新外延，全新途观 L 的推出续写了新的神话。

2017 年，上汽大众又将是百花齐放的一年。大众品牌第一款全尺寸大型 SUV Teramont 将傲世登场，在 2016 年 11 月的广州车展上，Teramont 亮相并受到了极大的关注，其车型尺寸甚至超越了途锐，外观设计上融汇了 CrossBlue 概念车的设计精髓（见图 8），相信这款车将会是 2017 年的明星。同时斯柯达品牌也将上市一款中高端 SUV，名为 Kodiaq，同样在广州车展上首次亮相，其设计风格代表了全新一代斯柯达的设计理念，完全颠覆目前所有斯柯达车型的设计风格，其既硬朗又优雅的造型彰显了 SUV 所应具备的豪迈和大气（见图 9）。这两款 SUV 都填补了上汽大众目前的市场空缺，相信在 2017 年，它们又将成为所在新细分市场的宠儿。

但未来汽车市场格局正在快速转变，三、四、五线城市的飞速发展，新能源车型的逐渐成熟，二手车以及汽车更新需求的逐步增长，新一代年轻购车人群的涌现等，都将成为上汽大众的机遇同时也是挑战。上汽大众以“创造价值，负责任，创新进取，可持续”为企业价值观，凭借丰富的行业经验和富有远见的战略部署，将不畏艰难，不断迈进，继续引领我国汽车工业巨轮前行。

图 8　Teramont 车型外观

图 9　Kodiaq 车型外观

（作者：张曙）

2016年一汽-大众（大众品牌）产品调查报告

2016年我国经济增速持续探底，全年GDP预计增长6.7%，国内经济形势和外部竞争压力不容乐观。政府为稳定经济增长对汽车市场启动政策干预，于2015年第四季度开始实施1.6L及以下车辆购置税减半政策，乘用车市场在经历2015年V形振荡之后开始恢复稳定增长，2016年全年乘用车市场增速呈现前低、中高、后稳的走势，2016年12月在购置税减半延续政策和2017年春节提前的双刺激下市场需求将进一步释放，2016年乘用车市场完美收官已成定局。

截至2016年11月，乘用车市场累计实现新车销售2019万辆，同比增长17.6%，其中第三季度销量同比增长27.8%，为2011年以来单季度增速最高水平，四季度乘用车市场受制于2015年同期高基数影响，增速放缓，但仍能维持20%左右的同比增速。其中2016年11月乘用车市场销售234万辆达到单月历史新高，预计2016年12月份将继续突破，预计全年乘用车市场可达2270万辆，增速15.9%。

面对2016市场的机会与挑战，一汽-大众2016年定调“发轫”之年，意味着在2016年，一汽-大众要带着创业的精神，合力同心扫清障碍，全力开启崭新征程。截至2016年11月份，一汽-大众累计新车销售1670839辆，稳居国内乘用车市场零售第二名；其中大众品牌销售1175662辆，同比增长16.6%，市场份额达到5.8%，单一品牌行业排名第二。在大众品牌缺少SUV/MPV等当下市场热销车型的不利局面下，一汽-大众一方面强化旗下高尔夫和新速腾等明星车型的产品力，牢固占据各自细分市场领跑者地位（见图1）；另一方面力推全新捷达、全新宝来、嘉旅、蔚领、全新迈腾五款新产品上市，强化大众品牌市场声量，提升品牌价值，助力全年销售目标顺利达成。

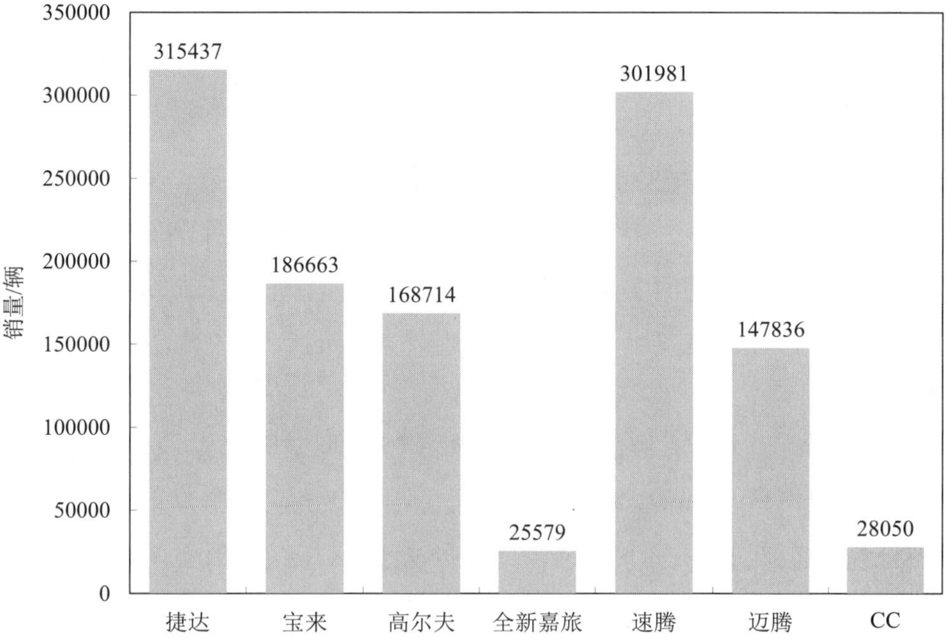

图1 2016年1～11月份一汽-大众（大众品牌）各车型销量

一、全新捷达

全新捷达于 2016 年 12 月 7 日在广州正式上市。从“皮实耐用的好口碑”到“独一无二的记忆”，在我国老百姓的生活中，能够伴随人们 25 年，见证 360 多万个家庭奋斗前进的车型只有捷达。可以毫不夸张地说，捷达成就了一代人的梦想，续写着一代人的希望，并鼓舞着新一代人继续奋进，这本身，已经成为经典，缔造了传奇。作为 25 年承载 360 万家庭汽车梦的“国民车”，全新捷达是在传承捷达品牌皮实、耐用的优秀基因基础上全新升级的惊喜之作，以硬朗、动感的品质设计，全新领先的动力技术，大幅提升并超越同级的动力与燃油经济性，丰富贴心的科技配置，强大的操控性与安全性，再次刷新国内 A 级车市场的全新高度。

它站在经典之上，再次创新升级，无论从外观内饰，还是动力操控，展现出传承经典的品质与引领潮流的精神，为我们呈现出一款更时尚现代、更具品质感、更物超所值的家轿。

截至 2016 年 11 月份，捷达销售突破 30 万辆，达到 315437 辆，细分市场份额达到 15.4%，成为一汽-大众第一款销量突破 30 万的车型，全年各月均占据细分市场销量冠军，“中国家轿第一品牌”理念深入人心。

二、全新宝来

2016 年 3 月，全新宝来正式上市。从 2001 年进入我国，建立起“驾驶者之车”的美誉，十五年来，对品质的不懈坚持、五次脱胎换骨的升级换代，宝来赢得了超过 175 万个家庭的喜爱和信赖。全新宝来集时尚进取造型、愉悦驾驶乐趣、宽适驾乘感受、全面五星安全于一体，以内外兼修的实力成就了新一代 A 级家轿典范。

全新宝来上市以来，销量快速突破，2016 年 9 月宝来销量已达 27204 辆，2016 年 1～11 月累计销量 186663 辆（见图 2）。全新宝来在自身产能爬坡期和传统轿车市场占比持续走低的情况下，销量却依然能保持持续攀升的态势，证明了消费者对其优异产品实力的高度认可。

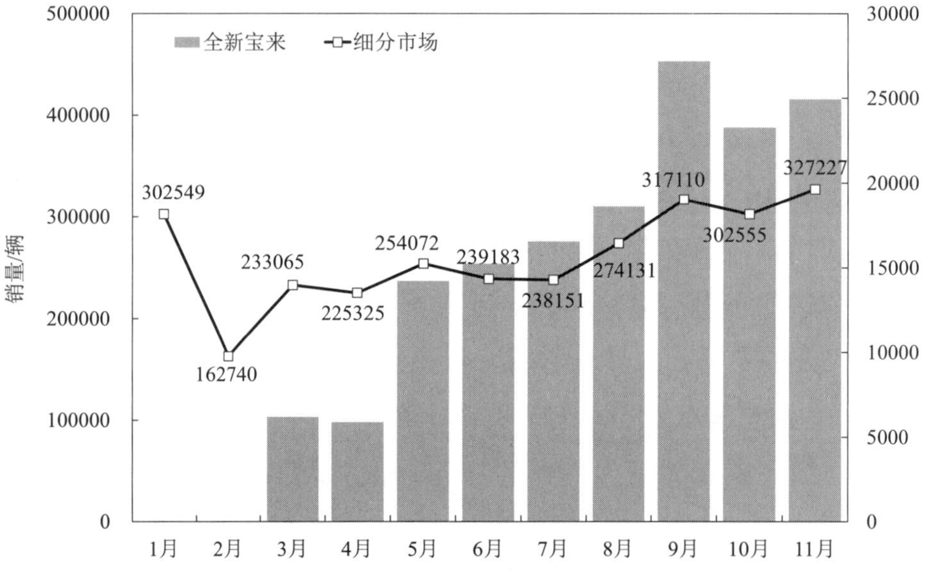

图2 2016年1～11月宝来月度销量走势

三、蔚领

2016 年 11 月 3 日，一汽-大众（大众品牌）第七款车型“蔚领 C-Trek”上市。以“大众品牌首款量产适合日常使用且具有探险精神的跨界旅行车”为定位的蔚领，是一汽-大众顺应汽车市场主流消费群体日趋年轻化趋势，为那些乐观进取、阳光活力、注重家庭并享受高品质生活的年轻群体量身打造的一款魅力车型。蔚领集轿车、旅行车、SUV 多功能于一体，不仅拥有轿车的舒适操控性，更拥有旅行车的易载大空间和类 SUV 的通过性，不仅将满足年轻群体对旅行的向往和对高品质生活的追求，更将以实力诠释“心 • 旅生活”的品牌内涵。

对于一汽-大众和大众汽车来说，全新品牌蔚领也颇具特殊意义。蔚领不仅是一汽-大众首款跨界旅行车，更是大众汽车全球第一款 A 级跨界旅行车。它的到来，不仅丰富了一汽-大众现有的产品结构，更将再创一种新的时代潮流，引领一种新的生活方式，引领一汽-大众驶向新的蓝海，引领我国旅行车市场的春天。

四、高尔夫和高尔夫• 嘉旅

随着我国汽车消费文化和消费观念的不断成熟，兼具大空间、实用性、运动性、多功能于一体的车型愈发受到消费者的青睐，而城市年轻家庭更是需要在上下班、自驾游、私人聚会、家庭用车、商务出行等情景中转换。一汽-大众敏锐地洞察市场需求，于 2016 年 5 月推出一款全新高尔夫•嘉旅。全新高尔夫•嘉旅基于大众最新的 MQB 平台打造，集高尔夫优质基因和更多实用功能于一身，既拥有运动基因和纯粹性能，又具备宜家、宜商、宜旅的全能品质，完美契合了城市年轻家庭多生活方式的需求，开辟出一个全新的细分市场，引领一种全新的用车潮流。

全新嘉旅上市三个月即排名细分市场 TOP4，月均销量稳步提升至 5000 台以上。随着嘉旅的上市，高尔夫家族车型已经有高尔夫、高尔夫 GTI、高尔夫 R-Line 和高尔夫•嘉旅四款车型，通过新产品的不断导入，高尔夫家族吸引了广大消费者眼球，成就了其在两厢车市场不可撼动的市场地位。

2016 年 5～11 月，高尔夫•嘉旅上市累计销售 25579 辆，细分市场份额 5.5%，高尔夫 1～11 月累计销售 166526 辆，细分市场份额 36.0%，在二者合力下高尔夫家族 2016 年 1～11 月累计市场份额较 2015 年同期增长了 8.6%。2015～2016 年高尔夫家族份额见图 3。

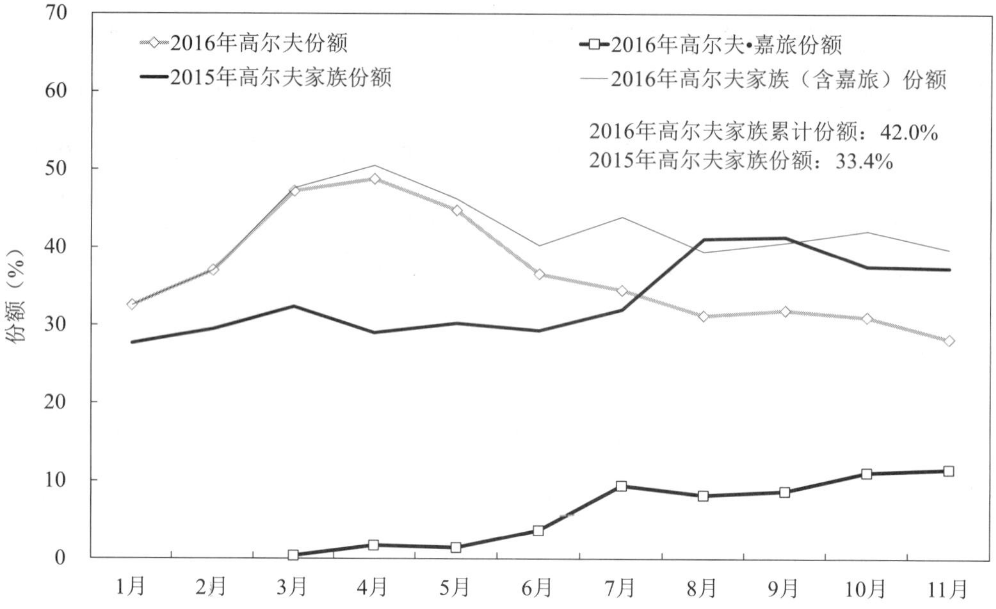

图3 2015～2016年高尔夫家族份额示意

五、速腾

截至2016年11月，速腾累计销售301981辆，是一汽-大众（大众品牌）第二款突破30万辆销售的车型，品牌销售贡献度提升至25.7%。凭借细分市场中24.5%的份额，排名稳居榜首。作为一款德国血统的大众经典车型，速腾品牌自诞生之始就专注于最新德国工艺与现代动感造型的完美结合，以纯正的德系血统、精湛的制造工艺、领先的科技装备，开创了真正的A级高端三厢细分市场，也缔造了A级高端三厢车的行业标准。作为高品质标杆，速腾品牌在科技配置上一直保持领先地位。新速腾在科技配置方面进行了多项升级，具备离/回家功能的前大灯、无钥匙进入与启动系统、触碰式彩色大屏幕GPS导航、定速巡航科技装备等。动力方面，全系配装大众最新一代EA211发动机，不仅体积更小、重量更轻，进一步提升了燃油经济性。速腾拥有1.6L自然吸气以及1.4T涡轮增压两款发动机，其中1.6L版本最大功率为77kW（5600r/min），峰值转矩为155N•m（3500r/min）；而1.4T车型有高低功率两个版本，低功率发动机最大功率为96kW、最大转矩为225N•m，高功率发动机最大功率为110kW、最大转矩为250N•m。搭配5速MQ手动变速器、6速TipTronic自动变速器以及7速DSG双离合变速器。

六、全新一代迈腾

迈腾2016年1～11月累计销售147836辆，细分市场份额达到14.5%，稳居细分市场第二名。自2007年上市以来，迈腾品牌始终引领着国内B级车的发展趋势，销量也一直稳居细分市场第一阵营。迈腾品牌的用户总量突破百万仅用8年时间，创造了德系B级车在全球单一市场的销售奇迹。

2016年7月27日，全新一代迈腾正式上市。作为大众品牌B级车第八代产品，以“科技、创新”为标签的全新一代迈腾拥有几十项创新科技，其中包括15项MQB B平台独有科技、20项领先主/被动安全科技、10项卓越驾驶辅助系统、多项比肩C级的创新科技及尊崇豪华配置等，比如国内同级车型极少装备却功能强大的Pre-Crash预碰撞保护系统、可适应复杂城市道路的ACC 3.0第三代高级自适应巡航系统，以及“智能底盘管家”DCC动态底盘控制系统等，让全新一代迈腾的科技感再次升华。

七、CC

CC的外形设计融合了跑车的动感与豪华轿车的优雅，刚劲有力而不失华贵，整体设计充满动感与优雅元素，车顶从A柱向C柱以较小的半径伸展，高腰线车身与自动无框车门设计，展示了CC运动骁将帅气的一面。CC内饰的设计风格与外观一致，极具视觉冲击力且品质尊贵。CC在动力配置方面采用了先进的TSI+DSG动力总成，点滴油耗便可迸发澎湃动力。作为一汽-大众（大众品牌）的一款形象车型，CC在销量上亦有不俗的表现。

总之，2017年对于一汽-大众（大众品牌）是充满挑战的一年，五款新产品的密集投放为全年销售突破提供坚强动力。相信随着新产品的持续发力，2017年一汽-大众（大众品牌）一定会再创佳绩。

（作者：郭章勇）

2016年上汽通用产品市场调研报告

一、上汽通用2016年总体市场表现

2016年是“十三五”开局之年，我国经济仍延续L形走势，下行压力不减。汽车行业在1.6L及以下购置税减半政策的带动下，2016年1～11月乘用车市场整体增幅远超年初预期，批零同比大幅增长17.6%。

但是，由于不同细分市场的表现不尽相同，上汽通用旗下品牌产品也存在结构性差异，整体销量喜忧参半。上汽通用2016年1～11月国内批发总销量1604057辆，同比增长7.1%（分月批发销量数据见图1），总销量位列行业第三（见图2）。别克品牌和凯迪拉克品牌同比大幅增长，雪佛兰品牌有所下滑。

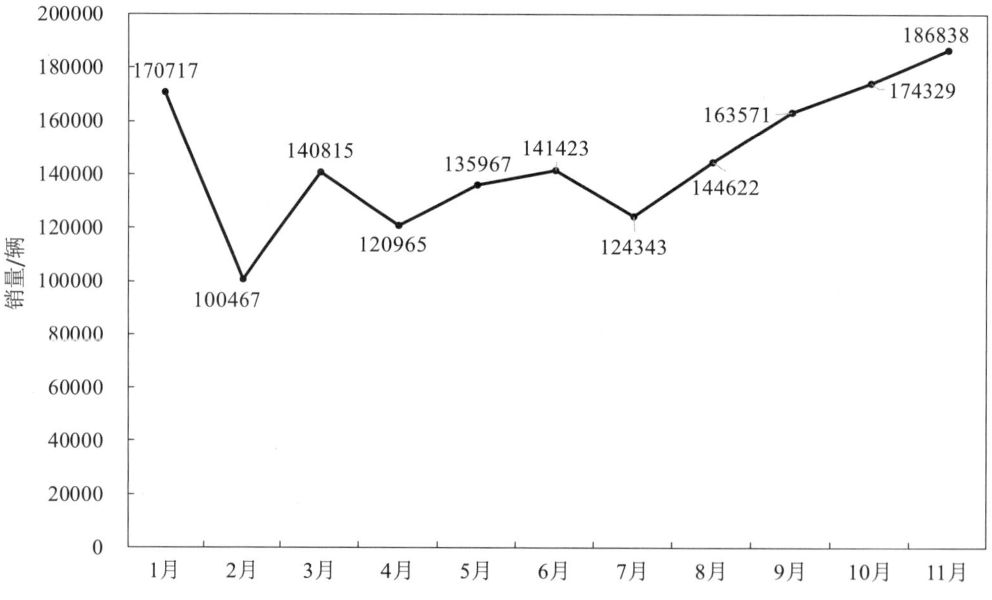

图1 2016年1～11月份上汽通用国内批发销量

（注：数据来源于上汽通用公司统计）

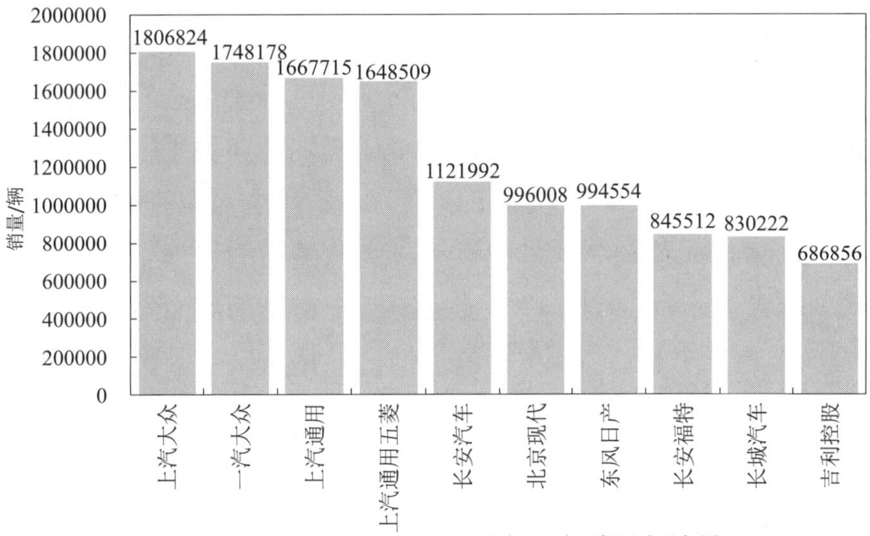

图2 2016年1～11月份各厂商乘用车销量

（注：数据来源于中国汽车工业协会）

二、别克品牌2016年各车型市场表现

别克品牌在2016年1～11月份累计销量1067264辆，同比增长17.7%，累计销量再创历史同期新高（分车型销量数据见图3）。在SUV、中大型轿车、中级车、大型MPV等细分市场中，别克产品表现抢眼，销售、质量同步提升。在2016年11月份，别克继刷新年销百万辆最短用时纪录之后，又实现了我国市场累计销售突破800万辆的目标。

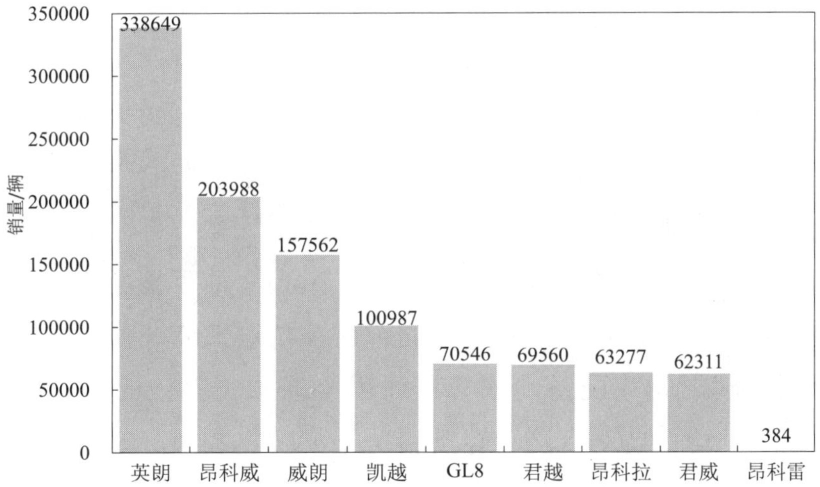

图3 2016年1～11月份别克各车型批发销量

（注：数据来源于上汽通用公司统计）

1．紧凑级轿车

紧凑级轿车细分市场是我国目前最大的细分市场。虽然凯越退市，但别克在中小型车市场依然凭借全新英朗和威朗的不俗表现，实现了销量的大幅提升。

全新英朗GT从2015年1月上市以来，在紧凑型轿车搭载18T和15N两款高效动力总成，凭借简约动感的外观设计，高效舒适的内部空间，以及全系搭载ESP的高效安全配置，树立起国内主流紧凑级车市场的产品力标杆。2016年1～11月份，全新英朗GT以338649辆的总销量，位居别克品牌及上汽通用销量第一名，亦拥有了乘用车行业紧凑级轿车细分市场的领先地位。

威朗三厢轿车有着同级领先的内饰品质与造型，优雅的外观造型与0.27的风阻系数，搭配越级的后排空间，高科技的安全配置，以及节能的动力总成技术，与英朗GT一同构成我国家庭汽车市场需求的核心力量。2016年1～11月份累计销量157562辆，月均销量超过1.4万辆，领跑于同级别车型。

2．中高级轿车

在中高级轿车市场，别克双君持续发挥中级车的稳固地位，通过运动与商务的不同定位，迎合不同消费者的需求。自2009年投放以来，深受消费者喜爱，占据着我国中高级车市场的领导地位。

别克全新一代君越于2016年3月上市，凭借卓越的操控性能、超越同级的驾乘空间、树立同级标杆的安全品质和豪华装备，突破原有车型级别，实现了对中高级车高端和中大型车两大细分市场的覆盖。

别克全新一代君越诞生于通用汽车最新全球车平台，传承了别克概念车Avenir的设计语言，彰显出极富时代感的造型魅力，并引领了别克新一代全球车型的最新设计方向。全新一代君越首次引入别克家族全新前脸设计，车侧双掠峰特征线的运用，令优雅、流畅的车身线条更具动感气息。得益于全新的开发理念及造车标准，全新一代君越车身长度达到5018mm，轴距长至2905mm，展现出中大型车的傲人身姿，结合更具品质感的选材及精致工艺，营造出优雅舒适的内部空间。全新一代君越将配备两款荟萃通用全球领先科技的新一代动力总成系统，并全系标配发动机自动启停功能及制动能量回收系统。新车搭载全新升级的BIP别克·智慧行车科技，配合强劲高效的动力总成及精准扎实的底盘系统，打造出不同于以往的高档驾乘感受。自问世以来，君越始终代表着别克品牌的前沿设计趋势与科技实力，并凭借媲美豪华车的产品实力赢得了国内及海外消费者的认可和青睐。此次中大型高档轿车别克全新一代君越的推出，不仅为别克加速新一轮产品换代拉开序幕，也昭示了别克将借由发力高端市场车型布局，开启品牌发展的新格局。

3．SUV 产品

SUV 市场是 2016 年增长最为迅速的细分市场，其中紧凑型 SUV 逐渐有取代中级轿车，成为我国未来最大主流细分市场之势。别克昂科威依靠澎湃的动力表现，丰富的科技配置，高级的内饰质感，以及优秀的油耗表现，得到了消费者的肯定。2016 年 1～11 月份，昂科威取得了 203988 辆的市场销量，成绩稳居国内合资品牌 SUV 销量榜榜首，并与别克小型 SUV 昂科拉、大型高端进口 SUV 昂科雷共同构成了完善的 SUV 产品线。

4．MPV 产品

一直以来，上汽通用在中高端 MPV 市场都处于领导者地位。2016 年 1～11 月累计销量 70546 辆。

别克全新一代 GL8 于 2016 年 10 月上市，承载着别克 GL8 品牌的积淀，全新一代 GL8 基于对国内大型 MPV 市场和消费趋势的深刻洞察，汇集通用汽车全球优势资源打造而成，在设计、动力、科技、配置等方面实现了全面创新突破，力图满足豪华公商务、社会精英和高端家庭的多元化用车需求，带来超越以往的全新豪华体验。全新一代 GL8 传承了上一代车型的大气格局，在维持超长轴距的基础上，更高效的前舱布局使前悬大幅缩短，后悬的增加带来更大的行李箱空间，同时获得了更优的轴距比例和大气外观。车身高度的增加，进一步优化了车内乘坐空间，前后轮距的增加使得内部横向空间得到更好提升。

多年来，别克 GL8 系列车型凭借大气尊贵的设计、豪华舒适的空间、领先的主被动安全以及人性化科技配备等核心竞争优势，始终领跑国内大型 MPV 市场。随着别克全新一代 GL8 车型在年内的上市，别克 GL8 将以更全面的产品优势、更丰富的产品阵容满足更多元化的消费需求，在保持原有市场优势的基础上，拓展新的市场机会，开创豪华 MPV 市场崭新格局，并助力别克品牌完善在高档舒适车型的产品布局，开拓品牌发展的新局面。

总体来说，2016年别克品牌密集发力，产品更新换代，大力普及全球同步绿色智能科技并引入全新一代电气技术，在不断扩大产品力领先优势的同时，持续提升服务力与品牌影响力，得到了广大消费者的认可与肯定。此外，日趋完善的网络布局也为销售提供了有力支撑。目前，别克销售与售后网络已遍及全国290多个城市和地区，销售与售后店面超过770家，实现了对一至四线城市超过98%的覆盖率。随着品牌体系实力的日益增强，别克已迎来全面向上的发展新时代。

三、雪佛兰品牌2016年各车型市场表现

雪佛兰品牌在2016年1～11月份总销量为433891辆，同比下跌16.8%，各车型销售情况见图4。

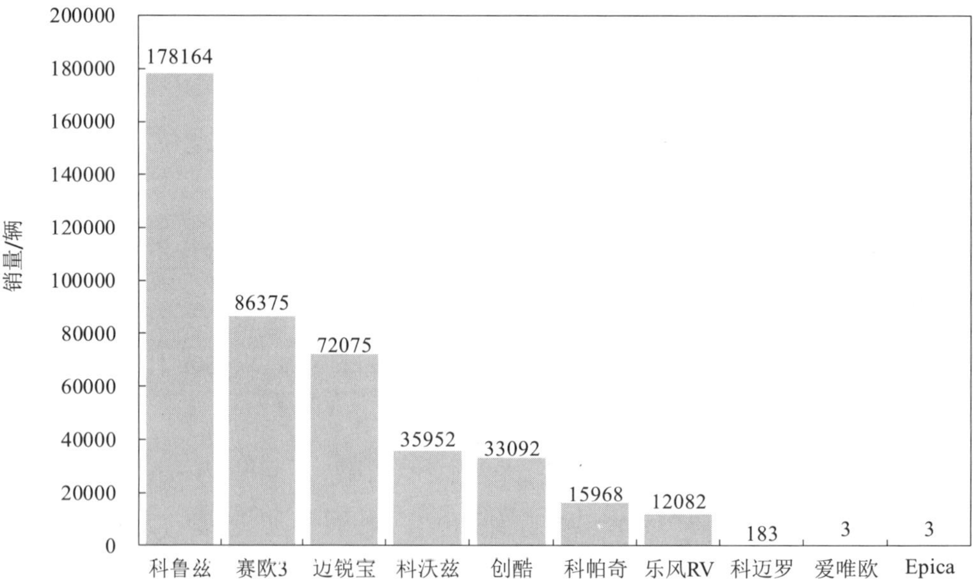

图4 2016年1～11月份雪佛兰各车型批发销量

1. 小型轿车

雪佛兰品牌深耕小型轿车细分市场，赛欧产品在销量和市场占有率方面常年保持前列，但受小型车整体市场萎缩影响，销量下滑明显。赛欧3产品2016年1～11月累计销量为86375辆，同比下跌43%。

2．紧凑级轿车

科鲁兹车系是雪佛兰在紧凑级轿车市场的重磅产品系列。全新科鲁兹 2016 年 7 月上市，共推出 7 款车型，搭载 1.4T 顶置直喷涡轮发动机和 1.5L 顶置直喷发动机，分别匹配 7 速 DCG 智能启停双离合变速器、全新 6 速 DSS 智能启停变速器以及全新 6 速手动变速器，售价 10.99 万～16.99 万元，将引领国内中级车市场进入“全方位用户体验至上”的性能中级车 3.0 时代。科鲁兹家族产品 2016 年 1～11 月份总计销售 178164 辆，为雪佛兰销量最高的产品，奠定了科鲁兹产品在紧凑级轿车市场的主导地位。

科沃兹于 2016 年 9 月上市，搭载 1.5L DVVT 发动机与 6 速 DSS 智能启停手自一体变速器以及 5 速加强型智能启停手动变速器，贴合互联时代我国主流家庭的用车需求，集合通用汽车全球优势资源，运用巧思智造的造车理念，在设计、节油、科技、安全以及品质等方面拥有超越期待的实力。上市后即获得消费者青睐，上市三个月累计销量已达 35952 辆，月销量稳定在 1.2 万辆左右。

3．中高级轿车

雪佛兰新一代旗舰轿车——第九代迈锐宝“迈锐宝 XL”于 2016 年 1 月上市。它与经典一脉相承，但又突破对于经典的固有想象，以设计与科技跨越了全新的界限，为具有新视野、新思维的新一代社会中坚力量带来超乎想象的用车感受。迈锐宝 XL 搭载三款高效动力总成，以领先科技铸就旗舰动力。其中，全球领先的 1.5T SIDI 顶置直喷增压发动机搭配 7 速 DCG 双离合智能启停变速器，将率先开启国内中高级车市新一代黄金排量动力组合，配合突破性的整车轻量化科技，在实现强劲动力性能的同时，更创下国内同级综合路况油耗最低纪录 6.0L/100km。2.5L 智能直喷发动机匹配全新 6 速 DSS 智能启停变速器，高性能与低油耗兼得，更以创新的工艺实现了高稳定性与平顺性，综合路况油耗低至 7.3L/100km。

在我国市场，作为雪佛兰新一代旗舰轿车，迈锐宝 XL 将携手全新迈锐宝，满足中高级车市场更广泛的消费者用车需求。迈锐宝 XL 上市后销量稳定上升，第四季度月均销量超过 4000 辆，与全新迈锐宝月销量合计过万辆。

4．SUV 产品

雪佛兰 2016 款创酷在外观造型、科技配置等方面进行了升级优化。新款创酷全系标配自动天窗和行李架，让出游的乐趣加倍。中高配车型新增倒车影像，1.4T 四驱旗舰型增加电动座椅等人性化科技配置，带来更便捷的驾驶体验。此外，2016 款创酷还新增马鞍棕内饰，为追逐时尚潮流的年轻消费者提供更丰富的选择。受到诸多新车型加入的影响，小型 SUV 市场竞争颇为激烈，2016 年 1～11 月份创酷累计销量为 33092 辆，同比下跌 24%。

四、凯迪拉克品牌 2016 年各车型市场表现

凯迪拉克品牌在 2016 年 1～11 月份累计国内销量 102896 辆，同比增幅达 49%，且在连续 44 个月实现销量同比增长的基础上，创造国内 11 个月累计销量即突破 10 万辆的历史纪录，迈上了品牌发展的新台阶。2016 年，凯迪拉克品牌以突破性的增长态势，连续创造品牌入华以来新的销量纪录，更远超行业平均增幅，成为国内市场增长最快的主流豪华车品牌。

作为成长中的豪华车品牌，凯迪拉克依托独特、鲜明的“新美式风范”品牌形象，不断丰富完善的产品序列，创新科技驱动的卓越产品力，世界级制造标准的凯迪拉克全新工厂，稳定健康的经销商体系以及持续提升的“尊崇”车主服务，逐步赢得我国豪华车消费者的认同。在销量节节攀升，站稳国内豪车主流细分市场的同时，其产品所展现的“新美式豪华”也渐入人心，获得广泛认可。

2016 年，凯迪拉克品牌产品型谱不断扩充，先后推出两款面向主流豪华细分市场的重量级车型——新美式旗舰轿车 CT6 和新美式都会 SUV 凯迪拉克 XT5，与凯迪拉克 XTS、ATS-L 一同实现了产品矩阵在中大型豪华轿车、中级豪华轿车、中型豪华 SUV 三大豪华车主流细分市场的全面布局。

新美式旗舰轿车 CT6 的推出意义深远，凭借多项颠覆与创新的前瞻科技，开启了凯迪拉克“新美式豪华”的全新篇章。而即将上市的插电式混合动力车型凯迪拉克 CT6，凭借前瞻智能的电驱科技，打破“高性能=高能耗”的传统认知，以强劲无间断的动力输出、行云流水般的驾驶平顺性、颠覆传统的驾驶乐趣和高效节能的极致油耗，树立了新能源豪华轿车的性能标杆。全新 CT6 以一系列刷新传统豪华认知的技术革新实践着旗舰的使命，带动全系产品的销量增长。

凯迪拉克 XT5 上市仅 7 个月，销量突飞猛进，目前累计销售 29563 辆（见图 5），月销量跻身国内中型豪华 SUV 市场前三甲。

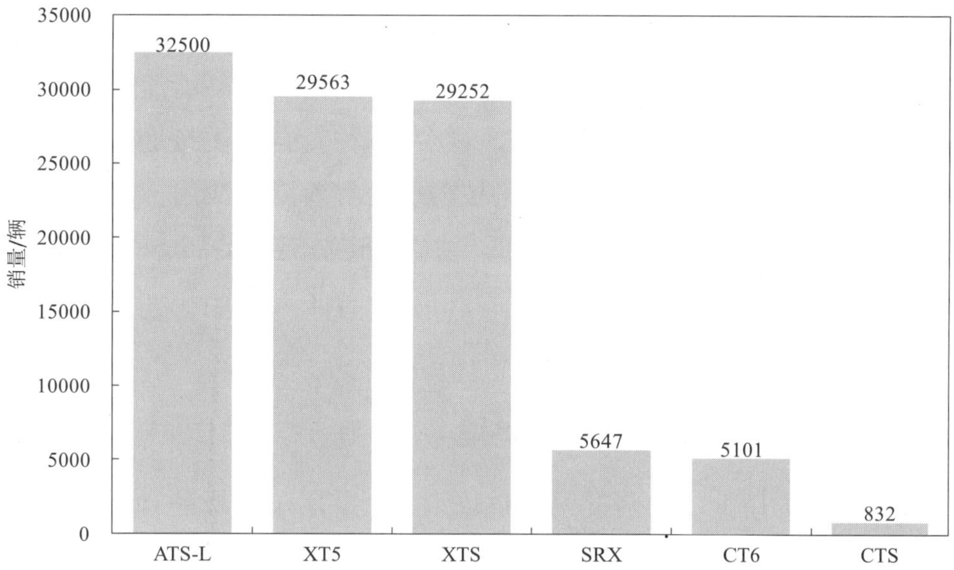

图5 2016年1～11月份凯迪拉克各车型批发销量

不仅如此，凯迪拉克品牌旗下两款明星车型的销量，在新车带动下也毫不逊色。新美式格调座驾凯迪拉克 XTS 在 2016 年增速平缓的中级豪华车细分市场异军突起，自 2013 年上市以来，已收获超过 10 万车主的青睐，成为凯迪拉克产品矩阵的中流砥柱。主打新美式风尚运动的凯迪拉克 ATS-L 销量也屡创新高，2016 年 1～11 月份累计销量已达 32500 辆，成为越来越多年轻消费者心仪的实力首选。

秉承“科技致胜”的产品开发策略，凯迪拉克以“瞩目设计”“震撼性能”“移动互联”为主导，着力打造了独具新美式豪华特征的全新一代产品。以新美式旗舰 CT6 为代表，在“艺术与科技”的设计哲学基础上，跳脱规则桎梏的设计思维，将大胆前瞻的造型比例与材质工艺的精湛追求融于一体。全车采用 208 颗全 LED 光源，配合星瀑式自适应非直射型 LED 大灯带来璀璨视觉效果与标志性辨识度，成就凯迪拉克与众不同的“新美式豪华”设计风格。

作为不断追求卓越性能的豪华品牌，凯迪拉克敏锐洞察到豪华车消费市场对高性能后驱车型的需求点，着力打造搭载创新后驱科技的车型。无论是行政级座驾全新 CT6 还是风尚运动轿车 ATS-L，都从驾控体验出发，以傲视同侪的澎湃动力和敏捷、高效、精准的底盘科技，满足更多豪华车消费者对后驱极致动力性能的需求。全新 CT6 更是集全球首款可变排量技术 3.0TT V6 双涡轮增压发动机、MRC 主动电磁感应悬挂和 ARS 主动后轮转向等领先动力操控技术于一身，展现了独具凯迪拉克“新美式豪华”风范的驾享体验。

创新科技应用方面，无论是全新CT6搭载的业内首创高清流媒体超广角后视镜、殿堂级Bose® Panaray®音响系统、糅合11种复合材质打造的宇航级轻量化车身以及多模式智能电驱系统等前瞻科技，还是目前广泛应用于凯迪拉克车系上的ESS强化安全策略、原装集成4G LTE及Car-Fi功能的OnStar安吉星智能互联系统等人性化科技配置，皆为消费者全方位地诠释了充满胆识和创新精神的“新美式豪华”主张。

五、2016年总结及2017年展望

2016年1～11月份，在购置税刺激政策下，乘用车市场超预期增长。在经济下行的压力下，政策和对政策的不稳定预期是推动乘用车增速大幅提升的主要原因，楼市的火爆也对汽车市场起到了一定的带动作用。

上汽通用在批零端均位列第三。别克和凯迪拉克销量同比大幅增长，雪佛兰有所下滑。各品牌新产品上市较成功，销量不断提升（如别克新君越、全新GL8、迈锐宝XL，雪佛兰全新科鲁兹、科沃兹，凯迪拉克CT6、XT5等）。出口业务方面，在南美主要出口市场销量下滑的情况下，抓住了昂科威出口北美市场的契机，有望实现全年8万辆的出口总量。

在房地产受限及宏观经济不确定性的背景下，2017年，我国经济预计将再次降速，GDP增速或下探至6.5%，我国经济的主线仍然是继续推进供给侧结构性改革，在“去产能、去库存、去杠杆、降成本和补短板”的大方针下，短期内我国经济将稳中有降。

2017年，1.6L及以下购置税减半政策将减半退出，对汽车市场的支撑力将弱于2016年，上汽通用将面临较大的风险。

2017年既是上汽通用成立二十周年，又是升级转型的关键年，有机遇，但挑战更多。为了抓住未来行业发展变革的窗口期，上汽通用汽车将进一步加快传统业务与创新业务“双驱”联动，推动企业创新转型、升级发展战略。并在此基础上，着力提升品牌影响力，优化用户体验，完善市场布局，持续降本提效，加强创新协同，为“十三五”开好局、谋好篇。同时，准确把握宏观经济与行业发展的中长期趋势，在新能源、衍生新业务、智能制造、智能网联汽车等创新技术、创新业务、创新市场的新兴领域中，提速发展，努力开辟未来5～10年迅速增长

的蓝海，为打造具有竞争力的生产服务型企业，构建强有力的支撑，为公司下一个二十年开启持续成长之路。

（作者：赵轩宇）

2016 年广汽本田产品调查报告

一、2016 年整体市场表现

2016 年宏观经济运行保持稳定态势，GDP 增势趋稳、物价涨势总体温和、进出口总量虽有所下跌但货物贸易继续保持顺差。同时，受购置税减半和新能源汽车补贴政策等利好因素的影响，2016 年 1～11 月乘用车累计增速达 18%（分月销量和同比增速见图 1），市场表现超出预期。

在稳定向好的外部环境下，2016 年 1～11 月，广汽本田累计销量为 59 万辆（见表 1），相比 2015 年同期累计增长 15.00%。其中，雅阁、缤智、飞度车型累计销量超过 10 万台，表现较好。

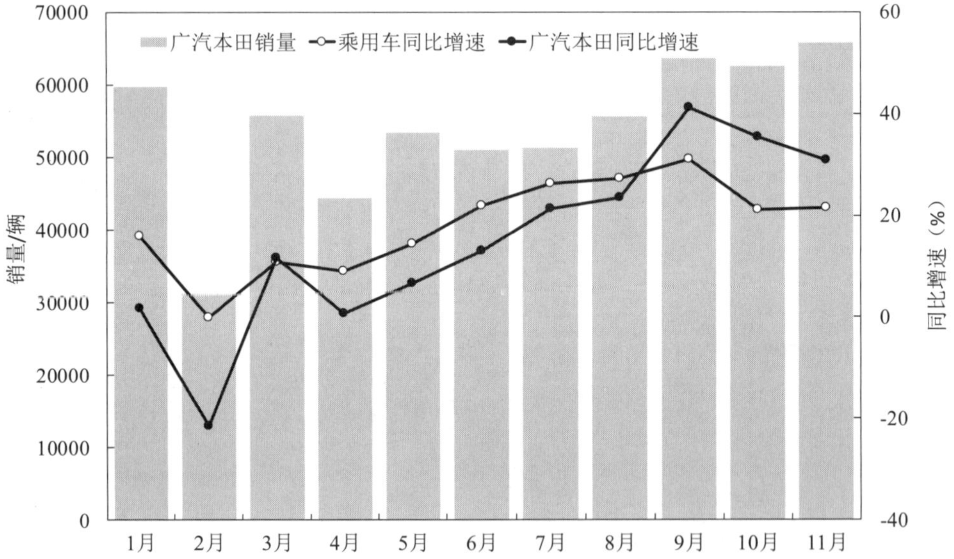

图1 2016年1～11月整体市场及广汽本田销售情况

（注：数据来源于全国乘用车市场信息联席会）

表 1　2016 年 1～11 月广汽本田分车型销量情况

车型＼销量	广汽本田销量情况			
	2016 年 11 月销量/辆	销量同比增长（%）	2016 年 1～11 月累计销量/辆	销量同比增长（%）
雅阁	17434	52.90	121997	9.50
奥德赛	3759	1.60	41065	-3.30
锋范	6094	54.90	69918	81.80
飞度	9943	38.80	103707	9.00
歌诗图	515	-40.30	9867	-36.30
理念 S1	69	-80.40	4774	34.10
凌派	8896	-17.30	85876	-20.20
缤智	17485	45.10	155540	51.70
冠道	1553	—	1559	—
CRZ	1	—	10	-23.10
合计	65749	30.90	594313	15.00

二、2016 年广汽本田细分市场产品的表现

1．雅阁市场表现

雅阁所在的中高级轿车细分市场 2016 年销量持续下滑、同比负增长；同时，由于受到豪华品牌入门级车型价格持续下探的压力影响，终端价格 20 万元以下的车型逐渐成为市场销售主力。

作为广汽本田的代表车型，2016 年 1～11 月雅阁累计销售超过 12 万辆，同比增长 9.5%，在级别市场表现低迷的情况下，实现了强势增长，并且保持了日系中高级轿车的销量冠军地位。

雅阁之所以能够逆市增长，主要得益于其产品力的大幅提升。2016 年 3 月，广汽本田推出第九代雅阁的中期改款车型，全新家族式运动化前脸、羽翼式前大灯、光纤尾灯等外观新变化吸引了大批年轻用户群体，同时 Honda Sensing 安全超感增强了新用户对雅阁安全性、科技感的了解和认同。另外，广汽本田于 2016 年 9 月推出的雅阁混动版车型，搭载了兼具强劲动力和超高燃油经济性的 i-MMD 双电机混合动力系统，以及 SBW 电子换档等多项 Honda 先进技术，全面升级产品力。

通过对消费者的购买决策过程进行持续调查发现，全新雅阁在外观、内饰、

安全性等方面对潜在用户的吸引力有所提升，并能进一步促使其购买（见图2）；而雅阁混动版吸引到了与雅阁燃油版不同的潜在用户群体，包括更多的入门级豪华品牌目标用户。其中60%以上的用户表示，比起外观、空间等传统产品特点，他们更加重视雅阁混动在动力类型/动力性方面的表现。

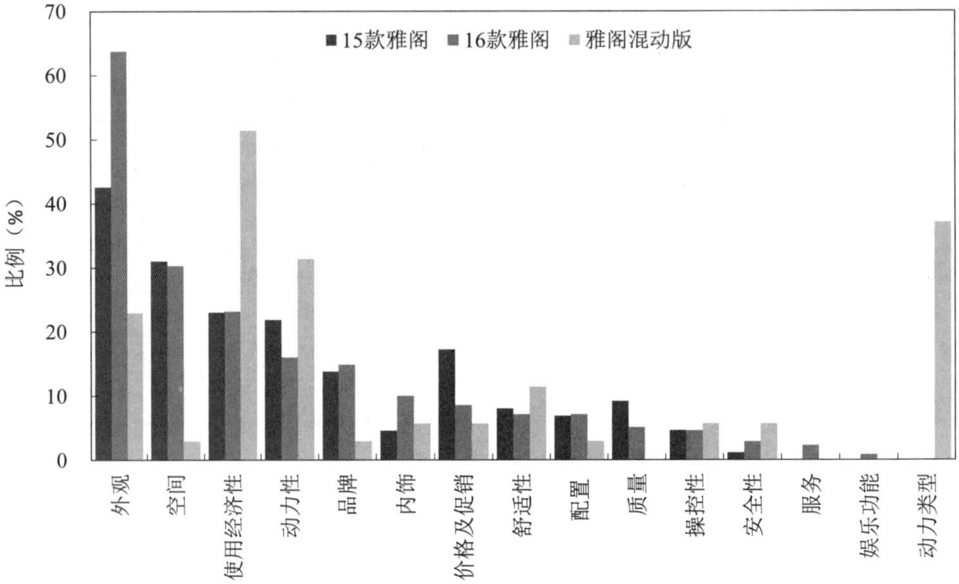

图2　消费者选择购买15款雅阁/16款雅阁/雅阁混动版的原因

2．飞度市场表现

同样作为广汽本田的代表车型，飞度多年来凭借油耗低、动力强和产品可靠性等特点打造了良好的社会口碑。自2014年5月第三代飞度进入市场以来，广汽本田对A0级轿车市场消费者的购车偏好和用车需求进行持续研究，并于2016年8月通过调整配置策略推出两个新派生：1.5L舒适天窗版和1.5L时尚天窗版。目前舒适天窗版已经替代舒适版成为飞度的主销派生，并且新增的两个天窗版车型累计为飞度贡献了超过40%的销量。使得飞度在A0级轿车市场普遍低迷、全年负增长的情况下，仍保持了9%的全年累计同比增长，稳居细分市场前列。

3．锋范、凌派市场表现

2016年，锋范主要通过不断开展网络媒体传播来延续上市热点话题，同时进一步渗透运动化的产品形象和定位、提升产品亮点。另外，针对在1.5L CVT舒适版与1.5L CVT豪华版之间存在1.6万元消费空档的现状，广汽本田于11月广州车展推出了锋范 1.5L CVT 精英版，在补齐产品短板的同时也为消费者提供了更丰富的购车选择。2016 年 1～11 月锋范累计同比增长 82%，销量正在持续攀升中。

凌派则主要以深化产品功能卖点为核心，针对 LWC 盲点显示系统、发动机自动启停系统、 VSA 车辆稳定控制系统、HSA 斜坡启动辅助系统和 ESS 紧急刹车警示系统等主动安全和被动安全配置，开展新凌派先进试驾体验营，以提升凌派在消费者心目中先进安全的形象。2016 年，凌派虽然受到了购置税减半政策的不利影响，但是通过多元化的市场营销策略，依然取得了累计销量超过 8 万台的好成绩。2017 年，凌派也将把握市场机遇，努力提升产品销量。

4．冠道市场表现

2016 年，SUV 市场仍然保持市场整体水平之上的高增速（见图 3），同时我国汽车消费也在不断升级加速，各大汽车企业纷纷加快了布局中大型 SUV 市场的步伐。

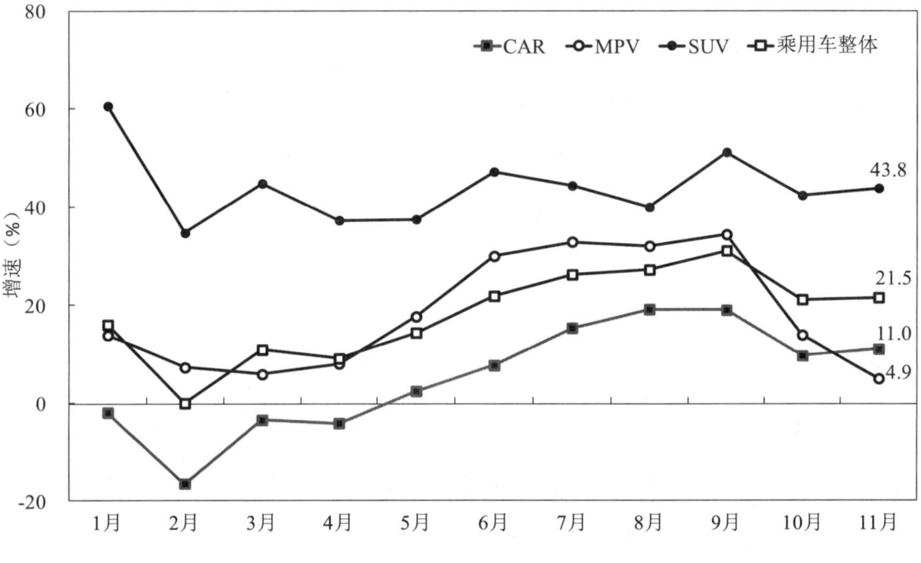

图3 按车体分2016年乘用车市场终端销售情况

（注：数据来源于全国乘用车市场信息联席会）

2016 年 10 月，广汽本田正式推出大型豪华 SUV——冠道，本次上市新车全系搭载 2.0T 发动机，共推出 5 款车型，售价区间为 26.98 万～32.98 万元。

外观方面，冠道采用了本田 CONCEPT D 概念车的设计理念，新车中央镀铬格栅采用飞翼式造型并与全 LED 前大灯组相连。内饰方面，在保留本田特有的风格之外，加入了许多时尚科技元素。配置方面，冠道配备有发动机一键启动、电子驻车制动、座椅加热、倒车雷达、车身稳定系统等实用功能，其中后排配置是冠道的一大亮点，具备后排自动空调、中央扶手娱乐系统控制面板、后排遮阳帘等舒适和科技配置。动力方面，2016 年上市的车型搭载 2.0T 直喷涡轮增压发动机，与其匹配的是一台 9 速自动变速器。另外，2017 年 3 月冠道还将补充 1.5T 车型供消费者选择，预售价格为 22 万元起。

截至 2016 年 11 月，冠道累计终端销量 1500 余台，累计订单销量达 7000 余台，预计 1.5T 车型上市后销量将迎来新一轮增长。

5. 奥德赛市场表现

2016 年广州车展上，广汽本田发布两款奥德赛福祉车车型，分别为智享福祉版（售价为 32.18 万元）和至尊福祉版（售价为 35.48 万元）。

在保持奥德赛原有新锐外观、舒适空间、智能科技三大固有优势的基础上，奥德赛福祉车将原来的第二排右侧固定座椅调整为可升降式座椅。通过一键操作，可实现座椅平稳低噪地前后滑动、向外旋转，在伸出车外的同时下降至适中的高度，待用户坐稳后，上升转入车内，复位在相同位置。如此贴心周到的座椅设定，可以帮助家庭中的长者及行动不便的人群轻松、便捷地上下车辆。

奥德赛福祉车不仅进一步扩充了奥德赛的功能性和实用性，也体现出广汽本田的人文关怀精神，践行了广汽本田在 2016 年 4 月发布的全新品牌口号——让梦走得更远。

三、总结

2016 年，广汽本田通过“Honda Sensing+混动+涡轮增压”的技术组合和车型配置策略调整对现有产品线进行了补充和升级，其中新雅阁与冠道更是发挥了提升品牌形象、促进销量增长的重要作用。

2017 年，汽车市场新品投放将更为密集，竞争也将更加充分，在购置税政策半退出、排放标准更加严格的情况下，广汽本田将通过快速响应市场变化、提升产品力，不断提供超越消费者期待的产品。

（作者：吴婷婷）

2016年东风日产产品市场调研报告

一、2016年乘用车市场回顾

2016年，受到1.6L及以下排量车辆购置税减半政策的强烈推动，乘用车整体市场呈快速增长态势（见图1），月同比增速在上半年一路爬升，至7～9月份达到30%左右，10～11月份回落（车辆购置税减半政策于2015年10月开始实施，2015年10～11月份的基数相比10月份以前更大）。2016年1～11月份累计批售量2098万辆，同比增长18%；自主品牌860万辆，同比增长27%；合资品牌（含豪华品牌）1239万辆，同比增长12%。

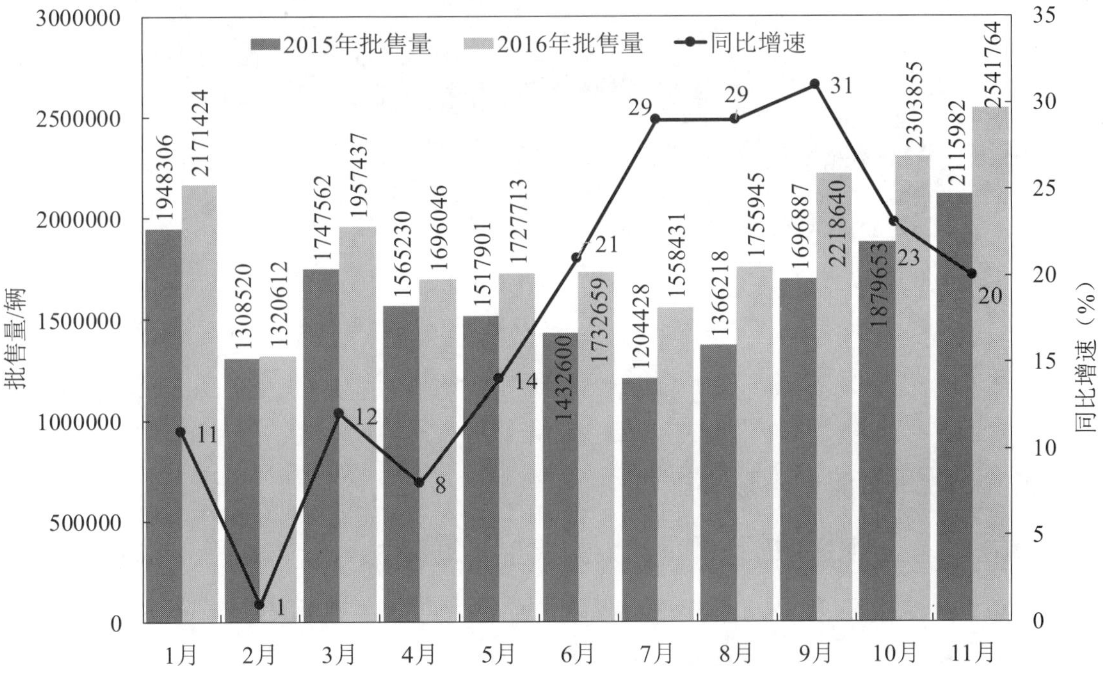

图1 2016年1～11月乘用车批售量

（注：数据来源于全国乘用车市场信息联席会）

二、2016年东风日产市场表现及细分市场研究

1．2016年东风日产市场表现

2016年东风日产销量实现稳步增长（见图2），1～11月累计批售量99万辆，同比增长15%。日产品牌获得88万辆销量，在新逍客、新蓝鸟等新车型的推动下，同比增长18%；启辰品牌销量为10万辆，受50系车型生涯接近末期销量下降的影响，同比下降8%。

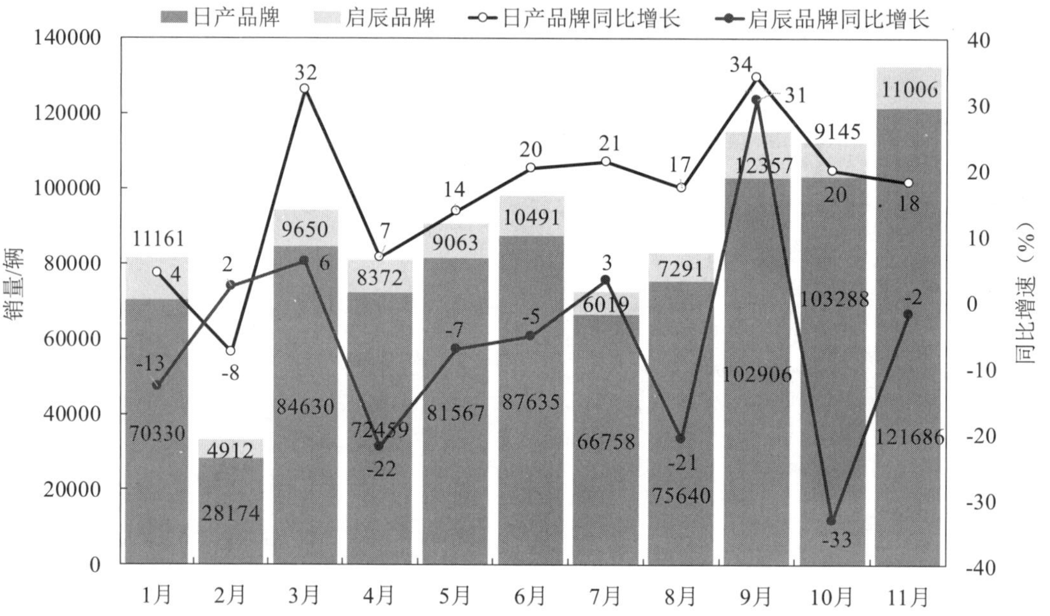

图2　东风日产2016年1～11月批售量

（注：数据来源于全国乘用车市场信息联席会）

2．2016年各厢型市场表现

2016年，三厢轿车仍是销量最大的厢型（见图3），1～11月份累计批售948万辆，同比增长5%；SUV仅次于三厢，批售795万辆，增长迅猛，增速高达45%；MPV批售222万辆，增长19%；两厢轿车销量下滑，批售134万辆，下降8%。

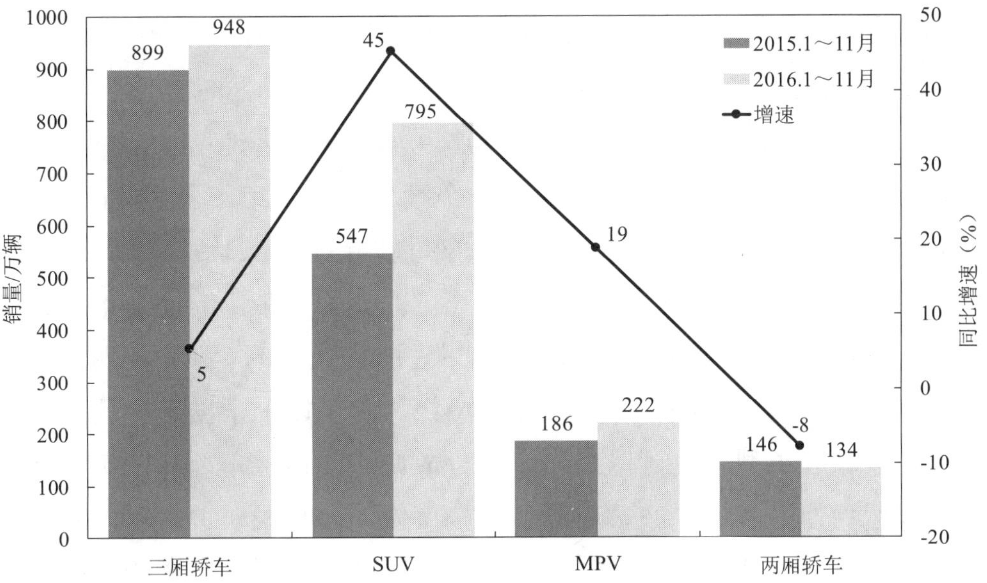

图3 乘用车分厢型批售量

（注：数据来源于全国乘用车市场信息联席会）

除了 MPV，东风日产在各个厢型市场都投放了产品。接下来将结合东风日产各车型在 2016 年的表现，分析三厢轿车、SUV 及两厢轿车市场。

3．三厢轿车市场分析

（1）阳光及合资品牌 A0 级三厢轿车市场 阳光批售 67507 辆，同比下降 11%。而从合资 A0 级三厢轿车整体市场来看，2016 年前 11 个月的市场总量为 142 万辆，同比增长 2%，在合资品牌里是仅次于 A 级三厢轿车和 A 级 SUV 的第三大市场，近年来各主要合资品牌纷纷在此布局。阳光上市已经超过 6 年，车型有所老化，面对激烈的竞争，销量下滑在所难免。但值得注意的是，合资 A0 三厢 2%的增长低于三厢车总体 5%的增长，市场表现并不乐观。

从原因上看，主要有两点：第一，新车用户家庭收入随着国家经济发展持续上升，消费升级导致越来越多的顾客更多地考虑级别更高的车型；第二，与合资 A0 级三厢价格带接近的自主品牌 SUV 从车身尺寸和配置丰富程度等方面都有较大的优势，对合资 A0 及三厢的份额有所蚕食。

未来顾客收入的增加和 SUV 增长的趋势在近几年内不会变化，各大厂商在稳住产品布局后，在合资 A0 三厢的新车导入将基本保持平稳的节奏。可以预测未来合资 A0 三厢市场或将稳中趋降。

（2）轩逸、蓝鸟及合资品牌 A 级三厢轿车市场　2016 年 1～11 月轩逸批售 324148 辆，同比增长 11%，是东风日产销量最高的车型，同时也是同期合资品牌 A 级三厢轿车销量的第三名；蓝鸟批售 70249 辆，几乎为纯增长销量。

合资 A 级三厢一直是乘用车最大的一个细分市场，2016 年前 11 个月的市场总量约 444 万辆（同比增长 17%），占乘用车整体销量的 21%。车型数量接近 50 款，竞争已经趋于白热化。巨大的市场与充分的竞争，带来的便是市场的进一步细分，现在已经可以看到三个区隔级别：以速腾为代表的 A+级，朗逸、轩逸等为代表的 A 级，以及以福睿斯为代表的 A-级。除了以上根据车身尺寸和价格的细分，从覆盖顾客类型上也可以进一步细分成偏成熟稳重车型和偏年轻动感的车型。轩逸和蓝鸟便是东风日产站在顾客的角度做的产品线布置，可以看到，轩逸和蓝鸟的价格定位虽然很接近，但蓝鸟的上市丝毫没有影响轩逸的销量，而且额外带来了 7 万多辆的销量纯增，足以证明顾客细分市场间的蚕食是很小的。

（3）天籁、西玛及合资品牌 B 级三厢轿车市场　天籁批售 82824 辆，同比下降 18%；西玛批售 2249 辆，为纯增销量；合资 B 级三厢整体市场总量为 119 万辆，同比下降 11%，从 2014 年开始已连续下降三年。主因仍是受豪华品牌入门级车型价格下探以及 A 级 SUV 的蚕食。但作为轿车的旗舰，B 级轿车对于品牌形象仍有重要的意义。为了配合 Young Nissan 的品牌战略，东风日产 2016 年导入了 B 级运动轿跑西玛，销量虽然不高，但也与此前上市的楼兰、蓝鸟等一起，为整个日产品牌注入了活力。

（4）启辰 D50 及自主品牌三厢轿车市场　启辰 D50 批售 11588 辆，同比下降 32%。接近生涯末期的 D50 从造型、内饰、配置的角度都不具备较强的竞争力，无法很好地满足顾客日益提高的需求。纵观整个自主品牌，三厢轿车市场也处于下降趋势，2016 年 1～11 月份市场总量为 167 万辆，同比下降 5%。下降的原因主要在于自主品牌 SUV 的蚕食以及厂商投入车型减少。

4．SUV 市场

（1）奇骏、逍客及合资品牌 A 级 SUV　2016 年 1～11 月份奇骏批售 163298 辆（在合资 A 级 SUV 中排名第四），同比增长 12%；逍客批售 126217 辆（在合资 A 级 SUV 中排名第六），同比激增 154%；奇骏、逍客双车的良好表现，让东风日产在 2016 年稳居合资品牌 A 级 SUV 销量榜首。

整体合资 A 级 SUV 市场总量 176 万辆，同比增长 34%，是合资品牌里仅次于 A 级三厢车的市场，和 A 级三厢车一样，进一步细分三个区隔已逐渐清晰，分别是以昂科威、途观为代表的 A+级，以奇骏、CRV 为代表的 A 级，以及以逍客、新途胜为代表的 A-级。目前，大部分厂商都只在单一的细分区隔投放一款 SUV，而东风日产瞄准 A 级和 A-级 SUV 分别投入奇骏和逍客的双车战略是目前领先的原因。从 SUV 强力增长的态势来看，未来的 A 级 SUV 市场竞争将越来越激烈，顾客需求也将如 A 级三厢车一样出现明显细分，相信届时如何精准地瞄准细分市场将是未来各大厂商制胜的关键。

（2）楼兰及合资品牌 B 级 SUV　2016 年 1～11 月份楼兰批售 17969 辆，同比增长 81%；合资 B 级 SUV 市场总量 32 万辆，同比增长 61%，是合资品牌增长最快的市场。其中福特锐界和丰田汉兰达是表现最出色的两个车型，前 11 个月销量分别达到 11 万辆和 8 万辆。大车身尺寸、大气威猛的造型和三排座等不仅很好地满足了区隔顾客的需求，也让其有效避免了来自豪华品牌入门级 SUV 的蚕食。

从趋势上看，各大厂商都积极在此布局，2016 年欧蓝德、冠道等车型相继上市，预测 2017 年还将有大众特拉蒙、本田 URV 等车型加入。B 级 SUV 未来仍将是合资品牌 SUV 增长的亮点。

（3）合资品牌 A0 级 SUV　市场总量 80 万辆，同比增长 13%，增长点主要来自本田缤智及 XRV，双车销量均达到了 15 万辆，除此之外尚无平均月销超过 1 万辆的车型。原因在于，A0 级 SUV 处于合资 SUV 较低的价格带，很容易受到同价位但尺寸更大、配置更丰富的自主品牌 SUV 的强力挑战。

（4）T70 及自主品牌 SUV　2016 年 1～11 月份 T70 批售 62635 辆，同比增长 15%；整体自主品牌市场总量 457 万辆，同比增长 57%，其中 A 级 SUV 总量 273 万辆，同比增长 83%。自主品牌 SUV 在 2016 年乘用车市场的表现是最为亮眼的。

从车型来看，哈弗 H6 批售高达 50 万辆；传祺 GS4、宝骏 560 都达到了 30 万辆；还有最新上市的吉利博越、荣威 RX5 等车型，单月销量也达到了 2 万辆左右。值得一提的是，GS4、博越和 RX5 等车型，主力销量级别的价格都在 14 万～15 万元，已经进入了合资品牌 A0 和 A 级 SUV 的价格带。

自主品牌 SUV 市场的爆发首先要归功于各自主品牌造型、研发能力、制造水平等方面的快速提升。外观设计和内饰品质等已经越来越接近合资品牌的水平；自主研发的平台、动力总成的竞争力有了极大进步；新车故障率越来越小。因此产品能更好地满足顾客需求，加上优秀的性价比，也促使越来越多的顾客选择自主品牌 SUV 车型。

跟自主品牌的明星 SUV 们相比，虽然启辰 T70 表现相对逊色，但也获得了两位数的增长。这是市场对在有限资源下不断提升水平的启辰团队的肯定。诚言，要在未来激烈的竞争中生存，T70 是远远不够的。因此，在启辰团队的不懈努力下，2016 年底又推出了全新的 T90 车型。与 T70 不同的是，T90 的底盘、车身由启辰团队自主研发完成。车身型式是自主品牌中前所未有的跨界车型，外观上采用启辰全新设计语言，造型惊艳、动感时尚、配合愉悦舒适的驾乘体验和乐享随心的智能配置，在自主品牌 SUV 市场为年轻消费人群提供了一个全新的选择。

5. 两厢轿车市场

（1）玛驰、骊威、骐达及合资品牌两厢车　2016 年 1～11 月份玛驰批售仅 83 辆，同比下降 93%；骊威批售 7792 台，同比下降 64%；骐达批售 32739 辆，同比下降 32%；市场总量 92 万辆，同比下降 6%。

（2）R30、R50 及自主品牌两厢车　2016 年 1～11 月份 R30 批售 2736 辆，同比下降 63%，R50（含 R50X）批售 20874 辆，同比下降 25%；市场总量 16 万辆，同比下降 21%。

总的来看，与 SUV 市场的火爆相比，两厢车市场较为惨淡。市场本身是各厢型里最小的，因此相对不受厂商重视，新车型投放较少，加上 SUV 对两厢车的替代效应比其他厢型更强，注定了两厢车市场不断萎缩的颓势。

三、2017 年展望

2017 年国家十三五规划的深化改革仍将继续，新常态的经济形势不会发生变化，GDP 增长也有进一步下行的风险。但对乘用车市场而言，增长仍是乐观的：2017 年，优惠政策虽然有退坡，但预计仍然可以驱动市场的进一步增长；从产品层面，随着技术的进步，各大厂商特别是自主品牌，将有越来越多具备优秀竞争力的车型上市，也将推动整个市场的发展。

（作者：詹毅行）

2016 年神龙汽车市场调查报告

2016 年对于我国汽车市场来说，是一个蓬勃发展年。这一年，乘用车市场在国家购置税优惠政策的刺激下，市场增速逐月提升，全年增速有望达到 20%，超预期高出 2015 年约 10 个百分点，对宏观经济起到了极大的支撑作用。1.6L 及以下的小排量市场、自主品牌、SUV 市场、新能源汽车等领域增长显著，已在朝着国家调控的方向健康发展。

2016 年对于神龙公司来说是一个调整年。这一年，神龙公司发布了“5A+”新一轮的中期事业计划，将企业的战略定位从“成就拥车梦想”调整为“为客户出行提供综合解决方案”的高效汽车企业。与此相对应的战略目标也从单一地追求销量和市场占有率调整为：质量领先、千亿规模、卓越绩效。具体来说即质量水平在 2018 年进入行业前三、2020 年力争第一；销售收入在 2020 年超过千亿元；更加注重效率提升，2020 年提升 30%，追求可持续的盈利性发展。在这一战略目标的指导下，神龙公司 2017 年的各项工作和经营指标将朝着既定的方向稳步迈进。

1. 推行健康的营销模式，贯彻“交付＞开票＞生产”的原则，严格控制库存

根据新的战略定位，从 2017 年开始，神龙公司将健康的营销模式摆在更加突出的位置，从单一追求销量和市场占有率目标转变为营销质量、经营效率、销售收入、品牌健康度并重的经营理念，从行业普遍推行的拼价格、拼促销的简单营销方式转变为追求产品和服务内涵、追求品牌和经销商健康发展的经营方向。贯彻“交付＞开票＞生产”的原则，严格控制库存。经营方式的改变不可避免地带来短期的阵痛，但从长期看，这种阵痛是必然且必需的。2016 年，神龙公司累计销量达到 60 万辆（见图 1、图 2），相比 2015 年下降了 10 万辆，这是 2012～2014 年连续 3 年以年均 21%的增速（高出市场平均水平 9 个百分点）高速增长之后的首次下滑，神龙公司进入战略调整期。

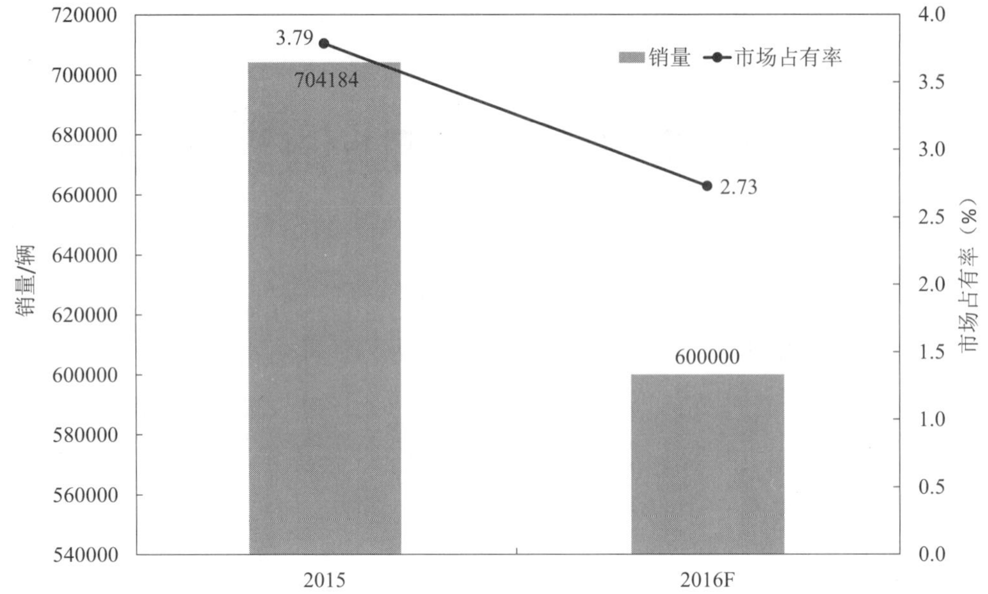

图1 神龙汽车2015～2016年销量及市场占有率对比图

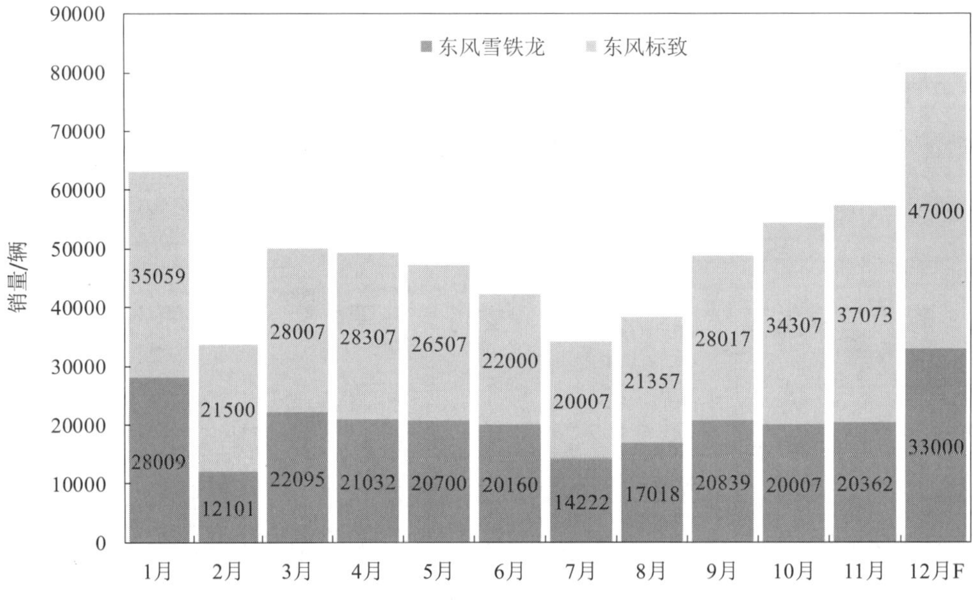

图2 2016年神龙汽车分品牌月度销量走势图

2．稳定市场价格，大力改善经销商经营状况

经销商是神龙公司的利益共同体，让经销商盈利是神龙公司的责任。要切实做到优化渠道布局、提高单店销量、改善销量结构、大力提升网点的盈利性，提高经销商的积极性。因此，神龙公司在规范新车定价、优化促销方式、稳定产品

市场价格、提升单车收入和边际贡献等方面采取了一系列措施，确保神龙公司和广大经销商共同步入稳定、健康、可持续的发展道路。

3．提升品牌价格能力和品牌价值，努力实现从价格驱动到品质驱动和品牌驱动的战略转变

神龙公司从 2015 年开始建立价格能力评价体系，以逐步提升东风标致、东风雪铁龙两个品牌的价格管控水平。该体系是 PSA 在全球范围统一规范实施的体系之一。根据股东要求，2016 年价格能力被列为公司级的 KPI 及 BSC。

商品价格能力 PP 值（Pricing Power），是通过对比一个品牌的某产品卖给最终用户的价格，与其他品牌同等价值产品卖给最终用户价格之间的差异，来衡量销售过程中实现更高价格的能力。

神龙公司在构建价格能力评价体系时，根据价格能力理论，结合公司战略管理目标和公司产品企划及营销的实际工作，考虑公司自身特点，综合考虑产品价格、价值及销量的关系，设计了价格能力评价指标。该指标可量化、可控制，将产品价格管理与公司总体发展战略和日常经营管理相统一，并贯穿产品的整个生命周期。

4．找准用户需求、优化产品功能配置、提高运营效率

技术同质化的大趋势下，成本管控能力是企业重要的生存能力。2016 年，神龙公司致力于梳理现生产同类零件，建立零件通用件开发规范与准则，并建立相应指标；对标核心竞品，建立技术降成本的快速决策机制，与供应商一起进行技术降成本；找准用户需求，精简现生产车型级别；剔除一些不实用、客户认为可有可无的冗余功能；加快零部件深度国产化的步伐，全面对标东风日产，学习其成功经验；继续在全价值链范围内消灭浪费。

5．继续大力提升实物和服务质量

神龙公司发布实施了新一轮质量规划（“卓越质量 3230 计划”）：到 2020 年，东风雪铁龙和东风标致双品牌的服务质量（CSI/SSI）、产品质量（IQS）、性能质量（Apeal）致力于达到行业前三名。神龙公司将坚持把用户满意作为产品实物质量和服务质量的唯一评判，贯彻 SMQ 质量体系成熟度管理方法，不断完善以客户为导向的质量管理体系。

6. 战略西进，成都工厂竣工投产

2016 年 9 月 7 日，神龙汽车有限公司成都工厂正式竣工投产。作为东风公司产业布局调整的重要一环，神龙公司成都工厂是东风公司首家落户西部的乘用车整车工厂，不仅是神龙公司“战略西进”的桥头堡，也是东风公司布局西部、开拓西部、发展西部的前沿阵地。神龙公司成都工厂的竣工投产，标志着神龙公司在加快产品结构调整、扩大产能规模、推动新一轮事业发展方面，实现了重大的突破与时空的跨越；标志着自东风公司与 PSA 集团缔结全球战略联盟以来，抢抓发展机遇、贴近西部汽车大市场、谋划“战略西进”大布局、响应“一带一路”大战略取得了重要成果，迈出了坚实一步。竣工投产仪式上，由神龙公司成都工厂生产的首款高端 SUV 车型东风标致 4008 正式下线。成都工厂一期工程规划建设年产能力 24 万辆，占地面积 2484 亩，投资总额 79 亿元，同时导入 PSA 全新的 EMP2 生产平台，以生产东风标致、东风雪铁龙、东风三个品牌高端 SUV 和 MPV 车型为主，并同步规划新能源产品。作为“全球新一代标杆工厂”，神龙公司成都工厂做到绿色环保技术优势国际领先、智能化制造水平行业领先，是率先实施“中国制造 2025”国家战略、推进汽车制造技术升级与转型换代的新标杆。神龙公司成都工厂匠心打造的首款产品——东风标致 4008，将基于 PSA 全新的 EMP2 技术平台，填补神龙公司中高端 SUV 的空白。

7. 重视新车投放效果，赋予不同产品所肩负的独特使命

在每一款产品的规划初期，神龙公司就明确了不同产品所赋予的不同使命。神龙公司根据每一款产品的战略定位，将旗下所有产品分为明星产品、基础产品和战略产品，每类产品承担不同的历史使命。

在这个大的产品战略框架下，神龙公司按照既定的产品规划，2016 年投放了 5 款新品（见图 3），分别是基础产品——东风雪铁龙全新 C4L、东风标致全新 3008，明星产品——东风标致新一代 308、东风标致 4008，战略产品——东风雪铁龙 C6。

根据产品的工业化进度，这 5 款产品基本都在 2016 年下半年或年末投放市场，虽然对 2016 年当年的销量贡献相对有限，但它们承载了特有的历史使命，代表着 PSA 最新的造型和技术发展方向，是神龙公司实现未来战略目标的重要支撑。

东风雪铁龙全新 C4L

东风雪铁龙 C6

东风标致全新 3008

东风标致新一代 308

东风标致 4008

图 3　神龙汽车 2016 年投放的新车型

（1）东风雪铁龙全新 C4L　2016 年 7 月 28 日，东风雪铁龙全新 C4L 正式上市，共包含 6 款车型，售价区间为 13.49 万～18.29 万元。东风雪铁龙全新 C4L 采用了全新家族样式的前脸设计风格，双横幅的镀铬前格栅不仅与车头 LOGO 融为一体，还与前大灯组相连，档次感十足。东风雪铁龙全新 C4L 的长、宽、高分别为 4675mm、1780mm、1500mm，相比现款车型车身长度增加了 55mm，高度增加了 2mm。配置方面，全新 C4L 装配 7in（177.8mm）显示屏、多功能方向盘、电子驻车制动、自动空调等配置，并搭载车载影像系统、盲点监测、车道保持、预防碰撞系统以及发动机启停等多个实用功能。

（2）东风标致全新 3008　2016 年 7 月 12 日，东风标致全新 3008 正式上市，共推出 2.0L/1.6T 两种动力配备共六款细分车型供消费者选择，售价区间为 15.27 万～21.97 万元。东风标致全新 3008 采用了家族最新的设计风格，采用全新的点阵状进气格栅，标致 LOGO 也从发动机盖上转移到进气格栅中央，显得更动感、时尚、大气。尾部方面，全新 3008 采用了标志性的狮爪式 LED 尾灯，三幅式灯带立体感，简洁轻盈。全新 3008 延续了现款车型的“Mirage 幻影战斗机智能驾驶舱”设计风格，显得科技感十足。全新东风标致 3008 是首款搭载 ADAS 智能驾驶辅助系统的 SUV 车型，这套系统包含前方碰撞预警、全景泊车影像、车道偏离警示、盲区探测等四大功能。

（3）东风标致新一代308　2016年9月26日，新一代东风标致308正式上市，官方指导价为9.97万～15.97万元。作为东风标致全力打造的“新世代中级车创行者”，新一代308以有颜、有料、有价值为三大神技，以动感造型、质感座舱、驭感科技为核心，勇闯中级车市场。

新一代308外观设计采用标致全新家族造型语言，点阵式进气格栅、LED狮眼大灯、腾跃式立体腰线、黑钻式横贯尾部以及LED狮爪尾灯的组合，融合了众多代表国际未来设计趋势的潮流元素。在内饰设计上，环控式倾斜中控采用人性化设计，经标致设计师的大量试验证明，5.8°的中控倾斜度是新一代308的中控最佳倾斜角度，更易操控。智能炫彩高位组合仪表配合多功能真皮方向盘，使方向盘不遮挡仪表，且抬高的仪表能使驾驶员做到行驶中手眼同向，极大地提升了行车安全性。在座舱的材质上，西装暗纹真皮座椅采用优质皮革与织物材质的混搭，舒适感与运动风格俱佳。碳纤维双纹理仪表台以碳纤维纹理材质与软质搪塑材质相结合，材质混搭彰显档次感。

作为东风标致第一款以“Pure Tech”动力新形象上市的车型，众多越级系统及包含的技术装备被毫不吝啬地全权嫁接在新一代308身上。新一代308搭载1.2THP、1.6THP、1.6CVVT三款发动机，全系标配STT智能启停系统，百公里最低油耗5.1L。无钥匙进入及一键启动和car player智能手机互联增加了行车便利性。胎压监测系统与全系标配的ESP9.1系统则保障了行车的安全，同级鲜有配备的盲区探测系统采用人性化设定，以越级的配置产生更高的感知价值。

（4）东风雪铁龙C6　2016年10月17日，东风雪铁龙全新越享高级轿车C6正式上市。作为新一代法系旗舰，C6将引领雪铁龙品牌进入一个新高度，更将为用户创造全新的、极致优越的全方位舒适驾乘体验。东风雪铁龙C6配备350THP和380THP两款动力系统，匹配6速手自一体变速器，共计4个级别，5款车型，售价为18.99万～27.99万元。

东风雪铁龙C6以超越同级的舒适、安全与科技配置实力证言全方位标杆。定位于全新越享高级轿车，东风雪铁龙C6是一款为我国社会中坚、享受生活、有品位的时代新睿量身打造的高级座驾。其传承雪铁龙百年高端车血统，汇聚了PSA全球优势资源，由全球最优秀的研发团队打造，历经四年磨砺耀世而出。作为新一代法系旗舰，C6是雪铁龙最新产品设计理念“Citroen Advanced Comfort”雪铁龙领先舒适理念下的战略车型，从惬意、便捷、净谧、简单这四个消费者核心利益点出发，融合了东风雪铁龙对我国市场的深刻洞察和理解，在整个 B+级市场展现着全方位越享舒适的魅力。

（5）东风标致 4008　2016 年 11 月 16 日，“高端智能欧系 SUV”东风标致 4008 正式上市。新车共推出搭载 1.6T（350THP）和 1.8T（380THP）两种动力系统的 6 款车型，售价区间为 18.57 万～27.37 万元。东风标致 4008 便凭借“先见设计”“先觉体验”“先锋科技”三大产品优势，受到业界的广泛赞誉。

东风标致 4008 从车身前脸到车身尾部，以一整套浑然天成的设计，将能量感和运动感诠释得淋漓尽致，通过标致全球新一代设计语言，完美呈现令人一见倾心的“先见设计”。

东风标致 4008 将对高品质的精益求精演绎到了极致。同级领先的 2730mm 超长轴距，为车内每一个人带来更加宽松舒适的驾乘空间。与此同时，以超人体工程学为理念设计的第二代 i-Cockpit 唯我座舱，将消费者对内饰的审美从视觉层延伸到全感官，特别是 12.3in（312.42mm）彩色全液晶仪表盘，以及全系标配的电子换档，成为引领汽车设计的风向标。

为满足“智能”时代用户对行车便捷的需求，东风标致 4008 通过一系列“先锋科技”的搭载，带来未来先享的智能体验。ADAS 智能驾驶辅助系统首次在东风标致 4008 上实现了全面搭载，同时也将领先的科技应用到诸多细节，后备厢脚部感应开启及关闭系统、智能手机互联系统等应用，则将汽车产品的人性化发挥到了极致。

作为追求高品质生活的“新知探享者”，东风标致 4008 的目标用户有自己对潮流的认知，渴望以前瞻思想和审美眼光引领潮流；他们始终保持一颗对未来的好奇心，不断尝新自由体验；他们试图站在别人未曾想到的地方，自在地享受别样的风景。这与东风标致 4008 激情、动感的产品个性相得益彰。同时，作为这个时代的精英群体，他们乐于先人一步地拥抱创新的科技，以开阔的视野延伸世界，感受科技带来的感官释放。他们选择了东风标致 4008，也就是选择了一种别致的 SUV 生活。

（作者：李锦泉）

2016年北京现代产品市场调研报告

一、北京现代2016年总体市场表现

2016年在购置税减半政策的影响下，汽车市场明显回暖，销量超出年初预期。2016年1～11月内销口径乘用车汽车批发1918.86万辆，同比增长19.18%，增速将近20%，批发总体呈现迅猛增长态势。2016年整个汽车市场面临着宏观经济的下行压力，同时又有购置税减半以及新能源推广政策的刺激需求，在这种复杂的环境下，预计2016年内销口径乘用车增速为16.8%，实现全年销量2198万辆。

面对如此复杂的市场环境，截至2016年11月，北京现代产销达到100万辆，同比增长6.5%，稳居行业第四，畅销车型纷纷进入行业主流位置，小汽车市场和SUV产品组合均位居合资厂家领头羊地位。

2016年，北京现代在新产品、新技术、新营销等方面均刷新了历史成绩：1月，全新途胜荣获美国汽车协会“2016最佳车型”；2月，D+S销量占比达60%；3月，领动上市；4月，悦纳亮相引爆北京车展；5月，ILLUMI RUN炫彩夜跑开跑；6月，荣膺中国汽车销售满意度SSI第二名，第九代索纳塔混动版、名图1.6T、新朗动上市，发布新能源NEW计划；7月，SUV家族重回合资品牌第一；8月，中国售后服务满意度CSI排名入围三甲；9月，2017款全新胜达、第九代索纳塔上市，荣获中国新车质量IQS合资品牌第一名；10月，悦纳上市、沧州第四工程落成投产，发布Blue Melody战略；11月，荣获汽车行业车辆可靠性VDS合资品牌第一名，全新悦动首发亮相，北京现代单一品牌销量突破100万辆（见图1）。

以2016年11月为例，北京现代月销量为12.7万辆，同比增长15%、环比增长41%，创下了2016年月销量最高成绩，旗下定位在不同级别的六款车型（包括轿车、SUV）朗动、途胜、悦纳、名图、领动、ix25，均月销过万辆。尤其是2016年10月刚刚上市的小型轿车悦纳，在广州车展出尽风头之后，上市第一个月（2016年11月）就斩获了1.5万多辆的销量成绩，成为北京现代新的一员虎将。北京现代之所以能在“金九银十”过后依然创下各种“单月最好成绩”，主要与

我们近两年的战略调整息息相关。

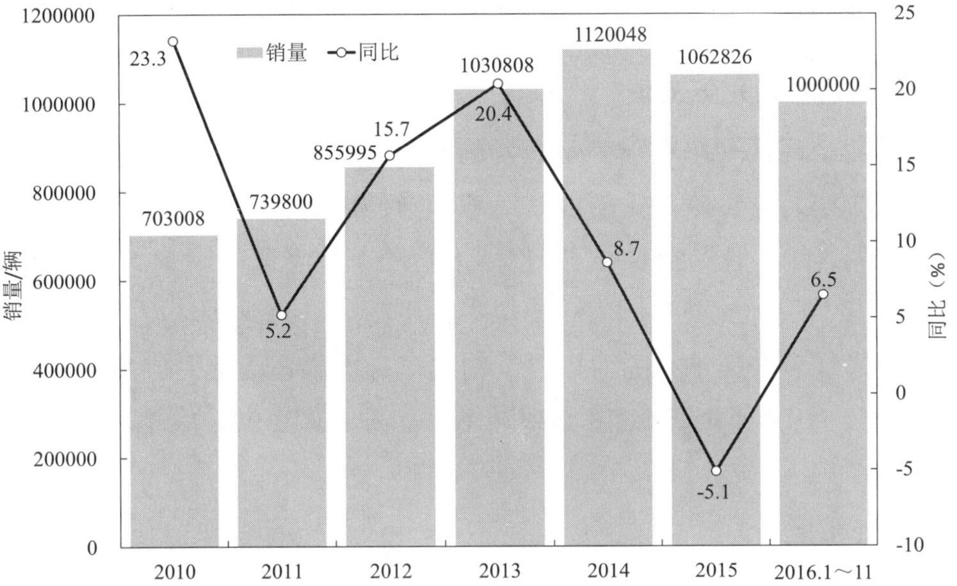

图1　2010～2016年北京现代销售情况

1．重回中级车战略

北京现代的悦动和伊兰特品牌，一直以来都是中国中级车市场的一代经典之作，随着中级车市场进入者越来越多，中级家轿市场竞争愈发激烈，成为各家汽车厂商抢夺庞大消费者的战场。北京现代上有一线合资品牌挤压，下有自主品牌追打，一度经历过一段中级车销量低迷期。直到 2015 年，北京现代重新制订了中级车战略——用中高级车标准打造的中级车。从名图上市再到领动的上市，北京现代正一步一个脚印地完成既定战略。

2．SUV 产品全矩阵布局

过去一段时间，在轿车沦为销量下滑重灾区后，北京现代在大热的 SUV 市场却明显兵力不足，错过了 SUV 最佳布局时机。直到北京现代推出了“D+S”战略，在加码中小型车、主攻中高端市场、覆盖轿车各个领域的同时，也开始在 SUV 上下功夫。全新途胜在市场变化和压力下，为了迎合 SUV 车型日益高涨的需求，改款时对其进行了设计优化，性能得到全面提升，上市首月就销量破万辆，其后销量不断上升，2016 年 11 月月销量再度突破两万辆；小型 SUV ix25 也晋升到“万辆俱乐部”，和途胜一起成为北京现代的销量中坚力量。北京现代的产品矩阵不断做大、做强，成就了北京现代“连续四年销量破百万”的佳绩。

二、北京现代2016年各主力车型市场表现

1．瑞纳、悦纳完美交替

瑞纳是北京现代汽车有限公司开发的一款小型车，英文车名VERNA，“瑞”在我国还有吉祥之意。该车凭借现代汽车当前最新的流体雕塑设计理念在年轻人群中占有一席之地。但受到C1级别整体下滑和车型老旧的影响，截至2016年11月批发量只有10万辆，相对于2015年大幅下滑。针对这种情况，北京现代及时推出了全新替代车型悦纳，悦纳相对于瑞纳车身更大，造型更加商务感，于2016年10月上市，2016年11月销量已超过1.5万辆（见图2），成功对冲了瑞纳销量下滑产生的影响。

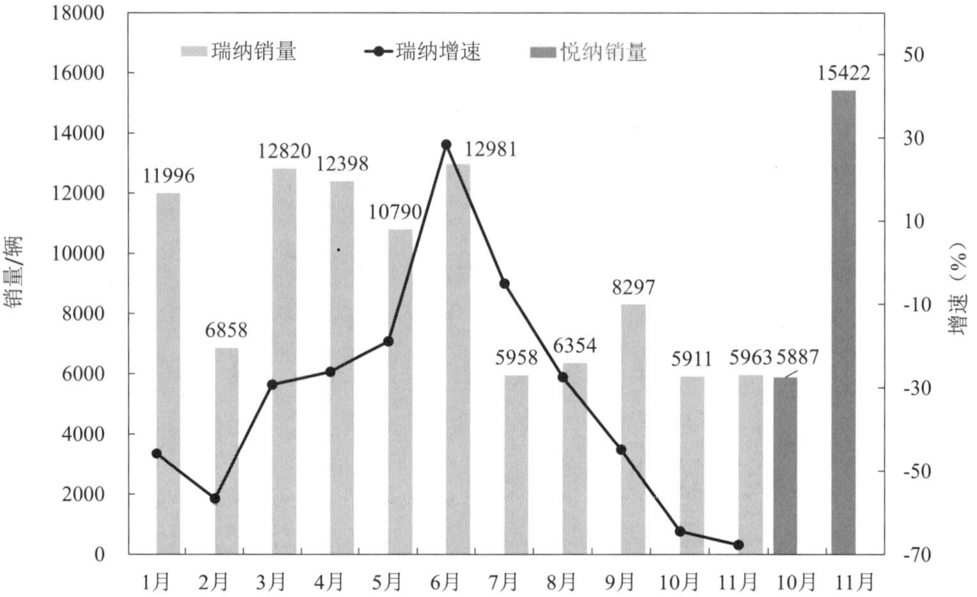

图2 2016年1～11月瑞纳、悦纳销售情况

2．朗动、领动新老同堂，全新悦动随后将至

朗动（Elantra）自2012年8月23日上市以来，凭借其时尚的外形和合理的定价，创造了上市以来每月过万辆的记录，为了更好地迎合购置税减半政策，2016年5月朗动进行了年度改款，取消了老款的1.8L车型，优惠政策对于朗动的销量拉动作用愈发明显，2016年3月北京现代推出C2级别全新车型领动，领动不仅

配备了同级独有，且首次同时支持 CarPlay 和 CarLife 的手机智能车载互联系统，更拥有行业领先的后备厢智能开启等一系列智能科技装备，大大提升了行车、用车便利性，向智能汽车生活时代更进一步。领动率先于同级竞品搭载了 1.6L GDi 缸内直喷和 1.4T GDi 两款发动机，配合 7 速 DCT/6 速手自一体变速器，以及 ISG 等多项技术，在领动驾驶乐趣的同时，拥有出色的油耗表现。领动上市以来并没有影响到朗动的销量，两个车型在 C2 级别里创造了新老同堂、互不干扰的局面（见图 3）。全新悦动已经于 2016 年广州车展正式亮相，2017 年将上市销售，三款车型在 2017 年将深耕 8 万～12 万元入门家用轿车市场。

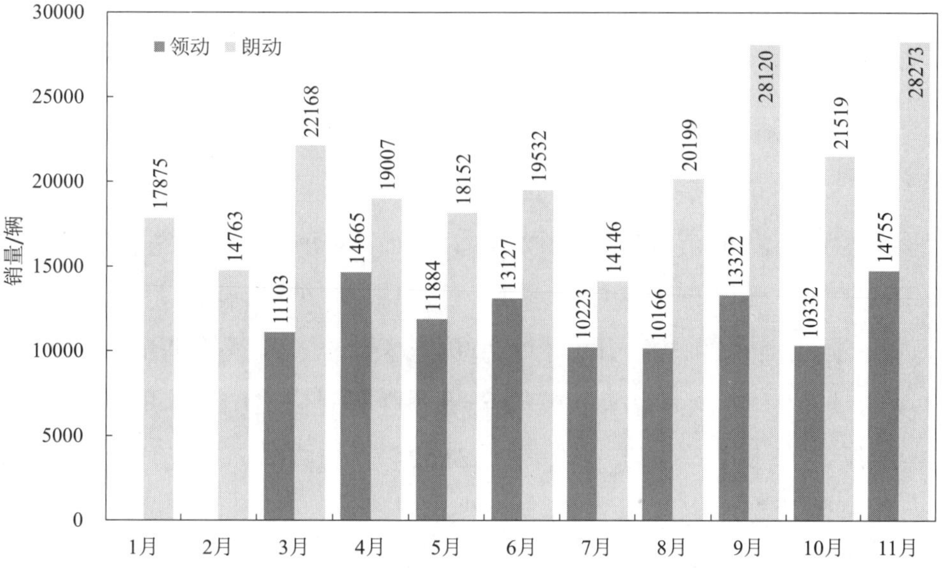

图3 2016年1～11月领动、朗动销售情况

3. 名图改款成功上市

名图是北京现代推出的一款全新中高级轿车，在流体雕塑设计语言基础上进一步深化。MISTRA 名图定位于 D1 级别，介于朗动和索纳塔之间，是北京现代瞄准细分市场空隙，在中高级轿车市场投放的又一款精品之作，也是又一款专门针对我国市场研发的车型。2016 年 8 月新增 1.6T 入门车型成功迎合了 2016 年购置税优惠政策，2016 年 11 月售出 7019 辆，占到总销量的 44%。相比其他动力配置车型大幅下滑的销量表现，1.6T 入门车型为名图贡献了 2016 年 11 月的绝对增量。2016 年 1～11 月名图销售情况见图 4。

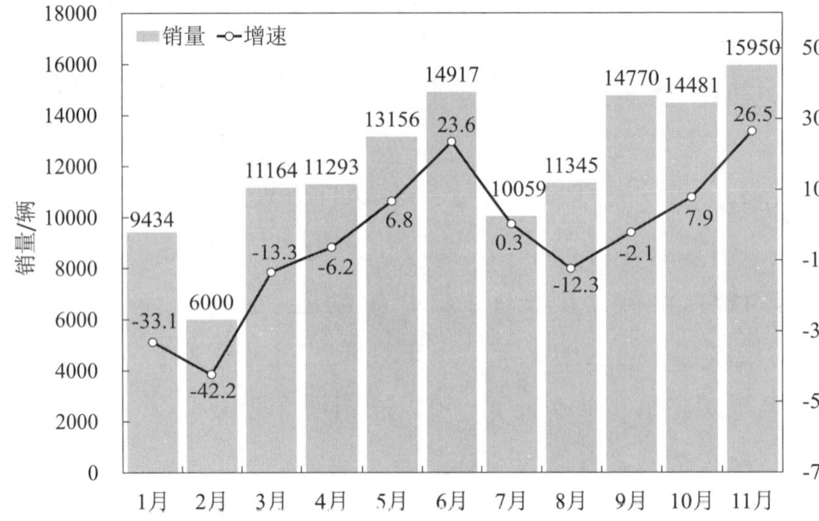

图4 2016年1～11月名图销售情况

4．SUV 合资品牌第一

2016 年 SUV 市场持续火爆，成为全年汽车市场的“定海神针”，SUV 连年增长几乎成为我国汽车市场的一种“常态”。 作为小型 SUV 先行者之一的 ix25，自 2014 年 10 月上市以来市场销售异常火爆，截至 2016 年 11 月 ix25 全年累计销售 9.6 万辆，同比增长 4.3%，11 月单月更是达到 1.2 万辆的销量，成为合资小型 SUV 市场的领军车型，而后续上市的全新途胜更是在 2016 年取得了月均 1.4 万辆的优异成绩，在 2016 年 11 月取得了 21724 辆的成绩，同比增长 71.8%（见图 5），成为北京现代 2016 年 11 月的最大亮点之一。

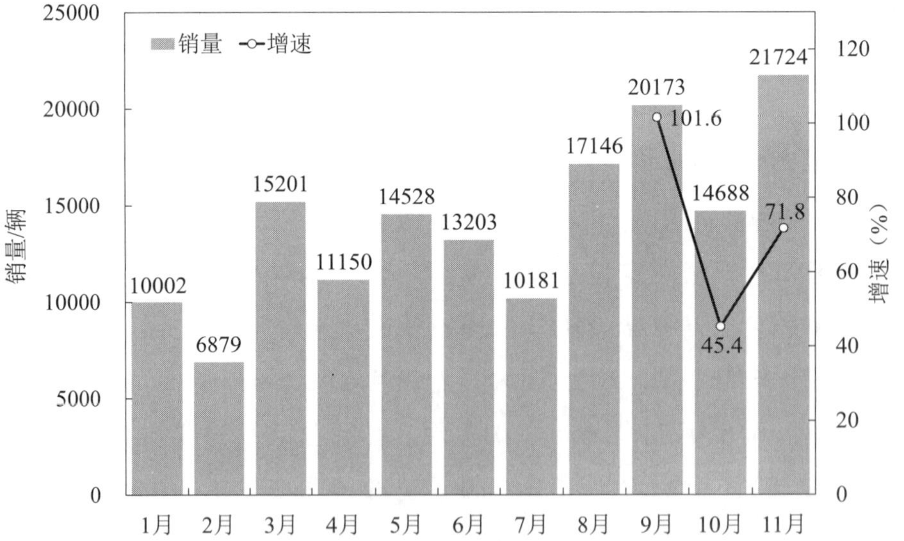

图5 2016年1～11月全新途胜销售情况

三、结束语

十四年风雨洗礼，回首 2016 年，北京现代虽然取得了可喜的成绩，但也应该看到外来的巨大挑战。自主品牌的不断崛起、整个行业告别高速增长期的发展阶段、消费者需求的时刻变化，这些都是我们不得不面对的严峻关卡。从自身来看，2017 年的产能扩充、旗舰产品的表现乏力、产品线如何取舍也是我们北京现代人亟待解决的问题。但笔者相信，2017 年，北京现代将会继续奋勇前行，坚守"追求卓越品质，共创幸福生活的诺言"，以超赞的驾驭体验来回馈消费者，以非凡性能的产品缔造北京现代的辉煌篇章！

（作者：姜滕飞）

2016 年奇瑞产品市场调查报告

在 1.6L 及以下排量乘用车车辆购置税减半优惠的政策刺激下，2016 年乘用车市场取得大幅度增长。截至 2016 年 11 月份，乘用车市场销售 1953 万辆，同比 2015 年增长 19.2%，政策拉动作用非常显著。从月度走势来看呈现出前低后高的态势（见图 1），2016 年 6 月份以来均维持在 20%左右的增长水平。

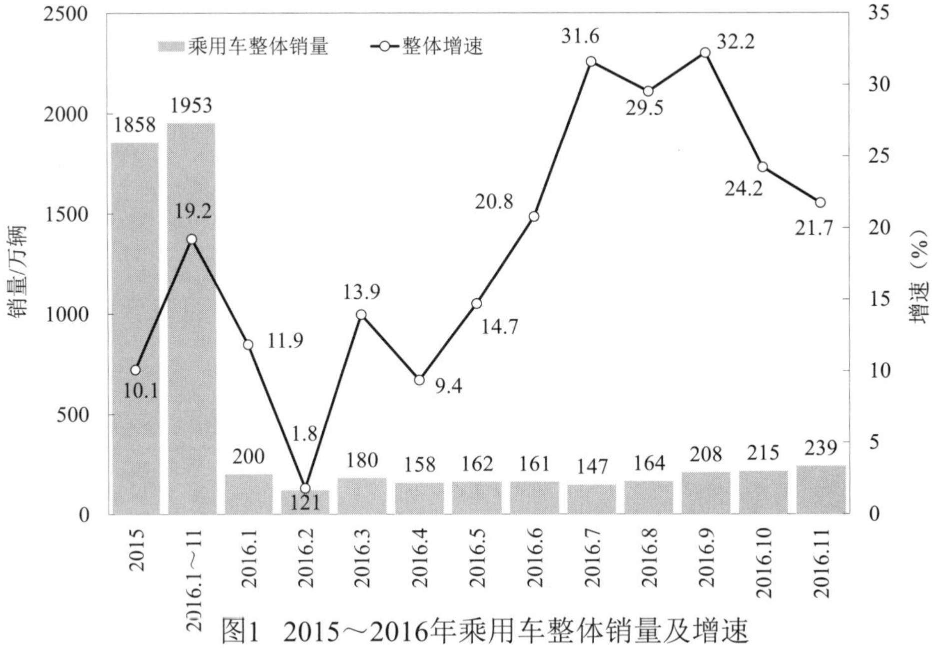

图1　2015～2016年乘用车整体销量及增速

（注：数据来源于全国乘用车市场信息联席会批发数）

一、奇瑞汽车整体表现

2016 年 1～11 月份奇瑞汽车销售 32.6 万辆，同比增长 16%（见图 2），略低于整体市场增速。但是 2016 年 3 月份以来，受益于新产品的拉动，月度同比增速均维持在 30%左右，增速也均超过整体市场，2016 年 9 月份增速甚至达到 48%。

这样的增长来源于新产品的贡献。从分产品销量占比来看，新产品占比到

2016 年 11 月份已达到 67%（见图 3），意味着每卖出 3 辆车，就有 2 辆是全新产品。与此同时，老产品占比仅为 33%。新品贡献显著提升。

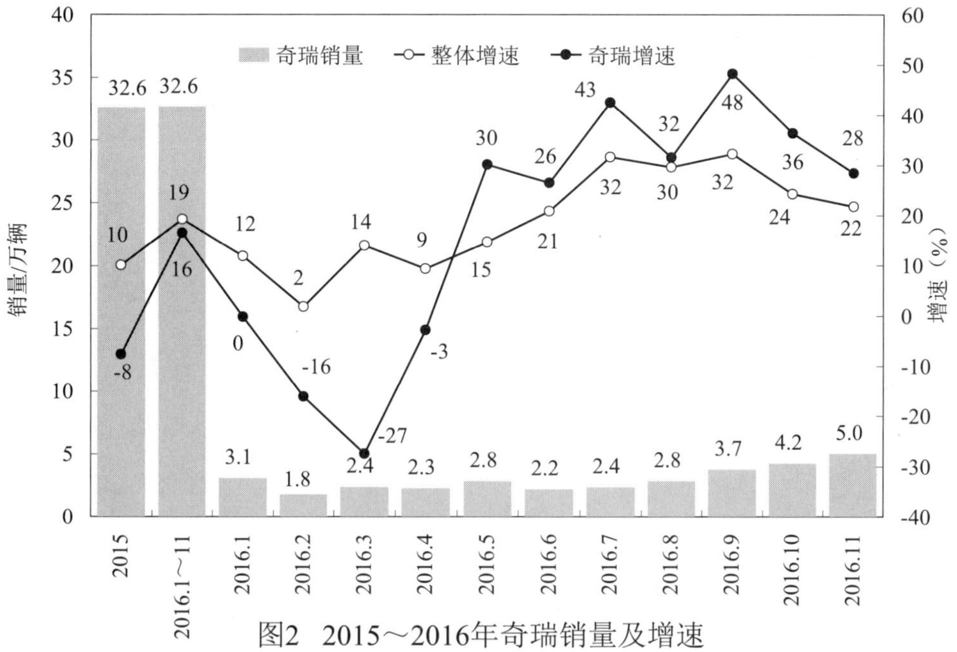

图2 2015～2016年奇瑞销量及增速

（注：数据来源于全国乘用车市场信息联席会批发数）

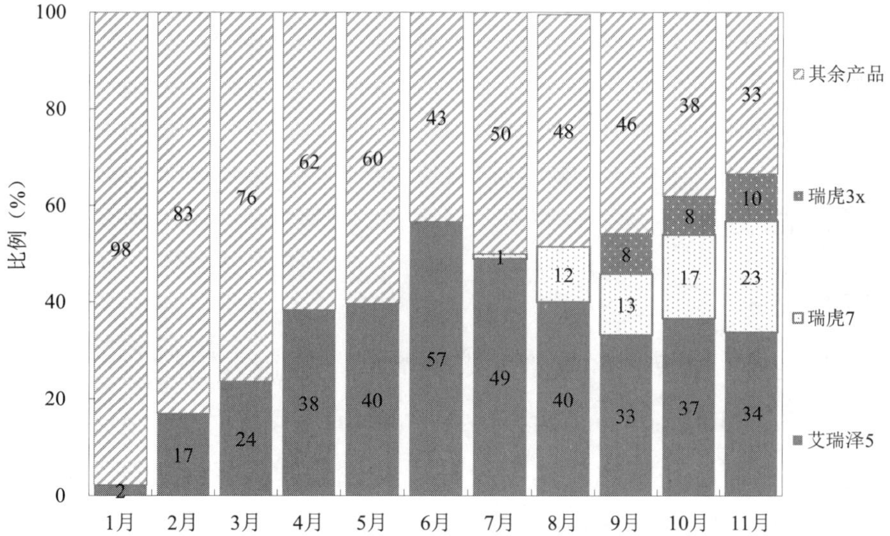

图3 2016年奇瑞分产品销量占比变化

（注：数据来源于全国乘用车市场信息联席会批发数）

从销量看，新产品表现比较优异。艾瑞泽 5 作为奇瑞 2.0 战略的第一款产品，2016 年 3 月 18 日上市后销量连续提升，目前已稳定在 1.6 万台水平，未来仍有较大突破空间。瑞虎 7 作为全新平台 T1X 的首款产品，上市后在网络关注度、竞品组口碑中均排名第一，上市仅 3 个月销量就突破 1 万辆（见图 4）。这 2 款产品成为奇瑞转型后的力作，未来表现仍值得期待。

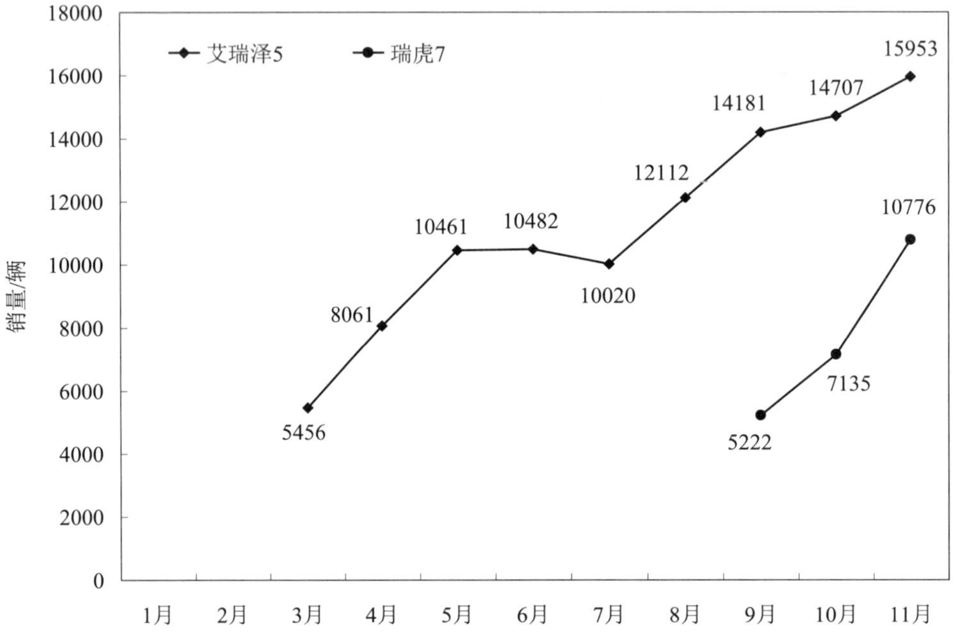

图4 2016年奇瑞艾瑞泽5及瑞虎7月度销量走势

（注：数据来源于全国乘用车市场信息联席会批发数）

二、各产品分析

1. 艾瑞泽 5

（1）产品简介 前文已经提到，艾瑞泽 5 是奇瑞战略转型后的第一款 2.0 产品，于 2016 年 3 月 18 日在 3 个国家、18 个城市同步上市，也开创了自主品牌在全球同步上市的先河，并以此款车型拉开了奇瑞品牌年轻化战略的步伐。作为一款轿车，艾瑞泽 5 定位“全时互联高性能中级车”，售价 5.89 万～9.79 万元，搭载 1.5L 自然吸气发动机，配置 5MT 及 CVT 变速器。

外观方面，艾瑞泽 5 采用了家族化的设计语言，造型采用 H.D.S 灵性动感水流车身造型，设计理念源自我国传统文化“五行”之一的“水”元素，三条显著的侧身特征线如“激流之水”由车头部冲泄至车尾，车身激情飞扬，跃跃欲动，营造出俯冲的姿态，十分动感。六边形的进气格栅被一根镀铬条贯穿，同时连接两侧的大灯，使其前脸在视觉效果上显得更宽。点阵式的进气格栅是一大亮点，在阳光下半明半暗，蕴含了阴阳八卦图的精髓。

艾瑞泽 5 在尺寸空间上也出类拔萃，长、宽、高分别为 4572mm、1825mm、1482mm，轴距为 2670mm，车内空间表现在同级车型中非常抢眼。艾瑞泽 5 在舒适度上也完全不输于合资品牌车型，座椅包裹性、支撑性都处于上乘水平，且整车的内饰均采用环保材料制作，超越欧洲标准，行驶里程几百公里的新车即使在车窗密闭、空调关闭的情况下也没有异味。

操控方面，艾瑞泽 5 搭载了 1.5L 自吸气发动机及模拟 7 速的 CVT 变速器和 5 速手动变速器，悬挂几何调教到了极致，对路面颠簸的过滤非常柔和。过滤和支撑性也很到位，在方向控制和制动上艾瑞泽 5 的表现也很优秀。总体操控感受在同级别车型中表现非常优异。

配置方面，艾瑞泽 5 全系标配 ESP 博世车身电子稳定系统、HHC 车身坡道辅助控制系统、LUK 德国离合系统、EPS 电动转向系统、GSI 换挡提醒，以及采用全新传感技术的六个环护式布局的安全气囊。同时无钥匙进入、无钥匙启动、外后视镜加热、前后雷达、倒车影像、胎压监测、锁车自动升窗、定速巡航等配置均有配备，无论从实用性还是安全性方面，艾瑞泽 5 的配置都表现突出。

另外值得一提的是，艾瑞泽 5 还搭载了越级的语音识别系统——Couldrive2.0 版本的智云行车娱乐系统，这套由科大讯飞研发的语音系统识别率超高，反应速度十分迅速且对话简洁，能随时随地播放音乐、规划导航路线、进行搜索，非常实用。

（2）市场表现　正是由于多方面、多维度的优异表现，艾瑞泽 5 上市后就获得消费者的广泛认可，也经历住了市场的检验。上市以来，销量持续攀升。目前已经锁定自主品牌轿车的第一阵营，取得细分市场第二名的优异成绩。上市仅 253 天累计销量就突破 10 万辆（见图 5），成为史上最快达到 10 万辆销量的自主品牌轿车。

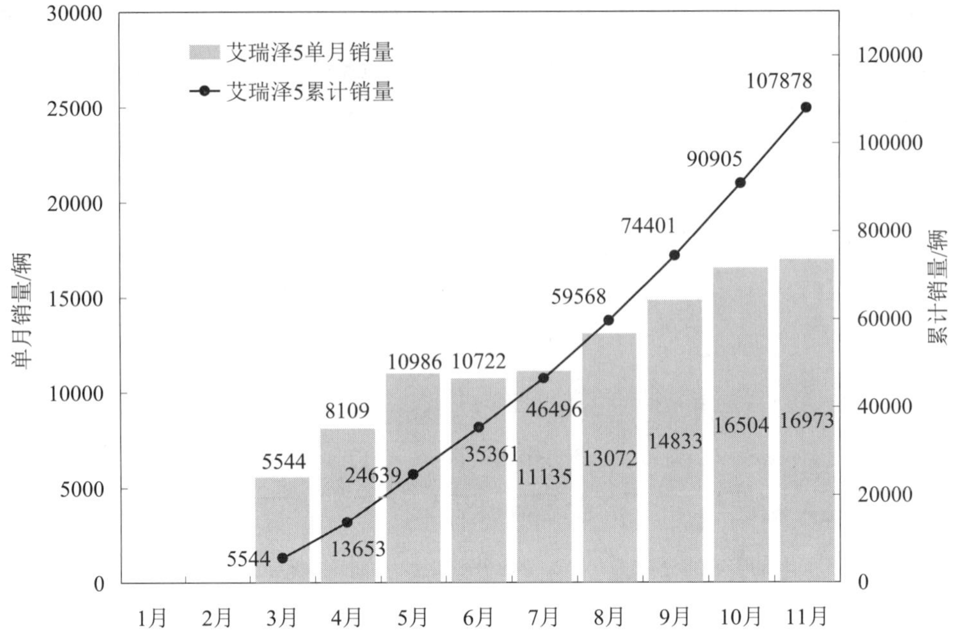

图5 艾瑞泽5上市后月度及累计销量

（注：数据来源于全国乘用车市场信息联席会批发数）

（3）用户特征 经过调研发现，艾瑞泽5的用户以男性居多，占比达到92%（见图6）。用户年龄结构非常年轻，85后和90后合计比例达到63%（见图7）。同时，用户大多为三口或四口之家。学历层次也较高，63%的用户拥有大专或以上学历。基本居住在市中心或近郊地区，城市中心城区及近郊地区用户比例达到81%（见图8），但是居住在乡镇和农村的用户比例高于竞品。用户收入方面，家庭年收入大多集中在11万元左右（见图9），比例达到65%。车辆主要用于生活客观需求，即上下班通勤、接送孩子。用户平时多通过微信来获取信息，而购车信息渠道则以汽车类的网站居多，如汽车之家、易车网等。用户价值观方面，性格比较随和乐观、待人以诚、崇尚简单的生活、看重生活品质。相对于事业，更看重家庭，愿意花更多的时间陪伴家人。对工作有进取心，希望通过自己的努力提高经济收入，带给自己和家人更好的生活。

值得一提的是，艾瑞泽5的用户年龄是非常年轻化的，这点也与奇瑞的品牌形象相吻合，自开启年轻化品牌战略后，用户群体逐步向85后及90后用户转变，这也与85后、90后群体逐步成为购车主体的趋势一致。

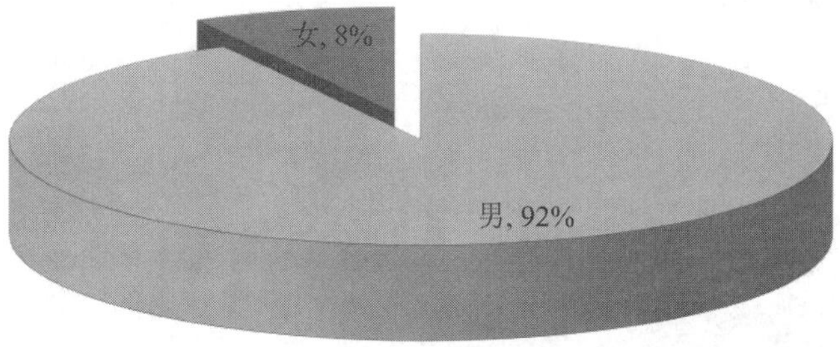

图6 艾瑞泽5用户性别特征

（注：数据来源于艾瑞泽 5 用户调研）

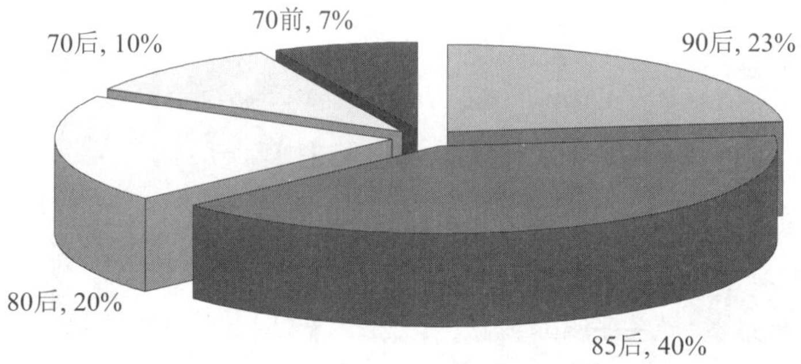

图7 艾瑞泽5用户年龄结构

（注：数据来源于艾瑞泽 5 用户调研）

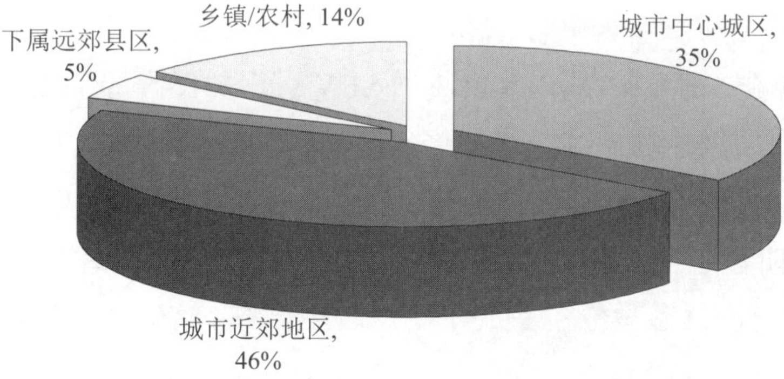

图8 艾瑞泽5用户家庭所在区域分布

（注：数据来源于艾瑞泽 5 用户调研）

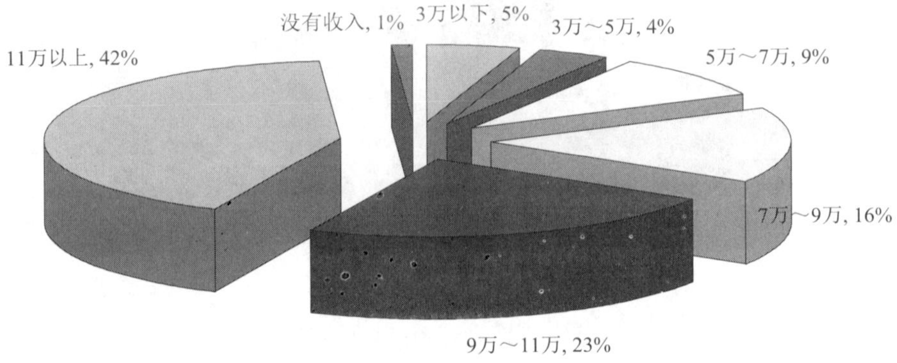

图9　艾瑞泽5用户家庭收入分布

（注：数据来源于艾瑞泽 5 用户调研）

（4）用户反馈　调研发现，艾瑞泽 5 车主购车后对艾瑞泽 5 的使用评价较高，特别是外观和空间方面。艾瑞泽 5 整体的外观设计、造型风格、车内空间等方面均得到用户的一致好评。另外，安全性和舒适性方面用户也比较认可。这与艾瑞泽 5 搭载的一系列实用的安全配置以及内部用料和做工的高水准都是分不开的。但是，用户对于艾瑞泽 5 的动力性存在一定程度的不满意。主要是认为艾瑞泽 5 的中高速动力表现弱以及爬坡性能不足。这可能是由于发动机性能的调教问题，2017 年，厂家已经规划了搭载 1.5T 涡轮增压发动机的全新版型，届时艾瑞泽 5 一定能够更好地满足用户对于动力的需求。

2．瑞虎 7

（1）产品简介　瑞虎 7 是一款紧凑型 SUV，于 2016 年 9 月 20 日正式上市。瑞虎 7 定位 “未来派超动感 SUV”，售价区间为 9.79 万～15.39 万元，搭载 2.0L 自然吸气和 1.5T 涡轮增压发动机，匹配 5 档手动和模拟 7 速变速器。瑞虎 7 是奇瑞汽车 2.0 战略阶段采用全新 T1X 平台开发的首款 SUV。该平台是奇瑞为 SUV 产品专门打造的一个具备柔性量变的平台，轴距可在 2560～2800mm 之间伸缩，离地间隙可以在 145～190mm 之间扩展，其后续产品将覆盖小型 SUV、紧凑型 SUV 甚至中大型 SUV 的生产，包括 5～7 座车型，以及 MPV 车型。可以肯定的是，T1X 平台是奇瑞真正的优势所在。在该领域，奇瑞无疑代表了目前自主品牌的最高水平，由于拥有捷豹路虎和观致的技术支撑，其含金量与水平也是无可挑剔的。

瑞虎 7 的多个亮点值得一提。亮点之一就是未来派的前瞻设计。瑞虎 7 高度继承了日内瓦车展“最佳概念车”奇瑞 TX 的经典设计元素，体现了奇瑞“Life in motion（生·动）”的设计理念，几个细节如 H.D.S 灵性动感水流车身、三叉戟式氙气大灯、极速破浪式动感腰线、虎爪矩阵式 LED 尾灯等均夺人眼球。该车设计与艾瑞泽 5、艾瑞泽 7 一脉相承，既强化了家族设计语言又延续了其品牌口碑。其设计的整体感一气呵成、利落干练而不失优雅和灵性。

（2）市场表现　瑞虎 7 上市后获得了大量的关注，网络搜索量及关注指数均持续维持高位，超越同级其他产品。根据百度指数监测数据，瑞虎 7 近期搜索次数达到 18 万人次之多，达到同级其他产品的 4～5 倍，受到用户及媒体的极大关注。销量方面，瑞虎 7 上市后爬升势头高涨，上市第 3 个月销量达到 10776 辆（见图 10）。随着年底旺季来临，未来销量表现仍值得期待。

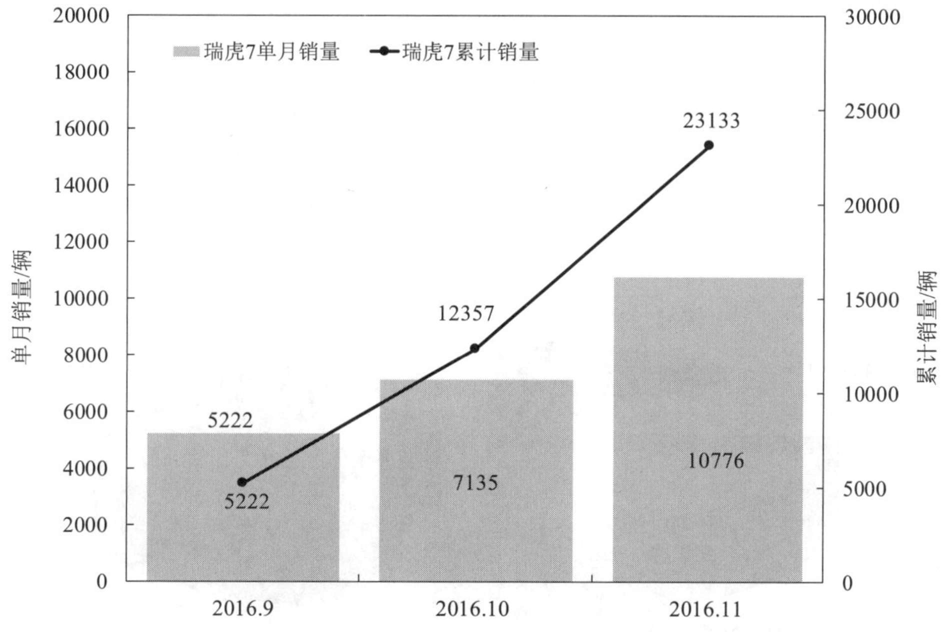

图10　瑞虎7上市后月度销量及累计销量

（注：数据来源于全国乘用车市场信息联席会批发数）

（3）用户特征　通过多种信息渠道及相关调研，瑞虎 7 的用户主要以男性居多，男性占比为 83%（见图 11）。年龄层次上以 26～35 岁居多，该年龄段用户占比达到 61%（见图 12）。大部分已婚，居住在城区（见图 13），并拥有房产。多数用户从事制造、建筑行业，占比达到 40%。个人年收入在 9 万元左右（见图 14）。从日常的生活状态及接触信息渠道看，瑞虎 7 的用户最常使用网络作为信息来源，新媒体方面则通过微信了解信息，对电视、电影植入的广告较少接触。用户娱乐方式主要是看电视、看碟、上网等，运动方面比较偏好跑步。总体而言，瑞虎 7 的用户是比较随和、大方的一群人，不太追求个性、疯玩等价值观念。

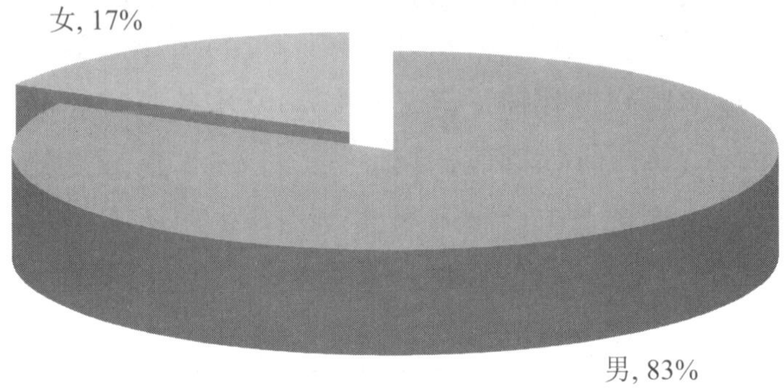

图11　瑞虎7用户性别比例

（注：数据来源于瑞虎 7 用户调研）

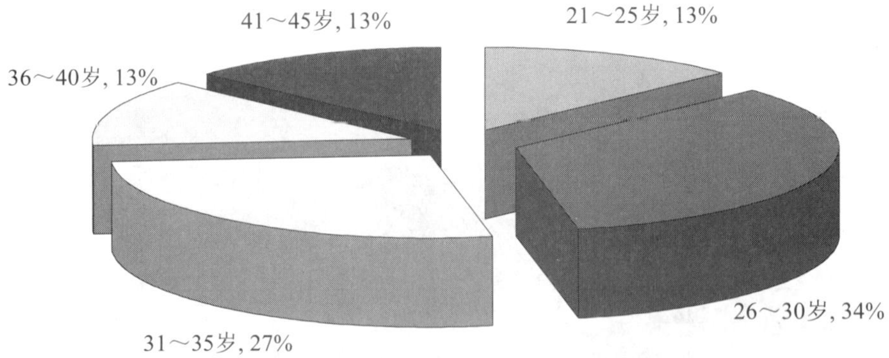

图12　瑞虎7用户年龄结构

（注：数据来源于瑞虎 7 用户调研）

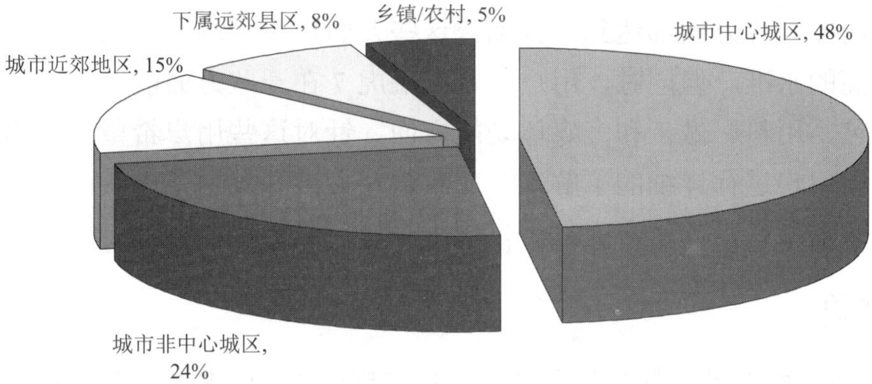

图13 瑞虎7用户家庭所在区域

（注：数据来源于瑞虎 7 用户调研）

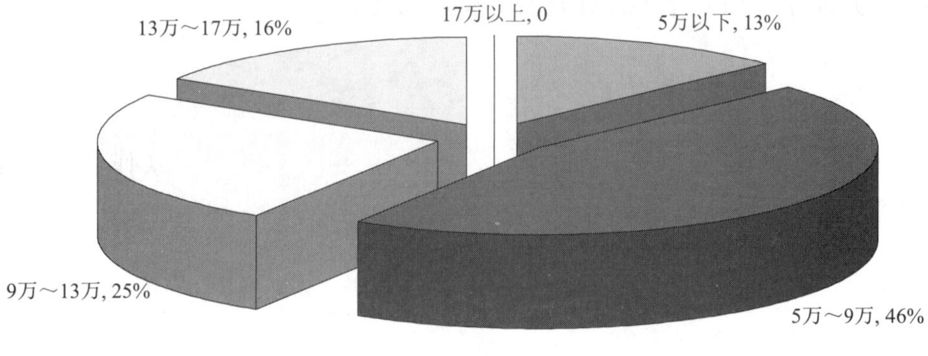

图14 瑞虎7用户个人年收入分布

（注：数据来源于瑞虎 7 用户调研）

（4）用户反馈　通过相关调研获知，瑞虎 7 用户对于该车使用评价较高。外观造型是用户购买瑞虎 7 的核心原因之一，使用后也得到车主的认可。用户对外观整体造型、细节造型、外部工艺等方面评价都比较高。安全性方面，用户普遍认为瑞虎 7 配置丰富，在乘员安全、车辆控制、车身安全、视野安全等各方面均较为满意，而瑞虎 7 全系标配的 ESP 系统也普遍得到用户的好评。舒适性方面，用户认为瑞虎 7 在座椅舒适性、悬挂系统、空调控制、噪声控制方面做得较好。操控方面，用户对瑞虎 7 的操控性表现评价较高。在行使稳定性、转向操控精准、通过性、油门控制等方面都达到了预期。这些方面也说明瑞虎 7 的产品研发和设计均具有较高的水准。但同时，用户也希望瑞虎 7 在一些方面能够有所提升，比如内饰的工艺、用料、做工和多媒体功能方面。针对这些用户希望改进的点，未来，奇瑞会向用户进行详细的了解，并在改款及后续开发中予以改进和完善，力争以用户需求为核心，为用户提供满足需求的好产品。

三、结语

2016 年奇瑞推出了多款全新产品，包括艾瑞泽 5、瑞虎 7、瑞虎 3x、艾瑞泽 7 PHEV 等，新产品的市场表现也非常优异。艾瑞泽 5 已经锁定自主品牌轿车第二名的市场地位，成为自主品牌轿车的新标杆。瑞虎 7 则处于强劲的销量爬坡阶段，市场反馈及用户评价都非常优秀。从市场结果来看，奇瑞战略转型已经初见成效，2017 年受益于行业政策的刺激以及 SUV 的持续高速增长，可以期待奇瑞汽车将会继续前行，市场表现也值得大家共同见证。

（作者：姚腾飞）

2016 年吉利汽车产品调查报告

2016 年整个车市面临着宏观经济的下行压力，同时又面临购置税减半以及新能源推广政策的刺激需求，在这种复杂的环境下，购置税减半政策影响最为突出，车市明显回暖，销量超出年初预期。2016 年 1～11 月份汽车销量为 2100 万辆，同比增长 19.8%。2016 年乘用车市场有两大年度关键词：第一个是 SUV，凭借整个 SUV 市场的冲高，很多企业都收获了销量的正增长，SUV 推新的速度也越来越快，车型越来越多；第二个关键词就是自主品牌，2016 年自主品牌的表现可以用“亮眼”来形容。2016 年前 11 个月，自主品牌乘用车共销售 925 万辆，同比增长 20.18%，占乘用车销售总量的 42.68%，市场占有率比 2015 年同期提升 1.64%。

吉利正是这两个关键词的结合体。2015 年底，吉利博瑞上市后，凭借出色的产品力得到了消费者的热捧，月销量很快冲上 5000 辆，创下了自主品牌中高级轿车的新高，也进一步提升了吉利的品牌力。2016 年，吉利汽车推出全新产品博越、帝豪 GS、帝豪 GL、远景 SUV，进一步丰富了 3.0 精品车型布局，尤其是三款热销的 SUV 产品。

一、吉利汽车 2016 年整体市场表现

1. 吉利汽车 2016 年分月销量

2016 年 1～11 月份，吉利汽车累计销量 68.69 万辆（分月销量见图 1），同比增长约 44.9%，高于乘用车市场的整体增长。

自 2016 年 5 月份开始，吉利汽车月销量增速逐步攀高，到 11 月份，单月销量已超过 10 万辆。高速增长的主要驱动力源自吉利汽车 3.0 产品的持续投放及热销。

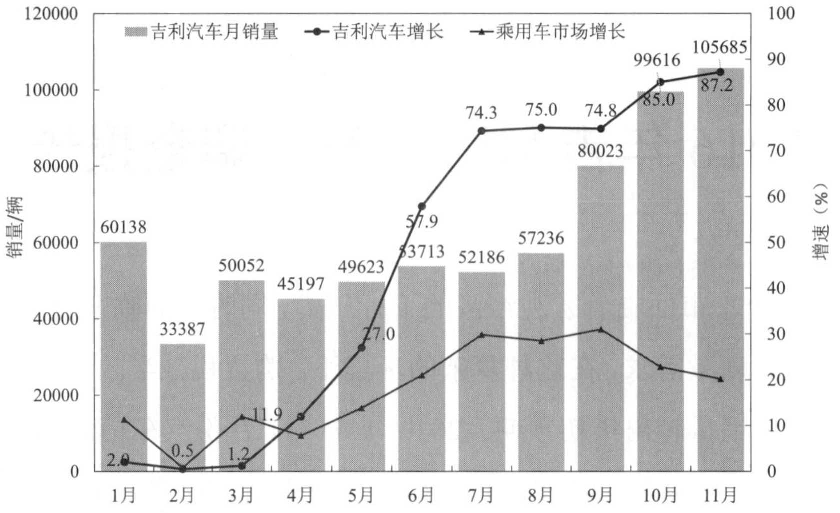

图1 吉利汽车2016年1～11月份市场表现

2. 2016年吉利汽车3.0产品概况

2016年，吉利共计推出4款全新产品，加之此前上市的新金刚、新远景、新帝豪车型，完善了吉利在SUV产品上的布局，同时也在轿车市场持续深耕。目前8款3.0时代主力产品在价格方面的分布如图2所示，目前来看，除博瑞、博越以外，其他产品价格仍旧维持在10万元以下。

由于帝豪GL、帝豪GS、博越、远景SUV四款产品为2016年上市，无法准确核算产品贡献率。但从上市后的销量表现（见表1）以及乘用车整体市场SUV的火爆趋势来看，博越、帝豪GS和远景SUV三款SUV车型将在2017年获得更好的销量表现，也会对吉利汽车2017年的销量贡献更大的份额。

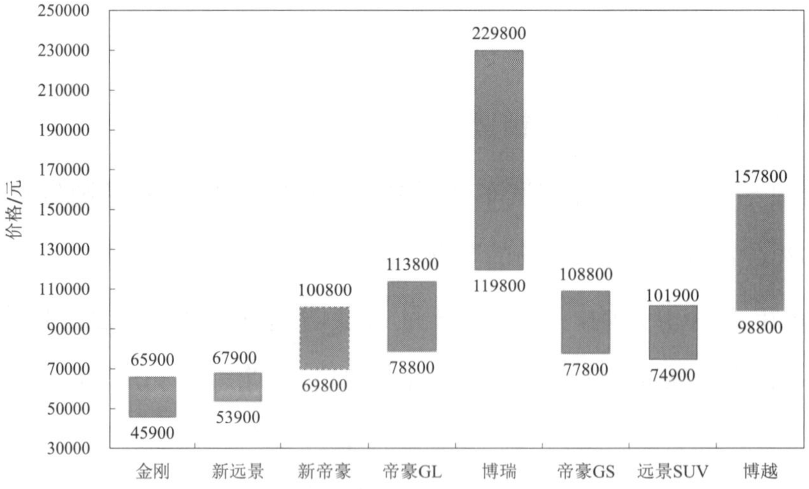

图2 吉利汽车主要产品市场价格分布

表1 2016年1～11月份吉利汽车主要产品销量

车型	金刚	新远景	新帝豪	帝豪GL	博瑞	帝豪GS	远景SUV	博越
2016年1～11月销量/辆	54125	125659	212423	19934	46219	50299	38920	88832
备注				9月上市		5月上市	8月上市	3月上市

二、吉利汽车3.0产品市场表现

1. 博瑞市场表现

2016年1～11月份博瑞累计销售46219辆，击败韩系品牌K5、索纳塔九以及速派等车型，位列自主品牌B级轿车销量第一。分月来看，相对于B级轿车整体市场销量持续负增长的趋势，博瑞在2016年1～9月份仍保持着较高的增长速度（见图3），10～11月份出现小幅负增长。

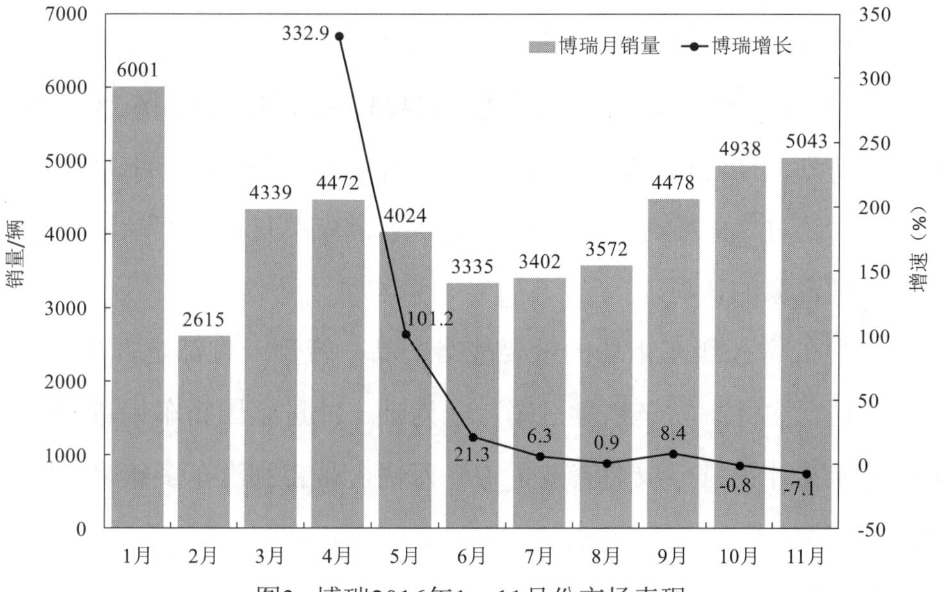

图3 博瑞2016年1～11月份市场表现

2. 帝豪GL市场表现

帝豪GL于2016年9月20日正式上市。作为吉利汽车产品3.0代的第四款车型，帝豪GL的上市，填补了吉利在A+级轿车市场中的空缺（见图4），丰富和完善了“帝豪军团”的产品阵容，同时吹响了吉利汽车进军中高端A级车市场的号角，进一步巩固和提升了吉利汽车在轿车市场的领先地位。上市后第三个月，帝豪 GL 销量突破万辆，达到 10010 辆。

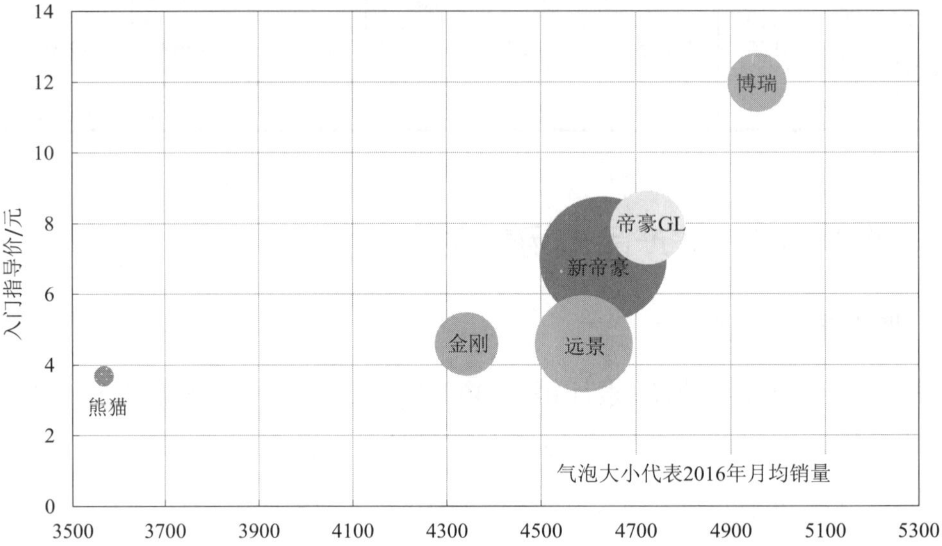

图4 吉利轿车不同车身尺寸销量分布

3. 新帝豪市场表现

2016 年 1～11 月份，新帝豪销量为 212423 辆，同比增长 16.2%。销量位居 A 级轿车市场前列，同时位列自主品牌 A 级轿车第一。2016 年 11 月份，吉利帝豪车系的销量已超过 2.8 万辆（见图 5），刷新了帝豪单月销售纪录，同时更看出了消费者对吉利帝豪的认可。

作为吉利布局 A 级车市场的重要战略产品，帝豪一直都是吉利的中流砥柱，连续 5 年稳居自主品牌轿车销量冠军，成为唯一冲进全国轿车销量前十的自主品牌，上市 7 年累计销量已成功突破了 100 万辆，是吉利汽车多年来不断追求向上的结果。

4. 新远景市场表现

吉利新远景于 2014 年 11 月 20 日在广州上市，该车型采用最新家族设计风格，产品形象全面超越，是既符合时尚潮流，又能满足理性价值享受的理想家轿。2016 年 1～11 月累计销量为 125659 辆（见图 6），同比增长 15.6%。

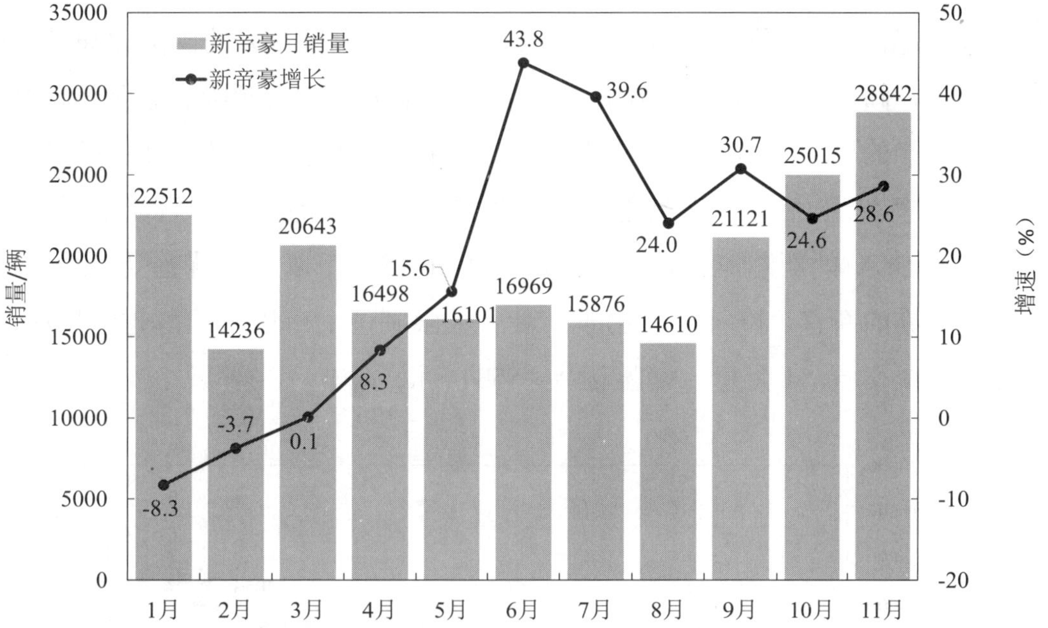

图5　新帝豪2016年1～11月份市场表现

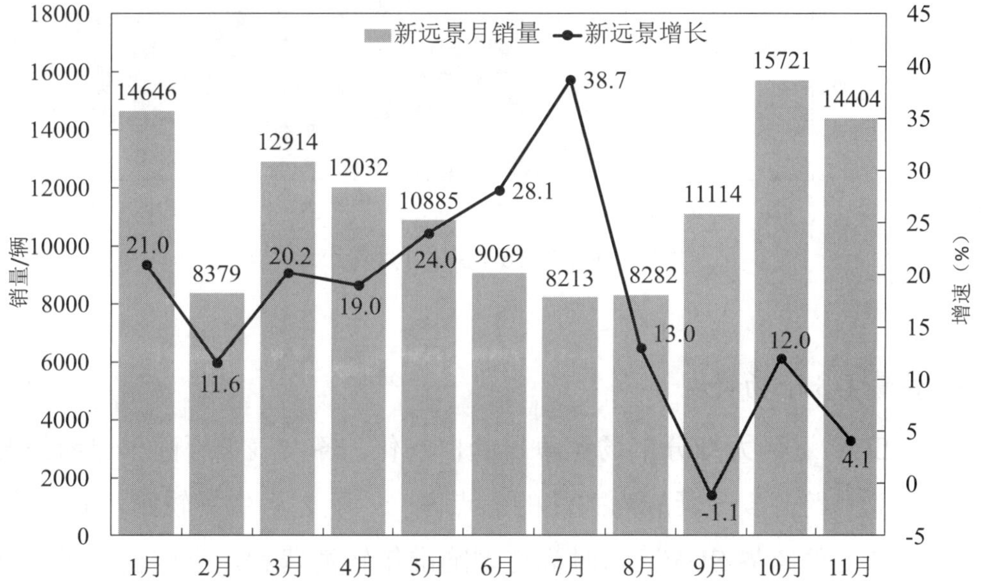

图6　新远景2016年1～11月份市场表现

5．博越市场表现

吉利博越，是由国际著名汽车设计大师彼得·霍布里带领的国际化设计团队，历时三年半，倾力打造的互联精品 SUV， 会智能刹车、会呼吸、会听话，好看、好开、好智能的“三好”SUV。外形上融合了我国文化元素与国际时尚潮流，智能化方面也“智高一筹”，在智能安全、智能驾驭、智能舒适、智能互联多个方面都引领着 SUV 的新潮流。自 2016 年 3 月 26 日上市以来，就备受关注，迅速成为 SUV 界的新晋“网红”。由于产能爬坡限制，上市以来，博越销量逐步攀升（见图 7），直至 11 月份，销量达到 18531 辆。

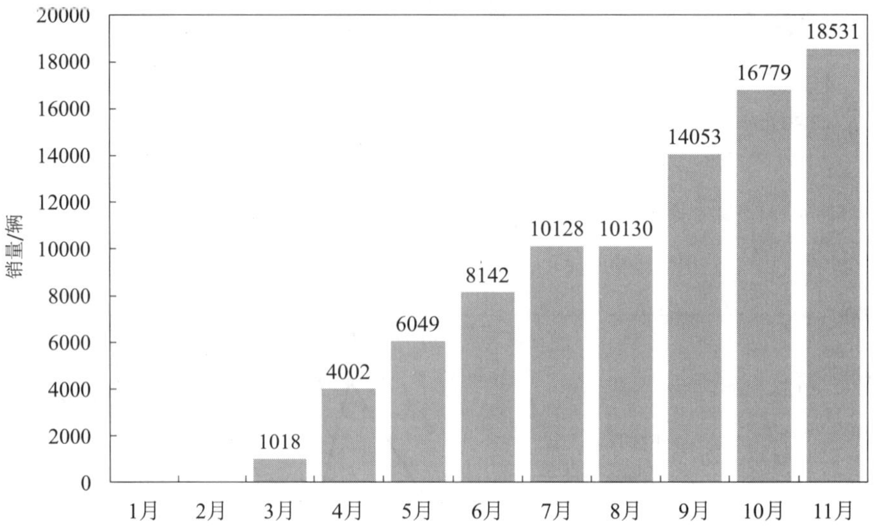

图7　博越2016年3～11月份市场表现

6．帝豪 GS 市场表现

轿车、SUV 这两大细分市场竞争日趋白热化，各大汽车厂商早已纷纷开始寻找新“蓝海”，“跨界”无疑成为关注的焦点之一，随之产生了轿跑+SUV 的结合。

帝豪 GS 定位跨界 SUV，以时尚造型瞄准年轻消费者，家族化的进气格栅让车辆拥有更高的辨识度。配置方面，帝豪 GS 标配电动调节后视镜、后视镜加热、日行灯、自动头灯等配置。帝豪 GS 提供两种车身造型，其中运动版增添了整体感更强的运动化前后保险杠、倒梯形镀铬排气管装饰、光导式 LED 日间行车灯、全景天窗、红色制动卡钳等配置。帝豪 GS 在上市 4 个月后，2016 年 10 月份就实现了首次万辆大关的突破（销量为 10028 辆，见图 8），并在 11 月份以 10078 辆的成绩继续站稳了脚跟。

帝豪 GS 用户中，高达 41%的消费群来自一线及二线城市，其中泛 80 后年轻族群占总消费人群的 75%，85 后及 90 后成为主要消费人群，占泛 80 后消费人群的 77%，而这部分人正是目前最具活力的消费群体。

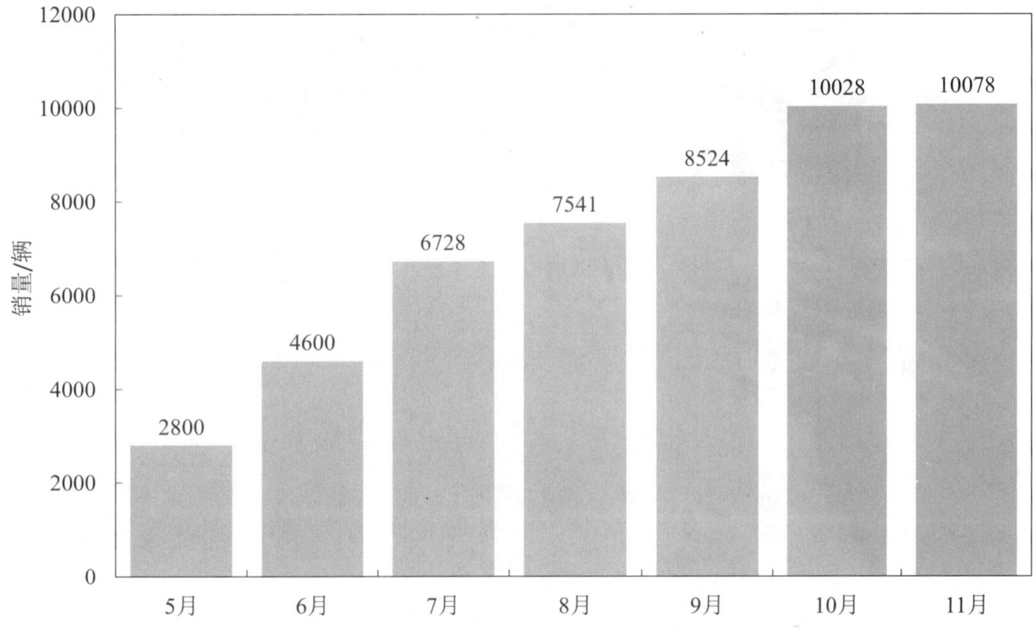

图8 帝豪GS 2016年5～11月份市场表现

7. 远景 SUV 市场表现

2016 年 8 月，远景 SUV 上市，以幸福为主题词，定位为“中级家享 SUV”。12 月 20 日，吉利远景 SUV 在成都工厂迎来了第 5 万辆下线，从 8 月底上市至 11 月，上市还不到 4 个月的车型，再次创下了上市首月破万辆的纪录，刷新了吉利汽车单品车型销量最快破万辆的速度纪录，连续三个月呈现出供不应求的热销态势（见图 9），实现热销 5 万辆、订单破 8 万辆的纪录，成为国内增速最快的 SUV 车型。

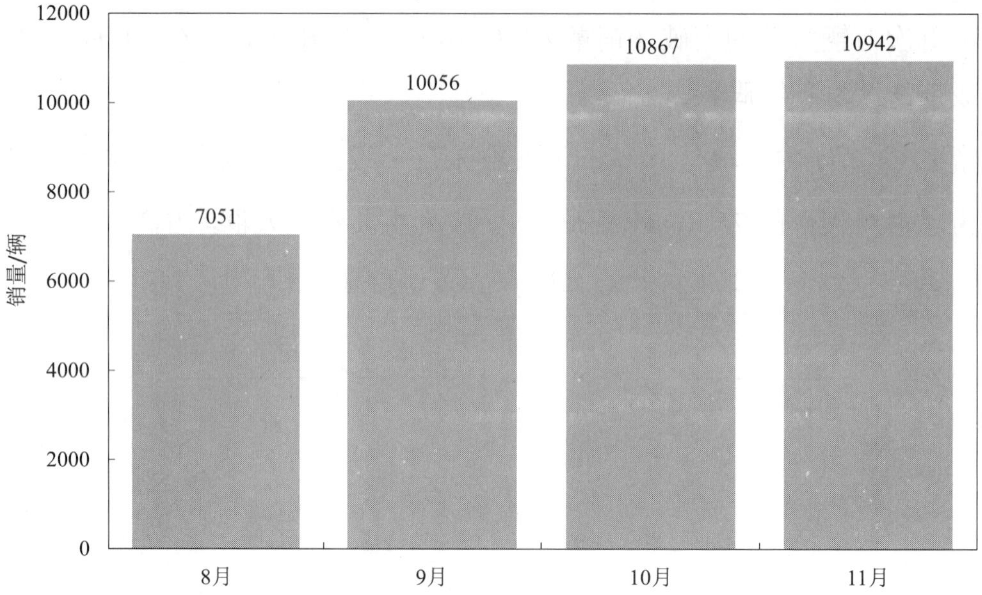

图9 远景SUV 2016年8～11月份市场表现

（作者：张培利）

2016 年华晨汽车品牌战略及产品调查报告

一、华晨汽车的品牌架构

2014 年 11 月 7 日，华晨汽车在上海发布了全新品牌——华颂，它也是华晨汽车继金杯、中华之后的第三个品牌。与之前主攻中低端市场的金杯和中华品牌不同，华颂是一个定位于高端市场的品牌，“成功驭悦于心”是华颂的品牌核心，从此华晨汽车形成中华、华颂、金杯的三品牌格局（见图 1）。

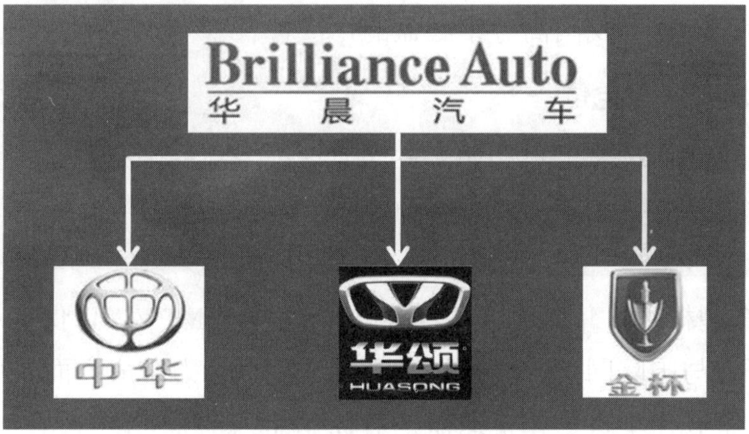

图 1　华晨汽车品牌格局

二、华颂品牌市场定位

华颂品牌旗下的首款车型华颂 7 于 2015 年 3 月正式上市。打造中国人自己的世界级品牌，是华晨汽车为华颂定下的战略目标，为了实现这个目标，华晨汽车选择与国际知名工程及设计公司深度合作，与宝马、麦格纳联合打造出独具德式商务气质、“商务范儿”实足的商务 MPV——华颂 7。

1．华颂品牌定位

专注于成为成长型新兴企业家和其他目标客户心中的中国人自己的世界级品牌。

2. 华颂品牌实力

华颂品牌的主打车型华颂7，由内至外都流淌着国际顶尖科技的DNA：由来自奥地利的麦格纳斯太尔公司进行新产品的工程设计工作；由宝马专业技术团队支持品牌的开发、生产及质量等多个环节；由德国Boysen供应排气系统配套、由德国ZF供应转动系统、由美国天合TRW供应安全系统等，近乎四分之一以上的欧美顶尖工程技术品牌鼎力加盟。

华颂7整车搭载宝马授权生产的直列四缸2.0L涡轮增压发动机，以“高效动力”著称，不仅连续两年斩获“沃德十佳发动机”，而且凭借诸多独到技术至今稳居世界顶尖一流发动机阵营。

同时，华颂7在法国西南部的宝马御用的专业试车场——Miramas（曾作为F1的试车场），以全球最严苛的标准进行反复调校，使得底盘舒适性与操控性达到完美平衡，树立了我国商务车底盘的性能标杆。

3. 华颂7产品定位

华颂7虽然市场表现不尽如人意，但华颂全新品牌定位是不可忽视的，这款车的设计定位是“德式商务”风格的中国高端商务车，同时也是华晨自主车型的高端品牌。

（1）车型概述 华颂7定位于豪华商务7座MPV，以保持产品国内领先，在技术水平上与国际同类车型接轨为开发原则，动力总成方面，匹配宝马N20发动机及采埃孚6速手自一体变速器，对标竞品为别克GL8。

（2）产品优势 华颂7的产品优势主要体现在三个方面。第一，打造“宝马”概念，采用世界级宝马发动机（N20）+采埃孚（ZF）自动高效变速器，释放强劲内能。第二，宽大舒适的内部空间、优雅的设计造型风格营造出大气的风格。第三，华晨汽车、宝马及麦格纳三方联合开发成就出世界级品质：麦格纳的工程设计，宝马团队的生产及质量控制，世界级供应商体系（宝马、采埃孚、天合集团、大陆集团、德尔福、奥托立夫、米其林等）。

（3）核心竞争力 配备宝马N20发动机是华颂7的技术亮点，也是华颂7的核心竞争力。N20发动机连续两年被评为世界十佳发动，主要搭载在宝马Z4、X1、3系及5系车型上，具备动力强劲、燃油经济以及环保的突出优势：1250转时即可爆发315N•m的最大转矩，低转速、高输出，极致体现了涡轮增压发动机较自然吸气发动机的强大优势，升功率高达 80kW，傲视同级别竞品，是动力与燃油经济性的完美匹配；每百公里综合油耗低至 9.6L，降低使用成本；可达到欧Ⅵ排放标准，凸显环保性。

三、华晨汽车自主品牌乘用车市场表现

中华品牌自 2002 年诞生以来，经过十几年的时间，从只有一款中华尊驰车型，发展到现在拥有三大平台、十余款车型。销量也从年销量不足 1 万辆，发展到 2016 年的 142922 辆（见表 1）。十几年的时间，华晨汽车的中华品牌正稳步发展，一步步走向成熟。中华已成为华晨中、高档自主品牌轿车的骨干力量，而华颂品牌的打造，为华晨中华的高定位战略奠定了基础；华颂 7 的推出，壮大了华晨汽车家族体系，意味着华晨汽车又有了新的开端。

表 1 2002～2016 年华晨汽车乘用车品牌销量

品牌	品牌车型	2002 年	2003 年	2004 年	2005 年	2006 年	2007 年	2008 年	2009 年
中华	尊驰	8816	25283	10986	10001	27190	32588	18741	11510
	骏捷	—	—	—	—	35807	82312	52307	25338
	骏捷 FRV	—	—	—	—	—	—	14957	66429
	骏捷 FSV	—	—	—	—	—	—	—	14223
	H530	—	—	—	—	—	—	—	—
	V5	—	—	—	—	—	—	—	—
	H230	—	—	—	—	—	—	—	—
	H330	—	—	—	—	—	—	—	—
	H220	—	—	—	—	—	—	—	—
	V3	—	—	—	—	—	—	—	—
金杯	阁瑞斯	18	120	864	5018	8940	11900	12108	14514
华颂	华颂 7	—	—	—	—	—	—	—	—
合计		8834	25403	11850	15019	71937	126800	98113	132014
品牌	品牌车型	2010 年	2011 年	2012 年	2013 年	2014 年	2015 年	2016 年（1～11）	
中华	尊驰	7175	2036	1851	809	2231	331	497	
	骏捷	30046	12244	6989	3011	1418	654	359	
	骏捷 FRV	80820	63180	23959	7981	2507	3569	8114	
	骏捷 FSV	40823	39625	41561	29763	12736	1900	330	
	H530	—	16801	21781	17494	8939	2916	3694	
	V5	—	277	36391	47936	32782	28505	8478	

（续）

品牌	品牌车型	2010年	2011年	2012年	2013年	2014年	2015年	2016年（1～11）
中华	H230	—	—	19713	51783	13649	4470	5215
	H330	—	—	—	25907	53258	40828	3694
	H220	—	—	—	3459	10413	3018	1615
	V3	—	—	—	—	—	75293	94937
金杯	阁瑞斯	18113	18269	16798	18573	15557	12014	12219
华颂	华颂7	—	—	—	—	—	9996	3770
合计		176977	152432	169043	206716	153490	183494	142922

目前华晨中华在售的车型中有中华H220、H230、H330、H530、骏捷FRV、骏捷FSV、骏捷、尊驰八款轿车与中华V3、V5两款SUV车型，金杯品牌有阁瑞斯，华颂品牌有华颂7。在中华品牌中，V3车型 2016年1～11月份累计销量达到94937辆，占到中华总体销量的75%，占绝对主导地位。而2015年刚刚上市的华颂7，由于品牌认知度等原因，2016年的表现不尽如人意，同比下降36%。

四、未来上市车型将关注蓝海用户

1．未来汽车市场蓝海人群

易车指数发布未来汽车市场蓝海用户研究，将未来需要特别关注的新兴汽车消费群体分为以下五类：Z一代、城市新移民、准二孩家庭、中产新女性、多金老年族，是未来关注的核心点。基于消费市场的趋势变化，未来5～10年，以上五类汽车消费群体，不仅将具有相当规模，数量增长也会更快，其消费需求也将不断提升。其中，Z一代、城市新移民和准二孩家庭在更为迅猛的购买力驱动下，将成为重点潜力消费人群。多金老年组合、中产新女性用户规模庞大，未来将释放高端消费能力。

2．中华未来上市车型的目标用户定位

针对未来蓝海人群，华晨汽车将重点关注三类核心目标用户：新移民中的职场新鲜人、奋斗期中的小业主、远郊/县域生育/养育期小家庭，推出一款全新造型的轿车，以流线、运动、活力、个性的外部造型，搭配科技感十足的内饰，打造符合用户定位的高性价比全新车型。

（1）目标用户细分群体概述　未来将以以下三类人群为目标用户：新移民

中的职场新鲜人、奋斗期中的小业主/个体户、远郊/县域生育/养育期小家庭。其中，新移民包括市区拆迁到远郊区、上大学后留在城市的职场新人、其他城市来此做小生意的年轻人等，有定居要求，居住地分布在郊区和远郊区县。以上三类目标用户分别对应的核心或代表用户为：职场新鲜人中的销售型、主要为家庭服务的年轻小业主以及观念上更愿意跟随潮流、敢于尝试、不遵循传统的小家庭。

（2）目标用户细分群体描述　第一类目标用户群体：新移民中的职场新鲜人。这类目标用户群体的普遍特征为“刚工作的小年轻”。具体来说，是指年龄在 25 岁以下，工作 2～5 年，非本地人，从事职业为私企白领或技术型蓝领，收入相对较低，经济压力较大，信息收集和分析能力强。该群体的买车动机主要是代步、回老家以及社交需求，支付方式多选择贷款。该群体的汽车需求是对价格有明确预算、颜值最重要、空间够用就行，对性能有一定渴望，相对决策较快。该群体的用户人物画像可总结为：他们受过较好的教育，一个人在大城市奋斗，对未来充满希望，车是他们奋斗立足于社会的证明。虽然工作压力较大，但业余生活较丰富，车在生活中起到了极其重要的作用，既是生活的助手，也是成就感的表现。

第二类目标用户群体：奋斗期中的小业主。这类目标用户群体的普遍特征为：25～30 岁，工作 5～10 年，经历过打工到小业主的过程，目前还在创业奋斗期。从事的行业集中在装修和商业服务，有活时干活，没活时跑滴滴/优步。该群体收入相对不低，但收入不稳定，生活压力较大。他们的买车动机多为业务需要、回老家以及家庭需求。该群体对汽车的需求为空间要大、外观看起来上档次。车对他们的意义是生意上的基本信用保障，也是衣锦还乡的工具。该群体的用户人物画像可总结为：他们学历不高，在城市打拼奋斗，开始有了自己的事业和家庭，为成为真正的城里人而奋斗。他们的生存压力很大，业余时间并不多，会补偿性地带家人出去玩一下，开车回老家也是一个重要的买车动机。

第三类目标用户群体：远郊/县域生育/养育期小家庭。这类目标用户群体的普遍特征为：25～35 岁，有稳定工作，已结婚生子，孩子在幼儿园。该群体以本地人为主，普遍有房，收入相对不高，生活压力不大。他们买车的动机多是为孩子考虑，对汽车的需求是空间大、安全、环保、健康、外观时尚不落伍。汽车对于该群体的意义主要是服务于家庭。该群体的用户人物画像可总结为：他们生活稳定、收入稳定，事业上升空间不大，将大部分精力放在家庭和孩子身上。他们目前阶段主要为孩子考虑，对家庭有着较为明确的规划，汽车是服务孩子和家庭的重要工具。

3. 中华未来车型竞争对比

（1）中华车型形象描述　如图 2 所示，中华品牌的未来车型将定位于有设计感的、运动的、年轻的、个性十足的。

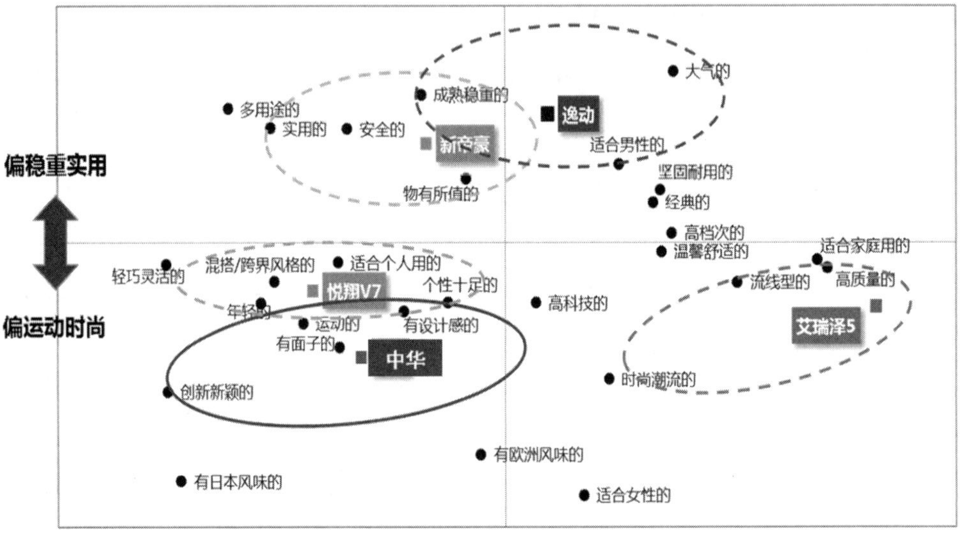

图 2　中华未来车型风格定位

（2）中华用户形象描述　如图 3 所示，中华品牌用户形象主要是喜欢运动、时尚前卫、有激情、乐于尝试新鲜事物、充满活力的人。

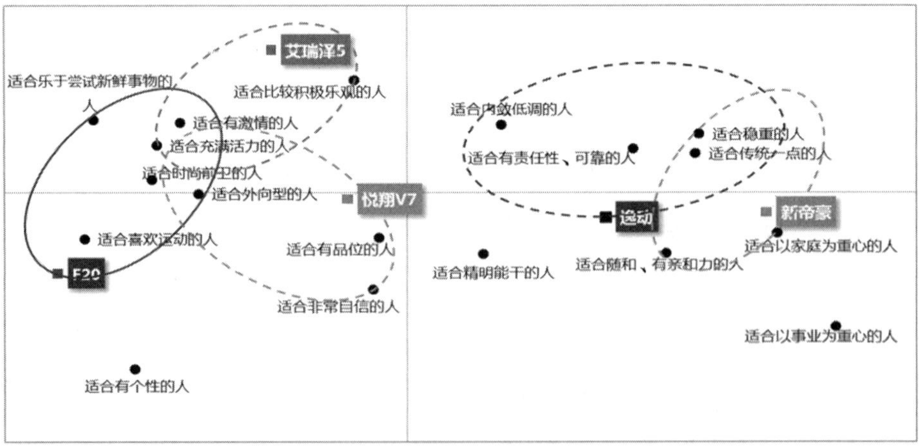

图 3　中华用户形象描述

华晨汽车即将推出的新款轿车，不仅有全新的运动造型风格、科技感的内饰风格，还将更加前卫。这款车秉承中华品牌“精于中华于形”的品牌理念，它的推出将成为华晨汽车 2017 年新的增长点。

（作者：李清）

专题篇

数字化营销新趋势与新挑战

网络和信息技术的发展，有力地推动着企业营销理念和方式的变革，基于此技术的数字化营销模式的出现，也影响到了企业文化、组织以及业务流程等多个方面。所谓数字化营销，是指通过数字技术对产品或服务的营销统称，主要通过互联网实现，但同时也包括手机、外展广告以及其他数字媒体等多种渠道。当下，数字营销已经成为企业营销推广中较为全面的营销方式，例如目前热度较高的大数据、人工智能、新媒体营销以及互联网营销都属于数字化营销的范畴。可以说，“数字化营销”已经渐渐成为这个时代营销的一大重要趋势。

从需求来看，随着我国经济进入“新常态”以来，数字营销的受众群体也迅速扩大。根据中国互联网络信息中心（CNNIC）的报告显示，截至 2016 年上半年，我国网民规模达 7.1 亿，人均上网时长为 26.5h。也就是说，每一个网民，每天平均上网时间接近 3.8 h。而手机网民规模已达 6.56 亿。上网人数的持续增长、触媒时间的不断延长，为数字营销的蓬勃发展提供了坚实的基础。

而 2016 年，可谓是特殊的一年，伴随着超过 7 亿的网民规模，诸多新兴的数字营销形态以迅雷不及掩耳之势对营销领域带来了新的生机。品牌塑造、广告投放、产品发布、促销宣传等都无法忽视数字营销所带来的新机遇。而这种新的机遇也为汽车行业带来了重大的变革。业内提出的新四化（即智能化、电动化、电商化和共享化、电商化）与数字营销就有着紧密的联系。可以看到，4S 店要被电商网购渠道革命的舆论已经逐渐淡去，而借助线上导流增加线下线索的 O2O 模式已经成为各大厂商实践电商化的共识，数字化营销也就成为了电商化的具体实现方式。

汽车行业的数字化营销也随着市场的发展不断发生变革，新的趋势不断涌现。从营销内容、营销理念到营销技术都有了不同程度的发展。笔者将以这三方面为线索和思路，总结数字化营销的新趋势与新挑战。

一、趋势与挑战之一：网红视频直播的内容营销铺天盖地

谈到 2016 年的新趋势，网红直播可以名副其实地成为 2016 年最潮、最热的营销话题。各大直播平台如雨后春笋般纷纷跑马圈地，巨额签约知名网络红人，市场规模呈现爆发式增长。2016 年 3 月，知名网络短视频主持人 papi 酱，借助超高的人气，获得 1200 万人民币融资，而其估值更是达到 1.2 亿的天文数字。但冷静下来不难发现，“网红”这一概念并不算新，只是 2016 年借助数字化的东风，在视频直播的平台重出江湖，重新回到公众的视线之中。

聚焦汽车行业来说，2016 年可谓“汽车网红元年”。不少车企已经开始利用网红视频展开数字化营销的新篇章。例如 2016 年 4 月，一汽森雅 R7 的上市发布会就一改往日的传统套路，由几名网红试乘上市车型并全程直播。无独有偶，东风风光 580 的上市发布会上，多达 100 位网红的现场直播，更是迅速制造了新车发布的营销话题，短时间内吸引了大量在线观众。不仅是厂家，部分经销商也走在了数字营销的前列。2016 年 6 月，海马某经销商邀请某直播平台知名主播参与 6.18 的年中大促活动，全程直播的形式使得店内活动曝光度大幅提升。目前，越来越多的厂家选择在产品发布营销推广的活动中借助网红的力量扩大营销宣传的范围，提升宣传效果。

网红视频直播的主要优势在于使用相当低的成本，在短时间内大幅提升品牌曝光度，用简单粗暴的方式，将同一时间段“竞品”的干扰弱化。视频直播本身可以大大降低营销活动的单位成本，而通过网红的背书，也可以降低网红粉丝对品牌或产品的信任成本。另外，除了直播过程中的直接宣传，还可以通过微博、微信和主播粉丝 QQ 群等在直播前对营销活动进行充分预热，吊起粉丝胃口；在直播结束后，借助各论坛新闻媒体则可以继续延续活动的话题热度，延长传播时间、加大传播力度。

除了成本低、传播久的优点，网红搭乘视频的便车也加大了营销的传播力度。面对枯燥的参数配置、无尽的网络水军，消费者对品牌和产品进行对比的过程已经渐渐成为购买流程的痛点之一，而视频形式则抵消了对比之中的迷茫，辅以网红作为噱头，很大程度上加强了数字化营销的宣传效果。

但是，在网红直播为营销带来新的增长点的同时，也应该看到其内容本身的局限性。首先，大部分肤白貌美的网红所传递的形象并非与所有品牌产品都契合。

在利用这一现象级营销手段的同时，需要冷静地在短时间人气激增与长期品牌形象维护两者之间进行权衡。其次，尽管对于完成传播的关键性指标可能会有较明显的提升，但网红传播的效果对最终的销售转化究竟有多大提升还需要细致的测评。

笔者可以肯定的是，伴随数字化营销内容的日新月异，继网红视频直播之后，还会有其他的现象级内容营销将引爆行业，唯有凭借敏锐的市场洞察力占得市场先机才能在数字化营销的变革下把握机遇，不断创造新的辉煌。

二、趋势与挑战之二：激发粉丝能量的社群营销渐入佳境

随着微信等社交平台全面渗透大众衣食住行，社会化媒体和社群营销风起云涌，在“互联网+”“大数据”的热浪推动下，社会化媒体具有更强的传播力，而基于大数据的社群营销在不远的将来将成为主流。

基于社会学中的经典理论——马斯洛需求层次理论可以得出，在满足生理和安全需求之后，就是目前所广泛关注的社交需求。以前消费者通过电话、邮件来满足社交需求，但伴随着技术及移动互联网的快速发展，时间与空间的限制不断被打破，数字化营销中的社群营销也成为近期不得不提的重要营销理念。

从概念上来看，社群营销就是基于相同或相似的兴趣爱好，通过某种载体聚集人气，通过产品或服务满足群体需求而产生的商业形态。社群营销的载体不局限于微信、网络平台、论坛、微博、QQ 群等线上形式，线下的社区都可以是社群营销这一理念下的载体。目前来看，几乎所有车企都开始重视数字化营销中的社群营销，都不断进行创新以期提高社群营销对品牌提升及销售增长的贡献度。目前各汽车厂家都有自建的粉丝专有社区，各地品牌也都有当地的车友会 QQ 群。2016 年，很多汽车厂家更是将社群营销延伸到“跑友圈”，借助日益兴起的跑步健身社群开展品牌建设，其效果可圈可点。

但是社群营销的具体运作却依然存在诸多困难。很多厂家和经销商都尝试过建立社群，但最终却发现要么沦为刷屏灌水群，要么成为只有推销信息没有反馈的死群，要么变为需要依靠福利才能激活活跃度的社群。试问难道社群营销只能停留在理论层面而没有实际意义么？答案当然是否定的。问题的关键在于如何使群内部逐渐形成共同认可的价值观，只有价值观认同的基础上才会有沟通，有沟通才有活跃度，有活跃度才能保证社群的生命力，进而保证社群营销的效果。

汽车品牌拥有动辄百万销量的粉丝规模，以及更多的潜在品牌关注者。如何把所谓的“粉丝经济”向“社群营销”进行转变来切实提升营销效果是一个重要的命题。汇总实践经验来看，主要提出以下三个方面的建议。第一，提高社群营销所在平台的运营效果。针对汽车厂家官网的社区、微信公众号平台的社区以及区域经销商的社区进行差别化运营与管理，寻找各个平台的核心价值点，只有满足群内核心价值才能保证社群的生命力。第二，重点维护社群的活跃度。活跃度不高是很多社群的通病，在部分汽车官网的社区置顶的活动帖下，有时仅有寥寥数人的回复，参与度比较低。低活跃度对于社群营销来说是致命的，是社群营销中不可回避的关键问题。在运营方面，建议通过签到打卡，定期分享和热点话题讨论等方式，提升参与感；通过入群介绍、线下交流等方法提升仪式感和归属感。总之，保证活跃度是保证社群营销成功的重要基石。第三，只有在稳定的社群中持续开展传播活动才能够达到社群营销的最终目的。活动推广也好，品牌塑造也罢，只有埋头经营提升社群价值才能发挥营销效果，而后借助任务发布、参与悬赏等各种手段持续开展传播活动，才能发挥社群营销的切实作用。

三、趋势与挑战之三：移动互联网技术下的精准营销大有可为

近年来，随着移动网络的快速普及，4G 网络和 Wi-Fi 等在各级城市以及一些乡镇农村的覆盖率正在不断扩大，为移动互联网的快速发展打下了良好的基础。另外，智能移动终端设备销量大增，尤其是智能手机、平板电脑、智能可穿戴设备的持续热销让移动互联网可以轻松连接到每一个智能终端的用户。同时，安卓系统的开放性又让移动应用软件得以快速发展，在内容层面对移动互联网的发展形成了良好的支撑。

在移动互联快速发展的大环境下，汽车行业的营销技术也在不断发生变化。从过去传统报纸、杂志的纸媒，到视频媒体，而后延伸到互联网，进一步拓展至更加火热的移动互联网，不论是传播途径还是传播形式都时时刻刻在改变，但这些改变还停留在基于技术发展提升营销精准度的阶段。可以看到，互联网时代的到来让信息单向传播成为历史，营销传播进入了双向互动的新阶段，而移动互联网的兴起，使得精准营销成为未来的新趋势。

从正面来说，精准营销的不断发展得益于技术进步。移动互联使得传播中的信息量呈现指数增长的喜人态势，而其中关于潜在消费者的信息质量也有了明显

的提高。通过信息技术手段，收集处理进入 4S 店的潜在消费者信息，在很大程度上帮助企业描绘出精准的人群画像，通过归纳法确定潜在消费者趋同的行为习惯，从而针对这些行为习惯开展精准营销，提高营销命中率，实现营销领域的“精准打击”。

从负面来说，移动互联时代也给数字化营销带来了巨大挑战，精准营销是必由之路。各行各业都在拼尽全力吸引消费者的关注，营销的竞争已经不仅限于汽车行业内部，而是全社会在共同竞争消费者的关注度，以期挤占消费者哪怕一分钟的时间，来关注本品的营销宣传。信息碎片化的时代背景下，虽然可接触的信息渠道很多，但毕竟消费者的精力有限，只有做到精准营销才能在有限的投入下，减少渠道资源的浪费，提高营销效果。

综合来看，移动互联网下的精准营销将是大势所趋，意味着车企必须要利用移动营销将移动界面变成与用户沟通的有效触点。借助目前诸多新兴的 APP，制订出适合企业本身的精准移动营销策略将是企业营销力提升的重要保证。

四、结语

在数字化营销的变革中，各行各业的营销生态都在不断变化。纵观汽车行业，不论是 2016 年新兴的网红视频直播，还是数字化营销中的社群营销和精准营销，其关键是解决对消费者，特别是潜在消费者的行为洞察问题。年轻人最受欢迎的新手段是什么？社会发展新阶段所萌生的新理念有哪些？日新月异的新技术下如何更敏锐地把握用户行为？这些都将是数字化营销趋势下企业随时需要关注的问题。也只有不断寻找这些问题的新答案，才能让数字化营销为汽车企业开疆扩土，创造企业发展的一片新天地。

（作者：石旭 朱文秀）

2016年国际大型车展的新能源及技术装备特征与趋势

一、2016年国际大型车展概览

本文的分析和论述基于 2016 年的四大国际车展展开，分别为日内瓦车展、纽约车展、北京车展和巴黎车展。

日内瓦车展，素有“国际潮流风向标”之称，一贯引领全球汽车设计的风潮，也是欧洲唯一的每年都会举办的车展；纽约车展则是北美地区历史最悠久、规模最盛大的车展，以展出高级别轿车和 SUV 著称，不少日韩系车型则更倾向于在纽约车展上首发新车；北京车展是中国汽车工业发展的风向标、亚洲规模最大的车展，也是我国自主品牌新车竞相斗艳的广阔平台；巴黎车展，是世界上第一个车展，与日内瓦车展类似，也是新潮的代言，每年都会云集大量的新款概念车。

这四大国际车展在 2016 年共计首发新车接近 400 款，其中北京和巴黎车展的规模更为盛大。首发车中，新能源车占比 22%（见图 1），其中纯电动汽车最多，占比 50%，其次是插电式混合动力车型。

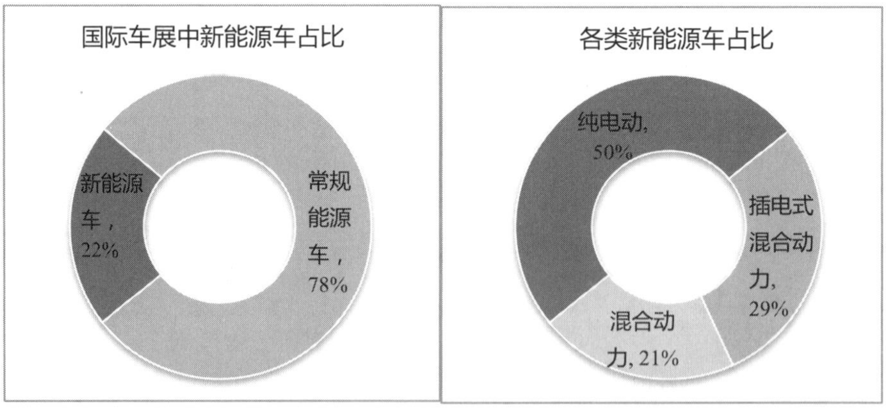

图 1　2016 年国际车展首发新车中新能源车展出占比

二、2016 年国际大型车展中新能源车的特征与趋势

1．主流车企重新聚焦新能源国际战略，推出全新的新能源子品牌或平台

奔驰、宝马、大众三大巨头在 2016 年的国际车展上纷纷推出重磅新能源车型（见图 2）。

奔驰 Generation EQ

宝马 740e iPerformance

大众 I.D.

图 2　2016 年国际车展中奔驰、宝马、大众品牌各自推出的新能源车

奔驰在巴黎车展上推出 Generation EQ 概念车，标志着奔驰创立全新的电动汽车子品牌 EQ。未来 EQ 将与 AMG、Smart、迈巴赫三大品牌平行发展，这样的模式便于 EQ 品牌在集团中的技术转化和技术产品研发，使奔驰未来的电动汽车能够在 AMG 跑车和 Smart 小型车中自由转换和使用。同时，奔驰也提出将在 2025 年之前推出至少 10 款电动汽车，满足不同细分市场的需求。

宝马在日内瓦车展上推出全新的 740e iPerformance，而 iPerformance 正是宝马推出的全新子品牌。自 2016 年 7 月起，iPerformance 成为所有宝马插电式混合动力车型的独立品牌，与 M Performance 品牌同级，其车型还加入“iPerformance”的命名后缀 。同时，宝马于 2016 年 9 月 1 日在成都进行了新能源汽车发布会，提出在中国的新能源发展计划，将在中国提供 5 个车系共 9 款新能源车型，包括纯电动汽车和插电式混合动力汽车。

大众基于 MEB 平台打造的首款紧凑型新能源概念车——大众 I.D.，于巴黎车展亮相，并计划于 2020 年推出基于该车型概念版打造的量产版车型，并将在 2025 年应用全自动驾驶模式。此外，大众原计划 2016 年在中国投资 40 亿欧元，其中大部分资金用于新能源汽车的研发。

2．新能源车的智能化水平得到空前的发展，未来汽车中，新能源和智能化相辅相成，缺一不可

奔驰的 Generation EQ，其电动化仅仅为一个平台，在本次巴黎车展上，该款概念车核心亮点是从外到内的各种智能化理念，高科技使极简的设计风格大行其道，其车身部件大量使用一体式及隐藏设计，如进气格栅、门把手、外后视镜、雨刮器等均使用隐藏设计，进气格栅与车灯融为一个“T”字形 LED 区域；大众的 I.D.概念车则异曲同工，前脸、尾部使用一体式设计，B 柱、外后视镜、保险杠都使用隐藏式设计。在内饰的智能技术使用上，EQ 在脚踏板、开门、头顶等多处都采用了触碰式设计（见图 3），通过轻轻触碰或者滑动，就可实现如同智能手机一般的操控感受。

奔驰 EQ 的脚踏板设计

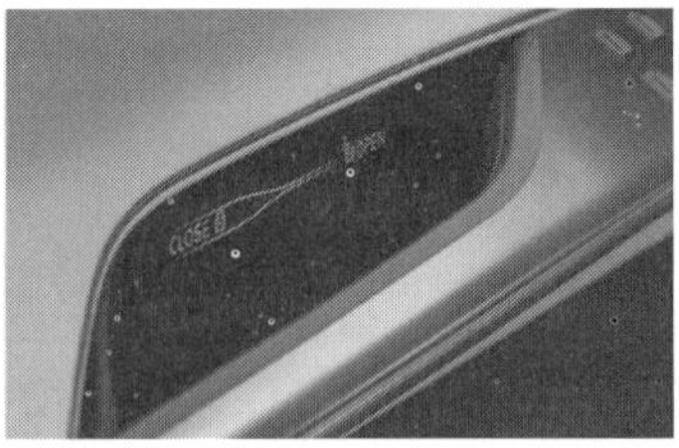

奔驰 EQ 的滑动式开门设计

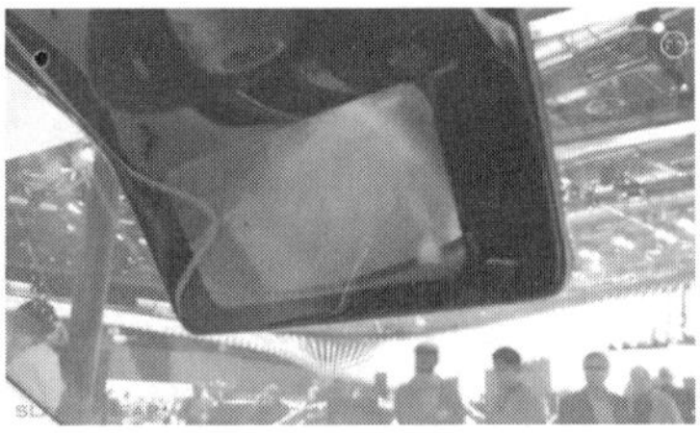

奔驰 EQ 的头顶设计

图 3 奔驰 EQ 的内饰智能技术

3．自主品牌在新能源领域取得创新成就，使纯电跑车在驱动力上的表现超越传统动力的经典跑车

虽然目前是初创企业，但是泰克鲁斯·腾风在日内瓦车展上的亮相仍然值得一提，这是一辆中国车企发布的纯电动概念跑车，百里加速 2.5s，续航里程将达到 2000km 以上，纯电跑车在驱动力上的表现已经超越了传统动力的经典跑车，而且有望依托新能源车的强大性能，实现品牌力的弯道超车，甚至可能影响自主企业的发展方向。

4．新能源技术不断进化

电动实现四驱的技术开始出现。奔驰 Generation EQ 概念车前后轴各搭载了一套电驱动模块，可以实现电动四驱，总功率为 300kW（408Ps），最大扭矩 700 N·m。而搭载的 70 kW·h 锂离子电池，续航里程可达到 500km。它目前可以支持最高 150kW 的充电功率，未来还将支持到 300kW。电动四驱增加的不仅仅是

车辆的四驱性能，电动机的存在也能够为车辆增加不少动力上的优势，这在车辆刚刚起步时尤为明显。无论是采用什么样的混动方式，采用电动四驱之后毫无疑问将会让车辆整体的油耗水平有所下降。此外该车型还支持无线充电。

传统厂商也开始沿用特斯拉的电池布局思路，保障空间的最大化利用。在MEB 平台下，大众 I.D.的电池位置安排在车辆底部，留出了充分的乘坐空间，成功地在 4.1m 的车长内，把轴距做到了 2.75m，比高尔夫还大。大众 I.D.电池组采用扁平化设计，集成在车辆底板（见图 4)，能够实现降低重心并合理分布配重。而奔驰 EQ 配备了容量 70 kW·h 的锂电池组，采取同特斯拉类似的布置方式，布置于底盘和座舱之间，充分利用了车底空间，既保障空间的最大化利用，也为乘坐和驾驶提供了舒适性。

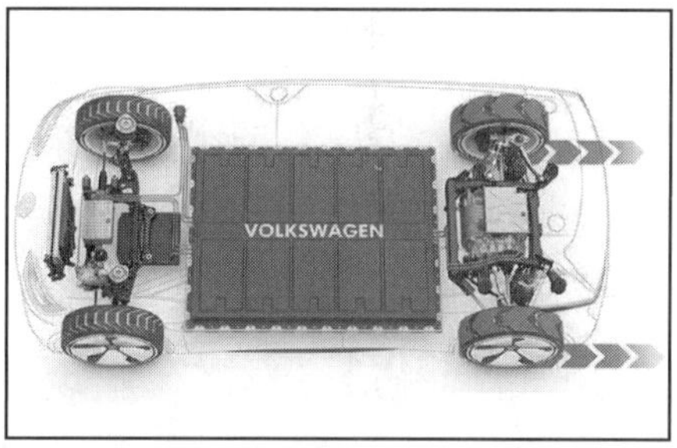

大众 I.D.的电池在车底平放

奔驰 EQ 的电池在底盘和座舱之间

图 4 大众 I.D.及奔驰 EQ 的电池布局思路

新产品的充电时间更短、续航里程更长。保时捷 Panamera 4 E-Hybrid，在230V-10A 的充电环境下可达到 5.8h 充满，在 230V-32A 的充电环境下可达到 3.6h充满；梅赛德斯-迈巴赫 6 概念车的快充技术使得其充电 5min 可行驶 100km；欧宝的小型车 Ampera-e 续航里程为 322km，不输大车；奔驰 Generation EQ 的纯电续航里程为 500km；雷诺 TREZOR 的续航里程为 402 km；大众 I.D.的续航里程为 400km。

三、2016 年国际大型车展中技术及装备的特征与趋势

1. 全自动驾驶仍在概念阶段，主流跨国车企很少有大动作，二线品牌在该领域积极发力，自主品牌呼声强烈

本年度国际车展中，两款值得重点关注的全自动驾驶车型还都在概念阶段，

分别为雷诺 TREZOR 概念车和大众 I.D.概念车。其中前者在自动驾驶的时候，外灯会发生变化，旁边的标识和侧翼后部的车标灯光会发生变化，告诉旁边其他的车辆自身处于自动驾驶的状态。而大众 I.D.概念车，在自动驾驶巡航模式下，多功能方向盘将收入仪表盘下方。其他主流品牌则仅在车展中低调展示其阶段性的测试结果，更致力于科普，并等待量产车型的上市。如北京车展上的奔驰长轴距E级，可以做到在高速公路上某种程度的自动驾驶；沃尔沃 S90 将自动驾驶的最高时速由 120km/h 提高到 130km/h，更加适合高速路况场景；全新奥迪 A8 则是大众第一款搭载自动驾驶模式的量产车型。

与跨国车企不同的是，自主品牌车企在自动驾驶领域的呼声更加强烈。在北京车展期间，名爵 IGS 智能驾驶概念车展示了自动驾驶技术的第二阶段最新成果——增加了 V2X 功能，目前名爵正在测试的 6 辆自动驾驶汽车分为高速公路和限定城市区域两类。另有 4 辆较新的测试车主攻基于 V2V 的车辆编队功能，还会有一辆即将上市的荣威高端车，搭载测试车移植过来的部分自动驾驶技术。长安睿骋自动驾驶汽车，更是行驶 2000km 从重庆开往北京参加车展，这辆车移植了厂区内自动驾驶 3 级测试车中的成熟技术，面向的目标是最终量产，实现高速公路上的部分自动驾驶。此外，北汽在车展馆外设置了 7000 m^2的自动驾驶体验区域，主要展示了 V2X+传感器方案，并采取 4 种自动驾驶技术路线的测试车进行对比试验。

此外，零部件的创新也为自动驾驶开辟了更多机遇。在日内瓦车展上，固特异展示了其最新的球形轮胎（见图 5），上面布满了多方向的块状纹路和凹槽，增加抓地力且兼顾了雨天排水和散热，花纹凹槽内的材料可避免水滑现象，装上传感器可以检测拥堵、天气和路表面状况，把这些数据传给车辆并对外广播受惠附近车辆，并可以调整轮胎和地面接触面积，增加使用寿命。自动驾驶时，在突遇路面危险打滑时，能直接保持前行状态，用灵活的车轮滚动避开障碍，并且停车更方便。这项技术目前还处于展示和畅想阶段，没有给出量产时间表，固特异的专家认为，到 2035 年会有 8500 万辆自动驾驶车上路行驶，就算球形轮胎只能在高端自动驾驶汽车上配备，也是相当大的市场。

图 5 固特异球形轮胎

2．新兴造车者涌现，智能汽车带来前所未有的影响力

乐视汽车的 LeSEE 概念车在北京车展上亮相，这款车支持自动驾驶、前脸采用类似 Mode 3 的无进气格栅设计、仪表盘和中控台均搭载大屏，方向盘可折叠，配有车内空气净化系统。首款量产车的 Mule Car 已经完成，处于工程车试验阶段。量产车样车的时速能够达到 209km/h。乐视还会率先在国贸开设超级汽车展示店，展示“LeSEE”概念产品及其出行生态构想。

奇点汽车带来智车优行计划，通过车内 CAN＋以太网＋无线设备打通各个传感器和执行器；此外，汽车还将配合 CPU 以及云服务实现汽车与人的连接。比如，通过对实时天气及路况信息的掌握及分析，整车可以进行自适应调整等。智车优行计划在 2017 年将实现小批量量产，目前智车优行已经与部分主机厂达成了代工合作意向。

Faraday Future 的 ZERO1 电动超跑概念车也在北京车展亮相，其特点是，驾驶员可以将个人手机嵌入到方向盘中部。通过手机，驾驶员可以实现远程车辆设置、定制化部署、可控功率输出和实时数据视觉化呈现及交互。目前该车的主要作用还是为了将 FF 的各项技术进行试验和搭载，未来真正的量产化产品将会有很大的形态改变。其刚刚完成奠基的位于美国内华达州的工厂，将于两年内完成建设并投产。

阿里与上汽练手打造 RX5 互联网汽车，搭载 YunOS for Car 车载操作系统，可以卡片式定制 UI、开机速度提升、定制化服务接入、云端数据同步等，该系统为 RX5 提供了一个基础的平台，未来应用和服务的提供商可以借助这个基础平台，做产品的深度开发。RX5 自上市以来，也取得了不错的成绩。

3. 日系的涡轮增压技术不断突破，成为新的卖点

在巴黎车展上，日产的新 VC-T 2.0T 发动机可将油耗降低 27%，它具备可变压缩比技术、混合喷射（歧管喷射和缸内直喷）、双循环（阿特金森循环和奥托循环）技术、可变气门正时、集成式排气歧管、变排量机油泵、电控涡轮泄压阀等。能够实现 8:1 到 14:1 区间内的压缩比调节，应对不同工况自由调节，大幅提高发动机热效率。在低负荷/冷机/怠速状态下使用歧管喷射，而在高负荷状态下使用缸内直喷，双喷射技术解决进气管积碳问题，同时保留直喷优点。

4. 欧洲厂商尚未放弃柴油动力，新型柴油发动机预示了未来的希望

欧洲厂商并没有因为大众“排放门”轻易放弃柴油机，在日内瓦车展上，德国戴姆勒公司展出了新款“E 级车”配备的柴油发动机“OM654”，代表着柴油机未来的希望，它是奔驰首款全铝材质打造的四缸柴油发动机，重量比之前的 2.1T 柴油发动机轻了 34.4kg，尺寸更小；拥有高压共轨喷油技术和奔驰 NANOSLIDE 缸壁镀膜等技术；噪声和振动方面的控制更好；经济性也提升了 13%，性能上达到同排量汽油机标准。巴黎车展上，奥迪 SQ7 搭载的 4.0TDI V8 柴油增压发动机带有三个可逐级介入的涡轮，其中一个是电力驱动，这将是世界上首个采用此技术的量产车型，转速高达 70000r/min 的电子涡轮会在极短的时间介入，大大减弱了涡轮迟滞，新车从 0 加速到 100km/h 仅需要 4.8s。

5. 丰田引领自动紧急刹车（AEB）系统提前在美国市场实现标配

丰田在纽约车展上宣布，2017 年底之前将为在美国上市的所有车型标配自动紧急刹车（AEB）系统，同时丰田将为雷克萨斯品牌与丰田品牌的全部级别新车标配包括 AEB 在内的安全辅助系统套装“Lexus Safety System+”和“Toyota Safety Sense”。美国国家公路交通安全管理局（NHTSA）和 IIHS 曾宣布，在美国销售汽车的 20 家汽车厂商签署的自主协议规定，标配 AEB 系统的最晚时间为 2022 年 9 月。

6. 自动变速器的档位数逐年提升，并由豪华品牌向非豪华品牌过渡

纽约车展上，雪佛兰的 Camaro ZL1 是通用率先搭载 10 速自动变速器的车型，也是福特与通用从 2013 年起共同开发的。展望未来，到 2018 年之前通用集团旗下至少会有 8 款车型配备这具全新变速器。可能会是 Cadillac Escalade、Chevrolet

Suburban 之类的全尺寸大型 SUV，或是 Chevrolet Silverado 以及 GMC Sierra 1500 等大型 Pickup 货卡车型。而福特使用的第一款车型便是当家大型货卡 F-150 车系。Ford Mustang 也有望在 2017 年小改款时换上全新的 10 速自动变速器。

综上所述，2016 年国际大型车展上的新能源和技术领域迅猛发展，从造型到配置上，智能化无所不在，令人炫目。期待 2017 年的国际车展为我们带来更多的前沿科技，启迪未来。

（作者：张婧 谢小龙）

浅析 85 后年轻消费者的审美特征及其在汽车产品需求上的体现

一、85 后年轻消费者的群体特征

随着时间的推移和时代的发展，85 后乃至 90 后消费者逐渐走入职场，成家立业，正在逐渐成为市场的消费主力军。了解 85 后的群体特征、消费偏好，对于更好地理解他们，进而制造、生产出适合他们的产品，显得尤为重要。因此笔者试图结合自身的日常研究和在工作中对 85 后消费者的理解，浅析 85 后年轻消费者的审美特征及其在汽车产品需求上的体现。

想要了解 85 后年轻消费者的群体特征，首先需要梳理一下 85 后出生、成长的时代背景和特征。和父辈及其他世代出生的人相比，85 后出生、成长的环境有了很大改善。一是中国改革开放加速，经济飞速发展。随之而来的是中国普通家庭物质生活条件的极大改善，因此 85 后的生活条件比较优越。二是独生子女政策的影响。85 后独生子女较多，一方面，家庭资源较多地集中在一个孩子身上，使他们的成长条件更加优渥；另一方面，众多长辈的宠爱造就了很多众星捧月的“小皇帝”“小公主”。三是互联网在中国快速发展并普及。互联网给中国人打开了一个全新的世界，这里有外来文化和新鲜事物，有更多的资讯，有更广阔的世界。此外，互联网也逐渐改变了人们的工作方式、生活方式和休闲方式。

基于以上几点时代特征，85 后消费者具有以下几点群体特征。

1．85 后比较注重享受生活

他们成长条件优越，更在意生活品质，追求比较精致的生活；他们兴趣爱好广泛，业余生活丰富；他们更喜欢轻松安稳的工作，不是很追求工作上的成就，拒绝加班；他们活在当下，比较安于现状，生活态度更加自在、随性。

2．85 后比较以自我为中心

他们更强调独立自主，自己的事情自己做主，讨厌别人指手画脚；他们更顺从自己的内心，不会委曲求全和刻意迎合他人，例如选择工作方面，“干得不爽就辞职”的例子并不鲜见；他们追求个性，讨厌千篇一律，希望通过消费彰显自己的品位。

3. 85后深度依赖互联网

得益于互联网，他们眼界宽，知识面宽，思维活跃，对各种文化、各种现象包容性强；他们对新产品、新技术更感兴趣，敢于尝新，引领潮流；他们在虚拟空间和二次元空间有较强的话语权，完成了在现实工作、生活中很难实现的逆袭，时刻走在时尚和潮流的最前沿；他们利用网络料理生活、购物、娱乐、交友，是名副其实的“屏幕一代”“拇指一代”。

虽然85后具有上述几点鲜明的时代特征，但他们也有理性和传统的一面。例如，他们虽然乐于享受生活，但在消费方面也是理性十足的，具有投资、理财的观念，会通过网购、海淘、团购、秒杀等方式省钱。例如，受到父辈及祖辈的影响，他们依然具有较强的家庭观念，懂得关爱、陪伴家人，能够接受并一定程度上喜欢中国的传统文化。

二、85后年轻消费者的审美特征

根据《现代汉语词典》的解释，“审美”亦称“审美活动”，是人所进行的一切创造和欣赏美的活动，是构成人对现实的审美关系，满足人的精神需要的实践、心理活动，是理智与直觉、认识与创造、功利性与非功利性的统一。这一名词解释有些生涩难懂，我们不作细究，只作参考。在本文中，我们将“审美”定义为“什么是美”，也就是“什么样的设计、造型、搭配、风格是美的”，这样解释更加通俗易懂，便于理解。

消费者的审美特征是人的特征、人的想法和偏好的外在体现，外化于行，就体现在对不同的产品设计、造型、搭配、风格等的偏好上面。有句俗语“萝卜白菜，各有所爱”说的就是这个意思。基于前文对85后群体特征的分析，结合实际工作中对85后消费者的深入调研、近距离接触，笔者总结出以下几条85后消费者的审美特征。

1. 注重品质

得益于优渥的成长环境和从互联网获取资讯的能力，85后从小就见过好的东西，在消费方面注重品牌，他们认为品牌代表了产品的品质、档次和背后的品牌文化和风格，倾向于在自己的经济实力内选择更好的品牌，乃至奢侈品牌。他们注重产品的工艺，喜欢真皮、金属等的质感，推崇精致的产品，排斥粗糙的做工和劣质的原材料，例如缝隙很大、线头露在外面、塑料感很强、异味很重等等。

2．崇尚简约

提到简约，有一件事让笔者印象深刻。在某一次消费者调研中，笔者出示了若干种家装风格让消费者选择自己最喜欢的，结果“现代简约”风格受到了大多数消费者的推崇，这些消费者中不乏85后的年轻消费者。在85后眼中，简约不意味着简单，而是代表着大气、大方、有设计感和简洁清晰，是能够给产品加分的设计风格。此外，从实用的角度考虑，简约的产品和设计看起来整齐有序，方便打理，可以节省消费者的时间，这在生活节奏日益加快的现代社会也是比较重要的一点。

3．适度个性

如前文所述，85后拒绝千篇一律和平庸普通，对“街车”“街机”等比较排斥，认为这些产品丝毫无法体现自己的风格和喜好。他们更倾向于选择一些造型时尚、前卫的产品，来彰显自己走在潮流的前沿，彰显自己是个“潮人”。但这里笔者也需要强调，“个性”是适度的个性，是符合主流审美的个性，并不意味着可以为了追求个性而寻求一些特别怪异、非主流、夸张的设计，这样的“个性过度”很可能会适得其反，起到反作用。

4．部分传承传统文化

虽然85后包容性强，对各种文化和设计接受度高，但他们内心里依然保持了对中华传统文化的热爱。一些很具有中国特色的元素，例如龙、皮影、剪纸、风筝、十字绣等，依然能够得到他们的关注和青睐。将这些经典元素融入最新的时尚潮流中，应用到产品的设计中，可能会得到令人惊喜的效果。

三、85后年轻消费者的审美特征在汽车产品需求上的体现

结合85后消费者的人群特征和审美特征，笔者接下来分析一下这些特征在汽车产品需求上的体现。笔者的分析从以下几个方面展开。

1. 车型类别方面

相较于传统的三厢轿车，85 后对 SUV 更加感兴趣。一方面，85 后乐于享受生活，“郊游、自驾游”已经成为他们业余生活的重要部分，SUV 视野好、空间大、安全性好、通过性强，更加符合 85 后的游玩需求。另一方面，传统的三厢轿车保有量过高，比较传统，产品设计不如 SUV 运动、大气、时尚，不如 SUV 抓人眼球。SUV 近几年的热销及各个汽车厂家对 SUV，特别是小 SUV 的大力布局，也从一个侧面体现了这一点。

2. 外观方面

85 后是十足的“颜控”和“外貌协会”，因此外观是汽车产品吸引 85 后非常重要的武器。如果汽车产品的外观无法吸引他们，他们便没有更多的兴趣进一步了解汽车产品的内在和性能。看一款汽车产品是否合眼缘，85 后消费者主要从“前脸”“整体大小/比例”和“腰线”几个方面判断。“大气”“时尚”“个性”和“运动”是 85 后比较喜爱的几种外观风格。“经典端庄的前脸”和“简洁的线条”可以使汽车产品显得更大气；“多用亮色”“融入最新的设计元素，如战斧式轮毂、氙气大灯等”使汽车产品更时尚；“应用适当的跨界元素”“不走寻常路而又不出格的造型”使汽车产品避免平庸，凸显个性；而“圆润的造型”和“流畅的腰线”令汽车产品看起来更运动，更具活力。

此外，在外观方面，可以给消费者留出一定的 DIY（自己动手）空间。笔者通过对 85 后消费者的调研发现，他们比较热衷于自己淘一些物件来捯饬自己的车子，例如装饰车子的尾翼、排气筒、挡雨板、轮毂、大灯，车子贴膜、车顶贴黑等，这些细节上的小改动可以在一定程度上体现车主的个性和风格。虽然需要付出一定的时间和金钱成本，但 85 后对此乐此不疲。

3. 内饰方面

“舒适温馨”“做工细致”“运动”是 85 后比较喜欢的三种内饰风格。如果外观是给别人看的，那么内饰是给自己和乘车者感受的。所谓“舒适温馨”，也就是说 85 后希望在车里找到在家里的感觉，“暖色调”“简洁易找的按键布局”和“人性化的储物空间布局”可以增加这种感觉。而关于“做工细致”，正如笔者在前文所述，85 后排斥粗糙的做工和劣质的原材料，因此“塑料感很强的内饰”“异味很重”“缝隙很大”是需要汽车厂家尽量杜绝的现象。“运动”是很多 85

后男性消费者比较喜欢的一种内饰风格。“纯黑内饰”“撞色搭配”“线条流畅”“异形方向盘和个性档杆”可以增加内饰的运动感。

4．配置方面

配置方面主要强调影音娱乐系统和智能互联功能。如前文所述，85 后对互联网深度依赖，因此对这方面的配置也具有一定的要求。“大屏”“蓝牙”“USB 接口”“行车记录仪”和“音质较好的音响” 等影音娱乐配置几乎已经成为 85 后心目中汽车产品的必备配置。此外，具有“车机交互”“手机远程遥控/监测汽车”“在线导航”等功能的智能互联系统正在得到越来越多 85 后年轻消费者的关注，很多年轻消费者都在手机上安装了这类 APP。

5．动力和操控方面

无论在工作中，还是生活中，富有激情是年轻人的特点。因此在对汽车产品的需求上，动力是 85 后比较关注的一个方面。当然，这里所说的动力一定是保证驾驶安全和行车安全前提下的动力。“推背感”“较快的超车速度”“油门灵敏”是他们判断汽车产品动力是否充足的主要标准，涡轮增压也是动力足的一个象征。而在操控方面，85 后多用车经验不多，因此“好开”对他们比较重要，“换档平顺”“方向盘轻便”“具有一定的辅助驾驶功能”是他们比较看重的。

除了上述几点特征，汽车产品的安全性、油耗等用车成本、产品质量已成为购车时的基本需求，笔者未详细阐述不代表不重要，而是非常重要。这三个因素一直是消费者购车时非常看重的因素，“好的安全性、尽量低的使用成本及过硬的产品质量”一直是汽车产品吸引消费者特别重要的因素，可以说，如果在这三个方面没有做好，其他方面做得再好，也很难打动消费者。

四、结束语

综上所述，笔者结合自身的日常研究和在工作中对 85 后消费者的理解，首先分析了 85 后成长的时代背景，接下来分析了 85 后的群体特征。然后从 85 后的群体特征导出了他们的审美特征，最后结合他们的审美特征，分析了他们对汽车产品的需求和偏好。以上观点或有疏漏和不足之处，笔者会在以后的工作和研究中继续探索，持续改进。

（作者：徐波 张辉）

2016 年乘用车细分市场特征总结

在 2016 年整体经济下行压力偏大、供给侧改革积极推进的背景下，汽车市场无疑成了拉动经济增长的一大助推力。2016 年前 11 个月，狭义乘用车累计销售 1919 万台（零售），同比增速高达 18%，在购置税政策的推动下，车市增速显著回升。如果将 2016 年火爆的车市进一步剖析，则会发现比总体市场增势更猛的亮点型市场和一片大好形势之下暗藏的危机型市场共存。接下来，本文将悉数 2016 年乘用车市场格局中发生的各种变化，以及这些新特征在未来的可持续性。

一、轿车市场在政策拉动下重回正增长，但中级普通车型危机四伏

因 SUV 分流加剧，叠加宏观经济和股市大环境低迷、城市限购等多因素综合影响，2015 年轿车市场一蹶不振，首次出现负增长，拖累整体车市。不过 2016 年政策因素对小排量、新能源车的消费提振明显。累计到 2016 年 11 月，轿车共销售了 1068 万台，同比增长 5.2%（见图 1）。

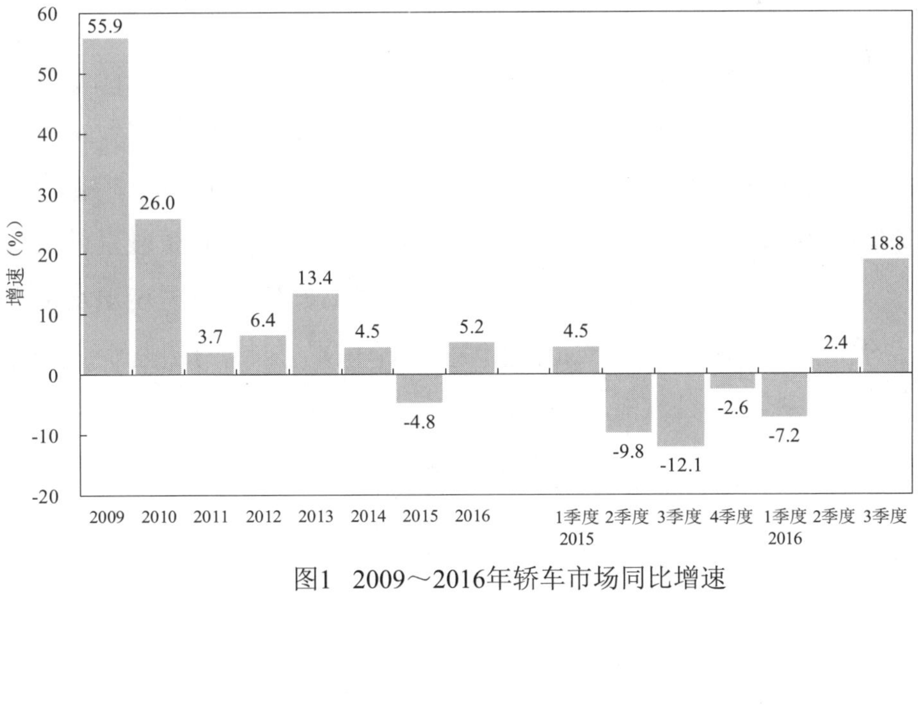

图1　2009～2016年轿车市场同比增速

本轮购置税减半优惠政策自 2015 年 10 月 1 日开始实施，终于在 2016 年二季度以后成功地将轿车市场从连续衰退的颓势中解救出来，市场回暖，同比增速转正。进入 2016 年下半年，随着政策实施期限的临近，经销商纷纷以购置税进入倒计时为噱头拉开营销、促销大战，促进消费需求提前释放，助推市场进一步升温，1.6L 及以下的小排量市场受政策利好影响份额提升显著（见图 2）。

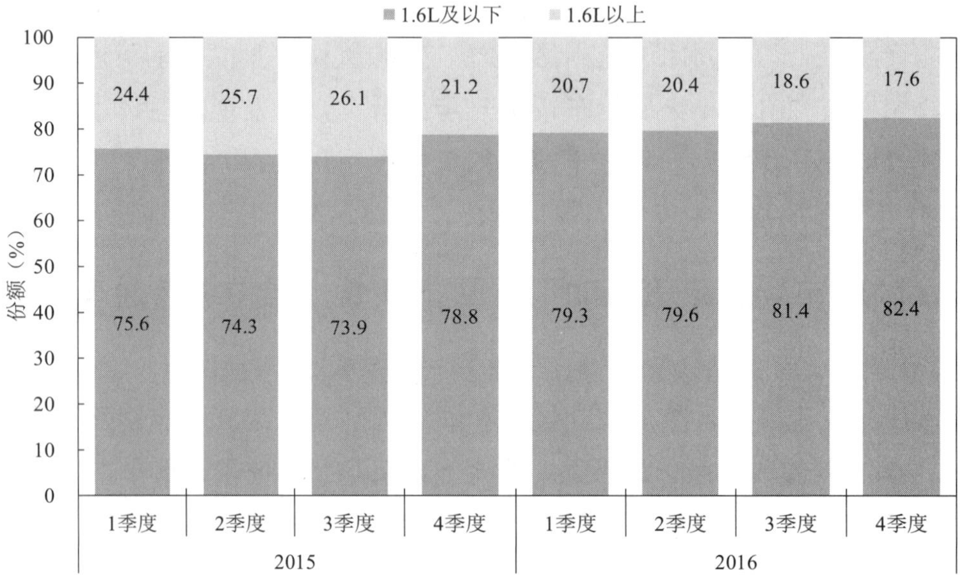

图2 2015～2016年轿车市场分排量销量结构

此外，在城市限购标准逐年加严的背景下，虽然存在着充电不便、里程焦虑、成本昂贵等诸多问题，但具有不限行、免税费、低使用成本等比较优势的新能源汽车还是成为越来越多都市人实现汽车梦的快捷途径。2016 年前 11 个月累计销售电动汽车逾 16 万辆，其中轿车占比约为 86%，成为新能源鼓励政策受益最大的市场。特别是对于新能源国家和地方补贴在 2017 年面临同步退坡的预期，使临近年末的新能源市场又火了一把。迷你型轿车市场在 11 月更是惊人地出现了电动汽车份额首次超越传统汽车，成为市场主体（见图 3）。这表象之下，虽是政策主导的结果，但或许也预示着未来迷你型轿车对抗升级大趋势的生存之道。

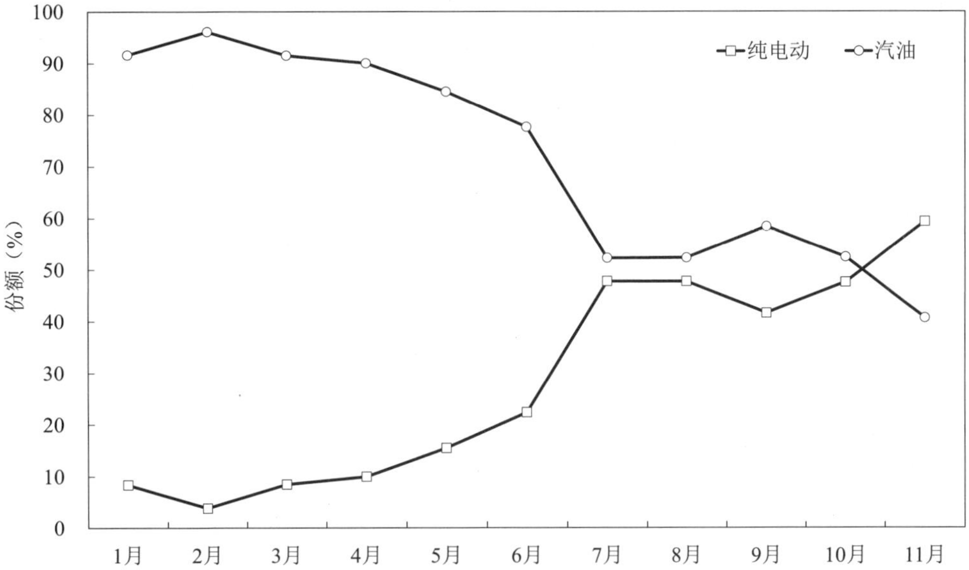

图3 2016年不同燃料形式迷你型轿车销量结构

然而就在轿车市场一片向好声中，却存在着一个表现黯淡、危机四伏的市场——中级普通轿车市场。2016 年前 11 个月，该市场累计销售仅 142 万台，同比增速-10%，在轿车中的占比由 2015 年的 15%进一步缩减至 13%。中级普通轿车市场的颓势与近几年公车改革密不可分，原本稳定的商务需求基本丧失，只能转向依靠家用需求弥补。按理说乘着消费升级的东风，承接一部分高端家用需求并非难事，可事实却是非常艰难的，其间困难重重。在迎合家用需求的过程中，厂家也尝试着对产品的外观内饰设计进行适应性改进，或推出更加年轻化、运动化、经济型的车型。然而，效果却并不理想。在同价位家用车型选择不断丰富的市场环境中，中级普通轿车面临两大劲敌：紧凑型 SUV 和入门级豪华轿车。与前者相比，中级普通轿车缺乏更受年轻消费者喜爱的高颜值与宽大空间；与后者相比，中级普通轿车显得品牌力不足，特别是在豪华车价格不断跳水的紧逼下，更无所适从。这两方的夹击，使中级普通轿车想在高端私家车市场站稳一席之地从而弥补商务需求的缺失变得遥不可及，连市场标杆新帕萨特都难返月销近 2 万辆的光辉岁月。从国际市场的情况来看，先导国家的中级轿车内部，普通品牌占比也呈现连续收缩的态势（见图 4）。因此，无论从当前面临的竞争窘境还是结合国际市场趋势来看，中级普通轿车市场在短期内都难有实质性好转。

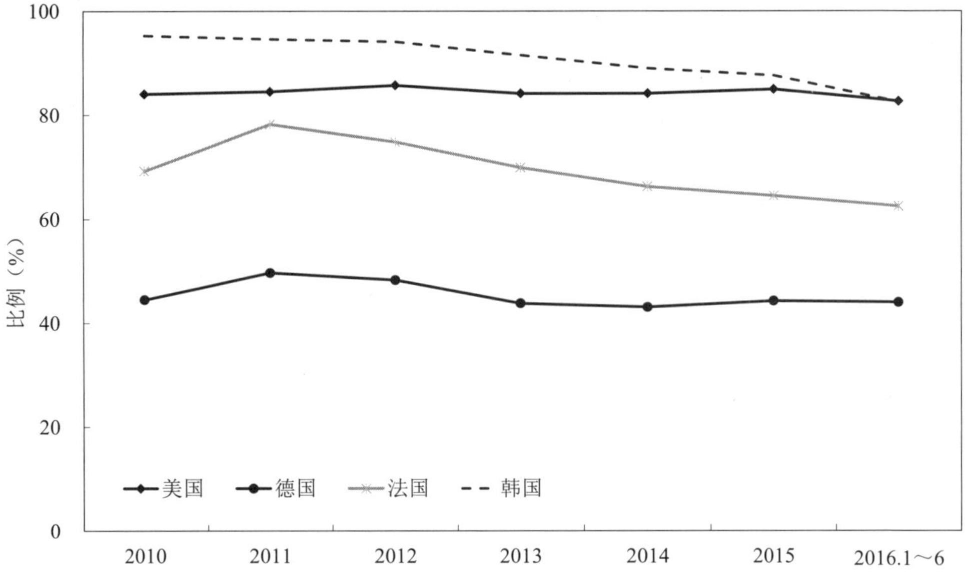

图4 2010～2016年先导国家普通品牌在中级轿车中占比

二、SUV 继续领跑，自主品牌与合资品牌同步发展，但未来面临交锋

伴随着 SUV 车型的蜕变、改进和新品涌入，SUV 市场的热度不断升温。它们不再只是越野爱好者的专宠，更成为时下“高颜值、大空间、多功能”家用汽车的首选。2016 年 1～11 月 SUV 累计销售了 764 万台，高达 44%的同比增速让轿车和 MPV 市场望尘莫及。截至 2016 年 11 月，SUV 的市场份额已攀升至 40%，并首次超越紧凑级轿车市场的市场份额（37%），体量扩张迅速。

SUV 的高速增长，表明中国汽车市场已经从以轿车为主的单一需求进入到更加强调功能性和个性化的多元化需求阶段。随着 SUV 产品的不断丰富，市场也不断细分，目前已覆盖主流市场的各个价位，近 5 年在 25 万元以下的市场发力更为明显（见图 5）。

要研究清楚 SUV 市场的饱和点，恐怕要借鉴先导国家经验。但从当前先导国家的情况来看，2010 年前后，因 Cross 化的小 SUV 全面爆发，导致先导国家的 SUV 渗透率突破稳定状态，呈现持续攀升的态势，目前也尚未达到平衡（见图 6）。这预示着我国对 SUV 的高偏好加上新产品层出不穷，将继续推高 SUV 渗透率，短期内难以见顶。

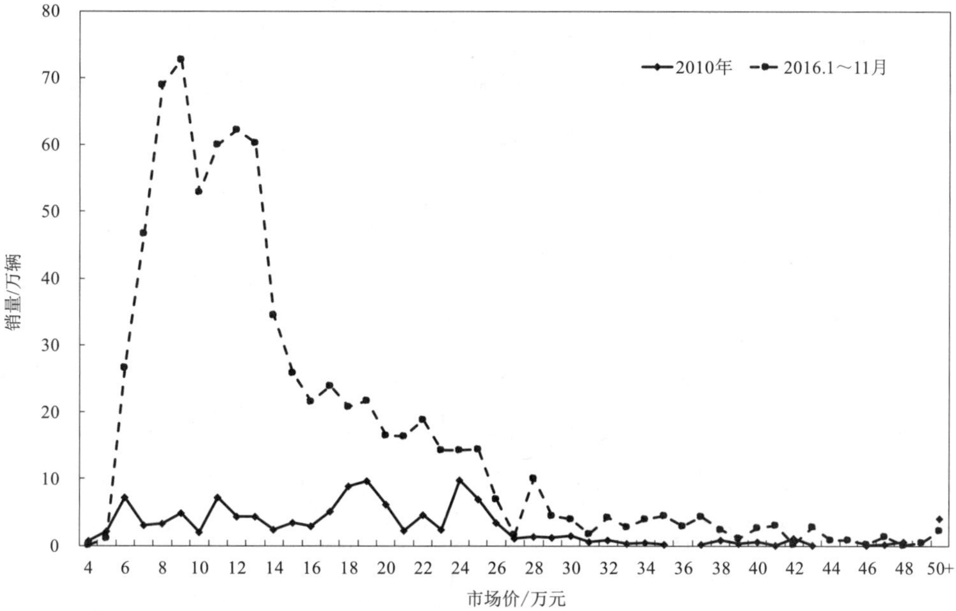

图5 2010年与2016年SUV销量价位对比图

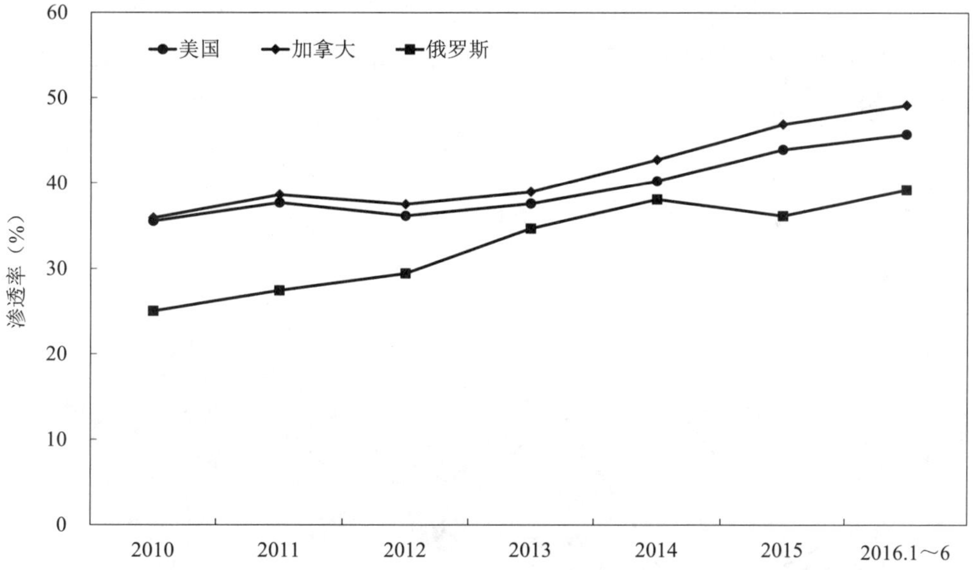

图6 2010～2016年先导国家SUV渗透率的年度变化

从 SUV 市场内部来看，2016 年合资品牌与自主品牌仍维持着携手共进的和平局面，且两者的发力点各有侧重。

2016 年 SUV 市场的近 7 成增量来自于自主品牌，该市场在 2016 年 1～11 月累计销售 434.6 万台（见图 7），同比高达 57%。对比 2015 年来看，2016 年自主品牌 SUV 的发力点仍在 5 万～10 万元市场，这主要是由需求层面决定的。因一、二线市场起步早，经历的发展时间较长，当前许多地区已进入复数保有阶段，加上大城市限购令的约束，需求多以增换购为主，对增量的带动力不及首购强。与此同时，三线市场的购车环境却在不断改善——道路设施不断完善、国家出台购置税优惠政策、不用苦于摇号，加上人们的生活观念向大城市不断靠拢，汽车也逐渐成为三线城市人们的生活必需品，释放大量潜在需求。但由于收入的增长滞后于理念的快速更新，因此三线城市消费者的购车价位仍集中在 10 万元左右，这导致了近年市场的增长点维持在 5 万～10 万元市场不变。不过，在该价位段的市场中，2016 年热销车型从小型 SUV 转向了紧凑型 SUV，则主要是由供给层面决定的。此前，5 万～10 万元的 SUV 市场基本被小型车垄断着，瑞风 S3 和长安 CS35 占据着排行榜的前两名。消费者对这些车型的外观大加赞赏，只是对空间有些抱怨，但多自我安慰，认为这样的预算下能圆 SUV 的梦，不能过于苛责。五菱首先敏锐地抓住了消费者未被满足的诉求，于 2015 年下半年首推了低价紧凑型 SUV 宝骏 560 而大获成功，之后其他厂家快速跟进，2016 年一批大尺寸的低价 SUV 都取得了不错的销售成绩。2015～2016 年自主品牌 5 万～10 万元 SUV 分级别份额变化见图 8。

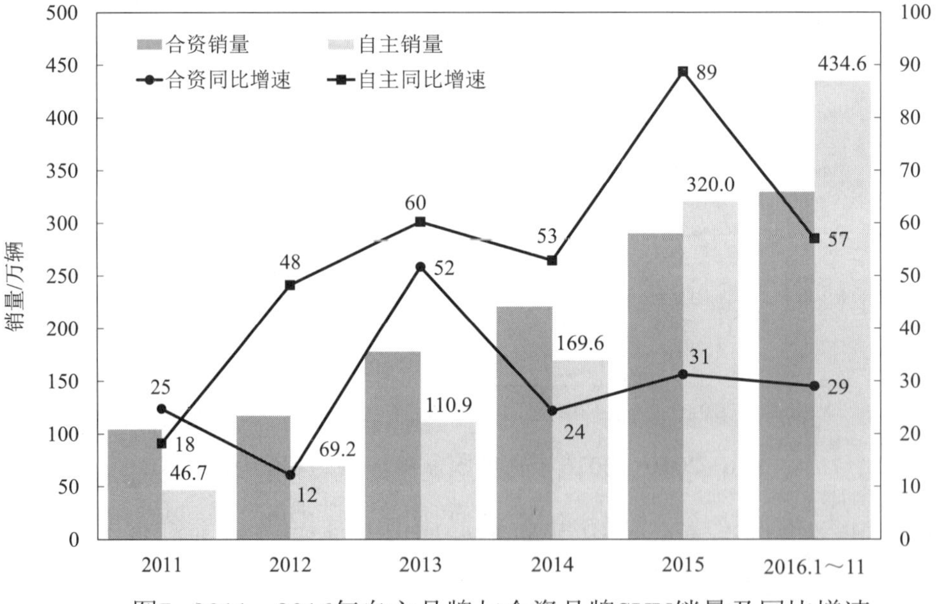

图7 2011～2016年自主品牌与合资品牌SUV销量及同比增速

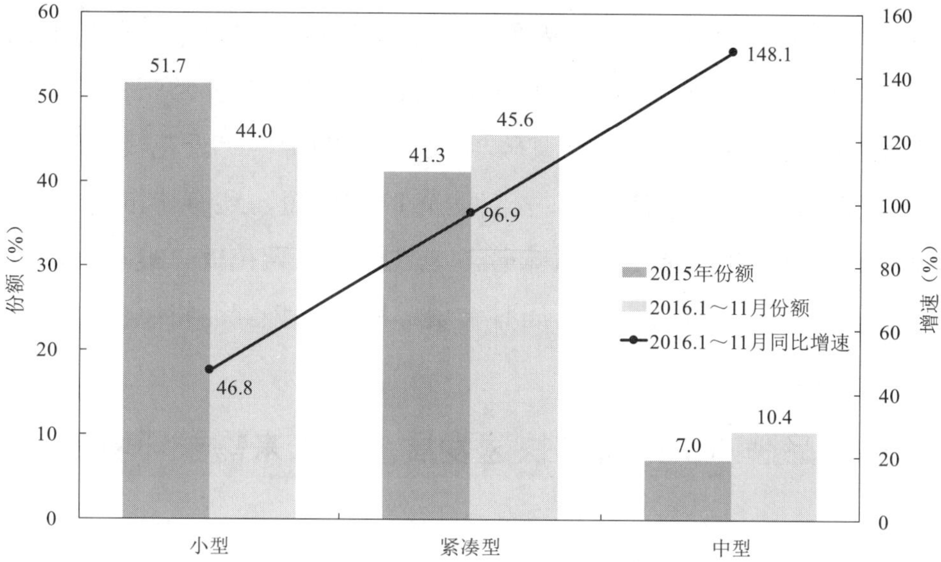

图8 2015～2016年自主品牌5万～10万元SUV分级别份额变化

合资品牌 SUV 市场 2016 年 1～11 月累计销售了 330 万台，同比增长 29%，也快于总体市场。从内部来看，15 万～25 万元市场增速达到 32%，是主要拉动力。这个价位段原本就是合资品牌 SUV 的主流市场，从近两年对比可以看出，合资品牌 SUV 正在取代合资轿车成为用户消费升级的核心市场（见图 9）。各合资厂商目前基本都在该市场布局了 1 款至多款紧凑级 SUV，有些甚至已率先投放大七座中型 SUV 来抢占先机。受二胎全面放开的政策影响，大七座 SUV 备受关注，已成为新兴的热点市场。

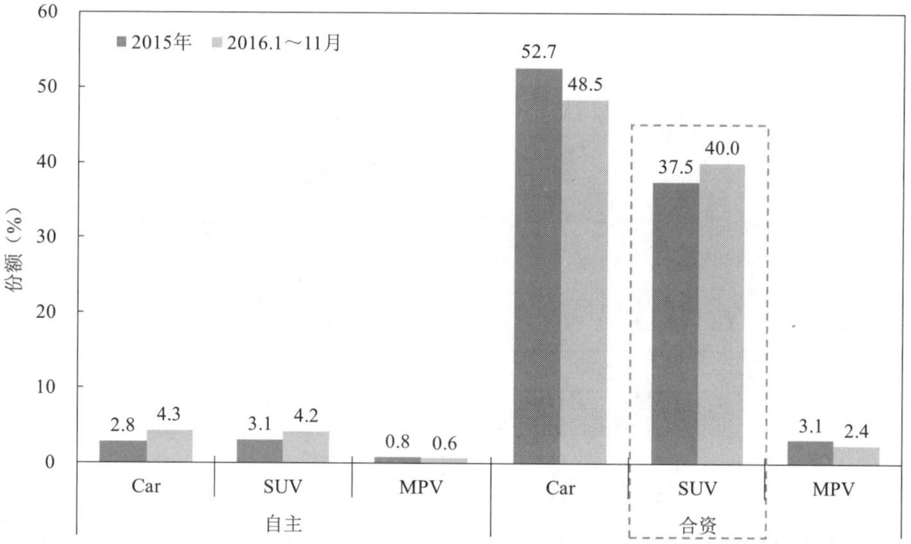

图9 2015～2016年15万～25万元市场各车型份额变化

尽管2016年总体来讲，自主品牌、合资品牌SUV主攻不同用户群都取得了不错的成绩。但应注意到，自主品牌向上发展的势头也是非常强劲的。一些优质自主品牌企业推出的中型SUV已突破了15万元的价格“天花板”，如博越、荣威RX5、传祺GS8、哈弗H7L等。虽然上市时间较短，还有待市场进一步检验，但已获得部分消费者的肯定。这意味着，一旦价格“天花板”被攻破，未来自主品牌和合资品牌产品将直接交锋，届时合资品牌的弱势产品将感受到来自自主品牌优势产品的直接冲击。

三、自主品牌MPV继续快速发展，但未来需求环境利好合资车型

MPV市场相较于轿车和SUV市场来说，始终是一个小体量的市场，在乘用车中占比不足5%。2016年1～11月MPV市场累计销售了87万台，同比增长14%。分车系来看，MPV市场的增长主要源于自主品牌市场，合资品牌市场销量基本稳定（见图10）。

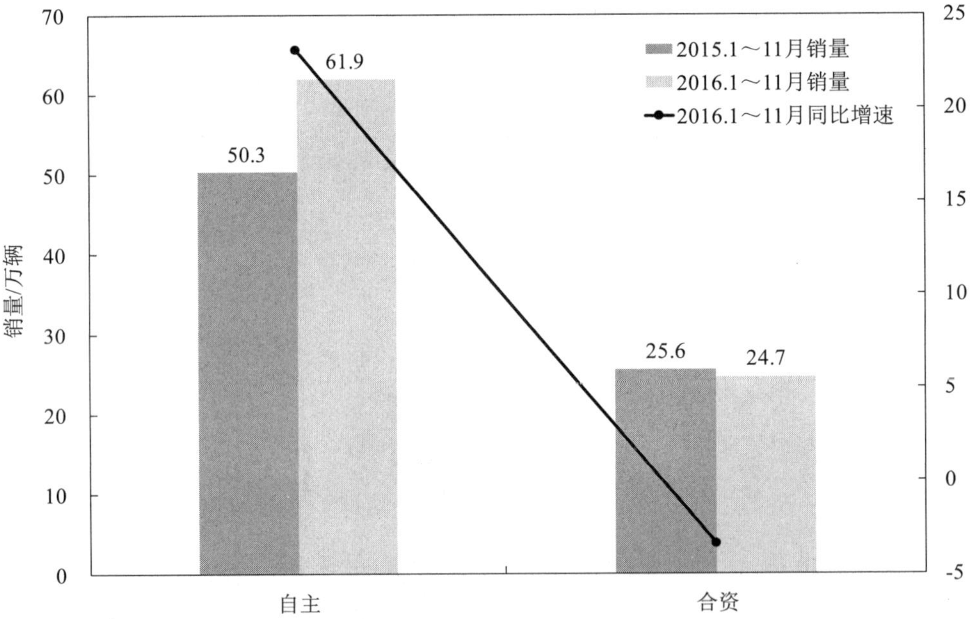

图10 2015～2016年MPV市场各车系销量及同比增速

自主品牌MPV主要满足了两类需求：一类为微型客车用户的升级需求，另一类是三线城市的大家庭出行需求。对于三线城市的生意人而言，车除了家用外，

同时要具备拉货的功能。生意刚起步阶段，他们倾向于购买物美价廉的微型汽车来拉货，当具备了一定的经济实力后，则会在购车时选择舒适性更好的乘用车。但因商用的需求仍不可完全忽视，因此与微型客车看似有着血缘关系但档次更高的 MPV 则成了最佳替代。对于三线城市的普通家庭来说，走亲访友、结伴出行是最常见的生活方式，因此，在选车时这些消费者对多人乘坐、大空间的需求也普遍较高，为 MPV 的发展创造了需求基础。此外，三线城市用户轻品牌、重实用的观念较强，给自主品牌 MPV 这几年的发展提供了广阔空间。

合资品牌 MPV 在近几年基本处于停滞甚至衰退的状态。一方面，新产品供给十分匮乏，老产品也较少改型换代，存在大量的空白市场无产品填充；另一方面，在二胎政策放开前，城市家庭规模普遍较小，缺乏大家庭出行的需求基础。供需双方的不足，致使该市场始终处于边缘地带。

不过，当前 MPV 市场的发展状况在未来可能发生改变，合资品牌 MPV 或遇新的发展契机。二胎政策带来大家庭数目的迅速扩张，特别是在大城市体现更为明显。而相对于小城市和农村的消费者而言，大城市家庭的消费能力更强、品牌意识更强，这对合资品牌 MPV 的发展无疑是有利条件。此外，三线城市 MPV 用户在未来也面临进一步升级的需求，如果届时合资厂家能推出一批价低质优的产品，也将争取到部分换车用户。

（作者：张丽娜）

企业销售预警体系初探

一、研究目的

近年来，随着改革的不断深化和经济结构的不断调整，以及外部经济环境的不断变化，我国经济增速开始放缓。汽车行业作为经济的支柱产业之一，行业发展与经济环境息息相关。因此，在经济转型和调整中，汽车企业也受到了一定的冲击，未来汽车市场的高增长将难以持续。2010～2016 年我国 GDP 同比增速与乘用车销量同比增速见图 1。

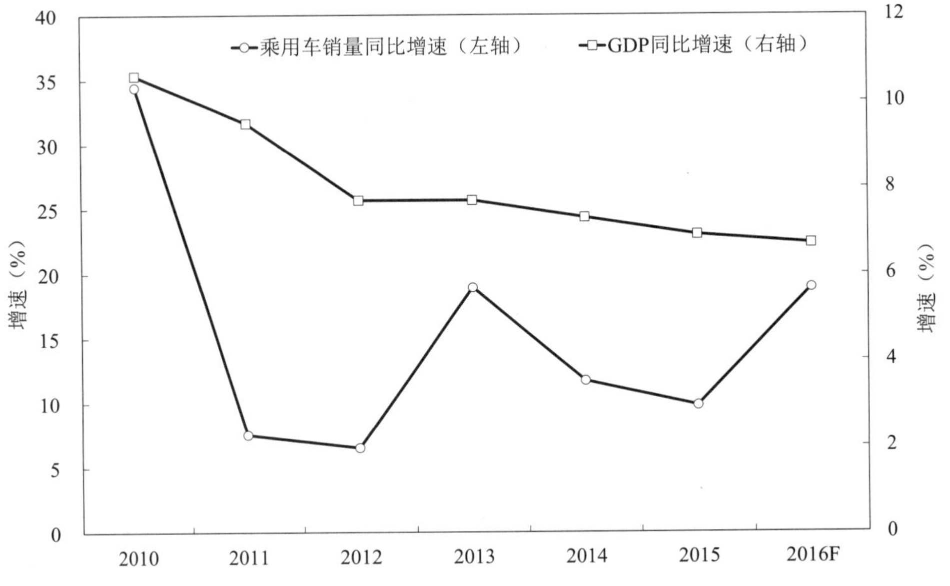

图1 2010～2016年我国GDP同比增速与乘用车销量同比增速

另一方面，随着汽车消费者越来越低龄化、理性化，消费观念越来越成熟，汽车厂商间的竞争也日趋激烈：8 年间，市场前十名销售份额集中度降低了 5.8%（见图 2）。除了经济、政策等宏观因素之外，企业间的竞争环境等微观层面因素对企业的销量起到越来越重要的作用。如何在瞬息万变的市场竞争中正确评估自己和竞争对手的实力和弱点，成为各个汽车企业密切关注的课题。

企业销售预警旨在根据企业当前的销售表现，对影响销量的因素进行剖析，进而构建企业销售表现的评价方法和指标体系，提示企业未来销售的机会和风险点，使企业在竞争中占得先机。

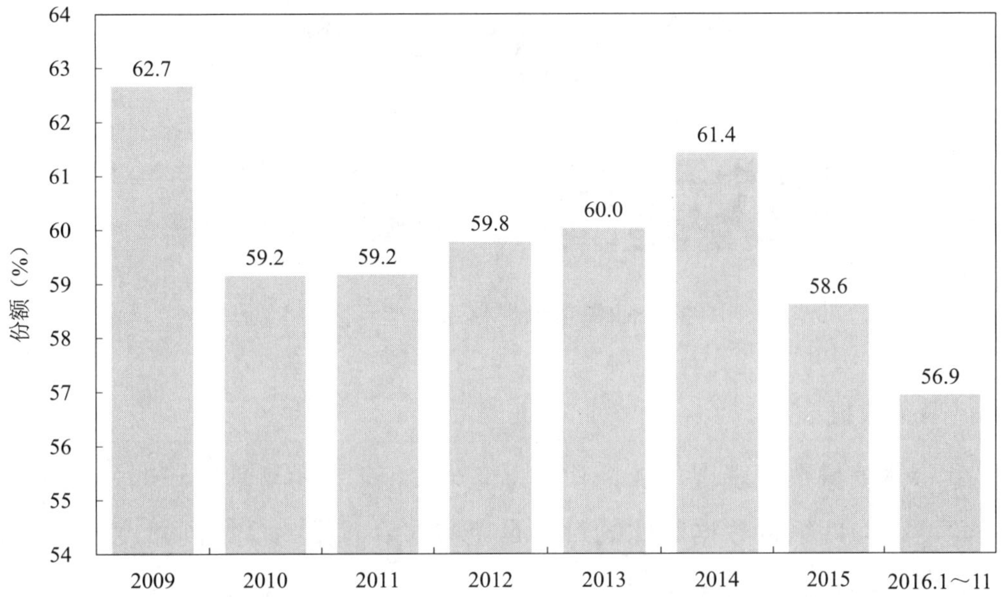

图2 2009～2016年我国汽车销量TOP10企业市场集中度

二、前提假设

企业运营是一个复杂而精密的系统，考虑到数据的可获得性和量化程度，本文主要从销量角度评价企业销售表现。由于外部环境及企业管理和财务层面的影响已体现在产品和营销举措中，本文将影响销量的因素限定在产品和营销层面。

三、方法体系

1. 基本框架

通常来说，企业的销量数据是企业销售表现最直接的反映，同时，销量结构是判断当期销售质量和提示未来风险的重要考量。此外，由于汽车行业的产业链很长，企业的批发销量和终端实销仍有很大差距。因此，终端销售和运营也是评价企业销售情况和可持续性的重要因素。综上，本文主要从销量数据表现、销量结构表现和终端运营表现三个方面综合评价企业销售情况（见图3）。

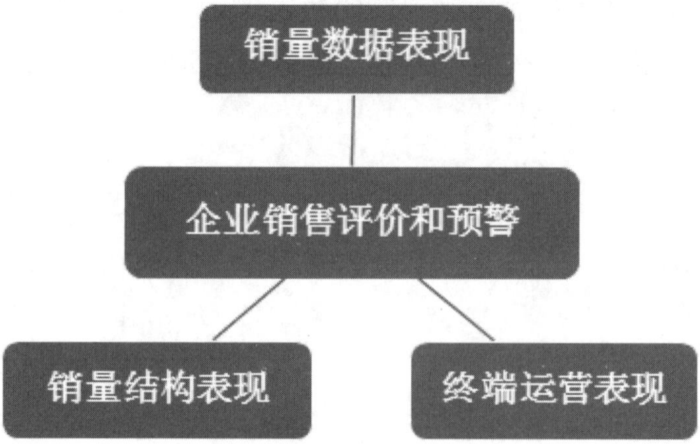

图3 企业销售预警体系框架示意图

2．销量数据表现

衡量总体销量数据表现，除了销量的绝对数值，更为易于比较的是相对数值。从纵向角度，当期销量数据对比的对象是企业自身预期；从横向角度，对比对象是核心竞争对手和总体市场表现。

3．销量结构表现

正如体检需要对身体各个部位进行检查，分析企业的销售表现不仅要看综合销量，还要对销量结构表现进行评估。销量结构一方面可以解释当期销量波动的原因，另一方面还能够对企业未来销售表现预判提供依据。

（1）区域销量表现　区域销售是与当地经济发展水平和厂家布局相匹配的，因此，区域表现的均衡性一定程度上决定了整体销量表现的稳定性。由于总体市场销量在各区域的分布可以代表各地区的需求水平，企业销量在各区域的分布与总体分布水平越相似，说明企业布局与当地需求越匹配；反之，说明企业资源分配与实际需求有错配情况，未来面临风险。

从时间维度上看，通过企业销量的区域分布与总体区域市场当期销量和预测销量的分别对比，可以评估企业当前销售的健康度和未来潜力或风险。

（2）产品销量表现　产品销量结构是决定企业整体销量表现的根本原因。从竞争的角度考虑，一方面需要评估产品竞争力，另一方面要考察产品布局。

产品竞争力最直接的体现是产品销量，因此，某一细分市场中的标杆产品可以被视作竞争力强的产品。从中长期的角度来看，产品所处的生命周期与销量的增长潜力密切相关。产品生命周期分为导入期、成长期、成熟期和衰退期。处于成长期和成熟期的产品能够给企业提供持续稳定的销量和现金流，使企业可以有余力开拓新的细分市场，同时也起到了稳定经销商信心的作用。因此，当企业拥有越多处于成长期和成熟期的产品时，说明产品组合的更有竞争力。

产品布局反映了企业产品定位的准确性，在需求导向型的市场竞争中，抓住时机选准细分市场，对企业销量的提升起到至关重要的作用。因此，对产品布局的考察主要聚焦在产品所在细分市场的当前表现和预期潜力。当企业在发展较快或未来潜力市场布局产品越多时，产品布局的健康度评价越高，即企业未来具有的增长潜力也越强。

4. 终端运营表现

（1）终端当期运营　终端市场是企业销售的最后一环，也是最贴近市场、最能反映市场真实需求的一环。因此，终端市场运营情况是汽车企业核心竞争力的具体体现之一。近几年来，汽车企业在与经销商之间的关系中逐渐从主导转为合作，这就使终端运营一定程度上决定了企业当前销售态势的可持续性。

终端运营是一个相对独立的体系，对终端运营的评估主要集中在销售、库存、财务和信心四个方面，而这些指标之间又是相互关联、相互影响的。销售和库存体现了实际市场需求和经销商进货意愿，它们共同决定了汽车企业的销量。而经销商财务状况和信心会影响到进货和营促销力度，进而影响销量。

（2）终端销售能力　不同于终端运营侧重于当期表现评估，终端销售能力更偏重于经销商偏中长期的销售潜力，从网点规模、布局和效率三个维度衡量。首先，由于我国汽车市场尚未饱和，网点规模直接决定了终端销量。同时，区域经济发展的不平衡也导致了近年来三线城市和中西部汽车市场发展迅猛，因此网点布局和总体趋势的一致性也将决定终端销售增长潜力。此外，网点效率，即单店平均销量是经销商经营能力的综合体现，也是评价终端销售能力的重要指标。

5. 应用示例

通过上述方法体系的梳理和诊断，企业可以首先对自身销售当期表现做出客观、全面的评价。再通过不同维度的深入剖析，企业会找到销售运营中的短期优劣势和偏中长期的机会和挑战，从而实现对下阶段销售运营的提示和预警。

（1）示例1 A企业的当期销量增速好于总体市场，销量与目标进度同步，与核心竞争对手相比保持领先。从区域销售上看，在东部和中西部占比较高。产品以 SUV 为主，近半数的产品处于成熟期或成长期，超过三分之一的产品是所在细分市场中的标杆产品。终端销售指标较好，库存指数偏大，库存压力也高于竞争对手，财务和信心水平与总体一致。经销商网络布局主要在二、三线城市，近期新增网点主要在一线城市，单店效率较高。

分析：A企业销售表现好。结构表现上来看，区域结构较合理，布局与未来潜力市场分布一致；产品竞争力虽然很强，产品布局也部分踩准了总体趋势，但由于单一品类依存度过高，有较大风险。终端表现也存在问题，库存情况不乐观，会抑制未来企业批发销量；经销商布局和销售能力仍处于优势地位。总的来说，A企业在短期的销量优势仍可保持，但未来面临一定风险。A企业的短期优劣势和中长期的机会及挑战总结如图4所示。

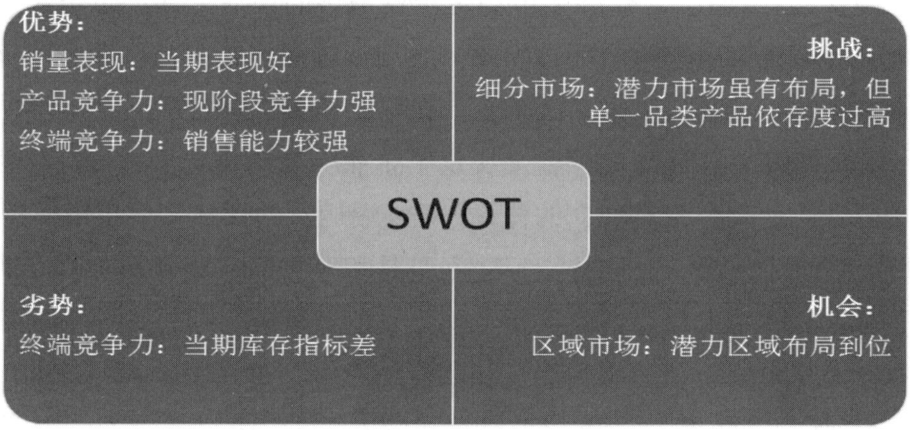

图4 利用企业销售预警体系对示例A企业进行分析评估

（2）示例2 B企业的当期销量增速差于总体市场，销量与目标进度同步，与核心竞争对手相比略差。区域销售上看，在东北地区销量占比较高。产品以A级轿车和SUV为主，近半数的产品处于成熟期或衰退期，但从2017年开始将陆续面临改款换代。终端销售指标较好，库存偏低，财务和信心水平与总体一致。经销商网络布局主要在二、三线城市，近期新增网点主要在三线城市，单店效率较高。

分析：B企业销售表现略差。结构表现上，区域结构布局与未来潜力市场有偏差，应尽快调整区域间的资源配置；产品竞争力目前偏弱，但产品布局符合总体趋势，且近期新产品上市将极大地提升产品竞争力。终端表现较好，老款清库很大程度上降低了库存，为未来销量增长提供空间；经销商布局和销售能力仍处于优势地位。总的来说，B 企业虽然短期销量表现欠佳，但从中长期来看，具备爆发式增长的潜力。B 企业的短期优劣势和中长期的机会及挑战总结如图 5 所示。

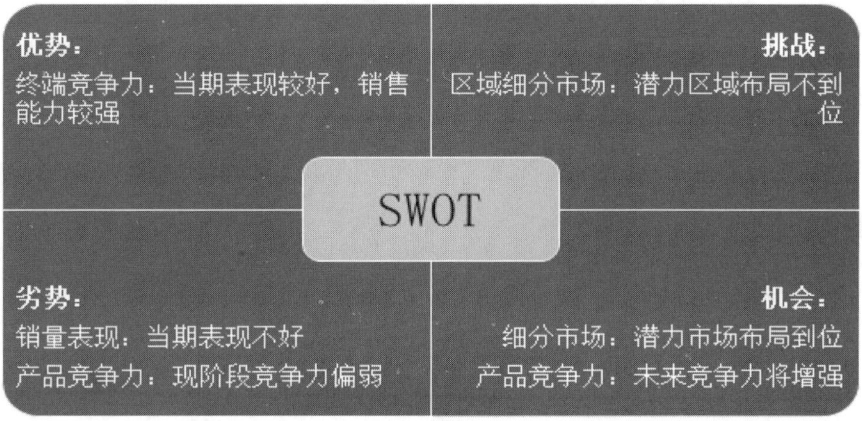

图 5　利用企业销售预警体系对示例 B 企业进行分析评估

四、结束语

企业销售预警体系是对总体市场、细分市场和区域市场的分析和预测，以及产品研究和终端市场研究的综合运用。通过该系统的检验，可以从竞争的角度得出目标企业当期表现波动的原因，并对企业未来表现做出预判，对企业研究和企业运营管理将有重要的意义。

（作者：朱文秀 石旭）

附录

附录A　与汽车行业相关的统计数据

表A-1　主要宏观经济指标（绝对额）

指　　标	2008年	2009年	2010年	2011年	2012年	2013年	2014年	2015年
国内生产总值（GDP）/亿元	314045.0	340903.0	401513.0	472881.6	518942.1	588018.8	636138.7	685505.8
全社会固定资产投资/亿元	172828.4	224598.8	278121.9	311485.1	374694.7	446294.1	512020.7	561999.8
社会消费品零售总额/亿元	108487.7	132678.0	156998.4	183918.6	210307.0	242842.8	271896.1	300931
出口总额/亿美元	14306.9	12016.1	15777.5	18983.8	20487.1	22090.0	23422.9	22734.7
进口总额/亿美元	11325.6	10059.2	13962.4	17434.8	18184.1	19499.9	19592.3	16795.6
财政收入/亿元	61330.4	68518.3	83101.5	103874.4	117253.5	129209.6	140370.0	152269.2
财政支出/亿元	62592.7	76299.9	89874.2	109247.8	125953.0	140212.1	151785.6	175877.8
城镇家庭人均可支配收入/元	15781.0	17175.0	19109.4	21809.8	24565.0	26955.1	29381.0	31790.3
农村家庭人均年纯收入/元	4760.6	5153.0	5919.0	6977.3	7917.0	8895.9	9892.0	10772.0
城乡居民储蓄存款年末余额/亿元	217885.4	260772	303302.2	343635.9	399551.0	447601.6	485261.3	526508.5
全国零售物价总指数（上年＝100）	105.9	98.8	103.1	104.9	102.0	101.4	101.0	100.1
居民消费价格指数（上年＝100）	105.9	99.3	103.3	105.4	102.6	102.6	102.0	101.4

表A-2　主要宏观经济指标（增长率）

指　　标	2008年	2009年	2010年	2011年	2012年	2013年	2014年	2015年
国内生产总值（GDP）增长率（%）	9.0	9.2	10.4	17.9	9.7	13.3	8.2	7.8
全社会固定资产投资增长率（%）	25.9	30.0	23.8	12.0	20.3	19.1	14.7	9.8
社会消费品零售总额增长率（%）	20.0	15.5	18.3	17.1	14.3	15.5	12.0	10.7
出口总额增长率（%）	17.5	−16.0	31.3	20.3	7.9	7.8	6.0	-2.9
进口总额增长率（%）	18.5	−11.2	38.8	24.9	4.3	7.2	0.5	-14.3
财政收入增长率（%）	19.5	11.7	21.3	25.0	12.9	10.2	8.6	8.5
财政支出增长率（%）	25.7	21.9	17.8	21.6	15.3	11.3	8.3	15.9
城镇家庭人均可支配收入（现价增长率（%））	14.5	8.8	11.3	14.1	12.6	9.7	9.0	8.2
农村家庭人均年纯收入（现价）增长率（%）	15.0	8.2	14.9	17.9	13.5	12.4	11.2	8.9
城乡居民储蓄存款余额增长率（%）	26.3	19.7	16.3	13.3	16.3	12.0	8.4	8.5
全国零售物价总指数（上年＝100）增长率（%）	2.0	−6.7	4.4	1.7	−2.8	−0.6	-0.4	-0.9
居民消费价格指数（上年＝100）增长率（%）	1.0	−6.2	4.0	2.0	−2.7	0.0	-0.6	-0.5

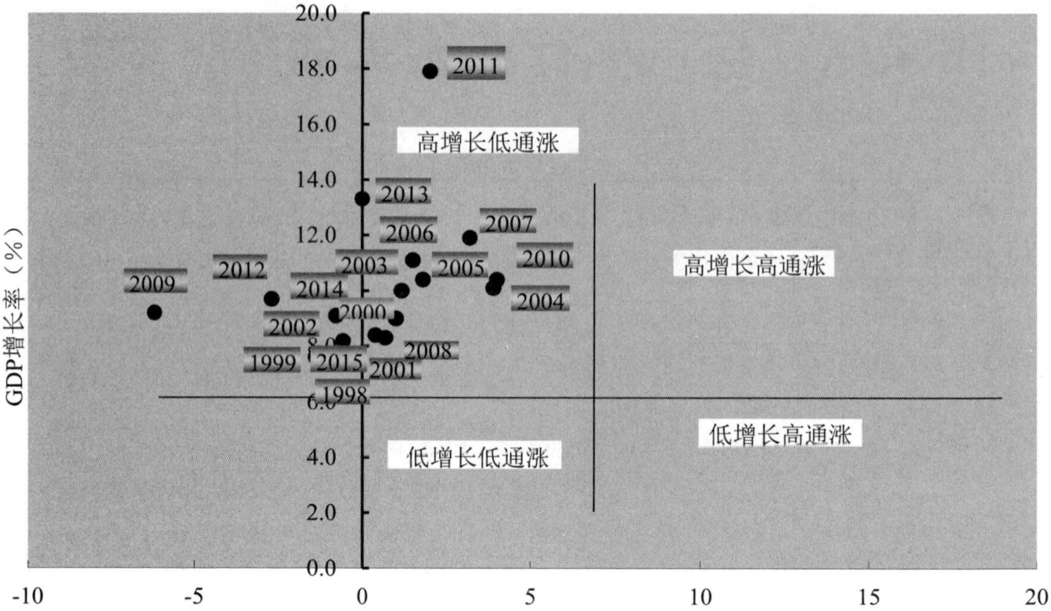

图A-1 1998～2015年宏观经济变化形势

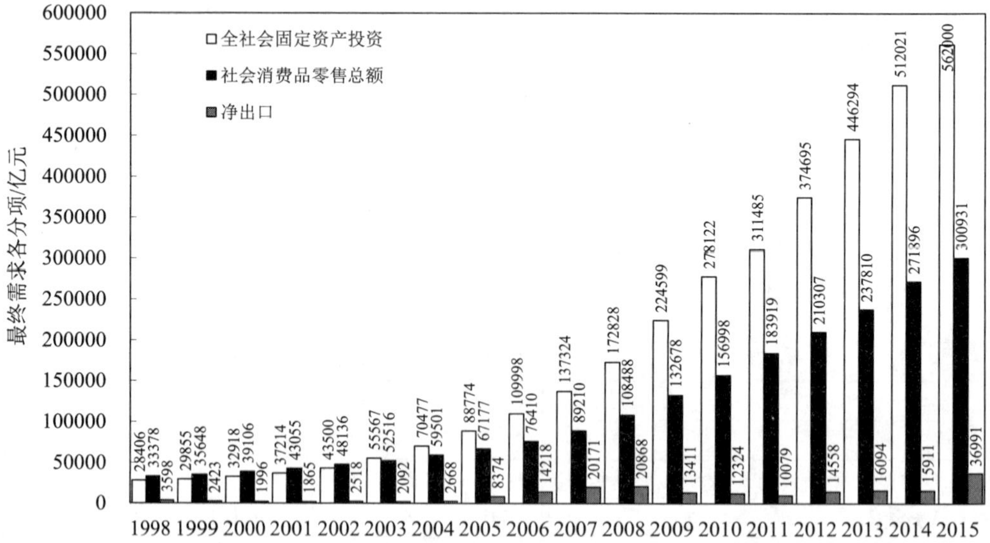

图A-2 1998～2015年社会消费品最终需求变动情况

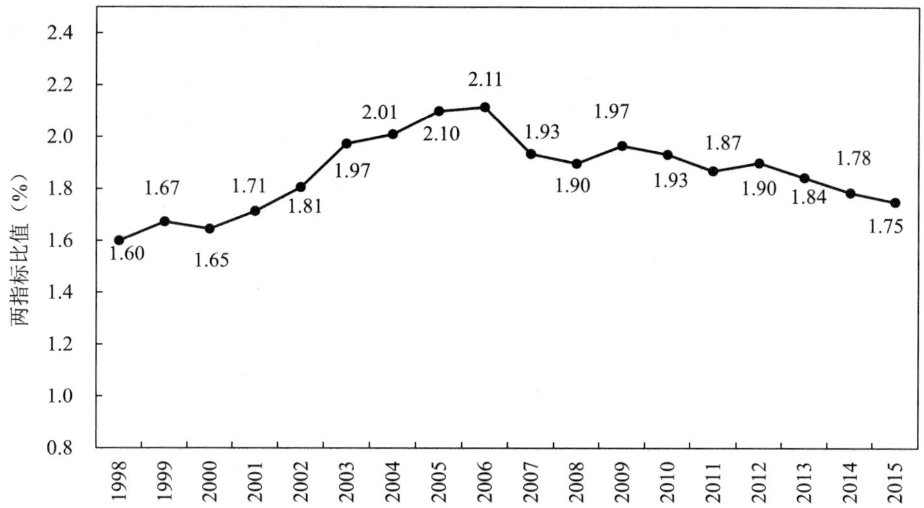

图A-3　1998～2015年城乡居民储蓄存款年末余额与社会消费品零售总额比值图

表 A-3　现价国内生产总值

年份	国民生产总值/亿元	国内生产总值/亿元	第一产业	第二产业	工业	建筑业	第三产业	人均国内生产总值/元
1998	83817.6	84402	14618	39004	34018	4986	30780	6796
1999	89366.5	89677	14548	41034	35861	5172	34095	7159
2000	99066.1	99215	14716	45556	40034	5522	38942	7858
2001	109276.2	109655	15516	49512	43581	5932	44627	8622
2002	120480.4	120333	16239	53897	47431	6465	50197	9398
2003	136576.3	135823	17068	62436	54946	7491	56318	10542
2004	161415.4	159878	21413	73904	65210	8694	64561	12336
2005	185998.9	184937	23070	87365	77231	10134	73433	14185
2006	219028.5	216314	24737	103162	91311	11851	82972	16500
2007	270844.0	265810	28095	121381	107367	14014	100054	20169
2008	321500.5	314045	33702	149003	130260	18743	131340	23708
2009	348498.5	340903	35226	157639	135240	22399	148038	25608
2010	411265.2	401513	40534	187581	160867	26714	173087	29992
2011	484753.2	472882	47486	220413	188470	31943	204983	35181
2012	539116.5	518942	52373	235162	199670	35491	231406	38420
2013	590422.4	588019	55322	256810	217264	40807	275887	43320
2014	644791.1	636139	58336	271764	228123	44790	306038	46629
2015	682635.1	685506	60871	280560	235184	46547	344075	49992

表 A-4　国内生产总值 GDP 增长率（不变价）

年份	国民总收入增长率（%）	国内生产总值增长率（%）	第一产业	第二产业			第三产业	人均 GDP 增长率（%）
					工业	建筑业		
1998	7.9	7.8	3.5	8.9	8.9	9.0	8.3	6.8
1999	7.6	7.6	2.8	8.1	8.5	4.3	9.3	6.7
2000	8.9	8.4	2.4	9.4	9.8	5.7	9.7	7.6
2001	8.1	8.3	2.8	8.4	8.7	6.8	10.2	7.5
2002	9.5	9.1	2.9	9.8	10.0	8.8	10.4	8.4
2003	10.6	10.0	2.5	12.7	12.8	12.1	9.5	9.3
2004	10.4	10.1	6.3	11.1	11.5	8.1	10.0	9.4
2005	11.2	10.4	5.2	11.7	11.6	12.6	10.5	9.8
2006	11.1	11.1	5.0	13.0	12.9	13.7	10.8	10.5
2007	12.2	11.9	3.7	13.4	13.5	12.6	12.6	11.4
2008	8.9	9.0	5.5	9.3	9.5	7.1	9.5	8.4
2009	9.3	9.2	4.2	9.9	8.7	18.6	9.3	8.6
2010	10.8	10.4	4.3	12.4	12.2	13.7	9.6	9.9
2011	17.1	17.9	17.2	17.5	17.2	19.6	18.4	17.3
2012	9.4	9.7	10.3	6.7	5.9	11.1	12.9	9.2
2013	9.7	9.6	8.8	6.2	5.5	9.9	13.3	9.1
2014	9.7	9.6	8.8	6.2	5.5	9.9	13.3	9.1
2015	6.3	6.9	3.9	6.1	6.0	6.8	8.3	6.4

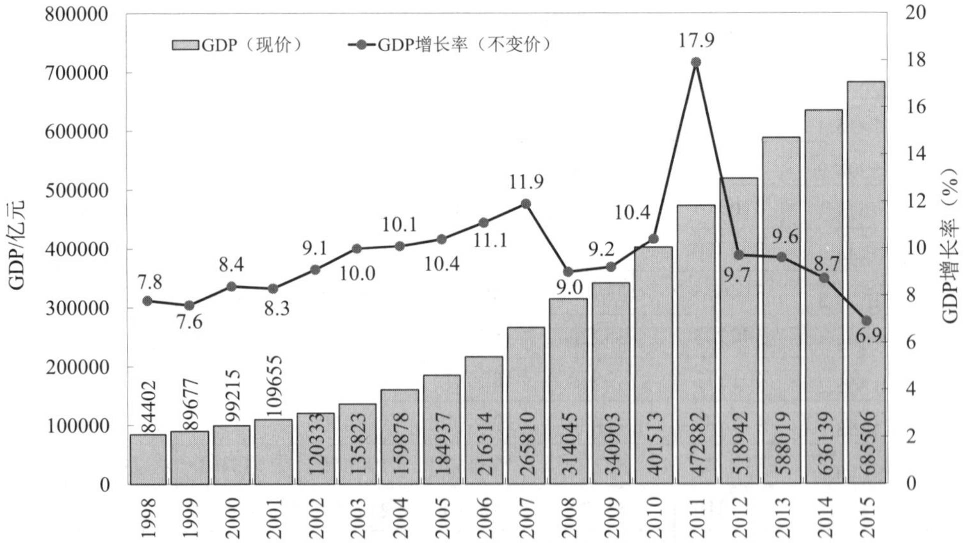

图A-4　1998～2015年GDP增长情况

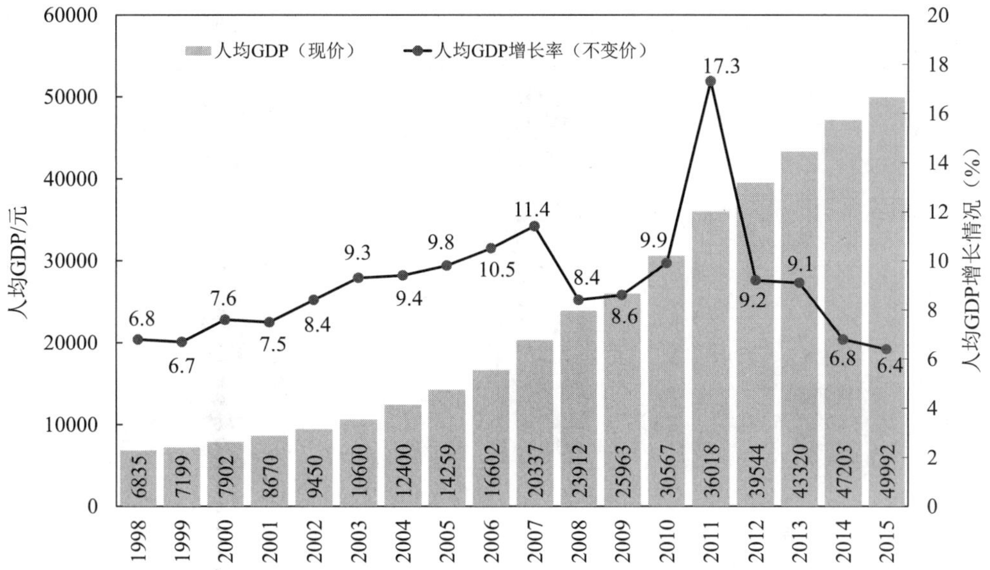

图A-5　1998～2015年历年人均GDP变化情况

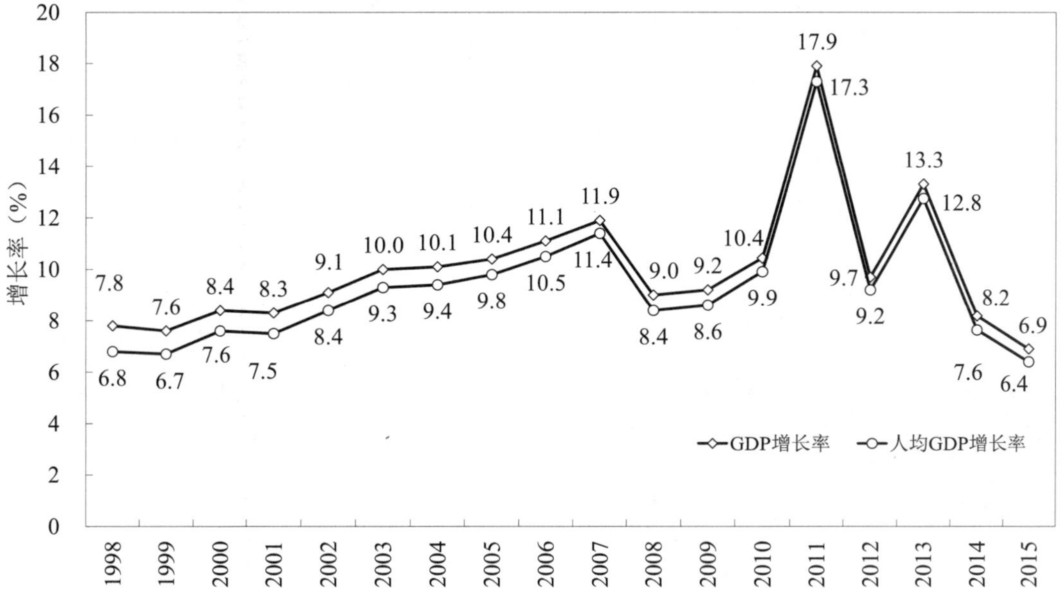

图A-6 1998～2015年历年GDP及人均GDP增长率变化情况

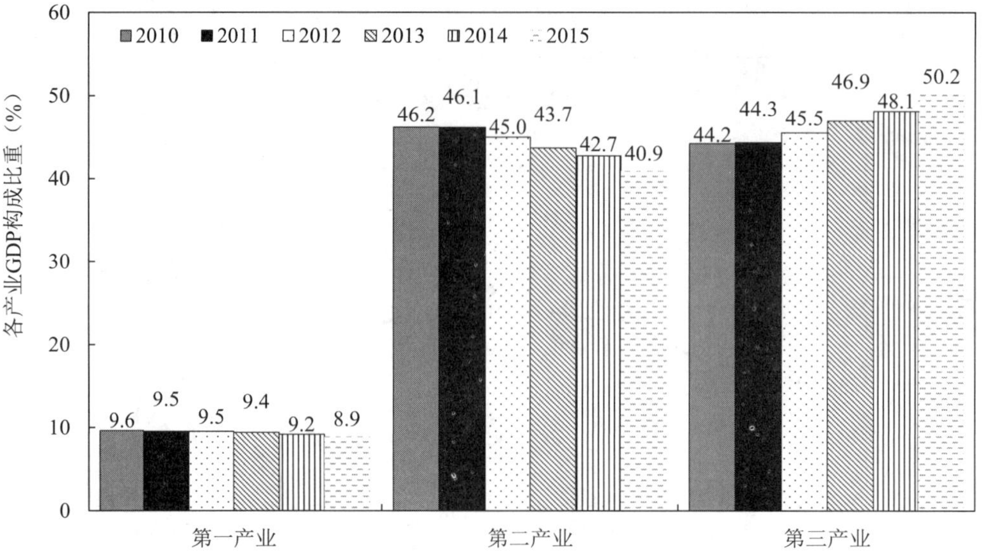

图A-7 2010～2015年全国GDP构成对比

表 A-5 现价国内生产总值（GDP）构成

年份	国内生产总值占比（%）	第一产业	第二产业	工业	建筑业	第三产业
1997	100.0	18.3	47.5	41.7	5.9	34.2
1998	100.0	17.6	46.2	40.3	5.9	36.2
1999	100.0	16.5	45.8	40.0	5.8	37.7
2000	100.0	15.1	45.9	40.4	5.6	39.0
2001	100.0	14.4	45.1	39.7	5.4	40.5
2002	100.0	13.7	44.8	39.4	5.4	41.5
2003	100.0	12.8	46.0	40.5	5.5	41.2
2004	100.0	13.4	46.2	40.8	5.4	40.4
2005	100.0	12.1	47.4	41.8	5.6	40.5
2006	100.0	11.1	47.9	42.2	5.7	40.9
2007	100.0	10.8	47.3	41.6	5.8	41.9
2008	100.0	10.7	47.4	41.5	6.0	41.8
2009	100.0	10.3	46.3	39.7	6.6	43.4
2010	100.0	10.1	46.8	40.1	6.7	43.1
2011	100.0	10.0	46.6	39.9	6.8	43.4
2012	100.0	10.1	45.3	38.5	6.8	44.6
2013	100.0	10.0	43.9	37.0	6.9	46.1
2014	100.0	9.2	42.7	35.9	7.0	48.1
2015	100.0	8.9	40.9	34.3	6.8	50.2

表 A-6　各地区国内生产总值（现价）

（单位：亿元）

地区	2006 年	2007 年	2008 年	2009 年	2010 年	2011 年	2012 年	2013 年	2014 年	2015 年
北　京	7870.3	9353.3	10488.0	12153.03	14113.6	16251.93	17879.40	19500.56	21330.83	23014.59
天　津	4359.2	5050.4	6354.4	7521.85	9224.5	11307.28	12893.88	14370.16	15726.93	16538.19
河　北	11660.4	13709.5	16188.6	17235.48	20394.3	24515.76	26575.01	28301.41	29421.15	29806.11
山　西	4752.5	5733.4	6938.7	7358.31	9200.9	11237.55	12112.83	12602.24	12761.49	12766.49
内蒙古	4791.5	6091.1	7761.8	9740.25	11672.0	14359.88	15880.58	16832.38	17770.19	17831.51
辽　宁	9251.2	11023.5	13461.6	15212.49	18457.3	22226.70	24846.43	27077.65	28626.58	28669.02
吉　林	4275.1	5284.7	6424.1	7278.75	8667.6	10568.83	11939.24	12981.46	13803.14	14063.13
黑龙江	6188.9	7065.0	8310.0	8587.00	10368.6	12582.00	13691.58	14382.93	15039.38	15083.67
上　海	10366.4	12188.85	13698.2	15046.45	17166.0	19195.69	20181.72	21602.12	23567.70	25123.45
江　苏	21645.1	25741.2	30312.6	34457.3	41425.5	49110.27	54058.22	59161.75	65088.32	70116.38
浙　江	15742.5	18780.4	21486.9	22990.35	27722.3	32318.85	34665.33	37568.49	40173.03	42886.49
安　徽	6148.7	7364.2	8874.2	10062.82	12359.3	15300.65	17212.05	19038.87	20848.75	22005.63
福　建	7614.6	9249.1	10823.1	12236.53	14737.1	17560.18	19701.78	21759.64	24055.76	25979.82
江　西	4670.5	5500.3	6480.3	7955.18	9451.3	11702.82	12948.88	14338.50	15714.63	16723.78
山　东	22077.4	25965.9	31072.1	33896.65	39169.9	45361.85	50013.24	54684.33	59426.59	63002.33
河　南	12496.0	15012.5	18407.8	19480.46	23092.4	26931.03	29599.31	32155.86	34938.24	37002.16
湖　北	7581.3	9230.7	11330.4	12961.1	15967.6	19632.26	22250.45	24668.49	27379.22	29550.19
湖　南	7568.9	9200.0	11156.6	13059.69	16038.0	19669.56	22154.23	24501.67	27037.32	28902.21
广　东	26204.5	31084.4	35696.5	39482.56	46013.1	53210.28	57067.92	62163.97	67809.85	72812.55
广　西	4828.5	5955.7	7171.6	7759.16	9569.9	11720.87	13035.10	14378.00	15672.89	16803.12
海　南	1052.9	1223.3	1459.2	1654.21	2064.5	2522.66	2855.54	3146.46	3500.72	3702.76
重　庆	3491.6	4122.5	5096.7	6530.01	7925.6	10011.37	11409.60	12656.69	14262.60	15717.27
四　川	8637.8	10505.3	12506.3	14151.28	17185.5	21026.68	23872.80	26260.77	28536.66	30053.10
贵　州	2282.0	2741.9	3333.4	3912.68	4602.2	5701.84	6852.20	8006.79	9266.39	10502.56
云　南	4006.7	4741.3	5700.1	6169.75	7224.2	8893.12	10309.47	11720.91	12814.59	13619.17
西　藏	291.0	342.2	395.9	441.36	507.5	605.83	701.03	807.67	920.83	1026.39
陕　西	4523.7	5465.79	6851.3	8169.8	10123.5	12512.30	14453.68	16045.21	17689.94	18021.86
甘　肃	2276.7	2702.4	3176.1	3387.56	4120.8	5020.37	5650.20	6268.01	6836.82	6790.32
青　海	641.6	783.6	961.5	1081.27	1350.4	1670.44	1893.54	2101.05	2303.32	2417.05
宁　夏	710.8	889.2	1098.5	1353.31	1689.7	2102.21	2341.29	2565.06	2752.10	2911.77
新　疆	3045.3	3523.2	4203.4	4277.05	5437.5	6610.05	7505.31	8360.24	9273.46	9324.80

表 A-7 各地区国内生产总值占全国比例

地 区	2006年	2007年	2008年	2009年	2010年	2011年	2012年	2013年	2014年	2015年
北 京（%）	3.41	3.75	3.21	3.32	3.23	3.12	3.10	3.10	3.12	3.36
天 津（%）	1.89	2.02	1.94	2.06	2.11	2.17	2.24	2.28	2.30	2.41
河 北（%）	5.05	5.49	4.95	4.71	4.67	4.70	4.61	4.49	4.30	4.35
山 西（%）	2.06	2.30	2.12	2.01	2.11	2.16	2.10	2.00	1.86	1.86
内蒙古（%）	2.07	2.44	2.37	2.66	2.67	2.75	2.75	2.67	2.60	2.60
辽 宁（%）	4.00	4.42	4.11	4.16	4.22	4.26	4.31	4.30	4.18	4.18
吉 林（%）	1.85	2.12	1.96	1.99	1.98	2.03	2.07	2.06	2.02	2.05
黑龙江（%）	2.68	2.83	2.54	2.35	2.37	2.41	2.37	2.28	2.20	2.20
上 海（%）	4.49	4.88	4.19	4.12	3.93	3.68	3.50	3.43	3.44	3.66
江 苏（%）	9.37	10.32	9.26	9.42	9.48	9.42	9.38	9.39	9.51	10.23
浙 江（%）	6.81	7.53	6.57	6.29	6.34	6.20	6.01	5.96	5.87	6.26
安 徽（%）	2.66	2.95	2.71	2.75	2.83	2.93	2.99	3.02	3.05	3.21
福 建（%）	3.30	3.71	3.31	3.35	3.37	3.37	3.42	3.45	3.52	3.79
江 西（%）	2.02	2.20	1.98	2.18	2.16	2.24	2.25	2.28	2.30	2.44
山 东（%）	9.56	10.41	9.50	9.27	8.96	8.70	8.67	8.68	8.68	9.19
河 南（%）	5.41	6.02	5.63	5.33	5.28	5.16	5.13	5.10	5.11	5.40
湖 北（%）	3.28	3.70	3.46	3.55	3.65	3.77	3.86	3.92	4.00	4.31
湖 南（%）	3.28	3.69	3.41	3.57	3.67	3.77	3.84	3.89	3.95	4.22
广 东（%）	11.34	12.46	10.91	10.80	10.53	10.20	9.90	9.87	9.91	10.62
广 西（%）	2.09	2.39	2.19	2.12	2.19	2.25	2.26	2.28	2.29	2.45
海 南（%）	0.46	0.49	0.45	0.45	0.47	0.48	0.50	0.50	0.51	0.54
重 庆（%）	1.51	1.65	1.56	1.79	1.81	1.92	1.98	2.01	2.08	2.29
四 川（%）	3.74	4.21	3.82	3.87	3.93	4.03	4.14	4.17	4.17	4.38
贵 州（%）	0.99	1.10	1.02	1.07	1.05	1.09	1.19	1.27	1.35	1.53
云 南（%）	1.73	1.90	1.74	1.69	1.65	1.71	1.79	1.86	1.87	1.99
西 藏（%）	0.13	0.14	0.12	0.12	0.12	0.12	0.12	0.13	0.13	0.15
陕 西（%）	1.96	2.19	2.09	2.23	2.32	2.40	2.51	2.55	2.58	2.63
甘 肃（%）	0.99	1.08	0.97	0.93	0.94	0.96	0.98	0.99	1.00	0.99
青 海（%）	0.28	1.08	0.29	0.30	0.31	0.32	0.33	0.33	0.34	0.35
宁 夏（%）	0.31	0.36	0.34	0.37	0.39	0.40	0.41	0.41	0.40	0.42
新 疆（%）	1.32	1.41	1.28	1.17	1.24	1.27	1.30	1.33	1.36	1.36
合 计（%）	100	100	100	100	100	100	100	100	100	100

表 A-8　各地区国内生产总值增长率

地　区	2007年	2008年	2009年	2010年	2011年	2012年	2013年	2014年	2015年
北　京（%）	14.5	9.1	10.2	10.3	8.1	7.7	7.7	12.6	7.9
天　津（%）	15.5	16.5	16.5	17.4	16.4	13.8	12.5	16.4	5.2
河　北（%）	12.8	10.1	10.0	12.2	11.3	9.6	8.2	10.6	1.3
山　西（%）	15.9	8.5	5.4	13.9	13.0	10.1	8.9	11.1	0.0
内蒙古（%）	19.2	17.8	16.9	15.0	14.3	11.5	9.0	15.1	0.3
辽　宁（%）	15.0	13.4	13.1	14.2	12.2	9.5	8.7	13.5	0.1
吉　林（%）	16.1	16.0	13.6	13.8	13.8	12.0	8.3	13.7	1.9
黑龙江（%）	11.2	11.8	11.4	12.7	12.3	10.0	8.0	10.6	0.3
上　海（%）	15.2	9.7	8.2	10.3	8.2	7.5	7.7	9.5	6.6
江　苏（%）	14.9	12.7	12.4	12.7	11.0	10.1	9.6	13.7	7.7
浙　江（%）	14.7	10.1	8.9	11.9	9.0	8.0	8.2	11.1	6.8
安　徽（%）	14.2	12.7	12.9	14.6	13.5	12.1	10.4	15.4	5.5
福　建（%）	15.2	13.0	12.3	13.9	12.3	11.4	11.0	14.3	8.0
江　西（%）	13.2	13.2	13.1	14.0	12.5	11.0	10.1	16.1	6.4
山　东（%）	14.2	12.0	12.2	12.3	10.9	9.8	9.6	11.5	6.0
河　南（%）	14.6	12.1	10.9	12.5	11.9	10.1	9.0	11.4	5.9
湖　北（%）	14.6	13.4	13.5	14.8	13.8	11.3	10.1	16.0	7.9
湖　南（%）	15.0	13.9	13.7	14.6	12.8	11.3	10.1	16.0	6.9
广　东（%）	14.9	10.4	9.7	12.4	10.0	8.2	8.5	11.3	7.4
广　西（%）	15.1	12.8	13.9	14.2	12.3	11.3	10.2	14.1	7.2
海　南（%）	15.8	10.3	11.7	16.0	12.0	9.1	9.9	15.8	5.8
重　庆（%）	15.9	14.5	14.9	17.1	16.4	13.6	12.3	18.9	10.2
四　川（%）	14.5	11.0	14.5	15.1	15.0	12.6	10.0	14.9	5.3
贵　州（%）	14.8	11.3	11.4	12.8	15.0	13.6	12.5	18.6	13.3
云　南（%）	12.2	10.6	12.1	12.3	13.7	13.0	12.1	14.6	6.3
西　藏（%）	14.0	10.1	12.4	12.3	12.7	11.8	12.1	15.1	11.5
陕　西（%）	15.8	16.4	13.6	14.6	13.9	12.9	11.0	17.3	1.9
甘　肃（%）	12.3	10.1	10.3	11.8	12.5	12.6	10.8	13.8	-0.7
青　海（%）	13.5	13.5	10.1	15.3	13.5	12.3	10.8	15.8	4.9
宁　夏（%）	12.7	12.6	11.9	13.5	12.1	11.5	9.8	16.8	5.8
新　疆（%）	12.2	11.1	8.1	10.6	12.0	12.0	11.0	14.4	0.6

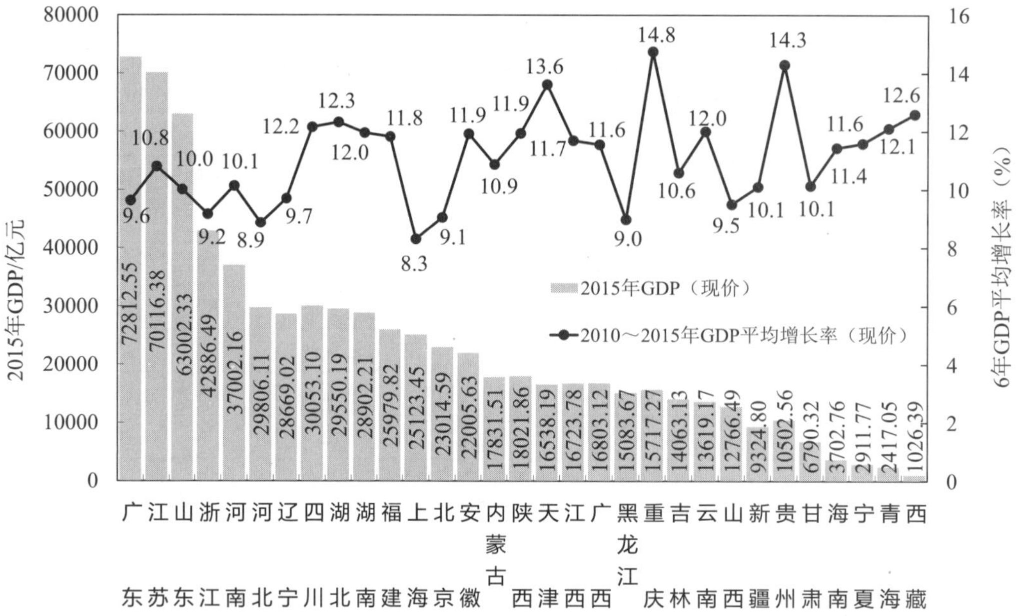

图A-8 2015年分地区GDP总值及2010～2015年GDP平均增长率

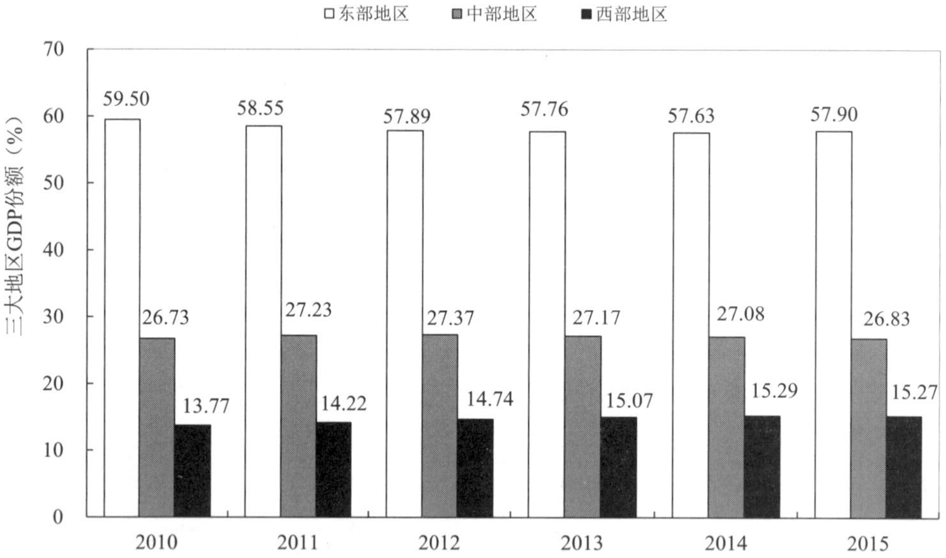

图A-9 2010～2015年三大地区GDP份额对比

表 A-9　全部国有及规模以上非国有工业企业总产值（当年价）

企业分类	项　目	2010 年	2011 年	2012 年	2013 年	2014 年	2015 年
国有及国有控股工业企业	企业单位数/个	20253	17052	17851	18197	18449	—
	工业总产值/亿元	185861.02	221036.25	—	—	—	—
	工业增加值/亿元	—	—	—	—	—	—
私营工业企业	企业单位数/个	273259	180612	189289	194945	215303	216506
	工业总产值/亿元	213338.57	252325.74	—	—	—	—
	工业增加值/亿元	—	—	—	—	—	—
“三资”工业企业	企业单位数/个	74045	57216	56908	57402	55172	52758
	工业总产值/亿元	189917.11	218417.20	—	—	—	—
	工业增加值/亿元	—	—	—	—	—	—

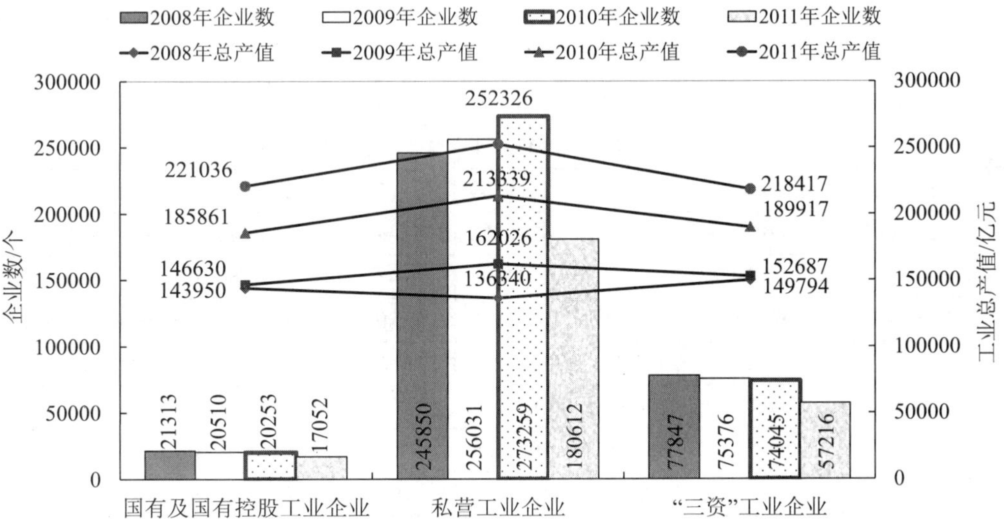

图A-10　2008~2011年国有及规模以上非国有工业企业数及工业总产值对比图

表 A-10　分地区规模以上工业企业工业销售产值（现价）

（单位：亿元）

地　区	2004 年	2005 年	2006 年	2007 年	2008 年	2009 年	2010 年	2011 年
北　京	5974.70	6946.07	8210.00	9648.38	10413.09	11039.13	13699.84	14513.63
天　津	6119.08	6774.1	8527.70	10075.07	12503.25	13083.63	16751.82	20862.74
河　北	10194.40	11008.12	13489.80	17054.78	23030.73	24062.76	31143.29	39698.80
山　西	4173.93	4850.91	5902.84	7791.71	10023.87	9249.98	12471.33	16013.83
内蒙古	2327.48	2995.59	4140.05	5812.96	8740.18	10699.44	13406.11	17774.82
辽　宁	9140.61	10814.51	14167.95	18249.53	24769.09	28152.73	36219.42	41776.73
吉　林	3551.72	3791.96	4752.72	6486.01	8406.85	10026.55	13098.35	16917.61
黑龙江	3955.70	4714.91	5440.17	6143.17	7624.54	7301.60	9535.15	11514.56
上　海	14594.15	15767.51	18573.13	22259.94	25120.92	24091.26	30114.41	32445.15
江　苏	29476.66	32707.09	41410.40	53316.38	67798.68	73200.03	92056.48	107680.68
浙　江	21227.20	23106.76	29129.94	36073.93	40832.10	41035.29	51394.20	56410.48
安　徽	4236.39	4567.23	5915.59	7945.17	11162.16	13312.59	18732.00	25875.87
福　建	7516.05	8135.98	10005.08	12517.91	15212.81	16762.82	21901.23	27443.90
江　西	2736.69	2978.88	4245.49	6194.18	8499.58	9783.96	13883.06	17949.38
山　东	24678.50	30522.86	38780.10	49873.00	62958.53	71209.42	83851.40	99504.98
河　南	9236.80	10487.38	13889.77	20442.21	26028.41	27708.15	34995.53	46856.14
湖　北	5329.23	6066.96	7454.07	9601.52	13454.94	15567.02	21623.12	28073.07
湖　南	4341.88	4754.86	6131.18	8464.08	11553.31	13507.64	19008.83	26386.58
广　东	31519.61	35942.74	44674.75	55252.86	65424.61	68275.77	85824.64	94860.79
广　西	2242.26	2547.32	3356.76	4587.35	6071.98	6880.04	9644.13	12836.57
海　南	429.42	473.06	640.26	1002.78	1103.07	1057.45	1381.25	1600.13
重　庆	2598.84	2525.87	3213.45	4363.25	5755.90	6772.90	9143.55	11847.06
四　川	5303.64	6178.03	7934.41	11047.04	14761.86	18071.68	23147.38	30485.09
贵　州	1546.17	1690.40	2066.77	2520.36	3111.13	3426.69	4206.37	5519.96
云　南	2344.07	2596.21	3393.09	4298.29	5144.58	5197.45	6464.63	7780.83
西　藏	24.85	27.29	33.33	41.36	48.19	51.60	62.22	74.85
陕　西	3150.79	3397.71	4442.81	5692.33	7480.79	8470.40	11199.84	14283.48
甘　肃	1695.79	1988.26	2483.56	3231.52	3667.52	3770.38	4882.68	6175.24
青　海	388.12	486.86	640.66	822.72	1103.10	1080.35	1481.99	1893.54
宁　夏	605.19	671.54	859.70	1070.71	1366.46	1461.58	1924.39	2491.44
新　疆	1656.02	2102.53	2683.44	3296.61	4276.05	4001.12	5341.90	6720.85

表 A-11 各地区工业总产值占全国的比例

地 区	2003 年	2004 年	2005 年	2006 年	2007 年	2008 年	2009 年	2010 年	2011 年
北 京（%）	2.68	2.69	2.76	2.59	2.38	2.05	2.01	1.96	1.72
天 津（%）	2.85	2.75	2.69	2.69	2.49	2.46	2.39	2.40	2.47
河 北（%）	4.01	4.59	4.37	4.26	4.21	4.54	4.39	4.46	4.70
山 西（%）	1.71	1.88	1.93	1.86	1.92	1.98	1.69	1.79	1.90
内蒙古（%）	0.95	1.05	1.19	1.31	1.43	1.72	1.95	1.92	2.11
辽 宁（%）	4.30	4.11	4.30	4.48	4.50	4.88	5.13	5.18	4.95
吉 林（%）	1.87	1.60	1.51	1.50	1.60	1.66	1.83	1.87	2.00
黑龙江（%）	2.05	1.78	1.87	1.72	1.52	1.50	1.33	1.36	1.36
上 海（%）	7.27	6.56	6.27	5.87	5.49	4.95	4.39	4.31	3.84
江 苏（%）	12.68	13.26	13.00	13.08	13.16	13.36	13.35	13.18	12.75
浙 江（%）	9.04	9.55	9.18	9.20	8.90	8.05	7.48	7.36	6.68
安 徽（%）	1.83	1.91	1.82	1.87	1.96	2.20	2.43	2.68	3.06
福 建（%）	3.48	3.38	3.23	3.16	3.09	3.00	3.06	3.14	3.25
江 西（%）	1.03	1.23	1.18	1.34	1.53	1.67	1.78	1.99	2.13
山 东（%）	10.81	11.10	12.13	12.25	12.31	12.41	12.99	12.00	11.79
河 南（%）	3.77	4.15	4.17	4.39	5.05	5.13	5.05	5.01	5.55
湖 北（%）	2.83	2.40	2.41	2.35	2.37	2.65	2.84	3.10	3.33
湖 南（%）	1.84	1.95	1.89	1.94	2.09	2.28	2.46	2.72	3.13
广 东（%）	15.12	14.18	14.28	14.11	13.64	12.89	12.45	12.29	11.24
广 西（%）	1.01	1.01	1.01	1.06	1.13	1.20	1.25	1.38	1.52
海 南（%）	0.23	0.19	0.19	0.20	0.25	0.22	0.19	0.20	0.19
重 庆（%）	1.12	1.17	1.00	1.02	1.08	1.13	1.24	1.31	1.40
四 川（%）	2.38	2.39	2.46	2.51	2.73	2.91	3.30	3.31	3.61
贵 州（%）	0.69	0.70	0.67	0.65	0.62	0.61	0.62	0.60	0.65
云 南（%）	1.09	1.05	1.03	1.07	1.06	1.01	0.95	0.93	0.92
西 藏（%）	0.02	0.01	0.01	0.01	0.01	0.01	0.01	0.01	0.01
陕 西（%）	1.32	1.42	1.35	1.40	1.40	1.47	1.54	1.60	1.69
甘 肃（%）	0.81	0.76	0.79	0.78	0.80	0.72	0.69	0.70	0.73
青 海（%）	0.17	0.17	0.19	0.20	0.20	0.22	0.20	0.21	0.22
宁 夏（%）	0.25	0.27	0.27	0.27	0.26	0.27	0.27	0.28	0.30
新 疆（%）	0.78	0.74	0.84	0.85	0.81	0.84	0.73	0.76	0.80
全 国（%）	100	100	100	100	100	100	100	100	100

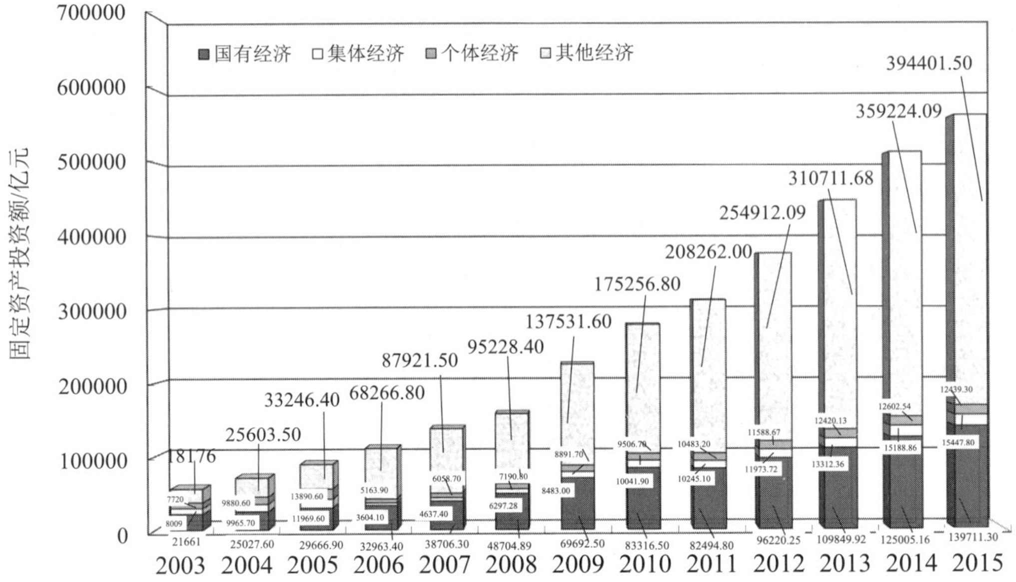

图A-11 2003～2015年分经济类型固定资产投资情况

表 A-12 历年各种经济类型固定资产投资

（单位：亿元）

年 份	合计	国有经济	集体经济	个体经济	其他经济
2004	70477.4	25027.6	9965.7	9880.6	25603.5
2005	88773.6	29666.9	11969.6	13890.6	33246.4
2006	109998.2	32963.4	3604.1	5163.9	68266.8
2007	137323.9	38706.3	4637.4	6058.7	87921.5
2008	157421.4	48704.9	6297.3	7190.8	95228.4
2009	224598.8	69692.5	8483.0	8891.7	137531.6
2010	278121.9	83316.5	10041.9	9506.7	175256.8
2011	311485.1	82494.8	10245.1	10483.2	208262.0
2012	374694.7	96220.2	11973.7	11588.7	254912.1
2013	446294.1	109849.9	13312.4	12420.1	310711.7
2014	512020.7	125005.2	15188.9	12602.5	359224.1
2015	561999.9	139711.3	15447.8	12439.3	394401.5

注：根据 1994 年房地产快速调查结果，对 1990 年以来的全社会固定资产投资数据进行了调整。

表 A-13　各地区全社会固定资产投资（现价）

（单位：亿元）

地　区	2006 年	2007 年	2008 年	2009 年	2010 年	2011 年	2012 年	2013 年	2014 年	2015 年
全国合计	109998.2	137323.9	172828.4	224598.8	278121.9	311485.1	374694.7	446294.1	512020.7	561999.8
北　京	3296.4	3907.2	3814.7	4616.9	5403.0	5578.9	6112.4	6847.1	6924.2	7496.0
天　津	1820.5	2353.1	3389.8	4738.2	6278.1	7067.7	7934.8	9130.2	10518.2	11832.0
河　北	5470.2	6884.7	8866.6	12269.8	15083.4	16389.3	19661.3	23194.2	26671.9	29448.3
山　西	2255.7	2861.5	3531.2	4943.2	6063.2	7073.1	8863.3	11031.9	12354.5	14074.2
内蒙古	3363.2	4372.9	5475.4	7336.8	8926.5	10365.2	11875.7	14217.4	17591.8	13702.2
辽　宁	5689.6	7435.2	10019.1	12292.5	16043.0	17726.3	21836.3	25107.7	24730.8	17917.9
吉　林	2594.3	3651.4	5038.9	6411.6	7870.4	7441.7	9511.5	9979.3	11339.6	12705.3
黑龙江	2236.0	2833.5	3656.0	5028.8	6812.6	7475.4	9694.7	11453.1	9829.0	10182.9
上　海	3900.0	4420.4	4823.1	5043.8	5108.9	4962.1	5117.6	5647.8	6016.4	6352.7
江　苏	10069.2	12268.1	15300.6	18949.9	23184.3	26692.6	30854.2	36373.3	41938.6	46246.9
浙　江	7590.2	8420.4	9323.0	10742.3	12376.0	14185.3	17649.4	20782.1	24262.8	27323.3
安　徽	3533.6	5087.5	6747.0	8990.7	11542.9	12455.7	15425.8	18621.9	21875.6	24386.0
福　建	2981.8	4287.8	5207.7	6231.2	8199.1	9910.9	12439.9	15327.4	18177.9	21301.4
江　西	2683.6	3301.9	4745.4	6643.1	8772.3	9087.6	10774.2	12850.3	15079.3	17388.1
山　东	11111.4	12537.7	15435.9	19034.5	23280.5	26749.7	31256.0	36789.1	42495.5	48312.4
河　南	5904.7	8010.1	10490.6	13704.5	16585.9	17769.0	21450.0	26087.5	30782.2	35660.3
湖　北	3343.5	4330.4	5647.0	7866.9	10262.7	12557.3	15578.3	19307.3	22915.3	26563.9
湖　南	3175.5	4154.8	5534.0	7703.4	9663.6	11880.9	14523.2	17841.4	21242.9	25045.1
广　东	7973.4	9294.3	10868.7	12933.1	15623.7	17069.2	18751.5	22308.4	26293.9	30343.0
广　西	2198.7	2939.7	3756.4	5237.2	7057.6	7990.7	9808.6	11907.7	13843.2	16227.8
海　南	423.9	502.4	705.4	988.3	1317.0	1657.2	2145.4	2697.9	3112.2	3451.2
重　庆	2407.4	3127.7	3979.6	5214.3	6688.9	7473.4	8736.2	10435.2	12285.4	14353.2
四　川	4412.9	5639.8	7127.8	11371.9	13116.7	14222.2	17040.0	20326.1	23318.6	25525.9
贵　州	1197.4	1488.8	1864.5	2412.0	3104.9	4235.9	5717.8	7373.6	9025.8	10945.5
云　南	2208.6	2759.0	3435.9	4526.4	5528.7	6191.0	7831.1	9968.3	11498.5	13500.6
西　藏	231.1	270.3	309.9	378.3	462.7	516.3	670.5	876.0	1069.2	1295.7
陕　西	2480.7	3415.0	4614.4	6246.9	7963.7	9431.1	12044.5	14884.1	17191.9	18582.2
甘　肃	1022.6	1304.2	1712.8	2363.0	3158.3	3965.8	5145.0	6527.9	7884.1	8754.2
青　海	408.5	482.8	583.2	798.2	1016.9	1435.6	1883.4	2361.1	2861.2	3210.6
宁　夏	498.7	599.8	828.9	1075.9	1444.2	1644.7	2096.9	2651.1	3173.8	3505.4
新　疆	1567.1	1850.8	2260.0	2725.5	3423.2	4632.1	6158.8	7732.3	9447.7	10813.0
不分地区	1947.6	2530.8	3734.9	5779.7	6759.1	5651.3	6106.4	5655.4	6268.4	5552.4

注：本表“全国”指不含港、澳、台地区的大陆各省、直辖市、自治区。以下各表的“全国”同此注。

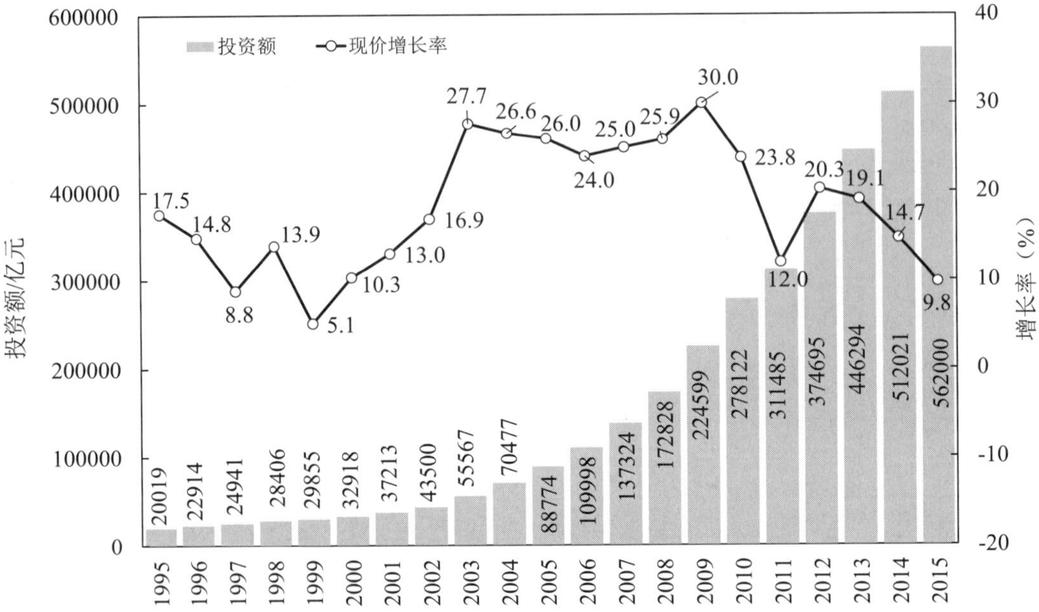

图A-12 1995～2015年固定资产投资完成情况

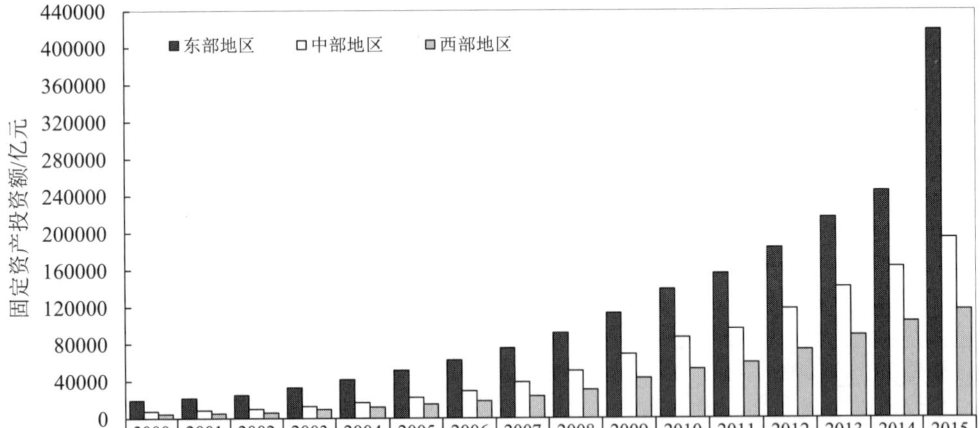

	2000	2001	2002	2003	2004	2005	2006	2007	2008	2009	2010	2011	2012	2013	2014	2015
■东部地区	19336	21530	24934	33061	41648	51488	62525	75251	91511	11307	13895	15598	18356	21611	24498	41845
□中部地区	7457	8563	10044	12795	16917	22268	29090	38604	50866	68629	86500	96106	11769	14139	16301	19392
▩西部地区	4531	5302	6158	9710	11913	15018	18383	23469	30452	42892	52667	59399	73430	88791	10402	11665

图A-13 2000～2015年三大地区固定资产投资变化图

表 A-14　各地区固定资产投资占全国的比例（全国＝100%）

地　区	2005 年	2006 年	2007 年	2008 年	2009 年	2010 年	2011 年	2012 年	2013 年	2014 年	2015 年
北　京（%）	3.18	3.00	2.85	2.21	2.06	1.94	1.79	1.63	1.53	1.35	1.33
天　津（%）	1.68	1.66	1.71	1.96	2.11	2.26	2.27	2.12	2.05	2.05	2.11
河　北（%）	4.66	4.97	5.01	5.13	5.46	5.42	5.26	5.25	5.20	5.21	5.24
山　西（%）	2.06	2.05	2.08	2.04	2.20	2.18	2.27	2.37	2.47	2.41	2.50
内蒙古（%）	2.98	3.06	3.18	3.17	3.27	3.21	3.33	3.17	3.19	3.44	2.44
辽　宁（%）	4.73	5.17	5.41	5.80	5.47	5.77	5.69	5.83	5.63	4.83	3.19
吉　林（%）	1.96	2.36	2.66	2.92	2.85	2.83	2.39	2.54	2.24	2.21	2.26
黑龙江（%）	1.96	2.03	2.06	2.12	2.24	2.45	2.40	2.59	2.57	1.92	1.81
上　海（%）	3.95	3.55	3.22	2.79	2.25	1.84	1.59	1.37	1.27	1.18	1.13
江　苏（%）	9.20	9.15	8.93	8.85	8.44	8.34	8.57	8.23	8.15	8.19	8.23
浙　江（%）	7.34	6.90	6.13	5.39	4.78	4.45	4.55	4.71	4.66	4.74	4.86
安　徽（%）	2.84	3.21	3.70	3.90	4.00	4.15	4.00	4.12	4.17	4.27	4.34
福　建（%）	2.61	2.71	3.12	3.01	2.77	2.95	3.18	3.32	3.43	3.55	3.79
江　西（%）	2.45	2.44	2.40	2.75	2.96	3.15	2.92	2.88	2.88	2.95	3.09
山　东（%）	10.48	10.10	9.13	8.93	8.47	8.37	8.59	8.34	8.24	8.30	8.60
河　南（%）	4.86	5.37	5.83	6.07	6.10	5.96	5.70	5.72	5.85	6.01	6.35
湖　北（%）	3.02	3.04	3.15	3.27	3.50	3.69	4.03	4.16	4.33	4.48	4.73
湖　南（%）	2.96	2.89	3.03	3.20	3.43	3.47	3.81	3.88	4.00	4.15	4.46
广　东（%）	7.86	7.25	6.77	6.29	5.76	5.62	5.48	5.00	5.00	5.14	5.40
广　西（%）	1.87	2.00	2.14	2.17	2.33	2.54	2.57	2.62	2.67	2.70	2.89
海　南（%）	0.41	0.39	0.37	0.41	0.44	0.47	0.53	0.57	0.60	0.61	0.61
重　庆（%）	2.18	2.19	2.28	2.30	2.32	2.41	2.40	2.33	2.34	2.40	2.55
四　川（%）	4.04	4.01	4.11	4.12	5.06	4.72	4.57	4.55	4.55	4.55	4.54
贵　州（%）	1.12	1.09	1.08	1.08	1.07	1.12	1.36	1.53	1.65	1.76	1.95
云　南（%）	2.00	2.01	2.01	1.99	2.02	1.99	1.99	2.09	2.23	2.25	2.40
西　藏（%）	0.20	0.21	0.20	0.18	0.17	0.17	0.17	0.18	0.20	0.21	0.23
陕　西（%）	2.12	2.26	2.49	2.67	2.78	2.86	3.03	3.21	3.34	3.36	3.31
甘　肃（%）	0.98	0.93	0.95	0.99	1.05	1.14	1.27	1.37	1.46	1.54	1.56
青　海（%）	0.37	0.37	0.35	0.34	0.36	0.37	0.46	0.50	0.53	0.56	0.57
宁　夏（%）	0.50	0.45	0.44	0.48	0.48	0.52	0.53	0.56	0.59	0.62	0.62
新　疆（%）	1.51	1.42	1.35	1.31	1.21	1.23	1.49	1.64	1.73	1.85	1.92
不分地区（%）	1.89	1.77	1.84	2.16	2.57	2.43	1.81	1.63	1.27	1.22	0.99

表A-15 各地区进出口商品总值（按经营单位所在地分）

（单位：万美元）

地区	2013年			2014年			2015年		
	进出口	出口	进口	进出口	出口	进口	进出口	出口	进口
全国合计	415899347	220900400	194998947	430152735	234229270	195923465	395303272	227346822	167956450
北京	42899581	6309756	36589825	41551859	6233842	35318018	31944057	5466682	26477375
天津	12850179	4900494	7949685	13388608	5259066	8129542	11428280	5116293	6311988
河北	5491157	3096061	2395096	5987736	3571020	2416716	5151375	3293276	1858099
山西	1579098	799557	779541	1623281	894087	729194	1468132	842077	626055
内蒙古	1199457	409256	790201	1455632	639355	816277	1273115	565001	708114
辽宁	11447819	6452201	4995618	11399826	5874518	5525307	9594713	5071098	4523614
吉林	2583174	673891	1909283	2638079	577759	2060320	1887739	461375	1426364
黑龙江	3887909	1623173	2264737	3890093	1733524	2156569	2101203	803541	1297662
上海	44126822	20418003	23708819	46639984	21013386	25626598	44924072	19591321	25332751
江苏	55080227	32880175	22200052	56355308	34183250	22172058	54556045	33864478	20691567
浙江	33578871	24874624	8704246	35503977	27332705	8171272	34678383	27633211	7045171
安徽	4551897	2825131	1726766	4917730	3148537	1769193	4784453	3227017	1557436
福建	16932090	10647442	6284648	17740784	11345229	6395555	16884593	11268011	5616582
江西	3674663	2816665	857998	4273082	3202532	1070550	4239960	3311674	928287
山东	26653153	13419013	13234141	27692940	14470865	13222074	24060780	14392568	9668212
河南	5995687	3598710	2396977	6497221	3938303	2558918	7378056	4306137	3071920
湖北	3638008	2283621	1354387	4303962	2664242	1639720	4555258	2921182	1634076
湖南	2517531	1482120	1035411	3083160	1994300	1088860	2930180	1913709	1016471
广东	109158144	63636385	45521759	107658447	64608701	43049746	102249568	64317208	37932360
广西	3282750	1869326	1413424	4054885	2432743	1622143	5109055	2793398	2315657
海南	1498543	370649	1127895	1586266	441674	1144592	1396697	374304	1022393
重庆	6869216	4679590	2189627	9543158	6340080	3203078	7446685	5518683	1928001
四川	6457466	4194906	2262560	7020297	4483913	2536384	5118856	3309290	1809566
贵州	829010	688598	140413	1077133	939726	137407	1222142	994862	227279
云南	2530356	1567138	963218	2960742	1878747	1081996	2449128	1661563	787565
西藏	331941	326905	5036	225495	210087	15408	91384	58691	32693
陕西	2012806	1022566	990240	2736449	1392980	1343469	3049850	1478876	1570975
甘肃	1023611	467732	555879	864062	532948	331113	795202	581181	214021
青海	140274	84726	55548	171789	112790	58999	193447	164197	29251
宁夏	321769	255216	66553	543521	430285	113236	373926	296311	77615
新疆	2756139	2226774	529366	2767232	2348076	419155	1966940	1749608	217332

表 A-16　各季度各层次货币供应量

年份	季　度	广义货币供应量 M2		狭义货币供应量 M1		流通中的现金 M0	
		季末余额/亿元	同比增长率（%）	季末余额/亿元	同比增长率（%）	季末余额/亿元	同比增长率（%）
2008	第 1 季度	423054.53	16.19	150867.47	17.97	30433.07	11.12
	第 2 季度	443141.02	17.29	154820.15	13.97	30181.32	12.28
	第 3 季度	452898.71	15.21	155748.97	9.23	31724.88	9.28
	第 4 季度	475166.60	17.79	166217.13	8.98	34218.96	12.81
2009	第 1 季度	530626.71	25.43	176541.13	17.02	33746.42	10.89
	第 2 季度	568916.20	28.38	193138.15	24.75	33640.98	11.46
	第 3 季度	585405.34	29.26	201708.14	29.51	36787.89	15.96
	第 4 季度	610224.52	28.42	221445.81	33.23	38246.97	11.77
2010	第 1 季度	649947.46	22.49	229397.93	29.94	39080.58	15.81
	第 2 季度	673921.72	18.46	240580.00	24.56	38904.85	15.65
	第 3 季度	696471.50	18.97	243821.90	20.88	41854.41	13.77
	第 4 季度	725851.79	18.95	266621.54	20.40	44628.17	16.68
2011	第 1 季度	758130.88	16.64	266255.48	16.07	44845.22	14.75
	第 2 季度	780820.85	15.86	274662.57	14.17	44477.80	14.32
	第 3 季度	787406.20	13.06	267193.16	9.59	47145.29	12.64
	第 4 季度	851590.90	17.32	289847.70	8.71	50748.46	13.71
2012	第 1 季度	895565.50	18.13	277998.11	4.41	49595.74	10.59
	第 2 季度	924991.20	18.46	287526.17	4.68	49284.64	10.81
	第 3 季度	943688.75	19.85	286788.21	7.33	53433.49	13.34
	第 4 季度	974148.80	14.39	308664.23	6.49	54659.77	7.71
2013	第 1 季度	1035858.37	15.67	310898.29	11.83	55460.52	11.83
	第 2 季度	1054403.69	13.99	313499.82	9.03	54063.91	9.70
	第 3 季度	1077379.16	14.17	312330.34	8.91	56492.53	5.72
	第 4 季度	1106509.15	13.59	337260.63	9.26	58558.31	7.13
2014	第 1 季度	1275332.78	23.12	337210.52	8.46	61949.81	11.70
	第 2 季度	1333375.36	26.46	356082.86	13.58	58604.26	8.40
	第 3 季度	1359824.06	26.22	364416.90	16.68	61022.97	8.02
	第 4 季度	1392278.11	25.83	400953.44	18.89	63216.58	7.95
2015	第 1 季度	1275332.78	9.88	337210.52	2.91	61949.81	6.21
	第 2 季度	1333375.36	10.23	356082.86	4.27	58604.26	2.90
	第 3 季度	1359824.06	13.13	364416.9	11.37	61022.97	3.70
	第 4 季度	1392278.11	13.34	400953.44	15.20	63216.58	4.91

注：1. 自 2011 年 10 月起，货币供应量包括住房公积金中心存款和非存款类金融机构在存款类金融机构的存款。

2. 2014 年、2015 年数据来源于中国人民银行调查统计司网站。

表 A-17 各地区农村居民家庭年人均纯收入

（单位：元）

地区	2005年	2006年	2007年	2008年	2009年	2010年	2011年	2012年	2013年	2014年	2015年
全国平均	3254.93	3587.04	4140.36	4760.62	5153.17	5919.01	6977.29	7916.58	9429.59	10488.88	11421.70
北京	7346.26	8275.47	9439.63	10661.9	11668.6	13262.3	14735.68	16475.74	17101.18	18867.30	20568.70
天津	5579.87	6227.94	7010.06	7910.78	8687.56	10074.9	12321.22	14025.54	15352.60	17014.18	18481.60
河北	3481.64	3801.82	4293.43	4795.46	5149.67	5957.98	7119.69	8081.39	9187.71	10186.14	11050.50
山西	2890.66	3180.92	3665.66	4097.24	4244.10	4736.25	5601.4	6356.63	7949.47	8809.44	9453.90
内蒙古	2988.87	3341.88	3953.10	4656.18	4937.80	5529.59	6641.56	7611.31	8984.92	9976.30	10775.90
辽宁	3690.21	4090.40	4773.43	5576.48	5958.00	6907.93	8296.54	9383.72	10161.21	11191.49	12056.90
吉林	3263.99	3641.13	4191.34	4932.74	5265.91	6237.44	7509.95	8598.17	9780.68	10780.12	11326.20
黑龙江	3221.27	3552.43	4132.29	4855.59	5206.76	6210.72	7590.68	8603.85	9369.01	10453.20	11095.20
上海	8247.77	9138.65	10144.6	11440.3	12483.0	13978.0	16053.79	17803.68	19208.31	21191.64	23205.20
江苏	5276.29	5813.23	6561.01	7356.47	8003.54	9118.24	10804.95	12201.95	13521.29	14958.44	16256.70
浙江	6659.95	7334.81	8265.15	9257.93	10007.3	11302.6	13070.69	14551.92	17493.92	19373.28	21125.00
安徽	2640.96	2969.08	3556.27	4202.49	4504.32	5285.17	6232.21	7160.46	8850.00	9916.42	10820.70
福建	4450.36	4834.75	5467.08	6196.07	6680.18	7426.86	8778.55	9967.17	11404.85	12650.19	13792.70
江西	3128.89	3459.53	4044.70	4697.19	5075.01	5788.56	6891.63	7829.43	9088.78	10116.58	11139.10
山东	3930.55	4368.33	4985.34	5641.43	6118.77	6990.28	8342.13	9446.54	10686.86	11882.26	12930.40
河南	2870.58	3261.03	3851.60	4454.24	4806.95	5523.73	6604.03	7524.94	8969.11	9966.07	10852.90
湖北	3099.20	3419.35	3997.48	4656.38	5035.26	5832.27	6897.92	7851.71	9691.80	10849.06	11843.90
湖南	3117.74	3389.62	3904.20	4512.46	4909.04	5621.96	6567.06	7440.17	9028.55	10060.17	10992.50
广东	4690.49	5079.78	5624.04	6399.79	6906.93	7890.25	9371.73	10542.84	11067.79	12245.56	13360.40
广西	2494.67	2770.48	3224.05	3690.34	3980.44	4543.41	5231.33	6007.55	7793.08	8683.18	9466.60
海南	3004.03	3255.53	3791.37	4389.97	4744.36	5275.37	6446.01	7408.00	8801.73	9912.57	10857.60
重庆	2809.32	2873.83	3509.29	4126.21	4478.35	5276.66	6480.41	7383.27	8492.55	9489.82	10504.70
四川	2802.78	3002.38	3546.69	4121.21	4462.05	5086.89	6128.55	7001.43	8380.69	9347.74	10247.40
贵州	1876.96	1984.62	2373.99	2796.93	3005.41	3471.93	4145.35	4753.00	5897.77	6671.22	7386.90
云南	2041.79	2250.46	2634.09	3102.60	3369.34	3952.03	4721.99	5416.54	6723.64	7456.13	8242.10
西藏	2077.90	2435.02	2788.20	3175.82	3531.72	4138.71	4904.28	5719.38	6553.38	7359.20	8243.70
陕西	2052.63	2260.19	2644.69	3136.46	3437.55	4104.98	5027.87	5762.52	7092.20	7932.21	8688.90
甘肃	1979.88	2134.05	2328.92	2723.79	2908.10	3424.65	3909.37	4506.66	5588.78	6276.59	6936.20
青海	2151.46	2358.37	2683.78	3061.24	3346.15	3862.68	4608.46	5364.38	6461.59	7282.73	7933.40
宁夏	2508.89	2760.14	3180.84	3681.42	4048.33	4674.89	5409.95	6180.32	7598.67	8410.02	9118.70
新疆	2482.15	2737.28	3182.97	3502.90	3883.10	4642.67	5442.15	6393.68	7846.59	8723.83	9425.10

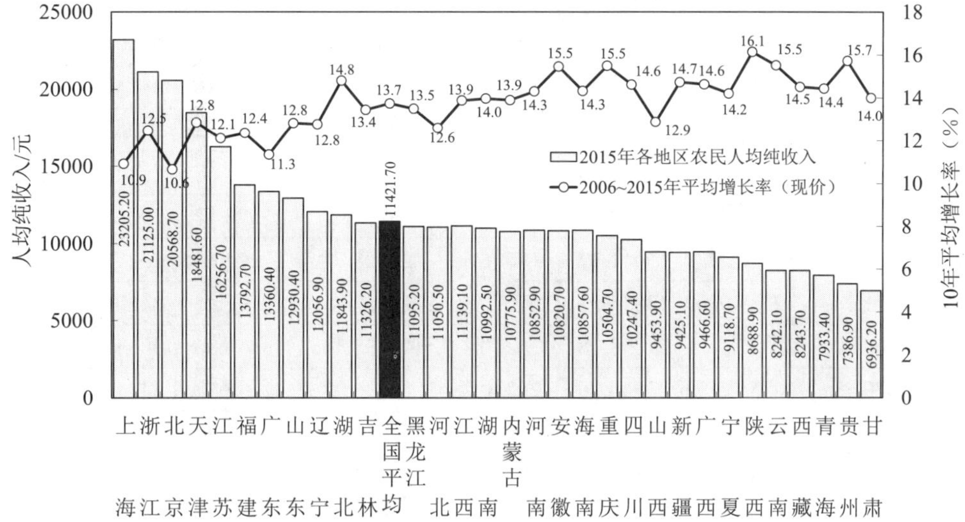

图A-14 2015年各地区农民人均纯收入

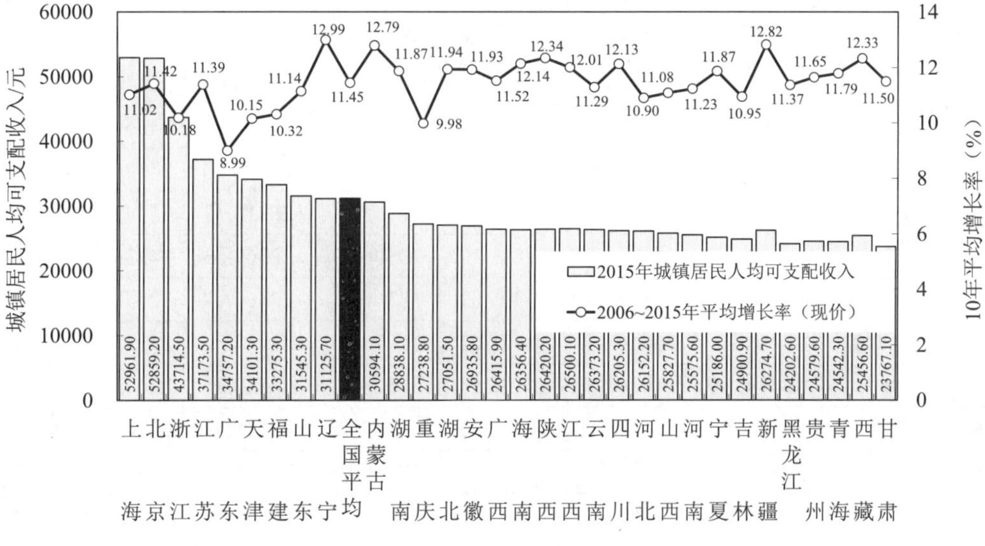

图A-15 2015年各地区城镇居民人均可支配收入

表A-18 各地区城镇居民家庭年人均可支配收入

（单位：元）

地区	2008年	2009年	2010年	2011年	2012年	2013年	2014年	2015年
北京	24724.89	26738.48	29072.93	32903.03	36468.75	40321.00	48531.85	52859.2
天津	19422.53	21402.01	24292.60	26920.86	29626.41	32293.57	31506.03	34101.3
河北	13441.09	14718.25	16263.43	18292.23	20543.44	22580.35	24141.34	26152.2
山西	13119.05	13996.55	15647.66	18123.87	20411.71	22455.63	24069.43	25827.7
内蒙古	14432.55	15849.19	17698.15	20407.57	23150.26	25496.67	28349.64	30594.1
辽宁	14392.69	15761.38	17712.58	20466.84	23222.67	25578.17	29081.75	31125.7
吉林	12829.45	14006.27	15411.47	17796.57	20208.04	22274.60	23217.82	24900.9
黑龙江	11581.28	12565.98	13856.51	15696.18	17759.75	19596.96	22609.03	24202.6
上海	26674.9	28837.78	31838.08	36230.48	40188.34	43851.36	48841.40	52961.9
江苏	18679.52	20551.72	22944.26	26340.73	29676.97	32537.53	34346.26	37173.5
浙江	22726.66	24610.81	27359.02	30970.68	34550.30	37850.84	40392.72	43714.5
安徽	12990.35	14085.74	15788.17	18606.13	21024.21	23114.22	24838.52	26935.8
福建	17961.45	19576.83	21781.31	24907.4	28055.24	30816.37	30722.39	33275.3
江西	12866.44	14021.54	15481.12	17494.87	19860.36	21872.68	24309.19	26500.1
山东	16305.41	17811.04	19945.83	22791.84	25755.19	28264.10	29221.94	31545.3
河南	13231.11	14371.56	15930.26	18194.80	20442.62	22398.03	23672.06	25575.6
湖北	13152.86	14367.48	16058.37	18373.87	20839.59	22906.42	24852.28	27051.5
湖南	13821.16	15048.31	16565.70	18844.05	21318.76	23413.99	26570.16	28838.1
广东	19732.86	21547.72	23897.80	26897.48	30226.71	33090.05	32148.11	34757.2
广西	14146.04	15451.48	17063.89	18854.06	21242.80	23305.38	24669.00	26415.9
海南	12607.84	13750.85	15581.05	18368.95	20917.71	22928.90	24486.53	26356.4
重庆	14367.55	15748.67	17532.43	20249.7	22968.14	25216.13	25147.23	27238.8
四川	12633.38	13839.40	15461.16	17899.12	20306.99	22367.63	24234.41	26205.3
贵州	11758.76	12862.53	14142.74	16495.01	18700.51	20667.07	22548.21	24579.6
云南	13250.22	14423.93	16064.54	18575.62	21074.50	23235.53	24299.01	26373.2
西藏	12481.51	13544.41	14980.47	16195.56	18028.32	20023.35	22015.81	25456.6
陕西	12857.89	14128.76	15695.21	18245.23	20733.88	22858.37	24365.76	26420.2
甘肃	10969.41	11929.78	13188.55	14988.68	17156.89	18964.78	21803.86	23767.1
青海	11640.43	12691.85	13854.99	15603.31	17566.28	19498.54	22306.57	24542.3
宁夏	12931.53	14024.70	15344.49	17578.92	19831.41	21833.33	23284.56	25186.0
新疆	11432.10	12257.52	13643.77	15513.62	17920.68	19873.77	23214.03	26274.7
全国平均	15780.76	17174.65	19109.44	21809.78	24564.72	26955.10	28843.85	31194.8

表 A-19 2015 年年底各地区分等级公路里程

（单位：km）

地 区	公路里程	等级公路	其中			等外公路
			高速	一级	二级	
全国总计	4577296	4046290	123523	90964	360410	531005
北 京	21885	21885	982	1393	3361	—
天 津	16550	16550	1130	1260	3224	—
河 北	184553	178597	6333	5408	19656	5957
山 西	140960	137844	5028	2535	15158	3116
内蒙古	175374	163767	5016	6010	14607	11607
辽 宁	120365	106514	4195	3581	18132	13851
吉 林	97326	90087	2630	2027	9300	7239
黑龙江	163233	136325	4346	1930	11308	26908
上 海	13195	13195	825	468	3463	—
江 苏	158805	151459	4539	12687	22944	7346
浙 江	118015	115568	3917	6018	10041	2447
安 徽	186940	182877	4249	3166	10667	4063
福 建	104585	87494	4813	788	9507	17092
江 西	156625	129948	5058	1952	10148	26676
山 东	263447	262445	5348	10045	25242	1002
河 南	250584	200470	6305	2113	26215	50114
湖 北	252980	240936	6204	5231	21555	12044
湖 南	236886	213512	5653	1292	12606	23374
广 东	216023	201456	7021	10936	19213	14567
广 西	117993	105019	4288	1079	11147	12974
海 南	26860	26302	803	360	1704	558
重 庆	140551	112889	2525	694	7861	27663
四 川	315582	266064	6020	3326	13971	49518
贵 州	186407	120613	5128	489	6159	65794
云 南	236007	197071	4006	1152	10860	38936
西 藏	78348	58416	38	—	1033	19932
陕 西	170069	153845	5094	1260	8523	16224
甘 肃	140052	120447	3522	368	7928	19604
青 海	75593	64640	2662	460	6985	10952
宁 夏	33240	33045	1527	1637	3411	195
新 疆	178263	137012	4316	1302	14482	41252

表 A-20 历年货运量及货物周转量

年 份	货运量/万 t		公路比例	货物周转量/亿 t·km		公路比例
	全社会	公路	（%）	全社会	公路	（%）
1998	1267427	976004	77.01	38089	5483.4	14.40
1999	1293008	990444	76.60	40568	5724.3	14.11
2000	1358682	1038813	76.46	44321	6129.4	13.83
2001	1401786	1056312	75.35	47710	6330.4	13.27
2002	1483446	1116324	75.25	50686	6782.5	13.38
2003	1561422	1159957	74.29	53859	7099.5	13.18
2004	1706412	1244990	72.96	69445	7840.9	11.29
2005	1862066	1341778	72.06	80258	8693.2	10.83
2006	2037892	1466347	71.95	88952	9754.2	10.97
2007	2275822	1639432	72.04	101419	11354.7	11.20
2008	2587413	1916759	74.08	110301	32868.2	29.80
2009	2825222	2127834	75.32	122133	37189.0	30.45
2010	3241807	2448052	75.52	141837	43389.7	30.59
2011	3696961	2820100	76.28	159324	51374.7	32.25
2012	4100436	3188475	77.78	173804	59535.0	34.26
2013	4098900	3076648	75.06	168014	55738.1	33.17
2014	4167296	3113334	74.71	181668	56846.9	31.29
2015	4175886	3150019	75.43	178356	57955.7	32.49

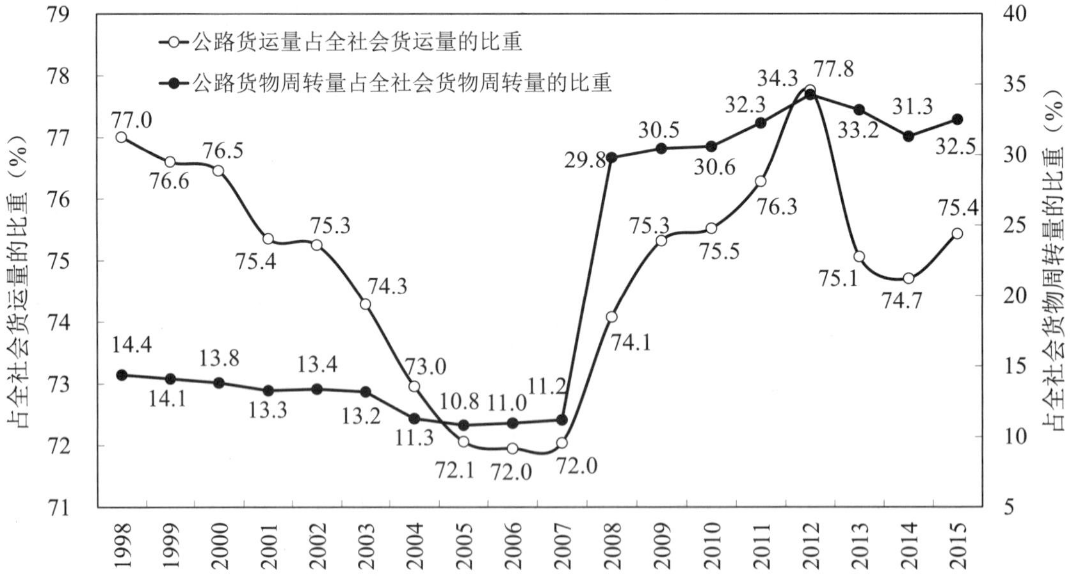

图A-16 1998～2015年公路货运地位变化曲线图

表 A-21　历年客运量及客运周转量

年份	客运量/万人		公路比例	客运周转量/亿人·km		公路比例
	全社会	公路	（%）	全社会	公路	（%）
1998	1378717	1257332	91.20	10637	5943	55.87
1999	1394413	1269004	91.01	11300	6199	54.86
2000	1478573	1347392	91.13	12261	6657	54.30
2001	1534122	1402798	91.44	13155	7207	54.79
2002	1608150	1475257	91.74	14126	7806	55.26
2003	1587497	1464335	92.24	13811	7696	55.72
2004	1767453	1624526	91.91	16309	8748	53.64
2005	1847018	1697381	91.90	17467	9292	53.20
2006	2024158	1860487	91.91	19197	10131	52.77
2007	2227761	2050680	92.05	21593	11507	53.29
2008	2867892	2682114	93.52	23197	12476	53.78
2009	2976898	2779081	93.35	24835	13511	54.40
2010	3269508	3052738	93.37	27894	15021	53.85
2011	3526319	3286220	93.19	30984	16760.2	54.09
2012	3804035	3557010	93.51	33383	18468	55.32
2013	2122992	1853463	87.30	27571.7	11250.9	40.81
2014	2032218	1736270	85.44	28647.1	10996.8	38.39
2015	1943271	1619097	83.32	30058.9	10742.7	35.74

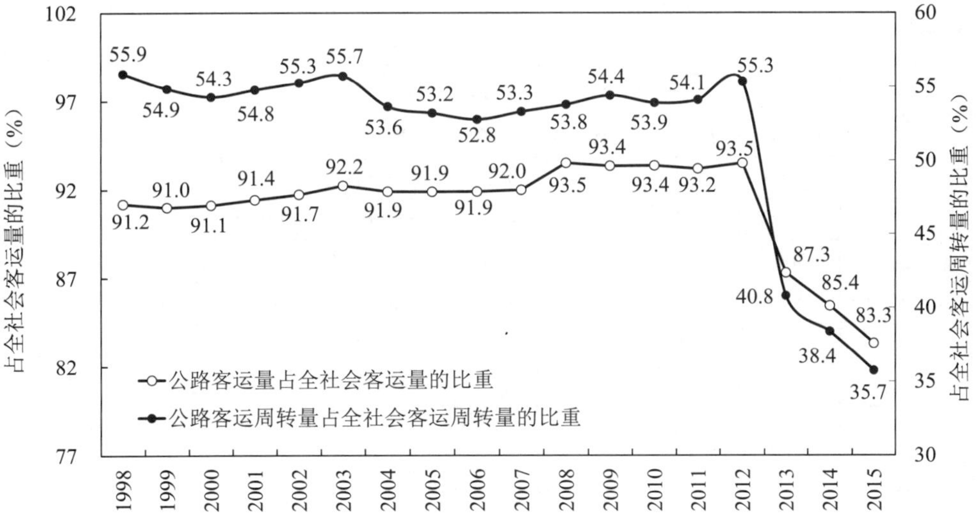

图A-17　1998～2015年公路客运地位变化曲线图

表 A-22 各地区公路货运量

（单位：万 t）

地 区	2006 年	2007 年	2008 年	2009 年	2010 年	2011 年	2012 年	2013 年	2014 年	2015 年
全国合计	1466347	1639432	1916759	2127834	2448052	2820100	3188475	3076648	3332838	3150019
北 京	30953	17872	18689	18753	20184	23276	24925	24651	25416	19044
天 津	20290	23500	18160	19800	20855	23505	27735	28206	31130	30551
河 北	73263	79822	91342	106530	135938	166680	195530	172492	185286	175637
山 西	78513	82084	66710	54786	60819	65201	73150	82834	88491	91240
内蒙古	58978	73300	60941	70832	85162	103651	125260	97058	126704	119500
辽 宁	82142	90387	92938	105088	127361	151773	174355	172923	189174	172140
吉 林	28965	31573	23558	27032	33013	39308	47130	38063	41830	38708
黑龙江	48389	51996	35424	36486	40582	44420	47465	45288	47173	44200
上 海	33799	35634	40328	37745	40890	42685	42911	43877	42848	40627
江 苏	84319	97474	95625	104002	123500	140803	153698	103709	114449	113351
浙 江	89342	98742	91625	95802	103394	108654	113393	107186	117070	122547
安 徽	54717	62065	140381	157991	183658	219467	259461	284534	315223	230649
福 建	29806	34829	38367	40317	45575	52558	59431	69876	82573	79802
江 西	27477	30032	70270	75200	88445	98358	113703	121279	137782	115436
山 东	136750	163959	216604	251587	264366	279380	296754	227746	230018	227934
河 南	69898	83537	118198	151343	183291	220122	251772	162040	179680	172431
湖 北	35361	39568	52759	59563	71020	82741	97136	100945	116279	115801
湖 南	72457	85432	98759	111351	127635	144241	166670	156269	172613	172248
广 东	97461	112611	101429	125433	140689	166567	189034	261273	257136	255995
广 西	30525	34190	64884	75766	93552	113549	135112	124677	134330	119194
海 南	7981	10158	9489	10839	13947	15095	16600	10290	11015	11279
重 庆	36254	42011	54589	58532	69438	82818	71272	71842	81206	86931
四 川	63719	69163	103068	106472	121017	139771	158396	151689	142132	138622
贵 州	17284	18834	25272	27031	30834	36684	44892	65100	78017	77341
云 南	60614	65537	39119	40765	45665	54186	63239	98675	103161	101993
西 藏	346	360	711	920	952	979	1042	1778	1871	2077
陕 西	35811	39736	60713	67963	77123	90419	104593	105566	119343	107731
甘 肃	23826	25325	18201	20812	24050	28790	39517	45072	50781	52281
青 海	5864	6278	6805	7173	7962	8952	9700	9588	11030	13233
宁 夏	6029	6583	21762	23263	25453	29016	32646	32502	34318	36995
新 疆	25214	26840	40039	38657	41682	46451	51954	59620	64758	64505

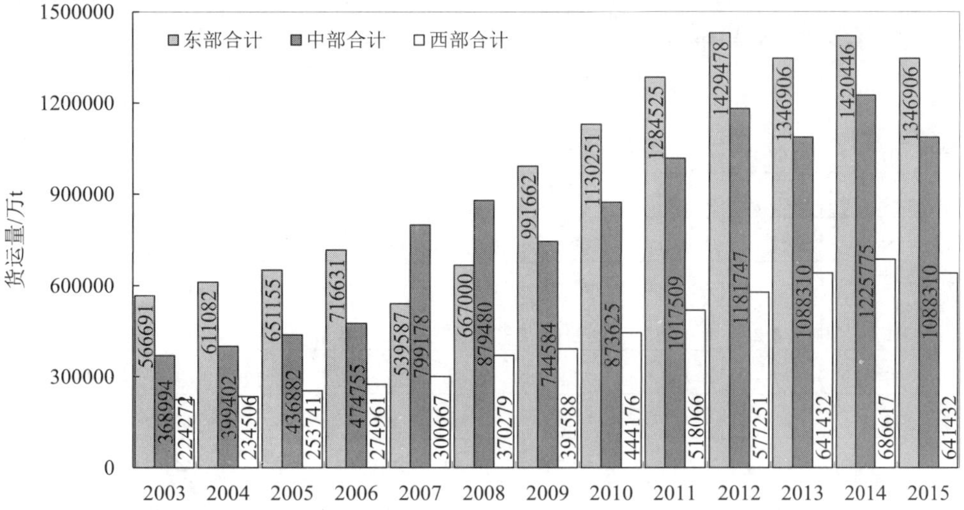

图A-18 2003～2015年三大地区公路货运量变化曲线图

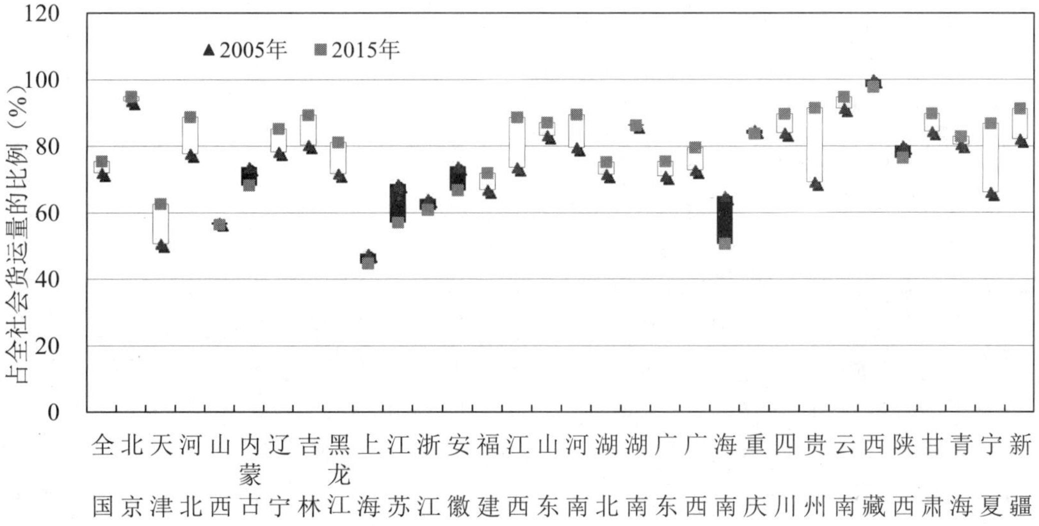

图A-19 2005年和2015年公路货运量占本地区
全社会货运量的比例变化情况

表 A-23 各地区公路货运量占本地区全社会货运量的比例

地 区	2006年	2007年	2008年	2009年	2010年	2011年	2012年	2013年	2014年	2015年
全国平均（%）	71.95	72.04	74.08	75.32	75.52	76.28	77.78	75.06	75.97	75.43
北 京（%）	93.77	89.91	91.05	91.61	92.75	94.37	95.27	95.74	95.73	94.85
天 津（%）	48.38	46.76	53.23	46.78	52.12	53.91	60.27	62.36	62.57	62.63
河 北（%）	80.66	82.38	85.43	86.56	86.81	87.82	89.23	87.11	88.25	88.69
山 西（%）	54.52	52.91	52.58	50.02	48.90	48.50	50.59	53.08	53.66	56.40
内蒙古（%）	73.38	74.28	61.37	62.18	62.06	61.58	65.95	59.06	66.04	68.24
辽 宁（%）	77.52	77.31	76.59	77.81	80.36	82.05	84.32	83.59	85.16	85.21
吉 林（%）	82.26	83.23	75.74	77.74	81.06	82.84	85.99	84.94	86.58	89.33
黑龙江（%）	73.49	74.14	65.63	67.31	68.42	70.27	72.76	74.13	78.34	81.13
上 海（%）	46.70	45.49	47.78	49.23	46.86	45.92	45.63	52.05	47.62	44.70
江 苏（%）	68.55	69.05	68.44	68.16	68.99	69.52	69.86	57.05	58.35	56.96
浙 江（%）	63.41	64.00	65.86	63.21	60.45	58.30	59.12	56.81	60.27	60.90
安 徽（%）	73.80	74.45	77.92	80.34	80.52	81.76	83.04	71.78	72.58	66.71
福 建（%）	66.45	67.94	67.07	69.32	68.97	69.90	70.46	72.28	73.89	71.87
江 西（%）	73.24	73.39	86.83	87.38	87.89	87.94	89.39	89.72	90.72	88.56
山 东（%）	83.32	83.97	88.56	88.56	87.74	87.74	88.95	86.23	86.98	87.05
河 南（%）	80.76	82.43	85.38	89.06	90.31	91.33	92.52	87.67	89.48	89.41
湖 北（%）	71.72	72.06	73.38	75.41	76.02	77.39	79.01	77.06	77.13	75.24
湖 南（%）	84.65	85.37	85.03	86.37	85.35	85.59	87.24	84.68	85.01	86.25
广 东（%）	73.62	74.44	71.19	73.94	73.14	74.23	73.82	74.86	74.86	75.46
广 西（%）	71.00	69.98	78.06	80.20	81.01	83.41	83.74	82.49	82.40	79.61
海 南（%）	56.36	56.83	62.00	58.93	62.11	60.10	61.76	59.39	46.61	50.61
重 庆（%）	84.29	83.57	85.61	85.37	85.33	85.58	82.42	82.35	83.39	83.72
四 川（%）	84.88	84.94	89.84	90.04	90.11	89.99	90.85	90.42	89.37	89.67
贵 州（%）	69.95	70.31	77.30	77.67	77.60	81.72	85.26	89.54	91.06	91.48
云 南（%）	91.59	91.64	87.55	88.54	88.56	90.06	92.00	94.58	95.04	94.78
西 藏（%）	99.00	97.00	96.53	97.56	96.95	95.27	92.49	96.10	97.74	97.74
陕 西（%）	80.99	80.80	72.72	73.43	73.86	74.78	76.50	74.56	76.01	76.46
甘 肃（%）	83.59	82.96	76.67	78.23	79.45	81.63	86.22	87.58	88.72	89.75
青 海（%）	80.65	77.98	74.66	72.65	72.01	71.13	71.94	71.70	75.35	82.90
宁 夏（%）	64.43	62.46	83.18	79.55	78.74	78.71	79.40	79.44	83.08	86.79
新 疆（%）	80.91	82.16	86.88	85.82	86.01	87.23	88.37	89.11	89.73	91.27

表 A-24　各地区公路货物周转量

（单位：亿 t·km）

地　区	2007 年	2008 年	2009 年	2010 年	2011 年	2012 年	2013 年	2014 年	2015 年
全国合计	11354.7	32868.2	37188.8	43389.7	51374.7	59534.9	55738.08	61016.6	57955.7
北　京	79.3	84.1	87.9	101.6	132.3	139.8	156.19	165.2	156.4
天　津	88.0	178.3	205.9	231.2	266.7	318.2	313.70	349.0	345.2
河　北	843.2	2548.0	2998.5	4011.2	5219.3	6133.5	6577.89	7019.6	6821.5
山　西	427.5	1102.2	906.4	969.9	1047.1	1202.2	1278.57	1363.2	1374.8
内蒙古	492.0	1637.4	1885.3	2261.1	2737.6	3299.8	1872.71	2103.5	2240.0
辽　宁	568.1	1354.2	1550.5	1930.3	2328.5	2675.4	2792.02	3074.9	2850.7
吉　林	124.0	563.6	596.2	683.1	816.0	974.1	1100.00	1190.8	1051.2
黑龙江	289.9	653.2	657.1	762.4	843.5	929.0	972.92	1008.5	929.3
上　海	84.8	253.0	229.6	265.9	283.8	288.2	352.42	300.8	289.6
江　苏	638.6	885.1	971.1	1149.1	1315.3	1452.4	1790.40	1978.5	2073.0
浙　江	493.6	1114.5	1188.7	1298.7	1434.8	1525.6	1322.13	1419.4	1513.9
安　徽	542.8	3773.3	4237.2	5004.9	6123.2	7266.8	6544.02	7392.4	4721.9
福　建	317.4	483.6	507.2	578.3	659.5	771.1	821.44	974.8	1020.3
江　西	240.6	1494.2	1536.5	1850.2	2066.8	2559.8	2829.02	3073.3	3022.7
山　东	1069.3	5117.9	6045.0	6216.8	6624.4	7059.2	5494.78	5711.4	5877.0
河　南	681.9	2995.2	3927.1	4860.6	5949.0	6863.0	4488.01	4822.4	4542.7
湖　北	302.1	789.4	930.1	1079.1	1277.7	1565.4	2046.28	2340.6	2380.6
湖　南	682.7	1085.1	1259.7	1539.4	1878.6	2392.5	2329.54	2578.9	2553.5
广　东	906.8	1225.3	1518.4	1735.4	2150.0	2434.9	3003.36	3113.8	3108.8
广　西	320.1	800.0	934.7	1173.4	1494.0	1878.3	1857.18	2068.5	2122.6
海　南	85.4	66.4	79.4	90.8	97.1	109.4	75.42	81.5	78.7
重　庆	205.4	453.2	503.3	610.3	779.8	731.9	695.89	797.8	851.2
四　川	343.4	827.8	851.3	985.1	1139.1	1325.2	1273.13	1510.5	1480.6
贵　州	128.0	230.4	241.6	286.7	350.1	464.6	610.64	776.9	782.5
云　南	450.8	468.6	496.1	548.5	617.3	702.5	921.98	1002.3	1077.9
西　藏	37.5	28.8	25.4	26.6	27.1	27.9	81.46	86.0	96.1
陕　西	255.2	904.5	1032.4	1195.9	1469.7	1744.6	1685.02	1917.5	1826.8
甘　肃	156.5	474.8	489.7	524.1	647.4	894.6	811.21	992.6	912.1
青　海	55.6	186.6	198.7	227.5	258.0	281.0	202.76	234.4	222.1
宁　夏	78.2	477.9	497.0	538.3	608.1	700.1	509.43	530.5	571.8
新　疆	366.2	611.9	600.9	653.0	732.9	823.8	928.54	1037.3	1060.5

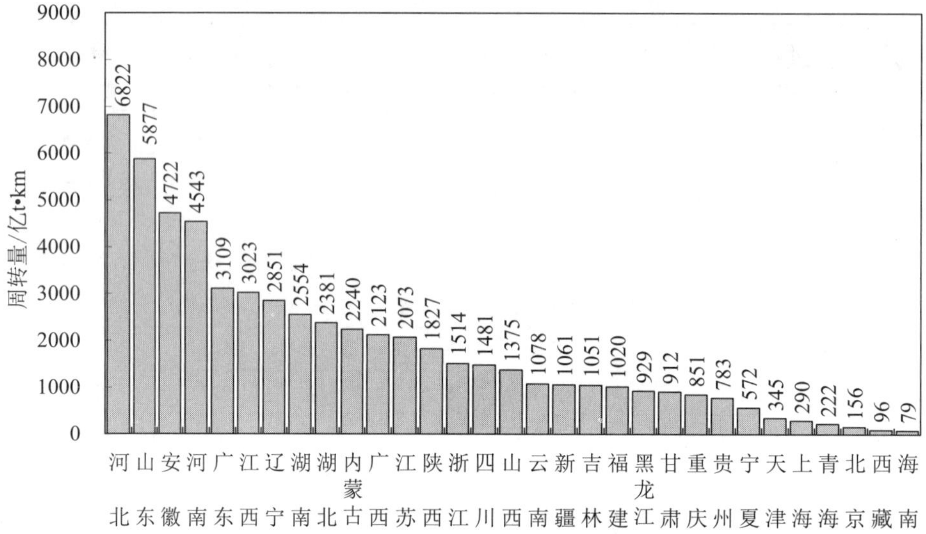

图A-20 2015年各地区公路货物周转量

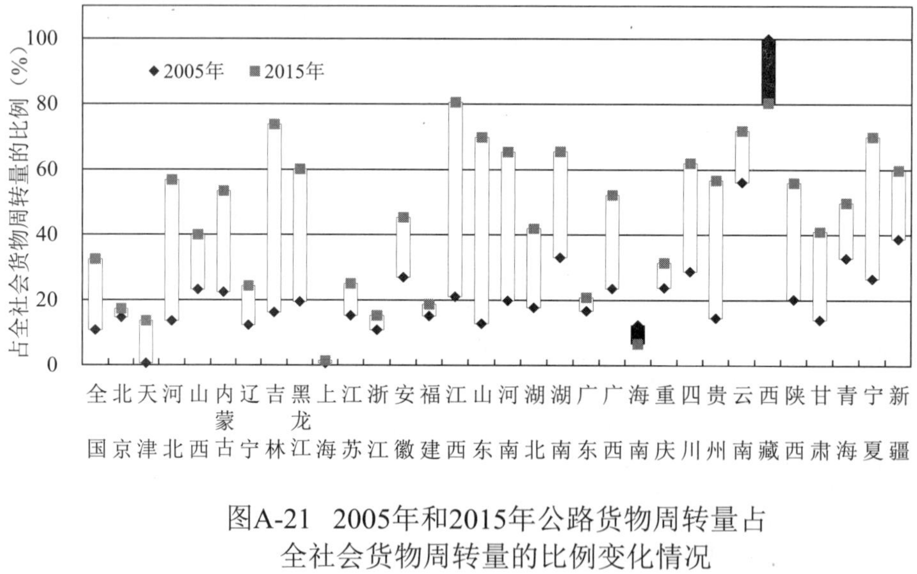

图A-21 2005年和2015年公路货物周转量占全社会货物周转量的比例变化情况

表 A-25　公路货物周转量占全社会货物周转量的比例（分地区）

地　区	2006 年	2007 年	2008 年	2009 年	2010 年	2011 年	2012 年	2013 年	2014 年	2015 年
全国平均（%）	10.97	11.20	29.80	30.45	30.59	32.25	34.26	33.17	32.83	32.49
北　京（%）	13.56	10.94	11.08	12.01	11.59	13.24	13.96	14.86	15.93	17.35
天　津（%）	0.62	0.58	6.59	2.14	2.30	2.58	4.06	10.13	9.69	13.70
河　北（%）	13.48	14.04	43.00	46.81	49.70	54.20	57.84	56.35	55.34	56.81
山　西（%）	23.23	23.24	43.02	37.92	34.15	34.19	35.98	35.59	36.74	39.98
内蒙古（%）	22.42	24.32	44.75	45.79	47.98	50.49	56.21	41.97	47.05	53.46
辽　宁（%）	11.74	9.77	19.25	20.00	21.38	22.38	23.14	23.32	25.13	24.34
吉　林（%）	17.37	18.93	48.68	51.08	53.28	56.18	61.03	65.42	69.89	73.75
黑龙江（%）	20.83	22.61	38.63	39.95	41.75	42.85	46.40	50.41	55.68	60.13
上　海（%）	0.58	0.53	1.58	1.60	1.41	1.40	1.41	2.46	1.61	1.49
江　苏（%）	15.28	16.01	20.58	20.77	20.56	18.90	18.38	18.04	18.99	25.07
浙　江（%）	9.88	9.95	22.40	21.00	18.25	16.62	16.61	14.77	14.88	15.34
安　徽（%）	27.26	27.30	64.58	67.03	69.97	72.50	74.02	53.05	54.76	45.39
福　建（%）	14.02	15.25	20.18	20.52	19.43	19.42	19.92	20.85	20.39	18.73
江　西（%）	23.55	23.38	65.38	65.83	68.04	69.24	74.55	77.72	80.29	80.53
山　东（%）	13.23	16.67	50.63	54.84	52.54	52.22	63.72	67.06	69.20	69.81
河　南（%）	22.10	24.91	57.99	63.81	67.49	69.74	72.32	61.82	65.16	65.38
湖　北（%）	17.87	18.37	31.24	36.24	34.84	33.63	35.26	43.06	42.53	41.96
湖　南（%）	33.98	35.51	46.18	50.12	52.60	55.74	60.16	60.79	62.32	65.55
广　东（%）	18.36	21.13	27.67	31.83	30.38	31.14	25.45	32.54	21.04	20.89
广　西（%）	23.50	22.79	38.48	39.99	40.09	42.95	45.69	48.16	50.58	52.26
海　南（%）	10.14	10.37	11.11	10.02	9.13	7.10	7.06	12.14	5.48	6.66
重　庆（%）	20.93	19.53	30.41	30.49	30.28	30.84	27.58	30.27	30.74	31.42
四　川（%）	32.11	32.42	52.44	53.52	54.49	56.50	59.21	56.62	61.28	62.02
贵　州（%）	16.81	17.74	28.60	26.09	28.50	33.01	39.55	47.17	53.89	56.74
云　南（%）	58.98	56.25	57.06	57.18	57.90	60.26	62.54	67.70	69.34	71.85
西　藏（%）	95.61	90.12	81.13	71.95	68.93	67.72	60.37	78.77	77.88	80.32
陕　西（%）	21.14	21.42	44.62	46.53	48.52	52.03	54.65	52.65	54.45	55.98
甘　肃（%）	14.05	13.61	29.77	30.24	29.71	31.78	38.04	34.34	39.46	40.98
青　海（%）	35.66	31.52	55.59	54.56	54.20	53.05	53.26	44.86	46.23	49.85
宁　夏（%）	25.97	26.81	67.92	66.23	65.75	65.18	65.69	58.35	63.39	70.00
新　疆（%）	37.16	38.31	48.07	47.85	48.06	49.68	51.03	51.68	55.15	59.81

表 A-26　2004～2015 年年末全国民用汽车保有量

（单位：万辆）

年份	全社会民用汽车保有量[①]			营运汽车保有量[②]			私人汽车保有量		
	合计	载客汽车[③]	载货汽车	合计	载客汽车	载货汽车	合计	载客汽车	普通载货汽车
2004	2693.71	1735.91	893.00	1067.18	439.09	628.09	1481.66	1069.69	402.82
2005	3159.66	2132.46	955.55	733.22	128.40	604.82	1848.07	1383.93	452.11
2006	3697.35	2619.57	986.30	802.58	161.92	640.66	2333.32	1823.57	494.91
2007	4358.36	3195.99	1054.06	849.22	164.73	684.49	2876.22	2316.91	539.45
2008	5099.61	3838.92	1126.07	930.61	169.64	760.97	3501.39	2880.50	596.39
2009	6280.61	4845.09	1368.60	1087.35	180.79	906.56	4574.91	3808.33	753.40
2010	7801.83	6124.30	1597.55	1132.32	83.13	1050.19	5938.71	4989.50	931.52
2011	9356.32	7478.37	1787.99	1263.75	84.34	1179.41	7326.79	6237.46	1067.43
2012	10933.09	8943.01	1894.75	1339.89	86.71	1253.19	8838.60	7637.87	1175.63
2013	12670.14	10561.78	2010.62	1504.73	85.26	1419.48	10501.68	9198.23	1275.49
2014	14598.11	12326.70	2125.46	1537.93	84.58	1453.36	12339.36	10945.39	1352.78
2015	16284.45	14095.88	2065.62	1473.12	83.93	1389.19	14099.10	12737.23	1330.65

① 汽车保有量分为载客汽车、载货汽车及其他汽车，此表中其他汽车省略。

② 营运汽车保有量 1999 年以前仅为公路部门营运汽车保有量，1999 年为全国营运汽车保有量。公路部门营运汽车总计中含公路部门直属企业营运汽车。

③ 小轿车包括在载客汽车中。

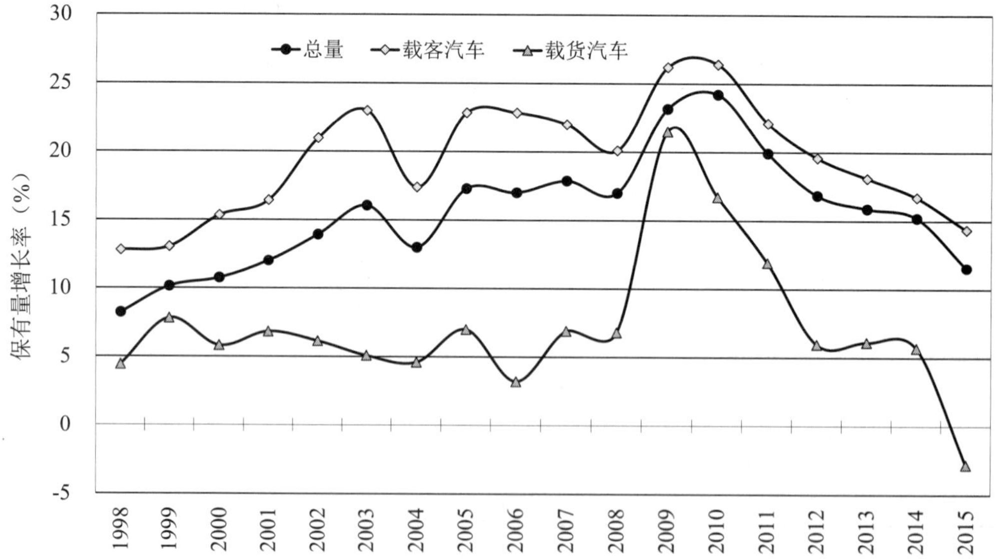

图A-22　1998～2015年全社会民用汽车保有量增长情况

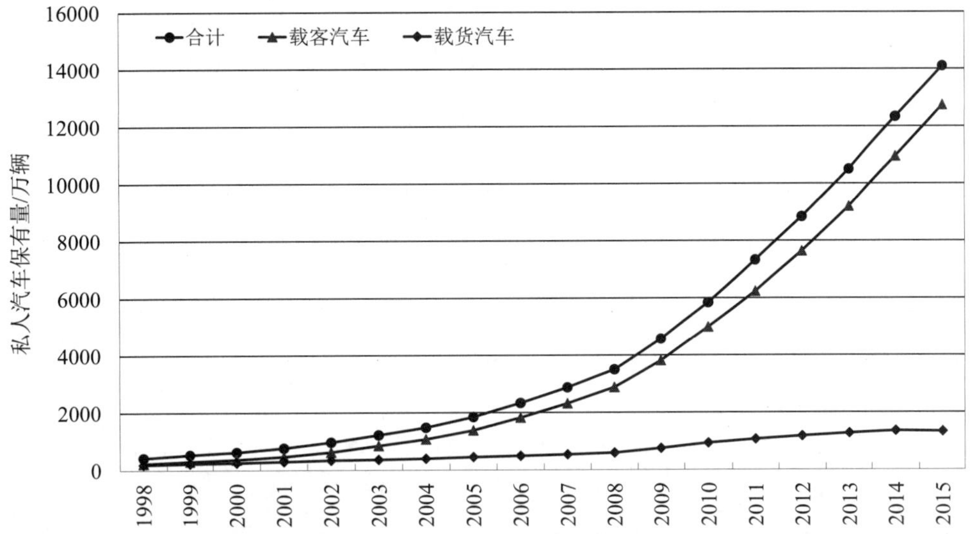

图A-23　1998～2015年私人汽车保有量变化情况

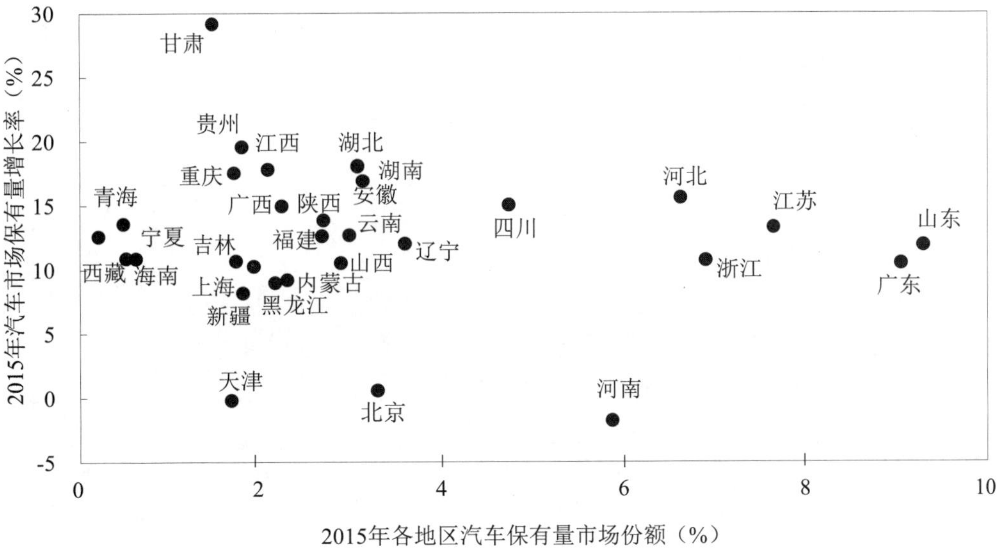

图A-24　分地区汽车市场状况

表 A-27 各地区历年民用汽车保有量

（单位：万辆）

地 区	2006 年	2007 年	2008 年	2009 年	2010 年	2011 年	2012 年	2013 年	2014 年	2015 年
北 京	239.12	273.36	313.68	368.11	449.72	470.53	493.56	517.11	530.83	533.81
天 津	79.22	93.25	108.47	130.00	158.24	190.78	221.12	261.58	274.14	273.62
河 北	229.34	273.25	316.77	395.80	492.88	607.19	728.51	816.29	930.08	1075.03
山 西	121.55	144.33	174.22	205.95	247.89	295.33	329.95	378.27	424.36	468.97
内蒙古	83.79	99.77	121.07	150.06	187.80	233.15	266.08	306.87	342.14	373.61
辽 宁	159.22	171.36	194.98	242.07	296.32	356.75	414.88	457.05	520.04	582.50
吉 林	72.25	86.80	98.98	123.74	152.89	183.00	209.49	248.35	284.57	313.74
黑龙江	94.00	108.10	126.21	160.17	194.79	231.10	259.87	289.81	322.78	351.75
上 海	107.04	119.70	132.12	147.11	175.51	194.75	212.66	234.91	255.03	282.23
江 苏	240.80	296.31	349.51	436.81	550.80	675.18	802.20	944.35	1095.45	1240.91
浙 江	248.36	301.61	352.84	431.73	542.05	656.80	773.56	901.99	1012.05	1120.58
安 徽	94.61	113.42	134.89	167.36	209.81	258.62	303.13	358.74	422.46	498.70
福 建	89.57	110.87	130.76	159.34	197.08	239.93	283.92	332.97	386.60	435.37
江 西	58.07	69.90	82.97	107.08	137.43	171.55	201.64	246.84	287.68	338.94
山 东	299.23	359.59	426.31	553.51	705.89	851.12	1027.16	1199.71	1350.25	1510.81
河 南	183.38	210.32	249.04	316.07	399.73	501.28	581.95	700.69	969.28	952.01
湖 北	98.74	115.46	136.86	168.32	207.49	249.49	293.64	354.40	422.23	498.63
湖 南	91.76	109.83	134.04	167.59	211.06	258.22	308.14	366.74	434.48	507.88
广 东	428.95	505.29	573.46	658.90	782.26	910.93	1037.42	1177.37	1331.84	1471.40
广 西	66.14	79.64	94.89	119.85	152.06	187.75	227.44	276.29	316.53	363.82
海 南	19.23	22.11	25.81	30.64	39.24	47.81	55.46	64.80	75.11	83.29
重 庆	56.07	63.63	73.64	90.89	114.30	129.68	159.36	192.77	237.04	278.61
四 川	157.23	183.62	219.05	284.69	354.97	422.17	493.22	573.03	666.92	767.13
贵 州	49.36	60.05	71.92	91.43	115.76	136.37	164.36	201.00	244.72	292.61
云 南	114.72	133.23	153.57	189.10	233.91	280.04	328.53	374.01	429.74	484.23
西 藏	9.82	11.61	12.86	14.85	16.62	19.92	22.77	26.72	29.47	33.18
陕 西	75.70	91.13	111.66	146.27	190.64	236.43	284.64	336.08	384.88	438.12
甘 肃	37.26	43.04	50.57	65.75	85.04	105.59	129.14	156.38	185.31	239.36
青 海	13.34	15.60	20.25	24.35	30.99	39.85	49.13	58.84	68.84	78.18
宁 夏	16.86	20.09	24.35	31.54	41.52	53.35	66.35	79.23	91.05	100.94
新 疆	62.63	72.10	83.86	101.53	127.14	161.66	203.82	236.96	272.21	294.47
全国合计	3697.35	4358.36	5099.61	6280.61	7801.83	9356.32	10933.09	12670.14	14598.11	16284.45

表 A-28　各地区民用货车保有量

（单位：万辆）

地区	2006 年	2007 年	2008 年	2009 年	2010 年	2011 年	2012 年	2013 年	2014 年	2015 年
北京	17.69	17.56	18.13	18.30	19.39	21.49	23.70	25.71	28.91	30.59
天津	12.82	14.00	14.68	16.62	19.15	21.34	22.19	24.34	27.09	27.63
河北	70.39	75.07	79.92	104.36	121.50	137.15	153.42	150.01	143.54	146.64
山西	36.29	38.72	42.65	48.54	55.82	61.27	56.78	58.29	59.11	57.18
内蒙古	28.43	30.52	33.80	42.20	48.51	54.52	47.72	49.96	51.17	49.23
辽宁	47.31	42.46	44.00	56.79	67.42	76.85	82.22	73.51	80.04	82.66
吉林	17.62	20.80	22.29	27.73	32.85	36.98	36.99	40.23	42.22	41.00
黑龙江	25.80	27.96	30.77	41.27	48.98	55.27	55.86	58.14	61.77	60.31
上海	19.98	20.78	21.39	22.19	23.81	24.83	20.73	20.14	19.56	19.49
江苏	44.90	47.99	49.82	61.23	72.50	82.39	89.29	96.79	97.17	90.39
浙江	59.74	63.81	66.90	76.65	87.29	97.00	105.02	112.36	111.56	104.00
安徽	36.45	40.58	44.37	56.60	66.34	74.51	74.23	79.94	86.15	87.56
福建	27.23	30.70	32.85	38.46	45.11	51.77	57.49	62.36	66.48	65.50
江西	21.96	24.69	27.23	33.42	40.17	46.76	47.01	54.56	58.40	59.96
山东	76.44	79.36	83.03	112.87	134.45	149.06	159.88	176.22	175.39	165.06
河南	51.88	57.16	59.25	76.35	90.75	106.35	109.61	120.78	165.63	129.72
湖北	30.96	33.92	38.54	46.07	53.29	59.72	62.69	68.62	72.73	70.16
湖南	29.46	31.85	35.35	41.07	48.22	54.92	58.17	61.17	66.40	67.40
广东	118.88	122.68	122.97	133.24	147.53	159.92	169.86	178.89	181.81	174.90
广西	18.76	21.66	24.48	30.10	36.82	42.90	49.20	55.74	57.22	58.71
海南	5.86	6.24	6.32	7.00	8.58	10.17	11.12	12.14	13.02	12.66
重庆	22.61	23.86	25.47	29.30	34.03	28.34	31.56	34.44	36.94	37.42
四川	40.33	44.37	49.78	61.24	70.45	77.49	83.77	87.99	91.02	89.57
贵州	16.68	19.10	22.26	27.29	32.73	34.23	36.72	41.50	47.77	50.33
云南	39.38	43.00	47.16	54.55	63.39	71.66	77.88	78.46	80.94	81.72
西藏	4.19	5.04	4.62	5.74	6.32	7.42	8.33	9.80	10.96	12.05
陕西	17.76	19.89	22.08	28.97	36.32	41.74	45.54	47.88	49.86	51.42
甘肃	13.60	14.71	16.36	20.91	26.37	31.00	35.42	39.89	43.79	45.39
青海	4.83	5.25	6.15	7.42	8.99	10.62	11.77	12.79	13.82	14.24
宁夏	6.63	7.15	8.11	10.75	13.52	16.51	19.41	22.35	24.45	24.11
新疆	21.45	23.17	25.35	31.38	36.96	43.79	51.18	55.61	60.55	58.64
全国合计	986.30	1054.06	1126.07	1368.60	1597.55	1787.99	1894.75	2010.62	2125.46	2065.62

表 A-29 各地区民用客车保有量

（单位：万辆）

地区	2006 年	2007 年	2008 年	2009 年	2010 年	2011 年	2012 年	2013 年	2014 年	2015 年
北 京	217.56	251.63	291.02	345.44	425.74	444.16	464.86	486.14	496.92	498.13
天 津	64.82	77.40	91.71	112.04	137.64	167.85	197.30	235.56	245.40	244.22
河 北	149.52	185.31	219.99	286.07	365.36	463.41	568.13	660.24	780.56	923.33
山 西	83.28	102.86	127.23	155.53	189.93	231.62	270.80	317.56	362.84	409.41
内蒙古	51.34	64.36	81.19	106.15	137.19	176.10	215.94	254.46	288.62	322.04
辽 宁	107.34	124.13	144.88	182.41	225.67	276.16	328.63	379.92	436.52	496.09
吉 林	53.42	64.29	74.47	94.92	118.78	144.54	170.94	206.55	240.74	271.03
黑龙江	65.84	77.01	91.09	117.00	143.66	173.37	201.42	228.94	258.34	288.69
上 海	87.06	98.92	110.73	124.91	146.24	163.91	185.71	207.99	228.58	256.26
江 苏	190.73	241.49	291.75	370.58	472.78	586.59	706.27	840.53	991.13	1143.57
浙 江	184.47	232.93	280.41	351.47	450.83	555.58	664.08	785.00	895.99	1012.46
安 徽	53.52	66.78	83.27	108.38	140.99	181.33	225.98	275.84	333.37	408.16
福 建	60.14	77.40	94.73	119.25	150.30	186.30	224.45	268.59	318.06	367.79
江 西	34.46	43.11	53.18	72.24	95.65	122.93	152.73	190.11	227.02	276.48
山 东	213.58	268.63	329.04	435.84	566.09	696.07	860.89	1016.85	1168.25	1339.12
河 南	121.29	146.38	180.31	236.67	304.90	390.20	467.49	574.84	750.08	817.06
湖 北	65.39	78.62	94.41	119.81	151.52	186.72	227.76	282.29	345.84	424.70
湖 南	60.73	75.26	94.87	125.11	161.23	201.44	247.99	303.54	365.66	437.81
广 东	302.49	373.68	440.60	520.38	629.30	745.35	861.60	992.39	1144.18	1290.57
广 西	45.52	55.67	67.71	87.77	113.13	142.58	175.77	217.94	256.99	302.56
海 南	12.56	15.52	19.07	23.27	30.23	37.11	43.75	52.10	61.52	70.07
重 庆	32.21	38.39	46.66	60.04	78.54	99.31	125.42	156.54	198.38	239.43
四 川	115.14	137.13	166.61	220.84	281.60	341.48	406.08	481.50	572.33	673.91
贵 州	32.20	40.36	48.95	63.4	82.19	101.14	126.47	158.03	195.17	240.35
云 南	74.46	89.17	105.17	133.38	169.08	206.70	248.76	293.55	346.66	400.17
西 藏	5.63	6.43	8.18	8.92	10.15	12.26	14.16	16.75	18.30	20.88
陕 西	56.13	68.53	85.84	115.01	151.64	191.55	235.61	284.52	331.64	383.03
甘 肃	22.71	27.18	32.89	43.86	57.52	73.30	92.32	114.92	139.91	167.55
青 海	8.18	9.94	13.54	16.49	21.45	28.60	36.65	45.28	54.26	63.16
宁 夏	9.51	11.82	14.81	20.11	27.23	35.93	45.94	55.78	65.55	75.77
新 疆	38.37	45.63	54.59	67.79	87.56	114.79	149.08	177.52	207.89	232.10
全国合计	2619.57	3195.99	3838.92	4845.09	6124.13	7478.37	8943.01	10561.78	12326.70	14095.88

表 A-30　2015 年各地区私人汽车保有量

（单位：万辆）

地　区	汽车总计	载客汽车	载货汽车	其他汽车
全　国	14099.13	12737.23	1330.65	31.22
北　京	439.34	429.39	8.96	0.99
天　津	234.68	214.27	19.88	0.53
河　北	978.65	873.23	103.41	2.01
山　西	414.68	374.45	39.34	0.89
内蒙古	334.90	298.28	35.68	0.94
辽　宁	478.94	437.35	40.65	0.94
吉　林	275.22	245.20	29.45	0.57
黑龙江	299.11	256.50	41.92	0.69
上　海	208.65	208.22	0.25	0.18
江　苏	1070.12	1022.22	45.55	2.35
浙　江	976.99	910.40	65.76	0.83
安　徽	411.35	367.07	43.21	1.07
福　建	377.95	330.87	46.41	0.67
江　西	286.21	250.41	35.20	0.60
山　东	1351.83	1243.55	105.41	2.87
河　南	836.73	751.37	83.00	2.36
湖　北	428.31	379.67	47.35	1.29
湖　南	457.79	399.96	56.51	1.32
广　东	1292.69	1181.29	109.32	2.08
广　西	314.12	274.28	38.99	0.85
海　南	70.69	60.33	10.16	0.20
重　庆	231.64	211.82	19.41	0.41
四　川	676.09	614.51	60.23	1.35
贵　州	254.41	214.86	38.88	0.67
云　南	429.86	360.89	68.02	0.95
西　藏	26.73	16.67	9.97	0.09
陕　西	386.02	346.05	38.75	1.22
甘　肃	171.12	139.66	30.87	0.59
青　海	63.12	52.79	10.06	0.27
宁　夏	88.87	68.57	19.82	0.48
新　疆	232.32	203.11	28.22	0.99

表 A-31 历年汽车产量

（单位：辆）

年份	汽车产量合计	其中					
		载货汽车	越野汽车	其中：轻型越野汽车	客车	轿车	汽车底盘
1983	239886	137100	22510	18247	6211	6046	62263
1984	316367	179846	21588	16553	6990	6010	85348
1985	443377	236934	25173	20747	11897	5207	114069
1986	372753	218863	23739	21891	9189	12297	81262
1987	472538	299356	27781	27351	20461	20865	92260
1988	646951	364000	36384	35978	50922	36798	136234
1989	586935	342835	48934	48291	47639	28820	103896
1990	509242	269098	44719	44348	23148	42409	90574
1991	708820	361310	54018	53371	42756	81055	122873
1992	1061721	460274	63373	61747	84551	162725	199162
1993	1296778	623184	59257	57057	142774	229697	171769
1994	1353368	613152	72111	70317	193006	250333	169106
1995	1452697	571751	91766	89765	247430	325461	162713
1996	1474905	537673	77587	73233	267236	391099	167651
1997	1582628	465098	59328	56547	317948	487695	178644
1998	1629182	573766	43608	38423	431947	507861	206325
1999	1831596	581990	36944	33602	418272	566105	229113
2000	2068186	668831	41624	35508	671831	607455	252063
2001	2341528	803076	41260	33247	834927	703525	317946
2002	3253655	1092546	43543	34232	1068347	1092762	425601
2003	4443522	1228181	86089	78622	1177476	2037865	381116
2004	5070452	1514869	79600	72245	1243022	2312561	398351
2005	5707688	1509893	—	—	1430073	2767722	381183
2006	7279726	1752973	—	—	1657259	3869494	442201
2007	8883122	2157335	—	—	1927433	4797688	558673
2008	9345101	2270207	—	—	2037540	5037334	530271
2009	13790994	3049170	—	—	3270630	7471194	596657
2010	18264667	3920363	—	—	4768414	9575890	791635
2011	18418876	2898046	—	—	4746156	10137517	637157
2012	19271808	2802110	—	—	2691613	13257833	520252
2013	22116825	3468501	—	—	6547552	12100772	581944
2014	23722890	3195901	—	—	8045937	12481052	553563
2015	24503326	2491337	—	—	9968838	11630895	412256

注：本表不含改装车产量；轿车产量已包含切诺基 BJ2021。

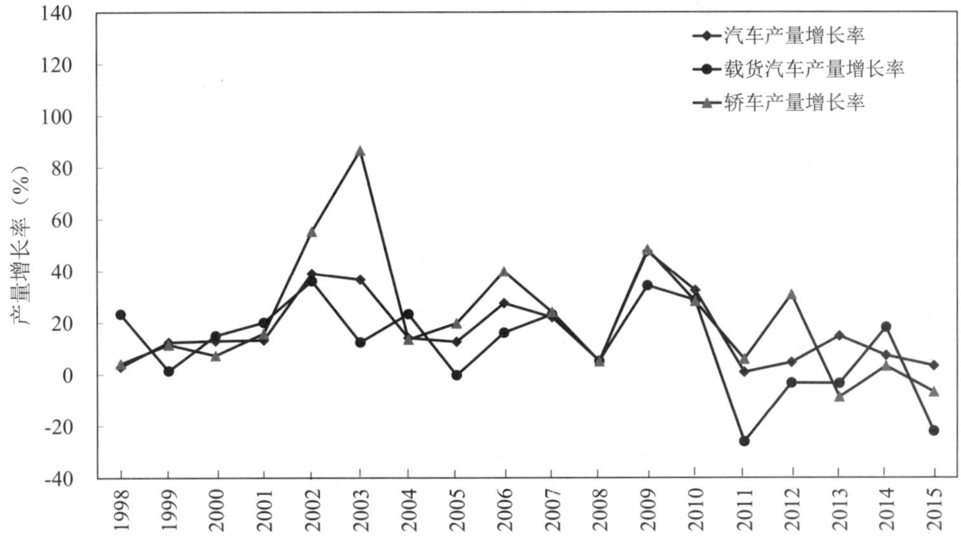

图A-25　1998～2015年汽车产量变化情况

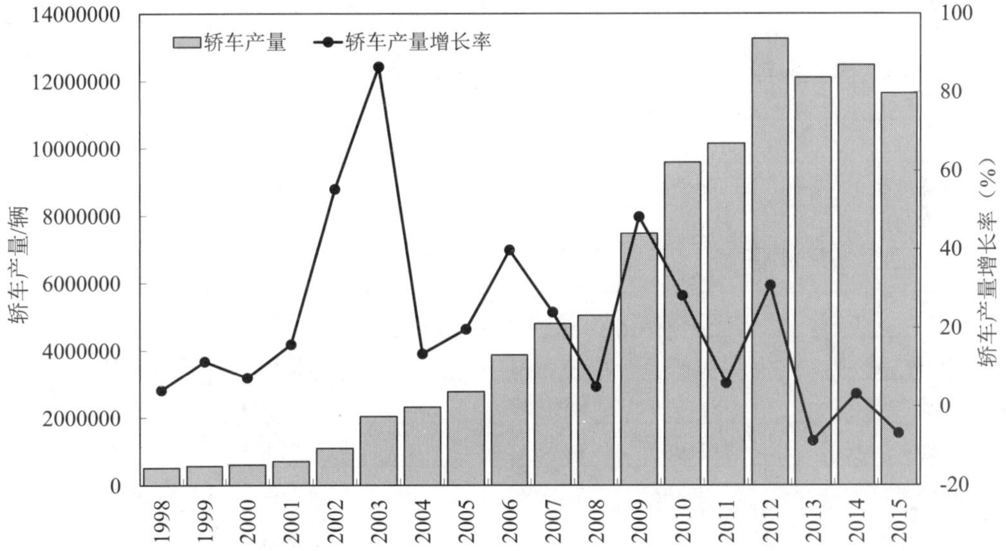

图A-26　1998～2015年轿车生产情况

表 A-32 2015 年汽车分车型产销量

车型		产量/辆			销量/辆		
		总计	国内制造	CKD	总计	国内制造	CKD
汽车总计		24503326	24235749	267577	24597583	24329305	268278
乘用车合计		21079427	20811850	267577	21146320	20878042	268278
其中1	基本型乘用车（轿车）	11630895	11513492	117403	11720184	11603854	116330
	多用途乘用车（MPV）	2125260	2122789	2471	2106729	2105014	1715
	运动型多功能乘用车（SUV）	6243638	6095935	147703	6220279	6070046	150233
	交叉型乘用车	1079634	1079634	0	1099128	1099128	0
其中2	排量≤1.0L	418178	418178	0	416277	416277	0
	1.0L<排量≤1.6L	14064109	14064109	0	14092371	14092371	0
	1.6L<排量≤2.0L	5375811	5193458	182353	5287617	5105415	182202
	2.0L<排量≤2.5L	1086697	1025898	60799	1210337	1149719	60618
	2.5L<排量≤3.0L	99996	99985	11	103500	103490	10
	3.0L<排量≤4.0L	33542	10218	23324	34805	10763	24042
	排量>4.0L	1094	4	1090	1413	7	1406
其中3	手动档	11350917	11348265	2652	11307569	11305129	2440
	自动档	8691431	8500902	190529	8772398	8581017	191381
	其他档	1037079	962683	74396	1066353	991896	74457
其中4	柴油汽车	97223	97223	0	90650	90650	0
	汽油汽车	20718329	20451093	267236	20801260	20533390	267870
	其他燃料汽车	263875	263534	341	254410	254002	408
商用车合计		3423899	3423899	0	3451263	3451263	0
其中1	柴油汽车	2410002	2410002	0	2425691	2425691	0
	汽油汽车	889936	889936	0	903597	903597	0
	其他燃料汽车	123961	123961	0	121975	121975	0
其中2	客车	520306	520306	0	524923	524923	0
	货车	2242901	2242901	0	2256496	2256496	0
	半挂牵引车	248436	248436	0	250180	250180	0
	客车非完整车辆	70567	70567	0	70459	70459	0
	货车非完整车辆	341689	341689	0	349205	349205	0

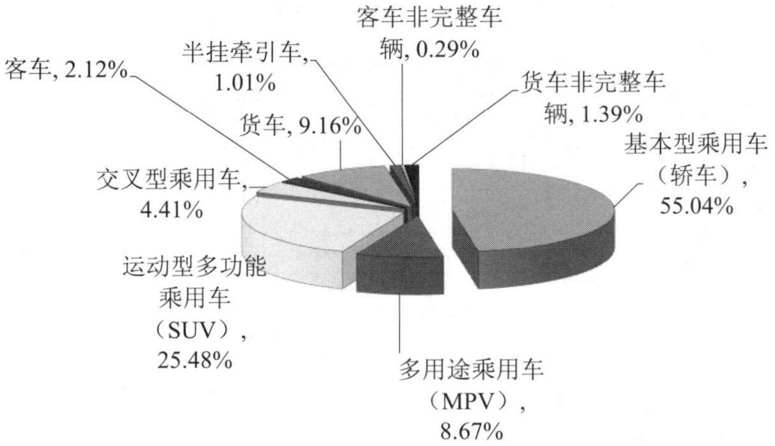

图A-27　2015年分车型产量构成情况

表 A-33　2010～2015 年全国改装汽车产量分类构成

（单位：辆）

车　型	2010 年	2011 年	2012 年	2013 年	2014 年	2015 年
载货汽车	76114	49124	45156	51900	42776	33672
重型	5918	4397	6688	12032	7412	10544
中型	1641	2814	713	181	773	21
轻型	68555	40882	37643	39687	34591	23107
微型	0	1031	114	—	—	—
越野汽车	2057	1908	511	10	1153	—
自卸汽车	269623	256932	198864	188216	178663	108779
矿用	—	—	—	—	—	—
重型	207623	194656	148547	154950	150284	81628
中型	27526	29492	29098	19949	17311	12846
牵引汽车	—	—	—	—	—	—
载客汽车	96497	101669	85953	77128	66460	54141
特大型	—	—	300	—	1835	—
大型	18826	16539	9486	8323	9140	5439
中型	22500	27107	24079	21297	16724	10582
轻型	55000	58011	52088	47508	38761	37293
微型	149	—	—	—	—	—
厢式专用车	137051	73787	75366	80083	70044	69008
罐式专用车	87044	92330	47062	67893	52436	39114
专用自卸汽车	15228	19898	22518	20114	20770	25718
起重举升专用车	50253	27513	17010	16115	16684	12916
仓栅式专用车	1627	1655	914	8899	14685	15690
特种结构专用汽车	—	27705	22577	22575	22937	18272

表A-34 历年低速货车产销情况

（单位：辆）

年份	产销量	低速货车合计	低速货车	三轮汽车
2010	产量	2431542	528620	1902922
	销量	2422684	525223	1897461
2011	产量	2537119	453139	2083980
	销量	2532326	446946	2085380
2012	产量	2794784	430266	2364518
	销量	2785527	426587	2358670
2013	产量	2904377	405145	2499232
	销量	2897926	402564	2495362
2014	产量	2926147	423729	2502418
	销量	2923534	422645	2500889
2015	产量	3023503	432381	2591122
	销量	3010985	428088	2582897

表A-35 汽车行业综合指标与全国工业企业的比较

指标		2009年	2010年	2011年	2012年	2013年	2014年	2015年
销售收入/亿元	汽车工业	23817.5	29964.03	33617.3	36373.10	37155.31	41262.97	44617.47
	全国工业企业	542522.43	697744.00	841830.2	929291.51	1029149.76	1107032.52	1109853
汽车/全国（%）		4.39	4.29	3.99	3.91	3.61	3.73	4.02
总产值/亿元	汽车工业	23437.8	30248.60	33155.18	35774.40	39225.43	42324.24	45014.63
	全国工业总计	548311.42	698590.54	844268.8	—	—	—	903900.0
汽车/全国（%）		4.27	4.33	3.93	—	—	—	4.98
增加值/亿元	汽车工业	5378.7	6759.72	7451.69	7940.40	8606.24	9174.25	10577.73
	全国工业总计	—	—	—	—	—	—	—
汽车/全国（%）		—	—	—	—	—	—	—
产品销售税金及附加/亿元	汽车工业	453.78	635.70	694.96	749.86	726.043	766.70	1204.93
	全国工业企业	8995.95	11183.11	12669.53	14462.73	15617.67	16961.12	—
汽车/全国（%）		5.04	5.68	5.49	5.18	4.65	4.52	—
利润总额/亿元	汽车工业	1687.65	2598.60	2842.12	3166.65	2717.12	2844.82	3117.48
	全国工业企业	34542.22	53049.66	61396.33	61910.06	62831.02	68154.89	66187.07
汽车/全国（%）		4.89	4.90	4.63	5.11	4.32	4.17	4.71
固定资产投资/亿元	汽车工业	921.8	1278.12	1398.8	1509.30	1456.43	1554.01	3266.77
	全社会	224845.6	278139.80	311485.1	374694.70	446294.10	512020.65	561999.83
汽车/全社会（%）		0.41	0.46	0.45	0.40	0.33	0.30	0.58
汽车增加值占GDP比例（%）		1.58	1.68	1.58	1.53	1.51	1.44	1.54

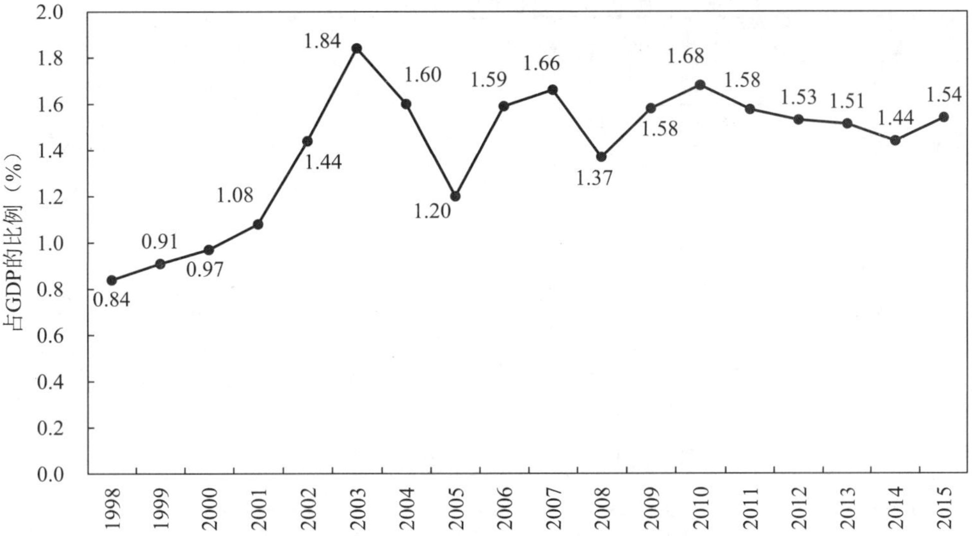

图A-28　1998～2015年汽车增加值占国内生产总值的比例

表 A-36　汽车行业效益指标与全国工业企业的比较

指	标	2008 年	2009 年	2010 年	2011 年	2012 年	2013 年	2014 年	2015 年
工业成本费用利润率	汽车工业（%）	5.22	—	—	—	—	—	8.72	8.32
	全国工业企业（%）	5.90	6.91	8.31	7.71	7.11	6.60	6.52	7.00
	汽车/全国	0.88	—	—	—	—	—	1.34	1.19
流动资产周转次数	汽车工业/（次/年）	2.22	2.40	2.42	2.20	2.30	2.37	2.40	2.40
	全国工业企业/（次/年）	2.60	2.43	2.5	2.62	2.57	2.67	2.53	2.37
	汽车/全国	0.85	0.98	0.97	0.92	0.89	—	0.95	1.02

注：表中数据为全部国有及规模以上非国有工业企业统计口径。

表 A-37 能源生产总量及其构成

能源构成		2009 年	2010 年	2011 年	2012 年	2013 年	2014 年	2015 年
能源生产总量/万 t		286092	312125	340178	351041	358784	361866	362000
原油/万 t	进口	20379	23931	25378	27103	28174	30837	33549
	出口	507	303	252	243	162	60	286
成品油/万 t	进口	3696	3688	4060	3982	3959	3000	2993
	出口	2504	2688	2570	2427	2851	2967	3616
原油产量/万 t		27187.18	29097.77	28936.82	29534.47	30260	30240	30770

表 A-38 2009～2015 年分车型汽车进口数量

（单位：辆）

品 种	2009 年	2010 年	2011 年	2012 年	2013 年	2014 年	2015 年
总计（含底盘品种）	420696	813345	1038622	1132031	1195040	1425846	1100867
一、乘用车	409225	791126	1011871	1108730	1179979	1411561	1091386
1．大客车（30 座以上）	—	—	—	2526	2386	1031	899
2．中型客车（10～30 座）	1902	5092	5196				
3．旅行车（9 座以下）	35693	89919	162911	179508	230915	344179	264340
4．其他机动小客车	—	—	—	25868	20282	8822	—
5．越野车	207381	351408	430886	456362	505343	588921	471750
6．轿车	164837	343653	410270	446992	423439	469639	352460
7．机坪客车	—	—	—	—	—	66	—
二、载货汽车	8201	14977	19453	19452	11197	11501	7062
柴油：总重＜5 t	119	65	—	—	—	83	104
5 t≤总重＜14 t	213	146	—	—	—	102	108
14 t≤总重＜20 t	140	60	—	—	—	146	135
总重≥20 t	6038	11454	—	—	—	1812	1138
汽油：总重＜5 t	607	1599	—	—	—	7374	3295
总重≥5 t	1	8	—	—	—	40	96
未列名货车	—	—	—	—	—	1944	2186
三、专用车	1314	333	—	235	224	298	211
四、底盘	375	—	1888	1088	1254	1455	2208

表 A-39　历年汽车进口数量及金额

年份	汽车进口数量/辆			进口金额合计/万美元	汽车配件金额/万美元
	总　量	其中			
		载货汽车	轿　车		
1987	67182	17554	30536	121431	41885
1988	99233	14201	57433	161240	33913
1989	85554	12587	45000	132732	34750
1990	65430	18395	34063	120293.3	43740
1991	98454	18578	54009	165992.3	58263
1992	210087	42005	115641	353523.5	87071.6
1993	310099	72935	180717	535143	97065.7
1994	283060	68269	169995	471482.6	68794.4
1995	158115	12037	129176	257549.8	85469
1996	75863	6256	57942	250018.5	107757
1997	49039	7077	32019	207821	92800
1998	40216	4373	18016	205789	80492
1999	35192	2685	19953	258018	100425
2000	42703	3085	21620	404750	211281
2001	71398	3138	46632	470326	261767
2002	127513	6692	70329	659985	231236
2003	171710	9862	103017	1483964	738430
2004	175480	8078	116085	1686001	867960
2005	161324	3032	76542	1543392	768494
2006	227773	5582	111777	2127410	1052519
2007	314130	7980	139867	2676775	1421523.8
2008	409769	10171	154521	3222993	1268125
2009	420696	8201	164837	3419834	1457311
2010	813345	14977	343653	5818595	2116655
2011	1038622	19453	410270	6527468	2218233.4
2012	1132031	19452	446992	7992432	2572334
2013	1195040	11197	423439	8422289	2836174
2014	1425846	11501	469639	10040689	3213662
2015	1100867	7062	352460	7884149	2740113

注：1. 1987～1999 年数据来源于海关总署《统计报表》，1999 年以后数据来源于《汽车工业年鉴》。

2.本表将进口汽车散件归入进口整车中、车身归入零部件中。

3.1992～1994 年进口金额合计中含发动机、摩托车、挂车进口额，发动机中含部分非汽车、摩托车用发动机。

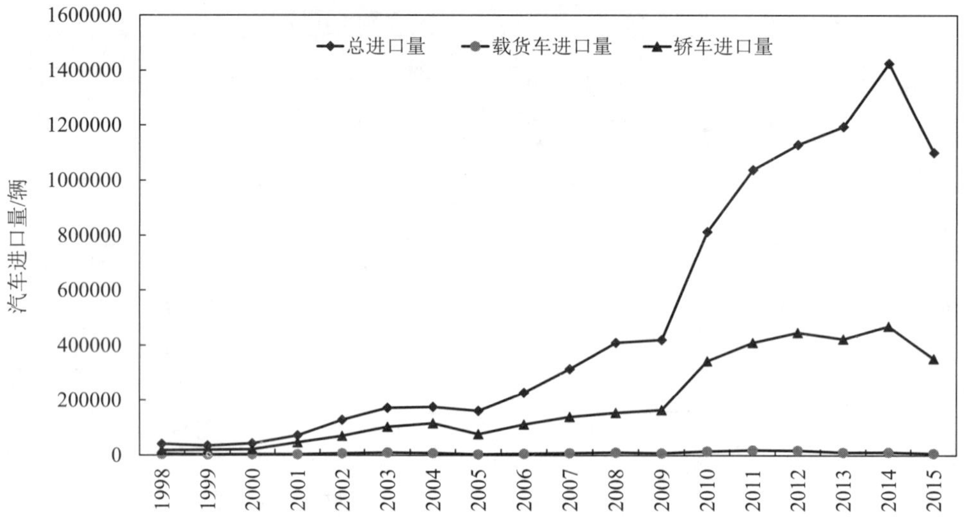

图A-29 1998～2015年汽车进口情况

表 A-40 主要国家历年汽车产量及品种构成

国别	年份	总产量/万辆	乘用车		商用车	
			产量/万辆	占总产量（%）	产量/万辆	占总产量（%）
美国	2015	1207.5	416.3	34.5	791.2	65.5
	2014	1166.0	429.5	36.8	736.5	63.2
	2013	1108.0	437.3	39.5	670.7	60.5
	2012	1033.0	624.5	39.5	408.5	60.5
	2011	862.9	296.8	34.4	566.1	65.6
	2010	773.0	274.5	35.5	498.5	64.5
	2009	870.5	377.6	43.4	492.9	56.6
日本	2015	927.7	783.0	84.4	144.7	15.6
	2014	900.8	762.8	84.7	138.0	15.3
	2013	963.0	818.9	85.0	144.1	15.0
	2012	996.5	855.4	85.8	141.1	14.2
	2011	839.9	715.9	85.2	124	14.8
	2010	962.9	831.0	86.3	131.9	13.7
	2009	1156.4	991.6	85.7	164.8	14.3
德国	2015	—	573.9	—	—	—
	2014	592.9	562.4	94.8	30.5	5.2
	2013	572.7	544.9	95.1	27.8	4.9
	2012	564.3	538.2	95.4	26.1	4.6
	2011	631.1	587.2	93.0	43.9	7.0
	2010	590.6	555.1	94.0	35.5	6.0
	2009	604.1	552.7	91.5	51.4	8.5

（续）

国别	年份	总产量/万辆	轿　车		商　用　车	
			产量/万辆	占总产量（%）	产量/万辆	占总产量（%）
英国	2015	168.4	158.3	94.0	10.1	6.0
	2014	160.7	153.5	95.5	7.2	4.5
	2013	159.6	150.9	94.5	8.7	5.5
	2012	157.6	146.4	92.9	11.2	7.1
	2011	145.8	134.4	92.2	11.4	7.8
	2010	139.5	127.2	91.2	12.3	8.8
	2009	109.0	100.0	91.7	9.1	8.3
法国	2015	—	—	—	—	—
	2014	—	—	—	—	—
	2013	174.0	146.0	83.9	28.0	16.1
	2012	192.2	168.3	87.6	23.9	12.4
	2011	200.8	167.8	83.6	33	16.4
	2010	193.8	166.6	85.9	27.2	14.1
	2009	210.4	186.5	88.6	23.9	11.4
意大利	2015	101.4	66.3	65.4	35.1	34.6
	2014	54.5	32.5	59.7	22.0	40.3
	2013	65.9	38.9	59.0	27.0	41.0
	2012	67.2	39.7	59.1	27.5	40.9
	2011	79.03	48.56	61.4	30.47	38.6
	2010	83.5	57.3	68.6	26.2	31.4
	2009	84.3	66.1	78.4	18.2	21.6
加拿大	2015	224.6	87.6	39.0	137.0	61.0
	2014	231.2	87.6	37.9	143.6	62.1
	2013	237.9	96.7	40.6	141.2	59.4
	2012	245.7	103.7	42.2	142	57.8
	2011	213.2	98.8	46.3	114.4	53.7
	2010	206.4	97.1	47.1	109.3	52.9
	2009	149.4	82.2	55.0	67.2	45.0

注：资料来源于《FOURIN 世界汽车调查月报》，与 OICA 相关统计数据有所不同，仅供参考。

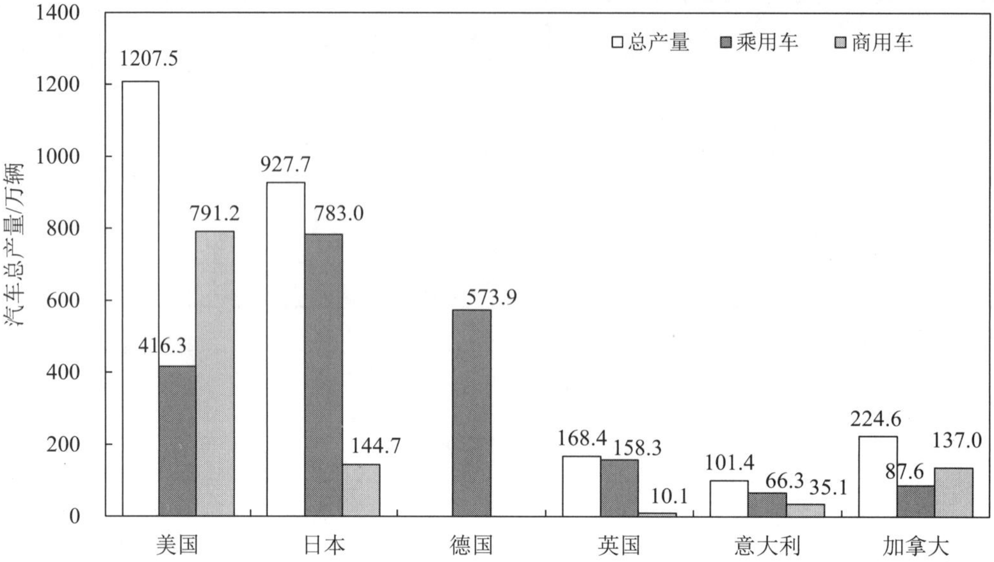

图A-30 2015年主要国家汽车产量及品种构成情况

表 A-41 2011～2015 年世界主要国家乘用车生产量排序

（单位：万辆）

排序	2015 年		2014 年		2013 年		2012 年		2011 年	
	国别	产量	国别	产量	国别	产量	国别	产量	国别	产量
1	中国	2107.9	中国	2372.3	中国	1808.5	中国	1552.4	中国	1448.5
2	日本	783.1	美国	1166.1	日本	818.9	日本	855.4	日本	715.8
3	德国	570.8	日本	977.5	德国	544.0	德国	538.8	德国	587.2
4	美国	416.4	德国	590.8	韩国	434.7	韩国	416.7	韩国	422.2
5	韩国	413.5	韩国	452.5	美国	412.3	美国	410.6	印度	305.4
6	印度	337.8	印度	384	印度	313.9	印度	328.5	美国	296.6
7	西班牙	221.9	墨西哥	336.5	巴西	274.2	巴西	262.4	巴西	253.5
8	巴西	201.9	巴西	314.6	俄罗斯	192.0	俄罗斯	196.9	法国	193.1
9	墨西哥	196.8	西班牙	240.3	墨西哥	177.2	墨西哥	181	西班牙	181.9
10	英国	158.8	加拿大	239.4	英国	172.0	英国	146.5	俄罗斯	173.8

注：数据来源于 OICA，2014 年数据与上年相比，存在部分更新。

表 A-42　1985～2015 年主要国家商用车产量

（单位：千辆）

年份	美国	日本	法国	西班牙	巴西	德国	意大利	英国	俄罗斯	瑞典
1985	3463	4624	384	188	208	279	184	266	900	60
1986	3501	4450	422	251	241	286	159	229	900	66
1987	3805	4358	411	302	237	260	199	247	870	70
1988	4097	4501	474	368	286	279	227	317	885	76.5
1989	4025	3973	511	407	282	288	249	327	844	81.7
1990	3703	3539	474	320	251	292	231	257	929	60.6
1991	3444	3484	423	305	255	356	245	217	807	75.3
1992	4119	3069	438	331	276	330	209	248	518	63.1
1993	4917	2734	319	262	291	237	150	193	650	58
1994	5649	2753	383	321	334	262	194	228	254	82
1995	5635	2585	424	375	333	307	245	233	192	102
1996	5749	2482	443	471	346	303	227	238	179	96
1997	6196	2484	479	552	392	345	254	238	—	115
1998	6452	1994	351	609	329	379	290	227	188	133
1999	5648	2585	424	375	333	307	245	233	192	—
2000	7235	1781	418	667	322	395	316	185	—	—
2001	6293	1053	395	614	215	248	265	181	170	113
2002	7227	948	367	585	194	346	303	191	—	35
2003	7535	1747	365	166	275	361	292	189	—	117
2004	7759	1792	439	609	454	378	309	209	275	140
2005	7606	1783	401	654	506	407	313	206	286	145
2006	6843	1728	446	699	519	421	319	206	325	134
2007	6857	1651	465	694	548	504	373	215	376	162
2008	4929	1648	423	599	659	514	315	203	321	—
2009	3495	1072	239	358	584	245	182	91	125	87
2010	4985	1319	272	474	792	355	262	123	196	147
2011	5661	1240	330	533	868	439	305	115	251	154
2012	6245	1411	239	454	719	261	275	112	263	—
2013	6707	1440	280	443.6	908.1	278.4	269.8	87.2	256.1	—
2014	7365	1380	—	500	823	305	220	72	174	—
2015	7912	1447	—	530	410	—	351	101	161	—

注：资料来源于《FOURIN 世界汽车调查月报》，与 OICA 相关统计数据有所不同，仅供参考。

附录B　国家信息中心汽车研究与咨询业务简介

国家信息中心（简称 SIC）于 1986 年开始进行汽车市场预测分析及调查研究工作，至今已有 30 年的历史，汽车研究与咨询业务不断扩大，目前这项工作由国家信息中心下属的信息资源开发部负责。

一、主体业务

国家信息中心汽车研究与咨询业务主要分为三大板块。

1．产业研究板块

（1）汽车与零部件产业研究　重点方向和领域：汽车产业发展趋势与产业布局研究、新能源汽车研究、汽车零部件产业研究、自主创新与自主品牌建设和国际化。

新能源汽车是近几年的研究重点，研究的课题包括：未来 5～10 年新能源汽车发展趋势判断、国家新能源汽车示范推广工程推进状况调研、全国车用动力电池材料产业化调研、新能源车商业推广模式研究、新能源汽车材料产业调研、国内外新能源汽车发展动态跟踪研究、电动汽车消费意向调研等。

在汽车零部件方面完成的研究包括：对汽车零部件产业的调查，对关键零部件、总成系统的调查，新能源汽车零部件的调查等。

在汽车产业发展趋势与产业布局研究方面，近年来研究了工业化、城市化对中国汽车产业的影响，中国汽车产业地域性优势，限行限购对中国汽车产业的影响等课题。

（2）经济与政策研究　每月跟踪宏观经济及相关政策的变化，包括各种宏观经济指标、宏观经济政策、汽车重大相关政策及社会重大事件等，研究经济变化或重大事件对汽车市场的影响，研究各种政策出台的背景、目的、作用对象，并对政策效果进行评价。

（3）汽车产品与技术研究　及时跟踪了解全球市场最新产品与技术的发展动

态，把握汽车产品与技术的发展趋势。分析研究国内市场产品的表现，以及新产品、新技术在国内市场的前景。

此外，产业研究板块还就汽车产业发展中的问题进行了相关的研究，包括汽车产业兼并重组研究、合资企业可持续发展研究、汽车社会研究等，同时还拓展了地方汽车产业规划方面的研究，如玉溪新能源汽车规划、成都汽车产业规划等。

2．市场预测研究板块

市场预测研究主要包含六大业务模块。

（1）乘用车短期市场研究　SIC 自 2003 年开始组织专门的研究小组对乘用车市场进行短期预测。该小组目前为多家用户提供服务，通过持续跟踪产品与市场动态，以及每月持续对 700 多家经销商的调查，了解当期市场的发展变化情况，发现乘用车市场运行的新特点和新变化，探求导致市场变化的原因，评价各企业、各车型在市场中的表现，并对未来各月的市场走势作出预测。

（2）乘用车中长期市场研究　中长期市场预测业务是 SIC 历史最久的业务。目前每年都要对乘用车市场进行 10 年滚动预测，并承接来自客户的有关总体市场及细分市场的中长期预测研究课题。主要研究未来 3～5 年或 5～10 年，甚至未来 20 年的乘用车市场发展趋势。包括对总量市场，乘用车分车型、分级别、分价位市场的全方位预测，也可以根据客户的要求做到分用户或目标市场的预测。中长期预测的基本手段是利用 SIC 各种中长期预测模型建立外生变量与内生变量的关系，并研究各种环境因素对关键变量的影响及其变化趋势，从而对总量市场及各种细分市场进行预测。

（3）商用车市场研究　主要研究商用车整体市场、分车型市场（客车、货车、皮卡）、细分市场（重、中、轻、微型货车和大、中、轻、微型客车 8 大车型）和专用车市场，分析跟踪影响这些市场发展的关键因素，研究这些因素对商用车市场的传导机制和规律，并对未来 1 年内各月各季、1 年、3 年、5 年，甚至 10 年的商用车市场走势进行预测。

（4）豪华车与进口车市场研究　对超豪华车、豪华车和进口车的整体市场进行月度跟踪分析与中长期预测分析，并对这些车分级别、分车型、分豪华程度、分产地等细分市场进行分析和预测。

（5）区域市场研究　该项研究主要帮助企业解决三方面问题：第一，制订销售网络发展规划；第二，年度销售任务分配；第三，制定区域营销策略。目前区域市场研究的车型范围包括乘用车和商用车，研究的内容包括地区市场分级、地区市场特征研究、地区市场预测、地区市场营销方式研究、地区市场专题研究等。其中，地区市场预测可以做到分大区、分省、分地级市多个层次，在时间维度上可以做到分月、分季度、分年度、中长期预测。

（6）出口与海外市场研究　主要包括以下三项内容。

1）针对先导国家的国际比较研究。总结研究汽车市场发展的内在规律，研究市场发展环境及其影响因素，研究市场快速发展的条件等，并依据先导国家的规律，对中国市场的发展轨迹做出判断。

2）出口市场的研究。出口量的历史分析和前景预测，研究各厂商的出口现状与未来走势，主要出口市场的研究，包括出口国、出口量、车型及价格等，各主要厂商（包括国内和跨国公司）出口战略的现状和未来趋势，厂商的海外生产和扩张计划。

3）主要出口目的国研究。研究某特定的出口目的国的经济、社会、人口发展情况，研究其乘用车需求量与需求特征、需求偏好，研究针对其出口的商务政策、出口市场的潜力和目前存在的问题等。

3．市场调查研究板块

2012年SIC对市场调查业务进行了重新定位，按照企业产品开发流程确定了两大业务方向。

（1）基础类调查　对应产品开发流程的前端——“战略规划/前瞻设计”阶段。具体又细分为四个业务模块。

1）需求动向研究。具备地域覆盖广、样本量大、全面性、持续性的特点，可面对总体市场、细分市场或出租车、租赁车、公务车等专用车市场进行调查，了解各类消费者汽车保有和购买情况、购买和使用行为、消费者需求偏好、用户人群特征等，以持续积累消费者动态信息，为企业了解消费者本身构成的变化及其需求偏好变化服务。

2）消费者研究。主要包括消费者人群分类研究和特定人群的特征与偏好研究。其中人群分类研究方面，SIC于2013年完成了乘用车用户的人群分类研究、商用车人群分类研究，开发了识别用户类别的人群细分工具，该成果被一些企业广泛应用在车型开发、用户定位上。此外，还针对有代表性的区域用户、世代用户进行了特定的研究，完成了三线市场消费者、县域市场和农村市场消费者研究，也针对“90后”年轻群体展开了调研。

3）产品研究。SIC开发了一整套服务于企业产品规划与研发的基础性产品类调研体系，包括产品意识研究、产品偏好研究、产品配置需求研究和产品满意度研究，通过该体系能比较完整地提供产品企划阶段关于产品信息的基本输入，以及售后阶段关于产品评价的基本输入。SIC通过联合研究的方式持续开展产品意识、产品偏好、产品配置需求调研，逐年积累了大量的消费者数据，以了解消费者对产品认知的变化、对需求偏好及配置需求的变化，为企业新产品开发设计提供输入；针对企业个案需求的产品上市后满意度调查，为企业改进产品提供输入。

4）品牌研究。从消费者的角度出发，构建消费者的品牌意识体系，研究品牌对消费者产品购买决策的影响程度及影响机制，并通过调查消费者的品牌认知度、喜爱度、购买意向等，客观中立地衡量各品牌的品牌绩效、形象健康度指标和品牌溢价，最终为企业理解消费者的品牌意识形成，找出品牌建设中存在的差距和问题提供帮助，为企业提升品牌价值提供支持。

（2）产品企划类专项调查　对应产品开发流程的前端——“概念设计、产品开发、生产上市准备”阶段，为企业产品设计的特殊需求服务。

SIC每年执行60000多个定量样本，包括各类消费者调查、机构用户调查等。定量调查的执行是与SIC在全国的120多个城市的调查代理共同完成的。这些代理与SIC有多年的合作关系，并积累了丰富的汽车市场调查经验。

除了大量的定量研究外，SIC每年还执行非常广泛的定性调查，每年接触1500多个汽车定性样本。所有深访调查的执行者都是SIC的研究员，这种深入一线的面对面的调研，对我们理解用户、理解市场、深度分析具有极大的帮助。

二、汽车市场研究的支撑体系

1. 模型方法

国家信息中心自从开展汽车研究和咨询业务以来，非常重视研究手段的建设，曾通过与国际知名汽车厂商合作、自主研发等多种方式研发了一批汽车市场研究与预测模型。SIC的主要模型工具如下。

1987年开发的“中国汽车市场预测模型”，此模型为计量经济模型，并在1990

年和 1994 年进行了两次改版。

1999 年与美国通用公司合作研制了“中国汽车工业发展模型”。此模型参考了美国、巴西、波兰等国家的汽车预测模型，并根据中国的实际情况进行改造。模型运行 10 余年来，每年 SIC 研究人员均要会同美国的模型专家对模型进行持续改进调整，使该模型成为国内乃至国际上高水平的产业模型。为了给该模型提供大量的输入变量，SIC 每年都会展开一次大规模的消费者调查，2011 年更是在 10 多年调查数据的基础上进行了大量的实证研究，将模型中的细分市场预测部分进一步完善。

2002 年开发了“中国大中型客车市场预测模型”“中重型货车预测模型”和“地区市场预测模型”，并在以后的几年内连续改进；2003 年引进并开发了“出租车市场预测模型”和“公务车需求预测模型”；2005 年开发了“乘用车短期预测模型”，并在近年的实际应用中持续改进，特别是 2009 年形成了 TSCI 的评估预测框架体系，并开发了乘用车市场景气监测指标体系，配合短期预测的展开。

2012 年，开发了“乘用车、中重型货车、轻型车及微型车的 N+3 模型”“商用车的分地区预测模型”等；基于 TSCI 的模型思想，通过大量的实证研究，完善了“重型货车月度和年度预测模型”。

2013 年，开发了“豪华车、超豪华车和进口车预测模型”，还研究开发了“进口车总量及细分市场的分省、分城市预测模型”“二手车跨区流动情况下的汽车需求量和保有量估计模型“汽车限购的交通和环保压力评估指标体系”等，使 SIC 的预测模型体系更加体系化、细分化、实用化。

2014 年通过国际比较研究，拓展了豪华车、SUV、MPV 预测研究的思路，开发了“公务车及机构用车的推算模型”，修改完善了“微型汽车和轻型货车市场预测模型”，开发了“二手车对新车影响的定量分析模型”等。

同时，在市场研究方面也积累和开发了大量的研究模型，包括人群细分模型、产品意识研究体系、产品偏好研究体系、产品满意度模型、配置与客户价值分析模型、企业产品表现评估模型、品牌健康度模型、产品特征分析模型等。

SIC 一直积极鼓励员工创新，从 2011 年开始每年举办一次创新大赛，目前已经举办四次，每年征集到各个研究领域的新方法、分析框架和模型等 20～30 余项。这些方法大都和日常业务、项目研究紧密联系，部分方法在国内相关领域都处于领先水平。这些方法不仅提升了已有项目的研究水平，同时为拓展汽车行业研究新业务、不断满足客户新需求提供了可靠的保障。

2．数据库系统

为了支撑 SIC 汽车市场研究的需要，迎合部分汽车厂商的数据需求，SIC 的汽车行业相关数据库的建设也逐步形成了规模，并成为 SIC 和汽车厂商所依赖的重要资源之一。目前 SIC 已经形成了宏观经济数据库、乘用车产销数据库、注册数据库、商用车产销数据库、注册数据库、汽车保有量数据库、地区市场数据库、地区经济数据库、厂商与产品数据库、价格跟踪数据库、产品配置数据库、汽车进出口数据库、国际乘用车市场数据库、汽车行业相关政策数据库、汽车零部件企业数据库、经销商数据库、消费者调查信息数据库等。SIC 的各相关业务模块组持续更新、维护各种数据库，并拆分出多种分类变量，便于各种维度的分析。

3．资源体系

SIC 建立了十大资源体系，分别是政府关系系统、专家系统、经销商关系系统、跨国公司关系网络、横向合作系统、国内厂商关系网络、大用户系统、零部件厂商关系系统、汽车金融系统、媒体关系系统，这些系统能随时帮助我们获取第一手信息，让我们及时了解市场的活情况，帮助我们深入挖掘事件背后的原因。SIC 针对各资源系统定期组织了如下活动。

（1）每月定期做经销商调查　针对乘用车和商用车的经销商做调查，了解当月的市场情况及变化原因，为 SIC 的月度市场评估分析与预测服务。

（2）定期召集汽车市场研讨会　从 1992 年起，国家信息中心每年在年中和年底召集两次国内汽车厂家及行业市场分析专家参加的“宏观经济与汽车市场形势”高级研讨会，目前这个会议已经成为汽车界了解汽车市场发展趋势，切磋对市场的看法，进行各种信息交流的平台。

（3）定期组织跨国公司交流平台的活动　国家信息中心从 2006 年起开始搭建乘用车跨国公司交流平台，2008 年的第四季度又成立了商用车跨国公司交流平台。全球主要的汽车跨国公司均加入了交流平台。两个平台每个季度分别开展一次活动，研讨当前的宏观经济形势和汽车市场形势。

（4）每月邀请专家讲座　通过请进来和走出去的方式每月与多名专家进行交流，借助外脑及时跟踪了解经济、政策、市场动态及专家对形势的判断。

（5）参加政府组织的各种会议　参加国家发展和改革委员会、工业和信息化部、商务部等汽车主管部门组织的有关规范和促进中国汽车市场发展的研讨会、政策分析会、五年规划会等，为政府制定政策出谋划策。

三、汽车市场研究团队

SIC汽车市场研究团队共100人，团队带头人是SIC徐长明副主任，他自1986年开始从事汽车市场研究，见证了中国汽车行业的整个发展过程，对中国汽车市场有深刻的认识和理解，是目前国内知名的汽车市场研究专家之一。

SIC汽车市场研究团队是一支高素质的团队，97%的员工拥有硕士以上学历，且80%以上毕业于国内外知名大学，如清华大学、北京大学、中国人民大学、南开大学、北京师范大学、英国帝国理工大学、新加坡国立大学、日本早稻田大学等。他们不仅具有经济、计量经济、管理、数学、心理学、统计学、社会学、汽车、法律等专业知识，其中57%的人更具备五年以上的汽车市场研究经验。正是这支“专业与经验”相结合的团队才使我们能够持续保持较强的研究能力、学习能力和创新能力。

四、国家信息中心近两年来承接的部分专项咨询项目（见表B-1～表B-2）

表B-1 国家信息中心2015年承接的部分专项咨询项目

市场预测板块—2015年		
1	全国乘用车用户需求动向调查与十年滚动预测（联合课题）	该项目是由国家信息中心组织发起，由国内十余家主要乘用车企业参加的大型联合研究项目；该项目从1999年开始执行第一期，每年进行一次，本期是第15期；该项目每年在全国60～90个城市执行10000左右样本的调查，调查对象囊括私人用户、单位用户、出租租赁公司用户，调查内容包括用户特征、车辆特征、车辆购买、使用、替换、未来消费环境、用户偏好等；在调查的基础上，形成丰富的调查报告，并结合最新的宏观经济、人口、社会、政策、用车方式变化，预测次年及未来10年乘用车总量及细分市场的需求
2	第二高速期发展规律研究（联合课题）	通过收集多个国家跨度百年的历史数据，深入比较先导市场乘用车市场特征和主要影响因素，得出乘用车市场发展的国际规律，为未来10年中国乘用车市场预测提供国际经验参考
3	A级轿车细分市场趋势研究（联合课题）	通过A级轿车多维度交叉细分发现A级轿车的产品特征趋势、分企业的A级轿车战略趋势，并通过细分市场预测找到A级轿车潜在的机会市场

（续）

市场预测板块—2015年		
4	B级轿车市场前景研究（联合课题）	研究B级轿车近年来市场发生变化的背后原因，从消费人群角度研究消费者对B级轿车偏好的变化，从而预测未来B级轿车的市场发展方向与机会，为企业布局B级轿车市场提供参考
5	小SUV的市场趋势研究（联合课题）	通过分析小SUV市场快速成长的背景及原因，预测小SUV市场长期的发展趋势及产品特征趋势
6	重点城市限购预警及限购影响分析（第三期）（联合课题）	在限购传闻减弱的背景下，综合考虑政府限购的综合考量，分析未来大城市限购的趋势、节奏以及对市场的影响
7	2015年乘用车新技术追踪（联合课题）	全方位跟踪、分析2013～2015年乘用车领域出现的新技术。筛选技术新颖、企业关心、发展有潜力但前景不甚明朗的具体新技术，结合案头研究、专家和消费者调研判断未来趋势，给企业提供策略建议
8	2015年上市新产品趋势特征研究	分析新产品的投放特点、企业的新产品投放策略，透过新产品看细分市场发展趋势，并深入分析总结重点新产品成功、失败的原因
9	乘用车市场月度评估和预测	通过持续跟踪经济、政策环境以及产品与市场动态，定量和定性调查，了解当期市场的发展变化情况，发现乘用车市场运行的新特点和新变化，探求导致市场变化的原因，并对未来各月的市场走势作出预测，为多家企业提供个案化服务
10	乘用车月度市场表现分析和季度策略研究	每月对乘用车市场的月度走势进行分析与评价，发现乘用车市场运行的新特点和新变化，对当期的市场热点问题进行深入分析，对未来各月的市场走势作出判断。此外，综合内外部竞争环境，评价企业、主销车型在市场中的表现，并揭示其面临的机遇与调整，提供短期应对策略
11	乘用车市场终端监测	每月在全国范围内，对经销商的销售及运营状况进行监测调研，以了解市场真实销售情况以及终端运营压力和存在的问题。为多家企业提供个案化服务
12	乘用车细分市场季度分析	通过对细分市场的季度表现进行定量化分解测算，揭示当前细分市场变化的主要原因，进而判断该变化是否具有可持续性还是短期突发因素所致，进而有助于为企业制定产品策略提供帮助
13	某企业市场销量分析及预测	综合企业的内外部各影响因素分析其当前的销售表现及原因，并对其未来销售走势作出预测
14	2015年乘用车市场特征总结	综合2015年全年车市总体以及细分市场的变化，揭示其原因及未来趋势性
15	乘用车市场N+3/N+5/N+10预测	在充分分析未来3年及10年汽车市场环境变化的基础上，分别开发建立中短期模型和中长期模型，为某汽车集团提供未来3～10年的乘用车市场预测
16	乘用车总体及细分市场中长期预测	通过车型、级别、档次的三维交叉，将市场分为50多个细分市场，并重点关注企业已有及将有产品投放的十余个细分市场，给出重点细分市场的发展趋势预测
17	乘用车市场中长期预测	接受多家用户委托，按企业的个性化细分要求对我国的乘用车市场进行中长期分析和预测

（续）

市场预测板块—2015 年		
18	2015 分省大客户保有、需求拆分	研究集团大用户的拆分，具体拆分到分省的机关公务车、出租车、租赁车、驾校车、国企用车、非国企用车，企业拆分到分行业的需求
19	中国汽车出口形势和海外市场研究	每季度持续对海关汽车出口数据进行分析，了解中国汽车出口市场的总量变化，主要出口国的变化，出口车型的变化等，分析导致变化的原因，并针对重点出口国市场进行更深入的分析
20	“十三五”宏观环境研究	通过 PEST 的研究方法，分析企业“十三五”面临的政治政策、经济、社会、技术等各个领域的宏观环境变化及对企业可能产生的影响
21	豪华车市场跟踪研究预测	为多家企业提供个案化服务。通过不断跟踪豪华车市场、宏观经济、政策、消费环境、供给价格等市场环境因素变化趋势，判断豪华车市场的变化规律，预测豪华车市场月度、年度、中长期总量及细分市场需求走势
22	进口车和豪华车跟踪研究及研讨	通过不断分析进口车、豪华车市场和行业变化动态、宏观经济政策变化动态，预测未来 12~N 月进口车和豪华车市场趋势；分析乘用车市场的热点问题，包括汽车共享、二胎政策、用户变化对乘用车的影响，自主品牌发展趋势等；预测未来 10 年乘用车分级别、分车型、分价位变化趋势
23	豪华车市场中长期预测	在连续多年对豪华车用户的调研和分析判断豪华车市场环境的 9 大趋势的基础上，预测未来 10 年中国豪华车市场总量及细分市场需求
24	进口车月度市场研究	评估各月进口车总量、细分市场、主要厂商竞争格局的变化趋势及其成因，在预判宏观经济、政策、消费环境、供给于本地化生产对进口车市场影响的基础上，预测各月进口车市场变动趋势
25	豪华车行业信息跟踪	定期跟踪国内豪华车企业、市场、产品、政策动态，评估其对企业的影响，为企业的决策提供信息支持
26	分省、分季度乘用车/豪华车总体/细分市场需求预测	接受多家用户委托，对分省、分季度的当前乘用车/豪华车总体/细分市场及经济、政策、环境形势进行评估，并对年内未来几个季度的预测进行更新
27	分省乘用车市场深度研究	研究每个省的资源禀赋、人口结构、经济发展、城市布局特征，反映到各省不同的乘用车市场特征，并对各省及所辖地级市到 2020 年需求规模进行预测
28	分城市乘用车/豪华车总体/细分市场需求中长期预测	接受多家用户委托，对分城市的当前乘用车/豪华车总体/细分市场特征进行分析，并研究影响未来需求的发展阶段、经济增长、政策环境等因素，对分城市中长期市场进行预测
29	典型三线城市研究	通过大量案头研究和实地调研，分析典型三线城市的市场特征和未来市场的发展潜力，为企业未来布局三线城市提供可靠依据
30	轻型汽车需求分省预测	分析轻型客车、轻型货车、皮卡、SUV 四类车型未来 5 年的分省、分城市区域流向变化趋势
31	商用车市场月度/季度分析预测	为多家企业提供个案化服务，监控国内商用车市场、细分市场及区域市场变化，分析与商用车关联的宏观经济、行业政策、突发事件等，及时捕捉市场及环境变化，运用短期分析模型，判断未来走势变化
32	商用车市场年度需求预测	为多家企业提供个案化服务，建立商用车各细分市场与宏观经济、政策的关联关系，通过预测下一年宏观经济走势及政策变化，进而预测商用车各细分市场的未来趋势及需求变化

（续）

市场预测板块—2015年		
33	未来3～5年商用车市场预测	为多家企业提供个案化服务，对中重型货车、大中型客车、轻型汽车、微型汽车等商用车进行分析，研究影响各车型的主要因素，分析未来3～5年环境变化导致关键因素的变化方向以及对各类车型的影响，最终给出未来3～5年的预测结果
34	未来10年商用车市场预测	为多家企业提供个案化服务，对商用车的8大车型进行分析，研究影响各车型的主要因素，分析未来10年环境变化导致关键因素的变化方向以及对各类车型的影响，最终给出未来10年商用车的预测结果
35	重型货车市场外围数据库研究	每月提供与重型货车市场相关的各类宏观经济指标、主要资源产品的产销及价格信息等，为重型货车市场分析提供基础
36	混合动力货车国际比较研究	研究国内外中重型货车企业及动力总成企业研发混合动力卡车的情况，对重要产品的动力参数、尺寸参数进行分析，并研判未来中国混合动力卡车的发展前景
37	某企业轻型货车市场预测及产品企划	对轻型货车市场总量及细分市场(分品种、吨位、档次等)进行分析预测，结合某企业自身品牌力及产品线情况，为其新产品锁定目标市场；结合针对目标市场的大样本消费者定量调研，最终输出新产品的市场定位、产品特征定义、定价策略等信息
38	商用车市场预警体系研究	从宏观经济指标、车市走势、政策动向、经销商动态等多个角度形成商用车市场预警体系，更好研判短期市场走势
39	宏观经济跟踪评估及预测	接受多用户委托。主要通过定期跟踪宏观经济关键指标（包括经济增长、经济结构、货币金融、物价、收入、就业等）趋势和宏观政策动向，预测其未来趋势，为判断未来汽车行业及市场变化趋势提供依据
40	汽车行业相关政策跟踪评估	接受多用户委托。主要通过不定期跟踪汽车行业政策（如投资准入、生产制造、销售购买、使用置换、报废等）、汽车相关行业（如能源、交通等）以及重大事件的变化趋势，评估其对汽车产业、市场、厂商的影响
41	“十三五”汽车产业政策动向研究	通过访问专家、政府官员以及回顾“十二五”政策的执行效果
调查研究板块—2015年		
1	某集团中重型货车竞争力调查项目	该课题对中重型货车分产业链进行系统的调查，一共调研了17个货运产业链，包括快递、干线快运、散杂货、冷链、资源钢材等，涉及四大品系，如牵引、载货、自卸和专用车等，调研客户包括法人客户和普通客户，是目前中重型货车研究领域最大的一次全面调研，调研用户层次高，各个细分产业链Top10的企业都有覆盖，调研内容包括产业链的特点、需求动向、产品竞争力评价等，对于企业的产品规划、市场营销有显著的指导意义
2	SUV及A级车消费者细分研究	对SUV市场和A级车市场进行了用户细分研究，建立了以需求为导向的用户细分模型，对每一类用户的特征和需求进行了深入刻画，其结果能直接地应用于企业的产品中长期规划
3	新车需求特征暨人群分类深度探索	对2015年新车购买用户的人群特征购买行为、使用行为、产品需求、车型竞争关系等进行了全方位的研究，同时也是2013年SIC人群分类研究模型及工具的一个拓展和延续，将SIC开发的人群分类模型进一步完善

（续）

调查研究板块—2015年		
4	年轻消费者及其汽车需求研究	作为SIC持续跟踪研究年轻群体的第二期课题，深入刻画了当前年轻群体（18～25岁）的群体特征，全景式描述了年轻群体的汽车观和汽车需求，并对年轻群体进行了人群细分，刻画了各细分人群的群体特征，最后为企业未来5～10年目标用户定位、产品开发、广告营销设计提供了策略建议
5	2015全国乘用车需求动向调查与10年滚动预测	该课题是SIC组织的联合课题，通过对87个城市的私人用户、集团用户和出租租赁用户的调查，了解不同类型用户需求的变化，并对未来10年乘用车总需求、分价位需求结构、分级别需求结构等细分市场进行预测
6	某企业年轻群体及其产品需求调研	通过深入的定性研究进行消费和洞察，从“85后”和“90后”的日常行为和态度入手，结合其成长背景、社会环境等，分析“85后”的行为和心理特征；并将其转化成全方位、全周期的汽车需求；运用到汽车开发及营销、售后服务、汽车改装等各个环节。
7	汽车产品的个性化需求及产品定制策略研究	洞察中国消费者的汽车个性化需求偏好（包括对个性化内涵认知、内容、需求和费用周期态度等），通过国际比较判断中国个性化市场发展前景，给企业提出应对汽车个性化的汽车定制策略
8	从国际大型车展看汽车产品流行趋势	对东京车展、日内瓦车展、法兰克福车展等国际大型车展进行跟踪，完成展前报告和展后报告，从中分析产品未来的造型趋势、内饰趋势、新技术动态、企业产品战略等内容
9	某产品上市后跟踪调研	这是针对某新SUV车型上市半年后进行的上市后跟踪调研，主要通过对该车型的市场定位、营销诊断、产品的使用满意度评价和后续营销措施等方面的调查，为厂家提升产品销量、制定下一步营销策略提供决策依据
10	某产品上市后跟踪调研	这是针对某新轿车产品上市半年后进行的上市后跟踪调研，主要通过对该车型的市场定位、营销诊断、产品的使用满意度评价和后续营销措施等方面的调查，为厂家提升产品销量、制定下一步营销策略提供决策依据
11	乘用车配置需求及用户感知价值研究	追踪乘用车消费者对于汽车配置的需求程度以及感知价格，为企业配置运营搭载策略提供决策依据
12	某企业配置装备率及PVA动态调研项目	按照企业需求研究乘用车产品配置的装备率变化情况以及未来趋势，同时调查乘用车消费者对于汽车配置的需求程度以及感知价格，二者结合为企业配置运营搭载策略提供决策依据
13	SUV车型市场调研	某厂家拟开发一款SUV产品，本项目作为产品开发前的可行性和机会探索性调研，目的是：①通过调研探寻潜在市场机会是否存在；②如潜在市场存在，分析该市场潜在人群特征及需求、市场潜力、产品竞争关系等内容；③探讨市场切入点及产品核心利益点
14	某小SUV产品定义调查	针对某企业未来三年将要上市的产品，深入了解其目标群体的家庭背景、生活方式、价值观与需求等，完成产品定义，完成造型效果图测试
15	某企业营销活动效果评估	根据企业需求，对企业的营销效果进行追踪和评估，通过消费者调研，为企业及时反馈消费者对企业各类营销促销活动的认知及评价，并同时发现问题，为企业调整营销策略提供决策依据和相应建议

（续）

调查研究板块—2015 年		
16	豪华品牌成功之路研究	通过研究豪华车用户的品牌意识体系，以及用体系化指标搜集用户对豪华车品牌的评价，并对典型豪华品牌进行案例分析，从中总结豪华品牌成功的经验，并针对性地对部分品牌未来发展提出了策略建议
17	某品牌品牌健康度调查	通过品牌绩效测试，对企业的伞品牌和车型品牌的健康度进行诊断，并利用消费者的品牌意识认知过程，分析用户形成该品牌意识的原因，从而为厂家的品牌管理和广泛传播提供依据，并为品牌提升提出策略建议
18	二手车市场发展新阶段的企业应对策略	该课题通过研究二手车的经营模式以及用户的需求特征，综合判断未来的二手车交易模式发展趋势，为企业的二手车业务发展策略提供支持
19	某企业专用车项目	该项目全面调研了专用车领域的生产企业和终端用户，覆盖环卫、搅拌、粉粒物料、冷藏车等领域，目的是了解专用车企业的需求、技术路线、销售特征以及终端用户的需求、使用评价等，并且通过国际比较，形成改装车领域的现状、特点、优劣势、未来发展方向和趋势等，从而更好地为主机厂服务，形成主机厂未来在改装领域的策略建议
20	北京居民出行调查	该项目通过定量调查的方式了解北京居民出行方式及出行的偏好选择
产业研究板块—2015 年		
1	国内外新能源汽车发展动态跟踪联合研究	跟踪国内外新能源汽车市场动态、产品动态、企业动态以及技术发展，跟踪新能源汽车推广示范进展，解读新能源汽车发展政策
2	新能源汽车消费者调查研究	对购买新能源汽车用户进行定性访谈和定量调查，了解购买动机、用户特征、使用状况以及对新能源汽车需求偏好等
3	新能源出租车市场调查研究	调查新能源汽车在出租市场的使用情况，了解租赁公司、出租车司机对新能源汽车态度及未来偏好
4	电子商务对汽车销售服务体系的影响	研究汽车电子商务发展对汽车销售、售后服务的影响，重点分析汽车电商对 4S 新车销售、维修保养以及衍射业务的影响，提出汽车厂家应对建议
5	新形势下中国汽车租赁市场的发展前景研究	针对汽车共享、分时租赁、融资租赁以及新能源汽车租赁的兴起，研究新的情况下租赁模式、租赁用户以及车型需求变化
6	汽车零部件行业发展的趋势研究	分析中国汽车零部件行业的发展现状、存在问题，研究未来 5～10 年影响汽车零部件行业发展的关键要素，判断未来零部件行业的变化趋势

表 B-2　国家信息中心 2016 年承接的部分专项咨询项目

市场预测板块—2016 年		
1	全国乘用车用户需求动向调查与十年滚动预测（联合课题）	该项目是由国家信息中心组织发起，由国内十余家主要乘用车企业参加的大型联合研究项目；该项目从 1999 年开始执行第一期，每年进行一次，本期是第 16 期；该项目每年在全国 60～90 个城市执行 10000 左右样本的调查，调查对象囊括私人用户、单位用户、出租租赁公司用户，调查内容包括用户特征、车辆特征、车辆购买、使用、替换、未来消费环境、用户偏好等；在调查的基础上，形成丰富的调查报告，并结合最新的宏观经济、人口、社会、政策、用车方式变化，预测次年及未来 10 年乘用车总量及细分市场的需求

（续）

市场预测板块—2016年		
2	轻型商用车需求动向及5年预测（联合课题）	对轻卡、轻客、微卡、皮卡、商用 MPV 等轻型商用车进行大样本调研，把握不同细分市场用户特征、购买行为、使用和盈利情况、产品需求、政策法规影响等；构建“基于货运分担的轻型商用车预测模型”，对轻型商用车总量及细分市场进行5年预测
3	7座车市场趋势研究（联合课题）	通过7座车市场的用户构成，了解7座车核心用户选择7座车的原因、动机及可能性，根据二孩政策全面放开带来的多人口家庭的规模预测，判断未来7座车的总需求规模及分车型、分级别、分价格的需求规模
4	细分市场价格趋势研究课题（联合课题）	通过影响细分市场价格的因素分析，如用户特征、收入特征、供给特征、政策特征的变化趋势，判断未来各个细分市场的价格分布的变化
5	高收入人群转换对豪华车市场总量及细分市场的影响（联合课题）	从宏观经济发展和产业变迁的角度判断未来高收入人群的来源，未来高收入人群在汽车消费偏好上的特点，判断未来豪华车市场总量的变化趋势、各细分市场的发展前景以及新高收入人群在营销上的偏好
6	乘用车市场月度评估和预测	通过持续跟踪经济、政策环境以及产品与市场动态，定量和定性调查，了解当期市场的发展变化情况，发现乘用车市场运行的新特点和新变化，探求导致市场变化的原因，并对未来各月的市场走势作出预测，为多家企业提供个案化服务
7	乘用车月度市场表现分析和季度策略研究	每月对乘用车市场的月度走势进行分析与评价，发现乘用车市场运行的新特点和新变化，对当期的市场热点问题进行深入分析，对未来各月的市场走势作出判断。此外，综合内外部竞争环境，评价企业、主销车型在市场中的表现，并揭示其面临的机遇与调整，提供短期应对策略
8	乘用车市场终端监测	每月在全国范围内，对经销商的销售及运营状况进行监测调研，并构建终端运营综合评价指标体系，以了解市场真实销售情况以及终端运营压力和存在的问题。为多家企业提供个案化服务
9	乘用车细分市场季度分析	通过对细分市场的季度表现进行定量化分解测算，揭示当前细分市场变化的主要原因，进而判断该变化是否具有可持续性还是短期突发因素所致，进而有助于为企业制定产品策略提供帮助
10	某企业乘用车市场竞争研究	监测各企业新产品上市规划、追踪分析乘用车新技术新装备发展动向并洞察趋势
11	某企业分车系、分品牌市场前景研究	通过分析各品牌内在能力（产品力、销售结构）和外部环境（经济、政策、人群、技术、区域发展）变化的匹配度，预判各品牌各车系未来市场表现
12	某企业各产品月度市场走势研究	接受多家用户委托，月度角度跟踪核心竞争对手的 4P 动作，结合经销商调研判断竞争对手的策略变化、影响力度和持续时间，预判未来潜在竞争对手及竞争影响，帮助企业洞察各产品竞争环境变化，提示风险和机会
13	某企业与产品市场走势预测与研究	全面、量化解析企业关心的重点新产品，预测其市场表现、销售节奏及对企业本品的影响，辅助企业制定应对策略

（续）

市场预测板块—2016 年		
14	某产品销量预测	综合市场、生命周期、产品变动、竞争影响、促销节奏和量价关系，预测 X 车型未来 1 年分月度实际销量，辅助企业制定销售目标和促销策略
15	中国汽车出口形势和海外市场研究	每季度持续对海关汽车出口数据进行分析，了解中国汽车出口市场的总量变化，主要出口国的变化，出口车型的变化等，分析导致变化的原因，并针对重点出口国市场进行更深入的分析
16	A0 级市场趋势研究	通过 A0 级市场的历史规律及原因分析，判断未来 A0 平台轿车、SUV/MPV 的市场机会
17	乘用车市场 N+3/N+5/N+10 预测	在充分分析未来 3 年及 10 年汽车市场环境变化的基础上，分别开发建立中短期模型和中长期模型，为某汽车集团提供未来 3～10 年的乘用车市场预测
18	乘用车市场中长期预测	接受多家用户委托，按企业的个性化细分要求对我国的乘用车市场进行中长期分析和预测
19	2016 分省大客户保有、需求拆分	研究集团大用户的拆分，具体拆分到分省的机关公务车、出租车、租赁车、驾校车、国企用车、非国企用车，企业拆分到分行业的需求
20	“十三五”宏观环境及市场特征研究	通过 PEST 的研究方法，分析企业“十三五”面临的政治政策、经济、社会、技术等各个领域的宏观环境变化及对企业和市场可能产生的影响
21	豪华车市场跟踪研究预测	为多家企业提供个案化服务。通过不断跟踪豪华车市场及宏观经济、政策、消费环境、供给价格等市场环境因素变化趋势，判断豪华车市场的变化规律，预测豪华车市场月度、年度、中长期总量及细分市场需求走势
22	进口车和豪华车跟踪研究及研讨	通过不断分析进口车和豪华车市场和行业变化动态和宏观经济政策变化动态，预测未来 12~*N* 月进口车和豪华车市场趋势；分析乘用车市场的热点问题，包括汽车共享、新能源汽车市场变化趋势
23	豪华车市场中长期预测	在连续多年对豪华车用户（特别是 90 后用户）的调研和分析判断豪华车市场环境（包括宏观经济与收入分配、汽车共享、二手车发展等）基础上，预测未来 10 年中国豪华车市场总量及细分市场需求
24	豪华车行业信息跟踪	定期跟踪国内豪华车企业、市场、产品、政策动态，评估其对企业的影响，为企业的决策提供信息支持
25	豪华车终端运营监测	通过每月一次对全国各地豪华车经销商销售、库存、人气、资金、信心以及其他重点运营指标的监测，了解豪华车市场的变化状况和经销商的运营质量，为判断豪华车市场发展趋势提供第一手资料
26	分省、分季度乘用车/豪华车总体/细分市场需求预测	接受多家用户委托，对分省、分季度的当前乘用车/豪华车总体/细分市场及经济、政策、环境形势进行评估，并对年内未来几个季度的预测进行更新
27	分省乘用车市场深度研究	研究每个省的资源禀赋、人口结构、经济发展、城市布局特征，反映到各省不同的乘用车市场特征，并对各省及所辖地级市到 2020 年需求规模进行预测

（续）

市场预测板块—2016年		
28	分城市乘用车/豪华车总体/细分市场需求中长期预测	接受多家用户委托，对分城市的当前乘用车/豪华车总体/细分市场特征进行分析，并研究影响未来需求的发展阶段、经济增长、政策环境等因素，对分城市中长期市场进行预测
29	轻型汽车需求分省预测	分析轻型客车、轻型货车、皮卡、SUV四类车型未来5年的分省、分城市区域流向变化趋势
30	商用车市场月度/季度分析预测	为多家企业提供个案化服务，监控国内商用车市场、细分市场及区域市场变化，分析与商用车关联的宏观经济、行业政策、突发事件等，及时捕捉市场及环境变化，运用短期分析模型，判断未来走势变化
31	商用车市场年度需求预测	为多家企业提供个案化服务，建立商用车各细分市场与宏观经济、政策的关联关系，通过预测下一年宏观经济走势及政策变化，进而预测商用车各细分市场的未来趋势及需求变化
32	未来3～5年商用车市场预测	为多家企业提供个案化服务，对中重型货车、大中型客车、轻型汽车、微型汽车等商用车进行分析，研究影响各车型的主要因素，分析未来3～5年环境变化导致关键因素的变化方向以及对各类车型的影响，最终给出未来3～5年的预测结果
33	未来10年商用车市场预测	为多家企业提供个案化服务，对商用车的8大车型进行分析，研究影响各车型的主要因素，分析未来10年环境变化导致关键因素的变化方向以及对各类车型的影响，最终给出未来10年商用车的预测结果
34	皮卡中长期发展趋势研究	通过研究皮卡市场发展历史、中美差异对比、用户群体及产品供给趋势、皮卡进城解禁政策影响等，进而对未来10年皮卡需求趋势进行判断，探寻企业在皮卡市场的发展机会
35	重型货车市场外围数据库研究	每月提供与重型货车市场相关的各类宏观经济指标、主要资源产品的产销及价格信息等，为重型货车市场分析提供基础
36	新能源商用车季度跟踪研究	跟踪国内新能源商用车市场动态、产品动态、企业动态以及技术发展，跟踪新能源汽车推广示范进展，解读新能源汽车发展政策等
37	新能源市政环卫车辆研究	对市政环卫车辆进行扫描研究，包括车辆类别、车辆购买、使用及产品需求等，进而评价不同类别环卫车辆应用新能源的可行性，并为企业开发相应产品提供建议
38	某企业新能源轻客产品定价研究	对新能源轻型客车的现实和潜在用户进行调研，了解其购车动机、车辆使用特点、价格敏感度等，为某企业新能源轻型客车产品定价提供信息支持
39	某高端轻客产品诊断及发展建议研究	对中国宽体轻型客车的市场特征进行刻画，剖析某产品在中国表现欠佳的原因，并对优势竞品的发展经验进行总结，从而提出该产品在中国发展的策略建议
40	宏观经济跟踪评估及预测	接受多用户委托。主要通过定期跟踪宏观经济关键指标（包括经济增长、经济结构、货币金融、物价、收入、就业等）趋势和宏观政策动向，预测其未来趋势，为判断未来汽车行业及市场变化趋势提供依据

（续）

市场预测板块—2016 年		
41	汽车行业相关政策跟踪评估	接受多用户委托。主要通过不定期跟踪汽车行业政策（如投资准入、生产制造、销售购买、使用置换、报废等）、汽车相关行业（如能源、交通等）以及重大事件的变化趋势，评估其对汽车产业、市场、厂商的影响
调查研究板块—2016 年		
1	基于人群分类的某品牌战略定位研究	基于 SIC 社会阶层和人群分类模型，分析不同阶层/人群用户特征和未来趋势变化，结合主要竞企/竞品特征，给出某品牌目标客群和品牌个性的圈定建议
2	某企业卡车新车购买者调查	该课题对 2015、2016 年新购中重卡用户进行调查，涉及牵引、普货、自卸三大车型和个人与单位两类用户。此调查是国内中重型货车研究领域持续时间最长的一次调查，已经连续 13 次执行，调研内容包括需求动向、产品竞争力评价，用户发展变化等，对于企业的产品规划、市场营销有显著的指导意义
3	某企业高端牵引车需求动向研究	该项目通过在全国范围内对 30 家保有进口牵引车和国产高端牵引车的大中型物流公司的实地深入调研，深入了解目前用户对于高端牵引车在车辆采购、车辆使用、车辆维保方面的切实要求，进而对牵引车主机厂提出产品和营销策略建议
4	三线市场全景研究联合课题	SIC 持续在对三线市场进行跟踪研究，在新的形势下，SIC 对三线市场进行一次“全景研究”，以更好地把握这一市场用户群、用户需求的具体特征和市场未来发展趋势。“全景研究”覆盖三线城市不同等级/区位的地区、覆盖三线市场的需求动向调查和未来市场预测、覆盖运用多种调查方法及预测模型
5	铝合金轮辋客户需求调查项目	铝合金轮辋项目是某企业为了解铝合金轮辋目前在卡车市场的应用情况和未来需求展开的调查与研究，项目快速地解决了企业关心的问题
6	新车需求特征暨人群分类深度探索	对 2016 年新车购买用户的人群特征购买行为、使用行为、产品需求、车型竞争关系等进行了全方位的研究，同时也是对 SIC 人群分类研究模型及工具的一个拓展和延续，将 SIC 开发的人群分类模型进一步完善
7	乘用车产品意识研究联合课题	该课题是乘用车产品意识研究的第二期。汽车市场经过 3 年的快速发展，消费者对汽车的认知有了更深刻的变化，本次研究目的之一就是对原有的意识体系进行更新和完善；另一方面，本期研究的重点是对意识体系的重要度进行量化分析，构建较为明晰的产品意识点重要度指标体系，给乘用车产品开发及相关的营销提供参考建议
8	某企业大皮卡用户调研	该项目通过对皮卡市场研究，了解国内皮卡未来需求，以及对较好的前景的市场做出预判，为厂家规划产品，应对用户需求提供依据支撑
9	某企业 2016 年品牌诊断调查	该项目为准确掌握某企业伞品牌的市场表现，巩固其在市场上的领先地位，发现可能影响其市场地位的潜在问题，明确与竞争品牌的差异和差距，进一步明确与修正未来的发展方向和目标，获取企业品牌和产品品牌的知名度、美誉度等 KPI 量化指标
10	某企业 2016 年品牌健康度调查	该项目通过持续追踪和评估，及时把握消费者对某企业品牌变化的动态变化，提高客户对品牌全面认知度，以给予品牌向上战略提供支持并确认其具体行动计划方向的依据

（续）

调查研究板块—2016年		
11	2016全国乘用车需求动向调查与10年滚动预测	该课题是SIC组织的联合课题，定量涉及线下、线上两种调查方式，共完成私人用户样本调研10238个，集团样本调研1540个，通过了解不同类型用户需求的变化，对未来10年乘用车总需求、分价位需求结构、分级别需求结构等细分市场进行预测
12	某企业农村市场调查	主要针对某企业的县级及以下客户进行研究。通过了解主要客户群体特征、产品需求、品牌行为和营销偏好等，为该品牌市场推广策略和品牌传播策略的制定提供参考和依据；通过了解农村市场的现状和发展潜力，评估该品牌在农村市场的机会，为其提出农村市场的拓展策略和产品开发策略
13	某品牌MPV市场研究	通过数据挖掘与分析，深入了解中国MPV市场用户的特征及需求，以及未来MPV的演化趋势
14	某乘用车品牌战略	基于SIC社会阶层研究和品牌意识研究，分析不同分层人群的品牌意识、品牌偏好和汽车品牌选择模式，并基于社会分层分析给出品牌建设的启示和建议
15	某企业营销评估调查	定期追踪某企业的用户特征、车型产品的市场表现及营销活动的效果，为其目标人群的选定、营销活动的策划，乃至品牌的定位及发展提供建议和启示
16	某企业MPV产品调研	本项目通过消费者的定性和定量调研，进行了静态及动态车展，对MPV产品的定义及某企业的产品策略进行了研究，给出了建议
17	某企业县域/农村市场调研	本项目通过对县域/农村用户的定性和定量调研，在县域/农村进行了静态车展，对某企业的目标市场及用户需求进行了研究，提出了产品进入及改进建议
18	乘用车产品偏好研究（联合课题）	该项目通过构建乘用车产品偏好测试体系，对7大类50个小类，超过100个产品偏好点进行偏好测试，并对重点偏好的偏好购买转换、消费者感知价差测试，力求分析、判断乘用车产品偏好的变化趋势，探讨产品偏好和购买决策的关系，协助企业进行未来产品规划产品的差异化
19	从国际大型车展看乘用车产品趋势（联合课题）	通过及时、高效地对国际车展进行追踪，分析车展揭示的乘用车产品、技术新设计、新趋势，并对国内乘用车企业提供产品和技术策略建议
产业研究板块—2016年		
1	新能源汽车发展与用户需求研究	跟踪国内外新能源汽车市场动态、产品动态、企业动态以及技术发展，跟踪新能源汽车推广示范进展，解读新能源汽车发展政策；对购买新能源汽车用户进行定性访谈和定量调查，了解购买动机、用户特征、使用状况以及对新能源汽车需求偏好等；判断我国新能源乘用车的发展前景，对市场需求进行预测
2	中国新能源汽车市场及产业链研究	梳理解读国家新能源汽车相关政策；判断未来新能源汽车市场发展规模；判断新能源汽车相关技术发展趋势，分析产业链中核心主体（OEM和上下游零部件企业）的位势和战略
3	某集团十三五发展规划新能源汽车部分	分析未来5年新能源汽车市场影响因素的变化趋势，预测2020年中国新能源汽车市场容量

（续）

产业研究板块—2016年		
4	中国新能源汽车推广状况追踪	跟踪分析中国新能源汽车推广情况，聚焦市场与政策
5	澳门产业中长期发展规划	在国家十三五规划和澳门十三五规划指导下，编纂澳门产业中长期发展规划，重点负责文化创意、中医药和特色金融三个产业的规划研究
6	淮北产业规划	针对淮北的经济、社会和产业发展现状，以及产业发展趋势，研究淮北产业发展的战略性方向，实施路径，以及四大创新和政策保障
7	汽车销售服务生态系统变化研究	在互联网、市场和政策等外部环境的变化下，研究新车电商、汽车超市、售后电商、连锁维修、平行进口等新兴渠道对传统以 4S 渠道为主体的销售和售后生态的影响，判断未来汽车销售服务生态系统演变趋势
8	中国汽车智能制造发展报告	通过调研国内整车工厂来描述当前国内汽车行业在智能制造应用方面的进展和亮点，总结归纳汽车智能制造的典型模式，为进一步深化汽车行业两化融合，提升汽车产业竞争力提供决策参考

国家信息中心经济咨询中心的通信地址和联系电话

地址：北京市西城区三里河路 58 号国家信息中心大楼 A 座 704 房间

邮编：100045　　传真：010-68557465

电话：010-68558704　010-68558531　E-mail：panzhu@cei.gov.cn